Brigitte Riese

Seemanns kleines Kunstlexikon

Brigitte Riese

Seemanns kleines Kunstlexikon

E. A. Seemann
Leipzig

Die Deutsche Bibliothek – CIP-Einheitsaufnahme
Riese, Brigitte:
Seemanns kleines Kunstlexikon / Brigitte Riese. –
Leipzig : Seemann, 1994
NE: HST

ISBN 3-363-00612-8

Gestaltung: Tom Gebhardt, Leipzig
Reproduktion: Förster & Borries, Zwickau
Satz, Druck und Binden: Interdruck Leipzig GmbH
Printed in Germany

Vorwort

Dieses Nachschlagewerk will allen ein verläßlicher Begleiter sein, die Werke der Malerei, Grafik, Plastik, Architektur und angewandten Kunst wissend erleben und besser verstehen möchten. Es ist als Sachwörterbuch angelegt und erklärt in möglichst übersichtlicher Form Begriffe, die das weite Gebiet der Kunst, ihrer Ausdrucksformen, Schulen, Techniken und Materialien in allen Stilepochen, erfassen. Nach Zahl der Stichwörter und Umfang der Artikel unterscheidet sich Seemanns kleines Kunstlexikon von dem siebenbändigen, im gleichen Verlag erschienenen »Lexikon der Kunst«, das freilich dankbar als Materialgrundlage mit zu Rate gezogen wurde. Insgesamt schien es sinnvoll, das Schwergewicht auf die europäische Kunstentwicklung zu legen, ohne daß dabei die weiteren Bereiche völlig außer acht gelassen wurden.
Für Anregungen, Ratschläge sowie für die kritische Durchsicht des Manuskriptes bin ich vielen Kollegen zu Dank verpflichtet, besonders aus dem Zentralinstitut für Kunstgeschichte in München und dem E. A. Seemann Kunstverlag Leipzig.

Leipzig, im März 1994 *Dr. Brigitte Riese*

Abbildungsnachweis

Adamiak, J., Leipzig S. 222. Beyer, Klaus G., Weimar S. 200, 215. Bildarchiv Foto Marburg S. 10, 38, 87, 91, 103, 113, 146, 186, 214 u., 218, 253, 267. Bildarchiv Preußischer Kulturbesitz, Berlin S. 24, 154, 164, 200, 252, 285 u., 299. Birnbaum, O., Halle S. 264. Bühler, Martin, Basel S. 173. Foto Lala Aufsberg, Sonthofen S. 250 u. Foto Witzel, Essen S. 112. Hirmer Fotoarchiv, München S. 137. Mende, Reinhold, Zürchau S. 60. Museum des Kunsthandwerks Frankfurt am Main S. 179 u. Rheinisches Bildarchiv Köln S. 220 u., 221, 265. Sächsische Landesbibliothek Dresden, Abt. Deutsche Fotothek S. 25 o., 100, 116, 127, 128, 162 u., 213, 297.

Für die Anfertigung der Zeichnungen auf den Seiten 9, 15–19, 20 o., 21, 22, 25 u., 27, 30, 31, 33, 34, 37, 39–43, 48, 54 u., 55, 57, 59, 61–64, 65, 67, 75, 77, 78 u., 79–81, 86, 88, 90, 92, 95–97, 101, 102, 104 o., 108, 114, 115, 119, 121, 122, 124, 129, 143, 147, 152, 155–157, 159, 162 o., 166, 167, 171, 172, 176, 178, 179 o., 183, 195, 198, 199, 202, 214 o., 220 o., 223, 225, 228, 229, 240, 251, 254–258, 260, 262, 263, 266 o., 270, 272, 275 o., 278, 279, 281, 283, 287, 289–293 o., 294, 295, 296 u, 301, 305, 313 o., 313, 315 danken wir Frau Inge Brüx, Leipzig.
Alle übrigen Druckvorlagen stellten uns freundlicherweise die Museen zur Verfügung oder entnahmen wir dem Verlagsarchiv.

A

Abakus [lat. abacus »Tisch«], in der griechischen Säulenordnung quadratische Deckplatte des ↑ Kapitells; in der frühchristlich-byzantinischen Baukunst häufig durch den ↑ Kämpfer ersetzt, im Mittelalter oft weggelassen. Abb. ↑ Säulenordnung.

Abaton ↑ Adyton.

Abbasiden-Stil ↑ islamische Kunst.

Abdruck, *Abzug,* das einzelne Blatt, das vom Druckstock (↑ Holzschnitt, ↑ Kupferstich) im Hand-, Handpressen- oder maschinellen Pressendruck hergestellt wurde.

Abendmahlsdarstellung, Darstellung des letzten gemeinsamen Mahles Christi mit seinen Jüngern am Abend des jüdischen Passahfestes, dem Abend vor der Kreuzigung. Die Szene (Matth. 26, 17–29; Joh. 13, 21–30) zeigt Jesus, der Brot und Wein als Symbole seines Leibes und Blutes als »Neues Testament« einsetzt (Abendmahlsakrament) oder den Verrat durch Judas ankündigt. Frühe Darstellungen des Abendmahlsakramentes im Codex Rossano und in S. Appolinare Nuovo in Ravenna (Anfang 6. Jh.). Häufig sitzt Christus in der Mitte zwischen den Aposteln, Judas ist ausgesondert und stets ohne Nimbus abgebildet (Giotto, Arenakapelle zu Padua), oft auch dadurch gekennzeichnet, daß Jesus ihm das Brot reicht. Leonardo zeigt in seinem Abendmahlsbild im Refektorium des Klosters S. Maria delle Grazie in Mailand den Augenblick nach der Verratsankündigung in höchster Dramatik. Seit der Reformationszeit wurde das Abendmahlsakrament zum Mittelpunkt der evangelischen Altarretabel, um den Empfang des Abendmahls in beiderlei Gestalt (Brot und Wein) hervorzuheben.

abfasen ↑ Fase.

Abhängling, herabhängender zapfenförmiger Knauf; bereits an hölzernen Balkendekken und Dachstühlen frühchristlicher und romanischer Kirchen. Besonders häufig ist er als Weiterentwicklung des Schlußsteines an spätgotischen Gewölben zu finden. In der Renaissance betont er die Kreuzung der Deckenbalken.

Abklatsch ↑ Umdruck.

Ablaßbilder, Erbauungsbilder religiösen Inhalts, meist biblische Szenen oder Heiligendarstellungen, mit Gebeten und einem erklärenden Text, der auf den Ablaß (Sündenerlaß) hinweist. Sie wurden im 15. Jh. als Holzschnitt oder Kupferstich hergestellt und verkauft.

Abraxasgemme, Gemme mit symbolischen Darstellungen des Gottes Jao Abraxas Sabaoth mit doppelten Schlangenbeinen, Hahnenkopf, Panzer, Schild und Peitsche. Sie war in Rom im 3./4. Jh. verbreitet.

Abseite, Bezeichnung für das Seitenschiff einer Kirche.

absolute Malerei [lat. absolutus »losgelöst«], *gegenstandslose Malerei.* Die unterschiedlich gebrauchte Bezeichnung wurde von dem Maler Adolph Hoelzel um 1900 geprägt; mitunter gleichgesetzt mit abstrakter Malerei (↑ abstrakte Kunst) oder konkreter Malerei (↑ konkrete Kunst).

Abstraction-Création, internationale Künstlergemeinschaft, begründet 1931 in Paris von Naum Gabo, Antoine Pevsner, Auguste

Abhängling

Herbin und Theo van Doesburg mit dem Ziel, aus verschiedenen abstrakten Richtungen eine neue konstruktive konkrete Kunst zu fördern, in der die Form wichtiger ist als die Farbe. Der Doppelname der Gruppe, die bis 1936 bestand, ist durch ihre zwei Ausgangspunkte bedingt: »fortschreitende Abstrahierung der Naturform« (Abstraction) und »Schöpfung« (Création). Zu ihren Mitgliedern zählten Hans Arp, Wassily Kandinsky, Max Bill, El Lissitzky, Piet Mondrian, Georges Vantongerloo, Kurt Schwitters.

abstrakte Kunst [lat. abstrahere »abziehen«], Oberbegriff für die Kunstrichtung in Malerei, Grafik und Plastik, die keine Vorstellungen von der äußeren Wirklichkeit vermitteln will, sondern den Eigenwert von Form und Farbe betont. Wichtigster Theoretiker der a. K. war Wassily Kandinsky. Vorstufen und Anfänge gab es fast gleichzeitig bei verschiedenen Künstlern (z. B. Frank Kupka, Mikulajus Konstantinas Ciurlionis). Innerhalb der a. K. existieren zwei Grundrichtungen, die eine führt zum ↑ Konstruktivismus (Piet Mondrian, El Lissitzky, Kasimir Malewitsch), die andere geht mehr von der Intuition aus (Wassily Kandinsky, Paul Klee). Die bisher statische Plastik wird durch kinetische und dynamische Elemente erweitert, um die Dimension der Zeit darzustellen (Alexander Archipenko, Alexander Calder, Constantin Brancusi, Henry Moore).

abstrakter Expressionismus. Der Begriff wurde bereits in den 20er Jahren gebraucht (↑ École de Paris) und nach dem 2. Weltkrieg für eine Malerei verwendet, die Methoden des ↑ Tachismus und ↑ Action painting anwandte. Scharfe Trennungen zwischen diesen Richtungen sind infolge gegenseitiger Beeinflussung nicht möglich. Häufig wird für a. E. oder Tachismus auch der Begriff ↑ Art informel gebraucht. Der a. E. prägte u. a. Jackson Pollock, Adolph Gottlieb, Clyford Still, Robert Motherwell.

Abtei, von einem Abt geführtes ↑ Kloster.

Abzug ↑ Abdruck.

Accipiesholzschnitt [lat. accipere »geistig aufnehmen«, »ergreifen«], Schulszene als Titelbild für Schul- und Lehrbücher des späten 15. Jh.

achämenidische Kunst, persische Kunst z. Z. der achämenidischen Herrscher (etwa 700–330 v. Chr.).

Achatglas, marmoriertes, farbig gebändertes Glas, das dem Achat im Aussehen ähnelt; bereits in der Antike bekannt, im 15. Jh. in Venedig erneut verarbeitet. Im 19. Jh. erlebte das A. eine neue Blüte in Böhmen.

Acheiropoietos [griech. »nicht von Hand gemacht«], Bezeichnung für bildliche Darstellungen von Christus, Maria und anderer Heiliger, die auf übernatürliche Weise entstanden sein sollen und daher besondere Authentizität beanspruchten, z. B. Gesicht Christi als Abdruck auf dem ↑ Schweißtuch der Veronika.

achromatische Farben ↑ unbunte Farben.

Achtort ↑ Oktogon.

Acrylfarben, Farben, deren Bindemittel aus Acrylharzdispersion bestehen. Sie besitzen gute Haftfähigkeit, sind licht- und witterungsbeständig. A. wurden in den 50er Jahren unseres Jahrhunderts entwickelt.

Action painting [engl. »Aktionsmalerei«]. Der Begriff bezeichnet eine seit 1945 verbreitete Arbeitsweise, die aus der Emotion des Augenblicks kommt und von keiner bewußten Bildvorstellung geleitet wird. Prinzipien der Komposition und traditionellen Malweise werden aufgegeben und dem Zufall eine entscheidende Rolle zugewiesen. Im Prozeß des Malens sehen die Künstler eine Möglichkeit des absoluten Selbstausdrucks. So legte Pollock die Malfläche meist auf den Boden und verwandte unterschiedliche Werkzeuge wie Stöcke, Kellen, Spachtel. Er entwickelte auch die Technik des ↑ Dripping, des Tröpfelns aus durchlöcherten Büchsen auf eine meist großformatige Leinwand.

A. p., in den USA entwickelt, wurde im ↑ abstrakten Expressionismus eine internationale Bewegung und vermittelte der ungegenständlichen Malerei neue Impulse. Vertreter: Jackson Pollock, Franz Kline, Mark Tobey, Robert Motherwell, Georges Mathieu, Karl Otto Götz, K. R. H. Sonderborg.

Ädikula [lat. aedicula »Häuschen«], aus Säulen, ↑ Architrav und Giebel bestehende Umrahmung von Altären, Grabmalen, Fenstern, Portalen; im Mittelalter auch Bezeichnung für Privatkapelle.

Adlerpult, Pult in Gestalt eines Adlers (Symbol des Evangelisten Johannes) zum Vorlesen von Episteln und Evangelien. Das

A. kommt in Kirchen in Verbindung mit ↑Ambo, ↑Lettner oder ↑Kanzel vor, oft auch freistehend auf einem Sockel.

Adorant ↑Orant.

Adyton [griech. »Unbetretbares«, »Allerheiligstes«], im ↑Tempel nur dem Priester zugänglicher Platz um das Kultbild (Abaton); allgemein den Laien verschlossener Teil eines kultischen Zwecken dienenden Baues.

Aeropittura [ital. »Flugmalerei«], Richtung der italienischen Malerei zwischen 1929 und 1944, die an den ↑Futurismus anschloß. Der italienische Maler und Lyriker Filippo Tommaso Marinetti begründete in seinem 1929 herausgegebenen Manifest »L'aeropittura« diese Richtung, die die Welt – im Zusammenhang mit der Eroberung des Luftraumes durch den Menschen – aus einer veränderten Perspektive darstellen will.

Aesthetic Movement [engl. »ästhetische Bewegung«], von den Ideen des ↑l'art pour l'art beeinflußte britische Kunstrichtung. Hauptvertreter: die Schriftsteller Walter Pater und Oscar Wilde, die Maler James McNeill Whistler und Edward Coley Burne-Jones. Die Bewegung gilt als eine britische Variante des ↑Symbolismus und hatte großen Einfluß auf die angewandte Kunst.

ägäische Kultur, Kunst und Kultur des östlichen Mittelmeerraumes vor Einwanderung der Griechen (um 3000–1150 v. Chr.). Zur ä. K. zählen die ↑minoische Kultur auf Kreta, die ↑kykladische Kultur auf den Inseln um Delos, die ↑helladische Kultur auf dem griechischen Festland sowie die trojanische Kultur.

äginetische Kunst, griechische Kunstschule auf der Insel Aigina um 500 v. Chr. Höhepunkt: Giebelskulpturen des Aphaia-Tempels (jetzt Glyptothek München).

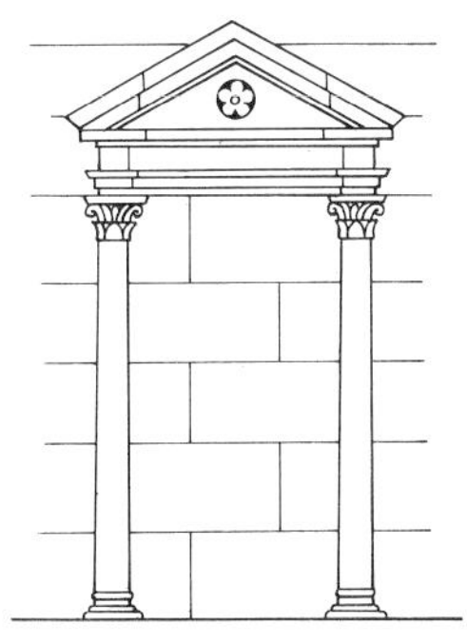

Ädikula

Agitationskunst, zusammenfassender Begriff für Kunstäußerungen zur unmittelbaren Einflußnahme im Dienste einer Ideologie.

Agleybecher ↑Akleybecher.

Agnus Dei [lat. »Lamm Gottes«], symbolische Bezeichnung für Christus (Joh. 1, 29), dargestellt als Lamm mit Nimbus, Kreuz und Kelch; in der Kunst ältestes und verbreitetstes Christussymbol.

Agraffe, Schmuckspange, meist an Gewändern, auch als Haar- oder Hutschmuck, ↑auch Fibel, ↑auch Fürspan. In der Baukunst Schmuckwerk, das architektonische Elemente optisch verbindet.

Agraffe

ägyptische Kunst, Kunst und Kultur im alten Ägypten vom 4. Jt. v. Chr. bis zum 9. Jh. n. Chr. Die Anfänge der ä. K. stehen im Zusammenhang mit Jenseitsvorstellungen und dem Glauben an ein Weiterleben nach dem Tod. Grabbeigaben (verzierte Keramikgefäße, Schminkpaletten aus Stein und Bildwerke aus Ton oder Knochen) sind bereits im 4. Jt. v. Chr. überliefert. Ein eigener, über 3000 Jahre gültiger Stil der ä. K. bildete sich zwischen 2900 und 2600 v. Chr. heraus. Kennzeichnend in der Plastik waren statische Monumentalität und Vorderansicht, wobei männliche Figuren mit vorgeschobenem Bein wiedergegeben wurden. Die Größenverhältnisse richteten sich nach der Bedeutung der Person. Relief und Malerei kannten keine Perspektive. Köpfe und Füße wurden im Profil, die Körper frontal dargestellt.

Im Alten Reich (um 2600–2160 v. Chr.) entstanden ↑Pyramiden als Grabstätten der Pharaonen, die Teile größerer Tempelanlagen waren. Dazu gehörten u. a. ein Taltempel, in dem die Einbalsamierung und das

Ägyptische Kunst. Isis geleitet Königin Nefertari zu ihrem Grab. Wandmalerei aus dem Grab der Nefertari in Theben. 1305–1196 v. Chr.

Bestattungszeremoniell stattfanden, und ein Totentempel für den ständigen Kult des zum Gott gewordenen toten Pharaos. Die Formentwicklung der Pyramide reichte von der Stufenpyramide in Sakkara bis zu den klassischen Pyramiden in Medum und Giseh, den größten Bauwerken ihrer Art. Daneben gab es auch ↑ Mastabas und Felsgräber. In den Tempelanlagen des Alten Reiches wurden Statuen gefunden, die als Sitz- oder Standbilder mit eng an den Körper gelegten Gliedmaßen die Persönlichkeit des Toten für ein Weiterleben im Jenseits bewahren sollten. Reliefs bzw. Malereien auf den Wänden der Grabräume schilderten das Leben des Verstorbenen.

Im Mittleren Reich (2040–1785 v. Chr.) wurde die Tradition des Pyramidenbaues unterbrochen. Die königlichen Bestattungen waren nun als unterirdische Felsgräber angelegt und die Grabkammern tief in den Felsen gehauen.

Das Neue Reich (1552–1070 v. Chr.) war die Zeit der größten Machtentfaltung Ägyptens im Altertum und eine Blütezeit der Kunst. Wichtige Beispiele: Tempel der Hauptstadt Theben, Karnak und Luxor, sowie der Felsentempel Ramses' II. in Abu Simbel. Die Königsgräber wurden getrennt von den Totentempeln im Felsgebirge im Tal der Könige angelegt. Die Grabausstattung Tutenchamuns spiegelt den Reichtum des königlichen Hofes. Unter seinem Vorgänger Amenophis IV. war eine religiöse Reform eingeleitet worden. Der Sonnengott Aton war nun alleiniger Gott, die Residenz wurde nach Amarna verlegt. Die ↑ Amarnakunst zeigt eine sonst in der ä. K. nicht zu beobachtende Naturnähe, verbunden mit einer expressiven Gestaltung des menschlichen Körpers.

Während der Spätzeit (712–332 v. Chr.) orientierte man sich an der Formgebung früherer Blütezeiten bis zur vollendeten Nachahmung älterer Werke. Die Tempelanlagen der Ptolemäerzeit (332–30 v. Chr.) wirken nicht nur durch ihre gute Erhaltung, sondern durch die Harmonie ihrer Proportionen und die Farbigkeit der Reliefs. Die ↑ koptische Kunst blieb bis ins 9. Jh. n. Chr. eine eigenständige Erscheinung der ä. K.

Ährenwerk ↑ Mauerwerk.

Aigrette, französische Bezeichnung für einen Haarschmuck aus Edelmetall in Gestalt von Federn, Rosetten, Schmetterlingen, der im 17. und 18. Jh. besonders beliebt war.

Airbrushing [engl. air »Luft«, brush »streifen«, »leicht berühren«], Maltechnik, die mit

Ägyptische Kunst. Mykerinos zwischen Hathor und der Gaugöttin von Dendera. Kairo, Ägyptisches Museum

Farbsprays arbeitet und vor allem in Werbung, Grafikdesign, aber auch von Künstlern der ↑ Pop art und des ↑ Fotorealismus angewandt wird.

Ajourarbeit, Bezeichnung für »durchbrochen« gearbeitete Gewebe und Spitzen, auch gebraucht für Edelsteinfassungen.

Akademie [griech.], ursprünglich die von Platon im Hain des Heros Akademos gegründete Philosophenschule (387 v. Chr.), seitdem Bezeichnung für Gelehrtengesellschaften und Ausbildungsstätten. Nach antikem Vorbild wurden im 14. Jh. die frühesten neuzeitlichen A. gegründet, die sich der Pflege des Griechischen, der Dichtung und den Naturwissenschaften widmeten. 1490 entstand in Florenz eine Bildhauerakademie. Als älteste Malerakademie gilt die Accademia del Disegno, gegr. 1563 unter Cosimo I. de Medici. Sie war von Giorgio Vasari, dem italienischen Maler, Architekten und Kunsthistoriographen, angeregt worden.

Die Accademia di San Luca in Rom (gegr. 1599) gab sich feste Satzungen und Lehrpläne, die bis ins 19. Jh. verbindlich waren. Nach ihrem Vorbild entstanden A. in Lucca 1640, Bologna 1709, Antwerpen 1665. 1662 gründete Joachim Sandrart in Nürnberg eine A. Einen Einblick in das Lehrprogramm gibt sein zweibändiges Stichwerk »Teutsche Academie der Edlen Bau-, Bild- und Mahlerey-Künste«. Die Académie Royale des Peintres et Sculpteurs in Paris, gegründet 1648, bestimmte mit ihren Prinzipien (Historienbilder als wichtigstes Genre, feste Regeln für Bildaufbau und Gestaltung) die Programme der A. in Berlin (1696), Dresden (1705), Düsseldorf (1767) und München (1770).

Eine neue Entwicklung leitete das 1919 gegründete ↑ Bauhaus ein, dessen neue Unterrichtsmethoden die traditionellen Auffassungen der A. stark beeinflußten.

Akademismus, kritisch gemeinte Bezeichnung für die teilweise starre Künstlerausbildung an den ↑ Akademien.

Akanthus, Blätter einer im Mittelmeergebiet heimischen Pflanze, die in Antike, Mittelalter und Neuzeit als Ornament nachgestaltet wurde (u. a. an Säulen, Friesen, in der Buchmalerei).

Akkumulation [lat. accumulare »anhäufen«], Gestaltungsform der Objektkunst (↑ Objekte), bei der Gegenstände (Löffel, Dosen, Kannen) reliefartig zu einem Arrangement angehäuft werden. Die Gegenstände werden meist in Schaukästen präsentiert oder auf Platten befestigt. So montierte z. B. Daniel Spoerri den Inhalt von Papierkörben zu Objektbildern, César preßte Konservendosen zu Schrottpaketen, Jean Tinguely schweißte Maschinenteile zu bizarren Gebilden. Ähnlich wie bei der ↑ Pop art wird der Unterschied zwischen Kunst und Alltagswelt aufgehoben, die Konsumwelt wird ironisiert, kritisiert und verfremdet.

Akleybecher, *Agleybecher,* der Akeleiblüte nachgebildete Pokalform in der deutschen Goldschmiedekunst vor allem des 16. und 17. Jh.

Akrolith [griech. akros »spitz«, lithos »Stein«], antike Plastik, deren bekleidete Körperteile aus Holz, unbekleidete Teile (Kopf und Glieder) aus Stein gearbeitet sind. A. galten seit dem 7. Jh. v. Chr. als billiger Ersatz für kostspielige ↑ chryselephantine Bildwerke.

Akropolis [griech. »Hochstadt«], Burgberg, später Tempelbezirk einer griechischen Stadt (A. von Athen, 5. Jh. v. Chr.).

Akroterion [griech. »Spitze«], Aufsatz als First- oder Eckakroterion an Giebeln griechischer Tempel; häufig als pflanzliches Ornament (Palmette, Akanthus), Schmuck-

Akanthus

Akleybecher

scheibe oder Figur (Fabeltiere, Greif, Sphinx) gestaltet.

Akt [lat. actus »Handlung«, »Bewegung«], ursprünglich Bewegungsstudie, später jede Darstellung des unbekleideten menschlichen Körpers. Höhepunkt der Aktdarstellung in der griechischen Kunst und in der Renaissance; im Mittelalter war die Aktdarstellung auf wenige religiöse Themen begrenzt (Adam und Eva, Jüngstes Gericht).

Aktionskunst, Ersatz eines Kunstobjektes durch eine künstlerische Aktion, deren Handlung nach einem festgelegten Konzept räumlich und zeitlich begrenzt ist. Die A. kam im Dadaismus auf. Formen der A. sind ↑ Happening, ↑ Fluxus, ↑ Performance.

Ala [lat. »Flügel«], Seitenflügel im ↑ Atrium des römischen Hauses.

Alabaster, nach der ägyptischen Stadt Alabastron benannter feinkörniger Gips, durchscheinend weiß, auch schwach gefärbt. A. wurde zuerst in Ägypten, später von den Sumerern für Urnen, Vasen und Schalen verwendet.

Alabastron, griechisches Salbgefäß, ursprünglich aus ↑ Alabaster, später auch aus Ton, Glas oder Bronze. ↑ auch Vasentypen, griechische.

Albarello [ital. »Topf«, »Krug«, »Fläschchen«], zylindrisches, in der Mitte leicht eingezogenes Apothekengefäß aus Fayence. Nach persischen Vorbildern seit 15. Jh. in Spanien, 16. Jh. in Italien hergestellt.

Albe ↑ Paramente.

Album [lat. albus »weiß«], in der Antike geweißte Tafel für öffentliche Bekanntmachungen, heute in Buchform gebundene unbedruckte Blätter zum Einkleben von Bildern oder für handschriftliche Eintragungen, meist im Querformat. Genealogische oder heraldische Arbeiten von Buchmalern (Stamm- und Wappenbücher) oder botanische und zoologische Werke von Illustrationsstechern werden ebenfalls als A. bezeichnet. Seit dem 16. Jh. entwickelte sich das Freundschafts- und Erinnerungsbuch (Stammbuch), das dann besonders im 19. Jh. als Poesiealbum wieder auflebte.

Alcazar, *Alkazar* [arab. »Palast«], spanische Bezeichnung für Burgen oder Schlösser.

Akroterion

Aldinen, die von dem italienischen Drucker-Verleger Aldus Manutius und seinen Nachfolgern seit 1495 in Venedig hergestellten kleinformatigen Drucke griechischer und lateinischer Klassiker, die sich durch hervorragende buchkünstlerische Gestaltung und flexible Ledereinbände auszeichnen.

al fresco ↑ Freskomalerei.

Algraphie, 1892 erfundene Sonderform der Lithographie, bei der Aluminiumplatten als Druckformen verwendet werden.

Alignement ↑ Megalithe.

Alkazar ↑ Alcazar.

Alkoven [arab.], fensterloser Nebenraum, der durch eine große Wandöffnung mit dem Hauptraum verbunden ist und meist als Schlafnische dient.

alla prima [ital. »gleich zu Anfang«], *Primamalerei,* Technik der Ölmalerei, bei der das Bild ohne Untermalungen und Lasuren in einer Schicht gemalt wird.

Allegorie [griech. allegorein »anders ausdrücken«], Verbildlichung von abstrakten Begriffen, die meist auf literarische Vorstellungen zurückgeht. Mittel der A. sind Handlungen und ↑ Symbole, häufig Personifikation, wobei die Figuren durch Mimik, Gestik, Kleidung oder ↑ Attribut (Waage für Gerechtigkeit, Anker für Hoffnung) in ihrer allgemeinen Bedeutung erkennbar sind, z. B. Liebe als Amor, Alter als Greis, ↑ Ecclesia und Synagoge, ↑ Tugenden und Laster, ↑ Vanitas-Darstellungen. Erklärende Texte und Beischriften sind zu ihrem Verständnis gelegentlich nötig. Die A. besitzt eine didaktische, kommentierende oder kritische Funktion.

Allerheiligenbild, Darstellung der Anbetung des Lammes, des Symbols Christi (nach Off. Joh. 7 im Neuen Testament), durch die Schar der Heiligen. Seit dem späten Mittelalter werden häufig Christus oder die ↑ Dreifaltigkeit an Stelle des Lammes wiedergegeben (Albrecht Dürer, A. mit dem ↑ Gnadenstuhl im Mittelstück).

All-over-style, englischer Bucheinbandstil im 17. Jh., wahrscheinlich durch Samuel Maerne entwickelt. Die Stempel, die zur Verzierung der Ledereinbände verwendet wurden, bedecken die Deckelfläche ohne Umrahmung »über und über« [engl. all over].

Almanach, ursprünglich astronomischer bzw. astrologischer Kalender; seit dem 16. Jh. Kirchen- und Heiligenkalender mit meteorologischen und astrologischen Voraussagen, Mitteilungen über den Jahresablauf (Messen, Märkte), ökonomischen und verkehrstechnischen Angaben (Zölle, Wechselkurse, Poststationen) und belehrenden und unterhaltenden Beiträgen (Gedichte, Fabeln, Rätsel). Seit Mitte des 19. Jh. wurden A. durch illustrierte Zeitungen verdrängt. Heute bezeichnet man periodisch erscheinende Schriften für bestimmte Wissensgebiete auch ohne kalendarische Angaben als A.

Almandin, durchsichtiger Edelstein von dunkelroter, ins Violette spielender Farbe, der der Gruppe der Granate angehört.

Almemor, *Almenar* [arab. »Pult«], in der Synagoge das erhöhte Lesepult, von dem die Thora verlesen wird.

Almeria-Kultur, neolithische Kultur in Südostspanien (4500–3500 v. Chr.), bezeichnet nach Funden in der Provinz Almeria. Sie ist durch eine unverzierte Keramik gekennzeichnet, mit rundbauchigen Halsgefäßen, geschweiften Bechern und tiefen Schalen.

Alpaka ↑ Neusilber.

Alpha und Omega, *A und O,* der erste und letzte Buchstabe des griechischen Alphabets, verkörpern nach griechischer Auffassung den Kosmos als allumfassende Einheit. In der frühchristlichen Kunst symbolisch auf Christus übertragen und seit dem 3. Jh. in Verbindung mit dem ↑ Christusmonogramm verbreitet.

al secco ↑ Sekkomalerei.

Altan, *Söller,* aus einem oberen Stockwerk ins Freie führende Plattform, die – im Unterschied zum ↑ Balkon – vom Boden aus gestützt wird.

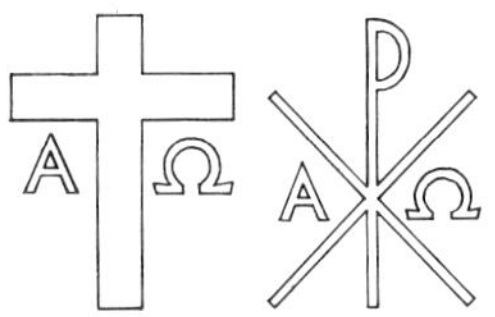

Alpha und Omega

Altar [lat. altaria »Brandopfer«], einer Gottheit geweihte erhöhte Opferstätte, in allen Religionen verbreitet. In der griechisch-römischen Antike stand der A. meist vor oder neben dem Tempel und konnte mit einem Stufenunterbau gewaltige Ausmaße annehmen (Pergamonaltar).

Beim christlichen A. handelte es sich in frühester Zeit um einen einfachen hölzernen Tisch, der allmählich durch den steinernen A. ersetzt wurde. Seit dem 9./10. Jh. verbreitete sich der Brauch, Reliquien im A. zu deponieren, was zur Entwicklung des Kasten- und Blockaltares führte. Damit übernimmt der A. auch die Funktion eines Heiligengrabes.

Der A. besteht aus Altardeckplatte (Mensa) und Altarunterbau (Stipes). Altarschmuck

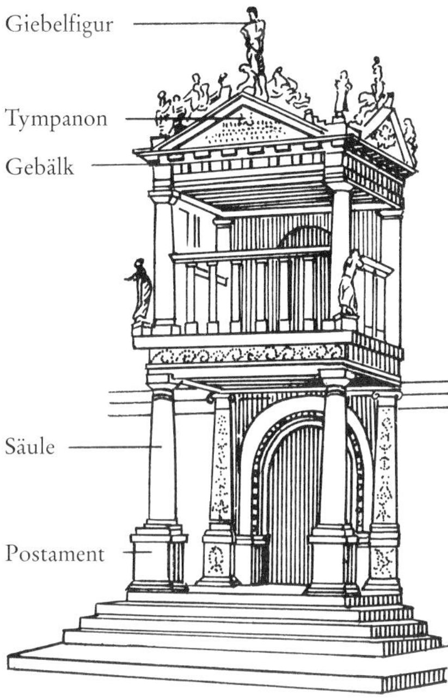

Altan am Rathauseingang in Wittenberg. 1573

ist seit dem 4. Jh. überliefert (↑ Antependium). In romanischer Zeit wurde der Altaraufsatz (↑ Altarretabel) üblich, der sich in der Gotik zum Flügelaltar erweiterte. Einem feststehenden Mittelteil, dem Altarschrein, wurden links und rechts Flügel angesetzt. Hat der Altarschrein mehrere Flügel, die – je nach den Festtagen – einen Wechsel der Ansichten ergeben können, spricht man von einem Wandelalter. Seit dem 15. Jh. wurde dem Flügelaltar eine ↑ Predella beigegeben, die ebenfalls geschnitzte oder gemalte Darstellungen enthalten und zur Aufbewahrung von Reliquien dienen konnte. In der Spätgotik erhielt der Schrein oft einen turmartigen Aufbau, das Gesprenge. Im 16. Jh. setzte sich das feste Retabel mit architektonisierendem Aufbau immer mehr durch. Im Barock weicht die Block- oder Kastenform dem Sarkophagaltar, der im Zusammenhang mit dem wiederbelebten Märtyrerkult den A. als Grab eines Heiligen interpretiert. Der Kanzelaltar im evangelisch-lutherischen Bereich im 17. und 18. Jh. betont die Zusammengehörigkeit von Wort und Sakrament. Übereinander sind hier A. und Kanzel, mitunter auch Orgel angeordnet. ↑ auch Tragaltar.

Altarretabel [lat. retabulum »Rückwand«], *Altaraufsatz,* ein auf dem Altartisch oder hinter dem Altar aufgestelltes Bildwerk, das im Deutschen auch nur als Altar bezeichnet wird, seit dem 11. Jh. nachweisbar. In der Romanik war das Retabel eine rechteckige Tafel aus Holz, Stein oder Metall und mit Reliefs oder Malereien geschmückt. In der Gotik entwickelte sich ein architektonisch aufgebautes Zierrahmenwerk (↑ Altar). In Anlehnung an die Antike wird in der Renaissance die Bildtafel oder ein Bildwerk mit Säulen oder Pilastern und Giebel eingerahmt, die sich im Barock zu monumentalem, oft an Bühnendekorationen erinnernden Aufbau erweitern. Abb. S. 16.

Altarschranken, niedrige Brüstungen zwischen dem Altar und dem Laienraum. Abb. ↑ Ambo, ↑ Chorschranken.

Altarstaffel ↑ Predella.

altchristliche Kunst ↑ frühchristliche Kunst.

altdeutsche Kunst, seit der Romantik gebräuchliche ungenaue Bezeichnung für die deutsche Kunst vor der Reformation, besonders des 15. und frühen 16. Jh.

Altertumskunde ↑ Archäologie.

altniederländische Kunst, noch gebräuchliche, aber ungenaue Bezeichnung für die Kunst des 15. und der 1. Hälfte des 16. Jh. in den gesamten damaligen Niederlanden (mit den heutigen Staaten Holland, Belgien,

Altar. 1 Tischaltar, 2 Kastenaltar, 3 Blockaltar, 4 Sarkophagaltar

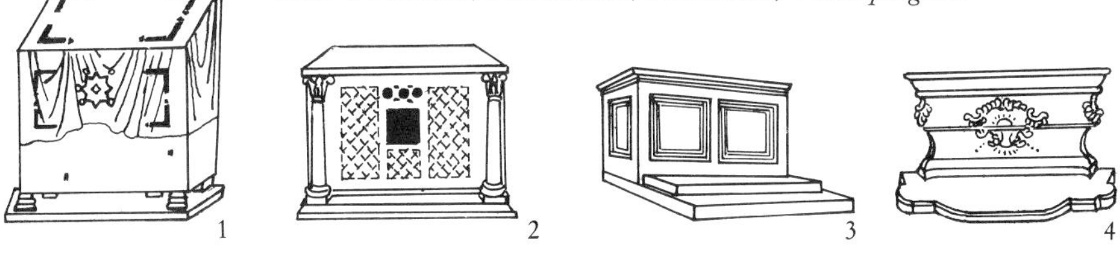

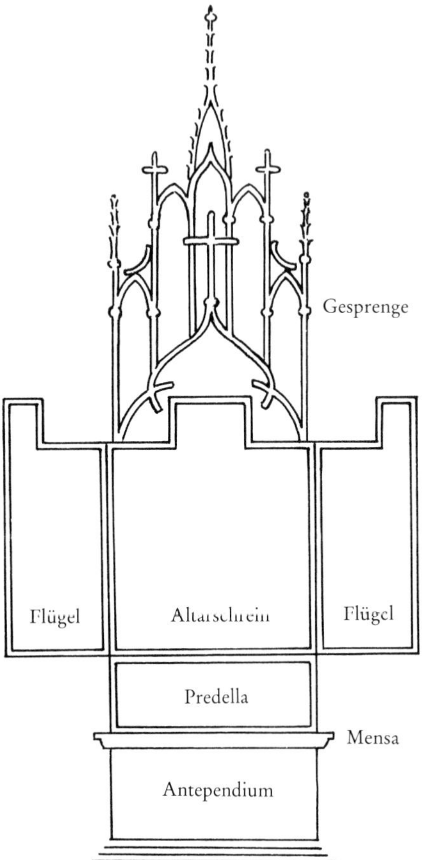

Altarretabel

Luxemburg sowie Teilen Nord- und Westfrankreichs).

Amarnakunst, Stil der ↑ ägyptischen Kunst z. Z. Amenophis' IV. (Echnaton), Mitte des 14. Jh. v. Chr. vor allem in Tell el-Amarna, der ehemaligen Residenz dieses Königs. Kennzeichen dieser Kunst sind Individualisierung von Personen, vor allem aus dem Königshaus, Wiedergabe von Empfindungen, teilweise Auflösung der strengen Achsengebundenheit und Einführung neuer Bildthemen: Der König wurde nicht mehr in erhabener Göttlichkeit, sondern im Umgang mit Gattin und Töchtern dargestellt. Die zahlreichen Götterdarstellungen verschwanden zugunsten des Gottes Aton, symbolisiert als Sonne.

Ambitus [lat. »Umgang«], allgemein ein überdachter Wandelgang, speziell nur noch wenig gebräuchliche Bezeichnung für Chorumgang.

Ambo [griech. ambon »Erhöhung«], kanzelartiges Podest zur Verlesung des Evangeliums oder der Epistel. Seit dem 13. Jh. im ↑ Lettner eingebaut oder durch die ↑ Kanzel ersetzt.

Amoretten ↑ Eroten.

Ampel [lat. ampulla »Fläschchen«], Sammelbegriff für Gefäße, die zum Aufhängen eingerichtet sind, speziell auch für Öllampen. Seit dem 4. Jh. wurden kostbar gearbeitete A. für die Beleuchtung der christlichen Kirchen verwandt, bis sie im frühen Mittelalter mit der Verbreitung der Kerze durch den Kronleuchter verdrängt wurden. A. dienen heute in orthodoxen und katholischen Kirchen vor dem Altar als »ewiges Licht«.

Amphiprostylos, griechischer ↑ Tempel mit offener Säulenvorhalle an beiden Schmalseiten.

Amphitheater, von den Römern für Theater, Spiele, Sport, Gladiatorenkämpfe errichtetes Bauwerk mit einer elliptischen Arena und ansteigenden Zuschauerrängen (Kolosseum in Rom).

Amphora, bauchiges Gefäß mit zwei Henkeln, das in Griechenland als Vorrats-, Maß- und Prunkgefäß diente. ↑ auch Vasentypen, griechische.

Ampulle [lat. ampulla »Fläschchen«], flaschen- oder kännchenartiges Gefäß aus Glas, Ton oder Metall zur Aufbewahrung von geweihtem Wasser oder Öl, bauchig und mit engem Hals. Verbreitetster Typ waren die Pilgerampullen, in denen Pilger geweihtes Wasser oder Öl von Wallfahrtsorten mitnahmen.

analytische Malerei [griech. analysis »Auflösung«] experimentiert mit den Wirkungen einfacher Mittel und Möglichkeiten der Malerei. Die Künstler versuchen mit einfachen Streifen oder monochromem Auftrag nicht nur die Art des Farbauftrages auf sich wirken zu lassen, sondern auch die Qualität des Bildträgers. Verbunden ist damit auch meist eine Vereinfachung, so daß eine Verwandtschaft zur ↑ Minimal art erkennbar ist. Die Betonung des rationalen Vorgehens zeigt die Nähe zur ↑ Concept art. In Frankreich bezeichnet sich diese Richtung als ↑ Supports/Surfaces. Vertreter: Robert Rymann, L. Cane.

Anamorphose [griech. anamorphosis »Umgestaltung«], absichtlich verzerrte Darstellung, die dem niedriger stehenden Betrachter dann die perspektivisch richtige Ansicht bietet. Die A. wurde in der Wand- und Deckenmalerei (↑ Illusionismus) und in der Monumentalplastik angewandt.

In Malerei und Grafik ist die A. ein teils gleichnishaftes, teils artifizielles Spiel mit spiegelbildlichen Verzerrungen. Die A. ist seit dem 16. Jh. bekannt und wurde im 20. Jh. im Umkreis des ↑ Surrealismus wiederbelebt.

Anastasis ↑ Höllenfahrt Christi.

anastatischer Druck [griech. anastasis »Wiedererweckung«], von Alois Senefelder um 1800 erfundenes Verfahren, ältere Drucke so zu präparieren, daß die gedruckten Partien auf einen lithographischen Stein übertragen und neu gedruckt werden können.

Anatomie [griech. anatemnein »gliedern«], Wissenschaft vom Bau des menschlichen Körpers. Intensive Beschäftigung mit A. gab es bereits in der griechischen Antike, wiederaufgenommen in der Renaissance, vor allem in Italien. Die von Leonardo da Vinci an Leichen vorgenommenen Studien waren für Medizin und Kunst gleichermaßen bedeutsam.

Ambo mit Altarschranken. Rekonstruktion. 6. Jh.

Viele Künstler illustrierten anatomische Werke. Im 16. Jh. erste Darstellungen ärztlicher Sektionen, daraus entwickelte sich seit Beginn des 17. Jh. eine »Anatomie« genannte Gattung von Gruppenbildnissen: Ein Arzt seziert vor einer Gruppe von Zuschauern eine geöffnete Leiche (Rembrandt, Anatomie des Dr. Tulp).

Andachtsbild, Bildwerke (meist Holzplastiken), die im 14. Jh. entstanden und der individuellen Andacht dienten. Unter dem Einfluß der Mystik wurden einzelne Motive der Passion Christi und des Marienlebens aus dem Zusammenhang gelöst, z. B. ↑ Schmerzensmann, ↑ Pietà, Christus-Johannes-Gruppe, ↑ Schutzmantelmadonna.

Unter »kleinem Andachtsbild« versteht man gemalte Einzelblätter mit einer zur Andacht anregenden Darstellung, mitunter von einem erbaulichen Text begleitet. Im 15. Jh. wurden A. durch Drucktechniken zu einer Massenware (vor allem Wallfahrts- und Gnadenbilder).

Andreaskreuz ↑ Kreuz.

Andruck, Probeabzug vor dem Druckprozeß, um die Reproduktionsqualität zu prüfen.

Anfängerstein, *Anfangsstein,* der erste Stein eines Bogens oder eines Gewölbes über dem ↑ Kämpfer.

angewandte Kunst, *Gebrauchskunst,* ursprünglich zusammenfassende Bezeichnung für die Bereiche der bildenden Kunst, die dem Gebrauchswert eines Gegenstandes einen Schönheitswert hinzufügen (z. B. Gold- und Silberschmiedekunst, Email, Keramik, Textilkunst, Buchkunst). Die Grenzen gegenüber den »freien« Künsten (Malerei und Plastik) sind fließend. Zu den häufig synonym verwandten Begriffen ↑ Kunsthandwerk und ↑ Kunstgewerbe gibt es Bedeutungsschattierungen. Für die Gestaltung von industriellen Produkten haben sich die Bezeichnungen Produktgestaltung, ↑ Design durchgesetzt.

Angster ↑ Kuttrolf.

Anna selbdritt, hl. Anna mit Maria und dem Jesuskind, früheste Darstellungen seit dem 14. Jh.

anopisthographischer Druck [griech. anopisthen »nicht hinten«], Bezeichnung für den einseitigen Holztafeldruck, der vor der

Erfindung der Buchdruckerkunst üblich war (↑ Einblattdruck). Gegensatz: opisthographischer Druck, bei dem beide Seiten des Blattes bedruckt werden.

Ante [lat. anta »Pfeiler«], vorgezogene pfeilerartig endende Längswand an antiken Häusern und ↑ Tempeln (Antentempel). Charakteristisch ist das dreiseitig durchgestaltete Kapitell (Antenkapitell).

Antefix [lat. antefixa »das vorn Befestigte«], Dachziegel am antiken Tempel mit aufrechtstehender Ansichtsfläche, die den Stoß der Flachziegel über der Traufkante überdecken.

Antenkapitell ↑ Ante.

Antentempel ↑ Tempel.

Antependium [lat. »Vorhang«], die Vorderseite des Altars verdeckender Vorhang aus Stoff oder verdeckende Vorsatztafel aus Stein, Holz oder Metall mit ornamentalem bzw. figürlichem Schmuck. Abb. ↑ Altarretabel.

Anteportikus, *Propylon,* Torhalle vor dem Eingang in das ↑ Atrium einer frühchristlichen ↑ Basilika.

Anthemion [griech. »Blume«, »Blüte«], Schmuckband aus aneinandergereihten Palmetten und Lotosblüten. Abb. ↑ Fries.

anthropomorph [griech. »menschengestaltig«] sind Darstellungen, die an menschliche Bildungen oder Proportionen erinnern, ohne die menschliche Gestalt direkt wiederzugeben.

Antichambre, französische Bezeichnung für ↑ Vestibül.

Antike, Bezeichnung für das griechisch-römische Altertum von den Anfängen etwa 1000 v. Chr. bis zum 4.–6. Jh. n. Chr. Die A. wird gewöhnlich in drei Epochen untergliedert: 1. griechische und hellenistische Epoche, 2. römische A., 3. Spätantike. ↑ auch griechische Kunst, römische Kunst.

Antikensammlung, Museum, in dem Überreste von Kunstwerken und Sachzeugen des griechisch-römischen Altertums aufbewahrt werden. Das Sammeln begann bereits in hellenistischer und römischer Zeit; planmäßiges Sammeln von Antiken seit der Renaissance, vor allem in Rom. Im 16. Jh. wurden nach italienischem Vorbild auch im übrigen Europa A. angelegt (Antiquarium, München, 1569–72; Antikenkabinett im Berliner Schloß, 1703).

Antikunst, künstlerische Haltung, die mit der ↑ Dada-Bewegung verbunden war und die eine Absage an die bisherigen Kunstpraktika bedeutete. Das Absurde, Ironie, Schock oder Zerstörungsakt waren wichtige Merkmale. Die Neo-Dada-Bewegung der 50er und 60er Jahre griff auf diese mit A. verbundenen Prinzipien zurück. ↑ auch Aktionskunst, Happening, Environment.

Antiphonar [griech. antiphonein »antworten«], ↑ liturgisches Buch, das die Gesänge des kirchlichen Stundengebetes enthält.

Antiqua [lat. antiquus »alt«], im 15. Jh. in Italien aus der karolingischen Minuskel und der römischen Kapitalis entwickelte Druckschrift, die noch heute die allgemein gebräuchliche Buchschrift darstellt. ↑ Schrift.

Antiquitäten [lat. antiquus »alt«], überlieferte Kunst- und Gebrauchsgegenstände, die aus ihrem ursprünglichen Gebrauchszusammenhang gelöst und Sammelobjekte wurden. Als A. galten im allgemeinen Kunst- und Gebrauchsgegenstände bis zum Ausklang des Biedermeier, also etwa 1840. Seit ungefähr 1970 verschoben sich diese

Andreas
schräges Kreuz

Bartholomäus
Messer,
geschundene Haut

Jakobus major
Pilgertracht mit
Muschel

Jakobus minor
Fahne oder Stab

Johannes
bartlos, Kelch
und Schlange

Judas Thaddäus
Keule

zeitlichen Grenzen auf dem Antiquitätenmarkt, so daß auch Gegenstände der Gründerzeit, des Bauhauses und des Art déco zu den gesuchten A. gehören.

Antitypus ↑ Typologie.

Anuli [lat. »kleine Ringe«], ringförmige Einschnürung am unteren Teil des dorischen ↑ Kapitells am Übergang zum Säulenschaft. Abb. ↑ Säulenordnung.

äolisches Kapitell, im nordwestlichen Kleinasien (Laris, Lesbos, Meandria) auftretende Kapitellform aus dem 7. Jh. v. Chr. mit ausladenden ↑ Voluten, zwischen denen eine Palmettenform herauswächst.

Apokalypse, Offenbarung Johannes, das letzte Buch des Neuen Testamentes mit Visionen vom bevorstehenden Weltende. Einzelne Motive der A. kommen bereits in der frühchristlichen und mittelalterlichen Kunst vor, wie die ↑ Majestas Domini und die Anbetung des Lammes (↑ Allerheiligenbild). Im Mittelalter hauptsächlich in der Buchmalerei verbreitet (Bamberger Apokalypse, um 1000) und im 15./16. Jh. als Holzschnittillustrationen zur Bibel (Albrecht Dürers Apokalypse).

Apostel [griech. apostolos »Abgesandter«, »Bevollmächtigter«], im engeren Sinne die 12 Jünger, die Christus auswählte; dazu gehören Simon (Petrus), Andreas, Jakobus major (d. Ä.), Johannes, Philippus, Bartholomäus, Matthäus, Thomas, Jakobus minor (d. J.), Simon, Judas Thaddäus, Judas Ischarioth (der Verräter), an dessen Stelle Matthias oder Paulus dargestellt werden. In der Ostkirche werden Judas Thaddäus und Jakobus minor durch die Evangelisten Markus und Lukas ersetzt. In Verbindung mit der Heiligen- und Märtyrerverehrung setzten sich für die Apostel bestimmte Typen mit individuellen Merkmalen durch (Petrus mit grauem krausem Bart, Paulus mit langem braunem Bart).

Apotropaion [griech. apotrepein »abwenden«], unheilabwehrendes Zeichen, z. B. germanisches Knotenwerk. An christlichen Kirchen wird den dämonenartigen Steinplastiken und fratzenhaften Wasserspeiern apotropäische Bedeutung zugeschrieben.

Applikation [lat. applicare »anfügen«], Handarbeit der Textilkunst, bei der die ausgeschnittenen Stoffteile aufgenäht werden. Im 18. Jh. war die Bändchenstickerei beliebt, eine Mischtechnik zwischen Applikation und Stickerei, deren Motive vorwiegend aus aufgemalten bzw. aufgestickten Bändchen oder Litzen bestehen. Bei Applikationsspitze wird das geklöppelte oder genähte Muster auf Tüll aufgenäht.

après a lettre, *avec la lettre* [franz. »nach der Schrift«], Bezeichnung für grafische Abdrucke, die mit Schrift (Signatur, Titel, Numerierung) versehen sind.

Apsis, *Apside,* im Mittelalter auch *Konche, Exedra, Tribuna* genannt, meist halbrunder, mit Halbkuppel überwölbter Raum, der einem Hauptraum ein- oder angebaut ist. Die A. wurde aus der römischen Profan- und Sakralbaukunst in den frühchristlichen Kirchenbau übernommen, wo sie, im Osten gelegen, die Sitze für die Geistlichkeit und Presbyter sowie den Bischofsstuhl enthielt. Der Altar stand meist davor. Seit karolingischer Zeit schob sich zwischen A. und

Die Apostel mit ihren Attributen

Matthäus Winkelmaß, Beil Hellebarde — Paulus Schwert — Petrus Schlüssel — Philippus Kreuzstab — Simon Säge — Thomas Winkelmaß oder Lanze

Querhaus ein Chorquadrat ein. Dadurch wurde die A. zum abschließenden Chorteil und verlor ihre Selbständigkeit. Als Verlängerung der Seitenschiffe können im Osten Nebenapsiden, bei ↑ doppelchörigen Anlagen eine gegenüberliegende Westapsis hinzukommen. Seit Mitte des 12. Jh. ist die A. nicht mehr nur halbrund, sondern auch polygonal. Das gotische Streben nach Raumvereinheitlichung hob die Sonderung von A. und Chor auf und bezog die A. so in den Chor ein, daß nur noch vom polygonalen Chorabschluß gesprochen werden kann.

Apteraltempel, griechischer ↑ Tempel ohne Säulengang an den Längsseiten, z. B. Antentempel, Prostylos.

Aquädukt [lat. aqua »Wasser«, ducere »führen«], Wasserleitung, speziell die römischen Wasserleitungsbrücken, über die das Quellwasser bis zu 90 km weit in die Stadt geführt wurde. A. gehören zu den bedeutendsten Zeugnissen römischer Bautechnik. (Pont du Gard bei Nîmes in Frankreich).

Aquamanile [lat. aqua »Wasser«, manus »Hand«], seit dem 12. Jh. bekanntes Gießgefäß, meist in tierähnlicher Gestalt (Löwe, Drache, Greif) für Handwaschungen im christlichen Kult.

Aquarellmalerei [lat. aqua »Wasser«], das Malen mit wasserlöslichen Farben. Während Guasch- und Temperafarben den Malgrund völlig überdecken, lassen Aquarellfarben den hellen Grund durchscheinen.

Aquatinta [lat. aqua »Wasser«, ital. tinta »Färbemittel«], *Lavismanier,* graphisches Tiefdruckverfahren, bei dem Kupferplatten als Druckform verwendet werden, die durch eine Kornrasterstruktur den Druck von Bildern mit halbtonartiger Wirkung ermöglichen; verwandt mit der ↑ Schabkunst und der ↑ Radierung. Auf eine Metallplatte wird

Aquamanile

Arabeske (2.)

Kolophoniumstaub aufgeschmolzen. Durch mehrmaliges partielles Abdecken und stufenweises Ätzen wird eine unterschiedliche Ätztiefe erreicht, die dann beim Einfärben unterschiedliche Farbmengen auf das Papier überträgt. So entstehen Flächen mit verschiedenen Tonwerten.

Arabeske, 1. islamisches Dekor aus geometrischen Formen und entnaturalisierten Pflanzenranken (↑ Maureske).

2. aus der griechisch-römischen Antike stammendes Ornament, das seit der italienischen Renaissance als A. bezeichnet wird. Die A. der Antike besteht aus plastischem Laub- und Rankenwerk und wurde als waagerechter Fries oder in senkrechter Anordnung (besonders in der italienischen Renaissance) zur Dekoration von Pilastern und Sockeln verwendet. In Deutschland verbreitete sie sich durch den Ornamentstich. In das Rankenwerk wurden häufig Masken, Köpfe und Figuren eingefügt.

Aräostylos ↑ Interkolumnium.

archaisch [griech. archaios »alt«], Bezeichnung für Stileigentümlichkeiten kunstgeschichtlicher Frühstufen, insbesondere der griechischen Kunst des 7.–6. Jh. v. Chr. Das Archaische zeichnet sich durch Kargheit des Formenaufwandes, betonte Strenge und Geschlossenheit aus, bei Darstellung des Menschen dominiert die Typenhaftigkeit. Die Wiedergabe von Gemütsbewegungen bleibt auf ein Heraufziehen der Mundwinkel beschränkt, das sogenannte »archaische Lächeln«. Historisierende Rückwendung zu archaischen Prinzipien nennt man archaisierend; Gegenbegriff »klassisch«.

Archäologie, *Altertumskunde,* Erforschung von alten Kulturen, im engeren Sinne der antiken (griechisch-römischen) Bau- und Kunstdenkmale, die vorzugsweise durch Grabung erschlossen werden. Als wissenschaftliche Disziplin in der Mitte des 18. Jh. durch Johann Joachim Winckelmann begründet. Neben der klassischen A. gibt es z. B. die christliche A., die sich mit der Kunst und Kultur des christlichen Altertums befaßt, die orientalische A. und die vor- und frühgeschichtliche A., die anhand von Funden (materielle Überreste) die Anfänge der Menschheit und ihrer Kultur erforscht.

Archäometrie [griech. archaios »alt«, metrein »messen«], Sammelbezeichnung für naturwissenschaftliche Untersuchungsmethoden archäologischer Funde. Mit Hilfe der A. kann die Herkunft antiker Skulpturen ermittelt werden; sie dient der Altersbestimmung und dem Nachweis von Echtheit oder Fälschung.

Architektur, *Baukunst,* älteste und am meisten zweckgebundene Kunst. Sie umfaßt die Gesamtheit der Bauwerke; ihre Entwicklung steht im engen Zusammenhang mit dem Seßhaftwerden der Völker. A. schafft Wohn-, Nutz- und Repräsentationsbauten, entwirft Stadt- und Regionalpläne. Material und Konstruktion sind für die Formen der A. maßgebend. Je nach Material unterscheidet man Holz-, Backstein- und Steinbau; seit dem 19. Jh. kommen Eisen und Glas hinzu. Ihrer Bestimmung nach gliedert man in Profan- und Sakralbau.

Architekturmalerei, Darstellung von Bauwerken, Innenräumen oder Plätzen als Hauptthema eines Gemäldes. Figuren dienen nur zur Milieuschilderung oder zur Verdeutlichung des Maßstabes. Das Architekturbild entwickelte sich nach Mitte des 16. Jh. in den Niederlanden, doch reichen seine Vorstufen bis in die Antike und das Mittelalter zurück. Die Grenzen zur ↑Vedutenmalerei und zum ↑Interieur sind fließend.

Die Quadraturmalerei ist perspektivische A., die einen Innenraum illusionistisch erweitern will. Sie war vor allem im 18. Jh. in Italien und Deutschland beliebt.

Architrav

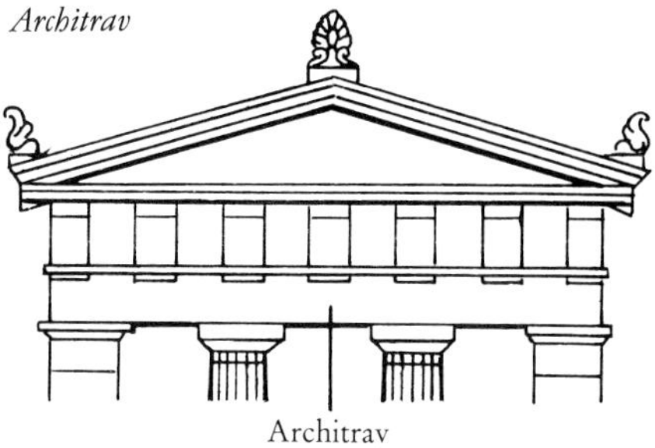

Architrav [lat. arcus »Bogen«, trabs »Balken«], waagerechter Hauptbalken über Säulen, Pfeilern oder Pilastern, der in der antiken und von ihr beeinflußten Baukunst den Oberbau eines Gebäudes trägt. Ursprünglich war der A. ein durchlaufender Holzbalken, später im Steinbau aus steinernen Teilstücken von Säulenmitte zu Säulenmitte zusammengesetzt (Epistyl). ↑auch Säulenordnung.

Archivolte [ital. archivolto »Oberbogen«], Stirn und Leibung eines Bogens, aber auch der Bogenlauf im romanischen und gotischen Gewändeportal, wo A. Fortsetzung und Abschluß der Gewändegliederung bilden und häufig mit Figuren besetzt sind.

Arkaden [lat. arcus »Bogen«], auf Säulen oder Pfeilern ruhende offene Bögen. Unter A. versteht man die fortlaufende Bogenstellung und den überwölbten Bogengang. Blendarkaden (ohne Maueröffnung) dienen zur dekorativen Gliederung einer geschlossenen Wand, Zwergarkaden als Ziermotiv unter dem Hauptgesims vor allem romanischer Choranlagen. Stützenfolgen mit geradem Gebälk werden als ↑Kolonnaden bezeichnet. Abb. S. 22.

Arkosolium [lat. arcus »Bogen«, solium »Sarg«], bogenüberwölbte Nische mit Grab in den Wänden der Katakomben, oft mit Malereien geschmückt.

Arma Christi ↑Passionswerkzeuge.

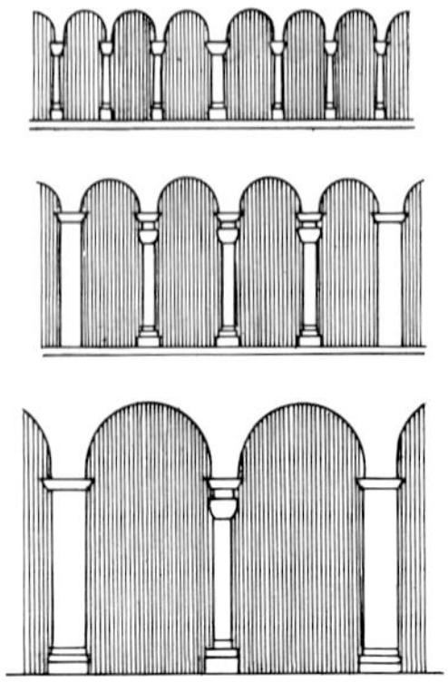

Arkaden

Armarium [lat. armaria »Schrank«], Wandschrank zur Aufnahme liturgischer Bücher, Geräte und ↑ Paramente.

Armenbibel [lat. biblia pauperum], typologische Bilderhandschrift mit Szenen aus dem Neuen Testament, denen jeweils zwei Ereignisse aus dem Alten Testament entsprechend der christlichen ↑ Typologie gegenübergestellt sind. A. waren vor allem im süddeutschen und österreichischen Sprachgebiet verbreitet und wurden etwa seit 1350 möglicherweise auch für theologische Unterweisung von einfachen Klerikern, Predigern und Mönchen verwendet. Neben Handschriften gibt es seit Mitte des 13. Jh. Blockbücher (mit deutschem Text seit 1470). Die frühesten Typendrucke sind 1462/63 bei Albrecht Pfister in Bamberg erschienen.

Armleuchter, vorwiegend aus Metall gearbeiteter Standleuchter, dessen kerzentragende Arme nach zwei Seiten abzweigen. ↑ auch Menorah, Kandelaber.

Arrazzi [Pl., Sing. Arrazzo], italienische Bezeichnung für die in Arras oder allgemein in Flandern im 14. und 15. Jh. gewirkten Bildteppiche.

arretinische Gefäße, vorwiegend in Arretium (heute Arezzo, Italien) hergestellte Tongefäße mit Reliefs und ziegelroter Glasur (ca. 25 v. Chr.–25 n. Chr.).

Arsenal ↑ Zeughaus.

Ars moriendi [lat. »Kunst zu sterben«], Teil christlicher Erbauungsliteratur besonders im 15. und 16. Jh.; handschriftlich oder gedruckt verbreitete Traktate über den Tod und die Vorbereitung auf ihn durch christliche Lebensführung, verbunden mit bis zu elf bildlichen Darstellungen, die die Kämpfe des Himmels und der Hölle um die Seele des Sterbenden zeigen.

Art autre [franz. »andere Kunst«], von dem gleichnamigen, 1952 erschienenen Buch von Michel Tapié abgeleiteter anderer Begriff für ↑ Art informel bzw. ↑ Tachismus.

Art brut [franz. »rohe Kunst«], von dem Maler Jean Dubuffet geprägter Begriff für spontan und unreflektiert Gestaltetes, insbesondere auch von Geisteskranken, Kindern und Amateurmalern. Die 1948 von Dubuffet mit André Breton und Michel Tapié gegründete »Compagnie de l'art brut« war gegen den abstrakten Akademismus gerichtet und bildete den Auftakt der ↑ Art informel. Zusammen mit anderen Künstlern wandte sich Dubuffet gegen erstarrte Wertvorstellungen.

Art concret ↑ konkrete Kunst.

Art déco [franz. arts décoratifs »dekorative Kunst«], Bezeichnung für eine Stilrichtung zwischen 1920 und 1930, zum Teil bis 1940. Die Bezeichnung entstand in Anlehnung an die kunsthandwerkliche Ausstellung »Exposition Internationale des Arts Décoratifs et Industriels Modernes« 1925 in Paris. 1966 fand in Erinnerung daran in Paris erneut eine Ausstellung mit Werken dieser Zeit statt, wobei der Begriff A. d. zu einer Stilbezeichnung erhoben wurde. Er gilt vor allem für Kunsthandwerk, aber auch für Architektur, Plastik, Plakatkunst, Fotografie. Charakteristische Gestaltungsmittel sind horizontale, vertikale und diagonale »gezackte« Linien, harte Formen und regelmäßige weiche Farbverläufe; Kuben, Quadrate, Zylinder und Kugeln sind häufig gebrauchte Grundformen. Oft werden kostbare Materialien wie Lack, Bronze, Ebenholz, Chagrinleder verwendet. Stilgeschichtlich stehen die Werke des A. d. in der Nachfolge des ↑ Jugendstils. Sie zeigen auch Beziehungen zu den ↑ Wiener Werkstätten, zum ↑ Bauhaus und der niederländischen ↑ Stijl-Bewegung. Ganz besonders in Frankreich

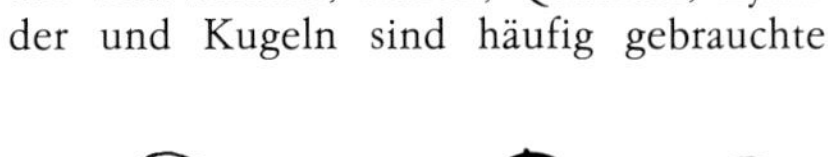

Art déco

und den USA trat diese auch in massenhaften Gebrauchsartikeln anzutreffende Stilrichtung hervor.

Arte cifra [ital. cifra »Ziffer«, »Chiffre«], Kunstrichtung des 20. Jh., die sich in Italien in den 70er Jahren herausbildete. Charakteristisch ist eine Bildsprache, die sich auf Bereiche des Unbewußten, Verdrängten bezieht und ikonographisch verkürzte mehrdeutige Zeichen verwendet. Zu den wichtigsten Vertretern gehören Nicola De Maria, Francesco Clemente, Sandro Chia, Enzo Cucchi.

Arte povera [ital. »arme Kunst«], Kunstströmung, die sich in den 60er Jahren des 20. Jh. herausbildete und eine Weiterführung von ↑Minimal art und ↑Concept art darstellt. Dabei werden, entsprechend dem Namen, einfachste Materialien wie Lehm, Wasser, Asche oder Sand verwendet, um die menschliche Phantasie und Kreativität anzuregen.

Artes liberales ↑Sieben freie Künste.

Artesonado [span. arteson »Becken«], spanische Bezeichnung für eine geschnitzte oder in Zellen gestaffelte, kassettierte, manchmal noch bemalte oder vergoldete Holzdecke im ↑Mudéjarstil.

artifiziell [lat. ars »Kunst«, facere »machen«], im weiteren Sinne angewandt auf Kunstwerke, bei denen die Beherrschung der künstlerischen Fertigkeiten und die technische Brillanz im Vordergrund stehen.

Art informel [engl. informal »formlos«, »zwanglos«], *informelle Kunst,* Oberbegriff für Kunstäußerungen, die auf formale und kompositorische Regeln verzichten und sich im spontanen Malakt artikulieren.
Die informelle Malerei, seit 1945 hervortretend, deckt sich mit Tendenzen des ↑Action painting, der ↑lyrischen Abstraktion und des ↑Tachismus. Sie hat keinen neuen Stil begründet, da es sich mehr um eine Arbeitsmethode handelt.

Art nouveau [franz. »neue Kunst«], in Frankreich übliche Bezeichnung für den ↑Jugendstil.

Arts and Crafts Movement [engl. »Kunst-und-Handwerk-Bewegung«], Reformbewegung englischer Künstler und Kunsthandwerker Ende des 19. Jh. unter Einfluß von John Ruskin und William Morris, die sich im Zeitalter der industriellen Massenproduktion um eine Erneuerung des Kunsthandwerks bemühte. Die auch sozial engagierte Bewegung wurde wegweisend für den ↑Jugendstil, den ↑Deutschen Werkbund und das ↑Bauhaus.

Artushof, ritterlich patrizische Bruderschaft, die sich nach der Tafelrunde des sagenhaften Königs Artus benannte und sich seit dem 13. Jh. zuerst in England, dann auch in Deutschland bildete. Ihr Name übertrug sich auf ihre Versammlungshäuser: der künstlerisch bedeutsamste der erhaltenen A. ist der von Danzig (Gdańsk) von 1481.

Aryballos ↑Vasentypen, griechische.

Ashcan school [engl. »Mülltonnen-Schule«], von ihren Gegnern aufgebrachte Bezeichnung für die nordamerikanische Künstlergruppe »The Eight« in New York, die sich gegen die autokratische Bestimmung der National Academy of Design wandte (u. a. George Luks, Robert Henri, John Sloan, Everett Shinn) und 1908 mit einer programmatischen Ausstellung auftrat. Sie setzte sich für eine realistische, unbeschönigte Darstellung des Lebens ein und beeinflußte die nordamerikanische Malerei der 20er und 30er Jahre.

Askos ↑Vasentypen, griechische.

Asphaltmalerei, eine vor allem im 19. Jh. angewandte Maltechnik, bei der Naturasphalt (eine zähe, wahrscheinlich durch Einwirkung von Sauerstoff auf Erdöl entstandene Masse) in lackähnlichen Lösungen als braune Lasurfarbe benutzt wurde.

Assemblage [franz. »Zusammenfügung«], Erweiterung der ↑Collage-Technik durch Montage dreidimensionaler Formen. Häufig werden dabei reale Gegenstände – oft auch alltägliche Abfallteile – miteinander kombiniert. Die A. kann sich zum ↑Environment ausweiten. Eine Variante der A. ist das ↑Combine painting (Robert Rauschenberg, Jim Dine). Abb. ↑Dada.

Assistenzfigur, eine den Hauptfiguren eines Bildes zugeordnete Nebenfigur, die für das Bildthema nicht notwendig ist, sondern der formalen Bereicherung dient. Vorform des ↑Porträts im Mittelalter.

Assoziation Revolutionärer Bildender Künstler Deutschlands, abgekürzt *ASSO* oder *ARBKD,* 1928 gegründete Künstlervereinigung, die stark unter dem Einfluß der KPD stand. Die ASSO wandte sich gegen jeden Selbstzweck der Kunst und forderte eine parteiliche realistische und sozialistisch engagierte Kunst. Ab 1930 orientierte sich die ASSO auf Umwandlung in eine Massenorganisation für Künstler, so daß sich ihr verschiedene Gruppierungen anschlossen (Kollektiv für sozialistisches Bauen, Gruppe der Vagabundenkünstler, Rote Gruppe/Dresden, Die Abstrakten/Berlin). Auf der Reichskonferenz 1931 wurde die ASSO umbenannt in »Bund revolutionärer bildender Künstler Deutschlands« (BRBKD). 1932 vereinigte der Bund 400–500 Kunstschaffende, 1933 wurde er verboten.

Assunta ↑ Himmelfahrt Mariä.

assyrische Kunst, Kunst des assyrischen Reiches im vorderen Orient (ca. 2000–600 v. Chr.). Sie entwickelte sich im engen Zusammenhang mit der babylonischen Kunst. Die assyrische Architektur verwandte Stein als Baumaterial, die Säulenhalle als Bauform. Charakteristisch ist die Bindung des Tempels an einen Tempelturm (↑ Zikkurat). Der Doppeltempel war bereits im 15. Jh. v. Chr. verbreitet (Heiligtum für die Götter Sin und Schamasch in Assur). Ninive, Chorsabad und Assur waren wichtige Haupt- und Residenzstädte mit weiträumigen Palastanlagen, reichem Skulpturenschmuck und gewaltigen Festungsbauten. Menschenköpfige Löwen- und Stierwesen standen als Wächter an Stadttoren und Palasteingängen. Die Reliefkunst zeichnet sich durch Anschaulichkeit und Lebendigkeit besonders bei Tierdarstellungen aus. Thematisch vorherrschend sind Darstellungen von Kriegszügen, Kriegsbeute, Gefangenen, Jagden

Assyrische Kunst. Assurnasirpal II. auf Löwenjagd. 1. Hälfte 9. Jh. v. Chr. Berlin, Staatliche Museen, Vorderasiatisches Museum

und eine Verherrlichung der assyrischen Könige. Neben Steinskulpturen gibt es auch Metallkunst (Bronzebeschläge von Balawat) und Wandmalerei (wenig erhalten). In der Kleinkunst sind neben Siegeln vor allem Elfenbeinarbeiten zu nennen.

Ästhetik [griech. aisthedis »Gefühl«, »Empfindung«, »Wahrnehmung«], von Arthur G. Baumgarten um 1750 geprägter Terminus, der einen Logik (»das Wahre«) und Ethik (»das Gute«) ergänzenden selbständigen Bereich der Philosophie bezeichnet, der sich mit der sinnlichen Wahrnehmung von Farbe und Form, mit »dem Schönen« in Natur und Kunst und dessen Wirkung auf den Menschen befaßt. In jeder menschlichen Wahrnehmung und Tätigkeit sind Empfinden und Erkennen mit ästhetischem Gestalten und Bewerten verknüpft. Die ästhetische Bewertung sinnlicher Eindrücke schwankt immer und überall zwischen den entgegengesetzten Polen »schön« (positive Empfindung) und »häßlich« (negative Empfindung). Sie wird beeinflußt durch den Geschmack, d. h. durch die individuelle Fähigkeit zu differenzierendem ästhetischen Urteil nach verinnerlichten, zeit- und gesellschaftsbedingten Normen. Was insbesondere in der Kunst als »schön« gilt (Objekt- oder Werkästhetik) bzw. was Menschen als »schön« empfinden (Subjekt- oder Rezeptionsästhetik), hat Philosophen und Künstler unterschiedlichster geistiger Richtungen von der Antike (Plato, Aristoteles) über Mittelalter (Thomas von Aquin, Augustinus), Renaissance (Michelangelo, Albrecht Dürer, Leonardo da Vinci), 18. Jh. (Jean Jacques Rousseau, Denis Diderot, Immanuel Kant, Friedrich Schiller, Johann Wolfgang von Goethe, Georg Friedrich Wilhelm Hegel) bis zur Gegenwart (u. a. Nicolai Hartmann, Georg Lukács) beschäftigt. Aus unterschiedlich begründeten Auffassungen werden Maximen für Theorie und Praxis des künstlerischen Schaffens abgeleitet.

Astragal, *Perlstab,* eigentlich ein Knochen, der bei dem in Griechenland beliebten Knöchelspiel Verwendung fand. Der A. als Schmuckform ist aus aneinandergereihten

Astragal

Astwerk vom Nordportal der Schloßkirche in Chemnitz. Um 1522–25

perlartigen Gliedern gebildet, zwischen die Plättchen geschoben sind. Er dient zur Betonung der Grenzlinie zwischen Bau- und Ornamentgliedern, besonders in der ionischen ↑ Säulenordnung.

Astwerk, Schmuckform der Spätgotik in Form knorriger, mit Stümpfen besetzter Äste an Gewölberippen, Portalen, Kanzeln (Zwickau, Marienkirche, Nordportal, 1506–13; Chemnitz, Portal der Schloßkirche, 1525).

Astylos [griech. »säulenlos«], Bauwerk ohne Säulenstellung.

Ateliermalerei, im 19. Jh. aufgekommene Bezeichnung für im Atelier gemalte Naturmotive (Gegensatz: ↑ Freilichtmalerei). Der Begriff wird meist im abschätzigen Sinne gebraucht für Mangel an naturnaher Wirklichkeitsauffassung.

Atlant, kräftige männliche Figur, die anstelle von Säulen das Gebälk oder das Gewölbe stützt, benannt nach dem Titanensohn Atlas aus der griechischen Mythologie, der das Himmelsgewölbe trägt. Die weibliche Entsprechung ist die ↑ Karyatide.

Atrium [lat. ater »schwarz«], innerer Wohnhof des römischen Hauses, ursprünglich mit Herdstelle. Später wurde das Dach geöffnet und der Wohnraum wandelte sich in eine offene Halle als Empfangsraum. Von dort wurde der Begriff übertragen auf Vorhöfe (↑ Paradies) altchristlicher und frühmittelalterlicher Basiliken mit Brunnen für rituelle Waschungen.

Attika, brüstungsartiger Aufbau über einem Hauptgeschoß in der Antike vor allem an römischen Torbauten und Triumphbögen. Im Barock entwickelte sich das Attikageschoß, ein niedriges, mit Fenstern versehenes Halbgeschoß.

attische Basis ↑ Basis.

attisch-ionische Ordnung, Sonderform der ionischen Ordnung (↑ Säulenordnung); besitzt im Gegensatz zur kleinasiatisch-ionischen Ordnung einen Figurenfries über dem Gebälk.

Attribut [lat. attributum »das Zugeteilte«], kennzeichnende Beigabe für eine dargestellte Person (z. B. Heroldstab und Flügelschuhe für Hermes, Eule für Athena). Die A. beziehen sich auf Wesen und Funktion der jeweiligen Person (Petrus mit Schlüssel), Eigenschaften oder Ereignisse aus deren Leben (Rad der Katharina, Turm der Barbara). Seit der mittelalterlichen Kunst kennzeichnen A. Heilige oder Personifikationen (Tugenden, Laster, Jahreszeiten, Flüsse, Winde, Erdteile u. a.). Die eindeutige Zuordnung festigte sich im Spätmittelalter. In Deutschland traten die individuellen ↑ Heiligenattribute erst im 12. Jh. auf und verbreiteten sich im 15. Jh. mit dem anwachsenden Heiligenkult. Im Gegensatz zum ↑ Symbol hat das A. nur gegenständliche, nicht sinnbildliche Bedeutung, es kann nicht allein oder stellvertretend auftreten.

Ätzung, Veränderung der Oberfläche eines Körpers (Metall, Stein, Glas) mit chemischen Mitteln. Das Verfahren wird angewandt u. a. bei der Druckformenherstellung für ↑ Kupferstich, ↑ Radierung, Zinkographie, ↑ Autotypie. Bei der Hochätzung kommt die reliefhaft stehengebliebene Zeichnung, bei der Tiefätzung die eingeätzte Stelle zur Wirkung.

Aubusson-Teppiche, die in Aubusson, Felletin und Bellegarde in Frankreich im 16. und 17. Jh. gefertigten Bildteppiche, die bei Landadel und Bürgertum große Verbreitung fanden. Bekannte Maler wie Jean-Baptiste Oudry und François Boucher lieferten die Entwürfe.

Auferstehung Christi. Die Wiedererwekkung des gekreuzigten Christus am dritten Tage nach der Kreuzigung (Ostern) ist ein Kernstück christlichen Glaubens. Die Evangelien berichten nicht von der Auferstehung, sondern von der Erscheinung des auferstandenen Christus. In der frühchristlichen Kunst wird diese Auferstehung nur angedeutet durch das Kreuz als Symbol für den Sieg Christi über den Tod oder durch den Engel am Grab und die drei Frauen. Erst seit dem frühen Mittelalter wird der Auferstandene selbst dargestellt, mit der Siegesfahne in der Rechten, wie er einem Sarkophag entsteigt.

Auflager, Auflagefläche für tragendes Bauteil, bei Bögen und Gewölben identisch mit ↑ Kämpfer.

aufstechen, nachziehen der durch den Druck abgenutzten Linien der Druckplatte für den Kupferstich.

Auge, kreisrunde Öffnung einer ↑ Kuppel.

Augenpunkt ↑ Perspektive.

Augusteische Kunst ↑ römische Kunst.

Auktion [lat. auctio »Vermehrung«, »Versteigerung«]. Bereits im 5. Jh. wurden Waren in Rom auf Märkten durch Ausruf den Meistbietenden verkauft. Seit dem 13. Jh. breiteten sich öffentliche A. nach Mitteleuropa aus. Besonders in den Universitätsstädten waren Bücherauktionen bis ins 18. Jh. die wichtigste Form privater A. Vor allem in den Niederlanden gab es A. von Kunstwerken seit dem 16./17. Jh.

Heute finden die großen marktbestimmenden A. in London statt (Christie's, Sotheby's). Weitere führende Auktionshäuser sind Hauswedell & Nolte, Hamburg (Bücher, Grafik), Lempertz, Köln (alte Kunst, Ostasiatika, Kunst des 20. Jh.), Wolfgang Ketterer, München (Kunst des 19. und 20. Jh.), Neumeister, München (19. Jh. und Kunstgewerbe), Bassenge, Berlin (Bücher, Grafik).

Aula, ursprünglich offener Lichthof des griechischen Wohnhauses, der beim römischen Haus dem ↑ Atrium entsprach. Seit der römischen Kaiserzeit wurde die Bezeichnung auf den Palast und im frühen Mittelalter auf die Pfalz und die Königshalle übertragen. Heute wird der Fest- und Versammlungsraum in Schulen und Universitäten als A. bezeichnet.

Aunjetitzer Kultur, archäologische Kultur der frühen Bronzezeit in Mitteleuropa

(1750–1550 v. Chr.), bezeichnet nach dem böhmischen Fundplatz Ùnětice bei Prag.

Aureole ↑ Heiligenschein.

Aurignacien, nach der Höhle von Aurignac (Frankreich) bezeichneter älterer Abschnitt des Jungpaläolithikums (35000–25000 v. Chr.); bisher frühester europäischer Nachweis künstlerischer Betätigung. Anfangs schlichte Ritzungen, gemalte Linien und Punkte auf Felswänden sowie Ritzungen auf Knochen. Die Blütezeit war gekennzeichnet durch Malereien und Gravierungen von Motiven aus dem Tierreich – Nashörner, Mammute, Bären – und Plastiken aus Ton. Kennzeichnend sind die sogenannten ↑ Venusstatuetten.

ausgeschiedene Vierung ↑ Vierung.

Auskragung, Vorspringen eines Bauteiles über die Unterstützung, z. B. bei Erkern, Gesimsen oder ganzen Stockwerken an Fachwerkhäusern.

Auskragung an einem Fachwerkhaus

Auslucht, mehrgeschossiger erkerartiger Vorbau, der im Gegensatz zum ↑ Erker vom Erdboden aufsteigt; charakteristisch für norddeutsche Renaissancebauten.

Ausschnittarbeit, Methode, die Oberfläche von Silbergefäßen zu verzieren, indem man aus dünnen Silberblechen ausgeschnittene Muster auflötet; verbreitet vor allem in England und Frankreich im 17. und 18. Jh.

Aussprengverfahren ↑ Reservage.

Autodidakt [griech.], jemand, der sich selbst bildet; oft nicht nur Laien (↑ Laienkunst) und ↑ Dilettanten, sondern hervorragende Künstler, z. B. A. von Menzel, V. van Gogh.

Autograph [griech. autos »selbst«, graphein »schreiben«], vom Verfasser eigenhändig geschriebenes Schriftstück bzw. von ihm signierte Typoskripte. A. von berühmten Persönlichkeiten gehören zu den geschätzten Sammelobjekten von privaten Sammlern und Bibliotheken.

Automatismus, spontaner Malvorgang ohne rationale Kontrolle, 1924 im Manifest des ↑ Surrealismus von André Breton theoretisch begründet. Der A. wurde im ↑ abstrakten Expressionismus und in der informellen Kunst (↑ Art informel) weiterentwickelt.

Autotypie, Verfahren zur Wiedergabe von Halbtonbildern im Hochdruck. Die einzelnen Tonstufen der Vorlage werden in Rasterpunkte unterschiedlicher Stärke und Dichte auf der Druckform umgesetzt. Die A. wurde 1882 von Georg Meisenbach erfunden.

Auvergnatische Schule, Richtung der französischen Romanik im Gebiet der Auvergne in der 2. Hälfte des 11. Jh. und in der 1. Hälfte des 12. Jh. Die Kirchen sind dreischiffige mächtige Emporenhallen mit tonnengewölbtem Mittelschiff, Chor mit Umgang und Kapellenkranz. Charakteristisch ist die Betonung des Querschiffes, das aus fünf verschieden hohen Teilen besteht und in einen achtseitigen überkuppelten Vierungsturm mündet, so daß im Osten der Kirche eine eindrucksvolle Staffelung der Baumassen entsteht (auvergnatischer Querriegel). Beispiele sind St. Étienne in Nevers (1063–97), Notre Dame du Port in Clermont-Ferrand und St. Saturnin in Toulouse.

Avantgarde [franz. »Vorhut«], Begriff, der meist mit künstlerischen Strömungen Anfang des 20. Jh. in Verbindung gebracht wird, die in Opposition zu den Traditionen der Kunst des 19. Jh. standen und mit neuen Materialien, Medien und Techniken experimentierten. Zur A. gehörten Expressionismus, Kubismus, Futurismus, abstrakte Kunst, Dada, Surrealismus und Konstruktivismus bzw. ihre Abwandlungen durch einzelne Künstler oder Gruppen.

avec la lettre ↑ après a lettre.

Aventuringlas, Glasdekor mit Goldeffekt, Anfang des 17. Jh. in Venedig erfunden.

Avers ↑ Revers.

Azulejos, allgemeine Bezeichnung für spanische Fayencefliesen. Sie waren ein begehrter Exportartikel und dienten vor allem als Wandverkleidung.

B

Baalberger Kultur, älteste Gruppe der neolithischen ↑Trichterbecherkultur im Mittelelbe-Saale-Gebiet und in Böhmen, benannt nach Funden vom Schneiderberg bei Baalberge, Kreis Bernburg, aus der Zeit zwischen 3350 und 3000 v. Chr. Charakteristisch sind trichterförmige meist schmucklose Schalen und Becher, Knickrandschalen, Henkelflaschen, -kannen und -tassen sowie Amphoren.

babylonische Kunst, im engeren Sinne die Kunst, die mit dem Reich von Babylon (akkadisch bab-ili »Tor Gottes«) von 1900 v. Chr. bis zum Einfall der Perser 539 v. Chr. verbunden ist; häufig wird darunter aber auch die Kunst des südlichen Zweistromlandes insgesamt verstanden. Für die b. K. waren die religiösen und politischen Traditionen der Reiche von Sumer und Akkad bestimmend, aus deren Vereinigung Babylonien hervorgegangen war. Ihre erste Blütezeit fällt in das Altbabylonische Reich seit der 1. Hälfte des 2. Jt. v. Chr., besonders unter Hammurabi (1728–1686 v. Chr.). Beispiele sind die Ausgrabungen in Mari und die Gesetzesstele des Hammurabi mit Darstellung des Königs und des Sonnengottes. Die Stadt entwickelte sich zum Zentrum Mesopotamiens. Ihr Reichtum lockte immer wieder Eroberer an. Hethiter, Kassiten, Elamiter und Assyrer bekämpften und zerstörten sie mehrfach.

Die Mehrzahl der ausgegrabenen Funde (Reliefs, Stempelsiegel) stammt aus dem Neubabylonischen Reich, das unter Nebukadnezar II. (605–562 v. Chr.) seine Blütezeit erlebte. Vorherrschende Form des Kultbaues waren Tempel mit Tempeltürmen (↑Zikkurat). Für Wohnbauten wurde der Typ des Hofhauses bevorzugt, der auch Palästen zugrunde lag. Der Thronsaal der Residenz Nebukadnezars (Südburg) war außen mit farbigen Glasurziegelreliefs verkleidet. Über einer Gewölbekonstruktion mit künstlicher Bewässerung waren die »hängenden Gärten« angelegt. Sie gehörten in der Antike zu den Sieben Weltwundern. Von der außerhalb der Stadtmauer gelegenen Nordburg führte die Prozessionsstraße durch das Ischtar-Tor (heute im Pergamon-Museum Berlin) in die Stadt bis zum Hauptheiligtum des Gottes Marduk, dem Tempel und der gewaltigen Zikkurat, dem legendären Turm zu Babel, von dem in der Bibel berichtet wird.

Backsteinbau, Bauweise mit unverputzten gebrannten Ziegeln, die bereits im 4. Jt. v. Chr. Anwendung fand. Die Römer verwandten Backstein vor allem zum Bau von Thermen, Aquädukten und Mauern, die aber verputzt oder mit Werkstein verkleidet wurden. Einen Höhepunkt erlebte der B. im 6. Jh. in Ravenna. Im 10./11. Jh. entwickelte sich unter ravennatischem Einfluß der B. in der Lombardei und beeinflußte später die Architektur Frankreichs, der Niederlande, Skandinaviens und insbesondere Norddeutschlands und Pommerns. In der sogenannten Backsteingotik bildeten sich im 13. Jh. monumentale basilikale bürgerliche Stadtkirchen nach dem Grundtypus der Lübecker Marienkirche heraus (Wismar, Stralsund). Im 14./15. Jh. entstanden repräsentative Rathäuser (Lübeck, Stralsund) und Wohnhäuser mit Staffelgiebeln und reichem Schmuck. Seit dem 16. Jh. trat der B. immer mehr zurück und gewann erst im 19. Jh. unter Einfluß des Historismus speziell für Industriebauten wieder an Bedeutung. K. F. Schinkel propagierte ihn als neuen Ausdruck materialgerechten Bauens.

Badener Kultur, Kultur des späten Neolithikums (Ende des 2. Jt. v. Chr.) nach dem Fundort Baden bei Wien. Die formenreiche Keramik ist durch Ritzlinien mit begleitenden Punkten und getupften, gekerbten oder glatten Zierleisten sowie durch Kanneluren und Bandhenkel gekennzeichnet. Manche Gefäße waren außen rot und weiß bemalt.

Baldachin, ursprünglich Bezeichnung für importierte Stoffe aus Baldach (Bagdad), dann übertragen auf den aus diesem Stoff hergestellten Prunkhimmel, wie er über Bischofsstühlen, Altären, Grabmalen als Hoheitszeichen angebracht war. Im strengeren

Babylonische Kunst. Gesetzesstele des Hammurabi. Um 1700 v. Chr. Paris, Louvre

Sprachgebrauch wird B. nur verwendet, wenn das Zierdach an der Wand oder Decke befestigt ist.
In der Baukunst werden die steinernen Prunkdächer über Altären als B. bezeichnet. Werden sie zusätzlich von Säulen oder Pfeilern gestützt, bezeichnet man diesen gesamten Bauteil als ↑ Ciborium. ↑ auch Tabernakel.

Balkenkopf, aus der Wandfläche herausragende Stirnseite eines Balkens, die besonders im Fachwerkbau durch Bemalung oder Schnitzwerk verziert ist.

Balkon, ein durch auskragende Balken oder Konsolen gestützter Austritt an einem Gebäude. Wird er durch Säulen oder Pfeiler vom Boden aus gestützt, spricht man von ↑ Altan oder Söller.

Ballenblume, knospenartiges plastisches Ornament in der Hohlkehle eines Gesimses, vor allem in der englischen Gotik des 14. Jh.

Baluster, niedriges Stützglied, das über dem Fuß oft birnenförmig ausgebaucht ist und sich nach oben verjüngt. In nachantiker Zeit diente der B. oft als Stütze von Geländern oder Brustungen (↑ Balustrade). Der B. hat im Möbelbau, bei der Gestaltung von Vasen, Kelchen und Leuchtern eine bedeutende Rolle gespielt.

Baluster. Verschiedene Formen der Renaissance

Balustrade, ein von ↑ Balustern getragenes steinernes oder hölzernes Geländer an Treppen, Terrassen oder Galerien. In Renaissance und Barock diente die B. oft als oberer Abschluß der Fassade über der Dachtraufe.

Bambocciaden [ital. bamboccio »Knirps«], ursprünglich Bezeichnung für Bilder aus dem bäuerlichen Leben. Der Begriff geht auf den holländischen Maler Peter van Laer

Baldachin

(1592–1642) zurück, der in Italien wegen seiner körperlichen Mißbildung »Bamboccio« genannt wurde. Er war in Rom das Haupt einer Gruppe von holländischen, flämischen und französischen Malern (den Bamboccianti), die der Genremalerei wichtige Anregungen vermittelten.

Bandelwerk, *Laub- und Bandelwerk,* flächenfüllendes Ornament aus schmalen Bändern, durchsetzt mit pflanzlichen und figürlichen Motiven. Es entstand Ende des 17. Jh. in Frankreich. Hauptmeister sind Jean Baptiste Berain und Claude Audran, deren Entwürfe großen Einfluß auf die Kunst des europäischen Barock hatten. Das B. zählt zu den wichtigen Formen des spätbarocken Stucks in den deutschsprachigen Ländern im 1. Viertel des 18. Jh.

Banderole, allgemein ein beschriftetes Band; speziell in bildlichen Darstellungen des Mittelalters vorkommende Bänder, um schriftliche Erläuterungen wie Aussprüche, Sinnsprüche, Namen oder Daten unterzubringen.

Bandkeramik, älteste neolithische Kultur in Mitteleuropa (um 4000 v. Chr.), bezeichnet nach den bandförmigen Ornamenten, die in Ritz- (Linearbandkeramik) und Stichtechnik (Stichbandkeramik) als Dekor auf den Tongefäßen angebracht worden sind.

Bank, mehrsitziges Möbelstück, stand ursprünglich frei im Raum und wurde seit dem frühen Mittelalter als wandfeste Sitzgelegenheit, seit dem 12. Jh. auch mit Seiten- und Rückenlehnen hergestellt. Später kam es zu einer Verbindung von B. und Truhe zur Kasten- oder Truhenbank (↑ Cassapanca); seit dem 17. Jh. gepolstert und zum Kanapee oder Sofa weiterentwickelt.

Bankgrab ↑ Mastaba.

Banksockel, Gebäudesockel, der besonders an Palästen der italienischen Frührenaissance als umlaufende Steinbank ausgebildet wurde.

Baptisterium [griech. baptizein »eintauchen«], *Taufkirche,* ursprünglich die Tauchwanne in den römischen Thermen. Seit dem 4. Jh. wird damit der Raumteil oder das selbständige Gebäude bezeichnet, in dem die Taufe gespendet wird. Da in frühchristlicher Zeit die Taufe durch vollständiges Untertauchen vollzogen wurde, haben die B. häufig ein unter dem Bodenniveau liegendes tiefes Wasserbassin. B. sind überwiegend ↑ Zentralbauten mit rundem, polygonalem, kreuz- oder kleeblattförmigem Grundriß. Die Bauform verschwand, als sich im Mittelalter die Kindertaufe durchsetzte und eine Taufschale genügte. ↑ auch Taufbecken, Fünte.

Barbakane, Außenwerk mittelalterlicher Burg- oder Stadtbefestigungen vor strategisch besonders gefährdeten Toranlagen.

Bandelwerk

Barbizon, Schule von, benannt nach dem Dorf Barbizon am Rande von Fontainebleau, wo sich um 1830 eine Gruppe französischer Künstler niederließ, um stimmungsvolle, schlichte Landschaftsbilder zu schaffen. Sie verzichteten weitgehend auf die traditionelle ↑ Ateliermalerei und suchten direkt in der Natur nach neuen Ausdrucksformen. Sie hatten großen Einfluß auf die Entwicklung der europäischen Landschaftsmalerei des 19. Jh. und auf die Kunst des ↑ Impressionismus. Zu den Hauptvertretern gehörten Théodore Rousseau, Charles-François Daubigny, Jean-François Millet und Jules Dupré.

Barett, schirmlose flache Kopfbedeckung mit rundem oder viereckigem Kopfteil und meist aufgeschlagener Krempe aus Samt, Seide oder Tuch. Das B. kam Ende des 15. Jh. auf und wurde mit Federn, Agraffen, Perlenschnüren und anderem Schmuck verziert. In der Amtstracht der Hochschulprofessoren, Richter und Geistlichen hat sich das B. bis heute erhalten.

Barghus, Form des niederdeutschen Bauernhauses, bei dem die Ernte im »Gulf« (↑ Bauernhaus) erdlastig gestapelt wird. Die Wohnung befindet sich oft nicht unter dem Hauptdach, sondern ist ein selbständig abgegrenzter Bauteil; verbreitet vor allem in Schleswig-Holstein.

Barmherzigkeit ↑ Werke der Barmherzigkeit.

Barock, der oder das [zu portug. barocco »unregelmäßig«], Stil der bildenden Kunst, der gegen Ende des 16. Jh. im Anschluß an den ↑ Manierismus aufkam, im 17. Jh. vorherrschte und seit etwa 1730 im ↑ Rokoko weitergeführt wurde. Der B. entstand in Italien, aber nicht als Reaktion auf die Hochrenaissance, sondern in Weiterentwicklung bestimmter Stilelemente. Unter dem Einfluß der Gegenreformation und des Absolutismus war er besonders in katholischen Gebieten ausgeprägt. Auf Grund unterschiedlicher gesellschaftlicher Voraussetzungen zeigt der B. in feudaler und bürgerlicher Kunst grundverschiedene Erscheinungsformen, wie dies in der Kunst der katholischen südlichen Niederlande (Peter Paul Rubens) und der protestantischen nördlichen Niederlande (Rembrandt) zum Ausdruck kommt. In Deutschland setzte sich der B. vor allem nach dem Dreißigjährigen Krieg durch, als in der Architektur zeitgenössische italienische, französische oder holländische als »barock« bezeichnete Bauformen übernommen wurden. Allgemeine Merkmale des B. sind plastische Modellierung anstelle flächiger Gestaltung, Betonung von Kraft und Spannung, Spiel mit Licht und Schatten, das die abgrenzenden Linien aufhebt. Zum Wesen barocker Darstellung gehören Verherrlichung, Apotheose und Schau, die bei Ludwig XIV. in einer gesteigerten Selbstdarstellung des Königtums gipfelte. Die einzelnen Kunstgattungen können miteinander verschmelzen, so daß Grenzen zwischen Architektur, Plastik und Malerei verwischen und beispielsweise im kirchlichen Innenraum ein vollendetes Gesamtkunstwerk entsteht.

In der Architektur sind erste Anzeichen des barocken Stils in der italienischen Hochrenaissance zu finden: starke Bewegtheit in geschwungenen Grund- und Aufrißformen, Unterordnung der Einzelglieder unter das Ganze, gebrochene Giebel, reiches Schmuckwerk und malerische Gestaltung der Innenräume, die ein einheitliches Raumgefühl hervorrufen. Beispiel dafür ist die Kirche Il Gesù in Rom von Vignola (beg. 1568). Großen Einfluß auf die europäische Entwicklung hatten die Bauten von Giovanni Lorenzo Bernini und Francesco Borromini in Rom (Gestaltung des Petersplatzes, San Carlo alle Quattro Fontane). An Bauten von Andrea Palladio in Vicenza und Venedig knüpfte eine mehr klassizistische Richtung an, die durch Inigo Jones und Christopher Wren die Architektur in England beeinflußte.

Eine typische Repräsentationsarchitektur bildete sich im 17. und 18. Jh. im französischen Schloßbau heraus, die sich von der italienischen Palastarchitektur vor allem

Barock. Dominikus Zimmermann: Wallfahrtskirche Wies. 1746–54

durch Pavillongliederung unterscheidet. Versailles wird Vorbild für viele kleinere Fürstenhöfe. In den Grundrissen setzen sich ovale oder ellipsoide Formen durch. Konkav-konvexe Schwingungen, Übereckstellung von Pfeilern, Kolossalordnungen, Verdoppelung von Säulen oder Pilastern herrschen vor (Giovanni Bernini, Francesco Borromini, Johann Bernhard Fischer von Erlach, Lukas von Hildebrandt). Im Gegensatz zu dem um einen Innenhof geschlossenen Renaissancepalast öffnet sich das Barockschloß in Form einer symmetrischen Dreiflügelanlage zur Landschaft (↑ Schloß). In der Regel lag vor dem Schloß die Stadt und an der Rückseite erstreckte sich ein großer geometrisch aufgeteilter Park, dessen Alleen auf das Schloß bezogen waren. Balthasar Neumann, Dominikus Zimmermann, Johann Dientzenhofer, Johann Martin Fischer, Johann Bernhard Fischer von Erlach schufen spannungsreiche Bauwerke mit kompliziertem Grundriß. Im protestantischen Nord- und Mitteldeutschland entstanden – wie auch in Frankreich – Bauten, die einen mehr klassizistisch bestimmten strengen, durch Säulen, Pilaster und Lisenen gegliederten Baustil verkörperten (Andreas Schlüter, Berliner Schloß).

Für die Plastik sind Gestaltung von Bewegung, ausgreifende Gestik, starker Gefühlsausdruck sowie bauschende Gewandmassen charakteristisch (Lorenzo Bernini, Apollo und Daphne, Heilige Theresa). Von Bernini beeinflußt sind noch die Bildhauer des 18. Jh. Bedeutende deutsche Künstler waren Andreas Schlüter in Berlin (Reiterdenkmal des Großen Kurfürsten), Balthasar Permoser (Skulpturen am Dresdner Zwinger), Egid Quirin Asam, Joseph Anton Feuchtmayr in Süd- und Südwestdeutschland.

Die Malerei wies zwei verschiedene Tendenzen auf: einmal die mehr klassizierende der Brüder Annibale und Agostino Carracci, die klare reliefhafte Raumgestaltung und ein antikisierendes Figurenideal anstrebte, zum anderen die starke Kontraste in Bewegung und Farbe und ekstatische Übersteigerung bevorzugende Kunst Caravaggios, die besonders in den romanischen Ländern Nachfolge fand und stilbildend auf Peter Paul Rubens wirkte. ↑ auch Deckenmalerei, Caravaggisten.

Bartmannskrug, Henkelkrug des 16.–18. Jh. aus rheinischem, meist braun glasiertem Steinzeug, der mit einer bärtigen, im Relief aufgelegten Maske verziert ist.

Basaltware, schwarzes englisches Steinzeug, in der 2. Hälfte des 18. Jh. durch Josiah ↑ Wedgwood eingeführt.

Basilika [griech.; Pl. Basiliken], ursprünglich Bezeichnung für das Amtsgebäude des Archon Basileus, einem der neun höchsten Beamten Athens. In Rom baute man B. als langgestreckte Hallen für Märkte und Gerichtsverhandlungen. Im christlichen Kirchenbau des Mittelalters wurde die B. zum vorherrschenden Bautyp.

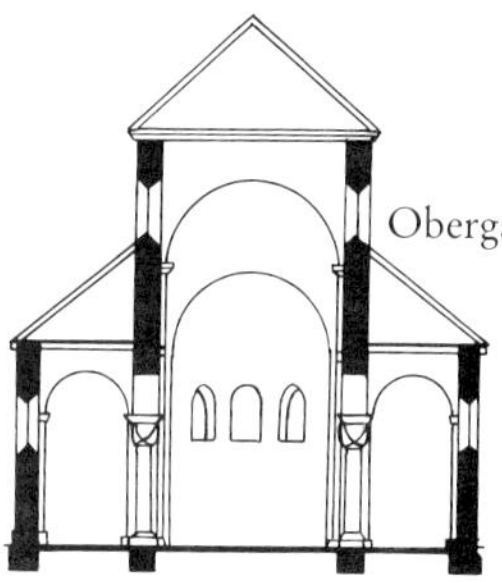

Basilika. Schnitt durch eine romanische dreischiffige Basilika

Ihre Merkmale sind schmale niedrige Seitenschiffe, angelehnt an ein breiteres und höheres Mittelschiff, das durch Fenster in der oberen Hälfte beleuchtet wird (Obergaden). An der östlichen Schmalseite mündet das Mittelschiff in die ↑ Apsis. Im 9. Jh. wurde der ↑ Chor zwischen Querhaus und Apsis eingeschoben. Querhaus und Langhaus durchdringen sich wie Kreuzbalken, das dabei entstehende Quadrat, die sogenannte ↑ Vierung, wurde zum Ausgangspunkt des ↑ gebundenen Systems. Nach dem 11. Jh. erfolgte der Übergang von der flachen Holzbalkendecke zur steinernen Wölbung. Die Basilika erfuhr immer wieder neue Ausgestaltungen u. a. durch ↑ Peristyl, ↑ Narthex, ↑ Turm, ↑ Westwerk, ↑ Triforium, ↑ Atrium. Abb. S. 34.

Basis [griech. »Schritt«, »Fuß«, Pl. Basen], Fuß einer Säule oder eines Pfeilers, der auf der waagerechten ↑ Plinthe aufsitzt. Die B. verteilt den Druck der Stütze auf eine größere Fläche. Die attische Basis war in der

Antike seit dem 5. Jh. v. Chr. die verbreitetste Form. ↑ auch Säulenordnung.
Basrelief ↑ Relief.
Basselisse, Webart, bei der die Kette horizontal gespannt ist, im Unterschied zur vertikal angeordneten Hautelisse-Weberei. Im engeren Sinn versteht man unter B. die Teppich- und Gobelinweberei.
Bastei ↑ Bastion.
Bastille [franz. »Zwinger«], ursprünglich eine ↑ Barbakane, später die zum Eigennamen gewordene Bezeichnung des Vorwerks am Tor St. Antoine in Paris, die 1369–89 als Bollwerk gegen die Engländer errichtet und dann als Staatsgefängnis verwendet wurde. In der Revolution von 1789 wurde sie von französischen Revolutionären erstürmt und geschleift.
Bastion, *Bastei* [franz.], vorspringender Bauteil einer Festung oder Stadtmauer, von der die Befestigungsanlage besser überblickt und verteidigt werden konnte. Die ursprünglich runden Vorsprünge liefen seit der Renaissance spitz zu. Diese Form wurde durch Leonardo da Vinci entwickelt und in Deutschland durch Dürers »Befestigungslehre« bekannt.
Batik, aus Südostasien stammendes Verfahren, Stoffe mit farbigen Mustern zu versehen. Heißes Wachs wird auf meist helle Gewebe aufgetragen. Anschließend wird der Stoff in das kalte Färbebad getaucht, wobei die abgedeckten Stellen ungefärbt bleiben.

Basilika. Dom St. Peter in Worms. 1171 – um 1230

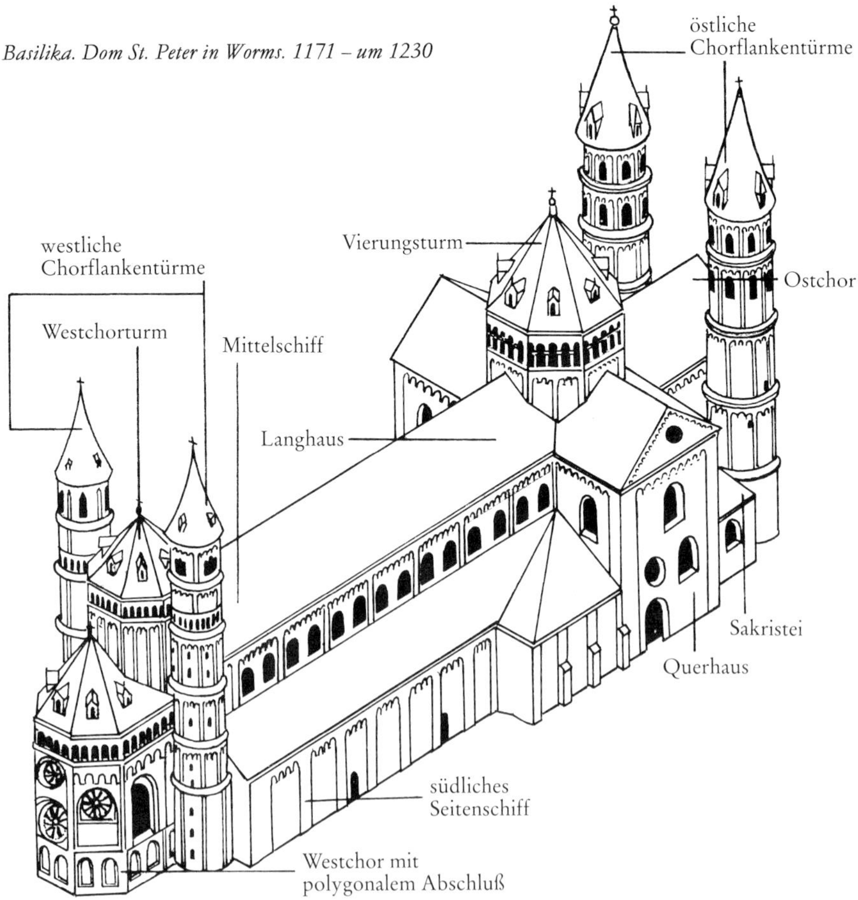

Das Wachs wird dann in einem heißen Spülbad entfernt. Durch Wiederholung des Vorganges können mehrfarbige B. hergestellt werden, deren Reiz in der durch Wachsrisse bedingten Äderung liegt.
B. wurden im 16. und 17. Jh. durch niederländische Kaufleute aus den Kolonialgebieten importiert und verbreiteten sich rasch in ganz Europa.

Bauernhaus, Wohngebäude der bäuerlichen Bevölkerung. Die Gehöfte können aus mehreren, für unterschiedliche Zwecke verwendeten Gebäuden bestehen. Bei unregelmäßiger Stellung spricht man von Haufen- oder Streuhöfen, bei regelmäßig angeordneten Gebäuden von Zwei-, Drei- und Vierseithöfen; sind die Gebäude miteinander verbunden und bilden auf gleicher Höhe eine Firstlinie, spricht man von Zwei-, Drei- und Vierkanthöfen. In Deutschland entsprechen die Haupttypen des B. den unterschiedlichen geographischen Verhältnissen und Siedlungstraditionen. Im wesentlichen gibt es drei Regionen, die geographisch (Nieder-, Mittel- und Oberdeutschland) und mundartlich (nieder-, mittel- und oberdeutsch) voneinander geschieden sind und die sich auch durch unterschiedliche Haustypen auszeichnen: niederdeutsches ↑Hallenhaus, mitteldeutsches Ernhaus und oberdeutsche Haus- und Hofformen. Das niederdeutsche Hallenhaus ist durch mächtige Ständer, die die Schub- und Druckkräfte des Daches auffangen, in drei Schiffe gegliedert, wobei das Mittelschiff die breite Diele bildet. Am Anfang der Diele liegt das Einfahrtstor, der Herd am Ende. Herd und seitlich angrenzende Räume bilden eine Art Querschiff, das Flett (Flettdielenhaus). Das Vieh ist in den Seitenschiffen untergebracht, die Ernte wird auf einer Balkenlage gestapelt.
Im friesischen Gulfhaus wird die Ernte im Mittelraum (Gulf) erdlastig gestapelt. Der Gulf besteht aus vier Hochständern, die deckenlos bis zum Dach hinausführen. Um den Gulf lagern sich Einfahrt, Ställe und Wohnhaus.
Im mitteldeutschen Raum ist der Dreiseithof verbreitet. Der Wohnteil besteht in der Regel aus Flur(-Küche), Stube und Kammer. Der Eingang befindet sich auf der Traufseite (mitteldeutsches Flur- oder Ernhaus). Häufig ist das Haupthaus mit einem Obergeschoß versehen (Thüringen, Hessen, Franken). Nieder- und mitteldeutsches B. waren gewöhnlich im ↑Fachwerk-Bau errichtet, der neben konstruktiv notwendigen Stützen auch Füllhölzer zum Schmuck des Hauses aufweist. Im Vogtland, in Sachsen, Schlesien, Oberfranken und der Oberpfalz sind ↑Umgebindehäuser verbreitet, in östlichen Landschaften (Mark Brandenburg, östlich der Oder) Vorlaubenhäuser (↑Laubenhaus).
In Oberdeutschland ist der ↑Blockbau, vor allem in den Alpen und im Alpenvorland, anzutreffen. Das Haupthaus umfaßt Wohnteil, Stall, oft auch Tenne.

Bauernmöbel, ungenauer moderner Ausdruck für Möbel in ländlichen Haushalten, die meist vom dörflichen Handwerker und nicht vom Bauern selbst hergestellt wurden. Es handelt sich ausschließlich um Gebrauchsmöbel. In Hartholzgebieten waren sie gedrechselt und geschnitzt, in Weichholzgebieten reizten die glatten Flächen zur Bemalung (vor allem in Süd-, Mittel- und

Bauernmöbel. Oberlausitzer Bauernschrank. 1788

Osteuropa). Die schwungvollen Malereien in frischen Farben, die die ganze Oberfläche bedecken, sind besonders charakteristisch. Es wurden meist Blumenmotive verwendet, in katholischen Gegenden auch religiöse Symbole. In Form und Verzierung sind B. regional unterschiedlich.

Bauflucht ↑ Flucht.

Bauhaus, *Staatliches Bauhaus,* Kunstschule, die durch neue Lehrmethoden und Gestaltungsprinzipien weit über Deutschland hinaus richtungweisend wirkte. Sie entstand 1919 unter Leitung von Walter Gropius durch Vereinigung der Hochschule für bildende Kunst mit der Kunstgewerbeschule Henry van de Veldes in Weimar. Durch Verbindung von geistig-künstlerischer und praktisch-handwerklicher Ausbildung sollten Kunst und Industrie im Sinne einer »umfassenden Lebensgestaltung« einander angenähert und eine neue Industrieproduktgestaltung entwickelt werden. Das B. beschäftigte sich mit Problemen der Typisierung, Serienfertigung und Industrieformgestaltung unter Einbeziehung von Anregungen der holländischen ↑ Stijl-Bewegung, des russischen Konstruktivismus und Le Corbusiers. Zu den bedeutendsten Lehrkräften gehörten Lyonel Feininger, Paul Klee, Wassily Kandinsky, Oskar Schlemmer, Gerhard Marcks, Lászlo Moholy-Nagy, Johannes Itten und Ludwig Mies van der Rohe. 1925 übersiedelte das B. nach Dessau und zog 1926 in das von Gropius entworfene Bauhausgebäude; seit 1932 in Berlin, 1933 dort durch die Nationalsozialisten aufgelöst.

Bauhütte, sich selbst verwaltende Gemeinschaft der an mittelalterlichen Kirchenbauten beschäftigten Steinmetzen und Maurer außerhalb der Zünfte. Die B. hatten eigene Hüttenordnungen, die in Haupthütten (z.B. Wien, Straßburg, Köln) schriftlich niedergelegt waren. Sie übernahmen die Durchführung geplanter Bauwerke und die Ausbildung der in ihr tätigen Steinmetzen als Baumeister und Bildhauer, überlieferten und erweiterten Fachkenntnisse, garantierten die Sicherheit der Baukonstruktion, schützten die Hüttengeheimnisse, organisierten die Arbeit auf der Baustelle und schlichteten Streitigkeiten. Die B. hatten ihre Blütezeit im 13. und 14. Jh. Als die Bautätigkeit an den gotischen Kathedralen erlahmte, ging ihre Bedeutung zugunsten der städtischen Zünfte zurück und erlosch völlig im 18. Jh.

Baukeramik, keramische Erzeugnisse, die an Bauwerken innen und außen zur Konstruktion und als Schmuck verwendet werden. Dazu gehören Ziegel, Platten, Friese aus Terrakotta, Steinzeug, Fayencen u. a. Bedeutende künstlerische Leistungen wurden im alten Ägypten, in Babylonien und in der islamischen Baukunst vollbracht, in Europa in der maurischen Kunst Spaniens und in der Backsteingotik.

Baukunst ↑ Architektur.

Baumeister, ältere Berufsbezeichnung im Baugewerbe. Im Gegensatz zum Architekten lieferte der B. nicht nur die Entwurfsarbeit, auch die Bauausführung lag in seiner Hand.

Baumkreuz, Darstellung des Kreuzes Christi als Baum mit Blättern, Blüten und Früchten (Weinstock, Rosenstrauch oder Eiche). Es ist als Symbol der Todesüberwindung (↑ Lebensbaum) vor allem in Deutschland und Italien zwischen dem 12. und 16. Jh. beliebt.

Baunaht, die Stelle eines Bauwerkes, an der sich durch längere Bauunterbrechung ältere Bauteile von jüngeren durch technische und stilistische Unterschiede absetzen.

Bauornamente, plastische oder in die Fläche eingelegte (↑ Inkrustation) Dekorationselemente an einem Baukörper zur Gliederung und künstlerischen Belebung einzelner Bauformen. Man unterscheidet Schmuckformen, die nur am Bau vorkommen, weil sie konstruktiven Baugliedern nachgebildet sind (Blendgliederungen, Lisenen, Maßwerk) und Ornamente, deren Ursprung außerhalb der Baukunst liegt (Schmuckfriese, Beschlag- und Rollwerk und andere Zierformen). Die B. können wichtige Hinweise zur Datierung von Kunstwerken geben. ↑ auch Baukeramik.

Bauplastik, für ein Bauwerk geschaffene und mit ihm verbundene meist figürliche Plastik. Nichtfigürliche oder rein dekorative Elemente am Bau werden als ↑ Bauornamente bezeichnet. Die B. entwickelte sich mit der monumentalen Baukunst in Ägypten, Babylonien und Assyrien. Frühe Beispiele sind die großen Pharaonenfiguren zwischen den Säulen oder vor den Pfeilern ägyptischer Tempel oder die Portalfiguren assyrischer Paläste. In der Antike sind vor allem Reliefs im Giebelfeld oder in den ↑ Metopen und Skulpturenfriesen an Tempeln und Altären sowie Trägerfiguren (↑ Atlanten und ↑ Karyatiden) als Gebälkstützen zu finden. Nach einem Rückgang im frühen Mittelalter erlangte die B. im 11./12. Jh. wieder größere Bedeutung vor allem an Portalen und Kapitellen. Die Gewändestatue (↑ Gewände) ist noch eng mit der Architektur verbunden, doch während der Gotik löst sie sich aus diesem engen Zusammenhang und entwickelt sich zur freistehenden Rundfigur. Reiche Epochen der Bauplastik sind das 17., 18. und 19. Jh.

Bausymbolik, sinnbildliche Bedeutung eines Bauwerkes oder seiner Teile. Sie war bereits im Altertum ausgebildet und spielte bis ins 19. Jh. eine wichtige Rolle. So deutete man z. B. den kreuzförmigen Grundriß der Basilika als Hinweis auf den Kreuzestod Christi, eine Folge von 12 Säulen in einer Kirche als Symbol der 12 Apostel.

Bautasteine, 1–6 m hohe freistehende unbearbeitete Steinpfeiler aus der Bronzezeit in Skandinavien, die ursprünglich als Gedenk- und Kultsteine an Wegen oder auf Gräberfeldern errichtet wurden. Heute werden in Skandinavien alle Steindenkmale mit Inschriften als B. bezeichnet.

Beau Dieu [franz. »schöner Gott«], Bezeichnung für einen Christustyp, der in der Kathedralplastik der französischen Frühgotik an den Türpfeilern der Weltgerichtsportale erscheint.

Becher, schlankes henkelloses Trinkgefäß, ursprünglich offen und meist ohne Schaft und Fuß (im Unterschied zum ↑ Pokal) aus Holz, Ton, Glas, Steingut, Zinn, Silber. Die Form wurde fast unverändert in allen Epochen beibehalten.

Bedeutungsperspektive ↑ Perspektive.

Beffroi ↑ Belfried.

Behaviour art [engl. behaviour »verhalten«, »betragen«, art »Kunst«], *Body art,* Form der ↑ Prozeßkunst, bei der menschliche Verhaltens- und Erlebnisweisen durch mimische und gestische Reaktionen des Künstlers demonstriert werden. Die B. a. hat das Ziel, sensibles Sehen und Handeln durch bewußt gehandhabte Körpergebärden zu trainieren. Dabei bedient sich die B. a. häufig des Films (Video, Foto), um ihre Prozesse zu konservieren.

Bein, Bezeichnung für entfettete gebleichte Knochen, im weiteren Sinne zusammenfassender Begriff auch für das äußerlich ähnliche Elfenbein.

Beinglas, halbdurchsichtiges weißes Glas, entstanden durch Beimischung von Knochenasche zur Glasschmelze. Es wurde vor allem in Thüringen und in den böhmischen Glashütten zwischen 1750 und 1850 hergestellt und oft mit Emaillefarben bemalt.

Beinhaus, *Karner,* Bauwerk auf Friedhöfen, das zur Aufnahme von Gebeinen bei Nachbestattungen dient. Es gibt freistehende B. oder solche, die als Nische oder Krypta mit der Kirche verbunden sind. Sie waren in der Romanik und Gotik vor allem in Süddeutschland verbreitet, seltener im Norden (z. B. Bad Doberan, um 1250).

Beischlag, erhöhter Sitzplatz vor einem Bürgerhaus, mit Geländer oder Brüstung umgeben und über eine Freitreppe betretbar. Seit dem 14. Jh. vor allem in Ostseestädten nachweisbar, besonders in Danzig und Lübeck.

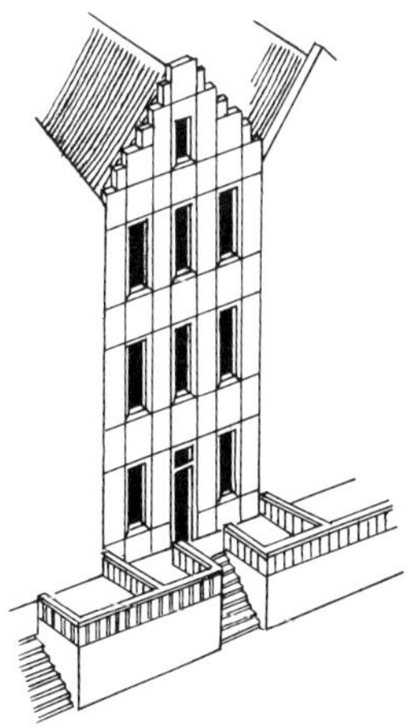

Beischlag an einem wiederaufgebauten Bürgerhaus in Danzig

Beischrift, Bezeichnung für eine vom Künstler stammende Aufschrift außerhalb der bildlichen Darstellung, z. B. Widmung auf einem druckgrafischen Blatt.

Beitel, meißelförmiges Bildhauerwerkzeug zur Holzbearbeitung.

Belétage [franz. »schönes Geschoß«], Bezeichnung des 19. Jh. für das 1. Obergeschoß von Wohnbauten, das für Adel und

Bürgertum als Hauptgeschoß galt, da hier die bevorzugten Wohnräume lagen.

Belfried [franz. Beffroi], vergleichbar dem ↑Bergfried einer Burg. In Städten (vor allem in Flandern) bezeichnet man damit den freistehenden oder mit dem Rathaus verbundenen Glockenturm, der in Deutschland wahrscheinlich Vorbild für den Rathausturm wurde.

Bellevue ↑Belvedere.

Belvedere [ital. »schöne Aussicht«, franz. Bellevue], architektonisch gestalteter Aussichtspunkt in Parkanlagen oder Gebäuden (Altan, Dachraum, Turm). Auch selbständige Gebäude (Pavillon, Lustschloß) werden als B. bezeichnet.

Bema [griech. »Stufe«, »Bühne«], die um eine Stufe erhöhte Standfläche in einer Kirche zur Demonstration des sakralen Ritus.

Benediktinerbaukunst ↑Kloster.

Benediktionale [lat. benedictus »gepriesen«], liturgisches Buch mit Segensgebeten.

Benin-Kunst, Kunst von Benin, Stadt und Staat westlich des unteren Niger (Südnigeria). Im 12.–19. Jh. ein mächtiges Reich mit hoher Kultur und Kunst, die ihre Blütezeit im 15./16. Jh. erreichten. Bekannt sind vor allem Holz- und Elfenbeinschnitzereien, Keramiken und Bronzen.

Bergère [franz.], gepolsterter Lehnstuhl mit geschlossenen Seitenlehnen, war im französischen Rokoko gebräuchlich.

Bergfried, *Berchfrit, Bergfrit, Belfried,* Wehrturm der mittelalterlichen Burg, war Zentrum der Verteidigung und letzte Zuflucht der Burgbewohner, im Gegensatz zum Wohnturm (↑Donjon).

Bergkristall ↑Kristall.

Berliner Porzellan, Erzeugnisse der noch heute bestehenden B.-P.-Manufaktur, 1751 von W. C. Wegely gegründet, 1763 königlich, seit 1918 staatlich. In der Malerei überwog anfangs als Dekor die ↑deutsche

Bernwardinische Kunst. Bronzetür aus dem Hildesheimer Dom. Um 1015

Blume. Zu Beginn des 19. Jh. war die ↑ Lithophanie eine wichtige Neuerung der Produktion. Nach 1880 erneute Blütezeit durch H. Seger. Das nach ihm benannte Segerporzellan erforderte beim Brand weniger Hitze und ermöglichte so eine größere Farbskala. ↑ auch Porzellanmarken.

Berlocke [franz. berloque »Uhrgehänge«], Ziergegenstand, der an der Uhrkette getragen wurde, eine französische Modeerscheinung am Ende des 18. Jh.

Berme, waagerechter Absatz einer Festungsböschung, z. T. als Querweg ausgebildet.

bernwardinische Kunst, Bezeichnung für eine Gruppe von Werken der ottonischen Kunst, die wahrscheinlich unter der persönlichen künstlerischen Leitung des Bischofs Bernward von Hildesheim (gest. 1022) entstanden. Sie waren für die von ihm gegründete Kirche St. Michael bestimmt. Als Hauptwerke gelten die Bronzetüren (jetzt im Dom, zwei aus einem Stück gegossene Türflügel von fast 5 m Höhe mit 16 Reliefs, die Szenen aus dem Alten und Neuen Testament darstellen) und die bronzene fast 4 m hohe Bernwardssäule mit spiralförmig angeordneten Reliefs aus dem Leben Christi nach dem Vorbild römischer Triumphsäulen. Hinzu kommen zwei silberne Leuchter und das Bernwardskreuz (heute in der Magdalenenkirche) sowie das Bernwardskruzifix im Domschatz.

Beschauzeichen, Stempel, die als Bestätigung der Qualität und des Feingehalts von amtlichen Prüfern in handwerkliche Arbeiten meist aus Silber, Gold oder Zinn eingeschlagen wurden. Sie sind seit dem ausgehenden Altertum nachweisbar.

Beschlag, flache, aus Metall – meist Eisen oder Bronze – gearbeitete Teile zur Verfestigung und Verzierung vor allem an Türen und Truhen.

Beschlagwerk, charakteristisches Ornament in der niederländischen und deutschen Renaissance, das aufgenieteten Beschlägen aus Metall ähnelt. Es entstand um 1570 unter Einfluß von Hans Vredeman des Vries. Im Gegensatz zum ↑ Rollwerk liegt das B. flach auf dem Grund auf und wölbt sich nicht in den Raum.

Bessomimbüchse [hebr. bessomim], im jüdischen Ritus ein für die Verabschiedungszeremonie des Sabbat bestimmtes Gefäß für Gewürze.

Bestiarium [lat. bestia »Tier«], Bezeichnung für mittelalterliche Tierbücher nach dem Vorbild des Physiologus, einem im 2./3. Jh. entstandenen frühchristlichen Tierbuch, in dem Tiere (auch Fabelwesen, Pflanzen und Steine) mit wirklichen oder aus Sagen bekannten Eigenschaften auf das christliche Heilsgeschehen bezogen wurden. Neben der Bibel und der Legenda aurea (↑ Legende) gehörten die B. zu den verbreitetsten Büchern in Europa. Sie wurden in viele Sprachen übersetzt und reich illustriert.

Bestiensäule, Stütze, deren Schaft mit Darstellungen verschlungener kämpfender Menschen und Tiere bedeckt ist. B. kommen im romanischen Kirchenbau Frankreichs und Italiens vor, in Deutschland nur in der Krypta des Domes zu Freising.

Betnuß, aufklappbare Kapsel, die als Anhänger an Rosenkranz oder Schmuckkette angebracht ist und eine geschnitzte religiöse Darstellung enthält; hauptsächlich Ende des 15. Jh. bis um 1530.

Betsäule, *Bildstock, Marterln,* Säule oder Pfeiler im Freien mit ↑ Tabernakel, in dem ein Kruzifix, Heiligenbild oder dgl. untergebracht ist.

Bettelordenskirchen. Die Franziskaner und Dominikaner, die sogenannten Bettelorden, brachten ihre asketische Lebensform in betont schlichten Kirchenbauten zum Ausdruck, die seit Mitte des 13. Jh. eine Sonderstellung in der gotischen Baukunst einnehmen. Kennzeichen: Verzicht auf Türme (nur ↑ Dachreiter), kein Querhaus, ein weitgehend reduziertes Strebewerk, Einwölbung oft nur im ↑ Chor, Verzicht auf plastische Wandgliederung und figürlichen Schmuck. B. lagen in Städten, ihre Hauptbauzeit war in Deutschland das 14./15. Jh. im Zusammenhang mit der Ent-

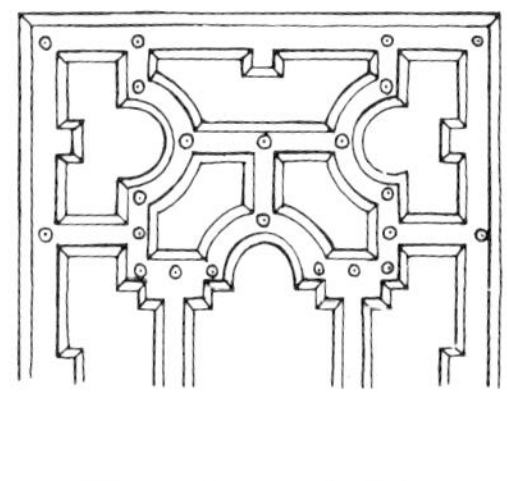

Beschlagwerk

wicklung des Stadtbürgertums; B. hatten großen Einfluß auf die Herausbildung der Spätgotik.

Beuroner Kunst, Kunstrichtung, die in der 2. Hälfte des 19. Jh. von dem Baumeister, Bildhauer und Maler Peter Lenz sowie von Jacob Wüger und Friedolin Steiner im Benediktinerkloster Beuron/Donau begründet wurde und die eine neue religiöse Kunst wiederzubeleben suchte. Ihre Werke zeichnen sich durch strenge Feierlichkeit und Geschlossenheit der Form aus. Vorbilder waren u. a. Werke der ägyptischen, frühchristlichen und byzantinischen Epochen, aber auch der Frührenaissance.

Beutelbuch, *Buchbeutel, Gürtelbuch,* Einbandform des späten Mittelalters, die bei Büchern kleineren Formats (Gebetbücher) verwendet wurde und die es ermöglichte, das Buch wie einen Beutel in der Hand zu tragen oder am Gürtel zu befestigen.

Beweinung Christi, Darstellung der Totenklage um den vom Kreuz abgenommenen Christus durch Maria, Maria Magdalena, Johannes u. a., zuerst in der byzantinischen Elfenbeinkunst des 11. Jh.; in der christlichen Kunst seit dem 15. Jh. häufiger, verwandt mit Erbärmdebild (↑ Schmerzensmann) und ↑ Pietà.

Biblia pauperum ↑ Armenbibel.

Biedermeier, kultur- und kunsthistorischer Begriff für die Zeit zwischen 1815 und 1848 vor allem in Deutschland und Österreich. Die Bezeichnung geht auf die Gedichte »Biedermanns Abendgemütlichkeit« und »Bummelmeiers Klage« zurück, veröffentlicht in den »Fliegenden Blättern«, aus denen L. Eichrodt den Namen einer erfundenen Gestalt, des beschränkten, treuherzigen Schulmeisters Gottlieb Biedermeier, zusammensetzte. Der Stilbegriff bezieht sich vor allem auf Wohnkultur, auch auf Malerei. Die zweckmäßige und schlichte Möbelkunst legte besonderes Gewicht auf gutes Material und gediegene handwerkliche Arbeit. In der Malerei dominieren Themen aus dem Alltag, der Umwelt und dem Familienleben des Bürgertums, die mit sachlicher Genauigkeit, gelegentlich mit Humor, meist kleinformatig wiedergegeben sind.

Biennale, alle zwei Jahre stattfindende Kunstausstellung in Venedig, 1895 begründet. Die Bezeichnung wird heute auch auf andere Kunstausstellungen übertragen.

Biforium [lat. biforis »zweiflügelig«], besonders in der Gotik beliebte Fenster mit zwei durch eine Mittelsäule getrennten Feldern.

Biedermeier. Wohnraum um 1820

bilaterales Bild, auf beiden Seiten bemalte Tafel oder Leinwand, beidseitig geschnitztes Relief. Im Mittelalter bestand oft ein Bedeutungszusammenhang zwischen den beiden Darstellungen.
Bilddevise ↑ Imprese.
bildende Künste, zusammenfassende Bezeichnung für Architektur, Plastik, Kunsthandwerk, Malerei und Grafik; in Abgrenzung zu den übrigen Gattungen der Kunst wie Literatur, Musik und darstellende Künste (Theater, Tanz, Film). ↑ auch Kunst.
Bilderbogen, volkstümlicher ↑ Einblattdruck mit einer inhaltlich zusammengehörenden Folge von Bildern samt begleitenden Texten. Der Ursprung der B. liegt im kolorierten Einblattdruck des 15. Jh. Der B. wurde auf Messen und Märkten vertrieben und diente der Belehrung, Belustigung oder Information. Im 19. Jh. waren besonders die Neuruppiner und Münchner B. bekannt.
Bilderrahmen ↑ Rahmen.
Bilderschrift, auf einer frühen Stufe der Schriftentwicklung gebrauchte Zeichen zur Fixierung von Sachverhalten. Sie wurden nicht so sehr gelesen, sondern stärker in ihrem Sinnzusammenhang erfaßt (Piktogramm). Auch in der Gegenwart werden bilderschriftähnliche Zeichen als Verkehrs- oder andere Hinweiszeichen gebraucht. ↑ auch Schrift.
Bilderstreit, Bildersturm ↑ Ikonoklasmus.
Bilderwand ↑ Ikonostas.
Bildgattungen, in der Renaissance beginnende Unterscheidung einzelner Bildthemen der Malerei im sakralen (Votiv-, Andachts-, Altarbild) und profanen Bereich (Landschaft, Porträt, Figurenbild). In der Profanmalerei differenzierten sich im Barock die einzelnen Bildthemen zur Gattungsmalerei (↑ Architekturbild, Historienbild, ↑ Stilleben, Landschaft mit See-, Stadt-, Küstenlandschaft). Für die B. gab es seit dem 17. Jh. Rangordnungen, die jedoch mit der modernen Kunstentwicklung aufgehoben wurden, so daß Gattungsbezeichnungen nur noch im unterscheidenden Sinne gebraucht und durch moderne Kunstrichtungen erweitert werden.
Bildhauerkunst ↑ Plastik.
Bildhauerzeichnung, Werkzeichnung oder Skizze eines Bildhauers, die seiner Arbeit vorausgeht. Wesentlich sind die Erfassung der plastisch-gestalterischen Aufgabe, Verzicht auf bildhafte Komposition, fehlender Hintergrund. Seit dem 19. Jh. ist die B., auch unabhängig von der plastischen Ausführung, wesentliche Form der künstlerischen Mitteilung von Bildhauern.
Bildnis ↑ Porträt.
Bildschnitzerei ↑ Plastik.
Bildstock ↑ Marterln.
Bildteppich, großformatiger Wandbehang mit bildlichen Darstellungen, im Unterschied zum gemusterten Teppich. Die Bilddarstellungen können eingewirkt, appliziert oder aufgestickt sein. Die B. erreichten in der Bildwirkerei ihre höchste künstlerische Entfaltung. Gewirkte Teppiche werden seit Ende des 17. Jh. auch als ↑ Gobelin bezeichnet. ↑ auch Weberei.
Bindemittel, in der Malerei Stoffe, die die Pigmente (Farbteilchen) unter sich und mit dem Malgrund verbinden (Leime, Öle, Harze, Lacke, Wachs usw.). Vor allem die B. bedingen die Verschiedenheit der Maltechniken (↑ Enkaustik, ↑ Freskomalerei, ↑ Guaschmalerei, ↑ Ölmalerei, ↑ Temperamalerei). Im Laufe der Zeit auftretende chemische Reaktionen können Veränderungen der Farbwirkung nach sich ziehen.

Bindung

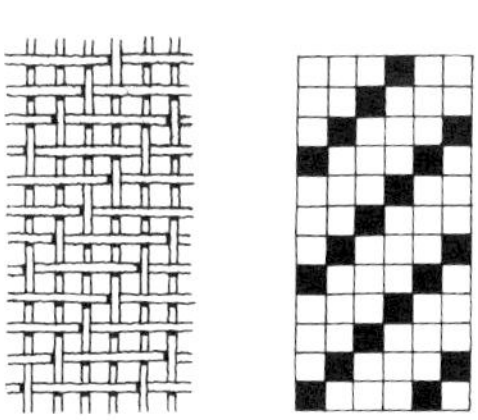
Körperbindung

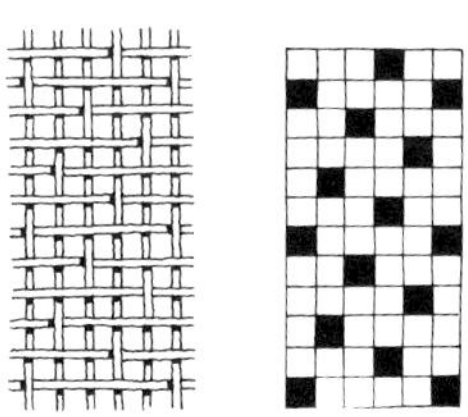
Atlasbindung

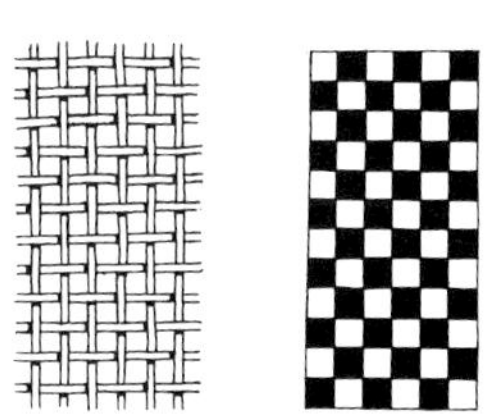
Leinenbindung

Binder, allgemein ein zusammenhaltendes (»bindendes«) Bauglied. 1. beim Mauerwerk der Stein, dessen Schmalseite an der Außenseite der Mauer liegt, wodurch er die darüber und darunter längs liegenden Steine (»Läufer«) bindet (↑ Mauerverband).
2. bei Dachstühlen und im Fachwerkbau Trag- und Versteifungsbalken.

Bindung, rechtwinklige Verkreuzung zweier Fadensysteme (Kette und Schuß) in der Weberei. Die B. bestimmt die Struktur, oft das Muster und die Haltbarkeit eines Stoffes. Grundbindungen sind Leinwand-, Köper- und Atlasbindung, von denen viele Varianten abgeleitet werden. Abb. S. 41.

Binnenzeichnung, Teile einer Zeichnung, die innerhalb der Umrisse Form, Stofflichkeit und Beleuchtung des dargestellten Gegenstandes verdeutlichen.

Birett, Kopfbedeckung des katholischen Geistlichen. Ursprünglich eine halbkuglige oder zylindrische Mütze, erhält das B. Ende des 15. Jh. eine steife Einlage und zusätzlich bogenförmige Aufsätze, häufig mit Quaste. Das gewöhnliche B. ist schwarz, bei Prälaten und Bischöfen violett, bei Kardinälen rot. Das ↑ Barett ist die profane Entsprechung in der Gelehrtentracht.

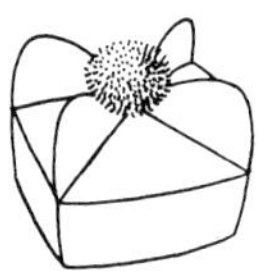

Birnstab ↑ Rippe.

Bisamapfel, reich verzierter Metallbehälter zur Aufnahme von Bisam (Bisam = Moschus), des kostbarsten der mittelalterlichen Duftstoffe. Seit Ende des 16. Jh. wurden diese Riechstoffe durch billigere Essenzen und wohlriechende Wässer ersetzt, die in Flakons aufbewahrt werden.

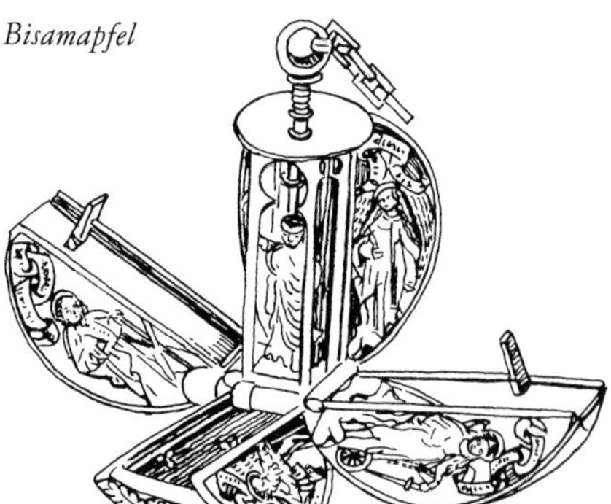

Bisamapfel

Bischofskirche ↑ Kathedrale.

Bischofsring, wird einem Bischof oder Abt nach erfolgter Weihe an den Ringfinger der rechten Hand gesteckt. Der B. ist Bestandteil der Amtstracht und ein Rangabzeichen.

Bischofsstab, Würdezeichen vom Bischof oder Abt, ein mannshoher Stab, der in einer Krümme endet. Als den christlichen Bischöfen von Kaiser Konstantin im 4. Jh. die zivile Gerichtsbarkeit übertragen wurde, erhielten sie den Stab als Zeichen ihrer Jurisdiktionsgewalt. Der B. ist aber ebenso liturgische Insignie und wird als Hirtenstab interpretiert.

Bischofsstuhl, *Kathedra* [griech.-lat. cathedra »Sitz«], thronartiger Sitz mit Armlehnen und hoher Rückenlehne, der in der Kirche seinen festen Platz hat. In altchristlicher Zeit befand er sich in der Mitte der Apsis hinter dem Altar, später vor ihm oder auf der ↑ Evangelien-(Nord)Seite.

Biskuitporzellan, unglasiertes ↑ Porzellan.

Bister, braune Tusche oder Aquarellfarbe, die ursprünglich aus Buchenholzruß hergestellt wurde und bis Anfang des 19. Jh. beliebt war.

Blacherniotissa, Typ des byzantinischen Madonnenbildes, ↑ Marienbild.

Blaker [niederdt. blaken »rußen«], Sonderform des Wandleuchters. Ein oder mehrere Kerzenarme sind an einer Rückplatte befestigt, deren glänzendes Metall als Reflektor dient.

Blanc-de-Chine [franz. »Weiß aus China«], Bezeichnung für das milchig-weiße chinesische Porzellan, gewöhnlich ohne aufgemalte Dekoration. B. ist Mitte des 17. Jh. in Europa bekannt geworden und hat besonders die Gestaltung des frühen europäischen Weichporzellans beeinflußt.

Blattfries, ein ↑ Fries, der aus Blattmustern zusammengesetzt ist.

Blattkapitell ↑ Kapitell.

Blattmaske, menschliches Gesicht, das aus Blättern geformt ist. Als architektonische Zierform ist die B. in der römischen Kunst verbreitet, aber auch in der spätromanischen und gotischen Bauplastik und Buchmalerei.

Blattstab, Blattwelle ↑ Kyma.

Blaudruck ↑ Zeugdruck.

Blattmaske

Blauer Reiter, *Der blaue Reiter,* Künstlergruppe um Wassily Kandinsky und Franz Marc, die aus der ↑ Neuen Künstlervereinigung München hervorgegangen ist und im Dezember 1911 eine gleichnamige Ausstellung veranstaltete. Sie war neben der ↑ Brücke die bedeutendste Gruppierung des Expressionismus in Deutschland und versuchte, durch Abstraktion »die bisherigen Grenzen des künstlerischen Ausdrucksvermögens zu erweitern« und das »Geistige in der Kunst« neuartig »rein« zu erfassen (aus der Ankündigung zur ersten Ausstellung). Der B. R. bemühte sich, u. a. angeregt durch bäuerliche Kunst, um ursprüngliche Kreativität. Den Künstlern war bewußt, »daß die Erneuerung nicht formal sein darf, sondern eine Neugeburt des Denkens ist« (Marc, 1912). Zum B. R. gehörten neben Kandinsky und Marc u. a. August Macke, Gabriele Münter, Paul Klee, Alfred Kubin. Von den Ausstellungen des B. R. gingen vielfältige Anregungen für die Entwicklung der modernen Kunst aus.

Bleiglas, *Bleikristall, Kristallglas,* Glas, das durch einen Zusatz von Bleioxid mehr Glanz und Durchsichtigkeit erhält. Es ist schwerer als das übliche Glas und eignet sich besonders für den Schliff.

Bleiglasur ↑ Glasur.

Bleikristall ↑ Bleiglas.

Bleirute, in der ↑ Glasmalerei Hilfsmittel für die Verbindung der zugeschnittenen farbigen Glasstücke.

Bleischnitt, *Bleistich,* eine dem ↑ Holzschnitt bzw. -stich verwandte Art des ↑ Metallschnitts, die der Herstellung von Druckstöcken für den Buchdruck durch Ausschneiden des Bildes in Blei dient und häufig in der Gebrauchsgrafik angewendet wird (Exlibris, Vignetten u. a.).

Blendarkaden ↑ Arkaden.

Blende, Scheinarchitektur, bei der Bögen, Arkaden, Fenster usw. einer geschlossenen Wand »blind« vorgesetzt werden, ohne daß man hindurchsehen kann. Die B. dient zum Schmuck oder zur Gliederung einer Mauerfläche. Blendsteine sind exakt bearbeitete Steine, mit denen Rohbauten verkleidet, verblendet werden.

Blendfassade, Fassade, die einem Baukörper vorgelagert ist. Die B. braucht dessen Querschnitt, Geschoßeinteilung, Fensterteilung nicht zu entsprechen.

Blendfenster ↑ Blende.

Blendmaßwerk, auf eine geschlossene Wand aufgelegtes ↑ Maßwerk, häufig in Verbindung mit anderen Blendformen (↑ Blende).

blindes Fenster, *Blindfenster,* Fenster ohne Öffnung, das aufgemalt oder innerhalb eines Rahmens vorgetäuscht sein kann, um Fassaden oder Innenräumen eine einheitliche Gliederung zu geben.

Blindprägung, farblose Prägung von Schrift oder Bildzeichen auf Bucheinbänden, Briefbögen usw.

Blindrahmen, unsichtbarer Rahmen an einer Tür, Wandbespannung oder einem Ölbild.

Blockbau, Holzbauweise, bei der die Wand aus waagerecht übereinander gelegten Stäm-

Blockbau

men gebildet wird. Der B. läßt sich in Europa bis ca. 800 v. Chr. zurückverfolgen. Seit dem Mittelalter vor allem in holzreichen Gebieten angewandt (Alpen, Nord- und Osteuropa, Skandinavien). Der in der Lausitz häufige reine B. wird oft auch mit einem Umgebinde versehen. ↑ auch Umgebindehaus, Bauernhaus.

Blockbuch, zwischen 1430 und 1530 vor allem in Deutschland und den Niederlanden verbreitete volkstümliche Holzschnittbilder und -texte religiösen oder unterhaltenden Inhalts (↑ Armenbibel, ↑ Ars moriendi, ↑ Heilsspiegel, Kalender), die im Holztafeldruck vervielfältigt, als einseitig bedruckten Seiten aneinandergeklebt und zu einem B. vereinigt wurden. Der dem Zeugdruck verwandte Holztafeldruck wurde in Europa seit Ende 14. Jh. verwendet, zuerst für ↑ Einblattdrucke und Spielkarten. Das B. war der Vorläufer des mit beweglichen Lettern gedruckten Buches.

Blockschrift, Antiquaschrift mit Buchstaben von gleicher Strichstärke.

Blockverband ↑ Mauerverband.

Blumenstück ↑ Stilleben.

Body art ↑ Behaviour art.

Bogen, Konstruktion für die Überbrückung größerer Spannweiten (Maueröffnungen, Gewölbe, Brücken); im ästhetisch-künstlerischen Bereich verleiht der B. einer Reihung einen schwingenden Bewegungsablauf. Er ermöglicht die Raumformen von ↑ Gewölbe und ↑ Kuppel und trägt damit zur künstlerischen Gestaltung des Innenraumes bei. Die Bogenlinie beginnt in den Kämpferpunkten als Anfänger (a) und erreicht den höchsten Punkt im Scheitel, oft mit dem ↑ Schlußstein (c). Die obere Abschlußfläche ist der Bogen-

Bogen. Bogenformen

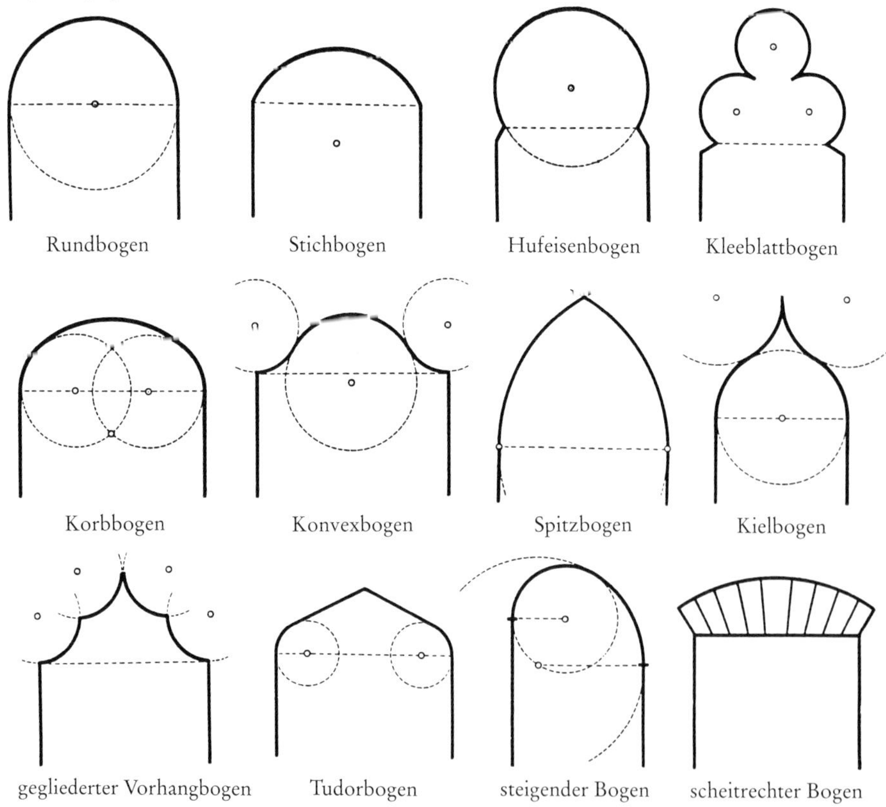

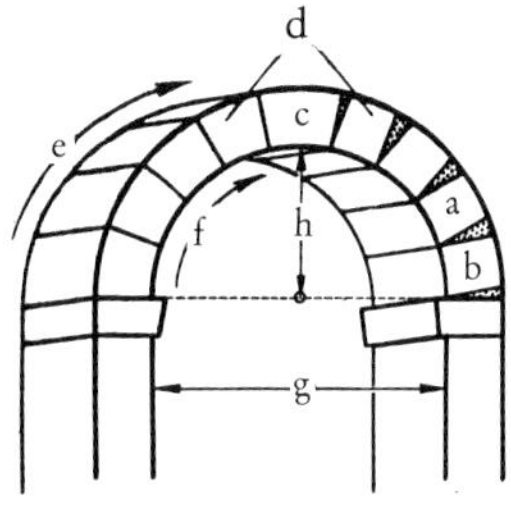

Bogen. Bestandteile des Bogens: a Anfänger, b Kämpfer, c Schlußstein, d Bogenstirn, e Bogenrücken, f Bogenleibung, g Spannweite, h Pfeil- oder Stichhöhe

rücken (e), die untere die Bogenleibung (f), die vordere Ansicht heißt Bogenstirn (d). Die verschiedenen Bogenformen kennzeichnen einzelne Baustile. So ist der Rundbogen typisch für die römische Kunst, die Romanik und die Renaissance, der Spitzbogen für die Gotik, die ihn in der Spätphase abwandelt als Eselsrücken, Kiel- oder Vorhangbogen. ↑ auch Entlastungsbogen.

Bogenfeld ↑ Tympanon.

Bogenfries, verbreiteter Ornamentfries in der Romanik, besteht aus einer Folge kleiner Blendbögen. Abb. ↑ Fries.

Bogenlauf ↑ Archivolte.

böhmische Kappe, *böhmisches Kappengewölbe,* Gewölbe, das aus dem Segment einer Halbkugel gebildet wird, deren Grundkreis außerhalb der zu überwölbenden Fläche liegt.

Boiserie [franz. »Holztäfelung«], geschnitztes und/oder bemaltes Tafelwerk in Innenräumen des 17. und 18. Jh.

Bollwerk, ursprünglich mit Bohlen befestigte Erdaufschüttung für Verteidigungszwecke, dann allgemein Verteidigungswerk, das einer Befestigungsanlage vorgelagert ist.

Bolus, *Bolliment, Poliment,* gelbe, braune oder rote Tonerde, aus der im Altertum Gefäße hergestellt wurden (↑ Terra sigillata), auch Unterlage für Goldgründe bei Tafelbildern oder farbigen Plastiken.

Bombé [franz. »aufgeblasen«], konvexe Form, die besonders in der Möbelkunst des Rokoko gebräuchlich war.

Bone China ↑ Knochenporzellan.

Bordüre, Borte ↑ Rahmen.

Boskett [franz. bosquet »Wäldchen«], in Gärten der Renaissance- und Barockzeit Bepflanzung aus beschnittenen Büschen und Bäumen auf geometrischen oder in freien Formen gestalteten Grundrissen, meist symmetrisch angeordnet.

Bosse(n), auch *Posten* [von ahdt. bossan »schlagen«; ital. bozza »Skizze«, »rohe Ausarbeitung«, »Werkstück«; franz. bosse »erhabene Arbeit«, »Buckel«], ursprünglich jedes gehauene Bildwerk, später Rohform einer Plastik, die erst noch weiter bearbeitet werden soll. Das Herausschlagen nennt man Bossieren oder Bosseln. Auch Buckel, die der Verzierung dienen, werden B. genannt.

Bossenwerk ↑ Rustika.

Böttgerporzellan, erstes Hartporzellan, das zu Lebzeiten Böttgers in der Meissener Manufaktur ab 1709 produziert wurde und das noch nicht markiert ist.

Böttgersteinzeug, Bezeichnung für das rotbraune Steinzeug, das Johann Friedrich Böttger zuerst in der Meissener Manufaktur ab 1708 produzierte. Besonders die Teekannen haben einen reichen Dekor von Laub- und Bandelwerk und Grotesken. Abb. S. 46.

Boulevard [mittelniederl. »bolwerc«, dt. »Bollwerk«], bezeichnete ursprünglich die an Stelle früherer Festungswerke angelegten, meist sehr breiten Wall- oder Ringstraßen; allgemein breiter Straßenzug mit dominanten Gebäuden.

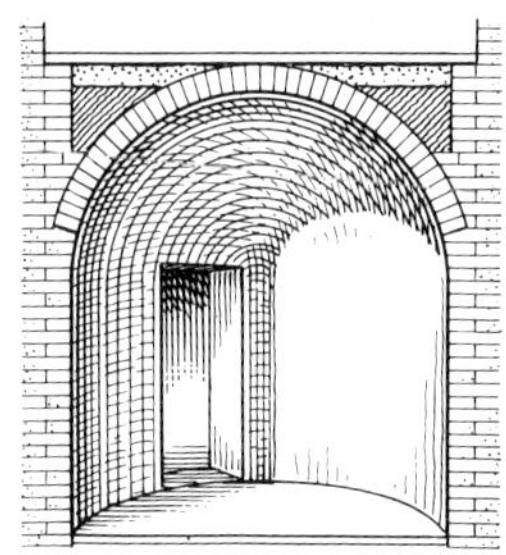

böhmische Kappe

Boullemöbel, Möbel aus der Pariser Werkstatt des ↑ Ebenisten André Charles Boulle vom Ende des 17. bis Anfang des 18. Jh. Sie sind Meisterwerke im Stile des ↑ Louis quatorze. Charakteristisch sind Einlegearbeiten aus Schildpatt, Perlmutt, Bronze, Zinn, Messing. B. zeichnen sich durch Vornehmheit und »klassische« Formgebung aus. ↑ auch Contre-Boulle.

Bozzetto [ital. »Skizze«], plastische Entwurfsskizze in Ton, Wachs, Gips u. ä., meist verkleinert; gewinnt insbesondere dann an Bedeutung, wenn die Ausführung des Modells nicht durch den Künstler selbst erfolgt.

Brakteaten, ursprünglich münzähnliche Zierscheiben aus Gold, vor allem im 5.–7. Jh., meist mit figürlichen Darstellungen. Später wurden damit einseitig geprägte Münzen, meist aus Silber, bezeichnet, die im 12.–14. Jh. in vielen Gebieten Deutschlands verbreitet waren.

Brandmalerei, Einbrennen von Ornamenten und Bildern mit einem glühenden Metallstift in Holz.

Braunfirnis ↑ Firnisbrand.

Brautbecher, *Jungfernbecher,* ↑ Doppelbecher des 16. und 17. Jh., meist in Nürnberg gearbeitet. Ein größerer Becher als weibliche Figur hält einen drehbar aufgehängten, beweglichen zweiten Becher. Bei den damals beliebten Trinkspielen kam es darauf an, daß der Kavalier den größeren Becher austrank, ohne dabei einen Tropfen aus dem kleineren zu verschütten, der dann an die Dame weitergereicht wurde.

Brauttür, Portal an der Nordseite mittelalterlicher Kirchen, vor dem vom 12.–16. Jh. bei Eheschließungen das Ja-Wort gegeben wurde.

Brevier, *Breviarum* [lat. brevis »kurz«], seit dem 9. Jh. gebräuchliches ↑ Gebetbuch für Kleriker zur Verrichtung des Stundengebetes.

Briefmaler [lat. brevis »kurz«], spezielle Berufsgruppe, die sich vom 14.–18. Jh. mit der serienmäßigen Herstellung kleiner ↑ Andachtsbilder, Spielkarten, Flugschriften, Urkunden u. a. beschäftigte. Nach Einführung des Holzschnitts und Buchdrucks im 15. Jh. kolorierten sie auch Drucke und wurden deshalb auch Briefdrucker genannt.

Brillant [franz. »glänzend«], Schliffform für Edelsteine, besonders für Diamanten.

Broderieparterre [franz. broder »sticken«] ↑ Parterre.

Böttgersteinzeug. Kaffee- und Teekanne mit Emailmalerei und Granatsteinen über dem Reliefdekor. Um 1710–15. Dresden, Staatliche Kunstsammlungen, Porzellansammlung

Brautbecher. 16. Jh. Nürnberg, Germanisches Nationalmuseum

Brokat [ital. broccato], mit Gold- und Silberfäden durchwirkte Seidengewebe für kostbare Gewänder u. a.

Bromöldruck ↑ Edeldrucke.

Bronze, Legierung von Kupfer mit anderen Metallen, hauptsächlich Zinn; wird wegen ihrer Wetterbeständigkeit und Festigkeit bis in die Gegenwart für Skulpturen und andere Gegenstände verwendet.

Bronzekunst, Herstellung von Bildwerken und kunsthandwerklichen Arbeiten aus ↑ Bronze im ↑ Gußverfahren oder in Treibarbeit (↑ Toreutik). Die Anfänge der B. gehen bis in das 3. Jt. v. Chr. zurück (↑ Bronzezeit), früheste Zeugnisse stammen aus Ägypten, Mesopotamien und China. Einen Höhepunkt erreichte die B. im antiken Griechenland, doch sind nur wenige Originale erhalten geblieben, der größte Teil ist nur durch Marmorkopien überliefert. Eines der bedeutendsten Beispiele der römischen B. ist die Reiterstatue des Marc Aurel. Zentren der B. im Mittelalter waren Aachen (Reiterstatue Karls des Großen), Hildesheim (↑ bernwardinische Kunst) und Magdeburg. Neben kirchlichem Gerät, Grabplatten, Kruzifixen entstanden auch Kirchentüren in Reliefarbeit (Magdeburg, Hildesheim, Nowgorod). In der Renaissance erlebte die B. nach antikem Vorbild erneut einen Aufschwung (Lorenzo Ghiberti, Donatello, Andrea Verrocchio), in Deutschland vor allem durch die Nürnberger Erzgießerfamilie Vischer. Vom Barock bis ins 19. Jh. waren Denkmäler und Brunnenfiguren Hauptthemen, bis mit den Werken Auguste Rodins, Aristide Maiolls u. a. eine neue Phase der B. anfing, die in Abgrenzung zu naturalistischen Tendenzen die besonderen Ausdrucksmöglichkeiten des Materials erschloß.

Bronzezeit, Periode zwischen der Jungstein- und Eisenzeit, die durch zunehmende Verwendung von ↑ Bronze für Waffen, Werkzeuge und Schmuckgegenstände gekennzeichnet ist. Die B. dauerte im Orient von ca. 2500–1100 v. Chr., in Europa von ca. 2000–1000 v. Chr. Die wichtigsten Kulturgruppen Mitteleuropas in der B. sind die ↑ Aunjetitzer Kultur, ↑ Lausitzer Kultur, ↑ Hügelgräberkultur und die ↑ Urnenfelderkultur. Durch den neuen Werkstoff erweiterten sich die Möglichkeiten für die technische und künstlerische Entwicklung bei der Herstellung von Waffen, Geräten und Schmuckstücken. Die Keramik ist während der gesamten B. durch geometrisches Dekor (Spirale, Bogen- und Kreislinie), aber auch durch Kerbschnitt und plastischen Gefäßschmuck (Spitzbuckel) gekennzeichnet.

Brosche, mit einer Nadel ansteckbares Schmuckstück. Die Bezeichnung ist in Deutschland erst seit dem 19. Jh. gebräuchlich. Die B. ist eine Abart der ↑ Fibel und des mittelalterlichen ↑ Fürspan und ähnelt der ↑ Agraffe.

Broschierung [franz. brocher »sticken«], 1. Webverfahren, bei dem zusätzlich Metall- oder Seidenfäden zu den Grundschüssen eingebracht werden, die nur an der Dekorstelle hin- und hergehen. Das Verfahren ist für die Brokatweberei wichtig, da es kostbares Material spart.
2. in der Buchherstellung leichte Art des Einbandes, bei der die Bogen nur geheftet und mit einem Papp- oder Papierdeckel versehen werden.

Bruchsteinmauerwerk, ↑ Mauerwerk aus unbearbeiteten Steinen oder Findlingen, die beim Versetzen bei Bedarf behauen werden.

Brücke, Die, deutsche Künstlergruppe des ↑ Expressionismus zwischen 1905 und 1913 in Dresden, gegründet von den Malern Ernst Ludwig Kirchner, Fritz Bleyl, Erich

Romanik

Renaissance

Gotik

Barock

Brunnen

Heckel und Karl Schmidt-Rottluff. Ihr traten später Emil Nolde, Otto Mueller, Max Pechstein u. a. bei. Die B. löste sich auf, als ihre wichtigsten Mitglieder nach Berlin übersiedelten. Die B.-Künstler wollten zugunsten eines elementaren subjektiven Ausdrucks alles Konventionelle in der Malerei und zugleich mit einer noch unklar empfundenen Natürlichkeit die Scheinmoral der spätwilhelminischen Gesellschaft überwinden. Formal zeichnen sich ihre impulsiv und rasch gemalten Bilder durch starke Farbigkeit, vereinfachende Formgebung und Betonung der Fläche aus. Es ist das Verdienst der B., zur Entwicklung der Grafik im Sinne einer selbständigen künstlerischen

Kategorie beigetragen zu haben. Die B.-Künstler sahen ihre Vorbilder u. a. in der Kunst der Südseevölker und der afrikanischen Völker. Neben dem ↑ Blauen Reiter hatte die B. große Bedeutung für die Entwicklung der Kunst im 20. Jh. Nach 1933 verfemte der Nationalsozialismus deren Werke als ↑ »entartete Kunst«.

Brünieren, Verfahren der Metallbearbeitung, bei der die Metalloberfläche in dekorative farbige Schichten umgewandelt wird. Eisen wird z. B. mit siedender Natronlauge schwarz gebeizt, Grün durch konzentrierte Kupfernitratlösung erzielt.

Brünne [althdt. brunna], kragenförmiges Ausrüstungsstück der Ritter aus Leder mit Eisenmaschen besetzt, das im Mittelalter als Ergänzung zum Helm getragen wurde.

Brunnen. Die Lebensnotwendigkeit des Wassers führte zu einer besonderen architektonisch-künstlerischen Ausgestaltung der B. bereits im Alten Orient. Diese Traditionen setzten sich in der griechisch-römischen Stadtkultur fort (↑ Nymphäum). Die Antike bevorzugte den Röhrenbrunnen mit übereinanderliegenden kleiner werdenden Schalen. Dieser Schalenbrunnen war auch in romanischer Zeit beliebt. Die Gotik entwikkelte eine eigene Brunnenform. Aus einem vieleckigen Bodenbecken wird das Wasser im sogenannten Stock hochgeführt, aus dem es nach mehreren Seiten in dünnen Strahlen ins Becken zurückspringt (Stockbrunnen, z.B. der »Schöne Brunnen« in Nürnberg von 1386). Der »Stock« nahm häufig die Form gotischer Sakramentshäuschen an. In Renaissance und Barock lebte der Stockbrunnen weiter, doch aus der Spitzpyramide des gotischen Aufbaus entwickelte sich eine kräftige figurengekrönte Rundsäule. Im Barock erlangte auch der Schalenbrunnen wieder Bedeutung; das Wasser fiel nun aber nicht mehr aus dünnen Röhren in das Bekken, sondern rauschte nach dem Überlaufprinzip als »Wasservorhang« gleichmäßig über den Rand der Schalen. Die B. zeichnen sich in der Barockzeit durch reiche Plastik aus (Fontana di Trevi in Rom). Das 19. Jh. griff in historisierendem Sinne immer wieder auf die von den vorangehenden Stilen geprägten Typen zurück. Selbständig weiterführende Gestaltungen brachte das 20. Jh. mit konstruktivistischen Brunnen.

Brustkreuz, *Pektorale,* an einer Schnur oder Halskette über der Brust getragenes Schmuckkreuz, vor allem als liturgisches Brustkreuz Bestandteil der liturgischen Kleidung von Papst, Kardinälen, Bischöfen und Äbten oder gleichgestellten Personen.

Brüstung, im Gegensatz zur offenen ↑ Balustrade ein geschlossenes Wandstück zur Sicherung an Fenstern, Terrassen, Balkonen. Ursprünglich brusthoch, kann die B. durch plastische Gestaltung die Architektur wesentlich bestimmen.

Brustwehr, Schutzmauer für die Besatzung an Burgen oder Festungen.

Brutalismus, Architekturströmung der 50er und 60er Jahre des 20. Jh., die Konstruktion und Material offen zur Schau stellte. So wurden z. B. unverputzter Beton als Gestaltungsmittel (béton brut) bevorzugt und Installationen sichtbar verlegt.

Buccherovasen, Tonvasen, die eine schwarzglänzende Oberfläche zeigen und oft mit erhabenen oder eingepreßten Reliefs verziert sind. Sie wurden vor allem in Etrurien im 7.–5. Jh. v. Chr. hergestellt.

Buch, abgeleitet von Buche, in deren Holz bei germanischen Völkern Zeichen (»Buch«-staben) eingeritzt wurden; heute eine zu einem Ganzen verbundene Vielzahl von Blättern, die von einem Umschlag oder Einband zusammengefaßt und als Schrift- oder Bildträger verwendet wird.

Buchbeutel ↑ Beutelbuch.

Buchillustration [lat. illustrare »erleuchten«], Ausstattung von Büchern mit Bildern, die den Text ausdeuten, erläutern oder sachlich veranschaulichen. Der Begriff wird gewöhnlich auf drucktechnisch hergestellte Bilder in Büchern angewandt, im Gegensatz zur ↑ Buchmalerei. Das älteste dieser Verfahren, der ↑ Holzschnitt, wurde seit Anfang des 15. Jh. zur Illustration von ↑ Blockbüchern verwandt. Um 1460 bezog Albrecht Pfister in Bamberg den Holzschnitt erstmals in den Buchdruck ein. Der Umrißholzschnitt zur nachträglichen Ausmalung erhielt um 1500 Binnenzeichnung in Schraffiertechnik, die ihre künstlerische Vollendung bei Dürer (»Apokalypse«) fand, der die B. der von Kaiser Maximilian I. in Auftrag gegebenen Prunkwerke (Theuerdank, Weißkunig u. a.) stilistisch beeinflußte. Der ↑ Farbholzschnitt wurde schon im 15. Jh. für B. verwendet. Illustriert wurden Bibeldrucke, ↑ Erbauungs- und Unterhaltungsliteratur, ferner Flugschriften und ↑ Einblattdrucke der Reformationszeit. In der 2. Hälfte des 16. Jh. verdrängte der nuancenreichere ↑ Kupferstich den Holzschnitt in der B. Die im Tiefdruck (↑ Druckverfahren) vervielfältigten Kupferstiche wurden gesondert in das im Hochdruckverfahren hergestellte Buch eingebunden. Zunächst vor allem in Italien zur Reproduktion von Gemälden und Porträts verwandt, verhalfen die Brüder Hogenberg und die Familie De Bry dem Kupferstich für Städteansichten, Reise- und Landschaftsbeschreibungen zum Durchbruch. Berühmt wurden u. a. die »Topographia« des Matthäus Merian und das »Theatrum Europaeum«. Das Titelblatt als Kupferstich und das ↑ Frontispiz entwickelten sich zu illustrativen Schmuckelementen im Stile repräsentativer Buchkunst des Barock. Zu den herausragenden Beispielen der B. im 17. Jh. gehören die Emblembücher (↑ Emblem). Andere Tiefdruckverfahren wie ↑ Radierung, ↑ Schabkunst, ↑ Aquatinta fanden seit dem 18. Jh. Eingang in die B. Sie wurde vor allem in Frankreich, dem Schmuckbedürfnis des Rokoko entsprechend, verfeinert. In der deutschen B. lösten seit Mitte des 18. Jh. schlichte Schilderungen bürgerlichen Lebens im Stile des Klassizismus (Daniel Chodowiecki) Einflüsse des Barock und Rokoko ab.

Die Industrialisierung der Buchproduktion eröffnete im 19. Jh. neue Bereiche für die B., wie Kunstbücher, Bilderbücher für Kinder und Zeitschriften. Für den Druck hoher Auflagen eigneten sich besonders die ↑ Lithographie, der Holzstich (↑ Holzschnitt) und ↑ Stahlstich. B. im Stile der deutschen Romantik schuf vor allem Ludwig Richter. Zu den Hauptleistungen der B. um 1850 gehören die realistischen Illustrationen Adolph von Menzels. Gegen den Verfall der B. wandte sich die um 1900 von England ausgehende Buchkunstbewegung, die mit dem Wirken von William Morris verbunden war.

Die Anfänge der modernen B. in Deutschland um 1900 sind mit literarisch-künstlerischen Zeitschriften wie »Jugend« und »Pan«, mit privaten Pressen sowie Druckereien und Verlagen (Eugen Diederichs, Insel, S. Fischer u. a.) verknüpft, für die bedeutende Künstler wie Aubrey Beardsley oder Alfred Kubin arbeiteten. Die der Ästhetisierung des Lebens um 1900 entsprechende Jugendstilillustration wurde vom Expressionismus abgelöst, in der Folgezeit haben sich die verschiedenen Stilrichungen der modernen Kunst auch auf die B. ausgewirkt (Abb. ↑ Konstruktivismus). Die modernen fotomechanischen und elektronischen Reproduktionsverfahren eröffnen heute nahezu unbeschränkte Möglichkeiten für B.

Buchkunst, Zweig der angewandten Kunst, der sich in Theorie und Praxis der Gestaltung von Buchinnerem (Schrift, Typographie, Buchillustration, Buchschmuck) und Buchäußerem (Bucheinband, Schutzumschlag, Format, Papier) widmet.

Die Bezeichnung B. verbreitete sich um 1900 mit dem ↑ Jugendstil und seinem Einfluß auf das Buch in der Buchkunstbewegung. Zunächst umstritten und gegenwärtig noch nicht eindeutig gegenüber Buchaus-

Buchillustration. Hartmann Schedel: Weltchronik, Ansicht der Stadt Köln. 1493

Buchillustration. Ludwig Richter: Für's Haus, Frühling. 1859

stattung und -gestaltung abgegrenzt, wird B. heute als Oberbegriff für alle auf das Buch gerichteten künstlerischen Gestaltungsleistungen gebraucht.

Buchmalerei, Ausschmückung spätantiker und mittelalterlicher Handschriften durch Bilder oder Zeichnungen, sogenannte Miniaturen, deshalb auch ↑ Miniaturmalerei genannt. Ihre Bezeichnung leitet sich von lat. minium »Mennige«, einer roten Farbe, ab, mit der im mittelalterlichen Buch Teile des Textes, Randleisten, Initialen u. a. hervorgehoben wurden.

Schon die ägyptischen Totenbücher in Rollenform aus dem 2. Jt. v. Chr. waren mit Malereien verziert, die man als Vorläufer der B. ansehen kann. Seit dem 4. Jh. löste der ↑ Codex die Buchrolle ab. Die B. wurde bis ins 13. Jh. in den Schreibstuben (Scriptorien) der Klöster ausgeführt und galt als gottgefälliges Werk. In der byzantinischen und frühchristlichen Kunst wirkte sie durch kostbare Farben auf purpurgefärbtem Pergament und Goldgrund. Zunächst wurden spätantike und byzantinische Vorbilder nachgeahmt. Die irisch-angelsächsische B. bildet eine Sondergruppe und zeichnet sich durch einen ausgeprägten ornamentalen Charakter aus (Lindisfarne-Evangeliar, Book of Kells). Der allgemeine Aufschwung des künstlerischen und geistigen Lebens unter Karl dem Großen brachte auch eine Blüte in der karolingischen B. Die verschiedenen Schulen (z. B. die Hofschule in Aachen oder die Arbeiten der Werkstätten in Fulda, Reims und Tours) brachten z. T. sehr unterschiedliche Ausdrucksformen hervor. Einen weiteren Höhepunkt erreichte die B. in der ottonischen Kunst der ↑ Reichenauer Malerschule (Evangeliar Ottos III., Perikopenbuch Heinrichs II.).

Ein grundlegender Wandel in der B. trat erst in der Gotik ein, als neben Klosterschreibstuben auch weltliche Schreibstuben entstanden. Damit drangen immer mehr profane Themen in die B. ein (Manessische Liederhandschrift, 14. Jh.). Die niederländisch-französischen Miniaturen des 15. Jh. waren wegweisend in der Gestaltung des Tiefenraumes und der Landschaft. Nach Erfindung des Buchdrucks wurde die B. von der ↑ Buchillustration abgelöst, die sich druckgrafischer Techniken bedient. Abb. S. 52.

Buchschmuck, künstlerische Ausstattung des Buches mit ornamentalem Beiwerk, Initialen, Zierleisten, Ranken, Bordüren, Vignetten, Drucker- oder Verlegersignets, auch figürlichen Darstellungen u. ä. Während die ↑ Buchillustration an einen Text gebunden ist, unterstreicht der B. die ästhetische Gesamtwirkung eines Buches im Stile der jeweiligen Zeit.

Buckelkeramik, Gefäßform ur- und frühgeschichtlicher Töpfereierzeugnisse vor allem in der ↑ Bronzezeit. Die Buckel können vom Töpfer von innen herausgedrückt oder aufgesetzt werden.

Buckelquader ↑ Rustika.

Buckelung, Zierform an Gefäßen aus Metall durch Heraustreiben von Buckeln aus der Wandung. Das Verfahren wurde bereits in vorgeschichtlicher Zeit praktiziert und erreichte einen Höhepunkt in den silbergetriebenen Pokalen der deutschen Spätgotik (»Buckelpokal«) im 15. und 16. Jh.

Büfett [franz. Buffet], Anrichteschrank, der zur Unterbringung von Geschirr, Bestecken und Tischwäsche dient. Er entwickelte sich

Buchmalerei. Sakramentar Heinrichs II.: Krönung Heinrichs durch Christus. 1002–14

aus der ↑ Kredenz. Das B. erhielt seine typische Form (zweitüriger Unterbau mit Schubladen, zurückgesetzter zweitüriger Aufbau mit Mittelnische, Etagére und Schließfächern) im 17. Jh. und wurde in Deutschland im ↑ Historismus das Möbel des bürgerlichen Eß- und Wohnzimmers.

Bugholz ↑ Thonetmöbel.

Bühnenbild, Bezeichnung für die Gestaltung der Theaterbühne mit architektonischen, malerischen oder technischen Mitteln. In der griechischen Antike wurde die rückwärtige Begrenzung der Spielfläche (Skene, Proskenion) nach den Bedürfnissen der Bilddramaturgie gestaltet. Im Hellenismus war sie häufig aus Stein, mehrgeschossig, bemalt und mit zahlreichen Auftrittsmöglichkeiten versehen. Das römische Theater führte die griechische Überlieferung weiter. Ein versenkbarer Bühnenvorhang verwandelte jedoch die griechische Raumbühne in eine mehr flächige Bildbühne.

Im Mittelalter wurden biblische Stoffe im Kircheninnern inszeniert, z. T. unter Verwendung der Lettnerbühne. Eine Besonderheit bildete die Gestaltung des B. für die geistlichen Spiele des Spätmittelalters, die oft auf mehreren nebeneinanderliegenden Bühnen (Simultanbühne) auf Märkten oder Straßenzügen stattfanden. Das mittelalterliche Handwerker-Theater, die deutsche Hans-Sachs- oder Meistersinger-Bühne, bestand aus einem Holzpodium mit rückwärtigem Vorhang. Die fehlenden Dekorationen wurden ähnlich wie bei der Shakespeare-Bühne durch den Text ersetzt, der die Örtlichkeit beschrieb.

Die Theaterentwicklung der Neuzeit beginnt mit der Renaissance und ist an das Bemühen der Humanisten geknüpft, die Kultur der Antike wiederzubeleben. So entstanden im 16. Jh. Theaterräume, die das römische Theater unter den Bedingungen des überdachten Gebäudes zu wiederholen versuchten. Namhafte Maler und Architekten widmeten sich dem Entwurf und der Ausführung von B. (Donato Bramante, Leonardo da Vinci u. a.). Nach Entdeckung der Zentralperspektive wurden oft komplizierte architektonische Durchblicke in die Kulissen und Versatzstücke konstruiert. Die B. folgten noch lange antiker Überlieferung, wonach für verschiedene Dramentypen jeweils typische Schauplätze gefordert waren, z. B. für Tragödien Monumentalbauten, für Komödien Privathäuser.

Erst die Drehbarkeit der Seitenteile im sogenannten Telari-System erlaubte eine schnellere Verwandlung der Dekorationen durch Auswechseln der Leinwand auf der dem Publikum abgewandten Seite des prismenartigen dreiseitigen Gebildes. 1508 wurde durch Sebastiano Serlio die Winkelrahmenbühne entwickelt, die aus einer breiten Vorder- und einer nach hinten ansteigenden schmaleren Bildbühne bestand, auf der rechts und links zwei mit bemalter Leinwand bespannte stumpfwinklige Rahmen und rückwärts ein perspektivisch bemalter Prospekt angebracht waren.

Im Manierismus und Barock eroberte sich das B. bald einen wirklichen Tiefenraum. Bedeutsam wurde die Erfindung beweglicher Kulissen durch G. B. Aleotti (1606). Auf die seitlichen Kulissen und den abschließenden Prospekt wurde das erforderliche Bild gemalt, das einen Raum oder eine Landschaft vortäuschen sollte. Die Bühnenbildner-Dynastie der Galli-Bibiena schuf auf der Bühne den schräg übereck gestellten Raum, der angeschnittene Nebenräume sichtbar werden ließ und die Zentralachse verschob.

Die Aufklärung strebte Wirklichkeitstreue, Einfachheit und Natürlichkeit der Schauplätze im B. an. Erst im 19. Jh. wurden B. für einzelne Theaterstücke entworfen, die das »Charakteristische« des jeweiligen Werkes zum Ausdruck bringen sollten.

Seit der Jahrhundertwende sind Tendenzen zur Verdichtung und Abstrahierung zu beobachten. Die Gegenwart schöpft die verschiedensten technischen Möglichkeiten aus, die Bühnenmalerei spielt eine untergeordnete Rolle, da Dia- und Filmprojektion oder Lichtregie eingesetzt werden.

Bukranion [griech.], von vorn gesehener Kopf eines Stieres mit ausladenden Hörnern; ein Tieropfersymbol an antiken Sakralbauten. Das B. wurde als Fries in Verbindung mit Girlanden ein festes Motiv des antiken Ornamentschatzes, das auch in der Renaissance wieder aufgegriffen wurde. Abb. S. 54.

Bündelpfeiler, in der Spätromanik und Gotik um einen Pfeilerkern gruppierte Dreiviertelsäulen (↑ Dienste), deren dichte Anordnung in der Hochgotik den Pfeilerkern verdecken kann.

Bunzlauer Steinzeug, Gebrauchsgeschirr aus grauem Steinzeug, außen braun, innen weiß glasiert. Ältere Stücke zeigen Reliefdekor (Blumen, Blätter, Vögel, Wappen), der weiß, vielfarbig oder vergoldet vorkommt; benannt nach der niederschlesischen Stadt Bunzlau (heute Boleslawiec, Polen).

Bukranion

Burg [lat. burgus »kleines Kastell«], eine bewohnte Verteidigungsanlage im Altertum und Mittelalter; in ganz Europa seit dem 10. Jh. von Bedeutung (im deutschen Sprachgebiet hat es ca. 8000–10 000 B. gegeben, in Frankreich etwa 40 000). Nach der Anlage unterscheidet man auf Berggipfeln die Höhenburgen und die meist als Wasserburgen befestigten Niederburgen. Der Burgbezirk wurde durch Gräben, Mauern mit Wehrgängen und Tore mit Zugbrücken gesichert. Innerhalb der Mauern befanden sich die Gebäude.

Der ↑Palas beherbergte Wohn- und Repräsentationsräume, oft auch die Burgkapelle. Hauptverteidigungspunkt und letzte Zuflucht war der meist freistehende ↑Bergfried. Vor dem Burgtor lag oft noch eine

Busung

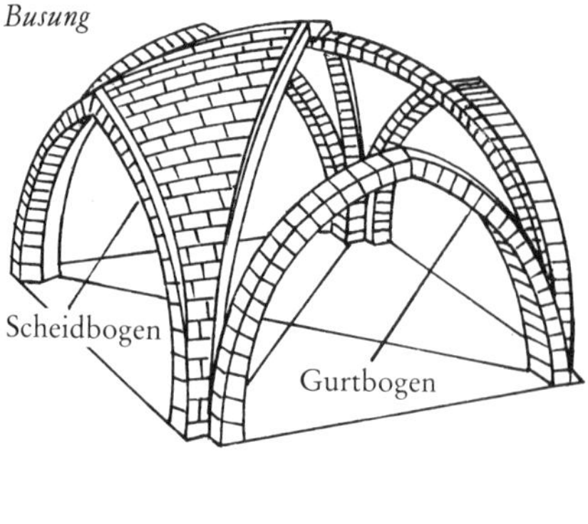

Vorburg. Mit der Entwicklung der Feuerwaffen im 16. Jh. verloren die B. ihre Bedeutung und wurden oft zu Schlössern oder Palästen umgebaut.

Bürgeler Töpferwaren, Erzeugnisse aus dem thüringischen Ort Bürgel. Dort reichen die Anfänge der Töpferei bis ins 14. Jh. zurück. Charakteristisch sind die vorwiegend bäuerlichen Gebrauchsgeschirre mit rundlich gedrungener Grundform. Als Farben dominieren Kobaltblau, Ocker und Brauntöne, die mit einem meist weißem Dekor versehen sind.

burgundisches Kreuz ↑Kreuz.

Burgwardei, Herrschaftsbereich eines Burgherren, der im 12./13. Jh. mit Türmen zur Beobachtung herannahender Feinde, den Burgwarten, versehen wurde.

Büste, plastische Darstellung eines Menschen bis zur Brust oder zu den Schultern. Die B. hatte ihren ersten großen Höhepunkt in der römischen Kunst. Vorher gab es B. nur vereinzelt als ↑Hermen in der griechischen Kunst, in Ägypten (als Grabbeigabe oder Modellbüste, z. B. Nofretete) oder als Deckel der etruskischen Urnen. Im Mittelalter waren B. als Bauplastik oder Reliquiar verbreitet, in der Renaissance nahm die B. im Zusammenhang mit dem bürgerlichen Individualismus Repräsentations- und Denkmalscharakter an.

Busung, Gewölbe, bei dem der Schnittpunkt seiner Kappen höher als der Scheitelpunkt der Gurt- und Scheidbögen liegt.

Büttenpapier, ursprünglich handgeschöpftes edles Papier, das mit Wasserzeichen versehen war; wird heute größtenteils maschinell hergestellt.

Butzenscheiben, runde Glasscheiben von meist grüner oder gelblicher Farbe mit einer Verdickung in der Mitte (Butze), die sich durch die Herstellung ergibt. Der Glaskolben wird zur Kugel ausgeblasen und dann gleichmäßig gedreht (geschleudert), wodurch eine kreisrunde Scheibe entsteht. B. wurden seit dem 15./16. Jh. zur Fensterverglasung verwendet.

byzantinische Kunst, Kunst des Byzantinischen Reiches (395–1453), benannt nach seiner Hauptstadt Byzanz (Konstantinopel, heute Istanbul). Nach dem Tod Kaiser Theodosius' 395 zerfiel das römische Weltreich in Ost- und Westrom. Während das Weströmische Reich durch Einfälle der Germanen, Goten und Hunnen geschwächt

wurde, dehnte sich das Oströmische Reich aus und umfaßte schließlich auch den Balkan, Kleinasien, Syrien, Palästina, Italien, Nordafrika und Südspanien. Die b. K. erwuchs aus der spätantiken und frühchristlichen Kunst, später gewannen slawische, islamische und kaukasische Elemente Einfluß.
Ihre Entwicklung wird in drei große Etappen gegliedert, die als früh- (bis 843), mittel- (843–1204) und spätbyzantinische Kunst (1204–1453) oder nach den herrschenden Dynastien als makedonische, komnenische und paläologische Periode bezeichnet werden. Ihren ersten Höhepunkt erlebte die b. K. unter Kaiser Justinian (526–565). Hier entfalteten sich bereits alle auch später grundlegenden Bau- und Kunstformen. Berühmtestes Bauwerk aus jener Zeit ist die Hagia Sophia in Istanbul, ein Beispiel der Verschmelzung von längsgerichteter ↑ Basilika und überwölbtem ↑ Zentralbau. Bedeutende Zeugnisse frühbyzantinischer Kunst blieben auch in Ravenna erhalten (San Apollinare Nuovo, San Vitale). Die Kirchen sind mit Mosaiken ausgestattet, in denen die Abkehr von der wirklichkeitsbezogenen Darstellungsweise der Spätantike deutlich wird. Vor einem Goldgrund sind die körperlosen Figuren in starrer Frontalität wiedergegeben. Gleichförmige Gesichter, Einheitlichkeit in der Arm- und Fußstellung und ein Schematismus in den Gewändern verleihen den Gestalten überpersönliche Würde. Im Unterschied zur Antike spielt die Vollplastik in der b. K. keine Rolle, was möglicherweise religiöse Ursachen hat oder mit islamischem Einfluß erklärt werden kann. Reliefplastik ist meist als Elfenbeinkunst oder in Goldschmiedearbeiten zu finden.
Im byzantinischen Bilderstreit (726–843, ↑ Ikonoklasmus) wurden Bilder mit Darstellungen von Christus, Maria und Heiligen abgelehnt und erst nach dem Konzil von 843 wieder zugelassen.
Im Kirchenbau setzte sich ab Mitte des

Burg. Mittelalterliche Burganlage: 1 Zugbrücke, 2 Torturm, 3 Vorburg, 4 Ringmauer, 5 Burgkapelle, 6 Brunnen, 7 Palas, 8 Kemenate, 9 Bergfried

9. Jh. der Typ der ↑Kreuzkuppelkirche durch. Daneben trat der Achtstützentypus, der den quadratischen Gemeinderaum mit einer orientalischen Trompenkuppel (↑Kuppel) überwölbte.
Für die b. K. ist ein strenges Festhalten an einmal geprägten Bildtypen charakteristisch. Die Ursachen dafür liegen in der engen Verknüpfung von Staat und Kirche (Cäsaropapismus) und in der ostchristlichen Bilderverehrung. Auf ↑Ikonen dargestellte Heilige üben Stellvertreterfunktion aus, sie sind also zu verehren oder anzubeten. So kam es auf eine möglichst getreue Wiederholung einmal festgelegter Typen an. Die Mosaiken und Wandmalereien im Innern waren nach einem bestimmten Bildprogramm angeordnet, das die Kirche als Abbild des von Christus regierten Kosmos vor Augen führen sollte. Christus wurde als ↑Pantokrator (Herrscher des Alls) fast immer im Zenit der Kuppel dargestellt, Maria gewöhnlich in der Apsiswölbung.
In der mittelbyzantinischen Kunst erfolgte die Trennung von Altarraum und Gemeinderaum, anfangs durch Schranken, später durch den ↑Ikonostas.
Mit der Eroberung Konstantinopels durch die Türken 1453 endete die b. K. nach einer Phase der Erstarrung, doch ihre Formen lebten in der kirchlichen Kunst insbesondere Rußlands und der Balkanländer bis ins 17. Jh. fort. Entscheidende Anregungen hat die b. K. auch der westeuropäischen Kunst vermittelt, besonders durch ikonographische Vorlagen und durch Überlieferung antiken Formengutes.

Byzantinische Kunst. Mosaik aus San Vitale in Ravenna: Kaiser Justinian mit Gefolge. 6. Jh.

C

Cabochon [franz. caboche »Nagelkopf«], Form des ↑ Edelsteinschliffs ohne Facetten. Der Cabochonschliff wurde bis zur Einführung des Facettenschliffs (↑ Facette) für alle Edelsteine angewandt.

Cachetage [franz. cachet »Siegel«, »Petschaft«], Bildwerk, welches durch Siegelung entsteht. Triviale Fundstücke wie Nägel, Schrauben, Knöpfe usw. werden in farbige Kunstharzpaste gedrückt, so daß Reliefstrukturen und Muster entstehen.

Caeretaner Hydrien, etwa 30 nach dem Fundort Caere benannte etruskische Wasserkrüge aus der Zeit zwischen 6. und 3. Jh. v. Chr. Das Dekor dieser formal einheitlichen Vasengruppe erinnert an ionische Vasenmalerei.

Caldarium [lat. caldus »warm«], Schwitzraum mit Warmwasserbecken in römischen ↑ Thermen.

Calefactorium [lat. calefacere »erwärmen«], beheizte Wärmestube in mittelalterlichen Klostergebäuden. ↑ auch Kloster.

Camaieu, 1. Kamee, die aus einem Stein mit verschiedenartigen Schichten herausgeschnitten wurde.
2. Malerei in einer einzigen Farbe mit verschiedenen Abtönungen, häufig grau in grau (↑ Grisaille). Das Verfahren war im 18. Jh. besonders in der Porzellanmalerei beliebt.

Cameo ↑ Kamee.

Camera obscura [lat. »dunkle Kammer«], Zeichenkamera; ein lichtdichter Kasten mit kleiner Öffnung (Lochblende), der die einfallenden Lichtstrahlen auf die gegenüberliegende Innenwand projiziert. Sie wurde vom Maler als Hilfsmittel zur zeichnerischen und malerischen Darstellung wirklichkeitsgetreuer und perspektivisch richtiger Architektur- und Städtebilder verwendet.
Die C. o. war in Vorformen seit der Antike bekannt und fand vor allem im 18. Jh. Anwendung, u. a. bei dem für seine Städteansichten bekannten Maler Bernardo Bellotto, genannt Canaletto.

Camisia [lat., franz. chemise »Umschlag«], ein aus weichem Leder, Seide oder Samt hergestelltes beutelförmiges Behältnis, in dem im Mittelalter gebundene Handschriften aufbewahrt und getragen wurden.

Campanareliefs, nach der Sammlung des Marchese Campana in Rom benannte Gattung römischer Terrakottareliefs, die zur Ausstattung von römischen Privathäusern vor allem in augusteischer Zeit verwendet wurden.

Campanile [ital.], freistehender Glockenturm italienischer Kirchen, in Italien bis zur Renaissance gebräuchlich (Schiefer Turm in Pisa, C. des Domes zu Florenz).

Camposanto [ital. »heiliges Feld«], hofartiger Friedhof, umgeben von einem nach innen geöffneten Bogengang. Am bekanntesten ist der C. in Pisa, der 1278–83 von Giovanni di Simone erbaut und im 14. und 15. Jh. mit bedeutenden Fresken toskanischer Maler geschmückt wurde.

Cancelli [lat. »Gitter«, »Schranken«], in der frühchristlichen Basilika Gitter oder Schranken, die zur Abgrenzung von Altarraum, Chor, Stiftergräbern oder Taufstein dienten. Die seitlichen Schranken waren mit den ↑ Ambonen verbunden, von denen die Schrift verlesen wurde. Daraus wurde später die ↑ Kanzel.

Cantatorium, liturgisches Buch, vom 8.–13. Jh. im Gebrauch. Es ist ein Auszug aus dem ↑ Graduale und enthält nur die dem Vorsänger vorbehaltenen Sologesänge. ↑ auch liturgische Bücher.

cantonierter Pfeiler ↑ kantoniert.

Camera obscura. Das Bild erscheint umgekehrt auf der Rückseite.

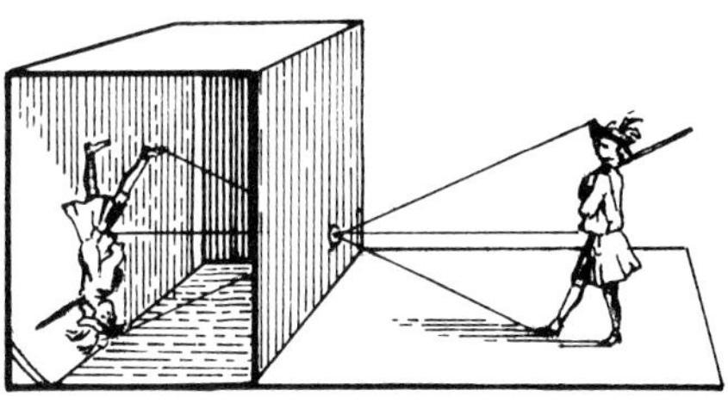

Capodimonte, Porzellanmanufaktur, die nach dem Schloß bei Neapel benannt wurde. 1743 von Karl von Bourbon gegründet, wurde sie 1760 nach Buen Retiro bei Madrid verlegt und bestand bis 1812. Erfolgreich war die Manufaktur in der Herstellung von Frittenporzellan (↑ Porzellan). Ganz weißes Porzellan, durch hervorragende Modelleure und Maler gestaltet, begründete den europäischen Ruf. ↑ auch Porzellanmarken.

Capriccio [ital. »Laune«, »Grille«]. Der Begriff wurde wahrscheinlich durch Jacques Callot in die bildende Kunst eingeführt, der 1617 für den Herzog de Medici eine Serie von Drucken herstellte, die er »Capricci« nannte. Die C.-Serie beginnt meist mit einem Titelblatt, dem skizzenhafte Zeichnungen oder Drucke folgen, deren Gemeinsamkeit in der phantasievollen Ausmalung unterschiedlicher Themen liegt. Die berühmteste C.-Serie wurde 1799 von Goya geschaffen.

Capsa [lat. »Behälter«, »Kapsel«], die Bezeichnung galt ursprünglich für eine Büchse, später auch für ein ↑ Reliquiar und eine ↑ Pyxis.

Caravaggisten, Gruppe von Malern in Rom, die sich Caravaggio (1571/72–1610) verpflichtet fühlte. Dessen Bemühungen um ein wirkungsvolles Hell-Dunkel, um eine neuartige Lichtbeobachtung und um plastische Modellierung von Gegenständen und menschlichen Gestalten beeinflußten ganz wesentlich die Kunst des 17. Jh. auch außerhalb Italiens. Zu den C. gehörten in den Niederlanden u. a. Gerard van Honthorst und Hendrick Terbrugghen, in Frankreich Valentin de Boulogne und Georges de Latour, in Spanien Francisco de Zurbáran und Jusepe de Ribera.

Carbrodruck ↑ Edeldrucke.

Caritas ↑ Tugenden und Laster.

carrarischer Marmor ↑ Marmor.

Carré, *Karree,* einfache rechteckige Schliffform für Edelsteine.

Cartoon, ursprünglich ↑ Karton, »Entwurfszeichnung«, jetzt Sammelbegriff für Zeichnungen, die an der Grenze zwischen ↑ Karikatur und freier Grafik stehen und oft ohne Worte auskommen.

Casino [ital. »Landhaus«], zur Zeit der italienischen Renaissance villenartiges Wohngebäude in einer Gartenanlage. Im 19. Jh. wurde die Bezeichnung auf Festräume, Konzertsäle und Restaurants übertragen.

Cassapanca [ital. »Truhe«], seit der Frührenaissance in Italien ein Sitzmöbel, das zugleich als Truhe diente.

Cassone [ital. »großer Kasten«], Truhentyp der italienischen Früh- und Hochrenaissance mit z. T. prunkvollem plastischem, gemaltem oder intarsiertem Dekor, war neben dem Bett das Hauptmöbelstück der bürgerlichen Wohnung und ein wichtiger Bestandteil der Aussteuer, der in sich die Funktionen des späteren Kleiderschranks, der Kommode und des Sofas vereinigte. In Florenz entwickelte sich die Cassone-Malerei zur besonderen künstlerischen Gattung.

Castell ↑ Kastell.

Castrum [lat.], Lager der römischen Truppen, wie es überall im Gebiet des römischen Reiches zu finden war. Die rechteckige Anlage war von Wällen, Gräben, Palisaden und Türmen umgeben. Die beiden gradlinigen Hauptstraßen im Innern führten zu den Toren. Aus zahlreichen Lagern sind später Städte hervorgegangen (z. B. Trier).

Casula ↑ Kasel.

Cathedra ↑ Bischofsstuhl.

Causeuse [franz. »Plauderin«], ein in der Empirezeit beliebtes kleines ↑ Kanapee (»Plauderstuhl«) für zwei Personen.

Cella [lat.], fensterloser Raum in antiken ↑ Tempeln.

Cenaculum [lat., auch coenaculum, von lat. cena »Mahl«], Speisezimmer, das in altrömischen Häusern oft im Obergeschoß lag. Später wurde der Begriff auf den Abendmahlsraum christlicher Gemeinden übertragen.

Cera colla [ital. »Wachsleimfarbe«], Mischung von Bienenwachs und Leim oder Eiweiß, die als Bindemittel für Temperamalerei verwandt wurde. Die Bildfläche konnte dann leicht mit dem Handballen poliert werden (Glanzfarbe). C. c. benutzten bereits byzantinische Maler (z. B. beschrieben im Malerbuch vom Berge Athos), aber auch italienische Meister bis ins 15. Jh.

Cercle et Carré [franz. »Kreis und Quadrat«], von 1929–31 in Paris bestehende Künstlergruppe, von dem Kunstkritiker Michel Seuphor und dem Maler Joaquin Torres-Garcia gegründet. Sie hatte das Ziel, sich durch »Struktur und Abstraktion« gegen den Surrealismus abzugrenzen. Unter dem Titel

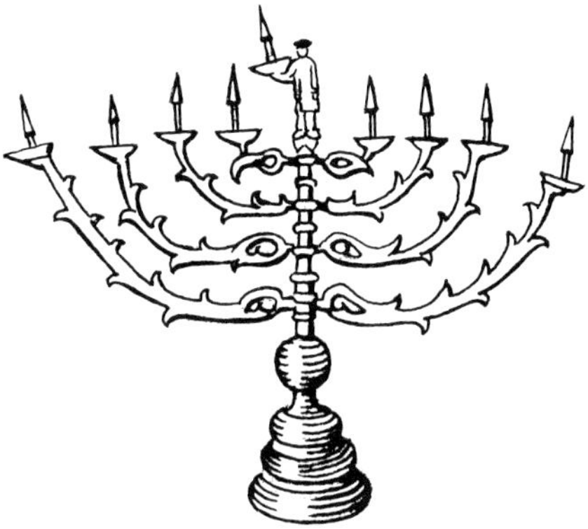

Chanukkaleuchter. 7. Jh.

»Cercle et Carré« gab sie eine Zeitschrift heraus, durch die sie zahlreiche Mitglieder in allen Teilen Europas gewann. 1930 fand in Paris eine internationale Ausstellung von abstrakter Kunst mit konstruktivistischer Tendenz statt, an der u. a. Piet Mondrian, Wassily Kandinsky, Hans Arp, Antoine Pevsner und Georges Vantongerloo teilnahmen. Die abstrakte Malerei erhielt durch diese Künstler einen neuen Auftrieb. 1931 entwickelte sich daraus die Gruppe ↑ Abstraction-Création.

Certosa ↑ Kartause.

Certosinamöbel, italienisches Renaissancemöbel mit Einlegearbeiten in Elfenbein oder Ebenholz. Die Technik wurde vor allem in der Lombardei und in Venetien angewandt und hat ihren Namen nach den Klöstern (certosa).

Chaire, 1. [franz.], vornehmstes Sitzmöbel der Gotik mit Arm- und Rückenlehne, das bis in den Barock weiterlebt und sich im Rokoko als ↑ Fauteuil mit gepolsterter Rückenlehne und geschwungenen Armlehnen den Körperformen anpaßt.
2. [japan.], kleines Gefäß mit Elfenbeindeckel für grünen Tee.

Chaiselongue [franz. »langer Stuhl«], gepolstertes flaches Ruhebett, seit dem 18. Jh. gebräuchlich.

Chalkographie ↑ Kupferstich.

Chalzedon [nach der kleinasiatischen Stadt Kalkedón], ein schwachdurchsichtiger Schmuckstein. C. wurde im Altertum für Gemmen verwendet.

changeant [franz. »veränderlich«, »in verschiedenen Farben schillernd«], Eigenschaft des schillernden Farbwechsels, die im Kunstgewerbe, bei einigen Textilien oder in der Malerei, besonders des Manierismus, als Effekt angestrebt wird.

Chanukkaleuchter [hebr. chanukka »Einweihung«], neunteiliger Leuchter für das jüdische Chanukkafest, ein achttägiges Dankfest, das an die Wiedereinweihung des Tempels durch die Makkabäer (165 v. Chr.) erinnert. Da es Brauch ist, täglich ein Licht anzuzünden, besitzt er acht Arme, das neunte bewegliche Licht wird zum Entzünden der anderen verwendet.

Chariten, griechische Göttinnen der Anmut, von den Römern Grazien genannt, Töchter des Zeus. Dazu gehören Aglaia (»Glanz«), Euphrosyne (»Frohsinn«) und Thalia (»Lebensfreude«). Die bekannte Gruppe aus Rom (heute Siena) aus dem 2. Jh. wurde nach ihrer Wiederentdeckung 1460 Vorbild u. a. für Sandro Botticelli, Raffael und Francesco Cossa.

Chelsea-Porzellan, Porzellan, das 1745–84 in der Manufaktur in Chelsea (heute Stadtteil von London), der wahrscheinlich ersten in England, hergestellt wurde. Zunächst wurden Geschirre nach ostasiatischem und Meißner Vorbild, später nach dem Vorbild von Sèvres produziert, u. a. Vasen mit Bildern nach Rubens und Boucher. Eine Spezialität waren bemalte Riechfläschchen (Chelsea-toys). ↑ auch Porzellanmarken.

Cherubim [hebr., Sing. Cherub], nach dem Alten Testament (Ezechiel 1) Engel, die wie die ↑ Seraphim Wächter des Paradieses, Begleiter Gottes und Hüter der Bundeslade sind. In der mittelalterlichen Kunst werden sie meist als Engel mit vier Flügeln (im Unterschied zu den Seraphim mit sechs Flügeln) dargestellt.

Chiaroscuro [ital. »Hell-Dunkel«] ↑ Clair-obscur-Schnitt.

Chicago School [engl.], *Architekturschule von Chicago,* Architektengruppe, die nach dem Großbrand in Chicago 1871 zwischen 1880 und 1905 bahnbrechende Gebäude in konsequenter Stahlskelettbauweise errichtete als frühen Vorgriff auf die moderne Architektur. Führende Vertreter der funktionalistischen Bauweise in Chicago waren Louis Henry Sullivan und Dankmar Adler (Auditorium Building, 1886–90), William Le Baron Jenney (Home in Insurance Building, 1883–85), Daniel Burnham und John Wellborn Root (Monadnock Building, 1889–91). Nach 1940 Wiederbelebung durch Ludwig Mies van der Rohe als »Second School of Chicago«.

Chimäre [griech. chimaira], griechisches Fabeltier; ein Ungeheuer, dessen Leib vorn Löwengestalt, in der Mitte Ziegen- und hinten Schlangengestalt hat und feuerspeiend das Land verwüstet.

chinesisches Porzellan, ältestes bekanntes ↑Porzellan; die frühesten Zeugnisse stammen aus der Tang- und Songzeit (618 bis 1279). Eine Blütezeit hatte c. P. während der Ming-Dynastie (1368–1644), wo vor allem blau-weißes Porzellan mit Blüten- und Drachenmotiven hergestellt wurde (↑Blanc-de-Chine). Herstellungszentrum war die Manufaktur King-te-tschen in Mittelchina. Das c. P. gelangte vereinzelt seit dem 13. Jh., verstärkt jedoch im 15.–17. Jh. nach Europa, wo es ein beliebter Sammelgegenstand der Fürsten wurde. Nach Erfindung des europäischen Porzellans durch J. F. Böttger wurden die Geschirre nach chinesischen Vorbildern gestaltet (↑Chinoiserie).

Chinoiserie [franz. »Chinesennachahmung«, »Chinamode«], abgewandelte oder unverstandene Nachbildungen chinesischer bzw. ostasiatischer Zierformen, die im Zusammenhang mit Importen von Porzellan, Malereien und Grafiken Ende des 17. und besonders im 18. Jh. Eingang in die europäische Kunst fanden.

Die chinesischen Erzeugnisse begünstigten zusammen mit Reisebeschreibungen die Vorstellung, es handele sich bei jenen Ländern um eine Welt heiteren, sorglosen Lebensgenusses, die der galanten Hofgesellschaft des Rokoko besonders verwandt schien. Die C. galt später auch als Ausdruck des neuen sentimentalen Naturgefühls. Abb. ↑Lackkunst.

Chippendale, englischer Möbelstil, benannt nach dem im 18. Jh. lebenden Kunsttischler und Möbelzeichner Thomas Chippendale.

Chinoiserie. Kumme eines Meissener Teeservices mit farbigen Chinoiserien. 1730. Altenburg, Schloß- und Spielkartenmuseum

Chippendale

In seinen Entwürfen, die vor allem als Vorbilder für Sitzmöbel dienten, griff er auf chinesische und gotische Motive zurück. Der C.-Stil strebte nach einfachen Formen; als Hölzer wurden Mahagoni und Palisander bevorzugt. Die Stühle besitzen eine besonders reizvoll durchbrochene Rückenlehne.

Chiton, griechisches hemdartiges Kleidungsstück, das aus zwei Leinentüchern zusammengenäht wurde. Der C. konnte gegürtet oder ungegürtet getragen werden, lang oder kurz und diente auch als Untergewand zum ↑ Himation.

Chor [griech. choros »Gesang«, »Tanz«], im griechischen Theater ursprünglich ein umgrenzter Platz für Tanz und Gesang, aber auch Tanz und begleitender Gesang selbst. Im Mittelalter war der C. der für den Chorgesang der Geistlichen bestimmte Platz vor dem Hochaltar in der Kirche, später wurde der Begriff allgemein auf den Altarraum im Ostteil eines Hauptschiffes übertragen. Er umfaßt in der Regel Chorquadrat und ↑ Apsis. Der C. ist gegenüber der Gemeindekirche um mehrere Stufen erhöht (besonders über der ↑ Krypta) und durch ↑ Lettner oder ↑ Chorschranken vom übrigen Kirchenraum abgetrennt. In der Romanik gibt es doppelchörige Kirchen mit Ost- und Westchor, in denen der Dualismus zwischen weltlicher und kirchlicher Macht zum Ausdruck kommt. Für Prozessionen kann der Chor durch Weiterführung der Seitenschiffe mit einem ↑ Chorumgang umgeben sein, an den oft Kapellen angefügt sind (↑ Kapellenkranz). Münden Langhaus und Chor in gleich großen Apsiden, entsteht eine ↑ Dreikonchenanlage.

Choregische Monumente, Denkmale, die für einen Sieg in einem musischen Wettbewerb gestiftet wurden. Sie haben häufig die Form kleiner Tempel. Ein gut erhaltenes Beispiel ist das Lysikratesdenkmal in Athen (335/34 v. Chr.). Hier erhebt sich ein kleiner Rundtempel auf einem hohen quadratischen Unterbau.

Chorgestühl, seit dem 13. Jh. an den beiden Längsseiten des ↑ Chors aufgestellte Sitzreihen für die Geistlichen. Es besteht meist aus einer unteren und einer oberen Sitzreihe, hinter der sich die Rückwand, das Dorsale, erhebt. Das C. ist in der Regel durch Blendarkaden gegliedert und mit ↑ Baldachinen versehen (Naumburg). Die einzelnen Sitze nennt man Stallen, ihre Armlehnen Accoudoirs. An der Unterseite der Klappsitze sind Sitzstützen angebracht, die als ↑ Miserikordien bezeichnet werden und die, ebenso wie die Seitenwände am Abschluß der Reihen (Wangen, Docken), oft kunstvoll geschnitzt sind. Einen Höhepunkt stellt das von Jörg Syrlin geschaffene C. im Ulmer Münster dar.

Chorgitter, meist kunstvoll geschmiedetes Metallgitter, das im Barock anstelle des ↑ Lettners den Chor vom Gemeinderaum trennt, ohne den Blick auf den Altar zu versperren.

Chorkapellen, *Apsidialkapellen,* kleine halbkreisförmige oder polygonale Kapellen an einem ↑ Chorumgang, die in der Hoch- oder Spätgotik um den Chor angeordnet sind und den ↑ Kapellenkranz bilden. Sie öffnen

Chor

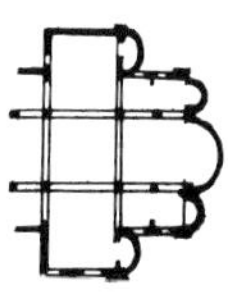

Staffelchor

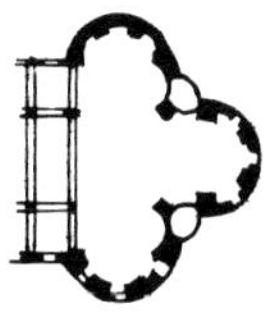

Dreikonchenchor

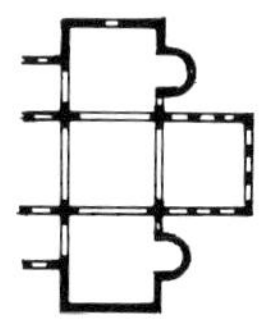

Gerader Chorabschluß

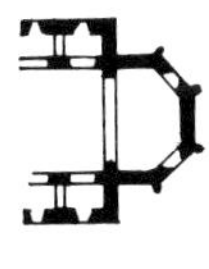

Polygonalchor

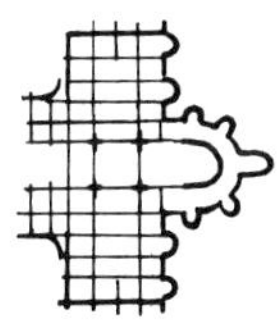

Umgang mit Radialkapellen

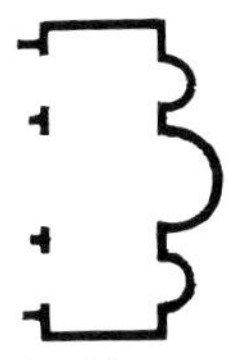

Apsiden am Querhaus

sich zum Chorumgang und bilden kleine Altarräume.

Chörlein, kleiner eingeschossiger Ausbau, der ursprünglich zur Aufstellung eines Altares in einem privaten Andachtsraum diente. Er war an Wohnhäusern der Spätgotik und Renaissance verbreitet, an Pfarrkirchen, Rathäusern und Burgen. ↑ auch Erker.

Chorpolygon, polygonaler [griech. »vielwinkeliger«] Abschluß eines ↑ Chores.

Chorscheitelkapelle ↑ Scheitelkapelle.

Chorschranken, Trennwände, die den Chor seitlich gegen die den Laien zugänglichen Teile der Kirche einfrieden. Sie sind zu unterscheiden von den ↑ Altarschranken, die niedriger sind und nur einen kleinen Raum vor dem Altar zum Mittelschiff abgrenzen. Die C. sind meist aus Stein, seltener aus Holz, und weisen an der Außenseite meist

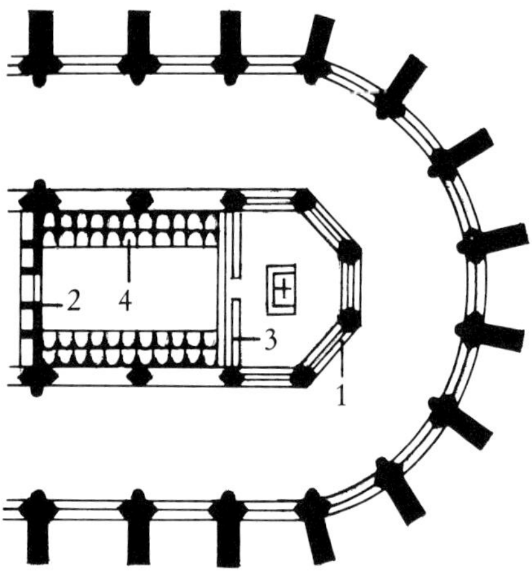

Chorschranken. 1 Chorschranken, 2 Lettner, 3 Altarschranken, 4 Chorgestühl

Blendarkaden und figürlichen oder ornamentalen Schmuck auf (Halberstadt, Liebfrauenkirche; Hildesheim, St. Michael; Bamberg, Dom, Georgenchor).

Chorturm, Turm über dem Chorquadrat. Das Turmpaar zu beiden Seiten des Chores wird als Chornebentürme bezeichnet.

Chorturmkirche, Kirchenbau, bei dem sich über dem Altarraum (Chor) ein Turm erhebt. Die C. ist zu unterscheiden von den Kirchen mit Vierungsturm.

Chorumgang, im christlichen Kirchenbau ein Umgang um Altarraum und Chor als Weiterführung der Seitenschiffe über das Querhaus hinweg. Der C. war ursprünglich ein Prozessionsweg um ein unter dem Hauptaltar gelegenes Märtyrer- oder Heiligengrab.

Chorus major [lat. »größerer Chor«], im Mittelalter oftmals Bezeichnung für den Teil des Chores, der sich östlich an den ↑ Chorus minor anschließt und den Mönchen vorbehalten war. Abb. ↑ Hirsauer Baukunst.

Chorus minor [lat. »kleinerer Chor«], im Mittelalter oftmals Bezeichnung für den Teil des Chores, der das 1. Langhausjoch bis zur Vierung umfaßt und durch Pfeiler und Schwibbogen vom übrigen Kirchenschiff abgetrennt ist. Der C. m. ist bei einer Gruppe von Bauten zu finden, die sich an die Peter-Pauls-Kirche in Hirsau anschloß und die von der älteren Forschung irrtümlich als Hirsauer Bauschule bezeichnet wurde. In ihm hielten sich die nicht am Gesang teilnehmenden Mönche auf. Abb. ↑ Hirsauer Baukunst.

Chrismarium, *Chrismatorium,* Gefäß für das geweihte Salböl (Chrisam); ursprünglich eine Büchse (Pyxis) oder eine Flasche (Ampulle), im späten Mittelalter hat es häufig die Form eines verzierten Hornes oder Straußeneies oft mit reichgeschmücktem Gestell bzw. in Gold gefaßt auf Kelchfuß.

Christbaumschmuck. Der gläserne C. hat sich seit Mitte des 19. Jh. aus der Perlenbläserei entwickelt, als den Glasbläsern anstelle einer Öllampe ein Gasgerät die Erzeugung hoher Temperaturen und damit das Schmelzen größerer Glasstücke ermöglichte. Ursprünglich wurden nur einfache Glaskugeln und ovale Glaskörper hergestellt, die mit flüssigem Blei und buntem Wachs versiegelt waren. Bald entstanden immer neue Gebilde: Vögel, Trauben, Nüsse, Knusperhäuschen u. ä.

Christusbild. Die bildliche Darstellung von Jesus Christus unterlag im Laufe der Jahrhunderte vielfachen Wandlungen, wobei zwischen der Darstellung von Szenen aus dem Leben Jesu und dem Erscheinungsbild des göttlichen Herrschers (↑ Pantokrator, ↑ Majestas Domini) unterschieden werden muß.

Das Frühchristentum lehnte bildliche Darstellungen Gottes oder heiliger Personen ab und bevorzugte Symbole wie Fisch, Lamm, Phönix, Adler, Weinstock, Kreuz oder ↑ Christusmonogramm. Die mittelalterliche Kunst erweiterte diesen Kreis durch Symboltiere wie ↑ Löwe oder ↑ Pelikan.
Trotzdem haben sich in den Katakomben oder auf frühchristlichen Sarkophagen einige Darstellungstypen herausgebildet, die Christus zunächst als Jüngling mit kurzgelocktem Haar oder als Lehrer in antiker Philosophentracht zeigen. Mit der Anerkennung des Christentums als Staatsreligion wurden Traditionen des Kaiserkultes in die Christusverehrung übernommen. So verbreitete sich im 5. Jh. ein männlicher Christustyp mit lang herabfallendem Haupthaar und halblangem Bart, der das C. der Folgezeit geprägt hat. Die Romanik steigerte noch die Starrheit dieses Typs, während sich in der Gotik eine vermenschlichte Auffassung durchsetzte, die vor allem in dem schmerzvollen Leiden bei den Passionsbildern zum Ausdruck kommt. In der französischen Gotik erscheint Christus als ↑ Beau Dieu (»schöner Gott«).
Das Ideal des schönen und vollkommenen Menschen wurde in der Renaissance angestrebt, während im Barock Christus neben dem Dulder auch als Herrscher und Weltenrichter erscheint. Dem im 19. Jh. eher sentimentalen C. setzt das 20. Jh. eine strengere, teilweise an mittelalterlichen Vorbildern orientierte Auffassung entgegen, oft mit kritischer Bezugnahme auf Krieg oder soziale Nöte (Lovis Corinth, Karl Schmidt-Rottluff, Emil Nolde).

Christus in der Rast, *Christus im Elend,* Darstellung des leidenden Christus im Zusammenhang mit der Passion vor der Kreuzigung. Der vor allem in der Plastik in Deutschland, Frankreich und Spanien verbreitete Bildtyp zeigt den sitzenden Christus, der das Haupt in die Hand stützt oder mit gefesselten Händen. Häufig sind auch die Geißelwerkzeuge (Rute und Peitsche) wiedergegeben. ↑ auch Ecce homo, Schmerzensmann.

Christusmonogramm, *Christogramm,* Buchstabensymbol für Christus, das aus den griechischen Anfangsbuchstaben von Jesus Christus (IHCOYC XPICTOC) (1) oder den ersten beiden Buchstaben von XPICTOC (2–6) auf verschiedene Art seit dem 4. Jh. zusammengesetzt wird. Später kamen die Buchstaben A und O hinzu (6).
Anstelle des eigentlichen C. werden seit dem Mittelalter auch die Anfangs- und Endbuchstaben des Namens sowohl in griechischer (7, 8) als auch in lateinischer bzw. gemischter Schreibweise (9, 10) Christusbildern beigefügt, manchmal auch die Buchstaben B und A (3), wahrscheinlich Anfangs- und Endbuchstabe des griechischen Wortes boetheia (»Hilfe«). Die Abkürzung würde dann also bedeuten: Christus der Helfer.

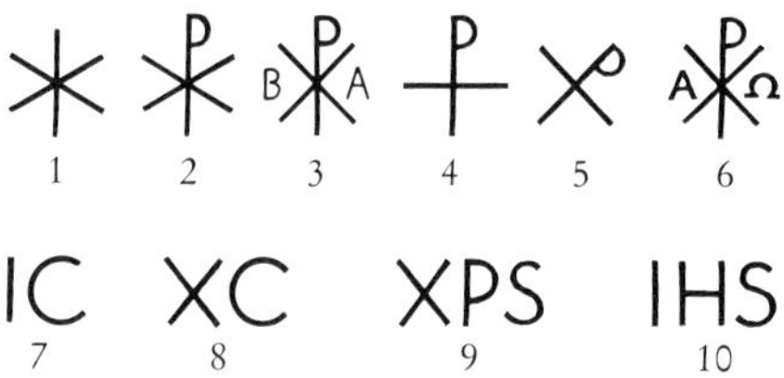

Christusmonogramme

Seit dem 15. Jh. ist die Formel IHS (Jesus Hominum Salvator, d. h. Jesus, Heiland der Menschen, volkstümlich Jesus, Heiland, Seligmacher) zu finden.

chromatische Abstraktion ↑ Farbfeldmalerei.

chryselephantin [griech. krysos »Gold«, elephas »Elfenbein«]. Bei den so gefertigten antiken Bildwerken war der Holzkern bei nackten Körperteilen mit Elfenbeinplättchen, bei Gewand und Haaren mit Goldblech verkleidet (Goldelfenbeinkunst). Diese Plastiken waren außerdem mit Edelsteinen, farbigen Glasteilen sowie Malereien geschmückt. Die berühmtesten Werke waren die Athenastatue im Parthenon zu Athen und die Sitzstatue des Zeus in Olympia, beide von Phidias.

Chrysographie [griech. krysos »Gold«, graphein »schreiben«], Malen oder Schreiben mit Goldtinktur, besonders in der byzantinischen und frühmittelalterlichen ↑ Buchmalerei.

Churriguerismus, nach dem Architekten José de Churriguera (1650–1723) benannte Sonderform des spanischen Barock, die gotische und barocke Elemente miteinander verband und sich durch überschwengliche

Verwendung von Ornamenten auszeichnete. Er war vor allem ein Dekorationsstil, der sich besonders an Fassaden, Portalen, Triumphtoren, Altären oder Tabernakeln entfaltete.

Ciborium [lat. »Gehäuse«], 1. steinerner, von Säulen oder Pfeilern getragener Überbau eines Throns, Altares oder Grabes; besitzt eine ähnliche Funktion wie der ↑ Baldachin.
2. Gefäß zur Aufbewahrung der geweihten Hostie (↑ auch Kelch).

Ciborium (1.)

Cimelien ↑ Zimelien.

Cinerarium, größere Nische in einem ↑ Columbarium zur Aufnahme von Ascheurnen.

Cinquecento [ital. »Fünfhundert«], italienische Bezeichnung für Kunst und Kultur des 16. Jh. (weil dessen Jahre sich an 500, abgekürzt für 1500, anreihen). Das C. umfaßt die italienische Hoch- und Spätrenaissance. ↑ auch Duecento.

Ciste, *Ziste* [lat. cista »Kiste«], in der Antike ein aus Weidenruten geflochtener Korb, der zur Aufbewahrung der bei den Mysterienfeiern verwendeten Symbole (cista mystica) diente. Heute versteht man darunter hauptsächlich einen zylinderförmigen, ovalen oder viereckigen, aus Holz oder aus Bronze gefertigten Behälter aus dem 5.–1. Jh. v. Chr.

Clair-obscur-Schnitt [franz. clair-obscur »Hell-Dunkel«], Holzschnittechnik, entwikkelte sich Anfang des 16. Jh. Vor dem Druck von dem Druckstock mit den Umrißlinien und dunkelsten Schraffuren wurden mittels eines zweiten oder zu weiterer Abstufung sogar dritten Holzstockes größere Flächen in einer helleren einheitlichen Grundfarbe wiedergegeben. Die Lichter der Vorlage wurden aus diesem Stock herausgeschnitten, so daß das Weiß des Papiers als hellster Tonwert in Erscheinung trat. In Deutschland vor allem von Lukas Cranach d. Ä., Hans Burgkmair und Hans Baldung Grien verwendet, verbreitete er sich auch in den Niederlanden und in Italien. Der C. ist eine Sonderform des ↑ Farbholzschnitts.

Claustrum, Kreuzgang eines ↑ Klosters.

Clavus, senkrechter farbiger Zierstreifen am antiken Gewand.

Cloisonné ↑ Emailkunst.

Cloisonnismus, Malstil, der für den Spätimpressionismus charakteristisch ist und von Emile Bernard entwickelt wurde. Umrißlinien in der Art des Email cloisonné in blau oder schwarz setzen matte Farben voneinander ab.

Cluniazenser Baukunst, Form der romanischen Kirchenbaukunst, die von der Benediktinerabtei Cluny in Burgund und ihrer Reformbewegung im 10.–12. Jh. ausging. Die 981 geweihte Kirche Cluny II, eine Säulenbasilika mit Hauptchor und zwei Nebenchören, wurde im 11. und 12. Jh. zum Vorbild für zahlreiche Kirchenbauten des benediktinischen Reformordens und hat auch auf die deutsche romanische Baukunst ausgestrahlt (↑ Hirsauer Baukunst). Der dritte Bau (Cluny III) war die größte Kirche ihrer Zeit (1130 geweiht), ein fünfschiffiges Langhaus, zwei Querschiffe, Chor mit Umgang und Kapellenkranz. Sie wurde Ausgangspunkt der burgundischen Bauschule des 12. Jh., die wesentlich zur Verbreitung der Gotik beitrug.

Cobra, 1948 in Paris gegründete internationale Vereinigung von Malern und Literaten, die jedoch nur vier Jahre bestand. Ihr Name bezieht sich auf die ersten Wirkungs- und Ausstellungsorte (*Co*penhagen, *Br*üssel, *A*msterdam). Mitglieder waren vor allem Karel Appel, Pierre Alechinsky, Constant, Corneille und Asger Jorn. Die Künstler setzten sich mit Expressionismus, Surrealismus, Art brut und dem Gestus von ↑ Action painting auseinander.

Codex [lat. »Holzklotz«, Pl. Codices], Form des uns bekannten Buches, abgeleitet von den Holztäfelchen zum Schreiben, die durch Riemen, dem späteren Buchrücken, miteinander verbunden waren. Die ersten C. kamen im 2. Jh. in Ägypten auf, im 4.–5. Jh. verdrängten sie die Buchrolle im Zusammenhang mit dem Übergang zum

Pergament, später diente Papier als Beschreibstoff.

Codex Aureus [lat. »goldener Codex«], Bezeichnung für mittelalterliche Prachthandschriften, die sich durch reiche oder vollständige Verwendung von Goldschrift oder durch einen besonders aufwendig mit Gold beschlagenen Einband auszeichnen (z. B. C. A. von Echternach, Ende 10. Jh.; C. A. von St. Emmeram, ca. 870).

Coemeterialkirche [griech. koimeterion »Schlafgemach«], Friedhofs- oder Begräbniskirche zur Bestattung von Christen in der Nähe der Märtyrergräber (im 4.–6. Jh.). Nach dem 6. Jh. wurden die Toten nicht mehr im Gotteshaus, sondern außerhalb der Kirche an den Außenmauern bestattet.

Coemeterium [griech., lat. »Schlafkammer«], frühchristliche Begräbnisstätte, größerer Grabraum in der ↑Katakombe, später allgemein für Friedhof. ↑auch Columbarium.

Collage [franz. »leimen«, »ankleben«], Verfahren, bei dem verschiedene Materialien (Fotos, Papier, Stoff) auf eine Unterlage geklebt und so zu einem Bild zusammengefügt werden (Klebebild). Die C. folgt Gestaltungsprinzipien der ↑Montage und bildet die Grundlage der ↑Materialkunst des 20. Jh.

Vorläufer sind bereits in Textcollagen der altjapanischen Kalligraphie, den Materialmontagen der fürstlichen Kunstkammern und in Andachtsbildern und Stammbüchern des 19. Jh. zu finden. Ausgangspunkt der modernen C. bilden die ↑Papier collés der Kubisten (Georges Braque, Pablo Picasso, Juan Gris), die sich schon bald vom flachen Klebebild zur dreidimensionalen skulpturalen Montage entwickelten (↑Assemblage, ↑Combine painting, ↑Environment, ↑Objet trouvé, ↑Readymade). Um 1920 wurde die C. von den Berliner Dadaisten aufgegriffen. Raoul Hausmann und Hannah Höch integrierten in ihre satirischen C. die Fotografie. In den 20/30er Jahren entwickelte John Heartfield die Bildgattung der politischen ↑Fotomontage.

Auf eine ironisierende Poetisierung des Banalen zielen die Merz-C. Kurt Schwitters'. Auch die Surrealisten arbeiteten mit geklebten Foto- und Textmontagen; Max Ernst verwendete diese Technik zur Vergegenwärtigung seiner surrealistischen Traumvorstellungen. Die Materialcollage wurde am ↑Bauhaus (Johannes Itten, Lászlo Moholy-Nagy), im holländischen ↑Stijl und im russischen ↑Konstruktivismus (El Lissitzky, Alexander Rodtschenko) angewandt. Zum Umkreis der C. gehören Applikation (Textilcollage), ↑Frottage, ↑Fumage, ↑Materialbild und Fotogramm. Abb. S. 66.

Collegiatskirche ↑Stiftskirche.

Collier [franz. »Halsband«], Halsschmuck.

Color field painting, *Color painting*, ↑Farbfeldmalerei.

Columbarium [lat. columba »Tauben«], römische und frühchristliche Begräbnisstätte mit vielen Wandnischen für Ascheurnen, in der Form einem Taubenschlag ähnlich.

Comasken [ital. magistri comacini], Baumeister und Steinmetzen aus der Gegend um Como, die vor allem im Mittelalter und im Barock in und außerhalb Italiens tätig waren.

Combine painting [engl. »kombinierte Malerei«], Montage von Gegenständen des alltäglichen Lebens in ein gemaltes Bild. Das Verfahren wandte der Amerikaner Robert Rauschenberg, beeinflußt von dadaistischen und surrealistischen Künstlern in den 50er und 60er Jahren, auf seine gemalten Tafelbilder an. ↑auch Assemblage.

Comics [engl.], Bildergeschichten, die um 1900 in den USA entstanden. Mit wenig Text (meist als »Sprechblasen«) erschienen sie gesammelt in Heften oder als Fortsetzung in Zeitungen und fanden eine unge-

Columbarium

Collage. Hermann Glöckner: Ohne Titel. 1976.
Cottbus, Brandenburgische Kunstsammlungen,
Graphisches Kabinett

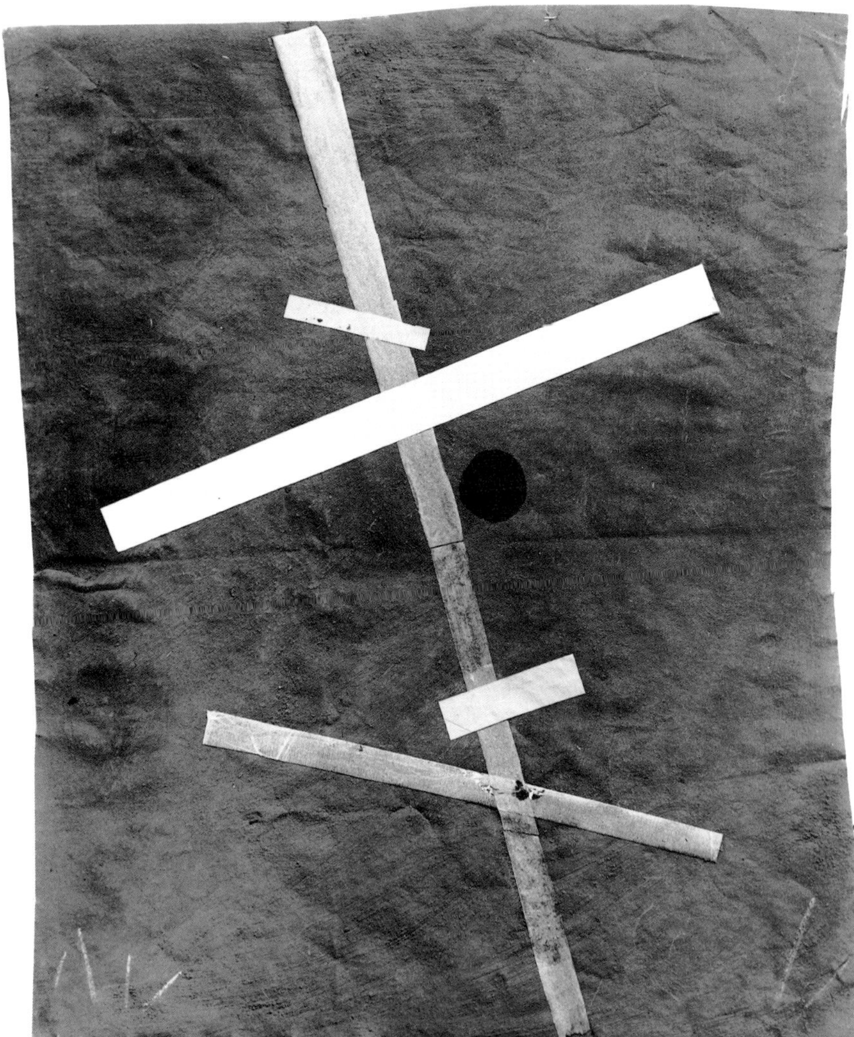

heure Verbreitung, auch in Europa, z. B. Walt Disney mit »Micky Mouse« und »Donald Duck«.

Communs, Nebengebäude zu beiden Seiten des Ehrenhofes französischer Landschlösser des 17. und 18. Jh., im allgemeinen zur Unterbringung der Dienerschaft bestimmt. Sie sind niedriger als das für die Herrschaft bestimmte ↑ Corps de logis.

Compluvium [lat.], rechteckige Dachöffnung über der Mitte des ↑ Atriumhauses mit einem Sammelbecken für Regenwasser (Impluvium).

Computerkunst, Spielart moderner Kunstproduktion. Mit Hilfe von Computern werden ästhetische Objekte (graphische Blätter, Musikkompositionen, Designobjekte) hergestellt. Voraussetzung dafür sind bestimmte Computerprogramme. Die C. ist Ausgangspunkt für die von Max Bense, Abraham Moles, Kurd Alsleben u. a. begründete ↑ Informationsästhetik.

Concept art [engl. concept »Begriff«, »Vorstellung«, »Bild«], Oberbegriff für verschiedene Formen einer Kunst seit Mitte der 60er Jahre des 20. Jh., bei der das Kunstwerk zunächst nicht oder überhaupt nicht mehr in konkret faßlicher Form existiert. Der Künstler gibt kreative Ideen und regt mit Anweisungen in Form von Skizzen, Entwürfen oder Texten, Diagrammen, Fotografien usw. zu verfremdenden Wirkungen in der Umwelt an und damit zu veränderter Weltsicht. Zu den führenden Vertretern gehören Joseph Kosuth (USA) und in Deutschland Timm Ulrichs.

Concha ↑ Konche.

Condottiere [ital.], Söldnerführer des 15. und 16. Jh. im Dienst italienischer Städte, Parteien oder Herrscher. In der italienischen Malerei und Plastik des 15. Jh. wurden sie häufig verherrlicht. Zu den bekanntesten Darstellungen gehören Gemälde und Fresken von Paolo Uccello (John Hawkwood, Florenz, Dom, 1436) und Andrea del Castagno sowie die Bronzestandbilder des Gattamelata von Donatello und des Colleoni von Verrocchio.

Confessio [lat. »Bekenntnis«], Vorraum eines Märtyrergrabes unter dem Altar, vor allem im frühchristlichen Kirchenbau, Vorform der ↑ Krypta.

Contre-Boulle, Umkehrung der Verarbeitungsmethode von ↑ Boullemöbeln, d. h. Schildpatt wird in eine Messingplatte eingelegt.

Contrefait-Büchse, Kunstdrechslerarbeit aus Elfenbein oder Holz. In einer Hohlkugel befindet sich eine von außen zu öffnende Kapsel, die Bilder enthält. Contrefait (Gegen- oder Innenstück) und Hohlkugel sind aus einem Stück gearbeitet. Die C. stammen aus fürstlichen Wunderkammern. Hauptmeister war der Nürnberger Kunstdrechsler Lorenz Zick (1594–1666).

Copertaglasur [ital. coperta »Bedeckung«], durchsichtige farblose Bleiglasur, die seit dem 16. Jh. in der Fayenceherstellung als zweite Glasur über die Bemalung gelegt wurde, um den Glanz von Farbe und Zinnglasur zu erhöhen.

Corona, 1. ↑ Nimbus.
2. auch Geison genanntes Kranzgesims der ↑ dorischen Ordnung.

Corps de logis [franz. corps »Körper«, »Rumpf«], Hauptgebäude eines Schlosses, enthielt meist ein repräsentatives Treppenhaus und prunkvolle Festräume.

Cortile [ital. »Hof«], von Arkaden umgebener Innenhof.

Corvinen, Handschriften aus der Bibliothek des Königs Matthias Corvinus von Ungarn (1443–90). Die in Schrift, Illumination und Einband prächtig ausgeführten C. sind charakteristische Leistungen der Buchkunst des italienischen Quattrocento. Nach dem Tod

Confessio mit Ringkrypta. Das Heiligengrab unter dem Hauptaltar ist von dem Ringstollen aus zu betrachten.

des Königs wurde die Bibliothek zerstreut, nur ca. 165 Handschriften befinden sich noch in Bibliotheken Europas und der USA.
Cosmaten, Sammelbezeichnung für mehrere römische Künstlerfamilien des 12.–14. Jh., deren Mitglieder häufig den Vornamen Cosmas trugen. Die Marmorarii romani, wie sie auch genannt wurden, schufen kostbare Einlegearbeiten aus Marmor und farbigen Glasflüssen (sogenannte Cosmatenarbeit) vor allem an Kirchenausstattungsstücken (Chorschranken, Ambonen, Kanzeln, Altäre) sowie Wand- und Fußbodenverzierungen. In Technik und Motivwahl nahmen die C. Anregungen auf, die von den arabisch beeinflußten Wandgestaltungen Süditaliens ausgingen.
Cottage [engl. »Hütte«, »Häuschen«], im 19. Jh. aus England übernommene Bezeichnung für kleine Landhäuser und Villen des städtischen Bürgertums. Durch funktionale Grundrißlösungen führte der Cottagetyp zu vorbildlichen städtebaulichen Anlagen bei Werksiedlungen bzw. ↑ Gartenstädten.
Coudrage [franz. coudre »nähen«], künstlerische Gestaltungsart, bei der verschiedene Materialien miteinander vernäht werden.
Cour d'honneur [franz.], Ehrenhof des französischen Schlosses. Zwei Flügel des Schlosses und der ↑ Corps de logis umschließen in hufeisenförmiger Anordnung den Raum für festliche Auffahrten und Paraden.
Crayonmanier [franz. craie »Kreide«], Tiefdruckverfahren, das im 18. Jh. zur Wiedergabe von Kreide-, Rötel- und Pastellzeichnungen entwickelt wurde. Auf die wie zu einer Radierung vorbereitete Kupferplatte (↑ Kupferstich) wird die Zeichnung durch

Cour d'honneur. Grundriß der Residenz zu Würzburg

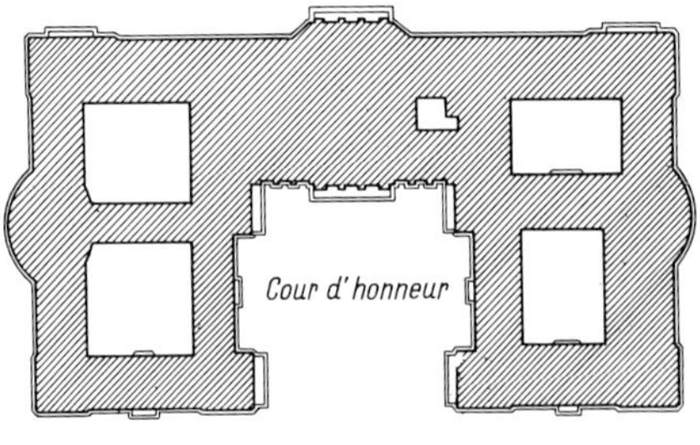

Roulette, ↑ Mattoir oder ↑ Echoppe – Instrumente, die mit feinsten Zähnen oder Stacheln besetzt sind – auf den Ätzgrund aufgetragen. Nach dem Ätzen der Platte hat man dann feinste Pünktchen, die beim Druck dem Charakter einer Kreidezeichnung entsprechen. Als Erfinder – um 1750 – gilt der Franzose Jean Charles François.
Cream-Ware ↑ Queensware.
Creußener Steinzeug, Steinzeuggefäße, die im 16.–18. Jh. in der oberfränkischen Stadt Creußen in der Nähe von Bayreuth hergestellt wurden, vor allem Krüge, Kannen und Humpen. Die Steinzeugwaren besitzen eine braun-graue Farbe und sind mit brauner Salzglasur überzogen. Manche Gefäße sind reich mit Reliefs verziert und mit Emailfarben dekoriert, besonders im 16. und 17. Jh. die »Apostelkrüge« mit farbigen Reliefs der Apostel sowie ↑ Jagdkrüge.
Crewel-Arbeit [engl. crewel »Stickwolle«], große Stickerei mit Zeichnung aus Kammgarn in leuchtenden Farben. Die C. ist in England und Nordamerika seit dem 17. Jh. als Vorhang- und Polsterstoff beliebt.
Cromlech [breton. »Krummstein«], *Steinkreis,* neolithische kreis- oder halbkreisförmige Steinsetzungen in Westeuropa, die mit dem Totenkult und mit astronomischen Beobachtungen in Verbindung gebracht werden können. ↑ auch Megalithe.
Crumblage [engl. crumble »zerkrümeln«, »bröckeln«] ↑ Froissage.
Cubiculum [lat.], in der Antike Schlafraum, später auf Grabkammern frühchristlicher ↑ Katakomben übertragen.
Cul-de-lampe [franz.], eigentlich Endstück einer Hängelampe, im übertragenen Sinn 1. in der Architektur ↑ Abhängling, 2. in der Buchkunst ↑ Vignette am Schluß eines Kapitels, besonders wenn sie unten in einer Spitze endet.
Cuppa ↑ Kelch.
Curtainwall ↑ Vorhangfassade.
Curvilinear style, Phase des ↑ Decorated style (1250–1350) in England, die sich besonders in kurvig geführten, geschlossenen Formen des Maßwerkes ausdrückt und das ↑ Flamboyant des 15. Jh. in Frankreich beeinflußte.
Custodia [lat. »Bewahrung«], büchsenartiger Behälter zur Aufbewahrung der Hostie. Im 13. Jh. bezeichnete C. auch das ↑ Ciborium, im 15. und 16. Jh. besonders in Südfrankreich die ↑ Monstranz.

D

Dachauer Malerschule. Dachau bei München hatte bereits in der 1. Hälfte des 19. Jh. für einige realistisch arbeitende Münchner Landschaftsmaler seine Anziehungskraft bewiesen. Ab 1888 bildete sich um Adolf Hoelzel, Arthur Langhammer und Ludwig Dill die Gruppe der »Neudachauer«. Durch die damaligen Theorien Hoelzels gewannen diese Maler Bedeutung für den ↑Jugendstil (Hervorhebung der Eigenbedeutung der Farbe, flächige Staffelung des Bildraumes, dekorativ-ornamentale Reduktion von Figuren).

Dacherker, Dachaufbau größeren Ausmaßes mit senkrechten durchfensterten Wänden und selbständigem Dach; vor allem bei Landhäusern des 19./20. Jh.

Dachfenster, in der Dachfläche zur Belichtung und Belüftung angeordnete Fenster, die liegen oder stehend aus dem Dachkörper vortreten. ↑auch Gaube.

Dachformen. Das Dach erfüllt nicht nur wichtige technische Funktionen, sondern prägt die künstlerische Gesamtwirkung des Gebäudes. Die unterschiedlichen D. sind abhängig von den klimatischen Bedingungen, den Baustoffen und Stilen.

Dachgaupe ↑Gaube.

Dachreiter, auf dem Dachfirst sitzendes Türmchen, das vom Sparrenwerk des Daches getragen wird. Seit dem 13. Jh. wurde von den Reformorden (Zisterzienser, Dominikaner, Franziskaner) der D. an Stelle der Türme im Kirchenbau bevorzugt; im Spätmittelalter auch auf Profanbauten (Rathaus, Schloß) übertragen. Abb. S. 70.

Dactyliothek [griech. daktylio-theke »Sammlung von Siegelringen«], Sammlung von geschnittenen Steinen (↑Gemmen). Im Altertum waren D. meist eine Zierde der Tempelschätze und auch privater Sammlungen.

Dada, *Dadaismus,* Bewegung künstlerischen Aufbegehrens etwa zwischen 1916 und 1925

Dachformen. 1 Pultdach, 2 Satteldach (Giebeldach), 3 Walmdach, 4 Krüppelwalmdach, 5 Terrassendach, 6 Zeltdach, 7 Mansarddach, 8 Sheddach (Sägedach), 9 Kreuzdach, 10 Flachdach, 11 Schleppdach, 12 Turmdach, 13 Kegeldach, 14 Haubendach, 15 Zwiebeldach, 16 Welsche Haube, 17 Faltdach, 18 Rhombendach, 19 Kuppeldach

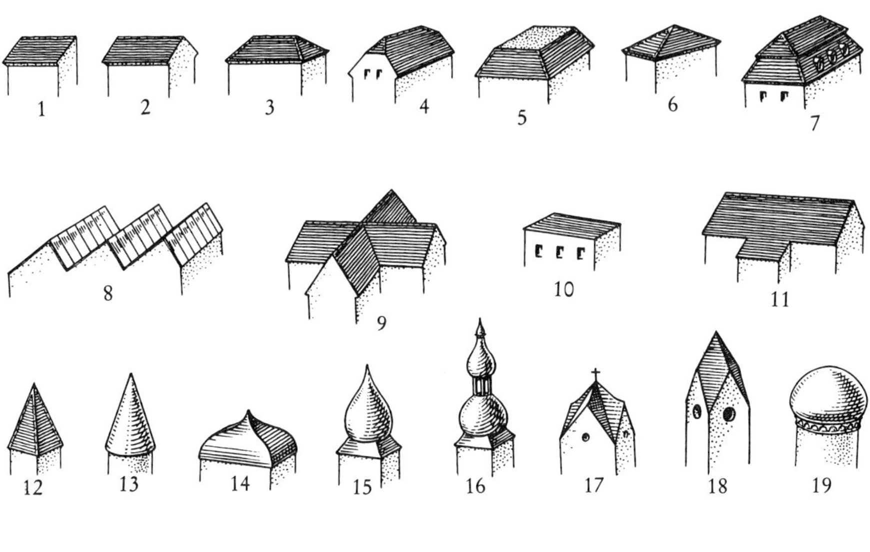

gegen eine unter dem Eindruck des 1. Weltkrieges als verlogenes Chaos empfundene bürgerliche Welt. Die Herkunft der Bezeichnung »dada« wurde nie ganz geklärt und ist von zahlreichen Legenden umgeben. Dank seiner Suggestivität hat sich der Begriff als Bezeichnung für die gesamte Richtung durchgesetzt. Die Dadaisten proklamierten eine »Antikunst«, die tradierte moralische und ästhetische Wertmaßstäbe in Frage stellte und die bürgerliche Öffentlichkeit mittels Bluff, Witz, Satire, Ironie und Skandal schockieren wollte.

Ausgangspunkt des D. war Zürich, Zentrum von Kriegsgegnern und Emigranten, wo damals Hugo Ball und Emmy Hennings das »Cabaret Voltaire« eröffneten und Tristan Tzara, Hans Arp u. a. wirkten. D. war eine internationale Bewegung mit Zentren in Paris und New York (Marcel Duchamp, Man Ray), in Köln (Hans Arp, Max Ernst), Hannover (Kurt Schwitters) und Berlin (Richard Huelsenbeck, John Heartfield, George Grosz, Hannah Höch). In Berlin gewann der mit D. verbundene soziale und politische

Dada. Kurt Schwitters: Merzbild 46a – Das Kegelbild. 1921. Hannover, Sprengel Museum

Protest besonderes Gewicht. Schrift- und Fotomontagen wurden zu einem wesentlichen Ausdrucksmittel. 1922/25 wechselte ein großer Teil der D.-Künstler zum ↑ Surrealismus.

Die Bedeutung des D. liegt vor allem in der Erschließung bzw. ungewohnten Anwendung neuer bildkünstlerischer Mittel und Methoden. Er beeinflußte die Entwicklung von ↑ Surrealismus, ↑ Pop art, ↑ Collage, ↑ Fotomontage, Objektkunst (↑ Objekte), ↑ Aktionskunst, ↑ Concept art, ↑ Fluxus und ↑ Happening.

dädalisch, nach Daidalos, dem sagenhaften Begründer des griechischen Kunsthandwerks benannte Periode der ↑ griechischen Kunst im Übergang von der geometrischen zur archaischen Zeit (2. Hälfte des 7. Jh. v. Chr.). Kennzeichnend für diese Stilphase waren plastische Verdichtung und stärkere Hervorhebung des Statuarischen, was eine größere Monumentalität der Bildwerke bedingte. Typisch dädalisch bei der Darstellung der menschlichen Figur sind eine geringe Tiefe, so daß ein flächiger, brettartiger Eindruck entsteht, strenger tektonischer Aufbau und trapezförmig angeordnete, horizontal unterteilte Haare.

Daguerrotypie, fotografisches Verfahren, das zwischen 1837 und 1839 von dem französischen Maler Louis Jacques Mandé Daguerre und von Nicéphore Niepce entwikkelt wurde und das auf der Lichtempfindlichkeit von Silberjodid beruht. Man erhielt ein positives seitenverkehrtes Bild (Unikat). Die D. blieb bis gegen 1860 in Gebrauch.

Dalmatika, ursprünglich spätrömisches Obergewand, um 320 vom Papst Sylvester I. als liturgisches Gewand der römisch-katholischen Diakone eingeführt. Später gehörte die D. auch zu den Pontifikalgewändern des Bischofs (unter der ↑Kasel) und zum Krönungsornat der deutschen Kaiser.

Damast, nach der Stadt Damaskus bezeichnetes einfarbiges Gewebe aus Seide, Leinen, Wolle oder Baumwolle, bei dem sich nicht durch Farbe, sondern durch Wechsel der ↑Bindung Figuren vom Grund abheben. D. wurde ursprünglich in Babylonien bzw. Damaskus hergestellt, seit dem 13. Jh. in Italien, seit dem 15. Jh. in Flandern.

Damaszieren, Herstellung eines harten und biegsamen Stahls durch wiederholtes Zusammenschweißen von Stahl und Eisenstäben, bis die Oberfläche ein Muster (den »Damast«) ergibt. Imitationen wurden durch Gravierung, Ätzung oder ↑Tauschierung eines homogenen Stahlstückes hergestellt. Das D. war in Indien und Persien gebräuchlich, Damaskus war Umschlagplatz für damaszierte Waren.

Dammar [malaiisch »Baumharz«], gelbliches durchsichtiges Harz des Dammarbaumes, das, meist in Terpentinöl gelöst, als Bindemittel in der Malerei verwendet wird.

Dansker, Abortanlage mittelalterlicher Burgen und Klöster als erkerartiger Anbau oder gesonderter, im Wasser stehender Turm, der nur durch einen Brückengang mit der Burg in Verbindung steht.

Darmstädter Künstlerkolonie, 1899 von dem hessischen Großherzog Ernst Ludwig auf der Mathildenhöhe in Darmstadt gegründete Künstlergemeinschaft, der u. a. die Architekten Joseph Maria Olbrich und Peter Behrens, die Bildhauer Ludwig Harbich und Rudolf Bosselt sowie die Kunsthandwerker Paul Bürck, Patriz Huber, Hans Christiansen und Bernhard Hoetger angehörten. In bewußter Abkehr vom ↑Eklektizismus versuchten sie 1901, in der als Höhepunkt geltenden 1. Ausstellung »Ein Dokument deutscher Kunst«, ihre Vorstellung von einer »Lebenserneuerung« deutlich zu machen. Ihr Ziel war eine Erneuerung von Kunst, Kunsthandwerk und Architektur im Sinne des Jugendstils, wobei sie von der englischen ↑Arts and Crafts Movement beeinflußt waren. 1906 zerfiel die Gruppe infolge innerer Zerwürfnisse und wirtschaftlicher Schwierigkeiten.

Datierung, Festlegen des Zeitpunktes, zu dem ein Kunstwerk geschaffen wurde. Die D. hat grundlegende Bedeutung für die Rekonstruktion eines historischen Geschehens und für die wissenschaftliche Beurteilung gegebener Fakten. Sie ist ein unerläßliches Hilfsmittel u. a. in Archäologie und Kunstgeschichte. Methoden der D. sind die Stratigraphie (bei Ausgrabungen Untersuchung der Abfolge der Schichten), die Typologie (kontinuierliche Veränderung der Formen eines Gegenstandes im historischen Verlauf), die Stilkunde (Versuch, aus der Erkenntnis der Stilmerkmale an fest datierten Werken eine Stilentwicklung zu rekonstruieren), naturwissenschaftliche Untersuchungen (Analyse von pflanzlichen Resten in Fundzusammenhängen, ↑Pollenanalyse, ↑Dendrochronologie) und die ↑Radio-Carbon-Methode, die eine absolute D. organischer Substanzen aus vor- und frühgeschichtlicher Zeit mit Hilfe des radioaktiven Kohlenstoffs C 14 ermöglicht.

Déchirage [franz. déchirer »zerreißen«], Gestaltungsart, die der ↑Décollage entspricht.

Deckenmalerei, selbständiger Zweig der ↑Wandmalerei, gestaltet die Decke eines Raumes figürlich oder dekorativ. Entweder wird die Decke als Raumabschluß betont und erscheint dann als geschlossene Bildfläche bzw. ist in einzelne Bildfelder unterteilt (vor allem im Mittelalter, z. B. St. Michael in Hildesheim, Kirche von Zillis) oder sie erweitert den Raum illusionistisch, d. h. die begrenzende Funktion der Decke wird durch die Malerei aufgehoben und unter Anwendung raffinierter perspektivischer Mittel der Blick weit in die Höhe geführt (vor allem im Barock).

Deckfarbenmalerei ↑Guaschmalerei.

Décollage [franz.], bildnerische Gestaltungsart, bei der durch Zerstörung von ↑Collagen oder Gebrauchsgegenständen (abgerissene Plakate, verwischte Bilder) ein unverbildetes kritisches Sehen angeregt oder neue ästhetische Wirkungen erzielt werden sollen; vor allem von Künstlern des ↑Nouveau réalisme verwendet.

Decorated style [engl. »reicher Stil«], Bezeichnung für die mittlere Phase der englischen Gotik zwischen 1250 und 1350, die sich enger an die klassische Gotik Frankreichs anschloß. Charakteristisch sind breite, durch reiches geometrisches Maßwerk unterteilte Fenster und eine Fülle von Zierformen, die Flächen, Bögen und ↑ Wimperge überziehen; in der Spätphase schwingende, kurvige Maßwerk- und Gewölbeformen mit vielen ↑ Fischblasen (Flowing style). Hauptwerke sind die Westminster-Abtei in London (1245 ff.), Chöre der Kathedralen von Bristol (beg. 1298) und Wells (ca. 1290–1340), Kathedrale in Ely (1321–53).

Decorative art ↑ Patterning art.

Dedikationsbild, *Widmungsbild,* in einem Buch vorangestellte oder eingefügte Darstellung der Überreichung dieses Buches durch Verfasser, Übersetzer oder Schreiber an eine höhergestellte Persönlichkeit, oft Stifter oder Auftraggeber, häufig in mittelalterlichen Handschriften. Das D. beruht auf antiker Tradition und enthält oft Frühformen des Porträts. Im Barock wurde aus dem D. das Widmungsblatt der Titelei.

Deesis [griech. »Bitte«, »Gebet«], Darstellung des thronenden Christus zwischen Maria und Johannes dem Täufer, die für die Seelen des Alten und Neuen Bundes Fürbitte leisten. Die D. ist Kernstück aller byzantinischen Darstellungen des ↑ Jüngsten Gerichts, wird aber auch einzeln wiedergegeben und ist Bestandteil des Bildprogramms aller ↑ Ikonostase.

Deinos [griech.], im alten Griechenland Gefäß ohne Henkel mit großer Öffnung zum Mischen von Wasser und Wein. ↑ auch Vasentypen, griechische.

Dekor, der oder das [lat. decorare »schmücken«], figürlicher oder ornamentaler Schmuck keramischer Erzeugnisse oder anderer Gegenstände des Kunsthandwerks, wobei es im Unterschied zur ↑ Dekoration um Einzelmotive geht.

Dekoration [lat. decorare »schmücken«]. Im Gegensatz zur ↑ Ornamentik und zum Dekor bezieht sich die D. auf die Gesamtheit der künstlerischen Ausgestaltung eines Raumes, Bauwerkes oder eines einzelnen Gegenstandes.

Delfter Fayencen, Tonwaren, die von ca. 1600–1750 in Delft geschaffen wurden und die sich nicht nur durch hervorragende Bemalung, sondern auch durch die Verbesserung der Masse, der Glasur und des Brennvorganges auszeichnen. In Form und Dekor waren sie anfangs von blauweißem ostasiatischem Porzellan beeinflußt, daneben wurden aber auch typisch holländische Dekore mit Blumen, Vögeln, Landschaften und Genreszenen bevorzugt. Seit Ende des 19. Jh. wurde die Produktion der D. F. nach alten Mustern wieder aufgenommen.

delineavit [lat. »hat (es) gezeichnet«], erscheint meist als Abkürzung *del.* oder *delin.*, auf Kupferstichen dem Namen des Zeichners beigefügt, der die Vorlage für den Stecher geliefert hat.

Dendrochronologie, Verfahren zur Datierung und Echtheitsbestimmung von kultur- und kunsthistorischen Objekten, die Holz enthalten. Unterschiedlich feuchte, trokkene und warme Jahre spiegeln sich in der Abfolge verschieden breiter Jahresringe von Bäumen wider, so daß von Botanikern und Archäologen eine Baumringkurve aufgestellt wurde, die in Mitteleuropa bis in das 8. Jt. v. Chr. zurückreicht. Damit können Bauten, Plastiken, Gemälde auf Holz, Schiffe usw. datiert werden.

Denkmal, 1. im weiteren Sinne (Pl. Denkmale) jedes materielle Zeugnis der kulturellen Entwicklung der Menschheit, das eine besondere künstlerische, historische oder wissenschaftliche Bedeutung besitzt und deshalb erhaltenswert ist. Dazu gehören u. a. Gruppen von Baudenkmalen (historische Stadtkerne, Straßenzüge), Werke der Baukunst (städtebauliche Anlagen, Stadtbefestigungen, Tore, Türme, Kirchen, Burgen, Schlösser, Rathäuser), des Kunsthandwerks, Werke und Sammlungen der Malerei, Handschriften, Bücher, Grafik, Plastik, Technik (Wind- und Wassermühlen, Industrie- und Verkehrsanlagen), historische Denkmale und Bodendenkmale (Hügelgräber).

2. im engeren Sinne (Pl. Denkmäler) jedes architektonische oder plastische Monument, das selber zum Zwecke des Gedenkens an Ereignisse oder Persönlichkeiten errichtet wurde (Pyramiden, Triumphbögen, Reiterstandbilder und Denkmäler für bedeutende Personen des öffentlichen Lebens, der Kunst, Dichtung, Musik, Denkmäler für die Gefallenen der Weltkriege, Ehrenmale, Mahnmale und Gedenkstätten).

Denkmalpflege, *Denkmalschutz,* Erfassung, Sicherung, Erhaltung, Wiederherstellung und Pflege von Architektur-, Kunst-, Kultur- und Geschichtsdenkmalen (↑ Denkmal) durch staatliche, wissenschaftliche, kirchliche oder private Institutionen, zumeist auf Grundlage staatlicher Gesetze. Vorformen der D. existierten schon in Antike und Mittelalter. Die moderne D. beginnt im 18. Jh. mit Herausbildung der europäischen Nationalstaaten. Denkmale sollten an Höhepunkte der nationalen Geschichte erinnern und nationale Identität schaffen. Erstmals wurden während der Französischen Revolution Verordnungen zur Erhaltung der Denkmale verabschiedet (1790) und 1830 in Frankreich eine Generalinspektion für den Denkmalschutz ins Leben gerufen. Griechenland erließ 1834 ein Gesetz, das die beweglichen und unbeweglichen Altertümer zum Nationaleigentum erklärte. Wegweisend wurde die Entwicklung in Preußen durch Karl Friedrich Schinkel und Alexander Ferdinand von Quast. Schinkel forderte 1815 eigene Behörden für die D. »zur Beförderung der nationalen Bildung und des Interesses an den früheren Schicksalen des Vaterlandes«. Dem Historismus entsprangen auch Bemühungen um möglichst stilgerechte Wiederherstellungen vor allem gotischer Bauwerke (Kölner Dom 1823–80, Marienburg 1817–42). Stilreinigung, Fertigstellung und künstlerische Verbesserungen bestimmten das denkmalpflegerische Handeln.

D. wurde ohne eigene Theorie von Baufachleuten und Architekten betrieben. Mit wachsenden kunsthistorischen Erkenntnissen, einer Verbesserung der Organisation (1850 Zentralkommission für Erhaltung und Erforschung der Baudenkmale in Österreich, 1850 Kaiserlich-Archäologische Kommission in Rußland, 1891 Einsetzung von Provinzial-Konservatoren in Preußen) und durch Inventarisation (↑ Inventare) setzte sich die Erkenntnis durch, daß die denkmalpflegerische Methodik von strengen wissenschaftlichen Grundsätzen geprägt sein muß. Im deutschen Sprachgebiet hatten daran u. a. Alois Riegl, Max Dvořák und Georg Dehio Anteil. Sie sprachen sich für eine Konservierung von Denkmalen aus und wandten sich gegen die bis dahin übliche Restaurierungspraxis (Dehio: »Konservieren, nicht restaurieren«). Der noch heute im wesentlichen gültige Denkmalsbegriff wurde um 1900 formuliert und geht von der unwiederholbaren geschichtlichen Originalsubstanz aus. Als Denkmal galten schon damals alle Objekte von Menschenhand aus abgeschlossenen Kulturepochen, deren historische Aussage ihre Bewahrung im öffentlichen Interesse forderte. Als »abgeschlossene Kulturepoche« wurde in Preußen 1906 ein Zeitraum von 30 Jahren definiert.

In Deutschland gehört der Denkmalschutz in die Kulturhoheit der Länder. In allen Ländern werden Denkmale in Denkmallisten oder Inventaren registriert (↑ Kunsttopographie). In den Denkmalschutzgesetzen ist auch – wegen des öffentlichen Interesses – die Eigentumsbindung geregelt: die Einschränkung der Verfügbarkeit. Alle baulichen Maßnahmen an Denkmalen sind genehmigungspflichtig. Die Genehmigungen erteilt die jeweils zuständige Denkmalschutzbehörde. Fachliche Entscheidungen trifft die oberste Fachbehörde des jeweiligen Bundeslandes. Der staatliche Denkmalschutz unterstützt öffentliche und private Denkmaleigentümer durch Zuschußzahlungen und/oder Steuererleichterungen.

Die Haager Konvention von 1954 und die Charta von Venedig von 1964 berücksichtigen den Denkmalschutz in internationalen Abkommen. Das europäische Denkmalschutzjahr 1975 markierte einen Wandel im Umgang mit der historischen Substanz. Seitdem steigt die Zahl der erfaßten Denkmale. In fast allen Ländern wurden neue Denkmalpflegegesetze herausgegeben. Ziel der D. ist die Erhaltung der Objekte unter weitgehender Wahrung der historischen Substanz. Die Konservierung bedeutet Erhalten eines überkommenen Zustandes (z. B. Ruine), die vorhandene Substanz bleibt unangetastet. Die Restaurierung umfaßt alle Methoden, die in die überkommene Substanz des Denkmals eingreifen und am Bestand Korrekturen vornehmen. (Rekonstruktion, Sanierung, Instandsetzung). Alle Restaurierungen sind mit Verlusten der historischen Substanz verbunden; in der Regel gehen konservierende und restaurierende Methoden Hand in Hand. Die Rekonstruktion eines verlorenen Originals ist die umstrittenste Methode und bedeutet letztlich einen Angriff auf die Einmaligkeit historischer Substanz. Problematisch ist auch die in der Gegenwart oft praktizierte Methode der Denkmalaushöhlung, die zu gänzlich untertunnelten Altstädten, zu einer substanzverschleißenden und -verfremdenden Denkmalnutzung und zu einer Reduktion des Denkmals auf seine ästhetische Erlebbarkeit (Fassadendenkmalpflege) führt. D. muß deshalb heute die von ihr zu schützenden Objekte wegen ihrer historisch besonderen Dimension in ihrer überlieferten Substanz verteidigen.

Dentelle [franz. »Spitze«], Form der Bucheinbandverzierung, die Anfang des 18. Jh. aus der Mode der Zeit die Spitze als Anregung aufgriff und sich Mitte des 18. Jh. zu einer reichen Dekoration aus punktierten und konturierten Stempeln zusammensetzte. Sie erfreute sich in fast allen europäischen Ländern, besonders aber in Frankreich, großer Beliebtheit.

Deruta-Ware, Fayencen aus der italienischen Stadt Deruta (bei Perugia). Charakteristisch sind metallische Lüsterfarben mit meist blauem Figurendekor und strengem Ornament; die Blütezeit lag im 16. Jh.

Design [lat. designare »bezeichnen«], ursprünglich Zeichnung, Entwurf; heute die moderne Formgestaltung industrieller Produkte (Industriedesign), wobei die ästhetische Gestalt von Material und Funktion bestimmt sein soll.

Desornamentadostil [span. estilo desornamentado »schmuckloser Stil«], vor allem von Juan de Herrera (um 1530–97) vertretene Richtung der spanischen Renaissance während der Herrschaft Philipps II. Kennzeichen sind schlichte Formen und Strenge in der Gesamtkomposition.

de Stijl ↑ Stijl.

deutsche Blume. Mit der Abkehr von asiatischen Vorbildern in der Porzellankunst begann zuerst in Wien, ab 1735 in Meißen die Malerei nach einheimischen Blumen, die im Gegensatz zu den »indianischen« Blumen d. B. genannt wurden.

Deutscher Werkbund, Vereinigung von Künstlern, Handwerkern und Industriellen mit dem Ziel, formschöne funktions- und materialgerechte Gebrauchsgegenstände herzustellen; gegründet 1907 unter Führung von Hermann Muthesius, Henry van de Velde, Theodor Fischer, Fritz Schumacher und Richard Riemerschmid. Der D. W. spielte eine führende Rolle bei der Schaffung eines neuen und besonders strengen Maßstabes für Industriedesign. Walter Gropius übernahm Ideale des Werkbundes für das ↑ Bauhaus. Der D. W. zeigte seine Arbeiten in wichtigen Ausstellungen: 1914 Köln, 1927 Stuttgart-Weißenburg. 1933 durch die Nationalsozialisten verboten, wurde er 1946 in Berlin unter Vorsitz von Hans Scharoun neu gegründet und 1947 nach Düsseldorf verlegt.

Deutsches Band, Ornamentform, ↑ Zahnschnitt; Abb. ↑ Fries.

Deutsche Werkstätten. 1898 gründete der Möbelschreiner und Designer Karl Schmidt die »Dresdner Werkstätten für Handwerkskunst«. Er folgte dabei dem Vorbild der »Münchner Vereinigten Werkstätten«, die Hermann Obrist, Bernhard Pankok, Bruno Paul und Richard Riemerschmid im gleichen Jahr ins Leben gerufen hatten. Ziel war die Förderung eines eigenständigen Kunsthandwerks, das auf Imitation vergangener Stile verzichtet. Im Mittelpunkt stand eine funktionsgerechte Konstruktion des Möbels, bei der der Kunsthandwerker eng mit dem Künstler oder Architekten zusammenarbeitete. Anfänglich von ↑ Arts and Crafts Movement beeinflußt, begannen die Dresdner Werkstätten 1906 mit der Produktion von Serienmöbeln nach Entwürfen namhafter Architekten. 1907 wurden die 1902 in Dresden entstandenen »Werkstätten für deutschen Hausrat« und die in München gegründeten »Werkstätten für Wohnungseinrichtung« zu den D. W. zusammengelegt. Hier wurden erstmalig funktionsgerechte und formschöne Möbel aus genormten Teilen (später als Typenmöbel bezeichnet) hergestellt.

Deutschordensbaukunst ↑ Ordensburg.

Deutschrömer, 1. Bezeichnung für eine Gruppe deutscher Künstler, die Anfang des 19. Jh. in Rom lebten. Zu ihnen gehörten Asmus Jakob Carstens, Joseph Anton Koch, Gottlieb Schick und zahlreiche ↑ Nazarener. 2. Vertreter des deutschen Neuidealismus in der 2. Hälfte des 19. Jh., die eine Verbindung zur klassischen Kunst Italiens suchten (Arnold Böcklin, Anselm Feuerbach, Adolf von Hildebrand, Hans von Marées).

Devise, *Motto,* Wahlspruch einer Persönlichkeit oder Gemeinschaft. D. finden sich auf Wappen, Fahnen, an Bauwerken, in Exlibris u. a. ↑ auch Imprese.
Devotionalien [lat. devotio »Aufopferung«, »Frömmigkeit«], kleine Gegenstände, die der privaten persönlichen Andacht dienen (Kruzifixe, Medaillen, Bildchen). Sie werden oft als Erinnerungsstücke an Wallfahrtsorten verkauft.
Diadem [griech. diadema »Binde«], Kopf- oder Stirnschmuck aus Stoff oder Metall, oft Symbol geistlicher oder weltlicher Würdenträger. Im Mittelalter entwickelten sich daraus der Kronreif und die Krone.
Diakonikon [griech. diakonos »Diener«], neben der ↑ Apsis gelegener Raum in frühchristlichen Kirchen, der zum Aufenthalt der Diakone, als Kleiderkammer, Archiv und Bibliothek diente; Vorform der späteren ↑ Sakristei. D. und ↑ Prothesis werden auch als ↑ Pastophorien bezeichnet.
Diamantierung, Ornamentform der Spätromanik; die einzelnen Bauglieder sind durch kleine facettierte Steine (Diamantfries) geschmückt. Abb. ↑ Fries.
Diamantquader, im Mauerverband versetzter Quader, dessen Oberfläche (Bosse) dem Facettenschliff eines Diamanten ähnelt (↑ Quader). D. wurden häufig in Renaissance und Barock verwendet.

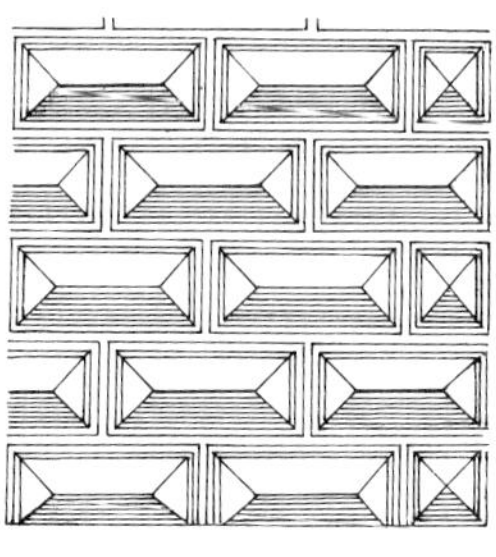

Diamantquader

Diamantriß, Einritzen von Ornamenten oder Bildszenen auf Glas mit Hilfe eines Diamanten. Die Technik verbreitete sich seit dem 16. Jh. in ganz Europa und ist auch heute noch gebräuchlich.
Diaphanbild [griech. diaphanein »durchscheinen«], transparentes Bild, das entweder direkt auf Glas gemalt oder auf Folie gedruckt wird.
Diaphanradierung ↑ Glasklischee.
Diastylos ↑ Interkolumnium.
Dielenkopf ↑ Mutulus.

Dienste, in der Baukunst stabförmige Wand- oder Pfeilervorlagen in Form von Viertel-, Halb- oder Dreiviertelsäulen. Die starken »alten« D. stützen die Quer- und Längsgurte, die schwächeren »jungen« D. die Rippen des Gewölbes. Die für jeden Dienst gesonderten Kapitelle sind häufig mit plastischem Schmuck besetzt, sie können später aber auch ganz wegfallen. D. wurden besonders häufig in der gotischen Architektur angewandt.

Dienste

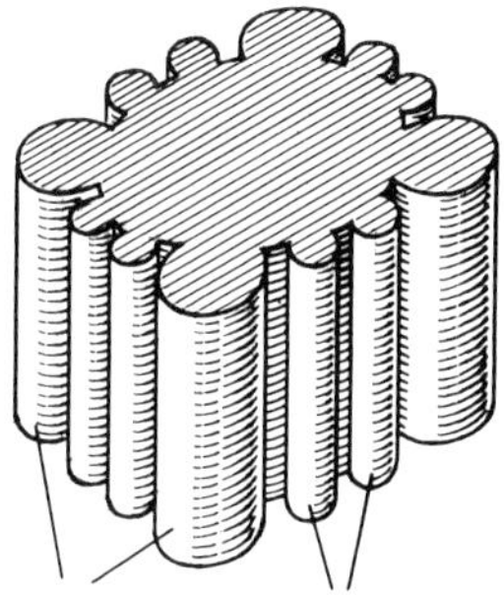

Diglyph [griech. diglyphos »Zweischlitz«], Sonderform der ↑ Triglyphe mit nur zwei Einkerbungen; in der italienischen Renaissance zuerst von Vignola angewandt.
Dilettant [ital. dilettare »erfreuen«, »ergötzen«], seit dem 17. Jh. gebräuchlich für jemanden, der sich ohne fachliche Ausbildung außerberuflich mit Kunst oder Wissenschaft beschäftigt; heute Bezeichnung für einen Nichtkönner und Pfuscher.
Dimini-Kultur, benannt nach der spätneolithischen Siedlung Dimini in Thessalonien (ca. 2800–2700 v. Chr.); Vorstufe der ↑ helladischen Kultur. Typische Keramikformen sind Bauchgefäße mit konisch zulaufendem Hals. Die Gefäße zeigen schwarze lineare Muster (Mäander, Spiralschnecke) auf rotem oder grauem Grund, möglicherweise unter donauländischem Einfluß.
Dinanderie, Sammelbegriff für Kupfer- und Messingwaren (wie Teller, Kannen, Schüsseln, Kessel, Leuchter, Grabplatten) aus Dinant an der Maas. Die Blütezeit der D. lag im 13.–15. Jh. Der Begriff wird auch allgemein für getriebene Metallgeräte gebraucht.

Diokletianisches Fenster, halbkreisförmiges, durch zwei senkrechte Pfosten dreigeteiltes Fenster, das nach den Diokletiansthermen in Rom auch als Thermenfenster bezeichnet wird. Im 16. Jh. wurde diese Form durch Andrea Palladio wieder aufgegriffen und ergab ein Stilmerkmal des ↑Palladianischen Klassizismus.

Diorama [griech. horama »Schauspiel«], von zwei Seiten bemalter durchscheinender Stoff, bei dem durch entsprechende Beleuchtung die eine oder die andere Seite sichtbar gemacht werden kann. Das Verfahren wurde 1822 von Daguerre erfunden und erlangte besonders in der Bühnenmalerei Bedeutung. Heute wird auch das rekonstruierende oder demonstrierende Schaubild in Museen D. genannt.

Dipteros [griech.], Form des antiken ↑Tempels mit doppelter Säulenstellung um die Cella.

Diptychon [griech. »doppelt gefaltet«], zusammenklappbares, aus zwei Platten bestehendes Schreibtafelpaar aus Holz, Metall oder Elfenbein, das innen mit einem Wachsüberzug versehen war, in den Schriftzeichen eingeritzt werden konnten. Die mit Reliefs geschmückten Außenseiten sind teilweise wertvolle Zeugnisse spätrömischer und frühchristlicher Kunst. Solche Tafeln wurden in Rom im 5. und 6. Jh. oft verschenkt, z. B. beim Amtsantritt römischer Konsulen (Konsulardiptychon). In der mittelalterlichen Kunst wird das zweiflügelige Altarbild, das Vorläufer der großen Altargemälde war, auch als D. bezeichnet.

Dipylon [griech. dipylos »zweitorig«], Doppeltoranlage an antiken Stadtmauern und Palästen. Am bekanntesten ist das D. von Athen aus dem 4. Jh. v. Chr.; auch Fundstätte früheisenzeitlicher attischer Erzeugnisse geometrischen Stils (Dipylon-Vasen).

Directoire [franz.], nach der damaligen französischen Regierungsform, dem »Direktorium« (1795–99), benannter Stil, der zur Zeit der französischen Revolution aufkam. Er gilt als Sonderform des ↑Klassizismus zwischen dem ↑Louis seize und dem ↑Empire. Kennzeichnend sind einfache, knappe, geradlinige Formen und ein nüchternes Ornament in Anlehnung an die Antike, vor allem an die Ausgrabungen von Pompeji. Deutlich äußert sich das D. in der Mode als klassizistische Reaktion auf das Rokoko. Für die Frauenmode sind hochgegürtete, langfließende Schleppenkleider charakteristisch, die Männer tragen weite Hosen, enge Jakken und hohe Halsbinden.

Dirnitz, *Dürnitz* [slaw. dwornitza »Feuerstätte«], heizbarer Teil oder Raum einer frühmittelalterlichen Burg; bildete im Spätmittelalter oft einen eigenen Bau innerhalb der Burganlage. Damit ist er häufig mit der ↑Kemenate identisch, dem heizbaren Teil einer Burg, der als Frauenwohnung dient.

Dispersionsfarben [lat. disperse »fein verteilt»], lasierend und deckend vermalbare moderne Farben, die als Farbträger ein Bindemittel aus synthetisch hergestellten Harzen besitzen. Sie trocknen rasch und sind mit Wasser verdünnbar. Gegenüber herkömmlichen Öl- oder Temperafarben besitzen sie eine größere Lichtechtheit, Witterungsbeständigkeit und Flexibilität.

Divisionismus [lat. dividere »zerteilen«], *Farbenzerlegung,* Farbwirkung eines Bildes nach dem Prinzip der additiven Farbmischung. Die Farben werden in gleich große, fast schematisch aufgetragene Punkte zerlegt, die sich erst im Auge des Betrachters mischen. ↑auch Pointillismus.

Docke, 1. kurze, eventuell gedrehte Stütze an hölzernen oder steinernen Geländern (↑Baluster).

2. Wange am Kirchen- oder ↑Chorgestühl.

Dodekastylos [griech. dodeka »zwölf«], griechischer Tempel mit 12 Säulen an der Giebelseite, ↑Tempel.

Doelenstück ↑Schützenstück.

Dolmen [kelt. dol »Tisch«, men »Stein«, »Steintisch«], neolithische Grabform des 3. Jt. v. Chr., die neben dem Ganggrab zu

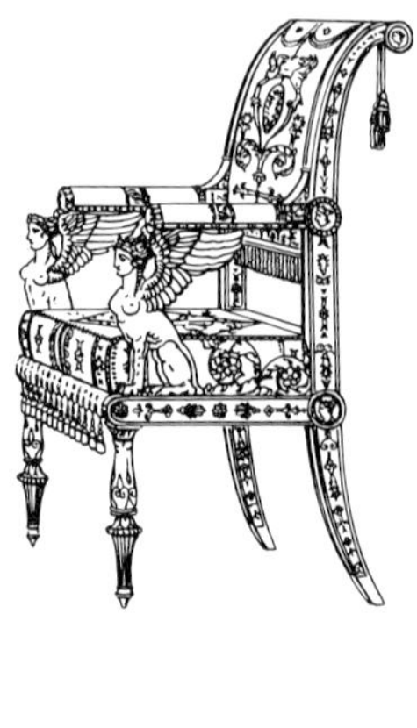

Directoire

den ↑ Großsteingräbern gehört. Die rechteckige Kammer wurde von vier Wandsteinen und einer meist sehr großen Deckplatte gebildet. Die ganze Anlage war ursprünglich von einem Erdhügel bedeckt.

Dom [lat. domus dei »Haus Gottes«], ursprünglich Bezeichnung für jedes Gotteshaus, seit dem 15. Jh. oftmals übertragen auf die Kirche des Kapitels, in Deutschland gewöhnlich auch Bezeichnung für die Bischofskirche (↑ Kathedrale); gelegentlich werden auch andere Kirchen so genannt (Kloster- oder Collegiatskirchen, z. B. Fritzlar, Altenberg); gleichbedeutend mit dem Begriff Münster [lat. monasterium »Kloster«]. Im weiteren Sinne wird auch die Hauptkirche einer Stadt D. genannt.

Domfreiheit, das bebaute Gebiet um den Dom, das unter bischöflicher Gerichtsbarkeit stand und von Gemeinlasten befreit war.

Domikalgewölbe [franz. domical »kuppelartig«], Sonderform des achtteiligen Kreuzgewölbes (↑ Gewölbe), bei der der Gewölbescheitel höher liegt als die Scheitel der Schildbögen (↑ Busung). Damit wird eine kuppelartige Wirkung erreicht. Es entstand Mitte des 12. Jh. im Südwesten Frankreichs als Mischform zwischen heimischen Kuppelgewölben und aus dem Norden des Landes eindringenden Rippengewölben. In Deutschland vor allem in Niedersachsen und Mecklenburg bis Ende 13. Jh. verbreitet.

Dominikanerbaukunst ↑ Bettelordenskirchen.

Donauschule, *Donaustil,* Richtung in Malerei und Grafik im donauländischen Raum von Bayern und Österreich zwischen 1490 und 1540. Die wichtigsten Vertreter sind Lukas Cranach d. Ä., Albrecht Altdorfer und Wolf Huber. Jörg Breu und Rueland Frueauf d. J. verfolgten bereits als Vorläufer ähnliche Tendenzen. Die Arbeiten der D. zeigen ein ursprüngliches Naturerlebnis, das auf völlig neue Weise stimmungsvolle Landschaftsbilder hervorbringt, oft dramatisch bewegt durch Licht und Schatten und eine wogende Linienführung. Die Landschaft wurde nun zu einem Handlungsschauplatz, in den sich Figuren nach ihren wirklichen Größenverhältnissen einordneten. Altdorfer malte mit seiner »Donaulandschaft bei Regensburg« das erste selbständige Landschaftstafelbild, in dem die Landschaft nicht mehr Beiwerk, sondern Bildthema ist.

Donjon, französische Bezeichnung für den wehrhaften Wohnturm der mittelalterlichen Burg, (in England keeptower), im Gegensatz zum ↑ Bergfried, der nur Verteidigungszwecken diente. In Deutschland waren solche befestigten Wohntürme selten.

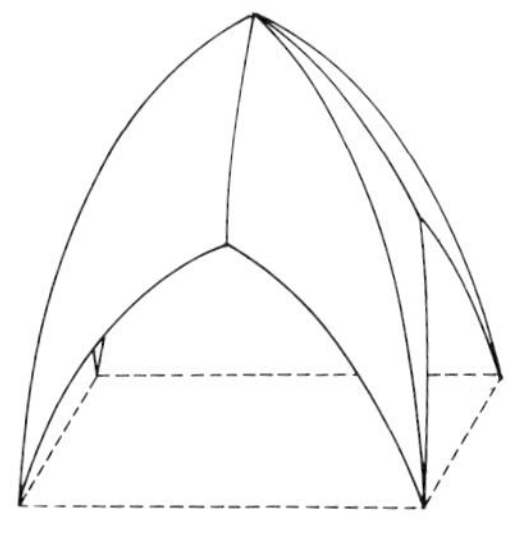

Domikalgewölbe

Döns, Dönse, geheizter, aber rauchloser Wohnraum im schleswig-holsteinischen Bauernhaus.

Doppelantentempel ↑ Tempel.

Doppelbecher, Trinkgefäß besonders im 16. und 17. Jh., dessen Deckel zu einem zweiten Becher gestaltet ist.

doppelchörige Anlage, Kirche mit einem Ost- und einem Westchor, besonders in der karolingischen und ottonischen Baukunst, meist auch mit einer Verdoppelung des Querhauses verbunden. Der Hauptchor blieb dabei dem Konvent vorbehalten, der Gegenchor diente unterschiedlichen Zwekken (Hildesheim, St. Michael; Naumburg; Bamberg). Abb. S. 78

Doppelgewölbe, Kombination zweier übereinander liegender Gewölbeschalen, oft beim Bau von Kuppeln angewendet.

Doppelglas ↑ Zwischengoldglas.

Doppelkapelle, vor allem bei Pfalz- oder Burgkapellen im 12.–13. Jh. auftretende Bauform, bei der zwei Kapellenräume übereinanderliegen, die meist durch eine Boden- bzw. Deckenöffnung miteinander verbunden waren. Die obere, reicher ausgestattete Kapelle war für die Feudalherrschaft, die untere für das Gesinde bestimmt (Burg in Nürnberg, Landsberg bei Halle, Freyburg a. d. Unstrut). Doppelgeschossige Anlagen mit Emporen gab es auch in den Schloßkapellen der Renaissance und des Barock. *Abb. S. 78*

Doppelturmfassade, *Zweiturmfassade,* Fassade, die von einem Turmpaar begrenzt wird, besonders beliebt im Kirchenbau von Romanik, Gotik und Barock.

dorische Ordnung ↑ Säulenordnung.

dorischer Stil, Stilrichtung der ↑ griechischen Kunst vom Ende des 8. bis Ende des 7. Jh. v. Chr., die vor allem in Architektur und Plastik auf dem Festland und auf Kreta eine bestimmende Rolle spielte. Charakteristisch sind schwere, massige Formen und eine starke Betonung des Tektonischen.

dorisches Kapitell ↑ Kapitell.

Dormitorium [lat. »Schlafraum«], gemeinsamer Schlafraum der Mönche in einem Kloster. Das D. war wie der ↑ Kapitelsaal und das ↑ Refektorium eine zweischiffige Halle, die durch Treppen mit Kirche und Kreuzgang unmittelbar verbunden war.

Dornse, *Dornze,* auch *Pesel,* niederdeutsche Bezeichnung für den Festsaal in Rathäusern und Schlössern, auch für die Prunkstube des sächsischen Bauernhauses.

Dorsale [lat. dorsum »Rücken«], Rückwand des ↑ Chorgestühls oder Rückseite des Wandteppichs.

Dose, kleiner Behälter mit Deckel aus Holz, Elfenbein oder Metall. Die D. war im 17./18. Jh. ein beliebtes Geschenk und Sammelobjekt und erlangte, als ihre Ausführung immer kostbarer wurde, künstlerische Bedeutung. D. wurden nun mit Perlen und Edelsteinen besetzt und mit Miniaturporträts versehen. Sie dienten zum Bewahren von Konfekt (Bonbonniere), Parfüm und Schnupftabak (Tabatière).

Doppelchörige Anlage. Hildesheim, St. Michael. 11. Jh.

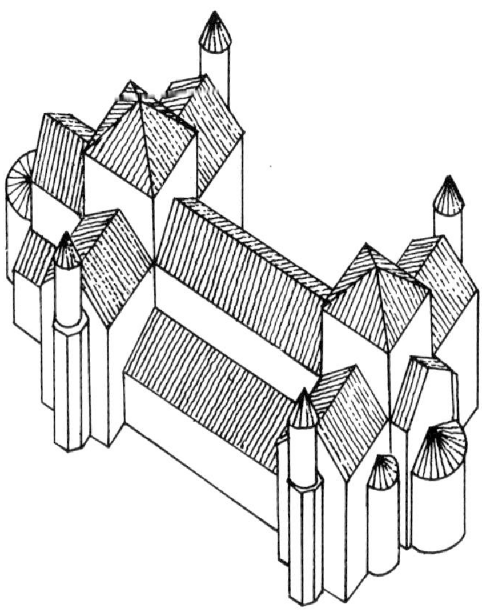

Doppelkapelle. Schwarzrheindorf. Mitte 12. Jh.

Doublieren, Technik der Gemälderestaurierung, bei der die brüchig gewordene Leinwand mit einer neuen hinterklebt wird.

Doxale [mittellat.], Begriff wahrscheinlich von der liturgischen Lobpreisung abgeleitet, bezeichnete im Mittelalter den Lettner, später das Chorgitter, aber auch Sängertribüne und Orgelempore.

Drahtemail ↑ Emailkunst.

Draperie [franz. drap »Tuch«], dekorative Anordnung von Stoffen und Gewändern und ihre Darstellung in Malerei, Grafik und Plastik, oft durch sorgsame Teilstudien (Gewandstudien) vorbereitet.

Dreifaltigkeit, *Dreieinigkeit, Trinität,* Bezeichnung für Vater, Sohn und Heiligen Geist in der Einheit Gottes, die nach Lehre der christlichen Kirche ihrem Wesen nach eins, in ihrer Persönlichkeit aber verschieden sind. Die D. wird in der Kunst entweder symbolisch dargestellt (drei ineinandergreifende Kreise, drei Tiere, Engel u. a.), als drei gleiche Personen, als eine Gestalt mit drei Köpfen oder drei Gesichtern oder auch, in nachreformatorischer Zeit, als gleichseitiges Dreieck mit dem Auge Gottes. Oft wird der Heilige Geist durch die Taube symbolisiert, die ebenso wie Vater

und Sohn einen Heiligenschein trägt. Seit dem 12. Jh. wird die D. auch in Verbindung mit der Passion als ↑ Gnadenstuhl vergegenwärtigt: Der thronende Gottvater hält das Kreuz mit Christus, darüber schwebt in Gestalt einer Taube der Heilige Geist.
Dreiflügelanlage ↑ Schloß.
Dreifuß, ein in der Antike verbreitetes dreibeiniges Gestell, das eine Opferschale trägt; oft kunstvoll gearbeiteter Kultgegenstand.
Dreikonchenanlage, *Trikonchos,* kreuzförmig angelegte Kirche, deren Querschiffarme ebenso wie der Chor in Apsiden enden, so daß der Grundriß die Gestalt eines regelmäßigen Kleeblattes hat. Im Innern entsteht der Eindruck eines Zentralraumes mit dem Zentrum in der Vierung, dem im Westen ein Langhaus angefügt ist. Abb. ↑ Chor.
Dreipaß ↑ Paß.
Dreischlitz ↑ Triglyphe.
Dreischneuß ↑ Fischblase.
Dreiseithof ↑ Bauernhaus.
Dreisitz ↑ Levitenstuhl.
Dreistrahlgewölbe, aus drei Kappen und drei Graten bzw. Rippen bestehendes Gewölbe, das unregelmäßige dreieckige Wölbfelder überdeckt; besonders in der Gotik bevorzugt.
Dreiviertelsäule, Säule, die zu einem großen Teil (3/4) aus der Mauerfläche hervortritt.
Dressoir, französische Form des Stollenschrankes (↑ Schrank), der zwischen dem 15. und 17. Jh. ein verbreitetes Hausmöbel zum Aufbewahren und Anrichten des Tafelgeschirrs war.
Drillingsfenster, Fenstergruppe, bei der drei Öffnungen durch Säulen, Pfeiler oder Pfosten voneinander getrennt sind; charakteristische Form der romanischen und gotischen Baukunst.
Dripping [engl. »tropfend«], *Drip painting,* spontane Malweise, bei der Farbe aus einem durchlöcherten Behälter mit gestischen Bewegungen auf die am Boden liegende Leinwand aufgespritzt wird. Nach Experimenten von Max Ernst Anfang der 20er Jahre und Hans Hofmann während der 40er Jahre gewann diese Methode seit 1947 durch den Amerikaner Jackson Pollock und andere Maler des ↑ Action painting an Bedeutung.
Drolerie [franz.], meist kleinformatige Darstellung von Menschen, Tieren oder Fabelwesen in mittelalterlichen Handschriften oder geschnitzt an den ↑ Miserikordien des

Chorgestühls sowie auch in der spätmittelalterlichen Wandmalerei.
Dromos [griech. »Lauf«, »Wandelhalle«], antike Haupt- und Prozessionsstraße, an der sich ein reger Handelsverkehr entwickelte; auch Bezeichnung für den Zugangsweg der teilweise unterirdisch angelegten Kammer- und Kuppelgräber.
Druckgrafik ↑ Grafik.
Druckverfahren, Methode zum Vervielfältigen von Text und Bild durch einen Druckstock, dem nach jedem Druckvorgang Farbe zugeführt wird. Im wesentlichen unterscheidet man drei Druckverfahren: den Hochdruck, Tiefdruck und Flachdruck, weiterhin das sogenannte Durchdruckverfahren (Siebdruck). Beim Hochdruck stehen die drukkenden Teile erhaben (Buchdruck, ↑ Holzschnitt, Holzstich, Prägedruck). Beim Tief-

Druckverfahren

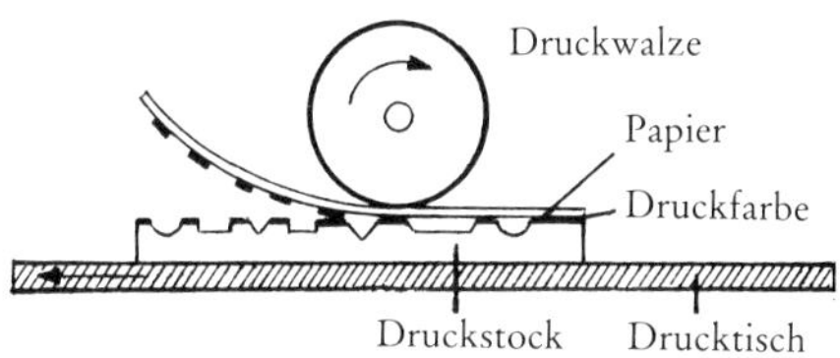

Hochdruck

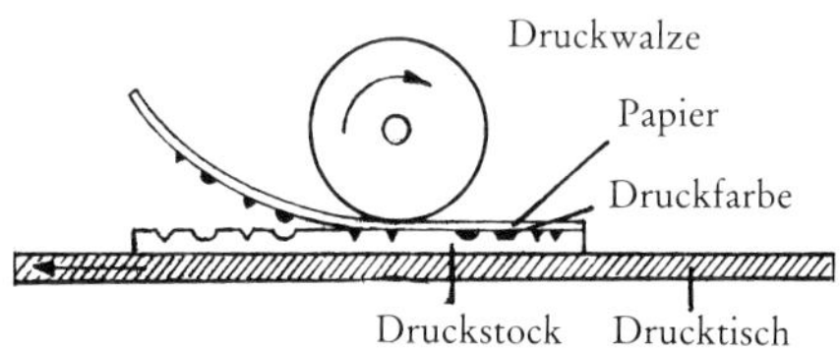

Tiefdruck

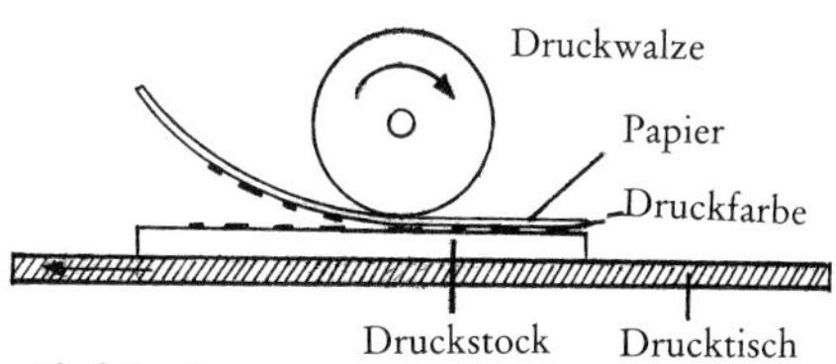

Flachdruck

druck liegen sie vertieft in der Druckform (↑ Kupferstich, ↑ Radierung, ↑ Aquatinta, ↑ Schabkunst, ↑ Stahlstich). Beim Flachdruck liegen druckende und nichtdruckende Teile auf einer Ebene (↑ Lithographie, Offsetdruck, Lichtdruck), die druckenden Stellen nehmen Farbe an, die nichtdruckenden stoßen Farbe ab. Beim Siebdruck (Serigraphie) besteht die Druckform aus einem Gewebe (Sieb), das straff auf einen Rahmen gespannt ist, die bildfreien Partien werden abgedeckt. Beim Drucken wird die Farbe mit einer Rakel durch die freien Teile auf das darunter liegende Papier gedrückt. Der Siebdruck wird heute besonders in der Gebrauchsgrafik und Werbung eingesetzt.

Drudenfuß, *Pentagramm* [griech. penta »fünf«], fünfzackiger Stern. Die aus gleichschenkligen Dreiecken ohne Basis zusammengesetzte Figur, die in einem Zug gezeichnet werden kann, wurde oft als magisches, dämonenbannendes Zeichen angesehen.

Dublüre [franz. doublure »Unterfutter«], Verzierung der Innenseite des Buchdeckels, die mit Leder oder Seide bezogen und durch Handvergoldung, Ledermosaik oder Intarsien geschmückt ist. Sie war besonders im 17.–19. Jh. beliebt. Ihren Ursprung hat diese Einbandform in der orientalischen Einbandkunst.

Duecento, *Ducento, Dugento* [ital. »Zweihundert«, Abkürzung für 1200], Bezeichnung für das 13. Jh. in Italien. In der gleichen, vom deutschen Sprachgebrauch abweichenden Weise werden auch die übrigen Jahrhunderte benannt (Tre-, Quattro-, Cinque-, Sei-, Sette-, Otto-, Novecento).

Duktus [lat. ducere »führen«], Eigentümlichkeit einer Handschrift oder persönliche Art des künstlerischen Schaffens, erkennbar an Pinselstrich, Farbauftrag oder zeichnerischer Strichführung.

Drudenfuß

Dulong-Muster, *Dulong-Reliefzierat,* plastisches Muster auf Geschirrporzellan, benannt nach der Amsterdamer Firma Godefroy et Dulong.

Durchbrucharbeit. Teile einer künstlerisch bearbeiteten Fläche sind durchbrochen und stehen frei im Raum. Die D. ist nur für eine Ansicht berechnet, als Materialien kommen Holz, Perlmutt, Elfenbein, Metall zur Anwendung.

Durchdruck ↑ Druckverfahren, Vernis mou.

Durchhaus, im 15. Jh. entwickelter Typ des Kaufmannshauses, bedeutsam vor allem im 18. Jh. Es enthielt mehrere hintereinanderliegende Höfe, die miteinander verbunden waren und ein Durchfahren zwischen zwei Straßen ohne Wendemanöver gestatteten (bekannte Beispiele in Leipzig, Torgau, Görlitz). In den Hinterhofbebauungen der Berliner Arbeiterviertel in der 2. Hälfte des 19. Jh. wurde das Durchgangsprinzip aus Gründen der Feuersicherheit wieder aufgenommen.

Dürnitz ↑ Dirnitz.

Düsseldorfer Malerschule, deutsche Malerschule etwa 1825–60 in Düsseldorf, die im engen Zusammenhang mit der Düsseldorfer Akademie stand. Nach deren Neugründung (1819) unter ihrem Direktor Peter von Cornelius entwickelte sie sich zu einem Zentrum nazarenischer romantischer Bestrebungen (↑ Nazarener), bis sich unter Leitung Wilhelm von Schadows seit 1826 an der Akademie und in ihrem Umkreis die D. M. herausbildete, die in Deutschland bald als ein Zentrum neuer, zum Realismus tendierender Bestrebungen (besonders in der Genre- und Landschaftsmalerei, aber auch in der Historienmalerei) bekannt wurde und deren Höhepunkt in den 30er und 40er Jahren lag. Dazu gehörten Andreas Achenbach, Wilhelm Camphausen, Johann Peter Hasenclever, Karl Wilhelm Hübner, Karl Friedrich Lessing, Alfred Rethel, Wilhelm Schirmer. Die Anhänger der Schule und Mitglieder der Akademie teilten sich bald in eine akademietreue und in eine unabhängige Richtung auf. Die erstere stand in der Tradition der Nazarener, während die andere eine bürgerliche Historienmalerei mit verstärkter Wirklichkeitsbezogenheit vertrat.

E

Early English [engl. early »früh«], erste Phase der englischen Gotik, etwa von 1190–1250, die sich im Anschluß an den anglo-normannischen Stil unter französischem Einfluß herausgebildet hat. Charakteristische Kennzeichen sind lanzettförmige Spitzbogen, Hauptwerke die Kathedralen von Lincoln und Wells.

Ebenist, in Frankreich Kunsttischler, der Möbel mit Einlegearbeiten aus Ebenholz und anderen Hölzern anfertigte (»ebeniert«). Diese Bezeichnung setzte sich im 17. und 18. Jh. in ganz Europa durch.

Ecaillemalerei [franz. écaille »Schuppe«], in der Porzellanmalerei des 18. Jh. häufig verwendeter Dekor für Randeinfassungen oder Zwickelfüllungen, der aus einem schuppenförmigen Muster besteht.

Ecce homo [lat. »Seht (welch) ein Mensch«], Darstellung von Christus mit Dornenkrone und Spottmantel, meist mit unbekleidetem Oberkörper, in den gefesselten Händen ein Rohr als »Szepter« haltend (Joh. 9, 5), oft mit hinweisendem Pilatus und Volksmenge. Diese Passionsszene wurde bereits im frühen Mittelalter, besonders aber seit Mitte des 15. Jh. dargestellt. ↑ auch Schmerzensmann.

Ecclesia und Synagoge [Ecclesia griech.-lat. »Volksversammlung«, »christliche Kirche«; Synagoge griech. »Versammlung«, »Tempel«, »Schule der Juden«], verkörpern in der bildenden Kunst das Neue und das Alte Testament, den Neuen und den Alten Bund, den Gott nach der Bibel mit den Menschen geschlossen hatte und der durch Christus erneuert wurde. Sie werden meist als Paar dargestellt: Ecclesia mit Krone, Kelch und Kreuzfahne, Synagoge mit verbundenen Augen, zerbrochenem Stab, herunterfallender Krone und Gesetzestafeln in der Hand; Ecclesia als Siegerin, Synagoge als Besiegte und als Sinnbild des verblendeten Judentums. Bedeutende Beispiele in der Plastik finden sich im Straßburger Münster, Bamberger und Magdeburger Dom.

Echal, im jüdischen Ritus der Schrein, der die Gesetzesrollen enthält.

Echinus, am dorischen Kapitell Wulst zwischen Deckplatte und Säulenschaft. Abb. ↑ Säulenordnung.

Echoppe [franz.], Radiernadel mit mehreren Spitzen, die bei der ↑ Crayonmanier zum Aufrauhen des Deckgrunds dient.

Eckblatt, *Eckknolle,* plastisches Ornament, das den Übergang von der quadratischen Fußplatte (Plinthe) zur kreisförmigen Basis der Säule vermittelt, besonders an romanischen oder frühgotischen Säulen. Abb. S. 82.

Eckrisalit, aus der Fassadenflucht hervorspringende Gebäudeecke als Pendant zum vorspringenden Mittelrisalit. ↑ auch Risalit.

Ecole de Paris [franz. »Schule von Paris«], Bezeichnung für die internationale künstlerische Avantgarde, die sich von etwa 1910 bis nach dem 2. Weltkrieg in Paris sammelte und trotz unterschiedlicher Ansichten und Ziele der modernen Kunst entscheidende Impulse für abstrakte bzw. abstrahierte, realistische oder surrealistische Werke vermittelte. Zur E. d. P. zählten u. a. Pablo Picasso, Joan Miró, Salvador Dalí, Marc Chagall, Amedeo Modigliani, Piet Mondrian, Max Ernst, Chaim Soutine, Alberto Giacometti, Marcel Duchamp, Robert Delauney, Serge Poliakoff.

Ecriture automatique [franz.], *automatische Schreibweise,* nicht vom Bewußtsein oder Wil-

Ecclesia und Synagoge. Straßburg, Münster. 1230–35

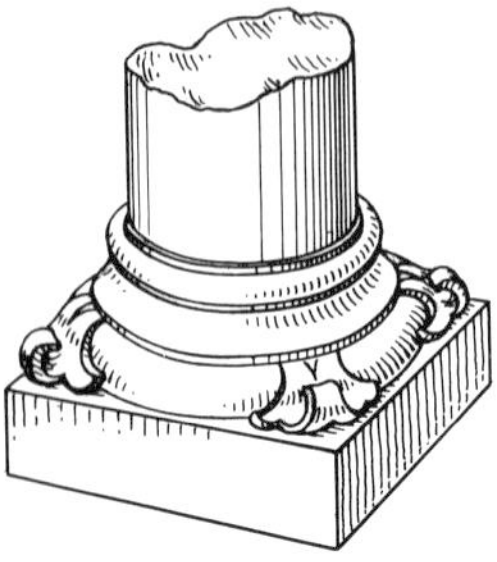

Eckblatt an der Säulenbasis

len gesteuerte Niederschrift von Texten oder zufälligen künstlerischen Strukturen. ↑ auch Automatismus.

Edeldrucke, fotografische Positive, die auf drucktechnischem Wege hergestellt wurden. Ihre Herstellung beruht auf dem Prinzip der Gerbung einer präparierten Schicht, die nach Belichtung und Entwicklung ein Quell- oder Auswaschrelief ergibt. Ihren Namen verdanken die E. der Verwendung edler Papiersorten und reiner, haltbarer Erdfarben. Zu den E. gehören u. a. der Pigmentdruck, Carbrodruck, Öldruck, Bromöldruck und Gummidruck. Ihre häufigste Verwendung hatten die E. zwischen 1860 und 1925. Da sie tontrennend arbeiteten, haben sie für die Farbfotografie große Bedeutung erlangt, vor allem vor Erfindung des Dreischichtenfarbfilms.

Edelsteine, Mineralien, die sich durch Schönheit der Farbe, Härte, hohe Lichtbrechung und Seltenheit des Vorkommens auszeichnen. E. werden nach einer Härteskala geordnet, den höchsten Härtegrad 10 erreicht nur der Diamant. Steine mit den Härtegraden 9–7 bezeichnete man früher als echte E. (Rubin, Saphir, Smaragd), die weicheren als Halbedelsteine. Das Gewicht der E. wird in Karat gemessen (1 Karat = 200 mg).

Edelsteinfassung, Befestigung des Edelsteins am Metall. Man unterscheidet zwei Hauptarten. Bei der Kastenfassung sitzt der Stein in einem unten geschlossenen Kästchen, bei der Ajourfassung [franz. àjour »durchbrochen«] liegt die Rückseite des Steines frei. Der Stein wird durch Krallen gehalten und kommt dadurch stärker zur Geltung.

Edelsteinschliff, Bearbeitung von Schmucksteinen mit dem Ziel, ihre Schönheit zu steigern. Im Altertum war nur das vom Orient übernommene Mugeln bekannt, ein Abrunden und Polieren der Wölbungen, das heute meist nur noch für undurchsichtige oder halbdurchsichtige Schmucksteine angewandt wird (↑ Cabochon). Im 14. und 15. Jh. setzte sich der Tafelschliff durch, der dem Oktaederkristall z. B. des Diamanten entsprach. 1476 wurde erstmalig der von Bergkristallgefäßen bekannte Facettenschliff an Diamanten ausgeführt, der sich seit der Renaissance allgemein für durchsichtige Schmucksteine durchsetzte. Um 1660 entwickelte sich auf Anregung des französischen Kardinals Mazarin die allgemein gültige Form des Brillants. Der Brillantschliff bringt die Eigenart des Diamanten voll zur Geltung, und auf ihn gehen auch die modernen komplizierten Schleifverfahren wie Sternschliff oder Scherenschliff zurück.

Edelzinn, im Gegensatz zum reinen Gebrauchszinn künstlerisch besonders durchgearbeitete Zinngegenstände als Schau- und Prunkstücke.

Egerer Arbeit, Reliefintarsien aus farbigen Hölzern, die um 1600 im böhmischen Eger (Cheb) von Johann Georg Fischer, Adam Eck und Mitgliedern der Familie Haberstrumpf hergestellt wurden. Die figurenreichen Intarsientafeln waren oft in Möbel, Kästen usw. eingefügt.

Eglomisieren, Sonderform der ↑ Hinterglasmalerei, bei der Glastafeln mit Lack hintermalt werden, aus dem dann Ornamente, Inschriften usw. ausgekratzt und mit glitzernden Folien belegt werden; benannt nach dem Pariser Kunsthändler J. B. Glomy (gest. 1786), der das Verfahren anwandte, um Kupferstiche und Zeichnungen unter Glas mit einem rahmenden Abschluß zu versehen.

Ehrenhof ↑ Cour d'honneur.

Ehrenpforte ↑ Triumphbogen.

Ehrensäule ↑ Triumphsäule.

Eierschalenporzellan, ursprünglich in Japan und China hergestelltes dünnwandiges, lichtdurchlässiges Porzellan.

Eierstab ↑ Kyma.

Eight, The ↑ Ashcan school.

Einblattdruck, aus einem Blatt bestehendes Druckerzeugnis, im engeren Sinne werden als E. die einseitig gedruckten Holzschnitte vor allem des 15. und 16. Jh. bezeichnet.

Dazu gehören Kalender, ↑ Flugblätter, ↑ Andachtsbilder.

eingeblendete Säule, Säule, die in eine nischenartige Wandvertiefung eingestellt ist.

eingebundene Säule, Viertel-, Halb- oder Dreiviertelsäule, die mit der Wand verbunden ist und teilweise aus der Fläche hervortritt.

eingezogener Chor, Chor, dessen Breite geringer ist als die des Mittelschiffes.

Einhorn, bereits in der Antike vorkommendes Fabeltier mit pferdeähnlichen Merkmalen und einem Horn auf der Stirn; Symbol der Menschwerdung Christi und der Erlösung der Welt von den Sünden. Nach mittelalterlichen Vorstellungen kann es nur von einer Jungfrau gefangen und gezähmt werden.

eingezogene Streben, Strebepfeiler, die in ihrem unteren Teil oder in voller Höhe in den Innenraum einbezogen sind und Rechtecknischen bilden. ↑ auch Einsatzkapellen.

Einhaus, Bauernhaus, in dem Wohnräume, Scheune und Stallungen unter einem Dach vereinigt sind; vor allem in Niedersachsen, in Bayern und im Schwarzwald verbreitet.

einhüftig, 1. Bogenform, bei der die Kämpfer nicht auf gleicher Höhe liegen, so daß eine Seite steiler ansteigt.
2. Gebäude, in dem alle Räume auf einer Seite des Korridors liegen.

Einlegearbeit ↑ Intarsien, ↑ Inkrustation, ↑ Tauschierung.

Einsatzkapellen, Kapellen, die zwischen eingezogenen Streben liegen (↑ Wandpfeilerkirche).

Einturmfassade, im Gegensatz zur ↑ Doppelturmfassade Einbinden eines einzelnen mächtigen Turmes in die Fassadenfront (Ulmer Münster, Freiburger Münster).

Eisenätzung. Vom 15.–17. Jh. wurden schmiedeeiserne Waffen und Harnische durch eingeätzte Ornamente und figürliche Darstellungen verziert. Anfangs wurde die Ätzung durch einen in Säure getauchten Griffel vorgenommen, später verwendete man einen Ätzgrund, auf den die Zeichnung vom Künstler wie bei einer ↑ Radierung eingeritzt wurde.

Eisenbau. Nachdem sich im 18. Jh. die Produktions- und Verarbeitungsverfahren für Eisen verbessert hatten, eroberte sich der E. immer neue Anwendungsbereiche (Bahnhofs- und Fabrikbau; Eiffelturm, Paris, 1889), vor allem in der Verbindung mit Glas (Kristallpalast, London, 1850/51). Der E.

bildete in konstruktiver und ästhetischer Hinsicht die Grundlage für die moderne Architektur.

Eisenguß, technisches Verfahren (↑ Gußverfahren), das seit dem 15. Jh. vor allem für reliefgeschmückte Ofen- und Grabplatten verwendet wurde. Im 18. und 19. Jh. entstanden als E. neben Freiplastiken auch Brunnen, Gitter und Kleinplastiken.

Eisenradierung. Die ersten E. entstanden Anfang des 16. Jh. durch Übernahme einer Technik der Harnischschmiede. Die Zeichnung wurde in eine Eisenplatte geätzt (Albrecht Dürer, Daniel Hopfer, Urs Graf). Mit technischer Herstellung der Salpetersäure, die das Ätzen auf Kupferplatten ermöglichte, setzte sich die Kupferradierung gegenüber der E. durch. ↑ auch Radierung.

Eisenzeit, ur- und frühgeschichtliche Periode, die auf die Bronzezeit folgte und Eisen als wichtigsten Werkstoff für Werkzeuge, Geräte und Waffen verwandte. 1200 v. Chr. lagen die Zentren der Eisenverhüttung im Hethiterreich, die Methode verbreitete sich von dort über das gesamte Mittelmeergebiet, um 850 v. Chr. auch in Mittel- und Westeuropa. Die mitteleuropäische E. wird in die nach Fundorten benannten Perioden der ↑ Hallstatt- und ↑ Latènezeit untergliedert.

Eisglas, Glas, dessen rauhe Oberfläche gerissenes, zusammengeschobenes Eis nachahmt. Es entsteht durch Abschrecken des warmen Glases in kaltem Wasser oder durch Wälzen des Glases in feinen Scherben. E. wurde vom 16.–18. Jh. vor allem in Venedig hergestellt.

Eitempera ↑ Temperamalerei.

Eklektizismus [griech. eklegein »auswählen«], Mischung von Stilelementen verschiedener Epochen der Bau- und Kunstgeschichte, wobei die Kombination von Vorbildern zitathaft erfolgt. ↑ auch Historismus.

Elementarismus, Ende 1924 von Theo van Doesburg entwickelte Gestaltungsweise, die über den ↑ Neoplastizismus hinausging, der seine Wirkung vor allem von senkrechten und waagerechten Linien bezog. Doesburg versuchte, die Horizontal-Vertikal-Festlegung durch die Diagonale zu ersetzen, in der er das dynamische Prinzip verwirklicht sah. Der E. gab der Gruppe ↑ Abstraction-Création und der konkreten Malerei wichtige Impulse.

Eleusa ↑ Marienbild.

Elfenbeinkunst, künstlerische Bearbeitung des Elfenbeins, d. h. der Stoßzähne von Elefanten, Mammut und Walroß. Elfenbein gehört zu den ältesten Werkstoffen der Kleinplastik und wurde schon in der Steinzeit zu Ritzzeichnungen und für kleine Figuren verwendet. Im alten Orient diente Elfenbein für Zier- und Toilettengegenstände und zur Dekoration von Möbeln.

In Griechenland wurde Elfenbein in Verbindung mit Gold, manchmal auch mit Bronze zu kolossalen ↑ chryselephantinen Kultstatuen verarbeitet, in hellenistischer und römischer Zeit auch zu Herrscherbüsten und Statuen. Für die Spätantike und das Frühchristentum sind ↑ Diptychen aus Elfenbein kennzeichnend, aber auch Kästchen und Schmuck mit profanen, mythologischen und christlichen Darstellungen.

Bis ins Mittelalter war Byzanz Zentrum der E. und übermittelte spätantikes Formengut. In karolingischer und ottonischer Zeit kam die E. im Rheinland, in Niedersachsen, Frankreich, Italien und Spanien zu bedeutsamer Entfaltung und gehörte zu den wichtigsten Kunstgattungen dieser Epochen. Im 15. Jh. verlor sie an Bedeutung. Erst im 17. und 18. Jh., im Zeitalter des Barock, entstanden virtuose Schnitzereien von Einzelfiguren und Gruppen, denen das Porzellan schließlich zur Konkurrenz wurde. Ende des 18. Jh. wurde Elfenbein häufig als Malgrund für Miniaturen verwendet, aber auch zur Herstellung von Schmuckstücken oder kleinen Gebrauchsgegenständen. Heute ist die Verarbeitung von Elfenbein infolge strenger Bestimmungen im Naturschutz stark eingeschränkt.

Elfenbeinporzellan, Porzellan, das den gelblichen Ton und matten Glanz des Elfenbeins besitzt. Es wurde im 18. Jh. zuerst in England (Worcester) hergestellt und hauptsächlich für Vasen und Figuren verwendet.

Elizabeth style, *Elisabethanischer Stil,* Kunst und Kultur während der Regierungszeit von Elizabeth I. (1558–1603) in England. Er ist eine Mischung von gotischen und Renaissanceformen (symmetrische Fassadenanordnung der Renaissance, niederländische Ornamente des Manierismus, Vorliebe für große Fenster des ↑ Perpendicular style) und breitete sich vor allem im Profanbau aus. Seine wichtigste Ausprägung fand der E. s. im Schloßbau (Burghley House bei Stamford, 1560–80; Wollaton Hall bei Nottingham, 1580–88).

Email [franz. »Schmelzglas«], gefärbte und gemahlene Glasmasse, die auf eine metallische Oberfläche aufgeschmolzen wird. Das E. kann durchsichtig (transluzid) oder dekkend (opak) sein und wurde entweder naß (als Brei) oder trocken (als Puder) aufgetragen und bei etwa 800 °C eingebrannt. Eine ihr ähnliche glasartige Masse, die auf Keramik oder andere Materialien aufgeschmolzen wird, bezeichnet man als ↑ Glasur. ↑ auch Emailkunst.

Email brun ↑ Firnisbrand.

Emailglas, mit Emailfarben bemaltes Glas mit verschiedenfarbigen figürlichen und ornamentalen Motiven. Die frühesten Beispiele stammen aus Ägypten, bedeutende Zentren waren im 12.–14. Jh. Ägypten und Syrien. Im 15. Jh. fing man in Venedig an, Gläser mit Emailfarben zu bemalen. Sie wurden Vorbild für das deutsche E. des 16. Jh. Es bildeten sich bestimmte Typen heraus (↑ Wappengläser, ↑ Reichsadlerhumpen, ↑ Kurfürstengläser, ↑ Hallorengläser).

Emailkunst. Das Verzieren von Gebrauchs- und Kunstgegenständen mit ↑ Email war bereits den alten Ägyptern bekannt und erlebte bei den Kelten im 1.–3. Jh. in Form des Furchenschmelzes einen ersten Höhepunkt. In Metall eingegrabene Furchen wurden mit häufig roter Schmelzmasse gefüllt (daher auch Blutemail).

Eine Weiterentwicklung bedeutete in romanischer Zeit der Grubenschmelz, bei dem die Furchen zu flachen Vertiefungen erweitert und mit mehrfarbiger Schmelzmasse gefüllt wurden. Die »Zeichnung« der Darstellung ergab sich aus den die Gruben begrenzenden Metallstegen. Im 12. und 13. Jh. wurde diese Technik zu außerordentlicher Vollkommenheit ausgebildet. Es entstanden prachtvolle Reliquienschreine und Altäre (z. B. Verduner Altar, 1181).

Beim Zellenschmelz [franz. cloisonné] wurden auf die Grundplatte Metallstege aufgelötet, die dann die Umrisse der Figuren ergaben. Diese Technik war besonders in der byzantinischen Kunst des 10. und 11. Jh. beliebt. Im gleichen Verfahren entstand das

Fensteremail, nur wurde das Zellenwerk auf eine nach dem Brand entfernbare Unterlage gelegt.
Eine Abart ist das Draht- oder Filigranemail, bei dem gedrehte Silberdrähte die Zellen bilden.
Seit dem 14. Jh. entwickelte sich in Italien der Silberreliefschmelz oder Tiefschnittschmelz, bei dem die Zeichnung in eine Silberplatte eingeschnitten und mit durchsichtigem Email überzogen wurde, das dann heller oder dunkler schimmerte.
Maleremail nennt man das in freier malerischer Behandlung steglos gegeneinandergelegte, einem vorgebranntem Schmelzgrund aufgeschmolzene Email, das durch eine reiche Farbskala ausgezeichnete bildliche Darstellungen ermöglichte.
Bei der Emailmalerei wird eine weiß emaillierte Oberfläche mit Metalloxidfarben bemalt, die dann aufgeschmolzen werden. Diese Technik war vor allem im 17.–19. Jh. beliebt und fand insbesondere auf Dosen, Medaillons, Schmuckstücken und Taschenuhren Verwendung.

Emanuelstil, *Emanuelinischer Stil*, portugiesischer Baustil zur Regierungszeit König Emanuels I. (1495–1521) im Übergang von der Spätgotik zur Renaissance. Kennzeichnend ist die Vorliebe für gewundene Pfeiler und üppige, in der Spätzeit naturalistische Schmuckformen. Hinzu kamen maurische Elemente und Anregungen aus den Besitzungen Portugals in Indien und Amerika (Universitätskirche von Coimbra, Königsschloß von Cintra).

Emblem [griech. emblema »Eingesetztes«], Zierat, Kennzeichen, Sinnbild. Im Altertum zunächst ein einzelnes Stück Mosaik, dann getriebenes oder gegossenes Relief sinnbildlicher Art an Gebrauchsformen (Schalen, Kästchen usw.), später allgemein allegorisches Kennzeichen (↑Allegorie). Als Mustersammlung für Kunsthandwerker waren die »Emblematum liber« von Andrea Alciati gedacht, die 1531 in Augsburg nach Zeichnungen von Jörg Breu d. Ä. gedruckt wurden. Sie enthielten 104 Embleme, wurden in etwa 125 Ausgaben verbreitet und sind das klassische Vorbild der Emblematik. Für ein gutes E. gelten bestimmte Regeln. Danach soll es drei Elemente enthalten: 1. das Lemma (Motto) in Gestalt eines knappen griechischen Wahlspruchs; 2. die Icon, den allegorisierenden Bildbestandteil, beide zusammen werden zu einem Rätsel vereinigt, dessen Auflösung 3. durch das Epigramm ermöglicht wird. Im Unterschied zur ↑Devise zielt das Epigramm auf eine allgemeingültige Aussage mit politischem, religiösem, philosophischem oder moralischem Gehalt. Die Emblematik entsprach der für die Renaissance charakteristischen Vorstellung der Einheit von Kunst und Wissenschaft. Gewebe, Tapeten, Möbel, Öfen, Geschirr wurden mit emblematischen Darstellungen verziert. Im Buchwesen fand die Emblematik auf Titelblättern, in Druckermarken, Verlagssignets, Dedikationen und ↑Exlibris ein breites Anwendungsgebiet und wurde in Deutschland in den Stammbüchern kultiviert.

Empaquetage [franz. empaqueter »einpakken«], Gestaltungsart, bei der verschiedene Objekte künstlerisch verpackt werden. Eingeführt wurde diese Kunstrichtung in den 20er Jahren des 20. Jh. von Man Ray, in den 60er Jahren von Christo weitergeführt und auf ungeheure Dimensionen ausgeweitet (Verpackung von Autos, Gebäuden u. a.). Der verschnürte Gegenstand ist Gegenstück zu den rationellen und werbewirksamen Verpackungsmethoden der Industrie. In der Verselbständigung der bloßen Verpackung hebt Christo ein bestimmendes Merkmal der Konsumgüterindustrie hervor.

Empire [franz. »Kaiserreich«], Sonderform des ↑Klassizismus zwischen 1800 und 1830, die sich in Frankreich unter dem Kaisertum Napoleons I. (1804–14) herausbildete und vor allem auf den Gebieten der Innendekoration, des Kunsthandwerks und der Mode in Erscheinung trat. Das E. entwickelte sich aus dem schmucklosen Revolutionsstil des ↑Directoire und übernahm auch dessen griechisch-römische Stilentlehnungen. Bei der Gestaltung von Innenräumen wurden auch Elemente aus der ägyptischen Kunst übernommen. In der charakteristischen Verbindung von Strenge und Prachtentfaltung bildete das E. einen Gegensatz zur heiteren Welt des französischen Rokoko. Kennzeichnend sind u. a. die Einteilung der Wand in streng abgegrenzte Felder, die gerade Rahmung von Türen und Wandspiegeln, die flächenhafte Form der Möbel und die Verwendung von Bronzebeschlägen mit antikisierenden Motiven. In der Damenmode war das hängerartige Kleid mit weitem Halsausschnitt und kurzen Ärmeln beliebt, die Herren trugen Langhose, kurze Weste und Rock mit langen Schößen. Abb. S. 87.

Empore, tribünen- oder galerieartiger Einbau in Gebäuden zur besseren Raumnutzung, in Kirchen häufig für bestimmte Personengruppen (Nonnenempore, Herrschaftsempore) oder für funktionale Zwecke (Orgelempore, Sängerempore).

In Zentralbauten waren die E. über dem Umgang angelegt, in Basiliken über den Seitenschiffen oder über dem Westeingang, in Hallen- und Saalkirchen oft auf eigenem steinernem oder hölzernem Gerüst (häufig auch nachträglich eingefügt).

Die E. stammt vermutlich aus Byzanz. Im 10. Jh. wurde sie auf den westeuropäischen Sakralbau übertragen (Gernrode, St. Cyriakus) und ist seitdem bis in die Gegenwart verbreitet.

Empore

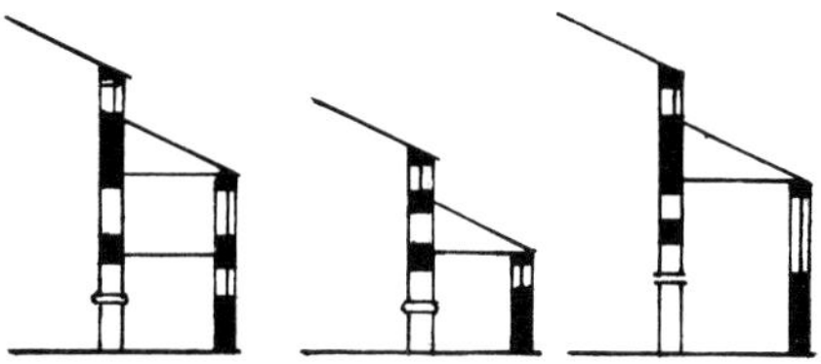

echte Empore   unechte Empore   Scheinempore

en face [franz. face »Gesicht«], Darstellung eines Menschen in Vorderansicht, im Gegensatz zum ↑Profil. Beide Arten sind Grundtypen beim ↑Porträt.

Enfilade [franz. enfiler »einfädeln«, »aufreihen«], Bezeichnung für die Abfolge von Räumen, deren Verbindungstüren auf einer Achse liegen, so daß die Räume bei geöffneten Türen eine durchschau- und durchschreitbare Einheit bilden. Die E. ist typisch für Schlösser oder andere repräsentative Profanbauten des Barock.

Engel [griech. angelos »Bote«], in der christlichen Religion Mittler zwischen Gott und Menschen, der leitet, straft und schützt; auch in anderen Religionen verbreitet. Die Hierarchie der E. (»himmlische Heerscharen«) umfaßt verschiedene Rangstufen: ↑Seraphim, ↑Cherubim, Erzengel und Schutzengel. E. wurden in der frühchristlichen Kunst als Jünglinge dargestellt, seit dem 5. Jh. nach dem Vorbild der antiken ↑Niken und ↑Genien mit Flügeln. In der byzantinischen und frühmittelalterlichen Kunst werden sie meist in Hoftracht wiedergegeben, das Mittelalter entwickelte den Typ des jugendlich schönen E. in zeitgenössischer Diakonentracht. Seit der italienischen Frührenaissance gibt es den jugendlich-lieblichen Engeltyp, der weibliche Züge annehmen kann. Der kindhafte E. wurde in der italienischen Frührenaissance zum Putto (↑Eroten).

englische Manier ↑Schabkunst.

englischer Garten ↑Gartenkunst.

Englischer Gruß, Darstellung der Verkündigung der Geburt Christi entsprechend den Grußworten des Erzengels Gabriel an Maria (Luk. 1, 26–38). Der Anfang der Botschaft »Ave Maria« steht oft auf einem dem Engel beigefügten Schriftband. Ein bedeutendes Beispiel ist die plastische Verkündigungsgruppe von Veit Stoß im Chor der Nürnberger St. Lorenzkirche von 1517/18.

englischer Verband ↑Mauerverband.

Engobe [franz. »Anguß«], dünner Überzug von andersfarbigen Tonen auf Keramiken, der vor dem Brennen aufgebracht wird, um ihnen ein besseres Aussehen zu geben. Die Engobeglasur wird auch bei der Herstellung der ↑Halbfayence benötigt.

Enkaustik [griech. enkaiein »brennen«], Technik der Wachsmalerei, bei der die Pigmente durch Wachs gebunden sind. Sie werden heiß auf Holz, Stein oder Elfenbein aufgetragen und mit erwärmtem Spachtel verstrichen und poliert. Enkaustische Farben sind sehr beständig gegen Feuchtigkeit und Alterung. Frühe Zeugnisse sind die ägyptischen ↑Mumienporträts von Fajum (1.–4. Jh.) und Ikonen (5.–6. Jh.). Im Mittelalter ist die Kenntnis der E. verlorengegangen, wiederbelebt wurde sie erst im 19. Jh.

Enkolpion [griech. kolpos »Brust«], religiöse Gegenstände, die an einem Band oder an einem Kettchen um den Hals getragen wurden, z. B. Kapsel als Amulett, in christlicher Zeit in Form eines Kreuzes, Fisches u. a. Im

Empire. Schlafzimmer in der Residenz zu Würzburg. 1807–14

engeren Sinne das von ostkirchlichen Würdenträgern getragene Medaillon mit dem Bild der Jungfrau Maria oder dem Christuskopf.

Ensemble [franz. »miteinander«, »Zusammenwirken«], Komplex von Baulichkeiten, die eine gemeinsame künstlerische, historische oder städtebauliche Bedeutung haben, oder eine Konzeption von Gebäudegruppen, Straßenzügen, Plätzen, Schloß und Parkanlagen.

entartete Kunst. Der Begriff wurde von den Nationalsozialisten geprägt, die die avantgardistische Kunstproduktion seit dem Impressionismus als »krank, minderwertig und volksschädigend« bezeichneten und demgegenüber eine »gesunde, optimistische und volksnahe« Darstellungsweise anstrebten, die mit naturalistischen und beschönigenden Mitteln den »nordischen Menschen« verherrlichen sollte. Damit wurde die Kunst zu einem politischen Erziehungs- und Führungsmittel degradiert und den ideologischen Vorstellungen des deutschen Faschismus untergeordnet. 1937 fand in München eine Ausstellung »Entartete Kunst« statt, in der ca. 12 000 grafische Blätter und 5000 Gemälde aus deutschen Museen als »Verfallswerke« diffamiert wurden. Als »entartet« galten zahlreiche Künstler, u. a. Ernst Barlach, Max Beckmann, Lovis Corinth, Otto Dix, George Grosz, Hans Grundig, Erich Heckel, Ernst Ludwig Kirchner, Käthe Kollwitz, Max Liebermann, August Macke, Franz Marc, Frans Masereel, Emil Nolde und die Architekten Walter Gropius, Erich Mendelsohn, Ludwig Mies van der Rohe. Sie erhielten Ausstellungs- und Arbeitsverbot, manche kamen ins Konzentrationslager und wurden ermordet. Ein Teil ihrer Bilder wurde ins Ausland verkauft und blieb dadurch vor der Vernichtung bewahrt. 1939 wurden in Berlin über 1000 Gemälde und 4000 Grafiken verbrannt.

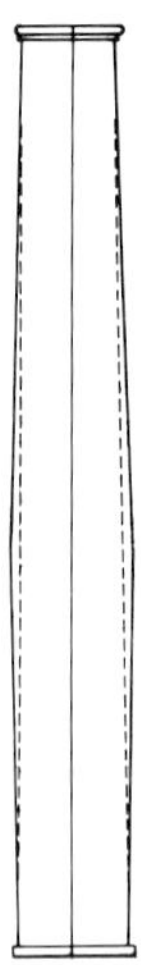

Entasis [griech. »Anspannung«], sanfte Schwellung des Säulenschaftes, die ihm seine Starrheit nimmt, indem sie einen Anschein der Spannung gegen den Druck von oben verleiht. Die E. war in der griechischen Baukunst üblich und wurde in Romanik, Renaissance und Barock beibehalten. ↑ auch Säule.

Entlastungsbogen, gemauerter Bogen über einer Tür oder Fensteröffnung, um den Druck des Mauerwerkes abzufangen.

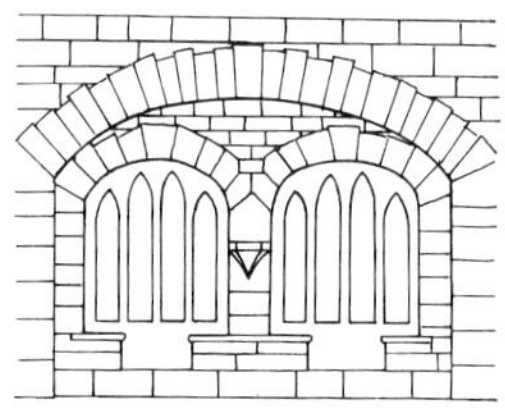

Entlastungsbogen

Entrelacs [franz. »Geflecht«, »Verschlingung«], Ornamentform, die aus einem fortlaufenden Bandgeflecht oder -geschlinge besteht. Dazu gehören ↑ Flechtband, ↑ Mäander und ↑ Beschlagwerk.

Entresol ↑ Mezzanin.

Environment [engl. environ »umgeben«], von ↑ Dada und ↑ Assemblage ausgehende Kunstrichtung, die oft ganze Räume einbezieht und dabei unterschiedliche Objekte und Gestalten, meist der alltäglichen Wirklichkeit entnommen, mit verfremdendem Effekt zusammenstellt.

Epigraphik [griech. epigraphein »daraufschreiben«], Kunde von den Inschriften (Epigraphen) auf Stein und Metall an Gebäuden, Kunstwerken, Grabsteinen, Gemmen, Siegeln u. a. der griechisch-römischen Antike sowie des Mittelalters und der Neuzeit.

Epistelseite, die rechte, in der Regel südliche Seite des Kircheninneren, an der der Priester beim Meßopfer die Epistel liest; wegen der im Mittelalter üblichen Platzeinteilung auch Männerseite genannt. Gegensatz: ↑ Evangelienseite.

Epistolar, *Epistolarium* [griech. epistole »Brief«], liturgisches Buch, das zu den ↑ Lektionaren gehört und das die für die Messe benötigten Lesungen aus dem Alten Testament und den nicht zu den Evangelien gehörenden Teilen des Neuen Testamentes (vor allem Apostelbriefe) enthält.

Environment. Joseph Beuys: die ganze deutsche Nachkriegslyrik. 1981. Bonn, Kunstmuseum

Epistyl ↑ Architrav.
Epitaph [griech. epitaphios »zum Grab gehörig«]. Unter lat. epitaphium verstand man im Altertum die in dichterischer Form abgefaßte Inschrift auf einem Grabstein. In der Renaissance erfolgte die Übertragung des Wortes auf das ganze Gedächtnismal, so daß auch Wanddenkmäler mit Schrifttafeln zum Andenken an Verstorbene als E. bezeichnet werden. Sie sind nicht an den Begräbnisort gebunden.
épreuves d'artiste [franz. »Proben des Künstlers«], Abkürzung *épr. d'art.* oder *é. a.*, erste Abzüge der Auflage in ihrem endgültigen Zustand, die für Künstler, Herausgeber und Drucker, eigentlich nicht für den Verkauf bestimmt sind.
épreuve d'essai [franz. »Probedruck«], Abkürzung *épr. d'ess.*, Abzug vom endgültigen Zustand des Druckträgers. Probedrucke werden vor dem Auflagendruck hergestellt und dienen als Vorlage für die Druckqualität der gesamten Auflage.
épreuve d'état [franz. »Zustandsdruck«], Abkürzung *épr. d'état*, Druck, der während des Bearbeitens der Druckplatte hergestellt wird und einen Zwischenzustand wiedergibt.

Epitaph. 16. Jh.

Renaissance-Erker

Erker

Erbärmdebild ↑ Schmerzensmann.
Erbauungsbücher, Sammelbegriff für Schriften, deren Inhalt zur christlichen Lebensführung anleiten soll. Dazu gehören Gebets- und Andachtsbücher, Traktate, Predigtsammlungen und Heiligenlegenden, Sterbe- und Trostbücher. Die E. waren oft reich bebildert.
Erdfarben, Farben, deren Pigmente in Erde oder Ton vorkommen (Ocker, Siena, Umbra, Rötel). Da es sich dabei um Metalloxidverbindungen handelt, sind sie chemisch stabil und weisen nur geringe Veränderungen auf.
Ereignisbild ↑ Historienmalerei.
Eremitage [franz. »Einsiedelei«], ursprünglich Eremitenklause, später Bezeichnung für Pavillons in Garten- und Parkanlagen der Renaissance und des Barock oder auch für kleinere Schlösser, deren Abgeschiedenheit man betonen wollte. Auch die E. in St. Petersburg wurde im 18. Jh. für Zarin Katharina II. in der Nähe ihres Winterpalais gebaut. Später ging die Bezeichnung auf das heutige Museum über.
Ergänzungsfarben ↑ Komplementärfarben.
Erker, geschlossener Vorbau an einer Fassade oder Gebäudeecke, der häufig über mehrere Stockwerke reicht und im Gegensatz zum ↑ Altan oder ↑ Auslucht nicht vom Erdboden aufsteigt, sondern frei vorkragt. Eine Sonderform ist das eingeschossige ↑ Chörlein, das besonders an Nürnberger Wohnhäusern der Spätgotik und Renais-

sance zu finden ist und das sich aus der Hauskapelle der Burg ableitet.

Ern, mitteldeutsche, z. T. auch fränkisch-schwäbische Bezeichnung für Hausflur.

Ernhaus ↑ Bauernhaus.

Eroten [griech. eros], *Amoretten* [lat. amor »Liebe«], kleine Figuren des Eros, des griechischen Liebesgottes, in Gestalt geflügelter, verspielter Knäblein. Die E. wurden besonders in der hellenistischen Keramik und auf römischen Sarkophagen, Mosaiken, Keramiken dargestellt. Dem Mittelalter waren sie fremd, während in der italienischen Frührenaissance eine breite Hinwendung zu profanen und mythologischen Themen auch Amoretten und Eroten wieder aufleben ließ; zusätzlich trat der neutralere Putto [ital. »Knäblein«] auf. Seit dem 16. Jh. gleichen sich auch die Kinderengel den E., Amoretten und Putti an.

Erzengel, geflügelte Wesen, die in der Rangordnung der römisch-katholischen Kirche über den ↑ Engeln stehen. Dazu gehören Michael, Gabriel, Raphael und Uriel.

Eselsrücken, Kielbogenform in der Spätgotik, besonders häufig als oberer Abschluß an Fenstern und Portalen. ↑ auch Bogen.

Eselsturm, romanischer Turm, der einen treppenlosen schraubenförmigen Aufgang hat, um das Baumaterial von Lasteseln hinauftragen zu lassen (z. B. an den Domen in Speyer, Worms, Regensburg).

Esplanade [lat. explanare »ebnen«], künstlich geschaffener freier Platz zwischen Stadt und Festungsanlage, diente oft als Schußfeld der Artillerie, wurde später Straßenanlage.

Estofado-Skulptur [span. estofar »herausputzen«, »ausstaffieren«], Richtung der spanischen Barockplastik, die zum Volkstümlichen neigt. Die meist holzgeschnitzten Figuren (Prozessionsfiguren, Andachtsbilder, Kruzifixe) vereinigen in sich Elemente der italienischen Renaissance mit spanischen Elementen (religiöse Dramatik, Emotionalität). Zum Teil in kräftigen Farben bemalt, sind sie später auch oft mit echten Kleidern ausgestattet worden. Hauptvertreter: Gregorio Hernández, Pedro de Mena y Medrano, Francisco Zarcillo.

Estrade [franz. »Podium«, »Bühne«], leicht erhöhte Plattform in einem Raum, vor einem Fenster, unter einem Thron, Altar, Chorgestühl; in der Gartenkunst als Rasenstufe; verwandte Sonderprägung vor norddeutschen Häusern ist der ↑ Beischlag.

Etagère, Wandgestell oder auch Tisch mit Zwischenbrettern bzw. Tabletts.

Etimasie [griech. etimasia »Bereitstellung«], in der frühchristlichen und byzantinischen Kunst apokalyptisches Motiv der Thronbereitung für Christi Wiederkehr als Weltenrichter (Off. Joh. 22, 1–4 und Psalm 9, 8–9). Unter dem Kreuz befinden sich der leere Thron mit dem Buch des Lebens, Taube, Leidenswerkzeuge, Purpurmantel u. a. Die E. symbolisiert die ↑ Dreifaltigkeit und verweist auf das ↑ Jüngste Gericht.

etruskische Kunst, Kunst der Etrusker vom 8./7.–1. Jh. v. Chr., die im nördlichen Mittelitalien (Etrurien) ansässig waren, ihre Herkunft ist bis heute umstritten. Die e. K. entwickelte sich aus eigenständigen Komponenten, wurde aber auch stark von italischen, ägyptischen, kretischen und besonders griechischen Einflüssen geprägt.
Die Etrusker schufen vor allem im Bronzeguß (Kapitolinische Wölfin), in der Terrakottaplastik und im Kunsthandwerk ausdrucksstarke Werke. Älteste Zeugnisse der Architektur sind Grabbauten (Rundgräber) des 7. Jh. v. Chr. und Reste von Tempeln,

Etruskische Kunst. Apollo von Veji. Um 500 v. Chr. Rom, Villa Giulia

die aber meist nur in Fundamenten späterer römischer Überbauungen erhalten sind. Die Tempelformen ähneln griechischen Anlagen. Aus Grabanlagen kamen Werke der Plastik aus Stein, Bronze und Ton zutage (Apollo von Veji). Auf den Deckeln der Urnen und Sarkophage fanden sich plastische Bildnisse der Verstorbenen als bedeutende Beispiele einer hohen Porträtkunst. Die in den Grabkammern erhaltenen Wandgemälde (Freskotechnik) zeigen in starker Farbigkeit Bilder aus dem etruskischen Alltag sowie von Festen, Gelagen und Totenfeiern. Die e. K. hat die spätere römische Kunst stark beeinflußt.

Eucharistie [griech. eucharistia »Danksagung«], Bezeichnung für das Sakrament des Abendmahls und speziell auch für die geweihten Meßgaben von Hostie und Wein für Leib und Blut Christi. In der bildenden Kunst wird die E. seit dem Mittelalter in Form des Kelches mit der Hostie oder als Hostie in der Monstranz dargestellt. Mitunter treten an Stelle von Kelch und Monstranz auch deren Symbole Ähre und Traube.

Eustylos ↑ Interkolumnium.

Euthynterie [griech. euthynein »gerade machen«], oberste ausgeglichene Kante des Quaderfundamentes des griechischen Tempels, Unterlage für die ↑ Krepis. Abb. ↑ Stereobat.

Evangeliar, Buch mit dem vollständigen Text der vier Evangelien des Neuen Testamentes.

Evangelienseite, die linke Altarseite, auf der der Priester die Evangelientexte während der Messe liest; allgemein die linke Kirchenseite (in der Regel die Nordseite), auch Frauenseite genannt, wo im Mittelalter die Frauen saßen; Gegensatz ↑ Epistelseite.

Evangelistar, *Perikopenbuch,* enthält die in der Liturgie gelesenen Textausschnitte (Perikopen) in der Reihenfolge ihrer Verwendung im liturgischen Jahresablauf. Im Mittelalter häufig mit kostbaren ↑ Buchmalereien ausgestattet.

Evangelistensymbole. Evangelisten sind die Verfasser der vier Evangelien des Neuen Testamentes Matthäus, Markus, Lukas, Johannes. Sie werden in der bildenden Kunst seit Ende des 4. Jh. oft nur durch ihre Sym-

Evangelistensymbole

bole oder gemeinsam mit ihnen dargestellt. Die ihnen zugeordneten geflügelten Tiere gehen auf die Visionen des Ezechiel (Hesekiel 1, 4ff.) und die Offenbarung des Johannes (Off. Joh. 4, 6ff.), letztlich aber auf Sternbilder der sumerisch-akkadischen Astrologie zurück: Engel für Matthäus, Löwe für Markus, Stier für Lukas und Adler für Johannes. Die Symbole treten oft im Zusammenhang mit der ↑ Majestas Domini oder dem ↑ Agnus Dei auf, ihre Vereinigung in einer Gestalt heißt Tetramorph [griech. »Viergestalt«].

Eventail-Stil [franz. »Fächer«], *Fächerstil,* Bucheinbandschmuck, seit ca. 1620 in Italien, seit dem 18. Jh. in Deutschland verbreitet. Fächerblattartige Stempel werden bogenförmig so nebeneinandergesetzt, daß Rosetten im Mittelfeld bzw. Viertelkreise in den Ecken entstehen.

excudit [lat. »hat (es) gebildet«], Abkürzung *e., ex., exc.,* erscheint auf Kupferstichen als Zusatz zum Namen des Verlegers, der mit dem Stecher identisch sein kann.

Exedra [griech.], ursprünglich halbrunde oder rechteckige Nische. Sie gehörte zum antiken Wohnhaus, befand sich aber auch in ↑ Gymnasien und ↑ Thermen. Im Mittelalter wurde der Begriff auf die ↑ Apsis christlicher Kirchen übertragen.

Exlibris [lat. »aus den Büchern«], Bucheignerzeichen; kleines grafisches Blatt mit Wappen, Bildnissen, Monogrammen oder anderen Darstellungen, das auf die Innenseite des vorderen Buchdeckels geklebt wird und auf den Besitzer hinweist. E. kamen Ende des 15. Jh. zuerst in Deutschland auf, eine Exlibriskunst entwickelte sich vor al-

lem im 16. Jh. mit dem Entstehen von Privatbibliotheken. Während im 19. Jh. die E. künstlerisch verflachten, begann um 1900 eine Erneuerung im Kreise der Buchkunstreformer. E. wurden nun zu einem charakteristischen Zweig der Gebrauchsgrafik und dienten nicht mehr nur als Buchzeichen, sondern erschienen im Kunsthandel als Sammelobjekte.
Eine Sonderform bilden die Supralibros (Superexlibris), die als Wappen, Namen oder Monogramm auf den Vorderdeckel geprägt werden.

Expertise [lat. expertus »erfahren«], Gutachten eines Kenners (Experten) über ein Kunstwerk, das genaue Angaben über Format, Zustand, Herkunft, Stil, vermutlichen Urheber u. a. enthält.

Expressionismus [lat. exprimere »ausdrükken«], zuerst 1911 von Herwarth Walden geprägter, weitgefaßter Begriff für eine avantgardistische Strömung aus der Zeit zwischen etwa 1905 und 1925 in Literatur, Theater und bildender Kunst, die zuerst in Deutschland, dann auch in Frankreich, Italien, Rußland und anderen europäischen Ländern verbreitet war. Der E. entstand aus gefühlsmäßiger Opposition der meist um 1880/90 geborenen Künstlergeneration gegen die Demontage menschlicher Werte in der kapitalistischen Industriegesellschaft mit ihrem sozialen Gefälle. Dies brachte die Künstler des E. auch in Widerspruch zu den damals repräsentativen »akademischen« Kunstrichtungen der ↑Neuromantik und des ↑Neuklassizismus. Die expressionistischen Künstler lehnten vor allem den ↑Naturalismus, doch weitgehend auch den ↑Impressionismus ab, weil sie deren Möglichkeiten für unzureichend hielten, ihrem neuen Verhältnis zur Wirklichkeit Ausdruck zu verleihen. Sie wollten im Sinne ihrer impulsiven, raschen und unbekümmerten Arbeitsweise nicht äußere Formen und Farben wiedergeben, sondern strebten unter Einfluß der Psychoanalyse und der Veränderungen im naturwissenschaftlichen Weltbild nach unmittelbarem Ausdruck der inneren geistigen und Gefühlswelt des künstlerischen Subjekts. Dieser »Wesensschau« ordneten sie die Form bis zur Deformierung des Gegenständlichen ebenso unter wie die Farbe, die eigenen Stimmungswert erhielt. Durch oft schockierende Form- und Farbgebung sollte die Gleichgültigkeit der Sinne und der Seele durchbrochen werden. Dabei wurde das gewohnte Bild von Mensch, Tier und Landschaft zu rhythmischen, stenogrammartig nervösen, mitunter dämonischen, immer aber erregenden, gleichnishaften Gestaltungen verfremdet. Die Bildsprache des E. war von der verwandten Parallelbewegung des französischen ↑Fauvismus sowie von der Kunst der Kulturen Afrikas und der Südsee beeinflußt, insbesondere in der Plastik. Die Anfänge des E. in Deutschland sind mit der Bildung von Künstlergruppen – der ↑»Brücke« in Dresden, des ↑»Blauen Reiters« in München u. a. – verbunden. Hinzu kamen »Einzelgänger« wie Paula Modersohn-Becker, Ernst Barlach, Karl Hofer u. a. Unter dem Eindruck des 1. Weltkrieges und der revolutionären Nachkriegskrise flüchteten sich einige expressionistische Künstler (Nolde) in vertiefte Religiosität, andere gewannen soziale Einsichten und engagierten

Expressionismus. Erich Heckel: Sitzende. 1910

sich politisch, was künstlerisch den Übergang zu einem expressiven Realismus ermöglichte (z. B. Otto Dix, George Grosz, Max Beckmann, Conrad Felixmüller, Oskar Kokoschka). Mit der relativen Stabilisierung des Kapitalismus Mitte der 20er Jahre endete der E. Die neu- oder wiederentdeckten Gestaltungsmittel und Formerfahrungen jedoch wirken bis in die Gegenwart weiter: so die lapidaren Formen und ausdrucksstarken Linien, die bedeutungshafte, sinnliche Intensität großflächig eingesetzter Farben (herkommend von Paul Gauguin und den ↑Nabis), die Entwicklung des Flächenholzschnitts.
In der Architektur war der Einfluß des E. geringer als in Malerei und Plastik. Hier wie im Kunsthandwerk schloß er an den ↑Jugendstil und die französische ↑Revolutionsarchitektur an. Nach einer konstruktivistischen Phase (frühes ↑Bauhaus, Bruno Taut, Le Corbusier) spielte er in der ↑organischen Architektur wieder eine gewisse Rolle.
Bei allem Subjektivismus war den expressionistischen Künstlern eine antibürgerliche Grundhaltung gemeinsam, die diese Kunstrichtung mit vorausgehenden, gleichzeitigen und nachfolgenden avantgardistischen Strömungen wie ↑Symbolismus, ↑Surrealismus, ↑Futurismus und ↑Dada verband.

expressiver Realismus, Oberbegriff für eine Malerei mit gegenständlichen nachexpressionistischen Tendenzen, die sich in Deutschland um 1925 durchsetzten (Otto Pankok, Kurt Querner).

Exultetrolle, Bilderrolle mit liturgischen Texten zur Darbringung der brennenden Osterkerze (↑Osterleuchter). Der Name bezieht sich auf den Anfang des Textes: »Exultet iam angelica turba caelorum ...« (Frohlocket nun alle, ihr himmlischen Chöre).
Das »Exultet« wurde vom Diakon vom Lettner aus gesungen und die E. während des Vortrages über die Brüstung herabgelassen, so daß die Illustrationen der Bilderrolle für die vor dem Lettner oder Ambo Stehenden sichtbar wurden.

Ex voto [lat. »einem Gelübde zufolge«], der Vermerk kennzeichnet Weihgeschenke oder Votivtafeln (↑Votive), die auf Grund eines Gelübdes in Auftrag gegeben werden.

F

Facette [franz.], geschliffene Schrägfläche bei Edelsteinen (↑Edelsteinschliff), Glas oder Metall; im Bauwesen der abgeschrägte Rand des Steins (↑Diamantquader).

Fächer. Der F. der Naturvölker gegen Hitze und Insekten wurde bereits im alten Orient zum Attribut der Herrschenden. Der aus China stammende Faltfächer kam im 17. Jh. nach Europa, verdrängte die bisher üblichen Wedel-, Fahnen- und Radfächer und blieb bis Ende 19. Jh. in Mode.
Die Gestelle aus Gold, Elfenbein, Holz oder Perlmutt zeigten Schnitzerei; sie wurden mit Seide, Gaze oder Papier bespannt und teilweise nach Entwürfen bedeutender Meister, wie François Boucher und Antoine Watteau, bemalt.

Fächerfenster ↑Fenster.

Fächergewölbe ↑Gewölbe.

Fächerrosette, Ziermotiv von Fachwerkbauten der deutschen Renaissance, das aus einer ganzen oder halben Rosette mit fächerförmiger Innengliederung in farbigem Wechsel besteht.

Fachwerk, Gerüst- oder Skelettbauweise in Holz. Die Gefache werden mit Flechtwerk, Lehm, Ziegeln, Weller oder Bruchsteinmauerwerk gefüllt. Das Holzgerüst besteht aus senkrechten Ständern (Pfosten, Stiele), die unten von der Bundschwelle, oben vom Rähm gehalten werden. Die Querverbindungen heißen Riegel. Die Ständer sind oft zusätzlich durch diagonal angeordnete Streben verankert. Der Fachwerkbau war in Deutschland, Frankreich und England verbreitet und erlebte seine Blütezeit im 16. und 17. Jh. Reiche farbige Schnitzereien finden sich besonders an Erkern und Giebeln.

Fadenglas, fälschlich auch Filigranglas genannt; farbloses Glas, in dessen Masse Milchglasfäden eingeschmolzen sind. Durch Verdrehung des erhitzten Glases entstehen schräglaufende Musterungen. Die komplizierte Technik war schon in der Antike bekannt und wurde in der 1. Hälfte des 16. Jh. in Venedig wiederentdeckt. Eine Abart des F. ist das Netzglas mit spiralig laufenden, einander netzförmig kreuzenden Fäden.

Faksimile [zu lat. fac simile »mache ähnlich«], originalgetreue,meist gedruckte Wiedergabe einer Vorlage, z. B. einer Zeichnung, Unterschrift, eines Schriftstückes (z. B. Urkunde, Handschrift).

Faktur [lat. factura »Machart«], in der Malerei die Art (»Mache«), in der ein Bild geschaffen wurde; der Einsatz und die Handhabung bestimmter Mittel, mit denen eine künstlerische Aussage erreicht worden ist. Die F. läßt die Gestaltungseigenart eines Meisters erkennen, ebenso wie der ↑ Duktus.

Fallenbild, Spielart der ↑ Assemblage. Objekte aus dem täglichen Leben werden in einer zufälligen Zusammenstellung (z. B. Reste einer Mahlzeit) auf ihrer Unterlage befestigt, um 90° gedreht und als Bild verwendet. So wird das F. Erinnerung an einen abgeschlossenen Prozeß in der Realität (↑ Nouveau réalisme). Die Technik wurde zuerst vom Objektkünstler Daniel Spoerri praktiziert.

falsches Gewölbe, *Kraggewölbe,* ur- und frühgeschichtliche Wölbart, bei der die Steine so übereinandergeschichtet werden, daß der höhere jeweils vorkragt. Dabei entsteht der Schein einer bogenförmigen Einwölbung. Beim echten ↑ Gewölbe sind die Fugen zentrisch gerichtet. Abb. S. 96.

Fälschung, betrügerische Nachbildung oder Veränderung von Kunstwerken bzw. bewußt falsche Angabe über Herkunft, Alter und Künstler, um den Wert zu steigern. Möglichkeiten der F. sind Kopien alter Werke, die als Originale ausgegeben werden, Ergänzungen geringer originaler Reste zu einem vollkommenen Kunstwerk, Neuschöpfungen im Stile eines Meisters, die mit dessen Signatur versehen werden. Das Geschäft mit F. von Kunstwerken blühte seit

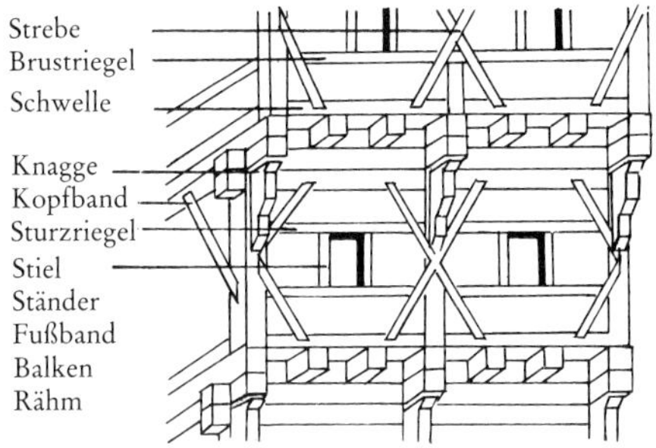

alemannisches Fachwerk

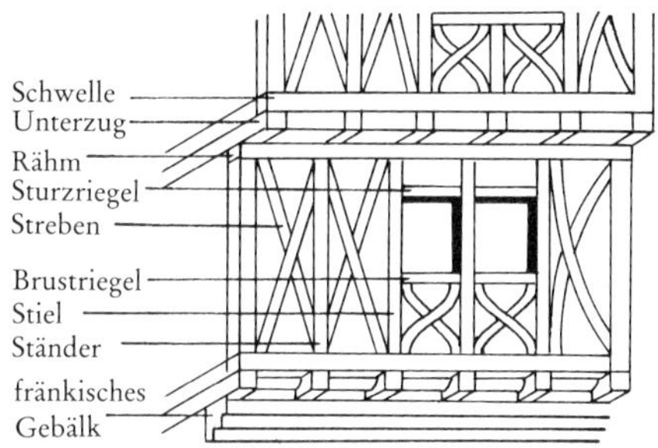

fränkisches Fachwerk

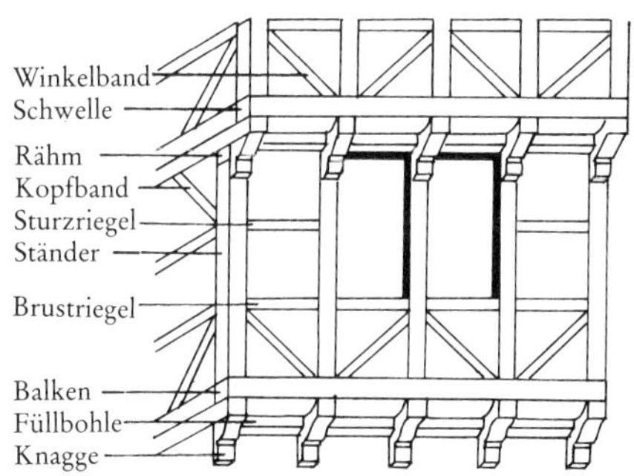

niedersächsisches Fachwerk

Fachwerk

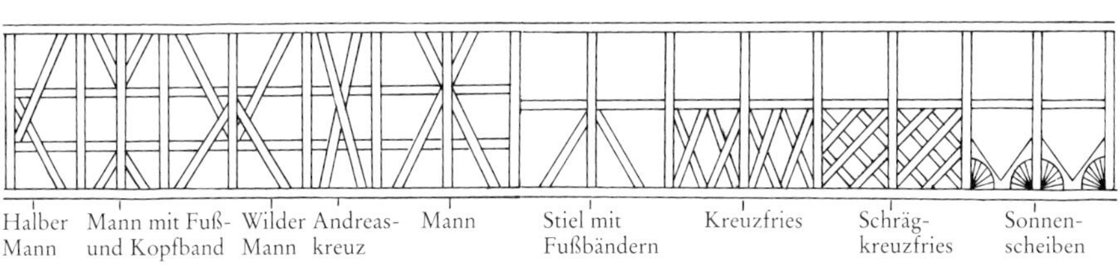

dem Aufkommen des Kunstsammelns in der Renaissance. Für den Nachweis von F. sind neben der Stilanalyse vor allem naturwissenschaftliche Untersuchungen (Röntgenaufnahmen, chemische Mikroanalyse, Infrarotfotografie) wesentlich.

Falsifikat [lat. falsus »falsch«, facere »machen«], eine in betrügerischer Absicht hergestellte und verbreitete Nachahmung (↑ Fälschung).

Faltdach ↑ Dachformen.

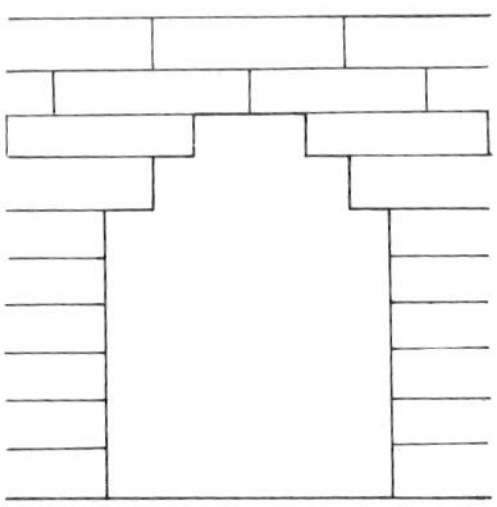

falsches Gewölbe

Falten geben durch ihre Form und Anordnung besonders im Mittelalter Hinweise auf Zuschreibung und Datierung von Werken der bildenden Kunst. Sie sind ein wichtiges Stilmerkmal.

Faltstuhl, zusammenklappbarer Stuhl, dessen Sitzfläche mit Stoff oder Leder bespannt ist. Er war bereits im alten Ägypten, in der Antike und in der nordeuropäischen Bronzezeit bekannt. In Rom war der F. ein Vorrecht für höhere Beamte, im Mittelalter wurde er von Kaisern und Bischöfen benutzt. Im 16. Jh. entwickelte er sich zum ↑ Scherensessel.

Faltwerk, Schnitzornament an Möbeln der Spätgotik und Renaissance. Es besteht aus senkrecht stehenden eng gereihten Falten. In der Architektur Bauweise aus gefalteten, wechselweise nach oben und unten gerichteten Elementen (osmanische Baukunst), heute im Spannbetonbau als Tragwerk bei Überspannung großer Räume.

Fanfare-Stil, französischer Bucheinbandschmuck, der in der 2. Hälfte des 16. Jh. aufkam. Seine Erfindung wird dem Hofbuchbinder Nicolas Eve (gest. 1592 in Paris) zugeschrieben. Der Name F. geht auf den Titel eines Buches zurück, das 1830 in diesem Stil gebunden wurde. Charakteristisch ist das Gemisch von Einzelstempeln, die in symmetrischer Anordnung die gesamte Deckelfläche bis auf ein kleines frei bleibendes Mittelfeld bedecken.

Farbe. Das Wort F. bezeichnet sowohl das Sinnenerlebnis als auch den Farbstoff, der bestimmte Farbempfindungen hervorruft.

Falten. 1 Wagenlenker von Delphi, um 470 v. Chr.; 2 Figur vom Westportal der Kathedrale von Chartres, um 1150; 3 Heinrich II. von der Adamspforte des Bamberger Doms, um 1235; 4 hl. Elisabeth, Dom in Bamberg, um 1240; 5 Uta, Dom in Naumburg, um 1250;

1 2 3 4 5

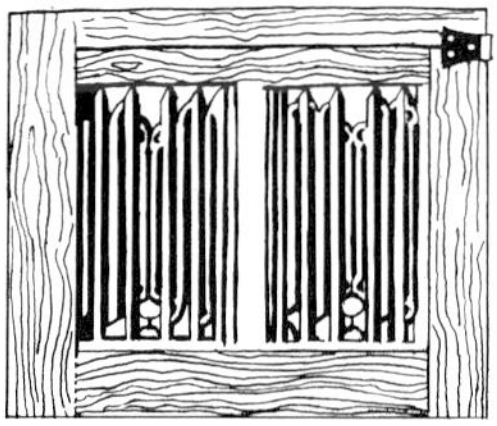

Faltwerk. Füllung aus einem spätgotischen Schranz

Der Farbstoff setzt sich aus Pigmenten und Bindemitteln zusammen und bedingt die Verschiedenheit der einzelnen Maltechniken (↑Aquarellmalerei, ↑Enkaustik, ↑Freskomalerei, ↑Guaschmalerei, ↑Ölmalerei, ↑Temperamalerei). In der Malerei ist die Farbe das wichtigste Gestaltungsmittel. Die ↑Lokalfarbe (Körperfarbe) ist die einem Objekt tatsächlich eigene Farbe. Die Erscheinungsfarbe gibt der Künstler einem Objekt, das ihm in einem bestimmten Augenblick – etwa aufgrund der Beleuchtung – so erscheint (z. B. im ↑Impressionismus). Die Symbolfarbe erhält ein Objekt unabhängig von der Lokal- oder Erscheinungsfarbe, um damit eine bestimmte inhaltliche Aussage zum Ausdruck zu bringen (z. B. ↑Farbensymbolik im Mittelalter). Die autonome Farbe ist nicht mehr an ein Objekt gebunden, sondern wird frei nach den Intentionen des Künstlers verwendet (z. B. im ↑Expressionismus).

F. werden weiterhin bestimmt nach ihrem Ton, ihrer Sättigung (Intensität) und ihrer Dunkelstufe (Hell-Dunkel-Wert). F., die Blau oder Grün nahestehen, gelten als kalte F., warme F. stehen Rot oder Gelb nahe. ↑auch Farbperspektive.

Farbensymbolik. Zu allen Zeiten und in allen Kulturen sind Farben Ausdruck und Träger bestimmter seelischer Stimmungen, menschlicher Eigenschaften, sozialer Stellung. Die Bedeutung der einzelnen Farben ist jedoch innerhalb der einzelnen Völker, Kulturen, Religionen oder von Epoche zu Epoche verschieden. So ist im Volksmund Rot die Farbe der Liebe, Blau die Farbe der Treue, Gelb die Farbe des Neides und der Schande, Schwarz die Farbe der Trauer.

In der mittelalterlichen Kunst haben sich bestimmte Symbolfarben herausgebildet. So wird z. B. Maria mit rotem Gewand und blauem Mantel wiedergegeben, Paulus grün und rot, Juden und Judas in gelber Tracht.

Bei den liturgischen Farben handelt es sich um Farben, die von der Kirche entsprechend dem Kirchenjahr und der liturgischen Handlung für Paramente verwendet werden: Weiß als Symbol der Freude an Christus- und Marienfesten, Rot zu Pfing-

6 Törichte Jungfrau vom Westportal des Straßburger Münsters, um 1280; 7 Madonna, Weiler bei Rottenburg, um 1340; 8 Madonna, Oberkirche in Arnstadt, um 1400; 9 Maria vom Hochaltar des Breisacher Münsters, 1526; 10 Apostel Jakobus, Dom in Güstrow, um 1530

6 7 8 9 10

sten und an Märtyrertagen, Grün an Sonntagen im Jahreskreis, Violett im Sinne von Erwartung und Buße in der Advents- und Fastenzeit.

Farbensystematik. Die Wirkung der Farben in der Malerei ergibt sich aus den optischen Gesetzen der Brechung und Reflexion des Lichtes. Die naturwissenschaftliche F. beruht auf physikalischen Messungen; die Farbe in der Kunst geht vom Sehprozeß aus. Die Ordnung der Farben ergibt sich aus deren dreifacher Charakteristik: 1. nach dem Farbton oder der Farbrichtung: Gelb, Blau und Rot sind Grundfarben oder Primärfarben. Werden zwei miteinander gemischt, entstehen Sekundärfarben (Orange, Grün, Violett). Im Farbkreis liegt jeweils eine Grundfarbe der aus den beiden anderen gemischten Sekundärfarbe gegenüber. Diese Ordnung entspricht der natürlichen Reaktion des Menschen auf die Farbe. Das Auge hat das Bedürfnis, die angeschaute Farbe durch die Kontrastfarbe zu ergänzen. Goethe nannte dieses Kontrastphänomen Farbenforderung. 2. Bestimmung nach der Helligkeit: Jede Farbe des Farbkreises kann bis zum reinen Weiß aufgehellt und bis zum reinen Schwarz verdunkelt werden. 3. Bestimmung nach der Reinheit: Werden reine Farben mit neutralem Grau gemischt, büßt die reine Farbe zunehmend an Reinheit ein.

Farbensystematik. Farbkreis

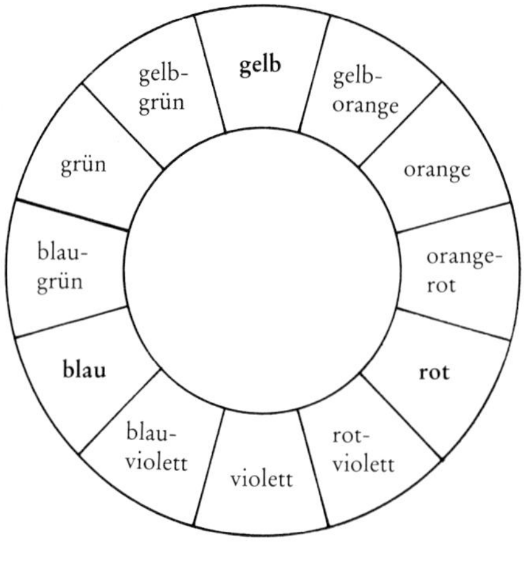

Seit Newton sind viele Versuche unternommen worden, die Mannigfaltigkeit der Farben zu systematisieren. Philipp Otto Runge veranschaulichte die Farben in Form einer Farbenkugel.

Farbfeldmalerei, *Color painting, Color field painting,* Richtung der zeitgenössischen Kunst, die 1948 in den USA entstand und auf der Gegenüberstellung von farbig einheitlichen, in sich klar abgegrenzten Farbfeldern auf der Bildfläche beruht, die zueinander in einer gewissen Spannung stehen. Dabei wird jede räumliche Darstellung vermieden. So versuchen die Vertreter der F. die objektiven Gesetzmäßigkeiten der Farbe, ihre raumgliedernde und differenzierende Wirkung deutlich zu machen. Gründer dieser Richtung waren Clyfford Still, Mark Rothko und Barnett Newman.

Farbholzschnitt, ein im ↑Holzschnitt-Verfahren hergestellter mehrfarbiger Druck. Er entsteht im allgemeinen durch das Übereinanderdrucken mehrerer paßgerechter Platten, von denen jede eine bestimmte Farbe trägt und auf denen beim Schnitt nur die dieser Farbe entsprechenden Bildstellen als druckende Flächen stehen gelassen werden. Eine Sonderform ist der ↑Clair-obscur-Schnitt.

Farbperspektive, Tiefengliederung eines Bildes mit Hilfe der Farbe. Sie beruht auf der Tatsache, daß z. B. rote oder gelbe Farben vor-, blaue aber zurückzutreten scheinen. Damit ist es den Malern möglich, eine farblich abgestufte ↑Perspektive zu erreichen.

Farbschnitt, Schnittkanten an Büchern, die eingefärbt werden. Statt Farbe kann auch Blattgold verwendet werden (Goldschnitt).

Farbstich, farbiger ↑Kupfer- oder ↑Stahlstich, der seit dem 17. Jh. in Frankreich aufkam und im 18. Jh. vor allem in England beliebt war. Dabei können die einzelnen Farben von verschiedenen Platten gedruckt werden oder verschiedene Teile einer Platte mit unterschiedlichen Farben eingefärbt werden.

Farbvibration. Eine bestimmte Struktur und Anordnung von Farben kann den optischen Eindruck von Schwingungen hervorrufen, der auf der Trägheit des menschlichen Auges beruht.

Farbwirkung. Die Wirkung von Gemälden beruht im wesentlichen auf den Farbwerten und der Wechselwirkung der Farben (z. B.

Verwendung von ↑Komplementärfarben, Farbkontraste, ↑Farbperspektive). Durch das Anschauen von Farben wird eine bestimmte psychophysische Beeinflussung des menschlichen Organismus hervorgerufen. So wirken z. B. starke Farben begrenzend, nah, vordrängend. Die verschiedenen Farben haben auch unterschiedliche Stimmungsgehalte. Grundlegende Untersuchungen dazu brachte Goethe in seiner »psychologischen« Farbenlehre; ähnliche Versuche unternahmen später Wassily Kandinsky, Paul Klee, Adolf Hoelzel und Johannes Itten.

faschistische Kunst ↑nationalsozialistische Kunst.

Fascia [lat. »Band«, »Binde«, Pl. Fascien], *Faszie,* übereinanderliegende, stufenförmig vorspringende Streifen, die den Architrav waagerecht untergliedern. Auch Archivolten, Türsturz oder Gewände können durch F. gegliedert sein. F. waren vor allem in der ionischen und korinthischen ↑Säulenordnung verbreitet.

Fase, *Schmiege,* schräge Flächen an Fenster- und Türgewänden, die durch das Abarbeiten (Abfasen) der scharfen Kanten der Bauteile entstehen.

Fassade [lat. facies »Gesicht«], Haupt- oder Schauseite eines Bauwerkes, die in der Regel auch die Seite des Haupteinganges ist. Von hier wurde der Begriff auch auf die anderen Außenseiten übertragen (Haupt-, Seiten-, Hof-, Gartenfassade).

Fassadenmalerei. Zur künstlerischen Gestaltung von Fassaden wurden seit dem Altertum die verschiedensten Mittel verwendet (↑Inkrustation, ↑Mosaik, ↑Sgraffito). Im Mittelalter kam die ↑Freskomalerei dazu. Unter F. im eigentlichen Sinne versteht man allerdings die systematische Gliederung der Wandfläche mit ↑Scheinarchitektur, figürlicher oder ornamentaler Malerei. Die Blütezeit der F. reichte vom Beginn der Renaissance bis zum Ausgang des Barock und dessen Nachklang bis 1810/20. ↑auch Lüftlmalerei.

Fassadenschrank ↑Schrank.

fassen ↑Fassung.

Faßmaler, Maler, der geschnitzten Holzfiguren eine farbige ↑Fassung verlieh. Der Beruf des F. war bis zum Ausgang des Barock verbreitet.

Fassung, 1. Bemalung der Holzplastik. Zunächst wurden die Holzbildwerke mit einem Überzug aus Gips oder Kreidemasse versehen oder mit gipsgetränkter Leinwand umwickelt. Auf diese glatte, von allen Unebenheiten befreite Oberfläche trug der Faßmaler dann meist Temperafarben auf. Vergoldungen erhielten zuerst einen Bolusgrund, der aus einer roten Erdfarbe bestand und der dem Blattgold einen tiefen leuchtenden Ton verlieh. Seit dem 18. Jh. wurden zur F. auch Ölfarben verwendet, die das Holz gegen Feuchtigkeit widerstandsfähig machten.
2. Befestigung (»Einfassung«) von Edelsteinen oder Perlen an Schmuckstücken (↑Edelsteinfassung).

Fastentuch, *Fastenvelum, Hungertuch, Palmtuch,* großer Leinenvorhang, der mit biblischen Szenen geschmückt war und in der Fastenzeit (Aschermittwoch bis Karmittwoch) im Chorbogen von Kloster- und Pfarrkirchen aufgehängt wurde, um den Hochaltar für die Gläubigen unsichtbar zu machen. Das F. mahnte an die Pflicht zu fasten und symbolisierte die Verhüllung der Gottheit während der Leidenszeit Christi. In Deutschland seit Mitte des 14. Jh. bekannt, war das F. bis Ende des Barock verbreitet. Heute wird es nur selten verwendet. ↑auch Paramente.

Faszie ↑Fascia.

Fatimiden-Stil, Kunst in Ägypten während der mohammedanischen Dynastie der Fatimiden (Berber) vom 10.–12. Jh.

Fauteuil [franz. »Lehnstuhl«], Armlehnsessel des Barock mit gepolsterter Arm- und Rückenlehne.

Fauves, *Fauvismus* [franz. »Wilde«], dem deutschen ↑Expressionismus verwandte Richtung in der französischen Malerei, die sich 1905 in der Kunstausstellung »Pariser Herbstsalon« unter der Führung von Henri Matisse formierte. Die Bezeichnung erhielten die Künstler aufgrund einer Äußerung des Kritikers Louis Vauxcelles, der die Gemälde mit denen von »Wilden« verglich. Zu diesen Künstlern gehörten außer Matisse vor allem André Derain, Georges Braque, Raoul Dufy, Albert Marquet, Maurice de Vlaminck und der Holländer Kees van Dongen.
Die F. bevorzugten reine, ungebrochene Farben von starker Leuchtkraft und dekora-

tiver Flächenhaftigkeit. Form, Raum und Komposition wurden der Farbe untergeordnet zugunsten einer vitalen und spontanen, sich auf den schöpferischen Instinkt verlassenden Malerei. Der Fauvismus hatte großen Einfluß auf die Entwicklung der Kunst im 20. Jh. Um 1907 begann sich die Gruppe wieder aufzulösen, einige Künstler wechselten zum ↑ Kubismus.

Favrile-Glas ↑ Tiffanyglas.

Fayence [franz., nach der ital. Stadt Faenza], Keramik, die nach dem Brennen mit einer Zinn- oder Bleiglasur überzogen, bemalt und nochmals gebrannt wurde. Die aus dem Orient stammende Technik kam mit den Arabern nach Spanien und gelangte über die Insel Mallorca in das übrige Europa. Die italienischen F. werden deshalb auch Majoliken genannt. Faenza gehörte zu einem der frühen Herstellungsorte. Die ↑ Delfter Fayencen in Holland erwarben Weltruhm.

In Deutschland wurden F. zuerst in der 1. Hälfte des 16. Jh. in süddeutschen, besonders Nürnberger Werkstätten neben der ↑ Hafnerkeramik hergestellt, bis die F. Ende des 18. Jh. durch das Porzellan zurückgedrängt wurde.

fecit [lat. »hat (es) gemacht«], als Abkürzung *f.* oder *fec.* der Signatur des Künstlers beigefügt. Auf reproduzierenden Kupferstichen hat es gelegentlich auch die Bedeutung von ↑ invenit (»hat es erfunden«).

Fayence. Schüssel aus Delfter Fayence. 17. Jh. Dresden, Museum für Kunsthandwerk

Federzeichnung, eine der ältesten Techniken auf dem Gebiet der ↑ Zeichnung. Schon die Römer verwandten die aus Schilf geschnittene, an der Spitze gespaltene Rohrfeder, die im Mittelalter von der aus den Schwungfedern der Gans oder des Schwans hergestellten feinlinigen Kielfeder abgelöst wurde. Im 16. und 17. Jh. wurde wieder die kräftigere Rohrfeder benutzt, seit dem 19. Jh. sind meist Metallfedern gebräuchlich.

Feingehaltszeichen. Wegen ihrer geringen Härte werden Edelmetalle vorwiegend in legiertem Zustand verarbeitet. Das F., das in das Werkstück eingeschlagen wird, gibt das Verhältnis von Gold oder Silber zum Gesamtgewicht an.

Feldsteinmauerwerk, im Mittelalter häufig zum Bau von Dorfkirchen, Stadtmauern u. a. verwendetes Mauerwerk aus unbearbeiteten Feldsteinen.

Felsbilder, *Petroglyphen,* an Wände von Höhlen oder an freistehende Felswände geritzte, gemeißelte oder auf Fels gemalte Bilder von Menschen, Tieren, Arbeitsgeräten und verschiedenen Symbolen. Die Deutung der Bildwerke im einzelnen ist sehr umstritten. F. kommen in allen Erdteilen vor, die ältesten um 30000 v. Chr. Stilistische Unterscheidungsmerkmale lassen nur eine relative Datierung zu. Die Darstellung der entsprechenden Fauna oder Flora gibt mitunter Hinweise.

Aus der jüngeren Altsteinzeit stammen F. in Südfrankreich (Lascaux, Font-de-Gaume), am Nordhang der Pyrenäen und in Nordwestspanien (Altamira). Die Entwicklung verlief von der naturnahen Höhlenmalerei zu Stilisierung und Abstraktion in den F. des Neolithikums und der Bronzezeit. ↑ auch Levantekunst, Magdalénien.

Felsentempel ↑ Höhlentempel.

Felsreliefs, monumentale, in Felsblöcke gemeißelte Reliefs, verbreitet vor allem im alten Orient im 3. Jt. v. Chr.–7. Jh. n. Chr. F. dienten häufig der Verherrlichung des Herrschers oder waren religiös-kultische Darstellungen.

In der europäischen Kunst sind F. selten. Beispiele sind der iranisch beeinflußte »Reiter von Madara« in Bulgarien und die Externsteine im Teutoburger Wald, die eine Kreuzabnahme zeigen (12. Jh.).

Fenster. Über ihren praktischen Zweck hinaus gehören Gestalt und Anordnung der F.

zu den charakteristischen Merkmalen der Baustile. Die seitlichen Einschnitte in die Mauer werden als Leibung (senkrecht) oder ↑Gewände (schräg) bezeichnet. Der untere Abschluß ist die ↑Sohlbank, der obere der ↑Sturz. Anstelle des waagerechten Sturzes kann auch ein Bogen treten, der in der Romanik halbkreisförmig, in der Gotik spitzförmig gestaltet und teilweise mit ↑Maßwerk geschmückt war. Die romanischen F. sind häufig durch eingestellte Säulen in zwei oder drei Teile gegliedert (Zwillingsfenster, Drillingsfenster). Daneben gibt es auch das mit speichenförmigen Stäben versehene kreisrunde Radfenster, das in der Gotik mit Maßwerk ausgestattet war und zur ↑Fensterrose wurde. Die gotischen F. erhielten als senkrechte Gliederung ein schmales, steinarmes Stabwerk. Renaissance und Barock verwendeten neben dem Rundbogen auch F. mit geradem Sturz, über dem ein dreieckiger oder flachrunder Segmentgiebel saß. Im Barock gab es ovale F. (Ochsenauge) und frei erfundene kurvig begrenzte F. Der Klassizismus reduzierte Fensterrahmungen auf einfache geometrische Formen. In der modernen Architektur bleibt das F. im allgemeinen schmucklos.

Fensteremail ↑Emailkunst.

Fenstergaden ↑Obergaden.

Fensterkorb, oft kunstvoll geschmiedetes Fenstergitter, das aus der Mauerflucht hervortritt; seit der Renaissance verbreitet.

Fensterrose, kreisförmiges, mit ↑Maßwerk gefülltes Fenster an spätromanischen oder gotischen Kathedralen; es war häufig mit ↑Glasmalereien geschmückt. Abb. ↑Flamboyant-Stil.

Festbücher. Angeregt durch die antikisierenden Triumphzüge der italienischen Renaissance war es im 16.–18. Jh. üblich, über Fest- und Feierlichkeiten der höheren Feudalgesellschaft (Hochzeiten, Krönungen, Einzüge, Leichenfeiern) in reich illustrierten Veröffentlichungen zu berichten, besonders um Macht und Glanz der Monarchen gegenüber den Untertanen zu demonstrieren. So entstand eine häufig mit Holzschnitten, später mit Kupferstichen ausgestattete meist großformatige Buchgattung, die sich besonders in Frankreich unter Ludwig XIV. und in den Niederlanden entfaltete.

Feston [franz. »Gehänge«], Gehänge aus Blättern, Blumen und Früchten, das auf antike Vorbilder zurückging und besonders in Renaissance und Barock beliebt war. Es wurde entweder in natura als vergänglicher Schmuck an Gebäuden angebracht oder als bleibendes Bauornament in Stein, Holz oder Gips (auch gemalt) gestaltet.

Fenster

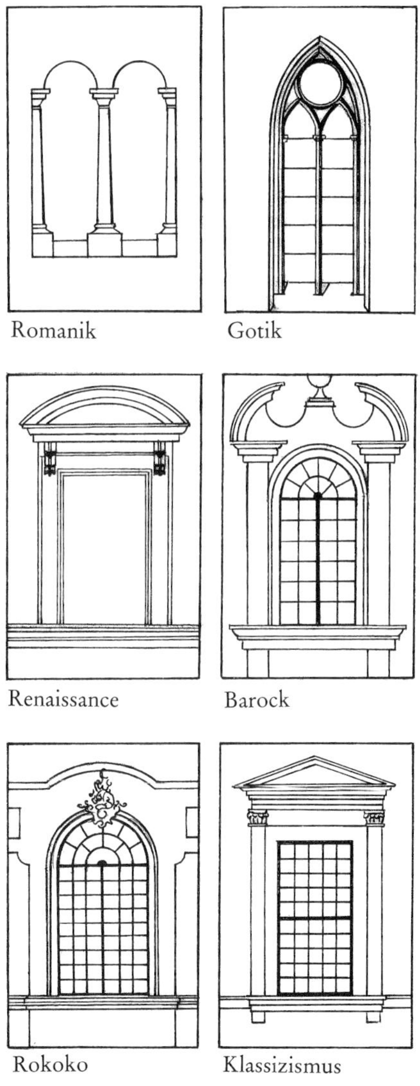

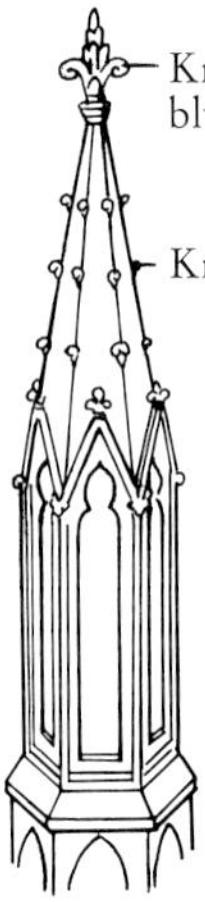

Fiale

Festung, allgemein Verteidigungsanlage. Im engeren Sinne besteht sie aus mehreren untergeordneten, voneinander unabhängigen Anlagen zum Schutz gegen Feuerwaffen vor allem seit dem 16.–18. Jh. Der Festungsbau war besonders in Italien, Frankreich und Deutschland verbreitet. Die F. bestand aus innenliegender ↑ Zitadelle, zum Teil mehrgeschossigen ↑ Kasematten, den ↑ Bastionen, der Kurtine (einem Wall, der die einzelnen Bastionen einer F. miteinander verband) und dem vorgelegten Glacis, einem unbebauten, von der F. leicht abfallendem Gelände, das den gezielten Beschuß des Vorfeldes durch die Verteidiger ermöglichte. Im Vorfeld konnten Außenwerke verschiedener Größe vorgelagert sein (Redan, Ravelin, Schanze), die alle Teile der Hauptfestung waren. Im 19. Jh. bildeten sich die Forts als größere Vorwerke heraus.

Feuervergoldung, *Quecksilbervergoldung,* Art der ↑ Vergoldung, bei der Gold in Quecksilber aufgelöst, als dünner Brei aufgetragen und dann ausgebrannt wird. Das Gold verbindet sich dabei mit der Metallunterlage. Das Verfahren ist seit der Antike bekannt und wurde bis ins 18. Jh. praktiziert.

Fiale [griech.], in der gotischen Baukunst spitz zulaufendes Türmchen, das als Bekrönung von ↑ Strebepfeilern oder Flankierung von ↑ Wimpergen dient; an den Außenseiten oft mit ↑ Krabben besetzt. Die Spitze ist häufig mit einer ↑ Kreuzblume verziert.

Fibel [lat. fibula »Klammer«, »Spange«], *Fürspan,* Gewandnadel zum Zusammenhalten von Kleidungsstücken. Die F. ist seit der Bronzezeit bekannt und entwickelte sich in den folgenden Jahrhunderten zu einem reich verzierten Schmuckstück aus Gold und Silber mit Edelsteineinlagen und ↑ Niello-Verzierungen. ↑ auch Brosche.

Fichtelberggläser, mit Emailfarben bemalte Trinkgläser des 17. und 18. Jh., die meist in den Bischofsgrüner Hütten im Fichtelgebirge entstanden und die u. a. eine Ansicht des Fichtelgebirges mit seiner zweithöchsten Erhebung, dem Ochsenkopf, zeigen.

Figura piramidale [ital. »Pyramidenfigur«], Kompositionsschema, das besonders in der italienischen Renaissancemalerei bevorzugt wurde. Die Hauptfiguren einer Gruppe sind in Form eines gleichseitigen Dreiecks angeordnet.

Figura serpentinata [ital. serpentino »schlangenartig«], Figur in sich schlangenförmig nach oben windender Bewegung, die als Ausdruck starker Erregtheit bereits in der antiken Kunst zu finden ist und besonders im ↑ Manierismus große Verbreitung fand.

Figuration, figürliche, gegenständliche Darstellung; im Gegensatz zur Abstraktion.

Figurenkapitell ↑ Kapitell.

Figurennische, Mauervertiefung bzw. Raumerweiterung mit halbrundem oder eckigem Grundriß zur Aufnahme einer Plastik; vor allem seit der Renaissance als Architekturmotiv zur Belebung der Wände und Fassaden gebräuchlich.

Figurensatz, geometrisch geformte oder bildähnliche Anordnung der Schrift besonders im gedruckten Buch, doch auch schon in antiken und mittelalterlichen Handschriften nachweisbar. Durch Einzug und symmetrische Zuordnung der Schrift zur Mittelachse wurden Kreuz-, Kelch-, trichterförmige und andere Figuren gebildet. Besonders beliebt war der F. in der Barockzeit.

figuriert, Bauelement (Schlußstein, Gewölbe) mit figürlicher Darstellung.

Figurine [franz. »kleine Figur«], meist schematisch vereinfachte Figur, die Modellcharakter hat, z. B. Staffagefigur in Gemälden oder in Entwürfen für Mode- und Theaterdekorationen.

Fikelluravasen, nach dem Fundort Fikellura auf Rhodos benannte griechische Vasengat-

tung des 6. Jh. v. Chr. F. zeigen ornamentale Bemalung, seltener figürliche Verzierung.
Filet-Arbeiten [franz. filet »dünner Faden«, »Netz«], in ein aus Seiden- oder Leinenfäden geknüpftes Netz wird ein Muster eingestopft oder mit anderen Stichen eingearbeitet. Der Begriff taucht erst im 18. Jh. auf, doch sind F. aus dem Mittelalter überliefert.
Filigran [lat. filum »Faden«, granum »Korn«], Technik der Metallbearbeitung, bei der feinste Metalldrähte aus Gold oder Silber zum Schmuck einer Goldschmiedearbeit aufgelötet oder, wie ein Geflecht durchbrochen, zu einem selbständigen Schmuckstück verarbeitet werden.
Die Filigrantechnik ist oft mit der ↑ Granulation verbunden. Funde in Troja und Griechenland zeigen das hohe Alter dieser Technik, die auch in der Völkerwanderungszeit vielfach angewandt wurde. In China, Indien und der Türkei ist diese Art der Verzierung bis in die Gegenwart beliebt.
Filigranemail ↑ Emailkunst.
Filigranglas ↑ Fadenglas.
Fin de siècle [franz. »Ende des Jahrhunderts«], ursprünglich Titel eines 1888 in Paris aufgeführten Lustspiels von F. de Jouvenot und H. Micard; wurde später Ausdruck für die Überfeinerungstendenz und Dekadenz in der Kunst und Literatur gegen Ende des 19. Jh.
Firnis, Harz- oder Wachslösungen, die beim Trocknen einen luft- und wasserbeständigen durchsichtigen Überzug hinterlassen.
Firnisbrand, *Braunfirnis,* irreführend *Email brun,* Verfahren zum Bräunen von Rotkupfer durch einen unter Hitze aufgebrachten Leinölüberzug, war vor allem im 12. und 13. Jh. verbreitet. Aus der Schicht schabt man die Schmuckformen heraus und vergoldet sie im Feuer (↑ Feuervergoldung). F. wurde zur Ausschmückung von Unter- und Rückseiten von Reliquienschreinen und Tragaltären verwendet.
First, obere waagerechte Schnittkante der Dachflächen.
Firstblume, ähren- oder blumenförmige Verzierung auf Giebeln, Turmspitzen oder als Bekrönung eines Dachfirstes im Mittelalter und in der Renaissance.
Fischblase, *Schneuß,* Maßwerkornament ähnlich einer Fischblase, das besonders in der Spätgotik verbreitet war. Bekannt war es bereits in der keltischen Kunst und lebte in der irisch-angelsächsischen Buchmalerei fort. Oft wurden mehrere F. in einem Kreis zu einem Zwei-, Drei- oder Vierschneuß zusammengesetzt. In Frankreich war die F. mehr flammenartig in die Länge gezogen ↑ Flamboyant-Stil).

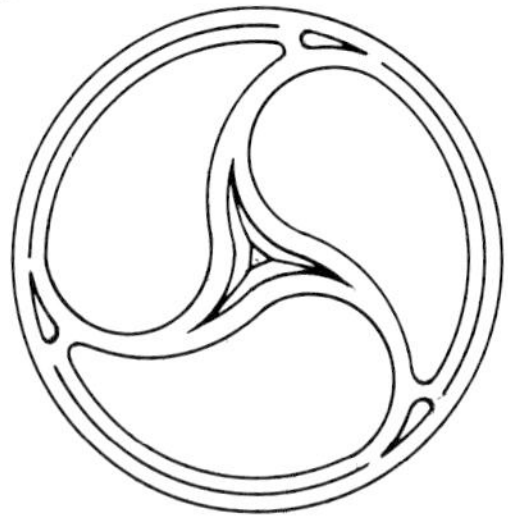

Fischblase

Fischgrätenverband, *Fischgrat* ↑ Mauerwerk.
Fixativ, Lacklösung, die auf Kohle-, Kreide- oder Pastellzeichnungen aufgesprüht wird, um ein Verwischen zu verhindern.
Flachbogen ↑ Stichbogen.
Flachdruck ↑ Druckverfahren.
Flächenmanieren, Tiefdruckverfahren, bei denen im Gegensatz zur Betonung des Linearen (wie beim Kupferstich) flächenhafte Wirkungen erstrebt werden, z. B. ↑ Schabkunst, ↑ Aquatinta, ↑ Vernis mou.
Flachrelief ↑ Relief.
Flamboyant-Stil [franz. »aufflammender Stil«], Stilstufe der französischen und engli-

Flamboyant-Stil. Fensterrose der Kathedrale von Amiens. 14. Jh.

schen Spätgotik bis zum 16. Jh., benannt nach den flammenartig züngelnden, in England »curvilinear« genannten Formen des Maßwerks, das die ↑Fischblase als Ornament bevorzugte. Eine spanische Sonderform ist der Florido-Stil.

Flechtband, Ornamentmotiv, das seit dem 3. Jt. v. Chr. in Vorderasien, seit dem 1. Jt. v. Chr. auch in Europa bekannt ist. Durch römischen Einfluß lernten die germanischen Goldschmiede im 1. und 2. Jh. n. Chr. das F. kennen, das dann besonders zwischen 550 und 950 in Europa bis Irland und Skandinavien verbreitet war. Es wurde so-

Flechtband

Fledermausgaube ↑Gaube.

Flett, im niederdeutschen Hallenhaus Bezeichnung für den Wohnteil, der quer zur Diele liegt. ↑auch Bauernhaus.

Fleuron, stilisierte Blumen, Ornament in der Baukunst oder im Buchdruck. ↑auch Vignette.

wohl in der Steinarchitektur als auch in der Kleinkunst und Buchmalerei verwendet.

Fleuron

Fliese, Stein- oder Keramikplatte zur Verkleidung von Wänden oder Fußböden. Die keramischen F. (Fayencefliesen) waren bereits im alten Orient und in der islamischen Baukunst ein beliebtes Dekorationsmaterial für Außenwände und Innenräume. Für Steinfliesen werden vor allem Marmor, aber auch Travertin, Schiefer oder Kunststein verwendet. Die Dekormöglichkeiten von keramischen F. sind wesentlich umfangreicher. Seit dem 15. Jh. wurden in Italien Fayencefliesen hergestellt, die sich im 16. Jh. auch nördlich der Alpen, besonders in den Niederlanden, verbreiteten (Delft).

Die Bezeichnung F. ist von ↑Kachel zu unterscheiden, die für Ofenkacheln vorbehalten bleibt.

Flimmereffekt, optischer Täuschungseffekt, der bei kontrastreichen regelmäßigen Strukturen auftreten kann. Er wird vor allem in der ↑Op art verwendet, wobei die Strukturen nicht mehr als Einzelelemente, sondern als geschlossene Bildeinheit wahrgenommen werden, die eine Bewegung suggeriert.

Florentiner Mosaik, *Pietra dura* [ital. »harter Stein«], Mosaiktechnik, die seit Mitte des 16. Jh. besonders in Florenz üblich war. Halbedelsteine (Achat, Amethyst, Lapislazuli) wurden entsprechend der gezeichneten Vorlage mit Marmor, Perlmutt, Korallen fugenlos verkittet und blankpoliert. Diese Technik diente der Verzierung von Tischplatten.

Florido-Stil ↑Flamboyant-Stil.

Florisstil, Ornamentstil der niederländischen Architektur der 2. Hälfte des 16. Jh. Er wurde nach dem Architekten und Bildhauer Cornelis Floris benannt, der seit 1548 eine neue, dekorative Ornamentik in Ornamentstichfolgen verbreitete, die großen Einfluß auf die Architektur Norddeutschlands und der Niederlande hatte. Der F. ist eine Weiterentwicklung der römischen ↑Groteske, die mit plastischen und architektonischen Elementen (Kartusche, Rollwerk, Masken) bereichert wurde. Der F. leitete von der Formensprache der Renaissance zum Barock über.

Flöte, hohes Spitzglas, das im 16. Jh. in Venedig und im 17. Jh. in den Niederlanden hergestellt wurde; war im 18. Jh. in Sachsen als Champagnerglas gebräuchlich.

Flottierung [niederdt. flott »schwimmend«, »ungebunden«], in der Weberei Schuß oder Kettfäden, die über eine gewisse Distanz nicht gebunden werden (flottente Fäden).

Flowing style [engl. »fließender Stil«] ↑Decorated style.

Flucht, *Bauflucht,* vordere Begrenzungslinie von Gebäudefronten an Straßen oder Plätzen. Im Mittelalter fiel die F. mit der vorderen Grundstücksgrenze zusammen. Bis ins 19. Jh. waren die Baufluchtlinien wichtige baugesetzliche Vorgaben für die Stadtplanung. Sie verloren erst im modernen Städtebau ihre praktische Bedeutung, als sich Bestrebungen durchsetzten, größere Ensembles frei zu kombinieren.

Fluchtpunkt, in der ↑ Perspektive der Punkt auf der Horizontlinie, in dem die in die Bildlinie führenden Linien scheinbar zusammenlaufen.

Flugblatt, ↑ Einblattdruck, der sich an breitere Bevölkerungsschichten wendete. Häufig illustriert, waren F. mit ihren vielfältigen Inhalten Vorläufer der Zeitung und wurden seit Anfang des 16. Jh. auch oft so bezeichnet. Bereits im 15. Jh. entstanden, spielten F. als Informations- und Streitmittel während Reformation und Bauernkrieg eine wichtige Rolle.

Flügel, 1. an einen Hauptbau anschließendes Nebengebäude.
2. beweglicher Teil an ↑ Altären, Türen und Fenstern.

Flügelaltar ↑ Altar.

Flügelgläser, im 16. und 17. Jh. in Venedig hergestellte Kelchgläser, an deren Stielen zwei flügelartige Erweiterungen angeschmolzen waren. Für die »Flügel« wurde oft blaues Glas verwendet, mitunter waren auch farbige Glasfäden eingeschmolzen.

Flüstergalerie, *Flüstergewölbe,* Raum, bei dem durch besondere akustische Verhältnisse die an einer Stelle erzeugten leisesten Geräusche auch in großer Entfernung wahrgenommen werden können (z. B. Karyatidensaal des Louvre, Vorhalle der Residenz in Würzburg).

Fluxus [lat. »fließend«], Form der zeitgenössischen ↑ Aktionskunst und eng mit dem ↑ Happening verbunden, obwohl – im Gegensatz zu letzterem – die Trennung von Künstler und Publikum aufrecht erhalten bleibt. Der F. besteht aus einem Nebeneinander akustischer, choreographischer und musikalischer Ausdrucksformen mit dem Ziel der »Erzeugung unspezialisierter Formen von Kreativität«. F. ist keine feststehende definierte Kunstform, es existiert auch keine festumrissene Künstlergruppe, sondern der Begriff bezieht sich auf den Wechsel der Einfälle. Der F. beeinflußte das Tanztheater und die experimentelle Musik. Zu den bekanntesten Vertretern gehören Joseph Beuys, Wolf Vostell, Allan Kaprow, Claes Oldenburg.

Föhrer Schule, Richtung in der deutschen Laienkunst des frühen 19. Jh., die ihr Zentrum auf der nordfriesischen Insel Föhr hatte und den Höhepunkt der ersten Phase der naiven Malerei (↑ naive Kunst) darstellte. Bekanntester Vertreter war Oluf Braren.

Fond, Hintergrund eines Gemäldes.

fondo d'oro ↑ Goldglas.

Fondporzellan, Porzellan mit einfarbigem Grund (häufig Gelb, Apfelgrün, Purpur) und weiß ausgesparten Feldern, die mit Malereien ausgefüllt sind. Angeregt durch chinesische Vasen trat in Meißen F. nach 1720 auf. Die Reserven haben Vierpaß, Kreis- oder Ellipsenform und sind oft mit einer Goldkante abgesetzt.

Fondporzellan. Meissener Tasse und Untertasse mit Fondmalerei. Um 1740. Leipzig, Museum des Kunsthandwerks

Fontainebleau, Schule von, Gruppe von italienischen Künstlern, zu denen Rosso Fiorentino, Francesco Primaticcio, und Niccolò dell'Abbate gehörten, die im 16. Jh. von König Franz I. von Frankreich mit der Ausstattung seines Schlosses in Fontainebleau beauftragt worden war. Die Künstler waren Vertreter des ↑ Manierismus, der sich unter ihrem Einfluß in Frankreich zum herrschenden höfischen Stil entwickelte.

Formalismus, meist abwertende Bezeichnung für Tendenzen in Kunsttheorie und -praxis, formale Aspekte überzubetonen gegenüber dem Streben, in der bildenden Kunst mittels der Form einen bestimmten Inhalt auszudrücken bzw. in Architektur und Produktgestaltung die Form dem Zweck anzupassen.
Erkenntnistheoretische Wurzeln des F. liegen im Kantschen Idealismus, wonach »in

aller schönen Kunst das Wesentliche in der Form bestehe«. Auf diese Rechtfertigung einer von allem Gegenständlichen befreiten, auf die Form reduzierten Kunstauffassung beruft sich bis heute die ↑ abstrakte Kunst.

Formmodel ↑ Model.

Formschneider, Handwerker, die die vom Künstler auf den Holzstock gezeichneten Arbeiten in Holz schnitten oder die Zeichenvorlage vor dem Schneiden auch selber auf das Holz übertrugen.

Formstecher, bearbeiteten die Modeln, die zum Abdruck auf Stoff, Papier usw. geeignet waren. Im Gegensatz zum ↑ Formschneider, der Formen aus Holz bearbeitet, ist der Formstich eine minutiöse Gravierarbeit in Metall.

Formsteine, Mauerziegel (Backsteine) mit besonderer Form und häufig auch besonderer Farbe (Glasur). F. wurden hauptsächlich an Backsteinbauten für Friese, Portale oder Gewände gebraucht und waren vor allem in Norddeutschland verbreitet.

Fort [franz. »fest«, »stark«], selbständige Festungsanlage, die einer ↑ Festung vorgelagert sein kann.

Forum [lat.], Marktplatz in der altrömischen Stadt, der nicht nur dem Handel diente, sondern in erster Linie politischer Versammlungsort, Zentrum der Rechtsprechung und kultischer Mittelpunkt war. Kleinere Städte besaßen im allgemeinen nur ein Forum, große aber mehrere. Das bekannteste Forum ist das von Rom (Forum Romanum).

Fotografik, dekorative Grafik, die mit Hilfe von fotografischen Mitteln bzw. fotografischem Material hergestellt wird.

Fotomontage, Kombination von Fotografien und Sonderform der ↑ Collage. Die Technik der Collage wurde anfangs von den Kubisten und dann von den Dadaisten erprobt. Von der Berliner Dada-Gruppe um Raoul Hausmann, Hannah Höch und Richard Huelsenbeck wurden ihre Möglichkeiten durch die Fotografie erweitert. Als Kunstform verbreitete sich die F. seit den 20er Jahren und fand in der bildenden und angewandten Kunst (↑ Gebrauchsgrafik) vor allem bei Plakaten, Buchumschlägen und -illustrationen und in der Ausstellungsgestaltung Anwendung. Insbesondere John Heartfield hat die F. zu künstlerischer Höhe geführt und für die politische Agitation u. a. auch in Zeitschriften eingesetzt. In den 60er Jahren wurde die F. als Kunstform in Zusammenhang mit ↑ Pop art und ↑ neuem Realismus wiederbelebt.

Fotorealismus, *Hyperrealismus,* vor allem in den USA verbreitete Richtung der Malerei der 60er und 70er Jahre als Reaktion auf ↑ Pop art und ↑ Art informel. Die Maler des F. versuchten, meist unter Zuhilfenahme von Fotos oder Fotoreproduktionen, die Realität im Sinne fotografisch-banaler Wirkungen abzubilden und in einer bewußt sachlich-nüchternen, gleichsam unbeteiligten Anwendung der Darstellungsmittel die Wirklichkeit als Illusion zu entlarven. Übergenauigkeit in dem mit virtuoser Technik gemalten meist alltäglich-zufälligen Realitätsausschnitt erzeugt, oft in Verbindung mit maßloser Vergrößerung, eine verfremdende Distanz zum Betrachter. Zu den amerikanischen Vertretern gehören Howard Kanowitz, Richard Artschwager, Chuck Close, Richard McLean, Paul Sarkisian; zu den deutschen Jorge Stever und Fritz Köthe sowie die Gruppe ↑ Zebra.

Fragment [lat. fragmentum »Bruchstück«], bruchstückhaft erhaltenes oder unvollendetes Kunstwerk. ↑ auch Torso.

Fraktur [lat. fractus »gebrochen«], gotische Schriftform, die seit dem 16. Jh. auch als Druckschrift verwendet wurde und besonders im deutschsprachigen Gebiet jahrhundertelang gegenüber der ↑ Antiqua dominierte (↑ Schrift).

Frankenthaler Malerschule, nach dem Ort Frankenthal (Pfalz) benannte Gruppe niederländischer Landschaftsmaler um Gillis Coninxloo, die 1585 wegen der Calvinistenverfolgungen aus ihrer Heimat emigrierten und sich in der Pfalz niederließen. Sie schufen meist kleinformatige stimmungsvolle Landschaftsbilder. Weitere Vertreter: Anthonic Mirou und Pieter Schaubroeck.

Frankenthaler Porzellan, Erzeugnisse der kurpfälzischen Porzellanmanufaktur, die 1748 von Paul Hannong in Straßburg gegründet und wenig später nach Frankenthal verlegt wurde; sie bestand bis 1799. Das Schwergewicht dieser Manufaktur lag in der Figurenproduktion, die Gefäß- und Geschirrproduktion ist zum Teil mit vorzüglichen Malereien versehen.

fränkische Kunst, Kunst der Franken von der Völkerwanderungszeit bis zur Herausbildung des einheitlichen Frankenreiches unter den Karolingern (751). Anfangs wurden spätrömische Traditionen in der Kleinkunst fortgeführt (Ranken- und Kerbschnittornamente). Seit dem 6. Jh. traten eigene Schmuckformen (Bügel-, Rauten-, Vierpaß, Tierfibeln) und bald auch Tierornamentik und Zelleneinlagen auf (↑ Emailkunst). Im 7. Jh. sind große Goldscheibenfibeln mit Edelstein- und Glaseinlagen typisch. Die Keramik war mit Rosetten- und Kreuzmustern sowie Quadratstempeleindrücken verziert. Das fränkische Kunsthandwerk übte starken Einfluß auf die eroberten Gebiete Süd- und Mitteldeutschlands aus.

franko-kantabrische Kunst, Kunstkreis des jüngeren Paläolithikums (35000–8000 v. Chr.), benannt nach seinem Kerngebiet in Südfrankreich und Nordspanien (Kantabrien). Dazu zählen Felsbilder in den Höhlen von Rouffignac und Altamira und die bis Italien verbreiteten Kleinkunstwerke. Dargestellt wurden vor allem Tiere der Eiszeit. Deutungen bringen diese Darstellungen mit Jagdmagie und Fruchtbarkeitszauber in Verbindung. Der heute überholte Begriff wurde in Abgrenzung zur ostspanischen ↑ Levantekunst geprägt und dann auf ähnliche Kunstwerke ganz Europas ausgeweitet.

Franziskanerbaukunst ↑ Bettelordenskirchen.

französischer Garten ↑ Gartenkunst.

französische Säulenordnung, *französische Ordnung,* während der Renaissance von dem französischen Architekten Philibert Delorme geschaffene Säulenform, bei der die Schäfte mit breiten Rustikaringen (↑ rustizierte Säule) gegliedert oder aus verschiedenen ornamentierten Trommeln zusammengesetzt sind (z. B. Paris, Gartenfront der Tuilerien; La Rochelle, Rathaus).

Frauenseite ↑ Evangelienseite.

Freilichtmalerei, *Pleinairmalerei* [franz.], Malerei in der freien Natur, die im Gegensatz zur ↑ Ateliermalerei die unmittelbare Wirkung des Lichtes zu erfassen sucht. Die niederländischen Maler des 16. und 17. Jh. arbeiteten zwar nach Freilichtstudien, führten aber die Gemälde im Atelier aus. Mit der F. begannen zuerst die englischen Landschafter John Constable und Richard Parkes Bonington, die damit die Schule von ↑ Barbizon und den ↑ Impressionismus beeinflußten.

Freilichtmuseum, *Freiluftmuseum,* Museum, das seine Bestände unter freiem Himmel ausstellt. Bahnbrechend waren volkskundlichen Sammlungen in Skandinavien (seit 1891 im Skansen bei Stockholm), wo Holzbauten aus allen Teilen des Landes zusammengetragen wurden. Dieses F. fand in verschiedenen Ländern Nachfolger (in Deutschland z. B. Klockenhagen bei Ribnitz-Damgarten, Schwerin-Mueß, Cloppenburg bei Oldenburg).

Freiplastik, im Gegensatz zur ↑ Bauplastik frei aufgestellte, nicht an Architektur gebundene Bildhauerarbeit, die von allen Seiten sichtbar ist.

Freitreppe, nicht überdachte Treppe an der Außenseite eines Gebäudes, die zum erhöhten Grundgeschoß führt. Repräsentative F. finden sich vor allem seit Renaissance und Barock an öffentlichen und privaten Bauten (z. B. Brühlsche Terrasse und Wallpavillon in Dresden, Schinkelsche F. vor dem Alten Museum und dem Schauspielhaus in Berlin).

Freiung, künstlich eingeebnete flache Anhöhe, bei Festungen der Raum zwischen ↑ Zitadelle und Stadt als freiem Schußfeld.

Freskomalerei [ital. al fresco »frisch«], Wandmalerei, im Unterschied zur ↑ Sekkomalerei auf noch feuchtem Kalkputz, mit dem sich die wasserangerührten Farben beim Trocknen fest verbinden. Der Putz muß von Stelle zu Stelle aufgetragen und vom Künstler sofort bemalt werden. Der Freskomaler entwirft meist schon vorher eine originalgroße Vorzeichnung (↑ Karton), die dann auf die Wand übertragen wird.

Friderizianisches Rokoko, nach dem preußischen König Friedrich II. (dem Großen) benannte und von ihm wesentlich mitbestimmte Sonderform des Rokoko in Berlin und Brandenburg, die in den zwischen 1740 und 1760 erbauten Schlössern anzutreffen ist (Potsdam-Sanssouci, Neues Palais, Berlin-Charlottenburg). Charakteristisch sind eine zwar kostbare, aber nicht prunkvolle Leichtigkeit, reiche Verwendung von Gold und oft naturnahe Motive.

Fries, ornamental oder figürlich gestalteter, waagerecht verlaufender Streifen, der zur Gliederung, Abgrenzung oder Schmückung von Architekturteilen dient; am Außenbau

1

2

3

4

5

6

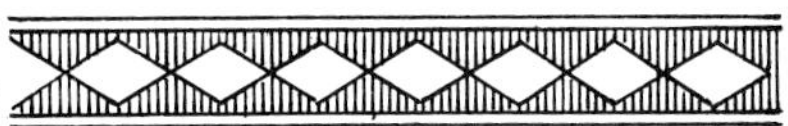
7

8

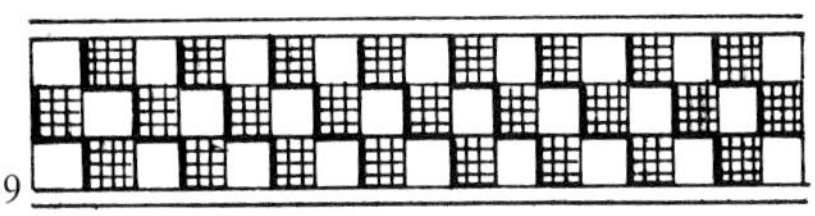
9

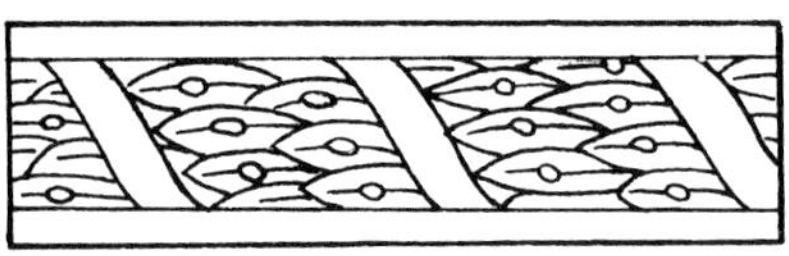
10

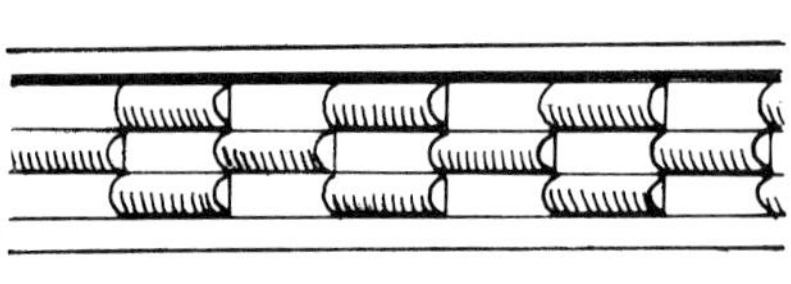
11

12

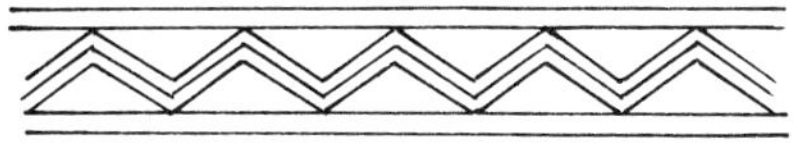
13

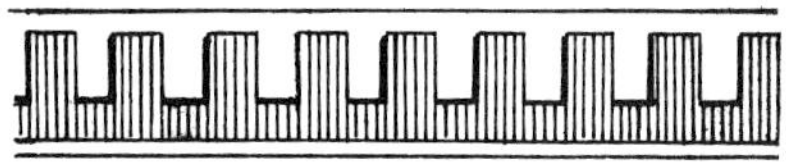
14

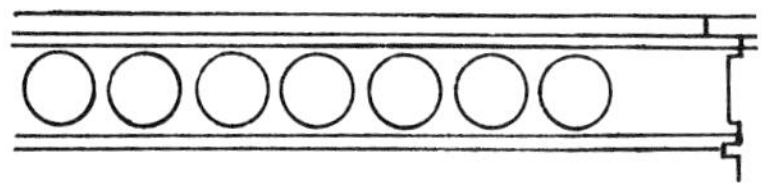
15

16

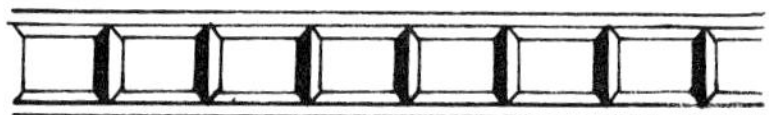
17

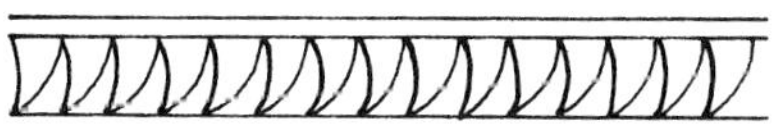
18

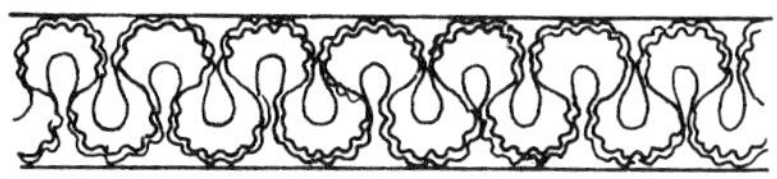
19

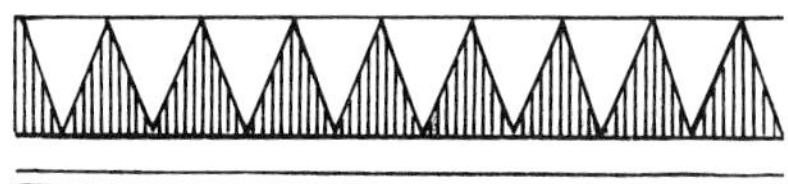
20

21

22

23

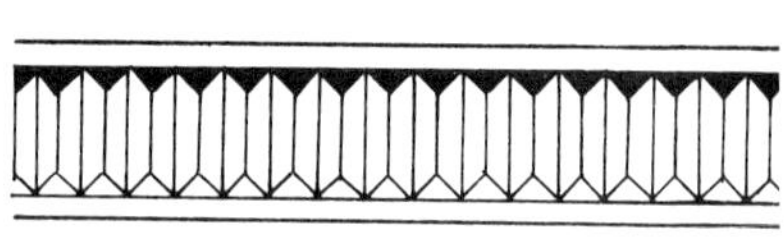
24

meist plastisch, im Innern auch gemalt. Im Laufe der baugeschichtlichen Entwicklung bildeten sich für die einzelnen Stilepochen charakteristische Friesformen heraus, die in der Antike beispielsweise aus einer Reihung verschiedener Pflanzenornamente (↑ Akanthus, Palmetten, Lotosblüten, ↑ Anthemion) oder aus geometrischen Formen bestanden (↑ Mäander, ↑ Eierstab, Rosetten). In der Romanik wurde vor allem der Ornamentfries bevorzugt (Rundbogen, Kreuzbogen, Zahnschnitt, Schachbrettfries, Zickzackfries, gedrehtes Tau), in der Gotik der Laub- oder Blattfries. Während der Renaissance kehrte man zu antiken Friesformen zurück.

Frigidarium ↑ Thermen.

Fritte, glasartige gekörnte Schmelzmasse, die Glasuren für Keramiken zugesetzt wird.

Frittenporzellan ↑ Porzellan.

Froissage [franz. froisser »zerquetschen«], *Crumblage,* bildnerische Gestaltungsart, bei der die Ausgangsmaterialien zerquetscht oder zerknüllt werden.

Fronaltar [ahd. frono »zum Herrn gehörig«], *Hochaltar,* Hauptaltar einer Kirche. ↑ auch Altar.

Frontale ↑ Antependium.

Frontalität, in Malerei, Plastik, Architektur Betonung einer Ansicht. Sie ist an den Standbildern des alten Ägypten, des vorderen Orients und frühen Griechenlands zu beobachten. Der Körper wird stets in Vorderansicht wiedergegeben, unabhängig von Haltung, Stellung oder Bewegung.

Fronte nuovo delle arti [ital. »Neue Vereinigung der Künste«], italienische Künstlervereinigung zwischen 1946 und 1948. Ziel der Mitglieder war eine umfassende Erneuerung der italienischen Kunst nach dem 2. Weltkrieg auf der Grundlage des gemeinsamen antifaschistischen Widerstandes. Ideologische und künstlerische Differenzen führten zur Spaltung in eine abstrakte (Vedova, Santomaso, Afro) und eine mehr zum Realismus tendierende Richtung (Guttuso).

Frontispiz [lat. frons »Stirn«, »Vorderseite«, spectare »sehen«], ursprünglich der auch Fronton genannte Giebel über dem Hauptrisalit (↑ Risalit) eines Gebäudes. Später wurde der Begriff auf die Buchkunst übertragen und bezeichnet hier die dem Innentitel gegenüberstehende, meist mit einem Kupferstich geschmückte Bildseite (Titelkupfer) oder den mit einem Holzschnitt verzierten Innentitel.

Fronton [franz.] ↑ Frontispiz.

Froschmaul ↑ Gaube.

Froschperspektive ↑ Perspektive.

Frottage [franz. »Reibedurchdruck«], als eigenständige künstlerische Technik 1925 erstmals von Max Ernst angewandt. Die Strukturen der jeweiligen Unterlage (Maserung von Holzplatten, Geäder von trockenen Blättern) werden durch Bleistiftschraffur auf Papier oder Leinwand übertragen. Die dann folgende Zeichnung gibt zusammen mit den durchgeriebenen Partien neue Bildzusammenhänge, die eine automatische Arbeitsweise (↑ Automatismus) fördern.

frühchristliche Kunst, *altchristliche Kunst,* Kunst, die sich im Dienste des frühen Christentums entwickelte, etwa in der Zeit vom 2.–6. Jh. Zunächst ging sie von Vorbildern der Antike aus und erst allmählich kam es zur Ausprägung eines eigenen Stils und einer Formensprache, die von dem Streben nach religiöser Erneuerung und Vergeistigung bestimmt war. Hauptverbreitungsgebiete der f. K. waren das römische Reich und der Orient.

Die ältesten Zeugnisse der f. K. sind in den ↑ Katakomben von Rom und Neapel zu finden. Um 250 begann die Produktion reich reliefierter ↑ Sarkophage. Thema der Katakombenmalerei und der Sarkophagreliefs war der christliche Erlösungsgedanke, der sich z. T. auch in Symbolen ausdrückte (Fisch für Christus, ↑ Christusmonogramm). Die Anerkennung des Christentums als Staatsreligion unter Kaiser Konstantin (313) änderte auch Wesen und Qualität der f. K. Im ganzen Reich setzte nun ein monumentaler Kirchenbau ein. Es entstand der Typ

Fries. 1 Bukranienfries, 2 Akanthusfries, 3 Anthemionfries, 4 Mäander, 5 laufender Hund, 6 Zangenfries, 7 Rautenfries, 8 Diamantband, 9 Würfelfries, 10 Lorbeerstab, 11 Rollenfries, 12 Schuppenfries, 13 Zickzackfries, 14 Zinnenfries, 15 Scheibenfries, 16 Kugelfries, 17 Plattenfries, 18 Hundszahn, 19 Wolkenornament, 20 Sägezahn, 21 Bogenfries, 22 Kreuzbogenfries, 23 Spitzbogenfries, 24 Kerbschnitt- oder Zahnfries

der christlichen ↑ Basilika, der von den altrömischen Gerichts- und Markthallen übernommen war. Die Kirchenwände waren mit Malereien oder Mosaiken überzogen, die biblische oder kirchengeschichtliche Szenen wiedergeben bzw. Darstellungen zeigen, die die triumphierende herrschende und richtende Macht Christi zum Ausdruck bringen.
Die Bedeutung heiliger Texte und liturgischer Bücher für die christliche Religion ließ die ↑ Buchmalerei aufblühen. Seit Mitte des 4. Jh. gibt es eine reiche ↑ Elfenbeinkunst mit spezifisch christlichen Motiven zu kultischen Zwecken (↑ Reliquiare, ↑ Diptychen) und Kleinkunst in Gold und Silber (Kelche, ↑ Patenen).
Nach der Teilung 395 in ein west- und ein oströmisches Reich entwickelte sich aus der oströmischen f. K. die ↑ byzantinische Kunst.

Frühdrucke, ungenaue Bezeichnung für Inkunabeln und Drucke des frühen 16. Jh.

fudit [lat. »hat (es) gegossen«], Abkürzung *fud.,* steht meist hinter dem Namen des Gießers (z. B. bei Glocken oder Bronzeplastiken).

Fuldaer Porzellan, Erzeugnisse der Porzellanmanufaktur Fulda, die um 1765 durch einen ehemaligen Arbeiter der Berliner Porzellanmanufaktur (W. C. Wegely) gegründet wurde und bis 1780 bestand. Figuren und Geschirr zeichnen sich durch Reinheit der Masse und Glasur aus und zeigen technisch vollendete Malereien. ↑ auch Porzellanmarken.

Füllhorn, Horn, aus dem Früchte und Blumen hervorquellen; ein Symbol des Überflusses. Als Ornament war das F. besonders in römischer Zeit beliebt und wurde zur Zeit der Renaissance wieder aufgenommen.

Füllmauer, starke Mauer, in der ein Hohlraum zwischen zwei gemauerten Wänden mit unregelmäßigem Füllwerk ausgefüllt ist.

Fumage [franz. »Rauchbild«], Technik des ↑ Automatismus, die 1937 von Wolfgang Paalen entwickelt wurde. Er zeichnete mit einer Kerzenflamme Rußspuren auf Papier, die er dann durch Malerei verstärkte. Ähnlich wie bei ↑ Frottage und ↑ Grattage entstehen die Bilder ohne bewußt kontrollierenden Eingriff des Künstlers.

Funeralkeramik [lat. funerare »feierlich bestatten«], Bezeichnung für Tongefäße, die im Zusammenhang mit dem Totenbestattungskult verwendet worden sind. Dazu gehören im weiteren Sinne alle in Gräbern gefundenen Beigabengefäße und Ascheurnen, im engeren Sinne nur Tongefäße, die speziell für die Mitgabe in das Grab angefertigt wurden.

Fünfpaß ↑ Paß.

Funktionalismus, Gestaltungsprinzip der modernen Architektur und des ↑ Designs, bei dem die Form eines Bauwerks oder eines Gebrauchsgegenstandes in erster Linie aus seiner Funktion abgeleitet wird. Wegweisend wirkten die englische ↑ Arts and Crafts Movement Ende des 19. Jh. und der ↑ Jugendstil. Vorstellungen des F. wurden in den 20er Jahren vom ↑ Bauhaus (Gropius) und vom ↑ Konstruktivismus (El Lissitzky) formuliert. ↑ auch neues Bauen, Neue Sachlichkeit (1.).

Fünte [lat. fons, niederdt. »Quelle«], Bezeichnung für das zuerst in Niederdeutschland aufgekommene ↑ Taufbecken aus Metall, in das der Täufling ganz eingetaucht wurde.

Furchenschmelz ↑ Emailkunst.

Furnier [franz. fournir »versehen«], Überzug von Holz mit dünnen Folien einer edleren Holzart. Man unterscheidet schlichte und Maserfurniere. Die ersteren werden vom Stamm, die letzteren aus den Wurzelenden gewonnen. Das Deckfurnier bildet die oberste, meist aus einer edlen Holzart bestehenden Blattschicht, das Blindholzfurnier hat eine weniger ausgeprägte Struktur und wird meist quer zur Faserrichtung aufgetragen, um dann mit edleren Furnierblättern versehen zu werden.
Die Technik des Furnierens war schon in der Antike bekannt, wurde aber im Mittelalter nur selten praktiziert. Erst in der Renaissance, als man hohe Ansprüche an die dekorative Ausstattung des Wohnraumes stellte, war das F. zusammen mit ↑ Intarsien in der Möbelherstellung verbreitet. Zum Furnieren wurden Nußbaum und Eschenholz verwendet, später auch Ebenholz; im Barock kamen noch Mahagoni und Palisander hinzu.

Fürspan ↑ Fibel.

Fürstenberger Porzellan, Erzeugnisse der 1747 in Fürstenberg an der Weser gegründeten Porzellanmanufaktur, deren Blütezeit in den 70er Jahren begann und bis Anfang des 19. Jh. anhielt. Eine Besonderheit waren ↑ Kameen, Vasen und Geschirr mit Landschaften in Blau- und Buntmalerei. ↑ auch Porzellanmarken.

Fußpunkt, an Gewölben oder Bögen der Punkt, an dem der ↑ Kämpfer aufsitzt.

Futurismus [lat. futurum »Zukunft«], zwischen 1909 und 1916 von Italien ausgehende radikale Strömung in Literatur, bildender Kunst und Musik, die sich gegen ↑ Eklektizismus und ↑ Naturalismus wandte und den völligen Bruch mit der Überlieferung verlangte. 1909 formulierte der Schriftsteller Filippo Tommaso Marinetti in der Pariser Zeitung »Figaro« das Manifest der futuristischen Dichtung, dem ein Aufruf an die bildenden Künstler folgte. Er forderte »eine vollständige Erneuerung der menschlichen Sensibilität, die eine Folge der großen wissenschaftlichen Entdeckungen ist« und propagierte die nationale Wiedergeburt Italiens und die gewaltsame Zerstörung der bürgerlichen Kultur, ihrer Institutionen und ihrer moralischen und ästhetischen Werte. Die italienischen Futuristen erstrebten im Bild die Illusion rasanter Bewegung, sie übernahmen dabei häufig vom Kubismus die das Sehbild auflösende Simultanansichtigkeit, aber auch Mittel des ↑ Pointillismus, des ↑ Jugendstils oder der ↑ abstrakten Malerei, um dynamische Bildeindrücke zu erzeugen, bis hin zur Wiedergabe verschiedener Phasen eines Zeitablaufes. Statt der stillebenhaften Zustandsbilder der Kubisten fanden die Futuristen Ausdrucksmöglichkeiten für die Hektik modernen Großstadtlebens und für die Gewalt revolutionärer Umbrüche. Hauptvertreter waren Carlo Carrà, Umberto Boccioni, Gino Severini und Giacomo Balla.

Philosophisch standen die Futuristen unter dem Einfluß H. Bergsons, der das Leben als irrationales Fließen und immaterielle Bewegung ansah; auch die Gleichzeitigkeit des F. mit der Relativitätstheorie Einsteins dürfte kein Zufall sein.

Der italienische F. beeinflußte Deutschland, Frankreich und Rußland, wo er aber eine weitgehend eigenständige, zum Konstruktivismus neigende Ausprägung erfuhr. Unter dem Eindruck der Oktoberrevolution beeinflußte er die frühe sowjetische Kunst (Wladimir Majakowski, Sergej Eisenstein).

G

Gabelkreuz ↑ Kreuz.

Gaden ↑ Obergaden.

Galaktrophusa ↑ Marienbild.

Galerie [ital. galleria »gedeckter Säulengang«], Bezeichnung für unterschiedliche architektonische Räume, deren Gemeinsamkeit eine gewisse Schmalheit ist: 1. langer saalartiger Vorraum in Schlössern und Palästen zur Verbindung mehrerer Empfangs- und Festräume; die G. bildete sich anstelle der Rittersäle mittelalterlicher Burgen im 16. Jh. heraus und erreichte im 17. und 18. Jh. große Ausmaße. 2. Wegen der durch lange Fensterreihung guten Lichtverhältnisse wurde die G. zur Anbringung von Bildern und anderen Kunstwerken verwendet, so daß die Bezeichnung auf die etwa gleichzeitig entstandenen Gemäldesammlungen überging. 3. Als G. bezeichnet man aber auch Emporen in einem Saal, den obersten Rang eines Theaters, offene Haus- und Laufgänge z. B. an mittelalterlichen Wohn- und Wehrbauten oder die ↑ Zwerggalerien an der Apsis romanischer Kirchen. 4. Im modernen Städtebau glasgedeckte Passage mit Läden.

Galeriegrab, schmale rechteckige Grabkammer aus Steinplatten, besonders in Nordwest- und Mittelfrankreich während des Spätneolithikums verbreitet. Der Innenraum ist größer und regelmäßiger als bei ↑ Dolmen, es fehlt aber der Zutrittsgang der ↑ Ganggräber. Das G. hat oft einen abgeteilten Vorraum von gleicher Größe wie die Kammer.

Galerieton, der durch Oxidation der Ölfarben entstandene goldbraune Farbton der Gemälde, der im 19. Jh. besonders beliebt war. Manche Künstler (z. B. Franz Lenbach) versuchten von vornherein, den G. künstlich zu erzeugen.

Gallégläser, nach ihrem Schöpfer Emile Gallé benannte Gläser des Jugendstils, die in einer komplizierten Technik nach ostasia-

Gallégläser. Vase von Emile Gallé. Ende 19. Jh.

tischen Vorbildern angefertigt wurden. Gallé wandte fast jede bekannte Glasveredelungstechnik an, hatte aber den größten Erfolg mit seinen überfangenen Glasgefäßen in zwei oder mehr Farben. Als Dekormotive bevorzugte er Blumen und Blattwerk, aber auch Tiere (Libellen, Tintenfische).

Galvanokaustik [griech. kaiein »brennen«], Verfahren in der Grafik, radierte Kupferplatten im galvanischen Bad zu ätzen. Die Ätzung ist tiefer als sonst; das seitliche Einfressen der Säure wird vermieden. ↑auch Radierung.

Galvanoplastik, elektrochemisches Verfahren zur Abformung eines Gegenstandes. Mit einer Fettschicht versehen, bleibt im galvanischen Bad der metallene Niederschlag nicht auf dem Gegenstand haften, sondern ist abnehmbar und gibt das genaue Negativ des Originals wieder. Aus dieser Negativform läßt sich wiederum auf elektrolytischem Wege eine positive Abformung aus Metall herstellen.

Ganerbenburg [ahdt. Ganerbe »Miterbe«], Burg, die als Lehen an mehrere Adelsgeschlechter vergeben und von diesen gemeinsam bewohnt wird. Sie ist äußerlich durch mehrere ↑Bergfriede und Wohntürme gekennzeichnet.

Ganggrab [engl. passage grave], neolithischer Grabtyp des 3. Jt. v. Chr., der wie die ↑Dolmen zu den ↑Großsteingräbern des Neolithikums gehört (im Volksmund Hünenbett). In die aus Findlingen gebaute längliche Kammer führte ein geschlossener Zugang. Beides war mit einem Hügel überdeckt, der im Laufe der Jahre oft abgeschwemmt wurde.

Ganosis [griech. ganos »Schmuck«, auch »Glasur«], besondere Art der Imprägnierung von Bildwerken aus Marmor, Gips und ähnlichen Materialien, um ihnen eine elfenbeinartige Tönung zu geben.

Gartenkunst. Es gibt zwei Grundformen der Gartengestaltung. 1. die regelmäßige, nach architektonischen Gesichtspunkten angelegte und 2. die unregelmäßige, der Natur nachgebildete Anlage. Die G. war zunächst mit kultischen Vorstellungen verbunden (Haine um Tempel und Gräber) und stand bald auch im Dienste herrscherlicher Repräsentation. Bereits im alten Ägypten sind regelmäßige, symmetrisch aufgeteilte Gärten zu finden. Die Babylonier haben Terrassengärten angelegt und künstlich bewässert. Berühmt waren die »hängenden Gärten« im Königspalast von Babylon.

In Griechenland gab es neben den heiligen Hainen kleine Gärten als Gartenhof im ↑Peristyl der Wohnhäuser. Die G. der Römer übernahm griechische Anregungen. Die Villengärten der römischen Landsitze waren ausgedehnte Anlagen mit Terrassen, fließendem Wasser, Grotten, Bau- und Bildwerken (Villa Hadriani bei Tivoli).

Bescheiden war die G. des Mittelalters. Klostergärten als Kräutergarten, Burggarten und Garten des bürgerlichen Wohnhauses waren von Mauern umgeben.

Eine Blütezeit der G. brachte die italienische Renaissance. Das neue Lebensgefühl verband sich auch mit einer neuen Auffassung von der Natur. Die wichtigste Wiederentdeckung war die Beziehung zwischen Garten, Architektur und bildender Kunst, wobei der Übergang vom flachen Garten zum Terrassengarten und die Verwendung der Treppe als Bindeglied zwischen Garten und Baukörper entscheidende Neuerungen sind. Der mit Treppenanlagen gestaltete Terrassengarten ist jedoch noch ein abgeschlossener Binnengarten, bei dem die Ei-

genständigkeit der einzelnen Teile des Gartens bewahrt bleibt.
Nach italienischen Vorbildern bildete Holland Anfang des 17. Jh. einen Gartenstil heraus, für den eine strenge Regelmäßigkeit charakteristisch ist (holländischer Garten).
In Frankreich entwickelte sich nach italienischen Anregungen Mitte des 17. Jh. der französische Barockpark (französischer Garten). Er ist gekennzeichnet durch eine zentrale, zum Schloß als Mittelpunkt führende Hauptallee, durch parallele oder strahlenförmige Nebenachsen, geometrisch geschnittene Baum- und Heckenpflanzungen, Wasserkanäle, Springbrunnen und Plastiken. Der Gartenarchitekt André Le Nôtre schuf in Versailles einen Schloßpark, der in ganz Europa Vorbild für ähnliche Anlagen absolutistischer Herrscher wurde (in Deutschland z. B. Schleißheim bei München, Herrenhausen bei Hannover, Großer Garten in Dresden, Potsdam-Sanssouci, Großsedlitz bei Dresden).
Demgegenüber setzte sich Anfang des 18. Jh. in England unter Einfluß der Ideen der bürgerlichen Aufklärung die Forderung durch, den Garten nicht zu architektonisieren, sondern bei seiner Anlage den Anschein ursprünglicher Natur zu wahren. Anstelle der symmetrischen, auf Repräsentation ausgerichteten Gestaltung hielten die Gartenkünstler im Landschaftsgarten oder englischen Garten am Ideal der möglichst unberührten Natur mit weit schwingenden Rasenflächen, geschlossenen Baumgruppen und geschlängelten Wasserläufen fest. Solche Gestaltungen wurden auch von der

Gartenkunst. Französischer Ziergarten an der Südseite des Schlosses Brühl

Landschaftsmalerei (Claude Lorrain, Salvator Rosa) beeinflußt. Künstliche Ruinen, Tempel, Pavillons usw. gaben diesen Gärten eine romantische Note. In Deutschland fand diese Gartenform Verbreitung u. a. in Wörlitz und in den von Goethe geförderten Anlagen in Weimar und Ilmenau. Zu besonderem Ruhm gelangten der Park des Fürsten Pückler in Muskau und die Schöpfungen Peter Joseph Lennés (Potsdam-Charlottenhof, Berliner Tiergarten). Unter Lennés Einfluß entstanden in Großstädten Bürger-, später Volksparke. Die G. der Gegenwart wird in Gartengestaltung, Gartenarchitektur und Landschaftsgestaltung untergliedert.

Gartenparterre ↑ Parterre.

Gartenstadt, Ende des 19. Jh. aufgekommene Bezeichnung für durch Grünflächen aufgelockerte Stadttrabanten mit selbständiger industrieller Basis, die einen Massenwohnungsbau für Arbeiter ermöglichen sollte. Die reformerische Idee wurde von Ebenezer Howard in seiner Schrift »Garden Cities of to-morrow« (1898) verbreitet, als sich die Wohnbedingungen in den großen Städten immer mehr verschlechterten. Um ein Zentrum mit Park und Stadthalle sollten Wohnhäuser mit Hausgärten liegen, am äußersten Rande Fabriken und Werkstätten. Die erste und einzige deutsche Gartenstadt wurde in Dresden-Hellerau verwirklicht. Teilweise lebte diese Idee in Siedlungen wie Leipzig-Marienbrunn, Essen-Hüttenau u. a. fort.

Gaube, *Gaupe,* kleinerer Dachaufbau mit senkrecht angeordnetem Fenster. Nach Art des Daches unterscheidet man G. mit Giebel-, Walm- oder Schleppdach. Wird die Dachhaut nur gering angehoben, werden die G. als Froschmaul oder Fledermausgaube bezeichnet. Bei geschoßhohem Ausbau gibt es ↑ Dacherker, ↑ Lukarne und ↑ Zwerchhaus.

Gaufrieren [franz. gaufrer »Muster einpressen«], Technik, Prägemuster auf Buchdeckeln oder Textilien anzubringen. Dazu wird das Material zwischen beheizten, mit einem Prägestempel versehenen Druckwalzen durchgeführt.

Gebälk, in der antiken Baukunst die Dreiheit von ↑ Architrav, ↑ Fries und ↑ Kreuzgesims, die die Außenwand zur Dachkonstruktion überleitet, später allgemein Gesamtheit der Balken einer Deckenkonstruktion in einem Gebäude. Abb. ↑ Säulenordnung.

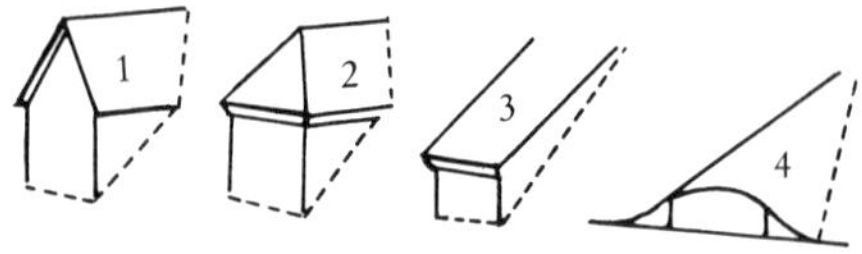

Gaube. 1 Giebelgaube, 2 Walmgaube, 3 Schleppgaube, 4 Fledermausgaube

Gebende, *Gebände* [von »binden«], Kopfbedeckung der verheirateten Frau im 13. Jh., die aus einer um Wange und Kinn laufenden Binde besteht, die zusammen mit einem Stirnband getragen wurde.

Gebetbuch, zusammenfassende Bezeichnung für eine Gruppe von Buchtypen, die vorwiegend der privaten Frömmigkeit, meist von Laien dient. Sie gewann besonders im Spätmittelalter buchkünstlerische Bedeutung.

Gebrauchsgrafik, künstlerisch gestaltete grafische Arbeiten, die für den Verbrauch bestimmt sind. Dazu gehören Werbegrafik (Kataloge, Verpackung, Plakate), Bucheinbände, Schutzumschläge, Glückwunsch-, Speise- und Spielkarten, Briefmarken u. a.

gebrochene Farben, durch Beimischung ihrer ↑ Komplementärfarben gebrochene reine Farben. Durch Hinzufügen von Schwarz oder Weiß kommt es zu Hell- oder Dunkeltrübungen. ↑ auch Farbensystematik.

gebundenes System, *quadratischer Schematismus,* vor allem im 12. Jh. häufig vorkommendes Konstruktionsprinzip, bei dem das Vierungsquadrat (↑ Vierung) als Maßeinheit verwendet wird. Das Chorquadrat im Osten, die Quadrate des Querschiffes und die Joche des Mittelschiffs haben die gleiche Größe. Die Seitenschiffe besitzen in diesem Fall die halbe Breite des Mittelschiffs.

Gebundenes System. Grundriß der Klosterkirche Diesdorf bei Salzwedel

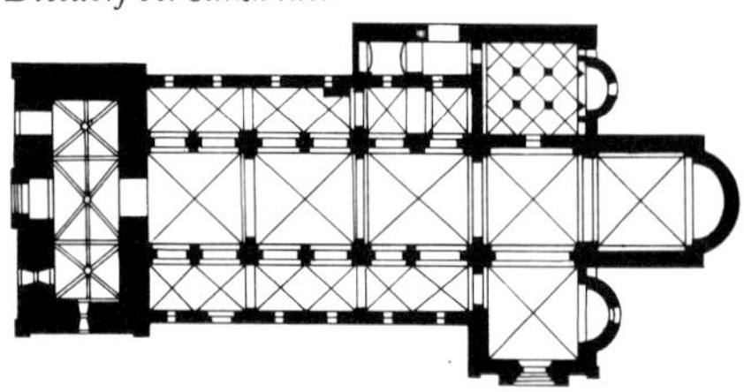

Durch das regelmäßige System der Jochbildung können alle Bögen halbkreisförmig ausgebildet werden. Die Hauptstützen des Mittelschiffs wechseln beim g. S. mit Nebenstützen ab (↑ Stützenwechsel).

gedrehtes Tau ↑ Fries.

gegenstandslose Kunst ↑ abstrakte Kunst.

Gehrung [mhdt. gere »Falte«], Eckverbindung von zwei Bauteilen, die meist in einem Winkel von 45° angeschnitten sind. Die G. ermöglicht, Profile über Ecken hinwegzuführen.

Geison, Kranzgesims (↑ Gesims) an griechischen und römischen Tempeln. ↑ auch dorische Ordnung.

gekröpft, das um Mauervorsprünge, Ecken, Pfeiler und Säulen umlaufende Gesims oder Profil.

gekuppelt, *gekoppelt,* Verbindung mehrerer gleichartiger Bauteile durch ein gemeinsames Glied (z. B. zwei Säulen durch gemeinsame Fuß- und Deckplatte oder zwei Rundbogenfenster durch gemeinsame Mittelsäule).

Gemälde [ahdt. malon »ein Mal setzen«], ursprünglich der fertige Kunstgegenstand, im 19. Jh. nur das Ölbild, heute jedes gemalte Bild im Gegensatz zum grafischen Blatt und Wandbild.

gemeine Figur ↑ Heraldik.

Gemme [lat. gemma »Knospe«, »Edelstein«], Edel- oder Halbedelstein mit vertiefter (Intaglio, G. im engeren Sinne) oder erhabener (↑ Kamee) bildlicher Darstellung. Intaglien wurden ursprünglich als Siegel verwendet, die ältesten sind an babylonischen Stempelsiegeln zu finden (seit dem 5. Jt. v. Chr.).

generative Fotografie, fotografische Richtung, die versucht, durch fotografische Mittel und Verfahren visuelle ästhetische Strukturen zu erzeugen.

Genien [Pl. von lat. Genius], römische Schutzgeister von einzelnen Menschen, Menschengruppen oder bestimmten Orten [lat. genius loci], Städten, Staaten. Sie werden meist als geflügelte menschliche Wesen dargestellt.

Genremalerei, *Sittenmalerei,* Gattung der Malerei, die Szenen aus dem alltäglichen Leben verschiedener Gesellschaftsschichten wiedergibt. So unterscheidet man z. B. bäuerliches, bürgerliches oder höfisches Genre, Soldatengenre, Geselligkeits- oder Konversationsstücke.

Die Genrekunst bildete sich zunächst innerhalb religiöser Motive im 15. Jh. im Zusammenhang mit der bürgerlichen Entwicklung heraus. In Deutschland trat sie selbständig zuerst in der Grafik (Hausbuchmeister, ↑ Kleinmeister) in Erscheinung. Höhepunkt der G. war die niederländische Malerei des 17. Jh., für die verschiedenen Richtungen bildeten sich hier Spezialisten heraus (z. B. Jan Steen, Pieter de Hooch, Adriaen von Ostade). Im 18. Jh. wurden in Frankreich vor allem höfische Festlichkeiten wiedergegeben (Jean-Honoré Fragonard), während die G. in Deutschland einen vorwiegend bürgerlichen (Daniel Chodowiecki) und in England satirisch- gesellschaftskritischen Charakter (William Hogarth) besaß. Im 19. Jh. erreichte die G. eine zweite Blütezeit und weite Verbreitung (Jean François Millet, Wilhelm Leibl).

geometrische Abstraktion, Richtung der abstrakten Malerei (↑ abstrakte Kunst), die sich streng an eine geometrische Formensprache hält. Dabei wurden Konstruktionsprinzipien des Kubismus weiterentwickelt. Doch nicht allein der Gebrauch geometrischer Formen oder die Aufhebung der Beziehung zu einem wahrgenommenen Stück Wirklichkeit sind das Wesentliche, sondern die neue Art, die Welt zu ordnen und zu verstehen. Das Bedürfnis nach Objektivität führte zu einer mathematischen Denkweise in der Kunst. Zu den ersten Vertretern gehörten u. a. Franz Kupka (1913), Alberto Magnelli (1914/15), später auch Kasimir Malewitsch und die Maler des ↑ Stijl.

geometrische Kunst, *geometrischer Stil.* Geometrische Ornamente (Linien- und Winkelbänder, netzartige Muster, ↑ Mäander und Spiralen) treten erstmals im Jungpaläolithi-

gekröpftes Gesims

kum (50000–8000 v. Chr.) an Mammutelfenbein und Knochen auf. Seit Beginn des Neolithikums (10. Jt. v. Chr.) und in allen folgenden ur- und frühgeschichtlichen Perioden ist die g. K. weltweit verbreitet, besonders auf Keramiken. Seit dem 4. Jt. v. Chr. finden geometrische Ornamente auch in die Architektur Eingang. In Griechenland entwickelte sich nach der kretisch-mykenischen Epoche der geometrische Stil als selbständige Kunstschöpfung; er bildete die Grundlage für die späteren Epochen der ↑ griechischen Kunst.

Georgian style, Oberbegriff für eine Vielzahl von Dekorationsstilen, die in England während der Regierungszeiten von Georg I., II. und III. bis zum Beginn des ↑ Regency, also 1714–1811, beliebt waren. Mitunter wird aber auch die Regierungsperiode von Georg IV. (1811–1830) mit einbeschlossen. Dazu gehören die englischen Versionen des späten Barock, des Rokoko und Klassizismus.

Geraer Porzellan, Erzeugnisse der 1779 gegründeten Porzellanmanufaktur von Gera. Bis 1782 war sie ein Zweigunternehmen von Volkstedt-Rudolstadt. In der Geschirrproduktion wurden besonders Einzeltassen zu Geschenkzwecken hergestellt, die mit Thüringer Ansichten oder Silhouetten bemalt waren. ↑ auch Porzellanmarken.

Gerechtigkeitsbild, Darstellung von richterlichen Handlungen, die als Vorbild gerechten Richtens dienen sollten. Die Themen, die der Bibel, der Geschichte oder der griechischen und römischen Mythologie entnommen wurden, sind auf Tafelbildern, Wandteppichen und Fresken wiedergegeben, die Ratsstuben und Schöffensäle schmückten. G. waren besonders in Deutschland und den Niederlanden in der Zeit der Spätgotik und Renaissance beliebt.

germanische Kunst, kunsthandwerkliches Schaffen der germanischen Stämme, die sich in den letzten Jahrhunderten v. Chr. nördlich der Mittelgebirgszone zwischen Weser und Oder herausgebildet hatten. Dieses Gebiet ist im wesentlichen identisch mit dem Verbreitungsgebiet der ↑ Jastorfkultur und der Weser-Aller-Gruppe, die beide seit dem 6. Jh. v. Chr. nachweisbar sind. In der g. K. wird der Einfluß von keltischen Stilelementen deutlich, von den Kelten übernahmen die Germanen auch Eisengewinnung und -verarbeitung.
In den letzten Jahrzehnten v. Chr. begann eine selbständige künstlerische Entwicklung, die im Laufe der folgenden Jahrhunderte überragende Leistungen zunächst auf technisch-handwerklichem Gebiet, besonders in der Edelmetallkunst, hervorbrachte. Aus der römischen Kunst wurden Motive wie Spiralranken, Rosetten, Flechtband und geometrische Muster übernommen und zu eigengeformten Elementen der germanischen Zierkunst.
Mit Beginn der Völkerwanderungszeit bildeten sich verschiedene Stammesgebiete und Kunstregionen heraus, so bei den Goten, Langobarden, den westgermanischen Stämmen des fränkischen Merowingerreiches, den Angelsachsen und nordgermanischen Stämmen. Seit dem 6. Jh. gibt es stilisierte Tiermotive auf Fibeln und Schnallen. In Skandinavien und den angelsächsischen Gebieten entwickelte sich der ↑ Tierstil.

Gerüstbauweise, Bauart, bei der die Statik des Gebäudes auf einem Gerüst beruht (Fachwerk, Stahlskelettbau) und nicht auf den Grundmauern.

Geschichtsmalerei ↑ Historienmalerei.

Geschlechterturm, teilweise befestigter Wohnturm einer adligen Familie innerhalb einer Stadt, besonders in Oberitalien ver-

Germanische Kunst. Alemannische Scheibenspange aus dem Gräberfeld von Gammertingen. Um 600. Sammlung Schloß Sigmaringen

breitet (Florenz, San Gimignano); in Deutschland selten (Regensburg).

Gesellschaftsstück ↑ Konversationsstück.

Gesichtsurne ↑ Urne.

Gesims, *Sims,* waagerecht aus der Wand hervortretender Streifen, kann in der Architektur unterschiedliche Funktionen haben. Das G. setzt die horizontalen Abschnitte eines Gebäudes voneinander ab und gliedert zusammen mit den vertikalen Architekturteilen (↑ Pilaster, ↑ Säulen) den Bau. Je nach ihrer Lage am Bau heißen die G. Fuß- oder Sockelgesims, zwischen den Stockwerken Gurtgesims und abschließend Dach-, Haupt- oder Kranzgesims. Zusätzlich werden an Türen und Fenstern gesonderte G. angebracht.
Eine Sonderform in der Gotik ist das Kaffgesims (Kappgesims), das unterhalb der Fenster verläuft und aus einer Abfolge schräger Flächen oder Hohlkehlen mit meist nur geringer Ausladung besteht. Alle Formen sind von antiken Vorbildern abgeleitet (↑ Geison, ↑ Sima) und waren bis Ende 19. Jh. gebräuchlich. Mit der modernen Bautechnik im 20. Jh. ging ihre Bedeutung zurück.

Gesprenge, holzgeschnitzter Aufbau auf spätgotischen ↑ Altären, oft mit Figuren geschmückt. Abb. ↑ Altarretabel.

gesprengter Giebel ↑ Giebel.

gestelzter Bogen, Bogen, dessen Schenkel ein Stück parallel laufen (wie Stelzen). Er ermöglicht eine Erhöhung des Bogens, ohne die Spannweite zu verändern.

Gewände, schräg eingeschnittene Mauerfläche an Tür- oder Fensteröffnungen (im Unterschied zur Leibung, die durch senkrechte Einschnitte entsteht). An romanischen und gotischen Portalen sind die G. oft reich mit Säulen oder Figuren (Gewändeportal) geschmückt.

Gewandhaus, Zunfthaus der Tuchmacher, das oft prachtvoll ausgestaltet wurde, z. B. in Zwickau, 1521, und Braunschweig, 1591.

Gewandstudie ↑ Draperie.

Gewölbe, raumüberdeckende Konstruktion aus Steinen, Ziegel oder Beton von bogenförmigem Querschnitt. Neben dem ↑ falschen G. ist in der Antike auch schon das echte G. mit zentral gerichteten Lagerfugen bekannt. Die Entwicklung des G. steht im Zusammenhang mit der des ↑ Bogens.
Nach ihren Grundformen werden mehrere Gewölbearten unterschieden. Zu den ältesten gehört das Tonnengewölbe, das meist aus einem halben Kreiszylinder besteht und durch Gurtbogen in einzelne Teile (Joche) zerlegt werden kann (Gurtgewölbe). Schneiden sich zwei Tonnen mit gleichem Querschnitt, entsteht ein Kreuzgewölbe. Die Schnittstellen heißen Grate, deshalb wird das Kreuzgewölbe auch Kreuzgratgewölbe genannt. Seine einzelnen Teilstücke sind die Kappen. Das Klostergewölbe ist aus Segmenten einer Halbkreistonne über quadratischem Grundriß gebildet, wobei alle Wände als Auflager dienen. Beim Kreuzrippengewölbe spannen sich anstelle der Grate Rippen, die den Druck und Schub des G. auf die vier Stützpunkte ableiten. Die G. können nun aus nur dünnem Mauerwerk bestehen. Die Rippen sind die eigentlichen Träger der Last.
Ist ein Kreuzrippengewölbe noch einmal unterteilt durch ein Rippenpaar vom Kämpfer zum Schlußstein, entsteht ein sechsteiliges G. (↑ auch normannisches Gewölbe). Tonnen- und Kreuzgratgewölbe sind für die Romanik charakteristisch, das Kreuzrippengewölbe für die Gotik. Der spitze Bogen ermöglicht auch eine Folge von Rechtecken einzuwölben. Nun wurden in Abwandlungen weitere Wölbungsarten erfunden. Im Sterngewölbe schließen sich die Rippen zu sternförmigen Figuren zusammen. Beim Fächergewölbe strahlen zahlreiche Rippen von der Stütze oder vom Scheitel aus. Überziehen die Rippen die Gewölbedecke wie ein Netz, so daß die Jocheinteilung verschwindet, spricht man von einem Netzgewölbe. Das ↑ Domikalgewölbe ist eine besondere Form des Rippengewölbes. Zellengewölbe sind Kreuz-, Stern- oder Netzgewölbe, deren Kappen noch einmal als kleine Klostergewölbe ausgebildet wurden. Im Barock war das Muldengewölbe besonders beliebt, ein Tonnengewölbe, dessen Enden durch Wölbungen geschlossen sind. Das Spiegelgewölbe ist ein Muldengewölbe, dessen oberer Teil abgetrennt ist und eine ebene rechteckige oder ovale Fläche als Abschluß hat. Abb. S. 118.

Giebel [ahdt. gibil »Vorderseite«], Abschlußwand an der Schmalseite eines Hauses mit Satteldach (↑ Dachformen) oder Zierform über Portalen, Fenstern und Nischen (↑Wimperg). Wenn der G. zur Fassade eines Bauwerkes gehörte, wurde er mit besonderer Sorgfalt ausgestattet. Die Giebelform ist von der Konstruktion des dahinter liegenden Daches abhängig und oft Ansatzpunkt einer reichen bauplastischen, malerischen oder dekorativen Gestaltung. Der flache Dreieckgiebel des antiken Tempels ist meist mit plastischen Figuren geschmückt. In romanischer Zeit wurden die Giebelschrägen oft mit ↑Lisenen, ↑Friesen und anderem Bauschmuck ausgestattet, während der G. in der Gotik steiler ist und sehr unterschiedliche Abwandlungen durch ↑Fialen, ↑Maßwerk, Fensterrose erfuhr. Die italienische Renaissance verwendete den flachen antiken G. häufig als Portal- oder Fensterbekrönung, während die deutsche Renaissance die Stufen des Treppen- oder ↑Staffelgiebels mit Voluten und Rollwerk besetzte. Im Barock herrscht neben dem flachen Dreieckgiebel auch der Segmentgiebel vor. Oft wird dann das Mittelteil des G. ausgelassen (gesprengter G.) oder tritt gegenüber den Seitenteilen zurück (gekröpfter

Gewölbe. 1 Schema eines Gewölbes, 2 Tonnengewölbe, 3 Kreuzgewölbe, 4 Rippengewölbe, 5 Sterngewölbe, 6 Netzgewölbe, 7 Zellengewölbe, 8 Fächergewölbe, 9 Spiegelgewölbe

G.). Bei Fassadengiebeln wurden im Barock gern geschweifte Umrisse verwendet, während im Klassizismus auf den antiken Dreiecksgiebel zurückgegriffen wurde. Der G. über dem Mittelrisalit eines Baues wird auch als Fronton oder ↑ Frontispiz bezeichnet.

Giebeldach ↑ Dachformen.

Giebelfeld ↑ Tympanon.

Giebelhaus, Haus mit Satteldach, dessen Hauptfront durch einen Giebel gebildet wird, im Gegensatz zum Traufenhaus, bei dem die Traufseite des Daches zur Straße gerichtet ist.

Ginori-Keramik, Erzeugnisse der von Carlo Ginori 1735 in Doccia bei Florenz gegründeten noch heute bestehenden Manufaktur, aus der Porzellane und Fayencen hervorgegangen sind.

Girandole, der aus dem Italienischen übernommene Name (girandola »Feuerrad«) bezeichnete ursprünglich eine Feuerwerksfigur. Im 17. Jh. wurde der Begriff auf reich verzierte Leuchter aus Silber oder Bronze mit mehreren (meist drei) Armen übertragen. Seit dem 18. Jh. Bezeichnung für ↑ Kandelaber, Armleuchter oder ↑ Lüster mit oder ohne Kristallgehänge.

Girlande, Gebinde aus Laub, Blumen und Früchten, das bereits in der Antike als Bauornament verwendet wurde (↑ Feston).

Glacis ↑ Festung.

Glanzvergoldung, seit 1827 angewandtes Verfahren, Porzellan mit Gold zu dekorieren. Dabei wird vor dem Brennen eine zunächst schwarze organische Goldverbindung aufgetragen, die durch den Brand glänzend golden wird.

Glas, aus Quarzsand, Soda, Kalk u. a. hergestellter lichtdurchlässiger Werkstoff von großer Härte, Druckfestigkeit und Widerstandsfähigkeit, der für verschiedene Zwecke verwendet und künstlerisch gestaltet wurde. Die ältesten bekannten Glaserzeugnisse (Amulette, Perlen, Schmuckgegenstände) stammen aus dem 3. Jt. v. Chr. aus Ägypten. In der römischen Antike er-

Giebel. 1 und 2 gotische Staffelgiebel, 3 Renaissancegiebel mit Schweifwerk, 4 Barockgiebel

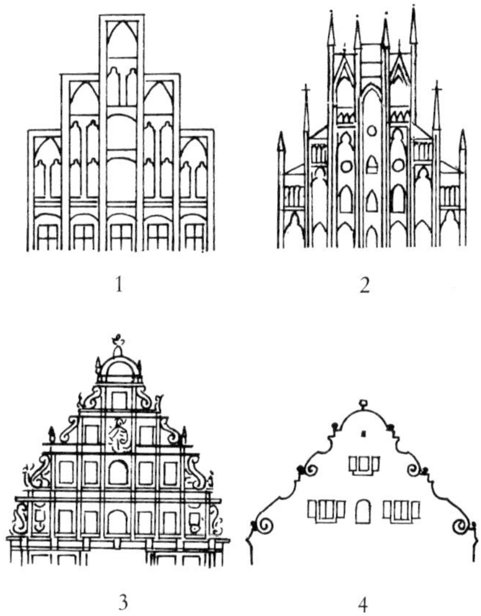

Giebel. Giebelverdachungen des 16.–18. Jh.: 1 Dreieckgiebel, 2 gesprengter Dreieckgiebel, 3 gekröpfter Dreieckgiebel, 4 Segmentgiebel, 5 gesprengter Segmentgiebel, 6 und 7 Wellengiebel, 8 Volutengiebel, 9 Volutengiebel mit Bekrönung, 10 Rokokogiebel

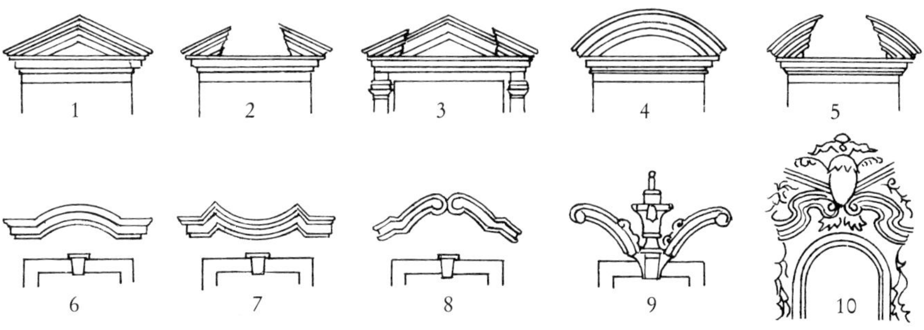

reichte die Glasherstellung und -verarbeitung hohe technische und künstlerische Qualität. Durch Erfindung der Glasmacherpfeife (1. Jt. v. Chr.) wurde es möglich, dünnwandige Hohlgläser zu blasen. Fast alle heutigen Glastechniken waren in den damaligen Zentren der Glasherstellung Rom, Alexandria, Köln u. a. geläufig (↑ Überfangglas, ↑ Millefioriglas, ↑ Fadenglas, ↑ Goldglas).
Nach dem Zusammenbruch des römischen Weltreiches wirkten die antiken Traditionen im Orient, aber auch in Europa weiter. Neben einfachem, grünlichem oder bräunlichem Gebrauchsglas, dem sogenannten Waldglas, stellte man seit dem 12. Jh. gefärbte Scheiben für die Glasmalereien her. Ende des Mittelalters setzte in waldreichen Gegenden (Schlesien, Thüringen, Böhmen, Sachsen, Schwarzwald) eine neue Entwicklung ein, die zu einem großen Formenreichtum führte (↑ Kuttrolf, ↑ Römer). Im 15.–17. Jh. entwickelte sich die Glasproduktion in Venedig (Venezianisches G.) zur bedeutendsten in Europa. Es gelang die Herstellung des klaren Kristallglases (↑ Bleiglas), und bald wurde ganz Europa mit Pokalen, Krügen usw. beliefert. Nach venezianischem Vorbild wurden auch in Deutschland kunstvolle G. hergestellt, u. a. ↑ Emailgläser, ↑ Schapergläser. Seit dem 17. Jh. setzten sich, von Prag und Nürnberg ausgehend, der ↑ Glasschnitt und der ↑ Glasschliff durch, der seine höchste Vollendung in Böhmen erreichte. Das Biedermeier besaß eine Vorliebe für farbige G., besonders ↑ Überfanggläser. In dieser Zeit wurden auch das ↑ Lithyalinglas und ↑ Hyalithglas erfunden. Im Jugendstil bemühte man sich um einfache Formen und qualitätvolle Veredlung. Bahnbrechend wurden Emile Gallé (↑ Gallégläser) und Louis Comfort Tiffany (↑ Tiffanyglas). Neben einer funktionsgerechten Formgebung, die vom Bauhaus ausgegangen war, wird heute wieder mehr spielerisch mit dem G. umgegangen.

Glas. Pokal mit Bacchantenzug. Um 1720. Berlin, Märkisches Museum

Glasfenster ↑ Glasmalerei.

Glasklischee, *Diaphanradierung* [griech. diaphanein »durchscheinen«], *Glasradierung.* Eine Glasplatte wird mit einer undurchsichtigen Schicht überzogen und die mit einer Nadel eingeritzte Zeichnung anschließend auf fotografisches Papier kopiert. Camille Corot war einer der ersten, der dieses Verfahren anwandte.

Glasmalerei. Zur G. gehören die musivische G. (bleigefaßte farbige Glasfenster), die Kabinettmalerei und der volkstümliche Zweig der ↑ Hinterglasmalerei.
Farbige Glasfenster sind nördlich der Alpen seit karolingischer Zeit (8. Jh.) bekannt. Sie sind aus gefärbten Glasstücken mosaikartig zusammengesetzt. Bleiruten halten die einzelnen Teile zusammen, sie geben zugleich die Hauptkonturen an, während die feinere Binnenzeichnung und Schattierung in der mittelalterlichen G. durch aufgebranntes oder aufgeschmolzenes ↑ Schwarzlot erreicht wurde. In dieser musivischen (mosaikartigen) G. wurden hauptsächlich durchgefärbte Gläser verwendet, daneben auch

1 2

Glasmalerei. 1 Bleiruten geben die Hauptkonturen an, 2 Binnenzeichnung mit aufgetragenem Schwarzlot

helleres Glas, das mit einer dünnen farbigen Glashaut überfangen ist (↑Überfangglas). Durch Schleifen entstehen unterschiedliche Farbtöne. Die ältesten erhaltenen Glasfenster stammen aus dem Augsburger Dom vom Anfang des 12. Jh. Bedeutend für die weitere Entwicklung waren die Glasfenster in der Kathedrale von Chartres (um 1150). Ihre Blütezeit erlebten die farbigen Glasfenster in der gotischen Architektur, als die Wandflächen durch hohe Fenster aufgelokkert wurden, durch die das Licht einfallen und die Farben zu intensivem Leuchten bringen konnte. Hervorragende Beispiele für die mittelalterliche G. sind die Fenster u. a. des Straßburger Münsters, der Elisabethkirche in Marburg, der Dome in Köln, Erfurt und Stendal. Während für die frühen Glasfenster noch eine Kleinteiligkeit der Einzelformen charakteristisch ist (Medaillonfenster), werden im 14. und 15. Jh. immer mehr architektonische Motive dargestellt, die dann die gesamten Fensterflächen vereinheitlichen.

In der Renaissance wurde mit Verwendung immer größerer Scheiben dünnen Glases und immer differenzierterer Schmelzfarben sowie einer allmählichen Reduzierung der Bleistege die G. von der sogenannten Kabinettmalerei abgelöst, die in Süddeutschland und besonders in der Schweiz bis ins 17. Jh. als ↑Wappenscheibe ihre Blüte erlebte; Wappenscheiben zierten insbesondere Rathäuser. Im Barock wurden helle Verglasungen bevorzugt. Eine Neubelebung der G. begann im 19. Jh. unter Einfluß des ↑Historismus durch Wiederaufnahme oder Weiterbildung alter Verfahren. Im 20. Jh. schufen insbesondere Henri Matisse und Marc Chagall bedeutende Glasfenster.

Glasradierung ↑Glasklischee.

Glasschliff, Glattschleifen der Oberfläche durch rotierende Schleifscheiben. Der G. wurde im 17. und 18. Jh. besonders zur Veredlung der Schäfte, des unteren Teils der Kuppa und der Deckelknäufe von Pokalen verwendet.

Glasschnitt, mit Hilfe eines rotierenden Kupferrädchens in das Glas eingeschnittene Ornamente und bildliche Szenen, die matt sind, aber blankpoliert werden können. Man unterscheidet Hoch- und Tiefschnitt. Der G. ist aus der Übertragung des Steinschnitts auf das Glas entstanden und wurde bereits in der römischen Antike praktiziert.

Glasur, glasartiger Überzug auf keramischen Erzeugnissen, der im Glasurbrand aufgeschmolzen wird. Je nach Zusammensetzung kann die G. durchsichtig oder opak (undurchsichtig), farbig oder farblos sein; sie dient auch zur Herstellung der ↑Fayence. Lüsterglasur als besondere Glasurart (↑Lüster) hat einen metallisch schimmernden, irisierenden Glanz.

Gliederpuppe, *Gliedermann, Manichino,* kleine, oft nur 30–50 cm hohe, meist hölzerne menschliche Figur mit beweglichen Gliedern, die der Künstler für Proportions- und Bewegungsstudien und als Modellersatz verwenden konnte.

Glockenbecherkultur, frühgeschichtliche Kultur, die vom 3.–2. Jt. v. Chr. in West- und Mitteleuropa verbreitet war. Sie wurde

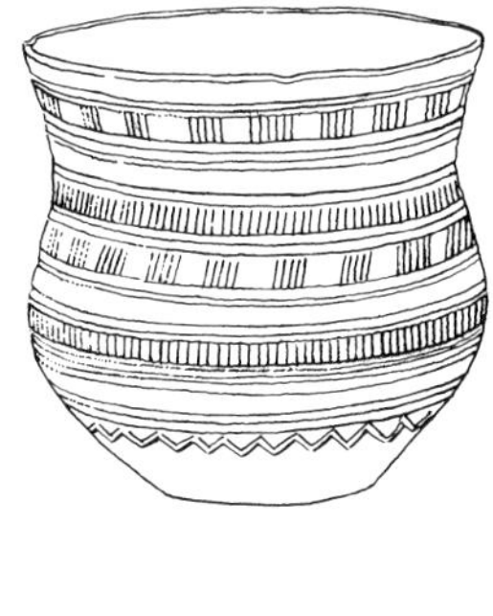

Glockenbecherkultur. Glockenbecher. Köln, Römisch-Germanisches Museum

nach der charakteristischen Keramikform, dem glockenförmigen Becher, benannt, dessen Verzierungen in horizontale Zonen aufgeteilt waren. Die Träger der G. waren Jäger und Viehzüchter, ihre Siedlungen bestanden aus leicht gebauten Häusern. Zu den typischen Grabbeigaben der in Hocklage bestatteten Toten gehören Becher, Kupferdolche und steinerne Armschutzplatten.

Glorie, *Gloriole, Glorienschein* ↑Heiligenschein.

Gloriette, tempel- oder pavillonartiges Gebäude auf einer Anhöhe in barocken oder klassizistischen Parkanlagen (Park von Schönbrunn bei Wien, Wilhelmshöhe bei Kassel).

Glykophilusa ↑Marienbild.

Glyptik [griech. glyphein »in Stein gravieren«], *Steinschneidekunst,* seit dem Altertum geübte Kunst, Edel- oder Halbedelsteine durch Reliefs zu verzieren. Dabei unterscheidet man die vertieft geschnittene Darstellung, die ↑Gemme (Intaglio), die für den Abdruck in anderem Material gedacht war, und die erhabene ↑Kamee, die nur zum Schmuck dient. Als Material wurden meist Halbedelsteine verwendet. Die ältesten Beispiele stammen aus Mesopotamien (5. Jt. v. Chr.). Als Stempelsiegel und Siegelzylinder verbreiteten sie sich über den ganzen Orient. In Griechenland begann im 6. Jh. v. Chr. eine Blütezeit der G., die bis nach Etrurien und Persien reichte. Kameen wurden erst in der höfischen Kunst des Hellenismus besonders geschätzt. In Chalzedon, Sardonyx, Karneol und Achat wurden die verschiedenartigsten Darstellungen (häufig Porträts) geschnitten. Mit Untergang des römischen Reiches verfiel die G. Erst in der italienischen Renaissance entwickelte sich eine neue G. nach antikem Vorbild. Bevorzugt wurden nun figurenreiche Darstellungen aus antiker und christlicher Mythologie. Nachdem im 17. Jh. das Interesse für die G. wieder nachgelassen hatte, wurde sie im Klassizismus durch die Begeisterung für die Antike wiederentdeckt. Sie beschränkte sich jedoch meist auf Nachahmung antiker Originale.

Glyptothek [griech. glyptotheka »Steinsammlung«], ursprünglich Sammlung geschnittener Steine (↑Dactyliothek); später auch Bezeichnung für Museen antiker Skulpturen (G. in München).

Gnadenbild, Gemälde oder Plastik, dem wundertätige Kräfte zugesprochen werden. G. sind deshalb häufig an Wallfahrtsorten zu finden.

Gnadenkirche ↑Wallfahrtskirche.

Gnadenstuhl, Form der Darstellung der ↑Dreifaltigkeit in der christlichen Kunst des Mittelalters. Gottvater wird mit dem Kruzifix oder dem Leichnam Christi auf dem Schoß wiedergegeben, über den Köpfen beider die Taube des Heiligen Geistes. Das Motiv ist im 12. Jh. zuerst in der Buchmalerei zu finden, später auch in der Wand- und Tafelmalerei, in Plastik und Grafik.

Gobelin, Bezeichnung für gewirkte ↑Bildteppiche; benannt nach einer Färberfamilie in Paris, die seit 1662 eine königliche Manufaktur betrieb, in deren Werkstätten flandrische Teppichwirker Teppiche für den französischen Hof herstellten.

Godenschüssel [god im Dialekt für »Pate«], flache Deckelschüssel mit zwei Henkeln, meist aus Silber, aber auch aus Zinn, Porzellan, Fayence. Sie wurde zum Servieren von Suppe u. a. für eine einzelne Person genutzt und war besonders in Frankreich im 17. und 18. Jh. beliebt, weniger in England und Italien; in Deutschland auch als »Wochenschüssel« oder »Wöchnerinnenschüssel« bezeichnet, da dieser Geschirrtyp ein beliebtes Geschenk für Wöchnerinnen war.

Godronierung, getriebene oder gegossene Randleisten in Form von runden oder länglichen Buckeln bei Gefäßen aus Edelmetall und Zinn.

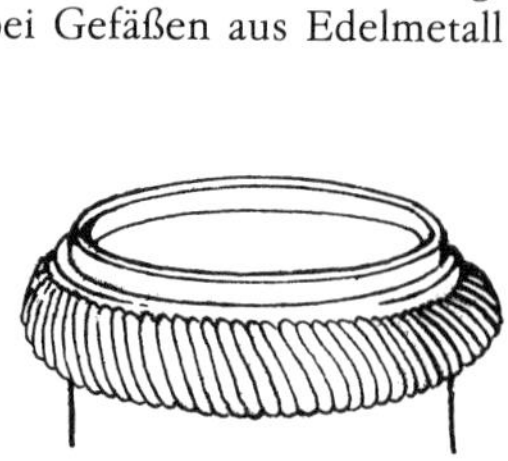

Godronierung

Goldelfenbeinkunst ↑chryselephantin.

Goldener Schnitt, die Teilung einer Strecke in zwei Teile, so daß sich der kleinere zum größeren verhält wie dieser zur ganzen Strecke. Der G. S. wird als harmonisches Maßverhältnis empfunden; er erfuhr in Epochen, die der ↑Proportionslehre viel Aufmerksamkeit schenkten (Antike, Renaissance, Klassizismus), in der künstlerischen

Bildgestaltung und in der Architektur besondere Beachtung.

Goldglas. Blattgold wird auf die Glasoberfläche aufgeklebt, anschließend werden figürliche Szenen oder Ornamente herausgeschabt und das Gold mit einer dünnen Glasschicht überzogen.

Eine Sonderform sind die »fondi d'oro« [ital. »Goldgründe«, Sing. fondo]. Das aus dem Blattgold radierte Bild befindet sich hier auf dem Boden der Gefäße und hat mitunter einen farbigen Hintergrund. Die fondi d'oro sind Erzeugnisse der frühchristlichen Kunst (2.–4. Jh.).

Goldgrund, in der byzantinischen und mittelalterlichen Malerei wurde seit dem 4. Jh. der realistische Hintergrund der antiken Malerei durch einen G. ersetzt, der den christlichen Figuren oder Szenen eine besondere Feierlichkeit und Hoheit verleihen sollte. Bevor das Blattgold aufgetragen werden konnte, mußte der Malgrund durch mehrere Schichten leimgebundener weißer Kreide unter Verwendung gelber oder rotbrauner Tonerde (Bolus) geglättet werden. Mitunter beleben mit Punzen eingetriebene Muster die Fläche. Der G. hob die Dinge aus ihrem realen Zusammenhang heraus in eine raumlose, übersinnliche Sphäre und steigerte den Eindruck des Kostbaren und Verehrungswürdigen.

Goldschmiedekunst, künstlerische Verarbeitung von Edelmetallen (Gold, Silber, Platin) zu kultischen Geräten, kostbaren Gefäßen, Schmuckstücken oder kunstvoll verzierten Waffen.

Wegen ihrer geringen Härte und Seltenheit werden Edelmetalle im legierten Zustand verarbeitet. Haupttechnik ist die ↑Treibarbeit, seltener der Guß. Die einzelnen Teile werden durch Löten, Schweißen oder Nieten aneinandergefügt. Die Oberfläche kann graviert, ziseliert oder geätzt werden. Besondere Techniken in der G. sind ↑Filigran, ↑Tauschierung, ↑Granulation, ↑Niello, aber auch die Verbindung mit Email (↑Emailkunst) im Zellenschmelz.

Gold ist schon in urgeschichtlicher Zeit und bei allen Kulturvölkern des Altertums zu Schmuck und zu Geräten verarbeitet worden. In der Nachfolge der griechischen Kunst hat Byzanz eine hochentwickelte G. gepflegt und Gold in Verbindung mit anderen kostbaren Materialien (Juwelen, Elfenbein, Email) bei der künstlerischen Gestaltung von Bucheinbänden, Altartafeln, Kruzifixen, Kelchen, Leuchtern, Reliquiaren verwendet.

Auch im frühen Mittelalter wurden hervorragende Leistungen der G. erreicht (Antependium von San Ambrogio in Mailand, spätromanische Reliquienschreine im Rhein- und Maasgebiet, Klosterneuburger Altar). In dieser Zeit gab die G. der Großplastik zahlreiche Impulse. In gotischer Zeit wurden Altargeräte aus Gold und Silber hergestellt (↑Kelch, ↑Ciborium, ↑Monstranz, Kreuz, Leuchter). Seit der Renaissance gestalteten die Goldschmiede zunehmend auch weltliche Gegenstände, besonders Tafelgeräte und Schmuckstücke. Städte (Ratssilber), Zünfte und Schützengilden boten ihnen anregende und lohnende Aufgaben. Im Barock entstanden neben reichem kirchlichem Gerät auch Altaraufbauten mit Silberornamenten. Barocke Formen haben sich in der G. noch bis in das 19. Jh. erhalten. Mit dem Jugendstil setzten sich Reformbewegungen durch, die im 20. Jh. eine Neubelebung der G. einleiteten.

Goldschnitt ↑Farbschnitt.

Gorgoneion [griech.], Kopf der von Perseus getöteten Gorgo Medusa, einem dämonischen weiblichen Fabelwesen, den Athena

Gorgoneion. Gorgo Rondanini. München, Glyptothek, Antikensammlung

an ihrem Schild, der Ägis, befestigte. Die Gorgo wurde in der archaischen Kunst als geflügeltes Wesen mit gefletschten Zähnen und Schlangenhaar dargestellt, zur Zeit des Hellenismus mit schmerzerfüllt-menschlichem Antlitz (Gorgo Medusa Rondanini).

Gothaer Porzellan, Erzeugnisse der ältesten Thüringer Porzellanmanufaktur, die 1737 in Gotha gegründet wurde. Sie stellte vorwiegend kleine Service her. Kennzeichnend sind die in brauner ↑Camaieu-Malerei ausgeführten Ruinenlandschaften, von der Berliner Manufaktur angeregte Kopien rotfiguriger griechischer Vasen und Silhouettentassen. ↑auch Porzellanmarken.

Gotik, Stil der mittelalterlichen Kunst in Europa. Ihren Namen erhielt diese Epoche im 16. Jh. durch den italienischen Kunsttheoretiker Giorgio Vasari. Er sah die Goten als Urheber der in der Renaissance als fremd und barbarisch empfundenen mittelalterlichen Kunst an. Erst mit dem erwachenden bürgerlichen Nationalbewußtsein im 18. und 19. Jh. änderte sich die bis dahin abwertende Beurteilung und führte zu einer genauen Umgrenzung des Begriffs und seiner Anwendung auf die Kunst zwischen Romanik und Renaissance.

Die G. entstand um die Mitte des 12. Jh. in Frankreich und breitete sich seit dem 13. Jh. über ganz Europa aus. Sie endete in Italien Anfang des 15. Jh., in anderen Ländern erst in der 1. Hälfte des 16. Jh. In Frankreich hatte das Königtum an dem Stilwandel der Gotik ebenso Anteil wie das neu entstehende Bürgertum in den Städten, die zu Zentren der geistigen Entwicklung von Wissenschaft und Kultur wurden.

Im Gegensatz zu romanischen Kirchen wird in der gotischen Architektur der Bau nicht mehr aus Teilräumen addiert, sondern in Grundriß, Wandform und Wölbung als Einheit aufgefaßt. Langhaus, Querhaus und Chor verschmelzen zu einem einheitlichen Raum, wobei die Basilika als Bautyp zunächst meist noch beibehalten wird. Das Schiff setzt sich im Chor unmittelbar fort, die Seitenschiffe sind als Umgang um diesen herumgeführt. An Stelle der massiven Wände tritt der Skelettbau mit Spitzbogen, Stützen und ↑Diensten. Die großen mit ↑Maßwerk versehenen Fenster sind mit

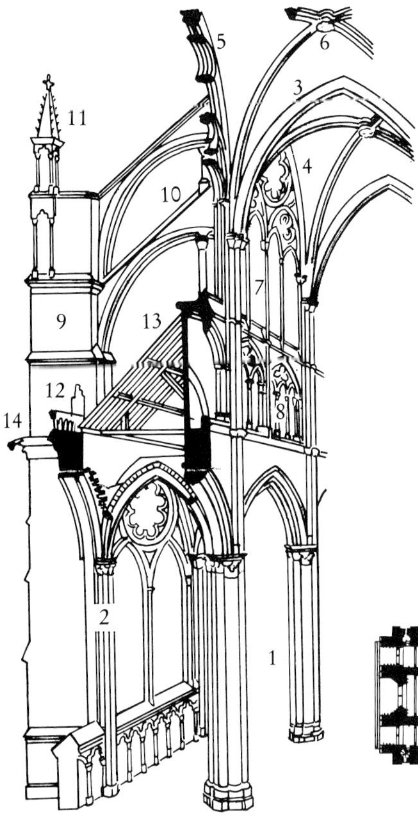

Gotik. Aufriß und Grundriß der Kathedrale von Amiens. 1 Arkadenpfeiler, 2 Dienstbündel, 3 Gurtbogen, 4 Schildbogen, 5 Kreuzrippen, 6 Gewölberippen, 7 Fensterzone, 8 Triforium, 9 Strebepfeiler, 10 Strebebogen, 11 Fiale, 12 äußerer Umgang, 13 Seitenschiffdach, 14 Wasserspeier

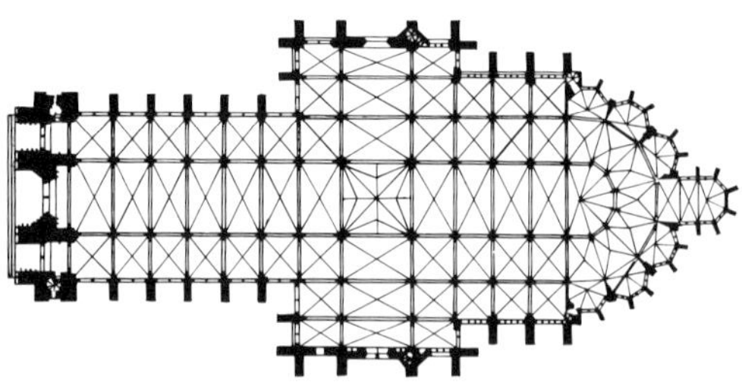

↑ Glasmalereien geschmückt. Der Außenbau zeigt ↑ Strebepfeiler und ↑ Strebebögen, die den Schub des Gewölbes abfangen. Wegweisende Leistungen stellen die Kathedralen von Paris, Chartres und Reims dar; der erste gotische Bau in Deutschland war der Magdeburger Dom (beg. 1209). Im Laufe der weiteren Entwicklung vollzog sich der Übergang von der Basilika zur ↑ Hallenkirche (in Deutschland z. B. Annaberg, Schneeberg). Auch der bürgerliche Profanbau erlebte eine erste Blüte. Rathäuser, Zunfthäuser, Verkaufshallen und Stadtbefestigungen verdeutlichen die Macht des städtischen Bürgertums. ↑ auch Backsteinbau.
Die Plastik stand besonders im 13. Jh. im Dienste der Baukunst (Chartres, Notre-Dame in Paris, Reims, Bamberg, Magdeburg, Naumburg). An französische Kathedralen wurde in umfangreichen Folgen von Statuen und Reliefs das theologische Welt- und Geschichtsbild der Scholastik dargestellt. Charakteristisch für die gotische Plastik ist ein Abstrahieren der Gewandfigur, eine Neigung zu überschlanken, wie schwebend wirkenden Gestalten (Kölner Domchor-Apostel, 1. Drittel 14. Jh.). Im Laufe des 14. und frühen 15. Jh. verlor die Architekturplastik an Bedeutung, unterschiedliche Tendenzen zeigten sich. Es entstanden die ↑ Andachtsbilder und unter dem Einfluß des ↑ Weichen Stils die ↑ Schönen Madonnen. Die umfassendste künstlerische Ausdrucksform in der spätgotischen Plastik ist der mehrflügelige Altar (Michael Pacher, Veit Stoß, Tilman Riemenschneider).
In der Malerei ergab sich aus den Gegebenheiten des Kirchenbaus ein neues Gebiet für die ↑ Glasmalerei. Von Frankreich ausgehend, entstanden bedeutende Werke der ↑ Buchmalerei. Seit Mitte des 14. Jh. entwikkelte sich die ↑ Tafelmalerei zur führenden Gattung. Wichtige Impulse vermittelte die italienische Malerei. Die Figuren agierten in zunehmend klarer gegliederten Interieurs und Landschaften. Ähnlich wie in der Plastik werden auch in der Malerei neue Gefühlsbereiche erschlossen.

gotischer Verband ↑ Mauerverband.

gotische Schrift ↑ Schrift.

Gouachemalerei ↑ Guaschmalerei.

Grabkapelle. Über Gräbern bedeutender Persönlichkeiten meist als ↑ Zentralbau ausgeführt. Häufig steht sie isoliert, sie kann aber auch Teil von Kirchenbauten sein.

Grabmal, *Grabdenkmal,* Denkmal für Verstorbene, das in allen Kulturen große Bedeutung besaß. Ursachen für die frühe und hohe Entwicklung einer Grabmalkunst sind im kultischen Bereich (Vorstellungen vom Weiterleben nach dem Tode, Ahnenkult) und im Bemühen um Gedenken an Verstorbene zu suchen (↑ Memorialbau). Am bekanntesten sind die frühen Beispiele der ↑ Pyramiden (2500 v. Chr.), ↑ Mastabas und ↑ Totentempel Altägyptens. In Ägypten, auf Kreta und Mykene gab es den Typ des ↑ Schachtgrabes, in Mykene dann das ↑ Kuppelgrab. In Kleinasien werden seit dem 6. Jh. v. Chr. G. in Turmform errichtet (↑ Mausoleum).
Im nördlichen Europa sind ↑ Dolmen, ↑ Hügelgräber und ↑ Menhire verbreitet, daneben gibt es zahlreiche Formen in den Felsen gehauener oder aufgemauerter Kammergräber. In der griechischen Antike dominieren Grabstatue und Grabstele (↑ Stele), oft von großem künstlerischem Wert. Mit dem Verbot des Gräberluxus durch Demetrios von Phaleron bricht diese Entwicklung Ende des 4. Jh. v. Chr. jäh ab, und fortan dienen kleine Grabplatten und -vasen als bescheidener Schmuck. In der etruskischen und römischen Kunst sind neben Totenhäusern und hausförmigen Urnen auch Mausoleen, Sarkophage und Grabsteine mit bildlichen Darstellungen verbreitet.
Das G. der frühchristlichen Zeit entwickelte sich zunächst in den ↑ Katakomben. Später ist die Kirche Stätte der Märtyrergräber (↑ Krypta). Hohe geistliche und weltliche Herrscher wurden in der Krypta, im Chor und später in anderen Teilen der Kirche beigesetzt. Hauptform des Grabes im Mittelalter war die aus Stein oder Bronze bestehende Grabplatte, die in den Fußboden der Kirche eingelassen war oder auf der ↑ Tumba auflag. Bis Anfang des 13. Jh. waren Gräber fast schmucklos, dann wird das Bild des Verstorbenen zunächst im Relief (frühestes Beispiel das Grab Rudolfs von Schwaben im Dom zu Merseburg, 1080), später vollplastisch gestaltet (Grabfiguren von Peter Parler im Prager Veitsdom, 2. Hälfte 14. Jh.). Neue Impulse erhielt das G. in der Renaissance. Der Verstorbene wird hier in verschiedenen Haltungen wiederge-

geben; oft wird das G. mit dem Denkmalsgedanken verschmolzen (Michelangelos Grabkapelle der Familie Medici in Florenz, 1520–34; Maximiliansgrab in der Hofkirche in Innsbruck, bis um 1550).
Seit dem ausgehenden Mittelalter werden die Friedhofsgrabmale immer wichtiger. Während im 16. Jh. zahlreiche Allegorien auf Tod und Vergänglichkeit anspielen, tritt seit dem 18. Jh. das Thema des Engels als Seelengeleiter in den Vordergrund. Zu Beginn des 19. Jh. schufen Gottfried Schadow und Antonio Canova symbolhafte Grabmalfiguren, als Denkmal des Todes im allgemeinen Sinn. ↑ auch Epitaph.

Grabstele ↑ Stele.

Grabstichel, Werkzeug für den Holz- und Kupferstich.

Grabtempel, besonderer Kultbau am Bestattungsort eines Heiligen oder gottgleichen Herrschers (z. B. Pharao). Die ältesten Grabtempel sind aus dem Orient und aus Ägypten bekannt: ↑ Pyramide, Tempelgrab von Knossos (um 1500 v. Chr.), ↑ Mausoleum von Halikarnassos (4. Jh. v. Chr.).

Graduale [lat. gradus »Stufe«], kurzer Zwischengesang während der katholischen Messe nach der Epistelverlesung. Seit dem 12. Jh. auch Bezeichnung der liturgischen Bücher, in denen die Meßgesänge verzeichnet sind.

Graffiato, Graffito ↑ Sgraffito.

Grafik [griech. graphein »schreiben«], Sammelbezeichnung für Zeichnungen und künstlerische Vervielfältigungstechniken; im weiteren Sinne schließt die G. die Handzeichnung mit ein, doch wird zunehmend die Bezeichnung auf die Druckgrafik beschränkt, also auf das vom Künstler mittels drucktechnischer Verfahren hergestellte Werk (↑ Holzschnitt, ↑ Kupferstich, ↑ Lithographie, ↑ Radierung usw.). Druckgrafik ist zu finden als Einzelblätter (↑ Einblattdrucke), in Flugblättern, Flugschriften und als ↑ Buchillustration.

Granatapfelmuster

Granat [lat. granum »Korn«], Schmuckstein von meist roter Farbe. Hauptfundort bis Mitte des 19. Jh. in Böhmen. Meist wurden viele kleine Steine dicht nebeneinander gesetzt und zu den verschiedenartigsten Schmuckstücken verarbeitet.

Granatapfelmuster, Muster mit stilisierten Granatapfeldarstellungen, das in Europa besonders für Samt- und Seidenstoffe verwandt wurde. Der Granatapfel galt als Symbol für Fruchtbarkeit und Reichtum. Neben dem Granatapfel dienen auch Distel und Ananas als Naturvorbild. Das G. ermöglicht eine großzügige, feste Flächengliederung.

Granulation [lat. granulum »Körnchen«], Ziertechnik der ↑ Goldschmiedekunst, bei der winzige Gold- und Silberkörnchen auf Edelmetall aufgeschmolzen werden. Die Technik wurde bereits in Troja und Kreta um 2000–1800 v. Chr. ausgeübt und erreichte bei den Etruskern einen künstlerischen Höhepunkt. G. kommt häufig in Verbindung mit ↑ Filigran vor.

Grat, vorspringende Schnittkante, z. B. an Gewölben oder Dachflächen.

Grattage [franz. gratter »abkratzen«], Technik der Bildgestaltung, die Max Ernst von seiner ↑ Frottage ableitete und 1925/26 auf die Malerei übertrug. Unter eine mit mehreren Farbschichten bedeckte Leinwand legte er reliefartige Gegenstände. Auf den sich abdrückenden Stellen schabte er mit dem Messer die Farbe ab, so daß die darunter liegenden Farbschichten sichtbar wurden.

Gravieren [niederdt. graven »graben«], Einritzen oder Einschneiden von Zeichnungen, Ornamenten oder Schrift in Metall, Elfenbein, Holz usw. mit der Graviernadel, dem Grabstichel oder Schleifrädchen (bei Glas], heute auch mit Graviermaschinen.

Gravüre, *Gravur, Gravierung,* Ergebnis der Gravierkunst, vor allem bei Kupfer- oder Stahlstich.

Grazien [lat. »die Anmutigen«] ↑ Chariten.

Greif [lat. gryphus], Fabelwesen des alten Orient und der Antike, Mischung von Löwe und Adler; war in der mittelalterlichen

Kunst Symbol Christi und der Auferstehung.

griechische Kunst, Kunst der Griechen etwa vom 11.–1. Jh. v. Chr. Sie folgt der ↑ minoischen und ↑ mykenischen Kultur, an die sie formal jedoch nur teilweise anknüpft.

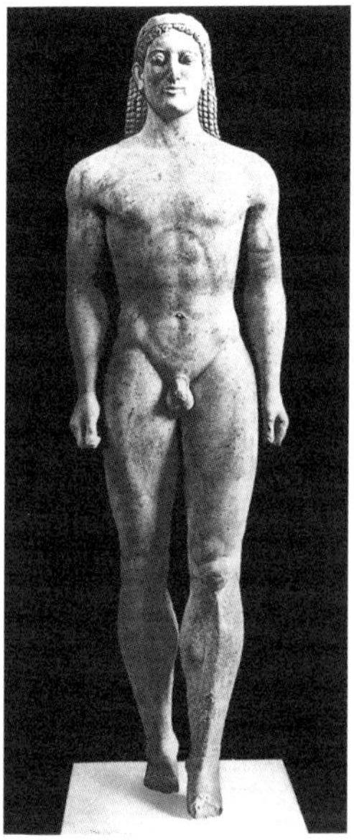

Griechische Kunst. Kuros von Anarysso. Um 530–520 v. Chr. Athen, Nationalmuseum

Die g. K. läßt sich in größere Zeitabschnitte untergliedern. Auf eine protogeometrische Phase (1050–900) folgen der geometrische Stil (900–700), die Archaik (700–500), die Klassik (500–300) und der Hellenismus (300–100), dann geht die g. K. in der entstehenden römischen Reichskunst der Kaiserzeit auf.

Die ältesten erhaltenen Kunstwerke aus geometrischer Zeit sind bemalte Gefäße der mittelgriechischen Landschaft Attika, die als Wiege der g. K. gelten kann. Es entwickelte sich hier ein geometrischer Stil, in dem besonders Mäander beliebt waren. Bevorzugt wurde eine rötliche Tönung der Gefäße. Bei der Gestaltung der unterschiedlichsten Gefäßformen (↑ Vasentypen, griechische) zeigten die Künstler große Meisterschaft.

In der archaischen Periode [arche »Anfang«] nahmen Kunst und Kultur einen schnellen Aufschwung. Neben kretischen und mykenischen Einflüssen werden auch Anregungen aus Vorderasien und Ägypten aufgenommen. So übernahm die Vasenmalerei einzelne Motive aus dem Orient (Sphinx, Greif, Lotosblüte u. a.). Während in der Vasenmalerei bisher Rot und Weiß für die Bemalung überwogen, dominierte in Attika im 6. Jh. der schwarzfigurige Stil. Im letzten Drittel des 6. Jh. setzte sich eine neue Maltechnik durch. Die Darstellung blieb als rote Fläche vor dem schwarzen Grund ausgespart.

Seit Mitte des 7. Jh. entwickelte sich eine monumentale Plastik, an der sich die Wandlung des griechischen Menschenbildes ablesen läßt. Im Typus des nackten Jünglings (↑ Kuros) wurden Götter oder Helden verherrlicht, daneben entstand die bekleidete weibliche Mädchenfigur (↑ Kore). Der Kuros-Typ leitet sich in seiner strengen Frontalität, dem Schrittstand und der Haltung der anliegenden Hände von orientalischen, besonders ägyptischen Vorbildern ab. Neu ist das »archaische Lächeln« als Ausdruck psychischer Regung. Gleichzeitig mit der Freiplastik entwickelte sich die Reliefkunst (Giebelreliefs als Schmuck von Tempeln und Schatzhäusern). Am deutlichsten drükken sich die neuen Tendenzen in der Architektur aus, die vor allem durch den Tempelbau gekennzeichnet ist. Der Steinbau löste den Holzbau ab. Es bilden sich kanonische Formen des Baustils heraus (dorische und ionische ↑ Säulenordnung).

Mit der Klassik begann im 5. Jh. der Höhepunkt der g. K. Die klassische Baukunst klärte und verfeinerte Formen und Proportionen der Tempel (Zeustempel in Olympia 470–460 v. Chr., Parthenon 447–432 v. Chr. in Athen), die noch wie in archaischer Zeit als selbständiger Einzelbau und plastischer Körper begriffen werden, an dem besonders die Gliederung der Außenseiten interessiert. Um 400 v. Chr. kommt eine dritte, die korinthische ↑ Säulenordnung hinzu. In der Plastik werden die starren archaischen Formen gesprengt. Der ↑ Kontrapost wird neues Gestaltungsprinzip. Voraussetzung dafür sind der als gegliedert verstandene organische Körper und ein funktionsgerechtes Muskelbild. Damit wird eine neue Aussage zur Körperhaftigkeit und deren Verhältnis zum Raum ermöglicht. Aus dem Kontrapost entwickelt sich ein rhythmischer Wechsel von Bewegung und Gegenbewegung. Aus dieser Zeit sind auch die Namen bedeutender Bildhauer überliefert: Myron (Diskuswerfer), Phidias (Giebelfries und Metopenwerke am Parthenontempel und die ↑ chryselephantin gearbeiteten Kultbilder des Zeus in Olympia und der Athena Parthenos), Polyklet (Statue des Doryphoros), Praxiteles (Hermes mit dem Dionysosknaben, Aphrodite von Knidos). Bedeutung gewinnt in dieser Zeit auch die Porträtstatue.

In der Vasenmalerei erreichte der attische rotfigurige Stil seine Blütezeit. Die Monumentalmalerei wurde durch Polygnot (nur in Beschreibungen überliefert), Mikon und Apollodoros (bekannt durch perspektivische Verkürzungen und Schattierung) vertreten. Athen wird führendes Kunstzentrum.

Griechische Kunst. Geometrischer Krater. 8. Jh. v. Chr. New York, Metropolitan Museum

Das Zeitalter des Hellenismus begann nach dem Tode Alexanders des Großen (323 v. Chr.) und dauerte bis zum 1. Jh. v. Chr. Die hellenistischen Reiche werden zu römischen Provinzen. In der Architektur nahm der Städtebau einen bedeutenden Aufschwung. Waren ursprünglich Tempel die wichtigsten Gebäude, so sind sie jetzt Teil von zentralen Ensembles, zu denen auch Verwaltungsgebäude, Bibliotheken und Gymnasien gehören (Akropolis von Pergamon). Kennzeichnend für diese Epoche sind auch die Anfänge der Park- und Gartengestaltung, bei der Bildwerke mit einbezogen wurden.

In der Plastik entstanden neben Kolossalstatuen vielfigurige Gruppen und Reliefs, die sich im Gegensatz zur klassischen Bildhauerkunst des 5. Jh. oft durch emotionale Spannungen auszeichnen (Nike von Samothrake, Laokoon-Gruppe, Zeusaltar von Pergamon). Auch in der Gestaltung von ↑ Gemmen erreichten die Griechen hohe Meisterschaft. Von der hellenistischen Malerei ist kaum etwas erhalten geblieben.

griechisches Kreuz ↑ Kreuz.

Grisaille [zu franz. gris »grau«], Malerei ausschließlich in Grau, Weiß und Schwarz. Bei einer anderen hell oder dunkel abgetönten Farbe spricht man von ↑ Camaieu. In der mittelalterlichen Tafelmalerei wurde G. zur plastisch wirkenden Darstellung von Skulpturen benutzt. Auch Glasmalereien wurden in dieser Technik angefertigt.

Grolierstil, Stilart der französischen Renaissance-Bucheinbände, benannt nach dem französischen Bibliophilen Jean Grolier de Servin (1479–1565). Seine Sammlung kunstvoller Einbände war berühmt. Charakteristisch ist das geometrisch aufgegliederte Band- und Rollwerk mit mauresken Zierformen in Gold auf meist braunem Leder.

Großsteingrab, *Megalithgrab,* aus großen, zumeist unbearbeiteten Steinblöcken errichtete Grabanlage in West- und Nordeuropa. Die Grabkammer besteht aus aufrecht stehenden Wandsteinen, die mit flachen Decksteinen abgeschlossen sind. Das G. war ursprünglich von einem Hügel bedeckt und wurde für Kollektivbestattungen benutzt. Dazu gehören u. a. ↑ Dolmen, ↑ Ganggrab und ↑ Galeriegrab.

Grolierstil. Bucheinband für Jean Grolier

Groteske [ital. grotta »Höhle«, grottesco »seltsam«, »verschroben«], Ornamentform, die aus Rankenwerk besteht, in das phantastische Tier- oder Pflanzenformen eingefügt sind. Zuerst in der Antike verwendet, wurde sie Ende des 15. Jh. in Italien in unterirdischen Räumen der römischen Antike wiederentdeckt, wovon der Name abgeleitet ist und dann für ähnliche Ornamente gebraucht wurde. In Deutschland wurde die G. u. a. gern von den ↑Kleinmeistern verwendet.

Grotte [ital. grotta »Höhle«], künstliche Fels- oder Erdhöhle, die in Renaissance und Barock ein beliebtes Ausstattungsstück der Gartenkunst war, oft mit Wasserspielen verbunden (Nymphenbad im Dresdner Zwinger 1711, Neptungrotte im Park von Sanssouci 1751). Seit dem 18. Jh. wurden auch Innenräume unter Verwendung von Muscheln und Gestein zu grottenähnlichen Gartensälen umgestaltet (Grottensaal im Neuen Palais in Potsdam 1765).

Groupe de Recherche d'Art Visuel, Abkürzung *GRAV,* zwischen 1960 und 1968 in Paris bestehende künstlerische Vereinigung, die sich mit visueller Kunst auseinandersetzte. Die Künstler bauten Raumstrukturen mit kinetischen Objekten (↑kinetische Kunst) auf, in denen der Zuschauer aus seiner passiven Rolle herausgelöst und zum Bestandteil des vom Künstler geschaffenen Ambientes werden sollte. Neben dem Initiator Victor Vasarely gehören u. a. Julio Le Parc und François Morellet dazu.

Grubenschmelz ↑Emailkunst.

Gründerzeit, Bezeichnung für die Jahre zwischen 1870 und 1890, in der sich in Deutschland nach der Reichseinigung und dem Zufluß von Kriegskontributionen aus Frankreich die Wirtschaft sprunghaft entwickelte. Dies führte zur Gründung von Unternehmen, Banken usw. und zu beginnender Konzentration des Kapitals. In der Kunst wird diese Zeit geprägt durch das Vorherrschen historisierender Themen und Stilformen, die Macht und Reichtum des Bürgertums demonstrieren sollen und die zugleich zum Aushängeschild für seinen neu erworbenen sozialen Status wurden.
Für die Architektur der G. (Banken, Geschäftshäuser, Fabrikgebäude, Villen) und für die Plastik (Bau-, Denkmals- und Brunnenplastik) ist solcher Rückgriff besonders charakteristisch (↑Historismus, ↑Eklektizismus); mitunter werden die historisierenden Stile auch ungenau als Stile der G. bezeichnet. Ein starkes Schmuckbedürfnis in allen Lebensbereichen wurde zunehmend durch Fabrikprodukte befriedigt. Die technischen Bauwerke sind von dem Wunsch gekennzeichnet, ihre Funktion unter einer anspruchsvollen Hülle zu verstecken.

Groteske aus einer Pilasterfüllung von Benedetto da Maiano

Die Malerei der G. suchte ihre Themen vor allem in Mythos und Geschichte, die entsprechend mit viel Pathos und ohne psychologische oder inhaltliche Tiefe inszeniert wurden. Die Bildnismalerei Anselm Feuerbachs, Franz Lenbachs, Arnold Böcklins u. a. stellte besonders Rang und Stand des Porträtierten zur Schau. Weitere Vertreter: Hans Makart, Karl Theodor von Piloty, Franz von Defregger. Gegen diese vorherrschende großbürgerliche Kunst formierten sich um die Jahrhundertwende ↑ Sezessionen.

Grundfarben ↑ Primärfarben.

Grundierung, Vorbereitung des Malgrundes vor Auftrag der Farbe. Die G. soll Unebenheiten der Malfläche ausgleichen, die Haltbarkeit der Malerei garantieren und die Leuchtkraft der Farben steigern. Für Holz wurde meist ein Kreide- und Gipsgrund verwandt, für Gewebe häufig Mischungen aus Klebe- und Füllstoffen.

Grundriß, Horizontalschnitt durch ein Gebäude, der Lage und Größe der Räume, Wandstärken, Treppenführung u. a. enthält.

Guadamacil, gepreßtes und vergoldetes Leder, besonders für Ledertapeten, das zuerst in der nordafrikanischen Stadt Ghadames (Libyen) hergestellt wurde; seit dem frühen Mittelalter von den Mauren in Spanien gefertigt.

Guaschmalerei [franz. gouache], *Deckfarbenmalerei,* Malerei, die im Unterschied zum Aquarell mit deckenden Wasserfarben ausgeführt wird. Guaschfarben sind mit Gummi oder Pflanzenleim gebunden und bilden, mit Schwerspat, Tonerde oder anderen weißen Stoffen aufgefüllt, eine dicke, matt wirkende Farbendecke. In ihrer optischen Wirkung ist G. leicht mit ↑ Temperamalerei zu verwechseln. Guaschfarben wurden in der mittelalterlichen Kunst für Buchmalerei verwendet, seit der Renaissance für vorbereitende Arbeiten zu Gemälden oder zum Tönen von Zeichnungen. Seit dem 19. Jh. ist die G. eine selbständige Technik in der Tafelmalerei.

Guillochieren [franz. guillocher »mit verschlungenen Linien verzieren«), Gravieren eines Ornaments von gleichmäßig ineinander verschlungenen Linien in Metall, Holz, Glas u. a.

Gulfhaus ↑ Bauernhaus.

Gurtbogen, Verstärkungsbogen einer Gewölbeeinheit quer zur Längsachse.

Gurtgesims ↑ Gesims.

Gurtgewölbe ↑ Gewölbe.

Gußverfahren, *Gießverfahren.* Beim Guß von Bildwerken aus Metall muß zunächst ein Modell angefertigt werden, das dann im Ganzen oder in Teilen abgeformt wird. Nur kleinere Plastiken lassen sich voll ausgießen, bei größeren bleiben durch Einfügen eines Kernes die Gußwerke hohl.

In Antike und Mittelalter sind alle monumentalen Bronzewerke im Wachsausschmelzverfahren hergestellt worden, allerdings wurde, wie meist auch heute, in Teilen gegossen. Form und Kernmasse bestanden aus Ton oder Lehm, auch aus Gips mit Ziegelmehl. Beim »Verfahren mit verlorenem Modell« wird ein Formkern vorgeformt und gebrannt. Dann wird er mit einer Wachsschicht umgeben und mit Wachsröhren für Einguß und Luftkanäle versehen. Um das Ganze kommt dann die Formmasse. Metallstifte, die durch den Formmantel bis zum Kern getrieben werden, sichern dessen Lage. Nach dem Herausschmelzen des Wachses fließt das flüssige Metall in den entstandenen Hohlraum.

Es ist auch möglich, von dem ursprünglichen Modell einen Gipsabguß zu fertigen, der für den Guß verwendet wird. Das eigentliche Modell bleibt dann erhalten.

Guter Hirte, in der frühchristlichen Kunst im Sinne eines Christussymbols verwandt. Die Darstellung geht formal auf antike Hirtenbilder zurück, greift aber das Gleichnis aus dem Neuen Testament (Luk. 15, 3, Joh. 10, 12) auf. Das Motiv war bis in den Barock beliebt.

Guttae [griech. »Tropfen«, Sing. gutta], Nagelköpfe an Regula und Murulus der dorischen Ordnung (↑ Säulenordnung).

Gymnasion [griech. gymnos »nackt«, lat. gymnasium]. Das antike griechische G. war ursprünglich sportlicher Übungsplatz und Wettkampfstätte zur körperlichen Ertüchtigung der Jugend. Erst seit der Zeit der Klassik (↑ griechische Kunst) wurde dort auch wissenschaftlicher und musischer Unterricht erteilt. Später wurde das G. allgemein Pflegestätte griechischer Kultur. Für diesen Zweck wurden spezielle Bauten errichtet. Um einen offenen Hof gruppierten sich Vorrats- und Gerätekammern, Wasch- und Umkleide-, Studien- und Übungsräume.

H

Haager Schule, von dem Maler Josef Israels um 1870/80 gegründete Vereinigung von niederländischen Künstlern, die ähnliche Ziele wie die französische Schule von ↑ Barbizon verfolgte. Die Künstler, zu denen u. a. die Brüder Jacob, Matthias und Willem Maris, Anton Mauve, Mesdag und Jan Hendrik Weißenbruch gehörten, pflegten in ihren Werken einen Landschaftsstil mit besonderen Lichteffekten, dunstverhangener Atmosphäre und melancholischer Stimmung.

Habanerfayencen, Erzeugnisse der Habaner, einer Gruppe von Wiedertäufern, die von der Gegenreformation aus ihrer Heimat – Italien und Schwaben – vertrieben und in Ungarn im 16. Jh. seßhaft wurden. Sie produzierten vorwiegend Teller, Krüge, Schüsseln und Flaschen.

Hafnerkeramik [süddt. Hafner »Töpfer«, »Kachelofensetzer«], zusammenfassende Bezeichnung für keramische Erzeugnisse, die bei Temperaturen bis höchstens 800 °C gebrannt wurden. Sie sind mit einem Überzug aus gefärbten Blei- oder auch Zinnglasuren versehen. Hergestellt wurden in dieser Technik vor allem Krüge, Teller und Ofenkacheln.

Halbedelstein ↑ Edelstein.

Halbfayence, *Mezzomajolika,* Vorstufe der Fayence, die vor Erfindung der Zinnglasur hergestellt wurde und in der Bauernkeramik weiterlebte. Der farbige Scherben wurde mit einem Schlicker aus im Brand weiß werdender Farbe überzogen (↑ Engobe), danach bemalt und anschließend mit Bleiglasur überzogen. Die Engobe haftet auf dem Scherben nicht so fest, ist also weniger haltbar als die echte Fayence.

Halbfigurenbild, ↑ Porträt, das den Oberkörper eines Menschen abbildet.

Halbgeschoß ↑ Mezzanin.

Halbrelief ↑ Relief.

Halbsäule, nur zur Hälfte aus der Mauer hervortretende Säule, die zur Gliederung größerer Wandflächen dient. H. waren besonders im 15. und 16. Jh. beliebt, während im Barock die Dreiviertel- oder Vollsäule bevorzugt wurde.

Halle, 1. Gebäude, das einen großen Innenraum umschließt. Dadurch unterscheidet sich die H. vom ↑ Saal, der nur Teil eines größeren Bauwerkes ist.
2. Haupteingangs- oder Hauptraum bestimmter Gebäude (Vorhalle, Hotelhalle, Kassenhalle).

Hallenchor, *Hallenumgangschor,* mehrschiffiger ↑ Chor von annähernd gleicher Höhe der Schiffe. Der H. entstand aus der Verbindung von Hallenkirche und Umgangschor und ist seit dem 14. Jh. besonders in Süddeutschland verbreitet.

Hallenhaus, dreischiffiger hallenartiger Haustyp, der zuerst in der älteren Eisenzeit auftrat und bis zum Mittelalter weiterlebte. Kennzeichnend sind zwei Reihen von Innenpfosten, die bis zum Dach durchlaufen. Das H. war ursprünglich Wohnstallhaus, doch wurde der Wohnteil bald vom Stallteil getrennt. Es bildeten sich unterschiedliche Typen heraus, wie Flettdielenhaus und Durchgangshaus (Niederrhein, Westfalen), Fachhallenhaus (Schleswig-Holstein), Mittelflurhaus (Brandenburg, Rügen), Zwei- und Dreiständerhaus (Mecklenburg). ↑ auch Bauernhaus.

Hallenkirche, längsgerichtete mehrschiffige Kirche, bei der Mittel- und Seitenschiffe – im Gegensatz zur ↑ Basilika – gleiche Höhe haben und unter einem Dach zusammengefaßt sind. Die H. ist Ausdruck des Strebens

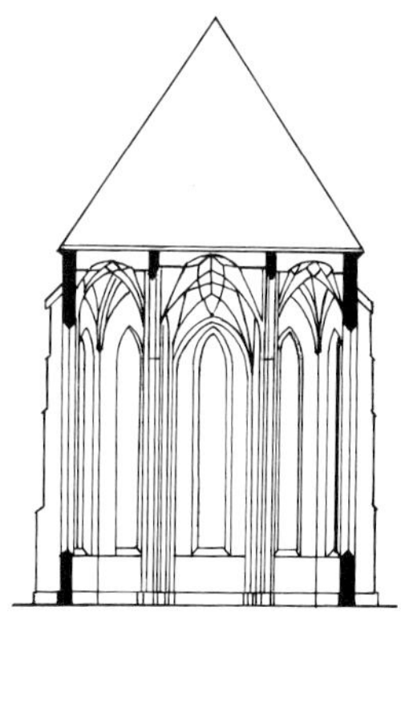

Hallenkirche

nach Raumvereinheitlichung, dem oft sogar das Querschiff geopfert wird. Der Chor verliert seine Sonderstellung und wird in das östliche Langhaus einbezogen (chorlose H. vor allem in Norddeutschland und Skandinavien). H. sind seit dem 12. Jh. verbreitet (westfälische H., Paderborn), setzten sich allgemein seit dem 14. Jh. durch und erfuhren im 15. Jh., gefördert durch das aufstrebende Bürgertum, mit der obersächsischen H. ihre stärkste Verbreitung und konsequenteste Ausprägung (Annaberg, Zwikkau). ↑ auch Gotik.

Hallenkrypta, ↑ Krypta, deren Schiffe gleichhohe Gewölbe besitzen.

Hallenumgangschor ↑ Hallenchor.

Hallorengläser, keulenförmige Glashumpen, die mit bunten Emailfarben bemalt sind. Sie wurden für die Halloren, Mitglieder der Salzpfännerschaft in Halle (Saale), im 17. und 18. Jh. hergestellt und zeigen Darstellungen der Halloren, ihres Festzuges, Stadtansichten u. a.

Hallstattkultur, urgeschichtliche Kultur der ↑ Eisenzeit (800–450 v. Chr.), benannt nach der oberösterreichischen Stadt Hallstatt im Salzkammergut. Die H. war südlich der Mittelgebirge zwischen Ostfranken und den Karpaten verbreitet. Typisch sind geometrisch verzierte Bronzen und Keramiken (Rhomben, Winkel, Rosetten, Dreiecke, aufgemalt oder eingeschnitten, Kerbschnitt).

Hallstattkultur. Bemaltes Tongefäß. Um 600 v. Chr. München, Prähistorische Sammlung

Handdruck, vom Künstler selbst ohne Presse hergestellter Abdruck von einer grafischen Originalplatte.

Handzeichnung, vom Künstler aus freier Hand ausgeführte Zeichnung, die auch farbig angelegt oder getönt sein kann. Dabei können Feder, Silberstift, Kohle, Kreide oder Rötel verwendet werden sowie auch Pinsel zum Lavieren oder Aquarellieren. H. können als Studien, Skizzen oder Entwürfe der Vorbereitung eines Gemäldes oder einer Plastik dienen. Doch auch als selbständige Kunstwerke spielen sie seit dem 15./16. Jh. besonders in Deutschland eine Rolle. Sie waren schon früh Gegenstand des Sammeleifers.

Hängekuppel ↑ Kuppel.

Hängezwickel ↑ Kuppel.

Hannong-Fayencen, *Straßburger Fayencen,* von Mitgliedern der Familie Hannong von 1721–81 in Straßburg hergestellte Fayencen, für die farbenprächtige, schwungvoll angelegte Blumenmuster kennzeichnend sind.

Happening [engl. »Ereignis«, »Geschehen«], Form der modernen Kunst im Sinne einer internationalen Strömung, die sich Ende der 50er und Anfang der 60er Jahre entwickelte. Dabei werden große, umfangreiche Aktionen (mit vorher festgelegten Situationen, aber ohne fortlaufende Handlung) durchgeführt. Das Publikum ist direkt am Zustandekommen des Ereignisses beteiligt. Das erste H. wurde 1959 in New York veranstaltet, wobei Tanz, Musik, Diapositive dargeboten wurden und Gemälde entstanden. Der Begriff H. wurde von Allan Kaprow eingeführt, der auch Definition und Theorie des H. entwickelte: »Die Grenze zwischen H. und täglichem Leben sollte so flüssig wie unbestimmbar gehalten bleiben... Die Komposition aller Materialien, Aktionen, Bilder und ihrer Raumzeitbezüge sollte in einer so kunstlosen wie praktischen Weise erfolgen... Happenings sollen nicht geprobt und nur einmalig von Nicht-Professionellen aufgeführt werden.«

Mit Hilfe von Traum, Meditation, aber auch Schock und Aggression soll beim Zuschauer eine Sensibilisierung der Erlebnisfähigkeit durch Veränderung der gewohnten Lebensumstände erreicht werden. So wurde das H. auch von politischen Protestbewegungen als Mittel der Kritik eingesetzt. Parallel zum H. entwickelten sich die Fluxusbewegung

(↑ Fluxus) und die Aktionskunst der Vertreter des ↑ Wiener Aktionismus. In den 70er Jahren wurde das H. von der ↑ Performance abgelöst.

Hard-core-Malerei [engl. »harter Kern«], Form der Tafelmalerei, die sich seit Mitte des 20. Jh. in den USA herausbildete und die ihre Themen aus der modernen Reklame bezog. Dabei wurde großer Wert auf unterkühlte und unpersönlich wirkende Bilder gelegt, die sich vom gleichzeitigen ↑ Fotorealismus nur wenig unterscheiden.

Hard edge [engl. »harte Kante«], der ↑ Farbfeldmalerei nahestehende konstruktivistische Richtung der modernen Malerei seit den 60er Jahren, besonders in den USA und England, aber auch in Deutschland anzutreffen. Angestrebt werden unpersönliche, streng gegliederte abstrakte Kompositionen mit großen und sparsam einfachen, hart voneinander abgesetzten Farbflächen.

Harpyien [griech. harpyiai], weibliche Sturmdämonen, die u. a. als Mischwesen (Mädchen mit Vogelkörper und -krallen) dargestellt werden. Sie gelten als Personifikationen des Bösen, besonders der Habsucht, und waren im Mittelalter in ihrer Gestalt kaum von den ↑ Sirenen zu unterscheiden.

Hartporzellan ↑ Porzellan.

Hausmaler, Maler des 17. und 18. Jh., die in eigener Werkstatt Glas, Fayencen oder Porzellan bemalten.

Hausmarke, bis ins 18. Jh. gebräuchliches Eigentumszeichen von Haus- und Hofbesitzern, das auch als Namensunterschrift galt. Ähnlich den ↑ Steinmetzzeichen besteht es aus einander kreuzenden oder im Winkel zueinander stehenden Linien. Ursprünglich haben vielleicht Beziehungen zu urgeschichtlichen magischen Symbolen bestanden. Die H. kann als Vorläufer der heutigen Handels- und Fabrikmarken, der Drucker- und Verlagssignets gelten.

Haustein, *Werkstein,* werkmäßig bearbeiteter Naturstein.

Hausurnen, in Hausform gestaltete Tongefäße zur Aufnahme von Asche. Sie kommen bereits im Neolithikum in Südosteuropa vor, waren später in ganz Europa bis Ostasien verbreitet und werden als rituelle Widerspiegelung wirklicher Wohn- und Speicherbauten verstanden. Dadurch geben sie wichtige Aufschlüsse zur Entwicklungsgeschichte des Wohnhauses. Abb. ↑ Urne.

Hautelisse ↑ Basselisse.

Hedwigsgläser, dickwandige Becher aus gelblichem oder grünlichem Glas mit meist stilisierten Tierdarstellungen im Hochschnitt (↑ Glasschnitt). Mehrere solcher Gläser, die im Besitz der heiligen Hedwig gewesen sein sollen, gaben der Gruppe von zwölf Gläsern den Namen. Die H. stammen wahrscheinlich aus Kiew oder Ägypten und kamen durch Pilger nach Europa.

Heilige, von der christlichen Kirche verehrte historische oder legendäre Personen, die aufgrund ihres gottgefälligen Lebenswandels, ihres Eifers und ihrer Glaubensstärke vom Papst heilig gesprochen wurden. Sie werden von den Gläubigen als Fürsprecher bei Gott angerufen, ihre Reliquien werden verehrt und Kirchen und Kapellen werden ihnen gewidmet. In der Kunst werden sie meist durch ein ↑ Attribut gekennzeichnet, das sich häufig auf ihr Martyrium und ihren Tod bezieht. Ihre Biographien sind in Legendensammlungen überliefert (berühmt insbesondere die Legenda aurea des Jacobus de Voragine aus dem 13. Jh.). Wichtige Heiligenattribute: Bienenkorb – Ambrosius; Buch – allgemein Apostel, Evangelisten, Kirchenlehrer; Drache – Georg, Margareta; Hirsch – Eustachius, Hubertus; Kelch – Barbara, Evangelist Johannes; Lamm – Agnes, Johannes der Täufer; Löwe – Hieronymus; Pfeil – Sebastian; Rad – Katharina; Rost – Laurentius; Turm – Barbara.

Heiligenbild, wichtiges Thema der christlichen Kunst. Die Darstellung der Heiligen soll vor allem ihrer Verehrung dienen. Bereits in frühchristlicher Zeit (4. Jh.) wurden Heilige mit ↑ Heiligenschein und ↑ Heiligenattributen dargestellt.

Heiligenschein, *Glorie, Gloriole* [lat. gloria »Ruhm«], dem Haupt verehrter Personen zugeordneter Strahlen- oder Lichtschein. Bereits in der altorientalischen und antiken Kunst diente er der Hervorhebung von Göttern, Helden und Herrschern (↑ Nimbus). Seit dem 4. Jh. übernahm ihn die christliche Kunst. Der H. kann bei Christus oder Maria auch den ganzen Körper umfassen, als Aureole [lat. »golden«] oder, wenn mandelförmig, als Mandorla. Mit dem H. wurden Engel, Propheten, Apostel, Märtyrer und Heilige gekennzeichnet. Bei Gottvater,

Christus und der Taube des Heiligen Geistes wird der H. oft durch das Kreuz (Kreuznimbus) ergänzt. Vom 6.–12. Jh. wurden noch lebende Personen (Päpste, Stifter) durch einen rechteckigen H. gekennzeichnet.

Heiligenschrein ↑ Reliquiar.

Heiliges Grab, Felsengrab Christi vor der Mauer in Jerusalem, in das Christus nach der Kreuzabnahme hineingelegt worden sein soll. Die dort errichtete Grabeskirche (geweiht 336, mehrfach zerstört und wiederaufgebaut) war Vorbild für die Nachbildungen des H. G., die seit dem frühen Mittelalter bis ins 18. Jh. hinein in Frankreich, Deutschland und England teils als Zentralbauten, teils als Kapelleneinbauten in Kirchen errichtet wurden. Sie dienten oft zur Aufbewahrung von Reliquien aus Jerusalem oder als Friedhofs- und Grabkapellen. Beispiele sind die Nachbildung des H. G. in Görlitz (um 1500), das H. G. in Gernrode (um 1100), die Rotunde der Kapuzinerkirche in Eichstätt (1194).

Heilsspiegel [lat. speculum humanae Salvationis »Spiegel des menschlichen Heils«], eine im Spätmittelalter bei Klerikern und gebildeten Laien beliebte Erbauungsschrift, bestimmt vor allem für Predigt, Seelsorge und Unterweisung. Neben der ↑ Armenbibel gehört der H. zu den wichtigsten Werken der ↑ Typologie des Mittelalters. In Text und Bild sind Ereignisse aus dem Alten und Neuen Testament gegenübergestellt.
Der H. umfaßt 45 Kapitel mit 192 Bildern. Entstanden ist er wahrscheinlich um 1320. Den Texten liegen unterschiedliche Quellen zugrunde, z. B. Leganda aurea (↑ Legende), die lateinische Bibelfassung des Hieronymus. Gegenüber der Armenbibel zeigt der H. eine Erweiterung in Themen und typologischen Beispielen.

Heiltum, *Heiligtum,* Reliquienschatz mittelalterlicher Kirchen. Die oft sehr zahlreichen Stücke wurden in einem besonderen Verzeichnis, dem Heiltumsbuch, aufgeführt. Danach konnte die Herkunft mancher Kunstaltertümer ermittelt werden. Bedeutend war das Wittenberger Heiltumsbuch mit Holzschnitten Lukas Cranachs des Älteren von 1509.

Heimatkunst, Kunst, die in Thematik, Inhalt und Form heimatlichen Traditionen verpflichtet ist, ohne zur ↑ Volkskunst zu gehören. Der Begriff kam Ende des 19. Jh. im Zusammenhang mit der Heimatbewegung auf und faßte vor allem auf dem Gebiet der Landschaftsmalerei Bestrebungen zusammen, die auf malerische Erschließung bestimmter Landschaftsregionen gerichtet waren (↑ Dachauer Malerschule, ↑ Worpsweder Künstlerkolonie). Auch in der Architektur gab es durch die bewußte Anlehnung an traditionelle regionale Eigentümlichkeiten eine H. Heimatstiltendenzen traten in fast allen Ländern Europas auf (Schweden, Polen, Schweiz, Frankreich); sie lebten, z. B. bei Siedlungsbauten, z. T. auch im 20. Jh. weiter.

Heimsuchung Mariä, *Visitatio* [lat.], die im Neuen Testament (Luk. 1, 39–56) geschilderte Begegnung zwischen Maria und Elisabeth, die beide in Erwartung eines Kindes sind (bei Maria ist es Christus, bei Elisabeth Johannes der Täufer). Die Malerei stellt dieses Thema im frühen und hohen Mittelalter als einfache Begegnung oder Begrüßung dar; im späten Mittelalter wird Elisabeth manchmal der Gottesmutter untergeordnet und kniend wiedergegeben.

helladische Kultur, Kultur der Bronzezeit auf dem griechischen Festland von 2500–1200 v. Chr., im Anschluß an die ↑ Dimini-Kultur. Die h. K. wird in drei Hauptperioden untergliedert: 1. Frühhelladikum (2500–1900 v. Chr.) mit Übergang von der Stein- zur Bronzezeit. 2. Mittelhelladikum (1900–1600 v. Chr.); Siedlungen wurden mit Befestigungen versehen, die keramischen Gefäße sind mit Mattmalereien und Linienmustern verziert, die Ornamente bestehen aus streng geometrisch angeordneten senkrechten Feldern mit Kreisen, Rechtekken und Dreiecken. 3. Späthelladikum (1600–1150 v. Chr.). Die Spätphase ist identisch mit der ↑ mykenischen Kultur.

Helldunkel [ital. chiaroscuro, franz. clairobscur]. Die Künstler des Mittelalters verwandten für ihre Malereien ↑ Lokalfarben. Seit dem 16. Jh. setzt sich in der Malerei eine Gestaltungsweise durch, bei der der Gegensatz von Hell und Dunkel eine dominierende Rolle spielt und die Lokalfarben an Bedeutung verlieren. Diese Entwicklung, die mit Correggio begann und im Frühbarock durch Caravaggio weiter ausgebildet

Hennin

wurde, hatte nachhaltigen Einfluß auf die Barockmalerei (z. B. Rembrandt).

Hellenismus ↑ griechische Kunst.

Helmdach, steiles pyramiden- oder kegelförmiges Turmdach; ↑ Dachformen.

Hennin, burgundische oder französische kegelförmige Frauenhaube, die mit Leinen, Seide oder anderen Stoffen überzogen ist. Sie kam Ende des 14. Jh. auf. Die Höhe der Haube war in den Kleiderordnungen festgelegt (bei vornehmen Damen bis 1 m).

Henri deux, Stilepoche der französischen Kunst um die Mitte des 16. Jh. unter König Heinrich II., in der sich die Hinwendung zur Renaissance vollzog. Hauptvertreter sind die Architekten Pierre Lescot und Philibert de l'Orme und die Bildhauer Pierre Bontemps und Jean Goujon.

Henri-deux-Fayencen, Gruppe französischer Fayencegefäße, die zwischen 1525 und 1555 von einem unbekannten Künstler in St. Porchaire und Oiron hergestellt wurden. Charakteristisch sind maureskenartige Verzierungen auf hellem Grund.

Hepplewhite style, nach dem englischen Kunsttischler George Hepplewhite benannter Möbelstil des späten 18. Jh., der sich durch leichte zierliche Möbel aus dunklen Hölzern (Mahagoni) auszeichnet. Als Schmuck dienten Schnitz- oder Intarsienarbeiten, mitunter auch Lackmalereien. Hepplewhites Vorlagenwerk »The Cabinet-Maker's and Upholsterer's Guide« beeinflußte die europäische Möbelkunst.

Heraldik, *Heroldskunst,* Kunde von Entstehung, Gestaltung und Gebrauch von ↑ Wappen. Die H. umfaßt Wappenkunde, Wappenkunst und Wappenrecht. Die Wappenkunst ist die Darstellung der Wappen nach verbindlichen Regeln, die in Europa seit dem 12. Jh. unter Einfluß der Kreuzzüge entstanden. Schild und Helm bilden die Hauptstücke des Wappens. Auf dem Schildbild unterscheidet man Heroldsstücke oder Heroldsbilder und gemeine Figuren. Heroldsstücke teilen die Schildfläche durch lineare Trennungen, gemeine Figuren sind alle Figuren aus der Natur und dem täglichen Leben, die oft eine heraldisch strenge Form erhielten. Für die einfarbige Darstellung der Wappen wurden zuerst Buchstaben als Abkürzungen für die Farben in die Felder gesetzt, die Anfang des 17. Jh. durch ein Schraffierungssystem ersetzt wurden, das bis in die Gegenwart verwendet wird. Die H. ist heute eine Hilfswissenschaft zur Auswertung historischer Dokumente und Kunstwerke. Abb. S. 136.

Herme, ursprünglich Kultmal des griechischen Gottes Hermes, meist als Büste mit bärtigem Kopf auf einem vierkantigen Schaft oder auch als Halbfigur mit Armstümpfen sowie dem Phallus als Symbol der Zeugungskraft. Im 16.–18. Jh. wurden H. zu dekorativen Zwecken frei aufgestellt oder in der Architektur als figürliche Gebälkträger wie ↑ Atlanten verwendet.

heroische Landschaft ↑ Landschaftsmalerei.

Herold, im Altertum Abgesandter eines Staates, im Mittelalter Amtsträger im Dienste eines Fürsten oder Adligen. Er hatte die Aufgabe, Wappen zu prüfen und zu verzeichnen und das Wappenregister zu führen. H. trugen einen Rock (Tappert) mit Wappen und Abzeichen ihres Herrn und einen Heroldsstab. ↑ auch Heraldik.

Herrenhaus, dörflicher Wohnsitz bzw. Gutshaus eines feudalen Grundbesitzers. Es entwickelte sich zunächst unter Einfluß des Bauernhauses und mittelalterlicher feudaler Wohnbauten. In der Renaissance war es durch einen vorgestellten Treppenturm und betonte Giebelbildungen gekennzeichnet, während die Fronten fast ungegliedert blieben. Im 18. Jh. bildete sich unter Einfluß des Schloßbaus ein einheitlicher Herrenhaustyp heraus. Der Baukörper wurde durch ↑ Risalite, häufig auch ↑ Pilaster gegliedert, die Seitenrisalite konnten in kurzen Flügeln enden. Große, repräsentative H. werden heute allgemein als Schloß bezeichnet.

Herz-Jesu-Bild, Darstellung des von einer Gloriole (↑ Heiligenschein) umgebenen Herzens Jesu als Symbol göttlicher Liebe (Joh. 19, 34–37), oft mit anderen Symbolen (Wundmalen, Leidenswerkzeugen) verbunden. H. waren seit dem 15. Jh. als ↑ Andachtsbilder weit verbreitet. Der eigentliche Herz-Jesu-Kult wurde von den Jesuiten begründet und führte besonders im 18. Jh. zu Darstellungen, in denen das Herz auf die Christusfigur gemalt wurde. Im 19. Jh. entstanden unzählige künstlerisch meist unbedeutende Bilder (↑ Devotionalien).

Herzlaub ↑ Kyma.

hethitische Kunst. Zu Beginn des 2. Jt. v. Chr. wanderten die Hethiter in Anatolien und Nordsyrien ein. Über ihre Herkunft ist nichts bekannt. Die erhaltenen Denkmäler der Frühzeit (2000–1700 v. Chr.) und des Alten Reiches (1700–1450 v. Chr.) bezeugen eine Keramik, bei der Traditionen der heimischen Urbevölkerung nachwirken. Charakteristisch sind ein unsymmetrischer Grundriß für Kult- und Profanbauten und umfangreiche Stadtbefestigungsanlagen. Die zyklopische Bauweise (↑ Mauerwerk) wurde bevorzugt. In der Plastik sind Torskulpturen und einige Statuetten überliefert. Die monochrome Keramik zeigt einen tek-

Heraldik. Schraffuren für die heraldischen Farben: 1 a Gold, b Silber, c Rot, d Blau, e Grün, f Schwarz, g Purpur, h Braun, i Grau, k Fleischfarbe
Heroldstücke: 2 mit Schneckenschnitt; 3 Sparren, mit Lindenblättern bedecktes Schild; 4 Mühleisenkreuz, um 1250; 5 Greif-Helmzier, Hut mit Greifohren; 6 Exlibris, nach 1764; 7 Wappen einer Familie, 1589

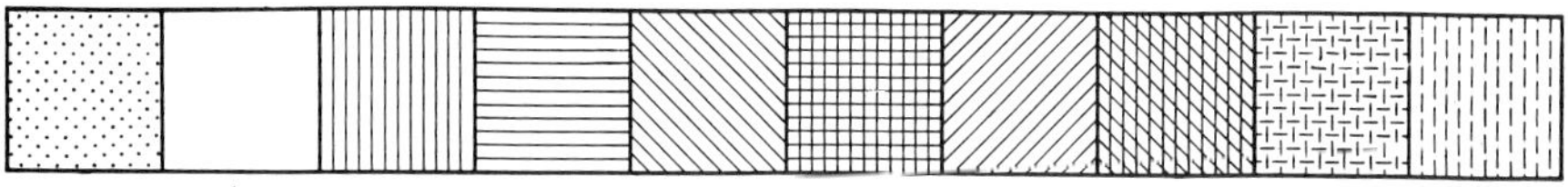

1 a b c d e f g h i k

5

4

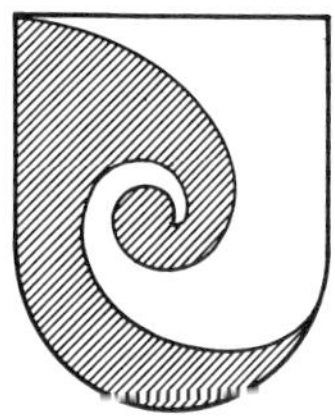

2

3

6

7

tonischen Aufbau mit kantigen Umbrüchen. Zu den häufigsten Formen gehören Schnabelkannen, Henkelkrüge und Schalen. In der ↑ Glyptik treten Hieroglyphensiegel auf (↑ Hieroglyphen). Einen Höhepunkt erlebte die h. K. im Neuen Reich (1450–1200 v. Chr.). Die figürlich oder geometrisch verzierten Stempelsiegel zeigen die Ausdehnung des hethitischen Einflußgebietes.
Das Großreich der Hethiter wurde um 1200 v. Chr. durch die von der Westküste Kleinasiens kommenden »Seevölker« vernichtet.

Hieratikon, erhöhter Raum für die Geistlichkeit in den griechisch- orthodoxen Kirchen.

hieratisch [griech. »priesterlich«] bezeichnet eine karge, strenge, feierlich repräsentative Manier, wie sie in der frühchristlichen und teils auch byzantinischen Kunst ausgeprägt war.

Hieroglyphen [griech. grammata hieroglyphika »heilige Inschrift«], Zeichen einer Bilder- und Begriffsschrift, die vor allem im alten Ägypten gebraucht wurde. Das H.-System trat in der Reichseinigungszeit (um 3000 v. Chr.) auf, wurde während des Alten Reiches (2665–2155 v. Chr.) voll ausgebildet und bis in die griechisch-römische Zeit verwendet.

Himation, griechisches Kleidungsstück, das auf besondere Weise drapiert und nur außerhalb des Hauses, oft über dem ↑ Chiton, getragen wurde.

Himmelfahrt Christi, entsprechend den neutestamentlichen Berichten (Mark. 16, 19, Luk. 24, 50f.) Aufnahme Christi in den Himmel am 40. Tag nach Ostern. Seit dem 4. Jh. sind zwei Arten der Darstellung gebräuchlich. Einmal schreitet Christus auf Wolken empor oder er wird in der Mandorla (↑ Heiligenschein) von Engeln emporgetragen. Seit dem 15. Jh. werden in der deutschen Kunst besonders die zurückbleibenden Apostel mit Maria gezeigt, während der Aufschwebende so von einer Wolke verhüllt ist, daß nur Füße und Saum seines Gewandes herausschauen.

Himmelfahrt Mariä, *Assunta* [lat. assumptio, ital. assunzione »Aufnahme«, »Aufhebung«]. Die im Neuen Testament nicht erwähnte Aufnahme Marias in den Himmel fußt auf Apokryphen (nicht in die Bibel aufgenommene christliche Schriften) und patristischen Auslegungen (Bibelauslegungen der Kirchenlehrer). In der byzantinischen Kunst

wurde das Thema zunächst als Marientod dargestellt, bei dem die Seele in Kindergestalt in den Himmel gebracht wird.
Die Darstellung der H. M. verbreitete sich im 14. Jh. in Italien und fand in Renaissance und Barock ihre eigentliche Ausprägung. ↑ auch Marienbild.

Hinterglasmalerei, Maltechnik, bei der im Gegensatz zur ↑ Glasmalerei die Rückseite einer Glasplatte seitenverkehrt in umgekehrter Schichtenfolge mit meist deckenden Farben bemalt wird. Zuerst werden Konturen, Lichter und Schatten gemalt, zuletzt wird das Bild mit einer Grundierfarbe oder Metallfolie abgedeckt. Die Technik ist seit dem 4. Jh. bekannt, ihre Blüte hatte sie nach 1500. Im 18. und 19. Jh. setzte durch die Volkskunst eine Wiederbelebung ein.

Hintergrund. Ein auf räumliche Tiefenwirkung angelegtes Bild wird in Vorder-, Mittel- und Hintergrund gegliedert. Während im Mittelalter der flächige ↑ Goldgrund üblich war, bildete sich seit dem 14. Jh. allmählich durch Einbeziehung der Landschaft in die bildliche Darstellung ein H. heraus. Dieser Übergang reflektiert den Umbruch in Weltbild und Gesellschaft durch die Ent-

Hethitische Kunst. Sphinx mit Menschen- und Löwenkopf. 1050–850 v. Chr. Ankara, Archäologisches Museum

deckung der Natur als Umgebung des Menschen.

Hirsauer Baukunst. Im 11. Jh. bekannte sich das Kloster Hirsau im Schwarzwald zu einer von der französischen Abtei Cluny II ausgehenden Kirchenreform (↑ Cluniazenser Baukunst). Die Kirchenbauten der von Hirsau reformierten Klöster bilden innerhalb der romanischen Architektur eine besondere Gruppe, die sich an die Peter-Pauls-Kirche in Hirsau anschloß (1082–91). Von der älteren Forschung wurden diese Bauten irreführend als »Hirsauer Bauschule« zusammengefaßt. Sie sind durch eine den liturgischen Bedürfnissen des Reformordens entsprechende Raumanordnung gekennzeichnet, die aus Cluny übernommen wurde: Presbyterienseitenschiffe, westliche Vorkirche mit Türmen, Abtrennung der Vierung als ↑ Chorus major und des ersten Langhausjoches als ↑ Chorus minor, Verzicht auf Krypta. In Verbindung dieser dem Reformgedankengut entnommenen Raumanordnung mit Besonderheiten der oberrheinischen Baukunst entstand in Hirsau eine Bauschöpfung von neuem Charakter, die großen Einfluß auf das traditionsarme mitteldeutsche Gebiet ausübte. Merkmale der durch Hirsau verbreiteten oberrheinischen Architektur sind Säulen als Langhausstütze, Osttürme, flacher Chorabschluß. Je nach landschaftlichen Bedingungen wurden diese einzelnen Merkmale jedoch stark abgewandelt und später Allgemeingut der romanischen Architektur, z. B. rechteckige Arkadenrahmung, besondere Form des Würfelkapitells. Zu den bedeutendsten, wenigstens noch z. T. erhaltenen Bauten der H. B. gehören Alpirsbach (um 1099), Erfurt-Petersberg (seit 1103) und Paulinzella (1102–24).

Hirschvogelkrüge, ↑ Hafnerkeramik mit leuchtend grünen, blauen, gelben Glasuren, bemalten Reliefs und gedrehten Henkeln, die früher der im 2. Viertel des 16. Jh. tätigen Werkstatt von Augustin Hirschvogel in Nürnberg zugeschrieben wurden. Ähnliche Keramiken wurden auch von anderen Nürnberger Werkstätten, u. a. der Familie Preuning, hergestellt.

Hirsauer Baukunst. Grundriß der Klosterkirche Paulinzella

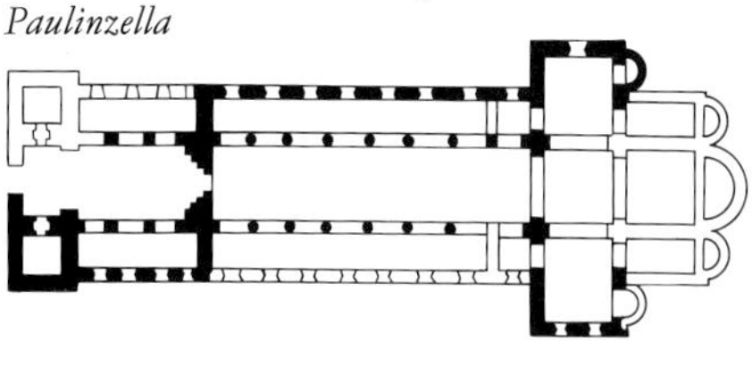

Historienmalerei, Geschichtsmalerei; Gattung der Malerei, die Stoffe aus Geschichte, Mythologie und Sagenwelt gestaltet, aber auch zeitgenössische Begebenheiten berücksichtigt, die als Ereignisbild bezeichnet werden. H. war bereits in der Antike bekannt, doch erst seit der Renaissance gewann sie an Bedeutung und verbreitete sich von Italien über ganz Europa. Das Problem der historischen Detailtreue in der Darstellung spielt erst seit dem ↑ Historismus eine größere Rolle.

Historismus [lat. historia »Geschichte«], im allgemeinen das Bestreben, soziale Erscheinungen aus ihrer Geschichte zu begreifen; im engeren Sinne die Kunstperiode vom Ende des Klassizismus bis zum Jugendstil. Charakteristisch ist der Rückgriff auf Stile und Stilelemente der Vergangenheit (↑ Neugotik, ↑ Neurenaissance, ↑ Neubarock). H. sowie ein romantisch verklärter Nationalismus kamen auch in der Vollendung des Kölner Domes (1880), der Restaurierung der Marienburg und den sogenannten Nationaldenkmälern (Hermannsdenkmal bei Detmold, Kyffhäuserdenkmal, Völkerschlachtdenkmal in Leipzig) zum Ausdruck. Die Anfänge des H. reichen bis ins 18. Jh. zurück, seine Blütezeit fällt in die 2. Hälfte des 19. Jh., in der das Bürgertum zu wirtschaftlicher Macht gekommen war und in der Übernahme historisierender Stilelemente seine gesellschaftliche Legitimation demonstrieren wollte. ↑ auch Gründerzeit, Eklektizismus.

Hochaltar ↑ Fronaltar.

Hochdruck ↑ Druckverfahren.

Höchster Porzellan, Erzeugnisse der 1746 von Adam Friedrich von Löwenfinck gegründeten Porzellanmanufaktur in Höchst. Zunächst wurden nur Fayencen produziert, später fast ausschließlich Porzellan im Rokoko-Stil. Bedeutung hatte besonders die figürliche Plastik. 1796 wurde die Manufaktur stillgelegt. ↑ auch Porzellanmarken.

Hodegetria ↑ Marienbild.

Hofkellereigläser, meist in Sachsen hergestellte zylindrische ↑ Humpen aus Glas, die für sächsische Hofkellereien gefertigt wurden und mit den sächsischen Wappen, Jahreszahlen und Herrscherinitialen in Emailmalerei dekoriert waren. Sie wurden vom 17. bis Anfang 18. Jh. produziert.

Höhlenmalereien ↑ Felsbilder.

Höhlentempel, *Felsentempel,* in natürliche Höhlen oder in Felsen gehauene Kultbauten. Neben Abessinien und Ägypten (Abu Simbel) kommen H. unter dem Einfluß des Buddhismus und Hinduismus vor allem in Indien vor (Caitya-Hallen in Ajanta, Elura, Karli; Tempel von Elephanta; Klosteranlagen von Bhaja, Nasik). Mit der Ausbreitung des Buddhismus wanderte die Idee der Höhlenanlagen auch nach Turkestan und China.

holländischer Gartenstil ↑ Gartenkunst.

holländischer Verband ↑ Mauerverband.

Höllenfahrt Christi, *Christus in der Vorhölle, Anastasis* [lat.], Aufenthalt Christi unmittelbar nach seinem Tode in der Hölle, wo er die Gerechten des Alten Testamentes erlöst. Das Thema wird im Neuen Testament nur angedeutet (Matth. 12, 40). Die ersten Darstellungen dieses Themas stammen wahrscheinlich aus dem syrisch-palästinensischen Raum, in Europa im 12.–15. Jh. verbreitet.

Holographie [griech. holographein »ganz, ungekürzt ausschreiben«], 1948 von Denis Gabor entwickeltes Verfahren, das mit Hilfe von Laserstrahlen räumliche Abbildungen plastischer Objekte auf einer zweidimensionalen Platte ermöglicht, sogenannte Hologramme. Je nach dem, aus welchem Blickwinkel sich der Betrachter das Hologramm anschaut, verändert sich die Ansicht des Objekts, das, im Gegensatz zur Stereofotografie, vollkommen in seiner dreidimensionalen Struktur wiedergegeben wird, in dem neben der Frontal- auch die Seitenansichten gespeichert werden. Seit Ende der 60er Jahre setzten sich Künstler mit dieser neuen Technik auseinander. In der Kunstwissenschaft wird die H. zur maßstabgetreuen Dokumentation dreidimensionaler Kunstwerke verwendet.

Holzbau, eine der ältesten Bautechniken, von der sich aber nur wenige Zeugnisse erhalten haben. Er ist wahrscheinlich überall dem Steinbau vorausgegangen, der dann die Formen aus dem H. übernahm. Für Europa charakteristisch sind vor allem die Block- und Stabbauweise (↑ Blockbau, ↑ Fachwerk), die zu großartigen Leistungen in der Holzbaukunst geführt haben.

Holzbildhauerei, Holzbildnerei ↑ Plastik.

Holzschnitt, Technik der Holzschneidekunst und ältestes Verfahren der künstlerischen Grafik in Europa. Der H. ist ein Hochdruckverfahren (↑ Druckverfahren), bei dem die auf den Druckstock aufgetragene Zeichnung erhaben stehen bleibt. Abarten des H. sind ↑ Metallschnitt, ↑ Linolschnitt, ↑ Teigdruck, ↑ Schrotschnitt, ↑ Weißschnitt. Eine Vorstufe für den H. war der ↑ Zeugdruck, das Bedrucken von Stoffen mit Holzformen, das bereits im Altertum gebräuchlich war. Die Entwicklung des eigentlichen H. steht im Zusammenhang mit der Papierproduktion (in Deutschland seit 1390). Die ältesten H. entstanden in Europa Ende des 14. Jh. Es waren einfache, zum Ausmalen bestimmte Linienholzschnitte mit Heiligenbildern für die private Andacht (↑ Andachtsbild). Ab 1430 entstehen Druckfolgen mit lehrhaft-religiösem Inhalt (↑ Armenbibel, ↑ Heilsspiegel, ↑ Ars moriendi), die mit einem jeweils aus dem gleichen Stock geschnittenem Text zu Büchern zusammengeheftet wurden (↑ Blockbuch). Nach Erfindung der Buchdruckerkunst begann die Holzschnittillustration des gedruckten Buches (↑ Buchillustration). Zu Beginn des 16. Jh. kamen der ↑ Clair-obscur-Schnitt und der ↑ Farbholzschnitt auf. In der 2. Hälfte des 16. Jh. verlor der H. an Bedeutung und wurde in den beiden folgenden Jahrhunderten durch ↑ Kupferstich und ↑ Radierung verdrängt. Erst mit der Erfindung des Holzstichs (Xylographie [griech. xylon »Holz«, graphein »schreiben«]) durch Thomas Bewick Ende des 18. Jh. erfuhr der H. einen neuen Aufschwung. Während bisher das Holz als Langfaserplatte bearbeitet wurde, benutzte der Holzstich das quer zur Faser geschnittene Hirnholz (meist Buchsbaum), wobei jetzt auch nicht mehr mit dem Messer, sondern mit dem Stichel gearbeitet wurde. Damit ließen sich feinste Linien und Schraffuren erzielen. In der Folgezeit blieb der Holzstich wichtigstes Mittel zur Vervielfältigung von Schwarzweißvorlagen. Seit den letzten Jahrzehnten des 19. Jh. gab es immer wieder Versuche, den H. zu erneuern, so

z. B. beim Flächenholzschnitt, der seine Wirkung durch das Nebeneinander weißer und schwarzer Flächen erzielt. Er wurde besonders von den Expressionisten gepflegt.

Holzstich ↑ Holzschnitt.

Honigvergoldung, gebräuchlichste Methode im 18. Jh., Golddekor auf Keramik, besonders Porzellan, aufzubringen, häufig in ↑ Sèvres angewandt. Blattgold wird in Honig zerrieben, mit einem Pinsel aufgetragen und durch leichtes Brennen befestigt. Diese Art der Vergoldung ist dauerhaft, weich im Ton und dick genug, um mit Werkzeugen bearbeitet und ziseliert werden zu können. Sie ist der ↑ Lackvergoldung überlegen, da sie »gebrannt« ist.

Hörnschab, *Hörnschap,* Eckschrank der Spätrenaissance in Norddeutschland, besonders in Schleswig-Holstein.

Hostienteller ↑ Patene.

Hotel [franz., von lat. hospitium »Herberge«], im 17. Jh. Bezeichnung für die städtischen Palais des französischen Adels, später überhaupt für palastartige Bauten privaten und öffentlichen Charakters. Heute werden Gebäude zur Unterbringung von Logiergästen mit mindestens 20 Betten als H. bezeichnet.

Hubertusburger Steingut, 1770–1848 im Schloß Hubertusburg in Wermsdorf (Sachsen) hergestelltes Steingut.

Hügelgrab, *Tumulus,* ur- und frühgeschichtliche Grabform, die von einer Erdaufschüttung überdeckt ist. H. sind seit dem Neolithikum verbreitet, in Europa mit Unterbrechungen bis zum frühen Mittelalter.

Hügelgräberkultur, bronzezeitliche Kulturgruppe in Mitteleuropa (1600–1200 v. Chr.), benannt nach der Bestattungsart in Hügelgräbern. Bronzeverarbeitung und Keramik hatten einen hohen künstlerischen Stand erreicht.

Hugenottenstil, *Hugenottenkunst,* Bezeichnung für die architektonischen Auffassungen der in Frankreich beheimateten Hugenotten, die nach Aufhebung des Ediktes von Nantes (1685) nach Holland und Deutschland emigrierten. Entsprechend ihrer religiösen Haltung bevorzugten sie schmucklose, nüchterne und sachlich wirkende Formen in der Architektur, die fast schon klassizistisch wirkten.

Humpen, großes walzenförmiges Trinkgefäß mit abgeflachtem Boden oder Fußring, mit oder ohne Henkel, meist aus Glas, aber auch Keramik, Metall usw., oft mit Deckel, häufig verziert. H. wurden besonders im 16.–18. Jh. hergestellt. ↑ auch Fichtelberggläser, Hofkellereigläser, Kurfürstengläser, Reichsadlerhumpen.

Hundszahnornament, englische Ornamentform der Frühgotik, die aus einer Kombination von kleinen Pyramiden und Blattformen besteht.

Hungertuch ↑ Fastentuch.

Hyalithglas, schwarzes oder dunkelrotes undurchsichtiges Glas, das in Südböhmen erfunden und um 1820/30 hergestellt wurde; häufig geschliffen und mit figürlichem Schmuck oder Ornamenten aus Gold verziert.

Hydria ↑ Vasentypen, griechische.

Hyperrealismus ↑ Fotorealismus.

Hypogäum [griech. hypogeios »unterirdisch«], Bezeichnung für unterirdische Räume in der Antike in Häusern und Grabbauten, für Keller von Thermen oder Substruktionen von Amphitheatern.

Hypokausten [griech. hypokauston »Heizung von unten«], in der Antike Fußbodenheizung unter Bädern und Wohnräumen, seit dem 1. Jh. v. Chr. nachweisbar. Von einer Feuerstelle wurde die erwärmte Luft durch Kanäle in die doppelten Stein- oder Ziegelfußböden geleitet.

Hypotrachelion [griech. »unterer Teil des Halses«], *Säulenhals,* unmittelbar unter dem Kapitell liegender Teil der Säule. Bei ionischen Kapitellen der griechischen Antike war das H. oft mit einem Ornamentband verziert. Abb. ↑ Säulenordnung.

Hügelgräberkultur. Keramikformen

I

ideale Landschaft ↑ Landschaftsmalerei.

idealisierende Darstellung [griech. idea »Idee«, »Urbild«], Gestaltungsweise, bei der die Wirklichkeit im Sinne einer gewünschten Vorstellung verklärt wird und realistische Züge zurückgedrängt werden. Sie gibt eher die phantastische Innenwelt des schaffenden Subjekts als die reale Welt der Dinge, Menschen, menschlichen Beziehungen wieder.

Idealstadt, nach utopischen oder Idealvorstellungen geplante Stadtanlage, die ein bestimmtes Gesellschaftskonzept zu verwirklichen suchte. Sie war lange Zeit durch betonte Regelmäßigkeit gekennzeichnet. Überlegungen zu einer I. gab es bereits in Antike (Plato, Aristoteles, Vitruv) und Mittelalter (Vorstellungen von einer Verwirklichung des Himmlischen Jerusalem); eine größere Rolle spielten sie in der italienischen Renaissance (Leon Battista Alberti, Filarete, Francesco di Giorgio Martini, Baldassare Peruzzi, Leonardo da Vinci). Bei der wachsenden Zahl von Idealstadtprojekten handelte es sich immer häufiger um ein Spiel mit Formen oder Funktionen, seltener um eine ideale Gesellschaftskonzeption.
In Deutschland entstandene Entwürfe von Albrecht Dürer (1527) und Heinrich Schickhardt (Freudenstadt, 1556 ff.) betonten die absolute Macht des Feudalherrn durch zentrale Stellung des Schlosses. Spätere Entwürfe (Mannheim 1607, Karlsruhe 1715 ff.) knüpften daran an und verbanden den Idealstadtgedanken zunehmend mit dem Festungsbau. Sozialreformerische Versuche gab es im 19. Jh. (↑ Gartenstadt). Erstmalig aus dem Typus einer Industriestadt entwickelte Tony Garnier eine Idealstadtkonzeption (1901–04) mit ein- bis dreigeschossigen Wohnbauten in durchgrünten rechtwinkligen Rasterblocks. Weitere moderne Konzeptionen gibt es u. a. bei Le Corbusier (»Ville radieuse«, 1922), Richard Neutra (Rush-City-Projekt, 1923–25), Alvar Aalto (Versuchsstadtentwurf, 1940).

Idol [griech. eidolon »Bild«, »Gestalt«], 1. im allgemeinen Sprachgebrauch ein Götzen- oder Trugbild (blind verehrtes Ideal).
2. menschen- oder tiergestaltiger Gegenstand, der als Kultobjekt dient. Er kann aus Knochen, Horn, Stein oder Holz hergestellt sein und gilt als Träger zauberischer, schützender oder heilender Kraft oder als diese Kraft selbst.

Idolatrie [griech. eidolon »Bild«, latrein »opfern«, »verehren«], Bildverehrung oder -anbetung. Die Anerkennung des Bildes als Träger und Mittler religiöser Inhalte führte zu einer Blütezeit der bildenden Künste. Bilder dienten bereits in den altorientalischen Hochkulturen (Sumer, Akkad, Babylonien, Assyrien, Ägypten) der Legitimation göttlicher oder weltlicher Herrschaft bzw. der Erklärung des Weltzusammenhanges (Mythologie). In Frontstellung zur römischen Götter- und Kaiserbildverehrung lehnte das Urchristentum unter Hinweis auf die mosaischen Verbote den Bilderkult ab. Christus wurde seit dem 3./4. Jh. durch Symbole dargestellt (↑ Christusmonogramm). Mit dem Übergang des Christentums zur Staatsreligion setzten sich Christus-, Marien- und Heiligenbilder durch und erfuh-

Idealstadt. Plan von Mannheim. 17. Jh.

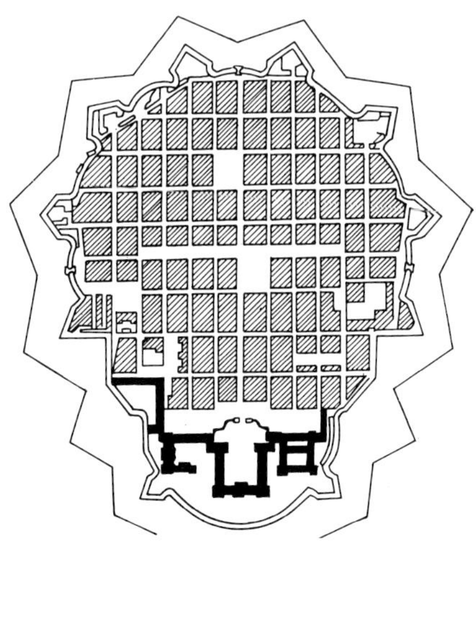

ren verschiedene Formen der Verehrung. Kirchenräume wurden nun in wachsendem Maße mit Monumentalbildern ausgestattet. Zum Bilderstreit kam es, als der byzantinische Kaiser Leo III. 726 alle Bildwerke aus Kirchen entfernen ließ. Seit dem Sieg der Bilderverehrer 787 auf dem 7. Ökumenischen Konzil praktiziert die orthodoxe Kirche eine Bilderanbetung, die von der realen Präsenz des Dargestellten im Bilde ausgeht. In der katholischen Kirche bestimmte die von Karl dem Großen in den Libri Carolini ausgedrückte Kritik an den Konzilsbeschlüssen von 787 das Verhalten zu den Bildern, die mehr als Abbilder der Heiligen anzusehen und zu verehren sind. Christliche Reformbewegungen waren fast immer bilderfeindlich (Zisterzienser, Wiclifiten, Hussiten), zu einem Bildersturm kam es beim linken Flügel der Reformation (Karlstadt, Täufer, Calvin), während Luther das Altarbild beibehielt und nur den Heiligenkult ablehnte.
Die Gegenreformation griff die Wirkung des Kultbildes wieder auf und versuchte, mit dessen Hilfe auf ein gefühlsbetontes religiöses Verhalten Einfluß zu nehmen. Die Säkularisierung von Kirche und Kirchengut beschleunigte die Verweltlichung und Verselbständigung der Kunst, die schließlich im romantischen Verständnis sogar als Religionsersatz galt. ↑ auch Ikonoklasmus, Kultbild.

Idylle [griech. eidyllion »Bildchen«, »Dichtung«], aus der Literatur übernommene Bezeichnung für eine idealisierte Darstellung einfacher Menschen in der Natur, bei der das ländliche oder Hirtenleben als glücklicher Zufluchtsort gilt. Die I. war besonders im 17. und 18. Jh. verbreitet.

Igel, Trinkgefäß des 16. Jh., das sich nach oben keulenförmig erweitert und meist aus grünem ↑ Waldglas hergestellt wurde; oft mit gekniffenen Stacheln verziert.

IHC, IHS ↑ Christusmonogramm.

Ikat [malaiisch mengikat »binden«, »umwikkeln«], Färbetechnik, bei der das Muster vor dem Weben auf das Garn aufgetragen wird, indem Bündel des Garns, die ungefärbt bleiben sollen, mit Bastfasern und dgl. eng umwickelt werden. Auf solche Art können auch mehrfarbige Garne hergestellt werden. Während des Webens ergeben sich die vorher beim Färben erdachten Muster. Meist werden die Kettfäden oder der Schuß gefärbt, selten beide (Doppelikat). Die Technik ist vor allem in Indonesien verbreitet (Sumatra, Borneo, Bali), auch in Thailand, Kambodscha und einigen peruanischen Küstenkulturen.

Ikebana, japanische Kunst des Blumenstekkens. Pflanzliche Materialien werden dabei nach philosophischen und ästhetischen Gesichtspunkten angeordnet. I. ist eng mit dem Buddhismus verbunden und kam im 6. Jh. aus China nach Japan. Wenige, zueinander passende Pflanzen werden als Beispiele aus der Natur ausgewählt und erzielen durch ihre Anordnung höchste ästhetische Wirkung. Einzelne Zweige oder Stengel müssen sich als Hauptstämme in drei Richtungen neigen, wobei sie – je nach Größe und Neigungswinkel – als Shin (Wahrheit), Soe (Unterstützung, Hilfe) und Tai (Körper) gelten und damit Ausdruck des Universums sind. Shin als längster Zweig symbolisiert den Himmel, Soe (drei Viertel der Länge von Shin) den Menschen und Tai (ein Drittel oder die Hälfte des Shin) die Erde. Die Spitzen der drei Hauptzweige bilden ein ungleichseitiges Dreieck. Jedes Gesteck war früher für einen bestimmten Platz gedacht und mußte mit ihm eine harmonische Einheit in bezug auf die Linienführung der Stengel, den Hintergrund und das entsprechende Gefäß bilden. Im Laufe der Zeit hat sich eine Vielzahl von Formen und Schulrichtungen entwickelt, die das japanische Leben bis in die Gegenwart durchdringen.

Ikone [griech. eikon »Bild«, »Abbild«], Kultbild der griechisch-orthodoxen Kirche, das eine Heiligenfigur und Ereignisse aus der biblischen Geschichte auf einer Bildtafel darstellt. Die I. entstanden in Anlehnung an die spätantike Tradition der Gedächtnisbilder Verstorbener, wie sie sich z. B. in Fayum in Ägypten erhalten haben. Im 5. Jh. hat sich wahrscheinlich der Übergang zum Kultbild vollzogen, im 6. Jh. begann die Ikonenverehrung im Sinne der »vera ikon«, der »wahren«, d. h. wirklichkeitsgetreuen Wiedergabe. I. sind Teil des orthodoxen Kultes und seiner Liturgie. Durch die Person des Dargestellten gelten I. als anbetungswürdig, viele auch als wundertätig. So kam es in der Ikonenmalerei auf eine möglichst getreue Wiederholung einmal festgelegter Typen an.

Ikonographie [griech. eikon »Bild«, graphein »schreiben«], ursprünglich die auf griechische und römische Bildnisse bezogene Porträtkunde. In der Kunstwissenschaft versteht man heute unter I. die Lehre von den Bildinhalten. Sie befaßt sich mit Themen und Motiven der bildenden Kunst und mit dem Sinn der Darstellung. Sie deutet ↑ Attribute, ↑ Allegorien und ↑ Symbole. Die Kenntnis der Darstellungsinhalte und ihre historische oder mythologische Entschlüsselung und Interpretation sind Voraussetzungen für das Verständnis eines Kunstwerkes.

Ikonoklasmus [griech. eikon »Bild«, klaein »zerbrechen«], Bildersturm. Der Streit, ob christliche Bilder zu verehren seien, begann im Jahre 726, als der byzantinische Kaiser Leo III. den Befehl gab, alle Bildwerke aus Kirchen zu entfernen. Wahrscheinlich versuchte er damit, die Gegensätze zu den bilderfeindlichen Juden (Verbot der Bilder durch Moses) und den vordringenden Mohammedanern zu dämpfen und den Einfluß der Mönche zurückzudrängen. Es kam dabei zur Zerstörung der meisten frühbyzantinischen Mosaiken, Fresken und Tafelbilder. 787 siegten die Bilderverehrer (Ikonodulen [griech. dulos »Diener«]) auf dem 7. Ökumenischen Konzil von Nicäa und endgültig 843 mit der Wiedereinsetzung der Bilderverehrung. ↑ auch Idolatrie.

Ikonologie [griech. eikon »Bild«, logos »Kunde«], ursprünglich kompendienartige Sammlung ikonographischer Muster (Allegorien, Symbole, Attribute) für den Werkstattgebrauch. Heute ist I. eine kunstwissenschaftliche Methode, die im Unterschied zur mehr beschreibenden oder das Einzelmotiv deutenden ↑ Ikonographie den weltanschaulichen Gehalt des Kunstwerkes interpretiert und größere Zusammenhänge zu erfassen sucht. Die Grenzen zwischen beiden sind fließend.

Ikonostas, *Ikonostasis* [griech. eikon »Bild«, histanai »stellen«], Bilderwand. In der griechisch-orthodoxen Kirche wird der Altarraum vom Gemeinderaum durch eine hohe hölzerne Wand mit drei Türen, den I., getrennt. Er ist mit zahlreichen ↑ Ikonen geschmückt, die in mehreren Reihen (bis zu sieben) übereinander nach einem bestimmten Bildprogramm angeordnet sind. Im Mittelpunkt der obersten Reihe befindet sich die Dreieinigkeit, darunter das Bild von Maria mit Christus. Auf der Mitteltür wird meist die Verkündigung an Maria dargestellt; links der Mitteltür hängt in der Regel die Ikone der Gottesmutter, rechts Christus oder der Namenspatron der Kirche. Der I. stellt eine Weiterentwicklung und Umbildung der ↑ Altarschranken dar und entwikkelte sich seit dem 14. Jh. besonders in griechisch-orthodoxen Kirchen.

illuminieren, Handschriften mit ornamentalen oder figürlichen Darstellungen ausschmücken. ↑ auch Buchmalerei.

Illusionismus [lat. illudere »täuschen«, franz. illusion »Trugbild«], Vortäuschung von Raumtiefe und Körperlichkeit im zweidimensionalen Bild, z. B. durch ↑ Perspektive, ↑ Farbperspektive oder Licht-Schatten-Modellierung. Illusionseffekte galten schon in der Antike als Beweis besonderer künstlerischer Fähigkeiten. Im Barock wurde der I. vor allem in der Deckenmalerei gepflegt. ↑ auch Quadraturmalerei.

Illustration ↑ Buchillustration.

Imagines [lat. »Bild», Sing. Imago], aus Wachs gefertigte römische Ahnenbildnisse, die im Atrium des Hauses aufgestellt waren und bei Leichenbegängnissen mitgeführt wurden. Sie hatten Einfluß auf die römische Porträtkunst.

Imago pietatis ↑ Schmerzensmann.

Ikonostas. Schema eines Ikonostas

Imitation [lat. imitatio »Nachahmung«], Nachbildung eines künstlerischen Gegenstandes in einer minderwertigeren Form (minderwertigeres Material, Ersatz handwerklicher durch maschinelle Arbeit). Der Begriff wird hauptsächlich auf kunsthandwerkliche Arbeiten angewendet und bezieht sich besonders auf Nachbildungen von Edelsteinen, Nachahmung tauschierter Goldverzierungen durch Aufmalen, fabrikmäßige Herstellung ursprünglich handgefertigter Teppiche.

Immaculata, *Immaculata conceptio Mariae* [lat. »unbefleckte Empfängnis Marias«], auf die Jungfräulichkeit Marias hinweisende Bezeichnung. Die unbefleckte Empfängnis Marias wurde 1854 als Dogma definiert; danach ist Maria, entsprechend der Art der Empfängnis ihrer Mutter Anna, vom Makel der Erbsünde frei. Die Jungfräulichkeit Marias gilt seit dem Konzil von Ephesos (431) als anerkannte kirchliche Lehrmeinung, doch erst seit dem 15. Jh. setzte sich das Fest der unbefleckten Empfängnis Marias immer mehr durch. Seit dieser Zeit wird die unbefleckte Empfängnis dargestellt in Gestalt der auf Wolken über der Erdkugel oder der Mondsichel schwebenden Maria. Das Motiv war besonders im Barock beliebt. ↑ auch Marienbild.

Impasto [ital. »Teig«], dicker Farbauftrag auf Gemälden, der eine pastose Malweise bewirkt.

Impluvium [lat.], Sammelbecken für das Regenwasser im ↑ Atrium des altrömischen Hauses, später auch allgemein der ganze nichtüberdachte Hofraum.

Imprese [lat.], *Bilddevise,* Form der Sinnbildkunst, die durch Kombination von Bild und Motto etwas über eine Person, die die I. benutzt, aussagt. ↑ auch Devise.

Impressionismus [lat. impressio »Eindruck«], Stilrichtung der bildenden Kunst in der 2. Hälfte des 19. und im 1. Drittel des 20. Jh., vor allem in Malerei, aber auch in Grafik und Plastik sowie in Musik und Literatur. Der I. setzte realistische Bestrebungen der 1. Hälfte des 19. Jh. wie auch früherer Jahrhunderte fort, vor allem hinsichtlich der Gegenwartsbezogenheit und Naturtreue Gustave Courbets, Jean-François Millets und der sich ausbreitenden ↑ Freilichtmalerei, insbesondere John Constables, Johan Barthold Jongkinds, Eugène Boudins und der Schule von ↑ Barbizon und Camille Corots. An der Ausbildung des I. zu einer eigenständigen Kunstrichtung waren zunächst vor allem Edouard Manet, Edgar Degas, Claude Monet, aber auch Auguste Renoir, Camille Pissarro und Alfred Sisley beteiligt. Ihren Namen erhielt diese Stilrichtung nach dem Titel des Bildes »Impression, soleil levant« [Eindruck, aufgehende Sonne] von Monet, das er 1874 in einer Ausstellung in Paris zeigte.

Charakteristisch ist die Vollendung des Bildes als Primamalerei (↑ alla prima) direkt vor der Natur, sowie die Verwendung reiner Farben, die oft nicht auf der Palette gemischt, sondern auf der Leinwand so nebeneinandergesetzt wurden, daß der beabsichtigte Farbeindruck durch optische Mischung erst im Auge des Betrachters entsteht. Wie kaum vorher erfaßten die Impressionisten das bewegte Spiel des Lichtes, das die Landschaft zu jeder Tageszeit verändert, die Erscheinung der Atmosphäre, den Reiz und die Stimmung des flüchtigen Augenblicks, die vielfältigen Reflexe auf dem Wasser und in den Schattenpartien. Die Impressionisten erschlossen der Kunst neue Realitätsbereiche, so etwa die Großstadt, das rasch flutende Leben auf den Boulevards und in den Restaurants.

Im Neoimpressionismus (↑ Pointillismus) von Georges Seurat, Paul Signac u. a. wurden die Prinzipien der impressionistischen Farbgebung ab 1884 zur äußersten Konsequenz geführt, wobei komplementäre Kontrastfarben punktförmig nebeneinandergesetzt wurden.

Der I. spielte auch in anderen europäischen Ländern und in den USA eine Rolle. In Deutschland wurde er durch die Kunst der ↑ Gründerzeit abgeschwächt, so daß sich die impressionistischen Züge im Schaffen von Wilhelm Leibl, Max Liebermann, Fritz von Uhde, Wilhelm Trübner, Max Slevogt, Lovis Corinth u. a. erst seit den 80er Jahren verstärkten. Insgesamt hatte der I. großen Einfluß auf die Entwicklung der modernen Kunst.

impressit [lat. »hat (es) gedruckt«], Abkürzung *imp.*, steht meist hinter dem Namen des Druckers, wenn der Abdruck nicht vom Künstler selber hergestellt wurde; vor allem auf grafischen Blättern des 17.–19. Jh.

Imprimitur [ital. imprimatura »Grundierung«], Verfahren der Ölmalerei, bei dem das Bild einen einheitlichen mittleren Grundton erhält. Dazu wird eine dünne Farbschicht lasierend über der auf weißem Grund angelegten Vorzeichnung aufgetragen.

incidit [lat. »hat (es) geschnitten«], Abkürzung *inc.*, steht meist hinter dem Namen des Stechers auf Stichen, auch Holzstichen, der eine fremde Vorlage, z. B. eine Handzeichnung, zur Vervielfältigung umgesetzt hat.

Independent Group [engl. »Unabhängige Gruppe«], Gruppe britischer Künstler (gegründet durch Eduardo Paolozzi, Richard Hamilton und den Kritiker Lawrence Alloway), die sich Mitte und Ende der 50er Jahre des 20. Jh. in London im Institute of Contemporary Arts (ICA) trafen. Sie formulierten Gedanken, die für die englische ↑ Pop art und die gesamte englische Kunst Ende der 50er und Anfang der 60er Jahre wesentlich waren.

indianische Blume ↑ deutsche Blume.

Indigo [lat. indicum »das Indische«], blauer Farbstoff, der auch im europäischen Waid in geringen Mengen enthalten ist. I. kam im 13. Jh. als Handelsprodukt nach Europa und wurde hier vor allem seit dem 16. und

Impressionismus. Claude Monet: Seineböschung bei Lavacourt. 1879. Dresden, Staatliche Kunstsammlungen, Galerie Neue Meister

17. Jh. zur Färberei und als Pigment in Öl-, Tempera- und Aquarellfarben verwendet.

Informationsästhetik, Teilgebiet der Informationstheorie, für die das Kunstwerk aus eindeutigen Zeichen besteht, die mit unterschiedlicher Häufigkeit verwendet und entsprechend verschieden vom Betrachter identifiziert werden. Die I. soll die traditionelle philosophisch orientierte Ästhetik durch mathematisches Beschreiben der Strukturen ästhetischer Objekte, durch semiotische, statistische und kybernetische Methoden ersetzen. Ästhetisch-künstlerische Phänomene werden auf naturwissenschaftliche Tatbestände reduziert.

Informel, informelle Kunst ↑ Art informel.

Infula ↑ Mitra.

Initiale [lat. initium »Anfang«], durch Größe, Farbe und Schmuck ausgezeichneter Anfangsbuchstabe in Handschriften oder Drucken. Die frühesten Beispiele stammen aus der Antike; im Mittelalter war die Gestaltung der I. ein wichtige Aufgabe für die ↑ Buchmalerei.

Inkarnat, *Karnat* [lat. incarnatus »fleischgeworden«], *Fleischton,* in der Malerei die Farbe, die den Fleischton der menschlichen Haut wiedergibt.

Inkrustation [lat. crusta »Rinde«], farbige Verzierung von Flächen durch Einlagen, speziell Einlagen aus Stein oder steinähnlichen Materialien. Meist werden farbige Steine verwendet, die sich vom Untergrund kontrastreich abheben. Bildet Holz den Grundstoff, spricht man von ↑ Intarsien, bei Metall von ↑ Tauschierung. Die I. wird bei Verzierung von Wänden, Fußböden oder kunsthandwerklichen Gegenständen rein ornamental verwendet. Sie war bereits im frühen Altertum bekannt und spielte seit dem 12. Jh. in Italien eine bedeutende Rolle.

Inkrustation. Fassade von San Miniato al Monte in Florenz. 12. Jh.

Inkrustationsstil, Richtung der pompejanischen Wandmalerei, bei der die wirkliche ↑ Inkrustation durch eine gemalte ersetzt wird.

Inkunabel [lat. incunabula »Wiege«], *Wiegendruck,* alle bis einschließlich 1500 mit beweglichen Lettern hergestellten Druckerzeugnisse. Die Ausstattung folgte anfangs dem Vorbild der Handschriften, in dem I. mit farbigen ↑ Initialen, Randleisten und ↑ Miniaturmalereien nachträglich geschmückt wurden.

Innenarchitektur, *Raumkunst,* ursprünglich Bezeichnung für Gestaltung von Innenräumen mit architektonischen Mitteln, wie Säulen, Pilastern, Gesimsen. Heute wird der Begriff auf die Gesamtausstattung mit Wand- und Deckenverkleidung, Mobiliar und Beleuchtung bezogen und entspricht damit auch der Innendekoration.

Innendekoration ↑ Innenarchitektur.

INRI, Abkürzung der lateinischen Kreuzinschrift *Jesus Nazarenus Rex Judaeorum* [»Jesus von Nazareth, König der Juden«], die nach Joh. 19,19 (auch bei Matth., Mark., Luk.) vom römischen Statthalter Pontius Pilatus in Aramäisch, Griechisch und Lateinisch nach antikem Brauch am Kreuz angebracht worden war.

Inschriftenkunde ↑ Epigraphik.

insulare Buchmalerei, Sammelbegriff für Buchmalerei in Irland und England aus vorkarolingischer Zeit (also vor Mitte des 8. Jh.), die auch als irische, irokeltische, irisch-angelsächsische Buchmalerei bezeichnet wird. Charakteristisch sind kurvig-geometrische Ornamente und germanische Tierflechtornamente, die alles Figürliche zu Abstrakt-Ornamentalem, Flächigem und Linearem verdichten.

Intaglio [ital. »Schnitt«, »Schnitzerei«] ↑ Gemme.

Intarsien [ital. intarsiare »in Holz einlegen«, Sing. Intarsia], *Marketerie* [franz. marqueter »sprenkeln«], Einlegearbeit von verschiedenfarbigen Hölzern, Elfenbein, Perlmutt, Schildpatt in Holz zu geometrischen oder figürlichen Mustern. I., seit dem 2. Jt. v. Chr. in der altägyptischen Kunst bekannt, wurden während der italienischen Frührenaissance neu belebt. Nun entstanden auch Landschaften und perspektivische Darstellungen. I. waren bis ins 19. Jh. an Möbeln und Vertäfelungen weit verbreitet (↑ Boullemöbel).

Interieur [franz. »Inneres«], 1. in der Architektur der umbaute Raum eines Hauses oder auch Teilräume, dann oft mit Innenausstattung.

2. in der bildenden Kunst gemalte Darstellung eines Innenraumes. Anfänge in der Antike im Bühnenbild (illusionistische Innenraumbilder der pompejanischen Wandmalerei). Im Mittelalter wurden Innenräume bis ins 14. Jh. nur formelhaft angedeutet. Erst in der Kunst Giottos wurden, wahrscheinlich nach antikem Vorbild, wirklichkeitsbezogene Räume als kastenartige Innenraumdarstellungen wiedergegeben. Mit Entdeckung der Zentralperspektive (↑ Perspektive) in der Frührenaissance vollzog sich eine entscheidende Wende. In der altniederländischen Malerei um Jan van Eyck kam es zu einer wirklichkeitsnahen perspektivischen Wiedergabe von Innenräumen. Der Betrachter befindet sich außerhalb des Raumes und blickt in ihn hinein. In der holländischen Malerei des 17. Jh. wurde die Darstellung des Innenraumes zu einer selbständigen Gattung entwickelt und die Interieurmalerei im bürgerlichen und bäuerlichen Genre zu einem beliebten Spezialfach (z. B. Vermeer van Delft, Pieter de Hooch. Gerard Terborch, Adriaen van Ostade). Innenraumdarstellungen des 18. und 19. Jh. zeigen in immer vielfältigeren Varianten die verschiedenen Arten der Wohnkultur bis zu den überfüllten Salons der Welt des Historismus.

Interkolumnium [lat. intercolumnium »Säulenabstand«], Abstand zweier Säulen im unteren Durchmesser; wurde in der Antike meist als lichte Weite gemessen, im Mittelalter von Säulenachse zu Achse als Jochweite. Je nach dem Abstand unterscheidet man Pyknostylos (dichtsäulig, 1,5 untere Durchmesser), Systylos (nahsäulig, 2 untere Durchmesser), Eustylos (schönsäulig, 2,25 untere Durchmesser), Diastylos (weitsäulig, 3 untere Durchmesser), Aräostylos (lichtsäulig, 3,5 Durchmesser).

internationale Architektur ↑ neues Bauen, ↑ Funktionalismus.

Internationaler Stil ↑ Weicher Stil.

Internationale style ↑ neues Bauen.

invenit [lat. »hat (es) erfunden«], Abkürzung *inv.*, auf graphischen Blättern vor dem Namen des Künstlers, von dem die Originalzeichnung stammt.

Inventar [lat. inventum »das Aufgefundene«], 1. Gesamtheit von Einrichtungsgegenständen oder deren Verzeichnis, z. B. I. von Kunstsammlungen. Sie entstanden, um den pekuniären Wert einer Sammlung zu fixieren.

2. Verzeichnisse von Bau- und Kunstdenkmalen, die die kulturhistorisch wertvolle Bausubstanz erfassen und Angaben über Entstehung, Zeit, Material, Künstler usw. enthalten. Sie bilden ein wichtiges Arbeitsmaterial für ↑ Denkmalpflege und Städtebau und sind Grundlage vieler Forschungsarbeiten.

Interkolumnium

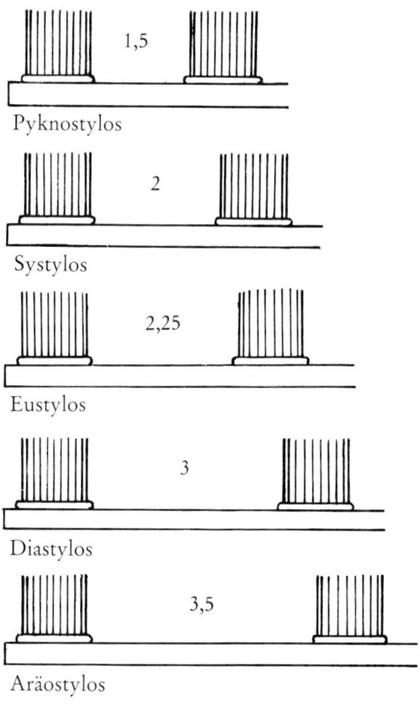

ionische Ordnung ↑ Säulenordnung.

ionischer Stil, Richtung der griechischen Baukunst, die sich im 6. Jh. v. Chr. in Ionien (Kleinasien) herausbildete und im Unterschied zum ↑ dorischen Stil verfeinerte Formen und üppigeren Schmuck aufwies. Diese Kennzeichen waren besonders deutlich im Tempelbau und in den ↑ Säulenordnungen.

ionisches Kapitell ↑ Kapitell.

Irdenware, allgemein glasierte Töpferware, speziell Tonwaren aus porösem Ton, die häufig mit Bleiglasur überzogen sind.

irisch-angelsächsische Buchmalerei ↑ insulare Buchmalerei.

Islamische Kunst. Tauschierte persische Bronzekanne. Ende 12., Anfang 13. Jh. London, British Museum

irisierendes Glas [lat., nach Iris, der Göttin des Regenbogens], schillert in den Farben des Regenbogens. Der Effekt wird durch Einwirken von metallischen Dämpfen auf das Glas hervorgerufen.

Isabellinischer Stil, nach der spanischen Königin Isabella benannte Architekturrichtung Ende des 15., Anfang des 16. Jh., die sich aus dem Florido-Stil, der spanischen Sonderform des ↑ Flamboyant-Stils, entwikkelte und die unterschiedlichsten Einflüsse aus Frankreich, Deutschland und Italien mit traditionellen maurischen dekorativen Elementen verschmolz.

islamische Kunst, Kunst der Länder zwischen Spanien und Indien, Mittelasien und Sudan, in denen sich die von Prophet Mohammed im 7. Jh. gegründete Religion des Islam ausbreitete. Der Koran, der für die Gläubigen das tägliche Leben regelt, enthält für die Kunst nur wenig präzise Richtlinien, außer dem Verbot von Kultbildern. Obwohl der Prophet und seine Nachfolger nicht abgebildet wurden, gehen die Meinungen auseinander, ob sich das Verbot auf die Darstellung alles Lebendigen oder speziell des menschlichen Wesens überhaupt bezog. So wurde von einigen Muslimen jede naturalistische Malerei oder Schnitzerei abgelehnt, andere erlaubten die Darstellung von Tieren und Menschen, jedoch ohne Schatten. Insgesamt neigte die i. K. zu Stilisierung und Flächigkeit. Ihre Hauptleistungen lagen in Architektur, Kunsthandwerk und Buchmalerei, wobei eine reiche Ornamentik entwikkelt wurde.

Als Gebets- und Versammlungsraum der Moslems entstanden ↑ Moscheen, von deren Türmen (↑ Minarett) zum Gebet aufgerufen wurde. Der rechteckige Betsaal im Innern, in dem eine apsidenartige Gebetsnische (Mihrab) die Richtung nach Mekka anzeigt, enthält auch die Predigtkanzel (Mimbar). Im Hof stehen ein Reinigungsbrunnen und das Minarett.

Während im Westen die römischen Bautechniken weiterentwickelt wurden, entstand im Osten (besonders in Persien) unter sassanidischem Einfluß eine kreuzförmig angelegte, offene, tonnengewölbte Hallenarchitektur (↑ Liwan) zunächst bei ↑ Medresen (Tempelschulen), dann auch in der Liwan-Moschee. Es bildete sich die Kuppelmoschee mit zentraler Trompen- oder Pendentifkuppel (↑ Kuppel) nach dem Vorbild der

Hagia Sophia in Istanbul (Konstantinopel) heraus. Errichtet wurden neben Moscheen und Medresen auch Grabbauten (↑ Türbe), Grabmoscheen und Klöster. Die Profanbauten (Befestigungen, Stadtpaläste, Wüstenschlösser, Bäder, Karawansereien, Basare) übernahmen den Stil der religiösen Bauten. Neben Rund- und Spitzbogen herrschten im Osten der persisch beeinflußte Kielbogen (besonders in Ägypten während der Zeit der Fatimiden 969–1171), im Westen Spitz- und gestelzter Rundbogen, Hufeisenbogen und Stalaktitengewölbe vor. Marmorinkrustationen, später auch farbige Fayencemosaiken und glasierte Fliesen schmückten Innen- und Außenwände mit geometrischen Ornamenten, seltener wurden Pflanzen- oder Tiermotive verwendet. In den Ornamenten spielt auch die Schrift eine große Rolle.
Seit der Verbreitung des Papiers blühte in fast allen islamischen Ländern die Buchmalerei. Vor allem in Persien und im islamischen Indien stellte sie auch Figürliches dar, während man sich sonst auf die ornamentale Ausschmückung der Schrift beschränkte.
Auch die kunsthandwerklichen Arbeiten sind reich mit Ornamenten geschmückt. Neben Holzschnitzerei und Elfenbeinarbeit gibt es eine hochentwickelte Gebrauchs- und Kleinkunst: Treibarbeiten, damaszierte und tauschierte Waffen, gläserne Gefäße, Seiden- und Teppichweberei, Teppichknüpferei. Für die Entwicklung der Keramik war die Einführung der Lüstertechnik (↑ Lüster 2.) von großer Bedeutung (↑ auch Lüsterfayence).
Die verschiedenen Epochen und Stile der i. K. werden nach herrschenden Dynastien benannt: Omaijaden (661–750), Abbasiden (750–1258), Fatimiden (969–1171), Seldschuken (1037–1300), Mongolischer Stil und die Kunst der Timuriden (13.–15. Jh.), Mameluken (1250–1517), Mauren (1031 bis 1492), Safawiden (1502–1736), Mogulstil (1526–18. Jh.), Osmanischer Stil (14. bis 19. Jh.).

Isokephalie [griech. isos »gleich«, kephale »kopf«], Kompositionsweise in mehrfigurigen Gemälden oder Reliefs, bei der alle Figuren in der Darstellung gleiche Kopfhöhe erreichen. Damit gibt die I. der Komposition Strenge, Klarheit und leichte Überschaubarkeit.

Iwan ↑ Liwan.

J

Jacobean style, Stilstufe der englischen Renaissance unter Einfluß der niederländischen Architektur im 1. Viertel des 17. Jh. zur Zeit Jakobs I. Er zeichnet sich durch breitgelagerte Gebäude mit E- und H-förmigen Grundrissen und großen Innen- und Ehrenhöfen aus.

Jacquardweberei, Herstellung von gemusterten Geweben und Teppichen auf der von dem Lyoner Weber Joseph Maria Jacquard nach 1795 erfundenen Webmaschine, die die Herstellung komplizierter Muster und bildlicher Darstellungen gestattete. Die gewirkten Gobelins wurden nun durch die billigeren gewebten ersetzt, was zu einer künstlerischen Verflachung führte.

Jacquemart [franz. Jacques »Jakob«, marteau »Hammer«), automatische Figur, die mit einem Klöppel oder Hammer gegen die Uhrglocke schlägt. In der Vergangenheit wurden oft große Turmuhren damit ausgestattet. Beispiele befinden sich auf Notre Dame in Dijon und auf dem Uhrenturm am Markusplatz in Venedig (1497), nachgeahmt 1927/28 auf dem Leipziger Kroch-Hochhaus.

Jade [span. piedra de hijada »Nierenstein«, ihm wurde Heilkraft gegen Nierenleiden zugeschrieben], Sammelbezeichnung für die Halbedelsteine Jadeit und Nephrit; ihre Farbigkeit reicht von Schwarz-Weiß bis zum vorherrschenden Grün. J. wurde seit dem Neolithikum zu Gebrauchs-, Kult- und Schmuckgegenständen verarbeitet. Besonders geschätzt wurde es in China und Mittelamerika.

Jagdkrug, Krug aus dunkelbraunem glasiertem Steinzeug mit aufgelegter Jagddarstellung, im 16. und 17. Jh. in Creußen (Oberfranken, ↑ Creußener Steinzeug) hergestellt.

Jagdschloß, Schloß in einem Jagdgebiet, das dem Besitzer und seiner Jagdgesellschaft als vorübergehender Aufenthaltsort dient. Seit der französischen Renaissance bildete sich ein Typ des J. heraus, der eine große Zahl regelmäßig angeordneter Appartements mit einem gemeinschaftlichen Saal vereinigte (Chambord, La Muette). Das barocke J. reichte vom einfachen Jagdhaus bis zum umfangreichen Gebäudekomplex und diente während der Jagdsaison auch als Residenz (z. B. Moritzburg bei Dresden). Häufig wurde der Zentralbau bevorzugt, da sich seine Richtungslosigkeit gut als Mittelpunkt eines das Jagdrevier erschließenden Schneisensystems eignet. Mitunter weisen J. Dachaufbauten für Beobachtungen und Fernsicht auf.

Jagdstück, *Jagdstilleben,* allgemein Darstellung von Jagdszenen, speziell von auf der Jagd erlegten Tieren, Jagdgerät und Waffen. Diese Bildgattung erlebte eine Blütezeit in der flämischen Malerei des 17. Jh. (Frans Snyders, Jan Fyt).

Jagdteppiche, persische Knüpfteppiche des 16. und 17. Jh., die in ihrem Mittelfeld Jagdszenen aufweisen.

Jansenisteneinbände [franz. reliures jansénistes), bibliophile Einbandform, benannt nach der religiösen Bewegung der Jansenisten in Frankreich. Sie zeichnet sich durch hervorragendes Leder aus und weist außer dem Besitzerwappen oder mehreren dünnen, den Deckel umrahmenden Goldlinien keinen besonderen Deckelschmuck auf. J. waren besonders in der 2. Hälfte des 18. Jh. beliebt.

Januskopf, Kopf des römischen Gottes Janus, der doppelgesichtig vorwärts und zurück blickt und über Torbögen, Ein- und Ausgängen dargestellt wurde. Der J. symbolisiert Gegenwart als Schnittpunkt von Vergangenheit und Zukunft. Nach Janus wurde auch der erste Monat des Jahres (Januar) benannt.

Januskopf

Japanpapier, handgeschöpftes, aus Bastfasern von japanischen Pflanzen hergestelltes Papier, das zuerst in Holland im 17. Jh. für Handzeichnungen und Radierungen verwandt wurde.

Jasperware, englisches Steinzeug, das durch Metalloxide verschiedenartig gefärbt ist und seit 1757 durch Josiah Wedgwood vertrieben wurde. Hergestellt wurden meist Reliefs (weiß auf blauem Grund), auch Gemmen, Bildnismedaillons und mit Reliefs geschmückte Vasen.

Jaspis, undurchsichtiger, meist rötlicher, gelber oder brauner Quarz, der seit dem Altertum für kunsthandwerkliche Arbeiten verwendet wird. Im Mittelalter wurde er zu Vasen, Dosen, Schalen u. a. verarbeitet.

Jastorfkultur, Sammelbegriff für die Kultur mehrerer Bevölkerungsgruppen im nördlichen Mitteleuropa am Ende der ↑ Hallstatt- und ↑ Latènekultur (ca. 600 v. Chr. bis um Christi Geburt), benannt nach dem Urnenfriedhof von Jastorf bei Hannover. Die J. war zwischen Nordjütland und Thüringen sowie zwischen Weser- und Odermündung verbreitet. Sie gilt als älteste germanische Kultur. Charakteristisch sind Grabfunde, z. B. Fibeln, Gürtelteile und Ringe, während Siedlungen nur selten ausgegraben sind.

Jellingestil ↑ Wikingerkunst.

Jerusalemsweg ↑ Labyrinth.

Jessebaum, Jessewurzel ↑ Wurzel Jesse.

Joch [lat. iugum »Fach zwischen zwei Balken«], *Travée,* der von einer Gewölbeeinheit überdeckte Raumabschnitt, z. B. bei Brücken der von Pfeilern begrenzte Brükkenbogen; in der Basilika die Folge der Raumabschnitte der einzelnen Schiffe. Als rhythmische Travée wird die Jochfolge bezeichnet, die im Wechsel von Säule und Pfeiler gestaltet ist.

Johannisschüssel, Bildtyp, der Schüssel oder Teller mit dem Haupt Johannes des Täufers zeigt (nach dem biblischen Bericht über das Lebensende von Johannes dem Täufer bei Matth. 14, 22 und Mark. 6, 29); das Thema war besonders vom 13.–17. Jh. verbreitet.

Judenhut, spitzer Hut von meist gelber Farbe als Erkennungszeichen der Juden. Er wurde 1215 vom 4. Laterankonzil in Rom für alle Juden vorgeschrieben.

jüdische Kunst, jede künstlerische Schöpfung, die aus der sozialen und geistigen Welt des Judentums erwächst. Die Geschichte der j. K. beginnt mit der Einwanderung der Israeliten nach Kanaan. Das erste bedeutende Werk war wahrscheinlich der Tempel des Königs Salomo im 10. Jh. v. Chr. Bestimmend waren dabei Einflüsse aus Kanaan und Assyrien. Die für die Frühzeit maßgebenden Stammesstrukturen und die Abgrenzung gegenüber anderen Völkerschaften führten dazu, daß die jüdische Religion eine starke gesellschaftsorganisierende Funktion erhielt. Die Synagoge entstand während des babylonischen Exils der israelitischen Stämme zusammen mit einer neuen vergeistigten Form des Gottesdienstes, der den Opferkult ablöste.

Die Synagogen waren Gemeinde- und Versammlungsräume; ihre ersten Erwähnungen beziehen sich auf Alexandria, die größte der jüdischen Diasporagemeinden. Der Baustil der Synagoge ist im wesentlichen durch syrisch-spätantike Formen bestimmt.

Charakteristisch für die j. K. ist auch das mosaische Bilderverbot, das seit dem 7. Jh. – beeinflußt wahrscheinlich durch Islam und byzantinischen Bilderstreit – allerdings nicht immer konsequent eingehalten wird.

Die j. K. des Mittelalters ist einmal von der Kultur des jeweiligen Landes geprägt, zum anderen von den Eigenheiten einer in ihren sozialen Rechten eingeschränkten Religionsgemeinschaft. Ihre Ghetto-Situation zwingt auch zur Begrenzung in der Höhe und zur bescheidenen Fassadengestaltung der Synagogen.

Der älteste mittelalterliche Synagogenbau befand sich in Worms (beg. 1034, 1938 zusammen mit zahlreichen anderen Synagogen von den Nationalsozialisten zerstört), eine zweischiffige gotische Halle. Sie war der im Mittelalter verbreitetste Typ (so auch in Regensburg, 13. Jh.; Alt-Neu-Synagoge in Prag, 13./14. Jh.). Daneben entwickelte sich der gewölbte Saalbau (Miltenberg, Bamberg), der sich in Renaissance und Barock durchsetzte. Oft gruppieren sich noch andere Gebäude um die Synagoge, z. B. die Frauensynagoge (scharfe Trennung der Geschlechter), das Gemeindehaus, das Schlachthaus (die zur Nahrung bestimmten Tiere wurden rituell geschlachtet) und das Badehaus. Eine eigenständige Synagogenarchitektur entstand in Osteuropa (gewölbte Räume mit vier Mittelstützen; volkskünstle-

Jüdische Kunst. Die Bundeslade. Holzschnitt aus der Schedelschen Weltchronik. 1493

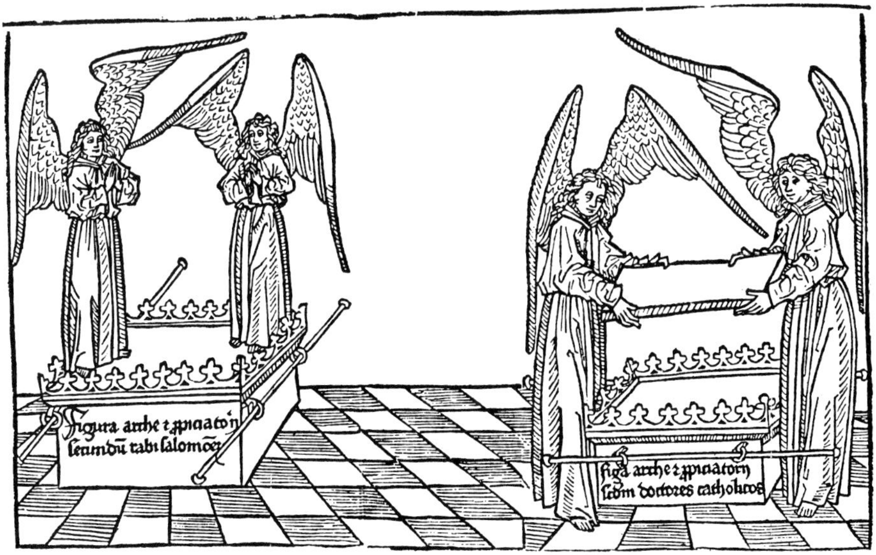

risch ausgestaltete Holzsynagogen in Polen, meist aus dem 17. Jh.).
Außerordentlich vielfältig sind die kunsthandwerklichen Kultgegenstände, wobei aus der Zeit vor dem 16. Jh. wenig erhalten ist (Thorarollen, -schilder, -vorhänge, -mäntel, ↑ Menorah, ↑ Chanukkaleuchter, Gewürzbüchsen, Hochzeitsringe, Beschneidungsmesser). Die Blütezeit solcher hervorragenden Gold- und Silberschmiedearbeiten lag im 17. und 18. Jh.
Ein bedeutender Zweig j. K. sind Buchmalerei und Schriftkunst (↑ Machsor). Die sozialen Einschränkungen, denen die Juden unterlagen, hatten hierauf weniger Einfluß. Als eine der wertvollsten illuminierten Handschriften gilt die in Sarajevo aufgefundene spanisch-jüdische Pessach-Haggada (kultisches Buch für Ostern) aus dem 14. Jh. Von den in Deutschland entstandenen Handschriften ist die von Israel ben Meir aus Heidelberg (1. Hälfte 15. Jh.) geschriebene Darmstädter Haggada zu erwähnen. Der jüdische Buchdruck entwickelte sich seit Mitte des 15. Jh., wobei die frühen Drucke die Handschrift nachahmen.
Eine im engeren Sinne jüdische Malerei begann sich erst im 17. Jh. herauszubilden und kam im 19. Jh. zu einer ersten Blüte (Moritz Oppenheim, Isidor Kaufmann). Im 20. Jh. sind es vor allem Marc Chagall und Anatolij Kaplan, die mit ihren märchenhaften, der ostjüdisch-chassidischen Welt entstammenden Themen als Vertreter typisch j. K. gelten.

Jüdische Kunst. Rekonstruktion der Synagoge von Kapernaum

Jugendstil, deutsche Bezeichnung für eine Stilrichtung der Kunst etwa zwischen 1890 und 1910, die den ↑ Historismus ablöste. In Frankreich wurde diese Richtung Art nouveau, in England Modern style, in Östereich

Jugendstil. Henry van de Velde: Schmuck, Möbel und Ornament

Sezessionsstil und in Italien Stile liberty genannt. Ihren Namen erhielt diese künstlerische Erneuerungsbewegung in Deutschland von der seit 1896 erscheinenden Zeitschrift »Jugend«, die sich in Inhalt und Form für die neue Richtung einsetzte. Der J. wandte sich inhaltlich und formal gegen historisierende Tendenzen und versuchte eine Formensprache zu entwickeln, die alle Bereiche der Kunst (Grafik, Malerei, Architektur, Plastik, Kunsthandwerk bis hin zum Modedesign) umfassen und in einen neuen Zusammenhang bringen sollte. Ziel war die Einheit der Künste. Architektur und Innenraumgestaltung sollten möglichst in einer Hand liegen (Peter Behrens, Joseph Maria Olbrich, Victor Horta). Auf der Suche nach einem neuen universalen Stil, nach Funktionalität und Dekorativität wurden Anregungen von William Morris und der ↑ Arts and Crafts Movement in England aufgenommen. Entscheidende Anstöße kamen auch von

den englischen Präraffaeliten sowie von James Whistler, Gustave Moreau, Paul Gauguin, Emile Bernard, Ferdinand Hodler und Edvard Munch. Weitere wichtige Quellen waren die japanische Kunst, deren Erzeugnisse seit den 80er Jahren verstärkt nach Europa eingeführt wurden, die neuentdeckte kretisch-mykenische Kunst, die islamische Lüsterkeramik. Kennzeichnend für den J. sind asymmetrische, flächenhafte pflanzliche, tierische oder abstrakt-geometrische Ornamente mit schwungvoller rhythmischer Linienführung. Nach dem Vorbild Paul Gauguins wurde die Fläche in große schattenlose oder irisierend gemusterte (Gustav Klimt) Formen aufgegliedert und durch betonte Konturen der Bewegungseindruck der unregelmäßig geformten Flächen gesteigert. Lithographie und Holzschnitt erhielten neue Impulse, ebenso wie die Gestaltung von Zeitschriften, Büchern (Aubrey Beardsley, Thomas Theodor Heine, Heinrich Vogeler) und Schrift (Otto Eckmann).
In der Architektur weisen die Bauten von Hendrik Petrus Berlage, Antonio Gaudi, Victor Horta ein neues Raum- und Körpergefühl auf, das sich aus einem funktionsgerechten Grundriß entwickelte. Materialgerechtes Bauen und eine Synthese der Künste (Otto Wagner) wirkten auf den Deutschen Werkbund und später das Bauhaus und führten zum Funktionalismus der 20er Jahre. In der Baukunst entstand ein spannungsvolles Verhältnis von funktioneller Sachlichkeit und Kunstprinzip. Im Städtebau gab es Beziehungen zur ↑ Gartenstadt-Bewegung. Funktionalität, Natürlichkeit und Schönheit entfalteten sich vor allem in der Innenarchitektur, wobei der Villenbau sowie Theater und Museen einen besonderen Schwerpunkt bildeten.

Jungfernbecher ↑ Brautbecher.

Jüngstes Gericht, Darstellung des Weltgerichts, in dem nach christlicher Auffassung Christus als Weltenrichter am Jüngsten Tag die von den Toten Auferstandenen richtet und entweder dem Paradies oder der Hölle zuweist. Die bildlichen Darstellungen gehen auf Motive des Alten und Neuen Testamentes und auf die Kirchenväterliteratur zurück. Das byzantinische Grundschema, das sich wahrscheinlich im 8. Jh. herausbildete, ist lange Zeit beibehalten worden und zeigt folgende Hauptgruppen in einzelnen Streifen untereinander angeordnet: Thronender Christus zwischen Maria und Johannes dem Täufer als Fürbittern (↑ Deesis), Apostel- und Engelchöre, Michael mit der Seelenwaage zwischen Seligen und Verdammten.
Im Gegensatz dazu zeigen die westlichen Bildvorstellungen des J. G. eine Zentralisierung der Figuren um den schon durch die Größe hervorgehobenen Weltenrichter (Beispiele sind Miniaturen der Reichenauer Schule um 1000, Fresken von St. Georg in Oberzell). In der französischen Kunst wurde das J. G. seit dem 12. Jh. häufig als monumentales Relief im Bogenfeld über dem Eingangsportal von Kirchen angebracht (Weltgerichtsportal). Im ausgehenden Mittelalter befand sich in fast jeder großen Kirche ein Wandbild des J. G., das die Gläubigen ermahnen und ihnen zeigen sollte, wohin menschliche Laster führen. Mit unerschöpflicher Phantasie wird die Auferstehung der Toten in vielen Einzelszenen vorgeführt.
Häufig befanden sich Wandbilder des J. G. auch in Rathäusern und Gerichtssälen. Aus dem 15. Jh. sind zahlreiche Tafelbilder deutscher und niederländischer Künstler erhalten (Stephan Lochner, Rogier van der Weyden, Hans Memling). Eine großartige Darstellung des J. G. ist das Wandfresko Michelangelos in der Sixtinischen Kapelle im Vatikan (1536–41).

Junk art, *Junk culture* [engl. junk »Abfall«, »Trödel«), in den 50er Jahren des 20 Jh. in England geprägter Begriff für ↑ Assemblagen und ↑ Environments aus Abfall des täglichen Konsums, wie sie von John Chamberlain oder Edward Kienholz geschaffen wurden.

Jupitersäule, Säule oder Pfeilermonument im römischen Germanien (1.–3. Jh.), die mit einer Statue des römischen Gottes Jupiter gekrönt ist. Säule und Sockel waren mit zahlreichen Reliefs verziert, die verschiedene Gottheiten wiedergeben. Berühmt ist die J. in Mainz, 67 n. Chr. errichtet.

Juwelenporzellan, Porzellan, das mit verschiedenfarbigen, auf Goldplättchen gelegten Schmelzperlen verziert ist, so daß der Eindruck von Juwelenbesatz entsteht. Es wurde seit 1780 in Sèvres, im 19. Jh. auch in England hergestellt.

K

Kabinett [franz. cabinet »abgeschlossener Raum«], kleines Nebengemach, diente in Schlössern oft zur Aufbewahrung kostbarer Sammlungen von kleinen Kunstgegenständen (Münzkabinett, Kupferstichkabinett). Ein Kabinettstück ist ein Werk, das einer solchen Aufstellung würdig war.

Kabinettmalerei ↑ Glasmalerei.

Kabinettschrank, mit zahlreichen kleinen Fächern, Kästchen und Schubladen ausgestattetes Prunkmöbel, das mit ↑ Intarsien aus Elfenbein, Silber oder Schmucksteinen, mit Schnitzwerk, Beschlägen und Malerei verziert wurde. Es entwickelte sich in Deutschland seit Ende des 16. Jh. aus einem ursprünglich einfachen Kasten. Im K. wurden Kostbarkeiten wie Münzen und Medaillen aufbewahrt.

Kabinettstück ↑ Kabinett.

Kachel, ursprünglich Bezeichnung für alle Produkte aus gebranntem und glasiertem Ton; heute nur für Ofenkachel. Bestehen die Kacheln aus einem Gemisch von Ton und Schamotte, spricht man von Meißener (Schamotte-)Kacheln. Die sogenannte Berliner K. besteht aus kalkhaltigem Ton und ist mit Bleiglasur überzogen.

Kaffgesims ↑ Gesims.

Kaftan [arab.], langer, vorn geöffneter, bis über die Knie reichender Überrock, meist mit unten geschlitzten Ärmeln, der u. a. in West- und Mittelasien, Iran, Nordafrika und Osteuropa verbreitet war. Er wird häufig durch einen Gürtel geschlossen. Der K. gehörte in Polen zur altpolnischen Nationaltracht und zur traditionellen Kleidung der orthodoxen Juden.

Kaiserpfalz ↑ Pfalz.

Kakemono [japan. »Hängerolle«], im Gegensatz zum ↑ Makimono hochformatiges Rollbild auf Seide oder Papier. Das K. wird bei festlichen Anlässen in die Bildnische gehängt. Das K. ist typisch für China und Japan.

Kalathos [griech. »Korb«], 1. Kern des korinthischen Kapitells.
2. ↑ Vasentypen, griechische.
3. auch Polos genannte Kopfbedeckung, getragen von Göttinnen (Hera, Artemis, Aphrodite) und Göttern (Apollo).

Kaldarium ↑ Caldarium.

Kalligramm, künstlerische Ausdrucksform, bei der Schriftzeichen als Bildelemente verwendet werden. Solche Textbilder waren bereits in der griechischen Antike geläufig und sind in karolingischen Kopien spätantiker Handschriften überliefert. Diese Tradition setzte sich kontinuierlich fort und erreichte in Renaissance und Barock einen Höhepunkt in der spielerischen Form von Sinngedichten für feierliche Anlässe.
Nach 1900 griffen Futuristen darauf zurück, da das Textbild ihrer Forderung nach Ver-

Kabinettschrank aus Danzig. Nach 1700. Berlin-Köpenick, Kunstgewerbemuseum

wischung der künstlerischen Gattungsgrenzen entsprach. Apollinaire schuf um 1913 seine ersten K., die er als »lyrische Ideogramme« bezeichnete. Neue bildliche Ausdrucksformen weisen auch die Bildgedichte und Textcollagen von Kurt Schwitters auf. In neuerer Zeit hat das Textbild in Fotomontagen, im Zeitungsschriftsatz und in der Plakatgestaltung eine Ausweitung seiner künstlerischen Möglichkeiten erfahren.

Kalligraphie [griech. kalos »schön«, graphein »schreiben«], Gebrauch der Schrift über den Informationswert hinaus nach ästhetischen Prinzipien. Besonders in China, Indien, Japan und den islamischen Ländern ist die K. bis heute eine der Malerei ebenbürtige Kunstgattung, in Europa wurde und wird sie von Buch- und Schriftkünstlern gepflegt.

Kalotte [franz. calotte »Haube«, »Kappe«], *Kugelkappe,* Kuppel mit der Gewölbelinie eines Kugelabschnittes (Abb. ↑Kuppel). Übertragen bezeichnet man die Haube der Holländerwindmühle als K.

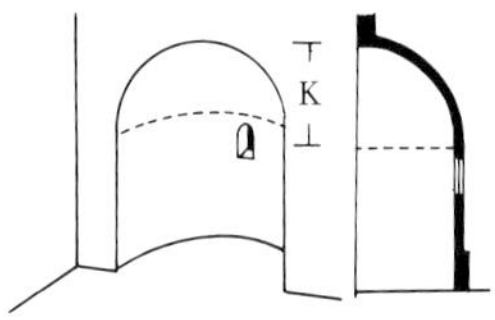

Kalotte einer Apsis

Kaltnadelradierung ↑Radierung.

Kalvarienberg [lat. calvaria »Schädel«], nach biblischer Überlieferung Ort der Kreuzigung Christi (Golgatha). Als Motiv in der Malerei ist der K. zuerst im 14. Jh. in Italien zu finden und wird dann nördlich der Alpen bis in den Barock in Malerei und Plastik dargestellt.

Kamaresvasen, Gattung dünnwandiger kretischer Tongefäße (2000–1600 v. Chr.), die außen mit einer schwarzen Glasur überzogen sind, auf die meist pflanzliche Ornamente aufgemalt wurden; benannt nach der Kamareshöhle bei Phaistos.

Kamee, *Kameo, Cameo,* geschnittener Edel- oder Halbedelstein, bei dem – im Unterschied zur ↑Gemme – die Darstellung reliefartig herausgearbeitet ist.

Kammkeramik, Sammelbezeichnung für Gefäße der Jungsteinzeit und frühen Metallzeit (3.–2. Jt. v. Chr.), für die Kamm-, Grübchen- und Stempelmuster charakteristisch sind. Die K. war in Skandinavien und Zentralrußland verbreitet.

Kämpfer, Teil einer Mauer, Säule oder eines Pfeilers, auf dem ein Bogen oder Gewölbe aufliegt. Er nimmt den Bogen- oder Gewölbeschub auf und leitet ihn weiter. Als konstruktiv wichtiger Punkt ist er oft durch eine vorspringende Platte verstärkt. Auf diese Verstärkungen geht auch die Entwicklung des ↑Kapitells zurück. Der K. ist seit spätantiker und frühbyzantinischer Zeit nachweisbar (4. Jh.).

Kanapee, breites Sofa mit Arm- und Rükkenlehnen; in Frankreich und Deutschland seit der 2. Hälfte des 17. Jh. verbreitet. Ähnlichen Sitzmöbeln wurden im 18. Jh., möglicherweise um den Absatz zu steigern, exotisch klingende Namen gegeben (z. B. Ottomane, Confident, Causeuse).

Kandelaber [lat. candelabrum], großer mehrarmiger Standleuchter, bereits in der Antike künstlerisch gestaltet. Er besteht aus einem oft dreiteiligen Fuß, einem säulenartigen Schaft und einem Kapitell oder anderen Form zum Aufstellen der Kerze, Lampe oder Feuerschale. Im Mittelalter dienten K. als ↑Osterleuchter. Häufigste Form des spätmittelalterlichen großen K. ist der siebenarmige bronzene Leuchter, wie er sich z. B. in den Domen von Braunschweig und Mailand befindet. Auch menschliche Figuren waren als Kerzenständer gestaltet (Wolframsleuchter im Erfurter Dom, 12. Jh.). In der Renaissance wurden K. häufiger in Marmor gebildet, seit dem 18. Jh. wird Schmiedeeisen verwendet.

Kanephore [griech. »Korbträgerin«], Jungfrau, die bei altgriechischen Götterprozessionen die Opfergeräte in einem Korb auf

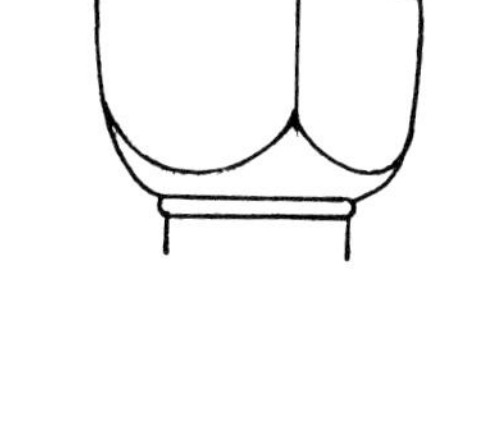

Kämpfer. Würfelkapitell mit ausladender Kämpferplatte

dem Kopf trug. Sie wurde auch als ↑ Karyatide in der Architektur dargestellt.

Kannebäckerkeramik, ältere Bezeichnung für das ↑ Westerwälder Steinzeug.

Kanneluren [lat. canna »Rohr«], senkrecht verlaufende Hohlkehlen an einem Säulenschaft. An dorischen Säulen stoßen die K. scharfkantig aneinander, an ionischen Säulen sind sie durch schmale Stege getrennt. Abb. ↑ Säulenordnung.

Kanon [griech.], ursprünglich eine Rohrart, die u. a. zur Herstellung von Waagebalken und Meßgeräten verwendet wurde; später Instrument mit Maßeinteilung und in weiterer Abstraktion ein grundlegender, einheitlicher Maßstab für Kunstformen. ↑ auch Proportionslehre.

Kanonbild, Bild des gekreuzigten Christus mit Maria und Johannes im Meßbuch am Anfang des Kanons, des stets gleichbleibenden Gebetsteils der Messe.
Das K. entwickelte sich aus der Initiale T des Anfangswortes des Kanons »Te igitur«, die als Kreuz aufgefaßt wurde. Seit dem 12. Jh. löste sich das Bild vom Text und wurde diesem als besonderes Blatt vorangestellt.

Kanontafeln, Tafeln am Anfang mittelalterlicher Evangelienbücher, die die Nummern der einzelnen Evangelienabschnitte enthalten und damit die Auffindung inhaltlich gleicher Textstellen erleichtern. Diese tabellarischen Zusammenstellungen, angefertigt im 4. Jh. von Eusebius von Caesarea, sollen die Einheit der evangelischen Lehre symbolisch veranschaulichen. Die vier Zahlenreihen sind zwischen Säulen gestellt, die durch Halbkreisbögen miteinander verbunden und durch einen großen übergreifenden Bogen zusammengefaßt werden. K. zählen zu den frühesten Schmuckformen in christlichen Handschriften.

Kanopen, Krüge, in denen im alten Ägypten die Eingeweide der mumifizierten Toten gesondert beigesetzt wurden; benannt nach der altägyptischen Stadt Kanopos östlich von Alexandria. Die Deckel sind aus Tier- oder Menschenköpfen als Schutz gegen böse Mächte gebildet.

Kantharos, griechisches Trinkgefäß mit hochgezogenen Henkeln und abgesetztem Fuß. ↑ auch Vasentypen, griechische.

kantoniert sind Pfeiler oder Mauerecken, an deren Kanten Halb- oder Dreiviertelsäulen angebracht sind. Kantonierte Pfeiler sind für die Gotik charakteristisch und Vorläufer des ↑ Bündelpfeilers.

Kanzel [lat. cancelli »Umfriedung«, »Schranken«], erhöhter Standort eines Predigers in einer christlichen Kirche. Die K. entwikkelte sich im 13. Jh. aus ↑ Ambo und ↑ Lettner, als durch die Bettelorden im Gottesdienst der Predigt gegenüber der Liturgie immer mehr Raum gegeben wurde. Die K. besteht aus Kanzelfuß in Gestalt einer Stütze, dem Kanzelkorb mit Brüstung, dem darüberbefindlichen Schalldeckel und der Treppe. Alle Teile wurden reich mit figürlichem oder ornamentalem Schmuck versehen. Eine Sonderform bilden Kanzelaltäre in einigen evangelischen Kirchen Mittel- und Norddeutschlands. Hier ist die Kanzel über dem Altar angeordnet, was den reformatorischen Gedanken der Gleichwertigkeit von Predigt und Abendmahl betonen soll.

Kanzelaltar ↑ Kanzel, Altar.

Kapelle [lat. cappa »Mantel«], ursprünglich Bezeichnung für den Raum des fränkischen Königspalastes in Paris, in dem das Mönchskleid des hl. Martin von Tours aufbewahrt wurde. Die Bezeichnung ging dann auf alle anderen Bet- und Andachtsräume der Paläste über (Burg-, Schloß-, Pfalzkapelle) und wurde schließlich auch für kleinere selbständige christliche Kultbauten wie Taufkapelle, Grabkapelle, Totenkapelle und für Anbauten an Kirchen (Chorkapelle, Seitenschiffkapelle) gebraucht. Mitunter wurden die K. auch doppelgeschossig angelegt (↑ Doppelkapelle).

Kanzel aus dem 16. Jh.

Kapellenkranz, um den ↑ Chorumgang einer Kirche halbkreisförmig oder polygonal angeordnete Kapellen.

Kapellennische, nischenartige, nach außen nicht vortretende Kapelle in einer Kirche. ↑ auch Einsatzkapellen.

Kapital ↑ Kaptal.

Kapitälchen, Auszeichnungsschrift der lateinischen Druckschrift. Die Großbuchstaben entsprechen in der Höhe den Kleinbuchstaben. K. dienen z. B. zum Hervorheben von Namen im Text.

Kapitalis ↑ Schrift.

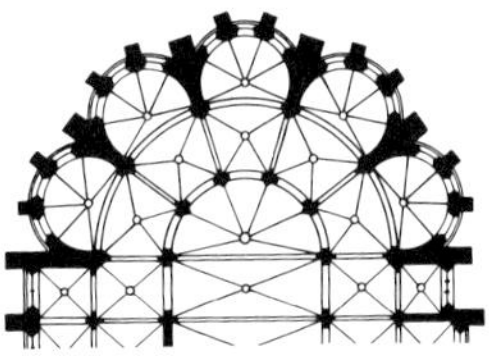

Kapellenkranz der Kathedrale von Tours. Nach 1003

Kapitell [lat. caput »Kopf«], plastisch durchgebildetes Kopfstück einer Säule oder eines Pfeilers als Zwischenglied zwischen Stütze und Last. Künstlerisch reich ausgestaltet, bietet die Form des K. Anhaltspunkte für die Datierung von Bauwerken. Die ältesten Kapitellformen sind aus dem alten Ägypten überliefert; ihnen liegen Lotos- oder Papyrusformen zugrunde. In der griechischen Antike gab es spezielle Formen für ionische, dorische und korinthische ↑ Säulenordnungen. Die römische Baukunst entwickelte aus der Verbindung von ionischem und korinthischem K. das Kompositkapitell. In der byzantinischen Kunst wurde der ↑ Kämpfer in Form einer Platte oder eines Blocks eingefügt (Kämpferkapitell).

Nach den einzelnen Grundformen unterscheidet man Korb-, Falten- und Trapezkapitell, die auch auf Bauten der Karolingerzeit übertragen wurden. Aus der Holzbaukunst wurde das Pilzkapitell übernommen. In der Frühromanik entstand das Würfelkapitell als Durchdringung von Würfel und Kugel, in der Gotik das Kelch- und Kelchblockkapitell. Die Verbindung mit Pflanzenformen führte zu Knospen- und Blattkapitellen. Das Figurenkapitell fügt oft auf engstem Raum einzelne Figuren zu ganzen Szenen zusammen. Renaissance, Barock und Klassizismus griffen auf antike Formen zurück. Abb. S. 158.

Kapitelsaal, hallenartiger, meist zweischiffiger Versammlungsraum in einem mittelalterlichen ↑ Kloster.

Kappe, Teilfläche eines Kreuzgewölbes (↑ Gewölbe) zwischen zwei Graten oder Kreuzrippen. Ein rechtwinklig zur Achse geführter Einschnitt wird als Stichkappe bezeichnet.

Kaptal, *Kapital,* bei Bucheinbänden die beiden Enden, Kopf und Fuß, des Buchblockrückens; bei industriell hergestellten Einbänden als angeklebtes Kaptalband oder bei Handeinbänden als umstochenes K. Das K. hat nur Schmuckfunktion und soll Einblick in den hohlen Buchrücken verhindern. Beim künstlerischen Handbuchbinden zu hoher Kultur entwickelt, gibt das fertige K. oft Aufschluß über die Herkunft des Einbands.

Karaffe [arab. garraf »weitbauchige Flasche«], bauchige geschliffene Glasflasche mit Glasstöpsel.

Kardinalshut, Kopfbedeckung und Würdezeichen der Kardinäle; ein flacher, runder, roter Hut mit breiter Krempe, von der Schnüre mit Knoten und Quasten herabhängen.

Kardinaltugenden ↑ Tugenden und Laster.

Karikatur [ital. caricare »überladen«, »übertreiben«], übertreibende Darstellung menschlicher Eigenschaften, politischer oder gesellschaftlicher Verhältnisse zur Kritik und Verspottung. K. entwickelten sich

Kaptal. Buchbinderische Fachbezeichnungen an einem Buch

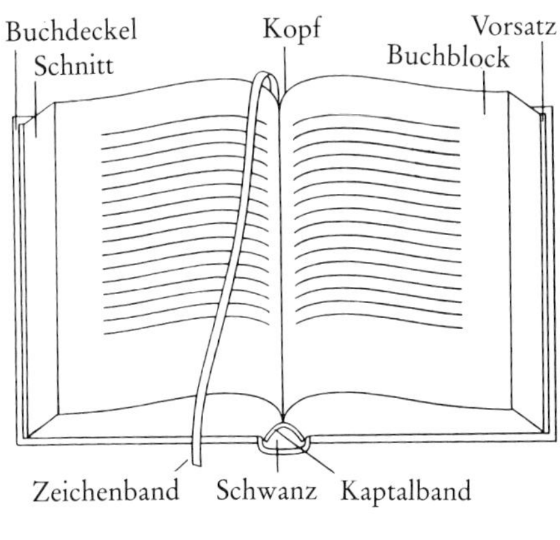

seit dem 18. Jh. zu einer eigenen Kunstform, zuerst in England (William Hogarth), dann in Frankreich (Honoré Daumier) und Deutschland (Wilhelm Busch).

Karnat, Karnation ↑ Inkarnat.

Karneol, durchscheinender roter Schmuckstein, eine Abart des ↑ Chalzedons. Der K. wurde im Orient schon früh zu Amuletten und Schmuckgegenständen verarbeitet und hatte große Bedeutung als Gemmenstein (↑ Glyptik).

Karner ↑ Beinhaus.

Karnies [griech. koronis »das Gekrümmte«], Glockenleiste, Leiste von S-förmigem Querschnitt; beliebter Bestandteil des ↑ Gesimses. Man unterscheidet steigendes und fallendes K.

Karo-Bube, russische Künstlervereinigung, benannt nach der gleichnamigen Moskauer Ausstellung im Dezember 1910. Neben den Initiatoren der Ausstellung, Michail Lario-

Kapitell. 1 ägyptisches Knospenkapitell (Lotos), 2 ägyptisches Knospenkapitell (Papyros), 3 ägyptisches Blattkapitell (Palme), 4 korinthisches Kapitell, 5 dorisches Kapitell, 6 toskanisches Kapitell, 7 ionisches Kapitell (Volutenkapitell), 8 römisches Kompositkapitell, 9 byzantinisches Zweizonenkapitell, 10 byzantinisches Kämpferkapitell, 11 karolingisches Kelchblockkapitell, 12 Pilzkapitell des 11. Jh., 13 romanisches Würfelkapitell, 14 Pfeifenkapitell, 15 Faltenkapitell, 16 Figurenkapitell, 17 Trapezkapitell, 18 Tellerkapitell, 19 Knospenkapitell, 20 Blattkapitell

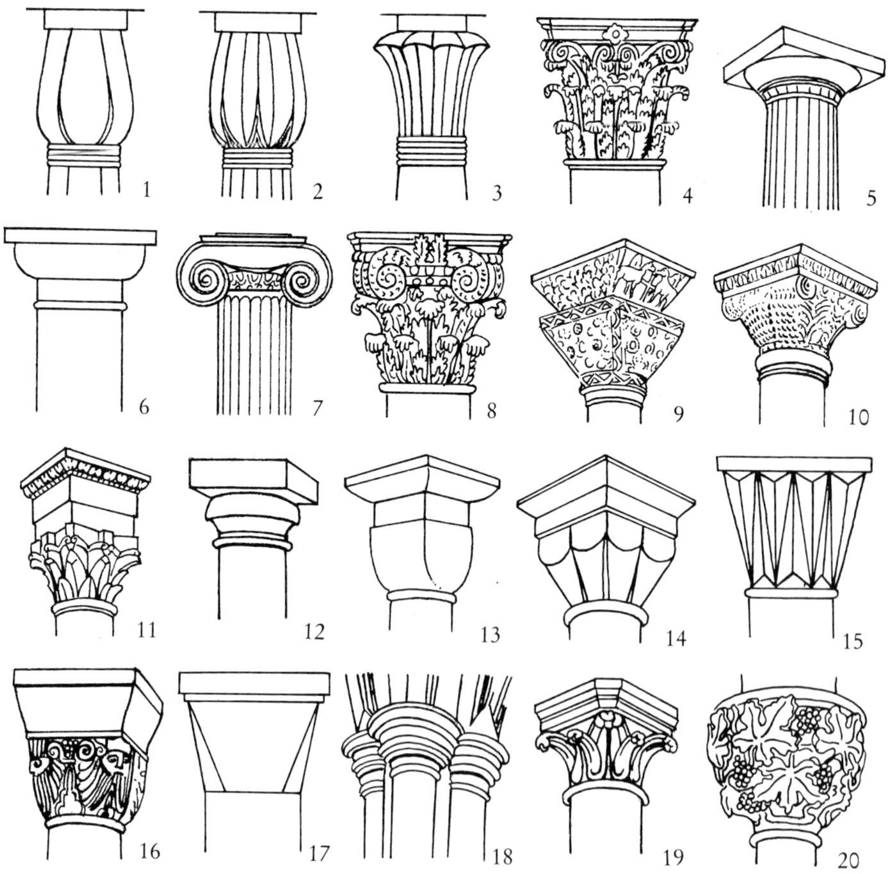

now und den Brüdern David und Wladimir Burljak, gehörten Natalia Gontscharowa, Ilja Maschkow, Peter Kontschalowskij und Alexander Kuprin zu den wichtigsten Vertretern. Der Name, der soviel wie »Gauner«, »Frechling«, »Possenreißer« bedeutet, wurde bewußt gewählt, um das Publikum zu provozieren. Neben Anregungen aus fauvistischer und expressionistischer Malerei besannen sich die Vertreter von K. auf die nationalen Traditionen der Volkskunst (Ikonenmalerei, Volksbilderbögen). 1912 spaltete sich die Gruppe. Larionow, Gontscharowa und die Brüder Burljak organisierten ihre eigenen Ausstellungen »Eselsschwanz« und »Zielscheibe«, während sich die anderen Mitglieder der erneuerten Pflege der Tafelmalerei widmeten und sich besonders mit der kubistischen Malerei, vor allem mit Paul Cézanne, auseinandersetzten (Kontschalowskij, Maschkow). Vorherrschend waren dabei Stilleben, Porträts und Landschaftsmotive.

karolingische Kunst, Kunst im fränkischen Reich unter den Karolingern vom Ende des 8. Jh. bis Anfang des 10. Jh., vor allem unter Karl dem Großen (768–814), der eine Erneuerung (renovatio) des römischen Imperiums auf fränkischem Boden anstrebte. Spätantike und byzantinische Formen wurden bewußt übernommen.

In der Architektur setzte sich der Steinbau gegenüber dem Holzbau durch. Es entstanden größere Zentralbauten und Basiliken, von denen aber nur wenig erhalten blieb (Aachener Münster, die ehemalige Pfalzkapelle Karls des Großen, Basiliken in St. Denis, Fulda, St. Gallen, Köln). Neu sind die Einführung eines festen Maßsystems (Bauplan von St. Gallen als ältester Bauriß des Mittelalters), zahlreiche Türme und die Schaffung des ↑ Westwerkes. Hauptaufgabe der Profankunst waren die kaiserlichen ↑ Pfalzen (Aachen, Ingelheim).

Neben monumentaler Wandmalerei (St. Johann in Müstair, St. Maximin in Trier) sind auch Mosaikkunst und besonders Miniaturmalerei von Bedeutung, die in der Hofschule und in klösterlichen Kunstzentren (Fulda, Tours, Reims) gepflegt wurden. Im Anschluß an spätantike Vorbilder trat die bildliche Darstellung des Menschen in den Vordergrund, nachdem in der irisch-angelsächsischen ↑ Buchmalerei das Ornament vorgeherrscht hatte. Große Bedeutung besaßen auch Goldschmiedekunst und Elfenbeinschnitzerei; monumentale Plastik ist nicht bekannt.

In karolingischer Zeit wurden wesentliche Elemente der politischen und kulturellen Struktur des ganzen Mittelalters geschaffen. Technische Vollendung, geistiger Reichtum und formale Ausgewogenheit kennzeichnen die besten Werke.

karolingische Minuskel ↑ Schrift.

Kartause [ital. certosa], von den Kartäusermönchen entwickelte Sonderform des ↑ Klosters, bei dem die Mönche in einzelnen Häuschen mit kleinen Gärten lebten, die jeweils nur von einem Mönch bewohnt und bewirtschaftet wurden. Gemeinsam nutzten die Kartäuser außerhalb der Kirche bei Messe und Chorgebet Kapitelsaal und (an Feiertagen) Refektorium. Bekannte K. befinden sich in Pavia, Grenoble und Mauerbach.

Karton, maßstabgetreue Zeichnung als Vorlage für ein großes Bild, insbesondere ein Fresko bzw. ein anderes Wandgemälde, Glasgemälde oder Mosaik. Bei der Übertragung auf die Wand werden in der ↑ Sekkomalerei die Konturen durchstochen und der Farbstoff durch Stichlöcher auf den Malgrund übertragen. In der ↑ Freskomalerei drückt man die Zeichnung in die frische Mörtelschicht ein, indem man den Linien mit einem spitzen Griffel nachfährt. Meist

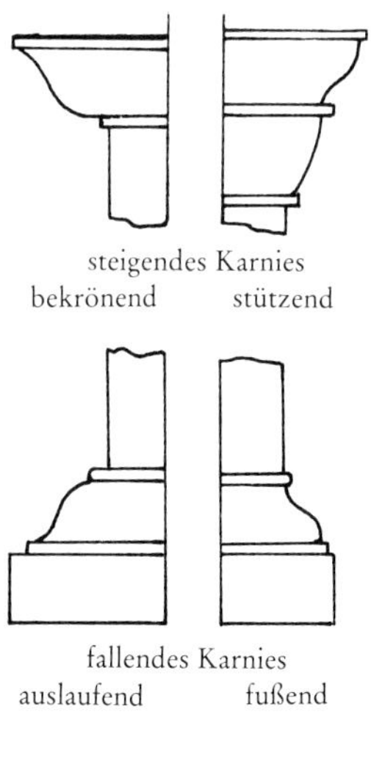

Karnies

war der K. nur Werkstattbild, also Hilfsmittel, doch entstanden in der Renaissance durch hervorragende Meister auch eigenständige Kunstwerke (Leonardo). Das Kartonverfahren war vor allem in Italien gebräuchlich. Im 16. Jh. begann man den K. als künstlerische Urkunde zu sammeln. Seit dem Klassizismus ist der K. ein in allen Teilen durchgearbeitetes Kunstwerk und häufig mehr geschätzt als das danach ausgeführte Gemälde.

Kartusche [franz. cartouche »Patrone«, »Einfassung«], Schmuckform, die aus einer schildartigen Fläche für Inschriften, Jahreszahlen u. a. und einem aus ↑ Rollwerk oder ↑ Rocaillen gebildeten Rahmen besteht. Die K. war im 16.–18. Jh. verbreitet.

Kartuschenwerk ↑ Rollwerk.

Karyatide [griech., nach dem Ort Karyai in Lakonien], bekleidete weibliche Figur, die an Stelle einer Säule als Gebälkstütze dient; Gegenstück zum ↑ Atlanten. Berühmt und im Klassizismus oft nachgeahmt sind die K. am Erechtheion auf der Akropolis in Athen. ↑ auch Kanephore.

Kaseinmalerei [lat. caseus »Käse«], Malerei mit Farben, die als Bindemittel Kasein, einen durch Milchgerinnung hergestellten wasserunlöslichen Stoff, enthalten. Die Farbe ist wetterfest und für Wandmalerei auf trockenem Putz geeignet. Kasein wurde schon im frühen Mittelalter verwendet, besonders aber bei der Wand- und Deckenmalerei des Barock.

Kasel [lat. casula »Häuschen«], Meßgewand des katholischen Priesters, das über Albe und Stola getragen wird. Die K. hat sich in

Kartusche

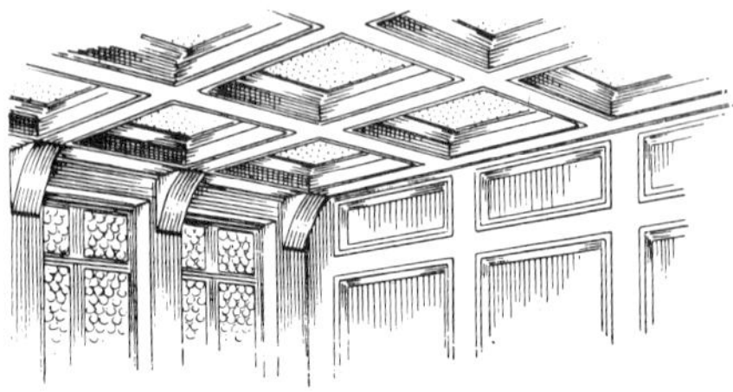

Kassette (2.). Kassettendecke

der römischen Spätzeit aus einem glockenförmigen Mantel ohne Ärmel entwickelt und war zunächst klerikale Amtstracht aller Weihegrade. Um die Jahrtausendwende wurde sie zum ausschließlichen Meßgewand und nur noch von Priestern und Bischöfen getragen. Seit dem 17. Jh. besteht sie aus zwei über Brust und Rücken herabfallenden Stoffteilen. ↑ auch Paramente.

Kasematten, schußsichere gewölbte Räume in ↑ Festungen und ↑ Zitadellen.

Kasino ↑ Casino.

Kaskade [ital. cascata »Sturz«], stufenförmig angeordneter künstlicher Wasserfall, der in der Gartenkunst der Renaissance und des Barock eine wichtige Rolle spielt (Wassertreppe in Kassel-Wilhelmshöhe, in Peterhof bei St. Petersburg).

Kassette [franz. cassette »kleiner Kasten«], 1. verschließbares Kästchen, in dem Kostbarkeiten aufbewahrt werden.

2. in der Baukunst kastenförmig vertiefte Felder einer flachen oder gewölbten Decke (Kassettendecke), die mit Malereien oder plastischem Schmuck (Rosetten) verziert sein können. Bereits in der Antike sind Kassettendecken zu finden; in Renaissance und Barock nahmen sie immer schwerere Formen an. Die Felder für Gemälde waren häufig auch oval.

Kastell [lat. castellum], befestigtes römisches Standlager; die Bezeichnung wurde dann auf befestigte Schlösser übertragen (Castel del Monte, Italien).

Kastenaltar ↑ Altar.

Kastenfassung ↑ Edelsteinfassung.

Katafalk [ital. catafalco], Gerüstaufbau zur Aufbahrung eines Toten. Während des Barock waren K. Prunkbauten aus Holz, Stoff und Gips mit Symbolen, Wappen, auch Klagefiguren.

Katakombe, unterirdische Begräbnisanlage aus spätantiker Zeit (3./4. Jh.). Die Bezeich-

Karyatide. Jean Goujon: Karyatide von der Galerie der Karyatiden. Nach 1550. Paris, Louvre

nung wurde von dem ursprünglichen Beinamen der K. des hl. Sebastian bei Rom (»Coemeterium ad catacumbas«) auf alle unterirdischen Grabanlagen übertragen. Die K. besteht oft aus mehreren Stockwerken und weitverzweigten Gängen mit Wand- und Deckengemälden. Wenn sich die Gänge zu Kammern ausdehnen, spricht man von einem Cubiculum. In die Wände sind Grabnischen eingelassen.

Kathedra [griech.-lat. »Sitz«, »Lehrstuhl«] ↑ Bischofsstuhl.

Kathedrale [griech.-lat. cathedra »Sitz«, »Lehrstuhl«], in England, Frankreich und Spanien übliche Bezeichnung für eine bischöfliche Hauptkirche, in Deutschland ↑ Dom oder Münster genannt.

Katholikon [griech.], Bezeichnung für die Hauptkirche eines griechisch-orthodoxen Klosters.

Kavalierperspektive ↑ Perspektive.

Keilrahmen, Rahmen aus Holzleisten, auf denen die Malleinwand befestigt ist, die durch flache, in den Rahmen getriebene Keile gespannt wird.

Keilschnitt ↑ Kerbschnitt.

Kelch [lat. calix »Trinkbecher«], in christlichen Kirchen eines der wichtigsten Stücke des Altargeräts. Er besteht aus Fuß (pes), Schaft (stilus) mit Knauf (↑ nodus) und Schale (cuppa), die zur Aufnahme des Abendmahlweins dient. Im frühen Mittelalter wurde als Material Glas, Holz oder Elfenbein verwendet, seit dem 5. Jh. vorwiegend Edelmetalle. Der K. gehört zu den bevorzugten Objekten der Goldschmiedekunst, seine Verzierungen und Gliederungen wurden bis in den Barock immer reicher, bis die Künstler des Klassizismus zu klaren und einfachen Formen zurückkehrten. Neben dem Meßkelch, der zur Aufnahme des Weines dient, gibt es den Speisekelch als Gefäß für Hostien. ↑ auch Ciborium.

Kelchblockkapitell ↑ Kapitell.

Kelim [türk.], gewebter orientalischer Teppich oder Wandbehang. Kelims sind so gearbeitet, daß sie beidseitig verwendet werden können.

keltische Kunst, Kunst der aus dem oberen Donaugebiet stammenden Kelten, entstand im 6. Jh. v. Chr. als Verschmelzungsprozeß griechischer, etruskischer und skythisch-persischer Einflüsse mit der einheimischen Tradition der ↑ Hallstattkultur, die von Ostfrankreich bis Böhmen verbreitet war. Vom 5.–1. Jh. v. Chr. schufen die Kelten die ↑ Latènekultur. Eine große Blüte erreichte das Kunsthandwerk, das sich durch prunkvolle, farbenfreudige, dekorative Arbeiten mit abstrakten Symbolen auszeichnete. ↑ Palmetten, Ranken, spiralige Dekorationselemente, Muster aus ↑ Fischblasen und Blüten sowie die Verwendung von Gold, Korallen und ↑ Email sind Kennzeichen der k. K. Die figurale Plastik (Steinskulpturen, Bronzearbeiten) und die Architektur (Befestigungsanlagen, Kultbauten) wurden wesentlich durch griechische und römische Einflüsse bestimmt.

Keltische Kunst. Ornamentformen

Nach der Christianisierung entstand durch die in Irland eingewanderten Kelten im 8.–11. Jh. eine eigene Kunst, die als irische Kunst bezeichnet wird. Da Irland nie zum römischen Reich oder zum angelsächsischen Bereich gehörte, weist diese Kultur keine Auseinandersetzung mit der Antike auf, sondern konnte sich unmittelbar aus der Latènekultur entwickeln. Diese neukeltische Kunst des Mittelalters ist in Stil und Inhalt durch orientalisch-christliche und germanische Einflüsse geformt. Seit Mitte des 7. Jh. wurde dieser frühirische Stil vor allem in der Buchmalerei, aber auch bei Metallarbeiten und Steinkreuzen durch Spiral-, Flechtband und Tierornamente geprägt. Er beeinflußte dann die Buchmalerei in ganz Großbritannien (irisch-angelsächsische ↑ Buchmalerei). In der Architektur entstanden Klosterbauten aus Stein mit mehrgeschossigen Rundtürmen zu Verteidigungszwecken. Beispiele für bedeutende bildhauerische Leistungen sind reich verzierte Steinkreuze.

Kemenate [mittellat. caminata »heizbares Gemach«], allgemein heizbarer Wohnraum in einer mittelalterlichen Burg, später Bezeichnung für Frauengemächer.

Kenotaph [griech. kenotaphion »leeres Grab«], Grabmal, das nicht die Gebeine des Verstorbenen enthält, sondern nur zu seinem Gedächtnis errichtet wurde. K. sind bereits seit vorgeschichtlicher Zeit bekannt.

Kentauren [griech. kentauroi, Pl.], *Zentauren,* Fabelwesen der griechischen Mythologie, die aus einem menschlichen Oberkörper und einem Pferdeleib bestehen.

Keramik, Sammelbegriff für Erzeugnisse aus gebranntem Ton. Dazu zählen ↑ Terrakotta, ↑ Fayence, ↑ Steinzeug, ↑ Steingut, ↑ Porzellan. Von Hand geformte und mit Mustern verzierte Tongefäße gehören zu den frühesten kulturellen Äußerungen seßhaft gewordener Menschen. Die vielfältigen Formen und Verzierungen bieten wesentliche Anhaltspunkte für die zeitliche und räumliche Einordnung dieser künstlerischen Erzeugnisse. Die Zusammensetzung des Scherbens, der Brennvorgang und die Art der Bemalung bieten zahlreiche Variationsmöglichkeiten für die Gestaltung.
In Vorderasien und Ägypten wurde in der 1. Hälfte des 3. Jt. v. Chr. die Töpferscheibe erfunden, die erst zu Beginn des 1. Jt. in Nordeuropa bekannt wurde. Zu hervorragenden Beispielen keramischer Kunst gehören minoische, griechische und etruskische Gefäße. Eine Blütezeit hatte die K. in der ostasiatischen, vor allem chinesischen Kunst und bei den islamischen Völkern, deren Fayencearbeiten von Spanien nach Italien

Kentaur vom Parthenon. Um 440 v. Chr. London, British Museum

und Nordeuropa gelangten. In Italien und später in den Niederlanden bildete sich im 15. und 16. Jh. eine bedeutende Tradition heraus. Im 18. Jh. erreichte die europäische Porzellankunst einen Höhepunkt.

Kerbschnitt, *Keilschnitt,* eingeschnittene Verzierung von Holz-, Ton-, Stein- und Metallgegenständen; seit der Jungsteinzeit verbreitet, heute vor allem in der Volkskunst.

Kielbogen ↑ Bogen.

kinetische Kunst, *Kinetik* [griech. kinesis »Bewegung«], Richtung der modernen Kunst, die die Darstellung von Bewegungsabläufen in die plastische Gestaltung bzw. Objektkunst einbezieht, meist werden die Objekte durch mechanische oder elektrische Apparaturen in Bewegung gesetzt. Marcel Duchamp, Antoine Pevsner und Naum Gabo erklärten bereits 1920 die Kinetik zur Grundlage ihrer Kunst. Man Ray schuf 1919 eine an die Decke gehängte geschnittene Spirale. Mit Bewegung und Licht experimentierten auch Wladimir Tatlin, Piet Mondrian und Lászlo Moholy-Nagy, der um 1930 eine Lichtmaschine entwickelte. Einen Höhepunkt erreichte die k. K. seit den 30er Jahren in den Mobilen des Amerikaners Alexander Calder sowie in den 50er und 60er Jahren. Hauptvertreter waren damals in Deutschland die Mitglieder der Düsseldorfer Gruppe ↑ Zero. 1960 wurde in Paris die ↑ Groupe de Recherche d'Art Visuel gegründet, die eine Synthese von Raum, Bewegung, Licht und Farbe in ihren Lichtarchirekturen (Lichtkinetik) anstrebte.

Kiosk [türk.], ursprünglich offener Pavillon oder Sommerhaus in einem Park oder Garten; kam mit der islamischen Garten- und Blumenkultur Europa; heute pavillonartiger Verkaufsstand.

Kirchenburg ↑ Wehrkirche.

Kirchenväter, Ehrentitel für Kirchenschriftsteller vor allem aus dem 2.–6. Jh., die sich durch besondere theologische Gelehrsamkeit auszeichneten und meist heiliggesprochen worden sind. Besonders im Mittelalter galt ihre Autorität – neben der Bibel – zur Untermauerung theologischer Thesen. Zu den K. der griechischen Kirche gehören Basilius, Gregor von Nazianz, Johannes Chrysostomos, Athanasius der Große; die wichtigsten römischen K. sind Ambrosius, Augustinus, Gregor der Große und Hieronymus.

Kitsch. Als K. werden meist Werke bezeichnet, die mit primitiven Mitteln schöne Illusionen und Rührung erwecken wollen, aber auch industrielle Nachahmungen volkstümlicher Kunst (Andenkenkitsch). Der Begriff kam um 1870 erstmals im Münchner Kunsthandel in der Bedeutung drittrangiger Kunst auf. Dabei handelte es sich um unzulängliche Wiedergaben oder um Nachbildungen künstlerischer Originale (Nofretetebüste, Drucke Raffaelscher Madonnen, Engelsköpfe der Sixtinischen Madonna als Lackbilder u. a.). Ähnlich wurde auch in der Literatur das Milieu großbürgerlicher Romane in die Trivial- und Kolportageliteratur übernommen. K. gibt es häufig auf dem Gebiet des Schlagers und des Heimatliedes, ja er kann in allen Kunstgattungen auftreten. Manche Kitschgegenstände haben einen ausgefallenen Gebrauchszweck oder weisen eine Gestaltung auf, die mit ihrer eigentlichen Funktion nichts zu tun hat, andere verzichten vollkommen auf Nutzeffekte (Nippesfiguren, Ehrenpokale). Was als K. empfunden wird, hat nicht allein mit der formalen oder inhaltlichen Beschaffenheit von bildlichen, literarischen oder musikalischen Schöpfungen zu tun, sondern hängt auch von der persönlichen Einstellung des Betrachters ab. Eine einheitliche Definition kann daher kaum gegeben werden. Da sich der Geschmack wandelt, werden bei einem Wechsel künstlerischer Stilrichtungen Werke des überholten Stils oft als kitschig abgelehnt (so beim Jugendstil oder Historismus) und erst später als bemerkenswerte künstlerische Leistung gewürdigt. Eine strenge Trennung zwischen Kunst und K. ist nicht immer möglich.

Klappaltar, kleiner zwei- oder dreiflügliger ↑ Altar aus Elfenbein, bemaltem Holz oder Metall. Er diente im frühen Mittelalter wahrscheinlich als Aufsatz für Tragaltäre, später wurde er als Haus- oder Reisealtärchen verwendet.

Klassik [lat. classis »vermögender Bürger«]. Die Bezeichnung wird unterschiedlich gebraucht und bezieht sich im engeren Sinne auf die griechische Kunst des 5.–4. Jh. v. Chr., die sich durch vollendete Reife, Harmonie und Schönheit auszeichnet. Später wurde der Begriff auf die bedeutendsten Kulturleistungen verschiedener Epochen übertragen und damit zum Normbegriff. Als klassisch werden Werke bezeichnet, die ausgereift, vollkommen, harmonisch und maßvoll sind.

Klassizismus, im weiteren Sinne die Stilphasen, die die künstlerischen Normen der klassischen griechischen Kunst wiederzubeleben versuchten, insbesondere der römisch-augusteische K. vom 1. Jh. v. Chr. bis 1. Jh. n. Chr. sowie seit dem 15. Jh. der ↑ Palladianische K. Dabei wurden immer die antiken Muster und Regeln der jeweiligen Zeit angepaßt. Im engeren Sinne versteht man unter K. eine Stilepoche zwischen 1760 und 1830, die sich – ähnlich wie die Romantik – gegen Barock und Rokoko wandte und die in klaren, strengen und maßvollen Formen

Klassizismus. Johann Gottfried Schadow: Prinzessinnen Luise und Friderike von Neustrelitz. 1795–97. Berlin, Staatliche Museen, Friedrichwerdersche Kirche

die Ideale des aufstrebenden Bürgertums zum Ausdruck brachte. In anderen Ländern wird diese Zeit als Neoklassizismus bezeichnet.

Johann Joachim Winckelmann veröffentlichte in Deutschland, angeregt von den ersten sensationellen Ausgrabungen in Herculaneum und Pompeji, 1764 seine »Geschichte der Kunst des Altertums«, die in fast alle europäischen Sprachen übersetzt wurde. In ihr stellte er »den Verwirrungen des Formensinns, der Maßlosigkeit im Ausdruck und dem frechen Feuer« des Barock die »edle Einfalt und stille Größe« des antiken Griechenland entgegen. An Stelle der barocken Asymmetrie tritt nun strenge Symmetrie. Rechte Winkel und Dreiecksformen ersetzen Schwingungen und Kurven. Kubische Geschlossenheit steht Raumdurchdringung gegenüber.

Besonders deutlich kommen die neuen Tendenzen in der Architektur zum Ausdruck, wo rechnerisch nachprüfbare Maßverhältnisse und der Antike entlehnte Bauelemente wie Giebel, Säulen, Friese usw. zu finden sind. Hauptvertreter sind Friedrich Wilhelm von Erdmannsdorff (Schloß Wörlitz), Carl Gotthard Langhans (Brandenburger Tor, Berlin), Leo von Klenze (Glyptothek in München), Karl Friedrich Schinkel (Altes Museum, Berlin).

Auch die Plastik lehnt sich an antike Vorbilder an. In Unkenntnis der Tatsache, daß antike Skulpturen ursprünglich farbig waren, wird weißer Marmor bevorzugtes Material. Zu den bekanntesten Bildhauern zählen Antonio Canova, Bertel Thorvaldsen, Johann Gottfried Schadow, Johann Heinrich Dannecker und Christian Daniel Rauch.

In der Malerei sind antikische Inhalte, zeichnerisch lineare Formen und kühle Farben charakteristisch (Jacques Louis David, Jean Auguste Dominique Ingres, Joseph Anton Koch, Jakob Asmus Carstens).

Klausur, innerer Bereich eines ↑ Klosters, der nur den Mönchen oder Nonnen zugänglich ist.

Klebeband, Foliant, in den im 16.–18. Jh. Sammler ihre Zeichnungen und Grafiken meist nach thematischen Gesichtspunkten einklebten. Da dabei oft die Kunstwerke beschädigt wurden, setzte sich seit dem 17. Jh. das Auflegen der Zeichnungen auf lose Kartons durch.

Kleeblattbogen ↑ Bogen.

kleinasiatisch-ionische Ordnung ↑ Säulenordnung.

Kleinkunst, Bezeichnung für kleinformatige Arbeiten, besonders aber für Erzeugnisse des Kunsthandwerks.

Kleinmeister, Gruppe von deutschen Künstlern des 16. Jh., die in ihren grafischen Arbeiten (besonders bei Kupferstichen) ein sehr kleines Format bevorzugten. Dazu gehörten Albrecht Altdorfer, Hans Sebald und Bartel Beham, Georg Pencz, Heinrich Aldegrever u. a.

Kleinod, 1. in der Heraldik des Mittelalters der Helmschmuck über dem Wappen.
2. kostbares Schmuckstück und Ziergegenstand. Die deutschen ↑ Reichskleinodien oder Reichsinsignien sind Hoheitsabzeichen, die der Kaiser oder König zu festlichen Anlässen trug.

Klinker, Backstein, der bis zur Sinterung gebrannt ist und dadurch gegen Druck und Feuchtigkeit besonders widerstandsfähig ist.

Kloster, *Monasterium,* Baugruppe mit Kirche für die mönchische Lebensform. Das mittelalterliche Klosterleben wird von Ordensregeln bestimmt, die von Benedikt von Nursia im 6. Jh. in Monte Cassino in Italien, dem ersten christlichen K., verfaßt wurden. Diese Regeln bilden bis heute – trotz einiger Veränderungen – die Grundlage des europäischen Mönchtums, und sie haben auch die bauliche Entwicklung des K. beeinflußt (Benediktinerbaukunst).
Ein Idealbild einer solchen Anlage ist in dem Plan von St. Gallen (um 820) überliefert, der bereits das Grundschema zeigt, nach dem die mittelalterlichen Klosteranlagen errichtet wurden. Mittelpunkt der Anlage ist die Klausur, der nur den Mönchen zugängliche Bereich. Sie umfaßt den Kreuzgang, dessen Seiten nach festen Regeln von den Haupträumlichkeiten besetzt sind: der Kapitelsaal (Versammlungsraum) an der Ostseite, das Dormitorium (Schlafsaal) darüber, das Refektorium (Speisesaal) im Süden, im westlichen Teil die Wirtschaftsräume. Seinen Namen erhielt der Kreuzgang vermutlich von der um den Hof führenden Kreuzprozession.
In der Gruppierung um einen Binnenhof leben antike Wohnbauten nach, die dem mönchischen Hang zur Abgeschlossenheit entgegenkamen. So wurden die K. zunächst an abgelegenen Stellen errichtet. Die Benediktiner bevorzugten die Höhenlagen, die Landwirtschaft treibenden Zisterzienser die Täler. Bettelorden wie Franziskaner und Dominikaner verlegten ihre K. in die Städte, da sie ihre Aufgabe in der seelsorgerischen Betreuung der Menschen sahen, die Kartäuser des 12. Jh. lebten in Einzelhäuschen (↑ Kartause). Eine andere Form schufen die Deutschordensritter mit ihren ↑ Ordensbur-

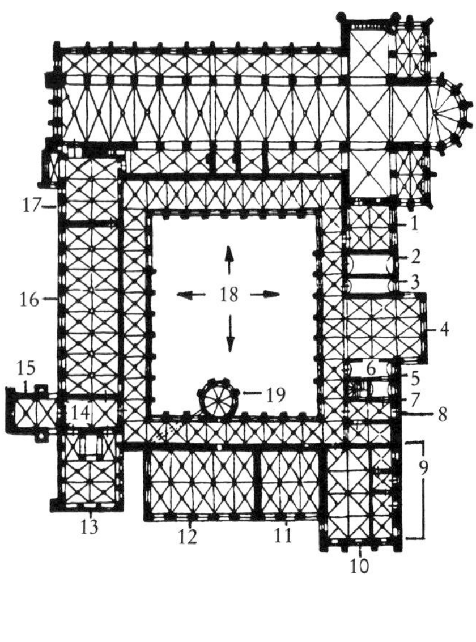

Kloster. Plan des Zisterzienserklosters Chorin:
1 Sakristei (vestarium),
2 Bibliothek (armarium),
3 Sprechsaal (auditorium, parlatorium),
4 Kapitelsaal (capitulum),
5 Novizen- oder Pilgerzelle (noviciatus),
6 Treppe zum Schlafsaal (dormitorium) der Mönche,
7 Karzer (carcer),
8 Ostdurchgang,
9 Verwaltungs- und Archivräume,
10 Brüdersaal (fraterium),
11 Wärmestube (calefactorium),
12 Speisesaal der Mönche (refectorium),
13 Küche (coquina),
14 Altes Pforthaus,
15 Neues Pforthaus,
16 Speisesaal der Konversen,
17 Tagesraum der Konversen,
18 Kreuzgang,
19 Brunnenkapelle

gen. Im barocken Klosterbau des 18. Jh. geht diese Spezifik der Klosterbaukunst weitgehend verloren. In der großzügigen Gesamtplanung ist eine Annäherung an die Schloßbaukunst spürbar (Weingarten, Banz, Zwiefalten, Neresheim).

Klosterformat, Großformat für Backsteine mit den Maßen 28,5 x 13,5 x 8,5 cm, das in der Backsteinarchitektur bis ins 20. Jh. verwendet wurde und auf das bevorzugte Ziegelformat des Mittelalters zurückgeht.

Knagge, im Fachwerkbau Stützholz zwischen Ständern bzw. Wand- und Dachbalken als Sicherung gegen Durchbiegung der Balken. Abb. ↑ Fachwerk.

Kniestock, halbhohes Geschoß unter dem Dachraum, in dem man nicht aufrecht stehen kann.

Kniestück ↑ Porträt.

Knochenporzellan, *Bone China,* englisches Weichporzellan, das seinen Namen von dem Hauptbestandteil Knochenasche erhalten hat. Der Scherben ist durchscheinend und wird in einem zweiten Brand mit einer blei- und borhaltigen Glasur überzogen.

Knorpelwerk, *Knorpelstil, Ohrmuschelstil,* barocke Ornamentform, die vor allem in Norddeutschland, den Niederlanden, Frankreich und Skandinavien (also in den protestantischen Ländern) verbreitet war. Die meist plastischen Zierformen bestehen aus phantastischen knorpelartigen Gebilden, die weich und fleischig, muskulös und schwellend oder steif und knochig erscheinen. Das K. prägte Bauschmuck, Holzschnitzereien und Silberschmiedearbeiten, auch im kirchlichen Bereich. In der Architektur war es an Portalen und Giebeln verbreitet und erweicht dort Roll- und Beschlagwerk zu teigigen Formen.

Knorpelwerk

Knospenkapitell ↑ Kapitell.

Knotensäule, romanische Doppelsäule, deren Schäfte durch einen steinernen Knoten miteinander verschlungen sind.

Kohlezeichnung ↑ Handzeichnung.

Kollegiatskirche ↑ Stiftskirche.

Kölner Malerschule, im 19. Jh. geprägte Bezeichnung für die in Köln von Anfang 14. bis Ende 15. Jh. tätigen Meister der ↑ Tafelmalerei. Wegen ihrer Geschlossenheit und ihres spezifischen Charakters wird sie als einheitliche Gruppe aufgefaßt, obwohl es sich um keine Schule im engeren Sinne handelt. Gemeinsame Züge sind ein weiches, oft kindliches Antlitz, die häufige Darstellung von Engeln ohne inneren Bezug auf das Hauptmotiv, Liebe zum Detail und Intimen, bildteppichartige Vielfigurigkeit der Tafeln. Zur K. M. gehören u. a. der Meister der heiligen Veronika, Stephan Lochner, der Meister des Marienlebens, der Meister der Ursula-Legende.

Kolonnaden, überdachte Säulenreihe mit geradem Gebälkabschluß (z. B. in Potsdam-Sanssouci); Gegensatz: ↑ Arkaden mit Bogenreihung. Als Gebäudeteil oder als selbstständiges Bauwerk sind die K. vom 16. bis 19. Jh. ein beliebtes städtisches Gliederungselement.

kolorieren [lat. colorare »färben«], Zeichnungen, Grafiken oder Fotografien mit wässrigen Lasurfarben ausmalen bzw. bereichern. Die Kolorierung ging aus der Tradition der mittelalterlichen Buchkunst hervor.

Kolorismus [lat. color »Farbe«], Malweise, bei der die Farbe vor Zeichnung, Komposition, Räumlichkeit, Perspektive u. a. Vorrang hat (z. B. im Impressionismus).

Kolorit, durch Wahl und Abstimmung hervorgerufene farbige Gesamterscheinung eines Kunstwerkes (z. B. tonig, hart, hell).

Kolossalordnung, ↑ Säulenordnung, bei der Säulen oder Pilaster über mehrere Geschosse reichen und diese dadurch zusammenfassen. Die K. war ein beliebtes Motiv besonders in der italienischen Spätrenaissance (Michelangelo, Andrea Palladio) und im Barock.

Kolumbarium ↑ Columbarium.

Kommode [franz. commode »bequem«], seit Mitte des 16. Jh. wurde die ↑ Truhe gelegentlich mit kleinen Schubladen versehen.

Daraus entwickelte sich die K. Möglicherweise ist sie eine Erfindung des französischen Hofebenisten Guillemard oder von André Charles Boulle, der viel zu ihrer Entwicklung beigetragen hat. Die ältesten Ausführungen um 1700 hatten nur zwei Schubladen und standen auf hohen Beinen. Während der ↑ Régence kamen K. mit niedrigen Beinen und mehreren Schubladen auf.

kommunizierende Nebenchöre [lat. communicare »vereinigen«], Nebenchöre (↑ Chor), bei denen die Trennwände zum Hauptchor durch Öffnungen verbunden sind; sie treten mitunter im romanischen Kirchenbau auf.

Komplementärfarben [lat. complementum »Ergänzung«], Ergänzungsfarben, Farben, die im Farbkreis einander gegenüberliegen (Grün – Rot, Gelb – Blau usw.). ↑ auch Farbensystematik.

Komposition [lat. componere »zusammenstellen«], allgemein Zusammenfügung; formaler und farblicher Aufbau eines Kunstwerkes (Malerei, Grafik, Plastik, Architektur) zu einem einheitlichen Ganzen. Kompositionsmittel sind Linie, Fläche, Farbe, Symmetrie, Reihung, Proportion, Rhythmus, Spannung, Licht, Bewegung u. a.; in der Architektur das Verhältnis von Grundriß und Aufriß. In der Plastik ergibt das Ineinanderwirken von Kontur, Volumen und Richtungen verschiedene Kompositionsprinzipien (↑ Kontrapost, ↑ Figura serpentinata). Die K. ist eine Seite des Stils und nimmt an seinen Wandlungen teil.

Kompositkapitell ↑ Kapitell.

Kompositordnung ↑ Säulenordnung.

Konche [lat. concha »Muschel«], in frühmittelalterlichen christlichen Kirchen halbkreisförmige Nische mit Halbkuppel einer ↑ Apsis, Begriff später auf diese selbst übertragen.

Konfessio ↑ Confessio.

Königsgalerie, Folge von plastischen Statuen an den Fassaden vor allem französischer gotischer Kathedralen, die in Nischen oder Baldachinen stehen. Dargestellt sind historische, biblische oder sagenhafte Königsgestalten. Sie bilden ein dominierendes horizontales Gestaltungselement.

Königshalle, Typ einer germanischen Versammlungshalle; Vorform des ↑ Palas der Kaiserpfalzen.

konkrete Kunst [lat. concretus »verdichtet«, »faßbar«, »wirklich«], Richtung der ↑ abstrakten Kunst, deren Bildelemente nicht aus einer Abstraktion des Sichtbaren entstanden sind. Der Begriff wurde im »Manifest der konkreten Kunst« näher erläutert, das 1930 in der Zeitschrift »Art Concret« in Paris von Theo van Doesburg veröffentlicht wurde. Darin fordert er eine Kunst, die Naturanlehnung, Lyrismus oder Symbolismus ausschließt, visuell kontrollierbar und in einer exakten Technik gestaltet ist. Doesburg vertrat die Ansicht, daß die Gestaltung eines Kunstwerkes nach den Gesetzen der Mathematik nicht von einem Abstraktionsvorgang ausgeht, sondern auf dem unmittelbaren Umgang des Künstlers mit den konkreten Bildmitteln wie Farbe, Fläche, Linie, Volumen beruht. Diese Gedanken wirkten weiter in der internationalen Künstlergemeinschaft ↑ Abstraction-Création, später wurde der Schweizer Max Bill zum Wortführer der k. K.

Konservierung [lat. conservare »erhalten«, »retten«], Sicherung von Baudenkmalen und Werken der bildenden Kunst durch physikalische und chemische Maßnahmen, wobei die Erhaltung der originalen historischen Substanz ohne Ergänzungen angestrebt

Kolossalordnung

wird. Methodisches Gegenteil ist die ↑ Restaurierung, bei der neben der K. auch fehlende Teile an Gegenständen, Figuren oder Bauwerken ergänzt werden.

Konsole ↑ Kragstein.

Konstruktivismus [lat. construere »bauen«, »aufbauen«], Kunstströmung, die sich zuerst um 1913 in Rußland aus dem ↑ Kubismus und ↑ Futurismus entwickelte und die eine Richtung der ↑ abstrakten Kunst darstellt. Die Anfänge des K. sind von dem Bestreben gekennzeichnet, die geometrischen Grundelemente der Konstruktion und Gestaltung aufzuzeigen. Klare, eindeutig bestimmte Formen sollen in einem übersichtlichen konstruktiven Aufbau angeordnet sein, alle subjektiven und emotionalen Bestandteile zurückgedrängt werden. Das bei bestimmten Vertretern des K. auf Horizontale und Vertikale beschränkte Schema (Piet Mondrian) wurde auch auf die Diagonale sowie auf räumlich-körperhafte Systeme erweitert.

Konstruktivismus. El Lissitzky: Umschlag zu »Rabbi« von Olga Forsch. 1922

Wladimir Tatlin, der an Picassos kubistische Papiercollagen anknüpfte, schuf 1913 seine ersten abstrakten Reliefkonstruktionen aus Glas, Metall und Holz (↑ Kontrarelief). Im Anschluß an Malewitschs ↑ Suprematismus wollten Naum Gabo und Antoine Pevsner 1920 in dem »Realistischen Manifest« die bisherigen Formen von Bild und Skulptur durch »Konstruktionen im Raum« ersetzen. El Lissitzky übertrug konstruktivistische Prinzipien auf die Typographie, auf Innenarchitektur und Ausstellungsdesign und verwandte auch, ähnlich wie Alexander Rodtschenko, die Fotografie. Der K. hat für die Theorien von ↑ Bauhaus und der ↑ Stijl- Bewegung eine entscheidende Rolle gespielt.

Konsulardiptychon ↑ Diptychon.

kontinuierliche Darstellung, *kontinuierende Darstellung* [lat. continuare »ununterbrochen fortführen«], Darstellung mehrerer einzelner Handlungen innerhalb einer Bildeinheit, die den Ablauf eines Geschehens und die zeitliche Kontinuität verdeutlichen soll. Oft erscheint dabei die Hauptfigur mehrfach. Die k. D. hat ihre Wurzeln in den altorientalischen Kulturen und wurde auch in der römischen Kaiserzeit (Trajanssäule) und in der frühchristlichen Buchmalerei angewendet. Im hohen Mittelalter und in der Frührenaissance ist sie nur vereinzelt nachzuweisen. Seit dem 16. Jh. lebte die k. D. im Zyklus und Bilderbogen wieder auf.

Kontorniaten [ital. contorno »Umriß«, »Umrahmung«], römische Bronzemedaillen des 4. und 5. Jh., die einen besonders ausgeprägten, erhöhten Rand besitzen. Sie sind mit Bildnissen und szenischen Darstellungen geschmückt; ihre Bedeutung ist nicht bekannt.

Kontrapost [lat. contra »gegen«, ponere »setzen«], in der bildenden Kunst Stellung des menschlichen Körpers, bei der alle Last auf einem Bein (Standbein) ruht, während das andere (Spielbein) frei beweglich ist. Aus dieser Gewichtsverteilung ergibt sich die Schräglage des Beckens und eine entgegengesetzte Schräglage der Schultern. Diese harmonische ↑ Ponderation ist eines der wichtigsten künstlerischen Gestaltungsmittel, mit dessen Hilfe die Griechen die Wechselwirkung zwischen Ruhe und Bewegung darstellen konnten. Nach antiken Vorstellungen war der K. ideeller Ausdruck menschlicher Lebensgesetze und wurde auch auf den Tempelbau (Verhältnis von Tragendem und Lastendem) übertragen.

Kontrarelief [lat. contra »gegen«], 1913 von dem russischen Konstruktivisten Wladimir Tatlin gestaltete raumplastische Wandtafeln aus eckigen Metallplatten, Drähten, Glas- und Holzteilen, zu denen er durch die kubistische Collagetechnik angeregt worden war. Tatlin zeigte, wie die verwendeten Teile aus ihrer ursprünglich materialbestimmten Eigenheit herausgelöst und in einen neuen Zusammenhang gestellt werden. Für diese Materialverbindungen verwandte er erstmalig den Begriff »konstruktiv« (↑ Konstruktivismus) und gab damit der konstruktivistischen Plastik entscheidende Impulse.

Kontur [franz. contour »Umriß«], Umrißlinie eines Gegenstandes, der besonders in der Grafik Bedeutung zukommt. Da eine Linie nicht nur den Umriß, sondern auch die Binnengliederung eines Gegenstandes veranschaulichen kann, wird zwischen Außen- und Binnenkontur unterschieden.

Konversationsstück [lat. conversatio »Verkehr«, »Umgang«], Bezeichnung für Werke der Malerei, die ein Gespräch oder geselliges Beisammensein zum Thema haben. ↑ auch Genremalerei.

Konzeptkunst ↑ Concept art.

Kopenhagener Porzellan, Erzeugnisse der 1760 in Dänemark gegründeten und 1779 in königlichen Besitz übergegangenen Porzellanmanufaktur. Ihre erste Blütezeit erlebte sie nach 1780 (Flora-Danica-Service); erneuter Aufschwung seit 1885 unter der Leitung von A. Krog. Die Malerei (Pflanzen, Tiere, landschaftliche Motive) zeichnet sich durch zarte Farbigkeit aus. ↑ auch Porzellanmarken.

Kopfreliquiar ↑ Reliquiar.

Kopie, Nachbildung eines Kunstwerkes durch eine fremde Hand, im Gegensatz zur Replik, die eine Wiederholung durch den Künstler oder seine Werkstatt darstellt. K. werden auch in betrügerischer Absicht hergestellt (↑ Fälschung).

Koppchen, *Kopchen,* Trinkschale ohne Henkel. Die Form aus Ostasien wurde in das europäische Porzellan übernommen.

koptische Kunst [arab. kipt für griech. aigyptoi »Ägypter«], Kunst der Kopten, der christlichen Bevölkerung Ägyptens seit der Spätantike, deren Christentum eine eigene Entwicklung genommen hatte. Die Wurzeln der k. K. liegen in der altägyptischen Tradition, in der provinzialrömischen Kunst und in Entlehnungen aus der orientalischen Kunst. Die koptische Basilika zeigt Abweichungen, die mit dem besonderen Ritus der Kopten zusammenhängen; beliebt ist die ↑ Dreikonchenanlage. Die Plastik weist einen Hang zur Frontalität auf, was sicher mit altägyptischen Traditionen zusammenhängt. Die Malereien sind durch ungebrochene Farben und frontale Anordnung der Figuren gekennzeichnet. Bedeutend sind die Leistungen der koptischen Klein- und Textilkunst. Koptische Stoffe gehörten zu den begehrtesten Importgütern des mittelalterlichen Europa.

Korbbogen ↑ Bogen.

Kore [griech. »Mädchen«], aufrechtstehende, mit langen Gewändern bekleidete Mädchenfigur in der griechischen archaischen Plastik; Gegenstück zu ↑ Kuros. ↑ auch griechische Kunst. Abb. S. 170.

korinthische Ordnung ↑ Säulenordnung.

korinthisches Kapitell ↑ Kapitell.

Korporale [lat. corpus »Körper«, »Leib«], Leinentuch, das in der Messe als Unterlage für Kelch und Patene dient.

Kothurn, hoher griechischer Stiefel aus weichem Leder. Die Sohle wurde im Laufe der Zeit immer dicker und bestand seit dem 2. Jh. v. Chr. aus Holz.

Kouros ↑ Kuros.

Krabbe, *Kriechblume,* blattartig verzierte Knolle, die in der Gotik an den Kanten der Strebebögen, Wimperge, Giebel und Fialen angebracht ist.

Krabbe

Kraggewölbe ↑falsches Gewölbe.
Kragstein, *Konsole,* aus der Wand vorspringender Stein als Auflager für Balken und andere Bauglieder.
Krakelee, *Krakelur* [franz. craquelé »rissig«], feine netzartige Rißbildung in der Glasur keramischer Erzeugnisse oder in der Farbschicht von Gemälden. In der Keramik können Krakeluren durch unterschiedliches Erkalten von Scherben und Glasur nach dem Brennen künstlich zur Belebung der Oberfläche erzeugt werden.
Kranzgesims, weit vorspringendes Hauptgesims als oberer Abschluß an einem Bauwerk. Es hält die Niederschläge von der Außenwand des Gebäudes fern.
Krappenfassung, offene Fassung eines Schmucksteins, der durch mehrere Metallstifte gehalten wird, die über die Kante gedrückt werden.
Krater ↑Vasentypen, griechische.
Krautstrunk ↑Nuppenglas.
Krayonmanier ↑Crayonmanier.
Kredenz, Anrichtetisch für Speisen und Getränke. Die K. entwickelte sich seit der Renaissance in Italien, wahrscheinlich aus der ↑Truhe. Sie besaß später häufig einen

Koren vom Erechtheion in Athen. Um 421–406 v. Chr.

stufenförmigen Aufbau und Schubladen. In Deutschland bildete sich aus der K. das ↑ Büfett heraus.

Kreidezeichnung ↑ Handzeichnung.

Kreml, Festungsanlage; Verteidigungs- und Verwaltungszentrum in mittelalterlichen russischen Städten. Der Komplex enthält Fürstensitz, Bojarenhöfe, Kathedralen, Klöster und Kanzleien. Am bekanntesten ist der Kreml in Moskau.

Krepis [griech. »Grundlage«], *Krepidoma,* meist dreistufiger Unterbau des griechischen Tempels auf der ↑ Euthynterie. Abb. ↑ Stereobat, ↑ auch Tempel.

kretische Kultur ↑ minoische Kultur.

Kreuz. Die Kreuzform ist seit vorgeschichtlichen Zeiten als Symbol und als Zierform verbreitet. Als zweifache Verbindung von entgegengesetzten Punkten ist das K. Sinnbild der Einheit von Extremen, der Synthese und des Maßes. Es ist Glücks-, Licht- oder Himmelssymbol.

Seit dem 3. Jh. wurde das K. von der christlich-koptischen Kirche Ägyptens übernommen, K. und Lebenszeichen verschmolzen in ihrer Bedeutung. Das K. als Nachbildung des letzten Buchstabens des jüdischen Alphabets »Tau« war auch teilweise bereits im Judentum religiöses Symbol und Bekenntnis zu Jahwe. In christlicher Zeit gewinnen die kreuzförmigen Buchstaben des griechischen Alphabets »Tau« und »Chi« verstärkt Bedeutung als Heilszeichen, da sich aus diesen Buchstaben das ↑ Christusmonogramm herausbildete. Mit Einführung des Christentums als Staatsregligion entstanden zahlreiche weitere Kreuzvarianten. ↑ auch Kruzifix.

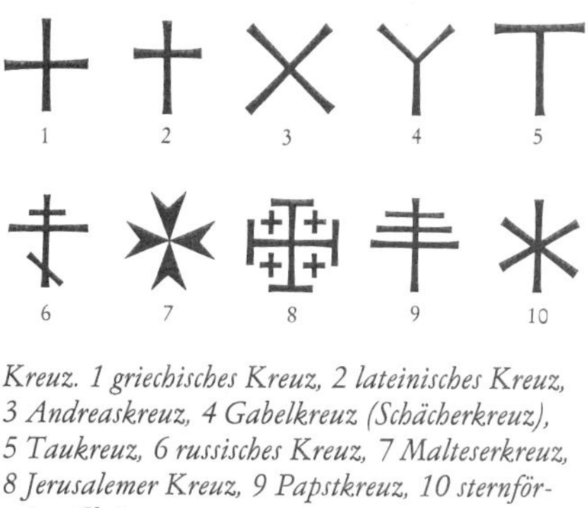

Kreuz. 1 griechisches Kreuz, 2 lateinisches Kreuz, 3 Andreaskreuz, 4 Gabelkreuz (Schächerkreuz), 5 Taukreuz, 6 russisches Kreuz, 7 Malteserkreuz, 8 Jerusalemer Kreuz, 9 Papstkreuz, 10 sternförmiges Christusmonogramm

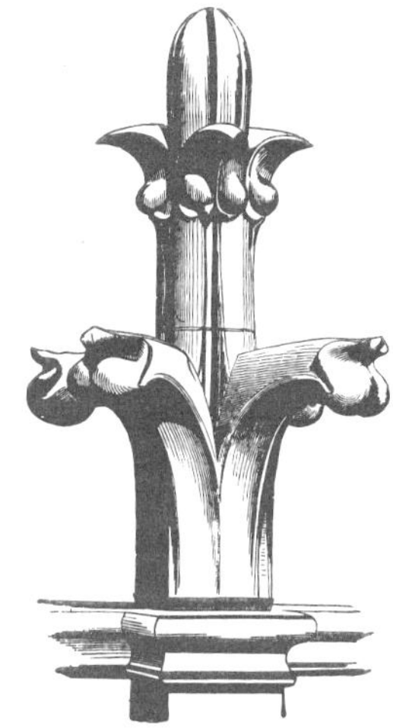

Kreuzblume

Kreuzaltar, Laienaltar, der dem hl. Kreuz geweiht wurde, steht in Stiftskirchen in der Regel vor dem Triumphbogen.

Kreuzblume, kreuzförmiges Bauornament der Gotik aus stilisiertem Blattwerk als Bekrönung von Türmen, Wimpergen, Fialen.

Kreuzgang ↑ Kloster.

Kreuzgewölbe ↑ Gewölbe.

Kreuzkuppelkirche, zentraler Kirchenbau über dem Grundriß eines griechischen Kreuzes mit einem Kuppelabschluß über der Vierung. Die kreuzförmig anschließenden Arme können ebenfalls mit einer Kuppel überwölbt sein. Die K. war in der byzantinischen Baukunst verbreitet und ist die Hauptform des oströmischen Kirchenbaus. Abb. S. 172.

Kreuznimbus ↑ Heiligenschein.

Kreuzreliquiar ↑ Staurothek.

Kreuzrippengewölbe ↑ Gewölbe.

Kriechblume ↑ Krabbe.

Krippe, *Weihnachtskrippe,* volkstümliche Darstellung der Weihnachtsgeschichte mit plastischen Figuren in bühnenartig aufgebauter Landschaft. Ihre Wurzeln liegen wahrscheinlich in den geistlichen Schauspielen (Krippenspielen) des Spätmittelalters und in den geschnitzten Weihnachtsszenen gotischer Altäre. Die Krippenkunst hat sich wahrscheinlich zuerst in Italien herausgebildet, in Deutschland wurde sie im 16. Jh. durch die Jesuiten als volkstümliches Andachtsmittel eingeführt. Seit dem 17. Jh. gab es volkstümliche Hauskrippen vor allem in Süddeutschland, Tirol und im Erzgebirge.

Kristall, durchsichtiger und farbloser Quarz, der in den Alpen oder anderen Gebirgen gefunden wird (Bergkristall). Er wurde bereits im Altertum zu Prunkgefäßen verarbeitet.

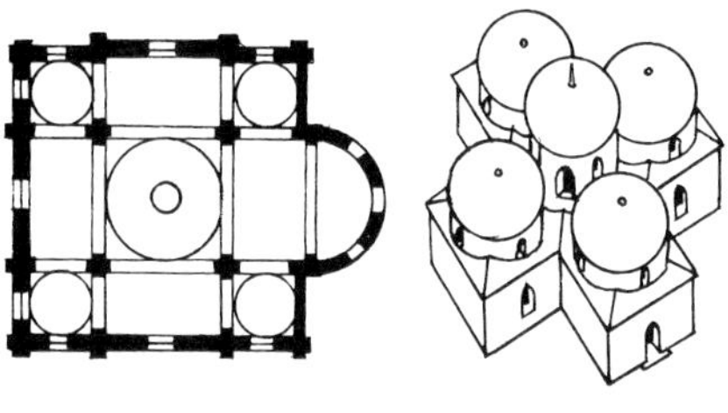

Kreuzkuppelkirche. Schema einer byzantinischen Kreuzkuppelkirche

Kristallglas ↑ Bleiglas.

Krone [lat. corona »Kranz«], kranzförmiger Kopfschmuck als Zeichen der Herrscherwürde. Die K., bereits im alten Ägypten verbreitet, entwickelte sich im Mittelalter aus dem antiken Ehren- und Siegeskranz, dem ↑ Diadem und dem germanischen Königshelm.

Kronleuchter, *Lüster,* frei von der Decke herabhängender Leuchter mit mehreren Lichtquellen in Form einer Krone. Die ältesten K. sind aus dem kirchlichen Bereich überliefert (im Dom zu Hildesheim 11. Jh., Münster zu Aachen 12. Jh.).

Kruzifix, plastische oder gemalte Darstellung des Kreuzes mit dem gekreuzigten Christus, mitunter sind auch Maria und Johannes beigefügt. Der Bildtyp lehnt sich an die in allen vier Evangelien geschilderte Kreuzigung Christi an und ist zentrales Thema der christlichen Kunst. Nach christlicher Vorstellung ist der Opfertod Christi Sinnbild für die Erlösung der Menschheit. Die ersten Darstellungen sind aus dem 7. Jh. überliefert. Christus erscheint lebendig mit langem gescheiteltem Haar und einem engen ärmellosen Gewand. In romanischer Zeit bildeten sich die ↑ Triumphkreuze aus, in Italien gemalt, nördlich der Alpen als plastische Gruppe (Dom zu Halberstadt um 1220, Wechselburg 1235, Freiberg 1235). In der Gotik setzt sich eine vermenschlichte Auffassung des sterbenden oder toten Christus durch. Er trägt nun die Dornenkrone und die übereinandergelegten Füße werden nur mit einem Nagel befestigt (Dreinagelkruzifix). Während der Renaissance weist der Körper Christi nur geringe Spuren des Leidens auf, während die Barockkunst durch äußerliches Pathos den Schmerz bei der Kreuzigung steigert, ohne jedoch auf die Schönheit des durchmodellierten, makellosen Aktes zu verzichten.

Krypta [griech. kryptos »verborgen«], in frühchristlicher Zeit Grabräume in den ↑ Katakomben; im Mittelalter hallenartiger Raum unter dem Chor einer romanischen Kirche, der zur Aufnahme von Reliquien und Grabstätten bedeutender kirchlicher oder weltlicher Persönlichkeiten diente. Im 9. Jh. kamen in Italien die ersten Hallenkrypten auf, dreischiffige, gewölbte, säulentragende Räume, die immer größer wurden und sich schließlich bis unter die Vierung erstreckten (Peterskirche in Görlitz), so daß der Fußboden des Chores angehoben werden mußte.

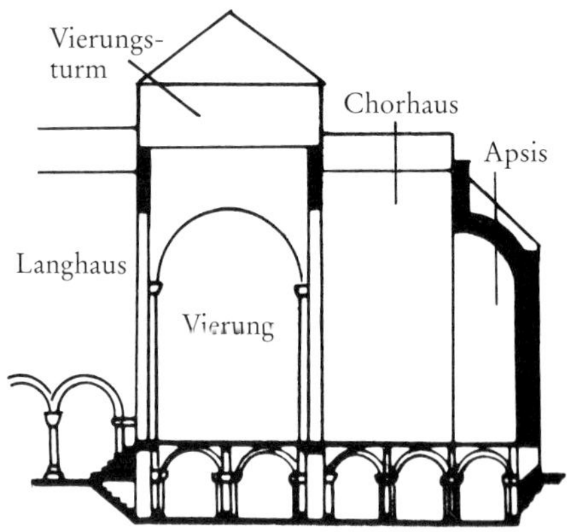

Krypta. Hallenkrypta unter einer romanischen Kirche

Kryptoportikus [griech. kryptos »verborgen«, lat. porticus »Halle«], Eingang durch einen unterirdischen gedeckten Gang zu einer Gruft.

Kubismus [franz. cube »Würfel«], Richtung der modernen Malerei und Plastik etwa seit 1907, die sich zuerst in Paris herausbildete. Pablo Picasso und Georges Braque began-

Kubismus. Juan Gris: Flasche, Journal und Obstschale. 1915. Basel, Kunstmuseum

nen Landschaften und Figuren in »Kuben«, also würfelartige oder zylindrisch-kristalline Bildteile zu zerlegen. Diese neue Methode einer systematischen Bildstrukturierung bedeutete eine Abkehr von naturalistischer Gestaltung und vom ↑ Impressionismus. Im K. wurde eine Entwicklung fortgesetzt, die bereits bei Cézanne begonnen hatte, der in seinen Gemälden dem Ideal kubischer Formen wie Kugel, Kegel oder Zylinder nahezukommen suchte.

Im K. werden zwei Phasen unterschieden. Zunächst gingen die Künstler im analytischen K. (bis etwa 1912) noch vom Naturvorbild aus, zerlegten es aber in kleine Facetten oder in übereinander angeordnete Flächen. Damit waren die dargestellten Gegenstände immer schwerer zu entschlüsseln bis zur Unkenntlichkeit. Mit Hilfe der ↑ Collage kamen danach neue Realitätswerte in das Bild (Stücke von Zeitungen, Tapeten, Buchstaben usw.). Im zeitlich folgenden synthetischen K. wurden die gegenständlich assoziativen Bildelemente vielfach durch Formen freier Erfindung ersetzt. Juan Gris führte diese Richtung zu »klassischer« Vollendung. Der geometrische Bildaufbau wurde, wie auch bei Pablo Picasso, Georges Braque und vielen anderen Malern, zum freien Kompositionsspiel mit abstrakten Formen ausgeweitet.

Der K., der als faßbare eindeutige Erscheinung ungefähr kurz nach dem 1. Weltkrieg endete, hatte großen Einfluß auf die Entwicklung der Kunst im 20. Jh., u. a. auf ↑ Futurismus und ↑ Orphismus.

Küchenstück, besondere Gattung des ↑ Stillebens und der ↑ Genremalerei, die sich Ende des 16. Jh. als eine Spezialität der niederländischen Kunst herausbildete. Küchenmotive, d. h. Wildbret, Früchte oder andere Speisen, oft auch in der Küche tätige Personen, wurden zum Thema von Gemälden gewählt.

Kugelkappe ↑ Kalotte.

Kultbild, Bild einer Gottheit, in der Regel menschengestaltig oder menschenähnlich. K. sind oft Mittelpunkt eines Heiligtums oder eines Tempels und haben in den einzelnen Kulturen und Epochen unterschiedliche religiöse Bedeutung. In der griechischen Antike wurden in den Tempeln bis zu 12 m hohe Götterbilder aus Gold und Elfenbein errichtet. Weit verbreitet waren auch Prozessionen, in denen K. mitgeführt wurden. Der römische Kult war ursprünglich bildlos, jedoch wurden unter griechischem Einfluß K. eingeführt. Auch Kaiserbilder wurden kultisch verehrt. Zum Verhältnis des Christentums zur Bilderverehrung ↑ Andachtsbild, ↑ Gnadenbild, ↑ Idolatrie, ↑ Ikonoklasmus.

Kumme, mittelgroße Schale, im 18. Jh. Bestandteil des Teeservices. Abb. ↑ Chinoiserie.

Kunckelglas, Rubinglas, das im 17. Jh. von Johann Kunckel durch Zusatz von kolloidem Goldchlorid verbessert wurde. Kunckel arbeitete im Auftrag des brandenburgischen Kurfürsten und hatte die Leitung der Potsdamer Glashütte inne.

Kunst, im allgemeinen Sinne jede Fertigkeit oder Geschicklichkeit des Menschen, aus der etwas im Gegensatz zur Natur künstlich Geschaffenes hervorgeht. Im engeren Sinne die Schöpfung bzw. Gesamtheit der Kunstwerke. Zu den Gattungen der K. gehören ↑ bildende Künste, darstellende Künste (Theater, Tanz, Film), Literatur, Musik; im täglichen Umgang werden jedoch im allgemeinen die bildenden Künste als »Kunst« bezeichnet. Es gibt keinen Kunstbegriff, der für alle Werke und alle Zeiten Gültigkeit hat. Bei der Beurteilung von K. gelten in einzelnen Epochen und Gesellschaften unterschiedliche Maßstäbe, mit denen der Wert und die Bedeutung des einzelnen Kunstwerkes bestimmt werden.

K. hat sich aus der Magie entwickelt, die ersten Kunstwerke hatten magischen Charakter. Er schwand, wie in der Geschichte ein Prozeß der Individualisierung einsetzte, wodurch die Verbindlichkeit von kultischen Normen und Riten eingeschränkt wurde. K. wird in diesem Zusammenhang Selbstzweck und tritt als eine besondere Aneignungsform der Wirklichkeit neben die rationale Auseinandersetzung des Menschen mit seiner Umwelt. Dabei bezieht die K. immer den Rezipienten als aktiven Mitschöpfer ein, indem er das besondere Zeichensystem, das die Form eines Kunstwerkes bestimmt, bewußt oder unbewußt entschlüsseln muß.

Kunstgattungen. Der Begriff wird mehrdeutig verwendet. Einmal bezeichnet er die Verschiedenheit der einzelnen Künste, wie ↑ bildende Künste, darstellende Künste, Literatur, Musik usw., auf einer anderen Ebene versteht man darunter die verschiedenen Arten der bildenden Kunst wie Architektur, Plastik, Malerei.

Kunstgeschichte, wissenschaftliche Fachrichtung, befaßt sich mit der chronologischen Entwicklung der ↑bildenden Künste aller Völker und Epochen, im engeren Sinne jedoch mit den bildenden Künsten in Europa, vom Ausklang der Antike bis in die Gegenwart. Die außereuropäischen und Frühkulturen haben eigene Fachrichtungen entwickelt (z. B. Vor- und Frühgeschichte, Archäologie, Orientalistik). Die K. ist ein Zweig der ↑Kunstwissenschaft.

Kunstgewerbe, ältere Bezeichnung für ↑Kunsthandwerk; heute gehören dazu serienmäßig hergestellte Schmuck- und Gebrauchsartikel (Keramik, Glaskunst, Porzellan usw.) des häuslichen Bedarfs. ↑auch angewandte Kunst.

Kunsthandwerk, Bezeichnung für künstlerisch gestaltete Schmuck- und Gebrauchsgegenstände, die vom Entwerfer handwerksmäßig in kleinen Serien oder als Einzelstücke hergestellt werden, im Unterschied zum Kunstgewerbe. ↑auch angewandte Kunst.

Kunstkritik, Untersuchung, Deutung und Bewertung von Werken der Kunst durch Zeitgenossen des Künstlers. Die K. vermittelt zwischen Kunst und Publikum und beeinflußt das Kunstschaffen. Die K. begann im 18. Jh. in Frankreich, als Diderot 1759–81 seine Kritiken über Ausstellungen, die »Salons«, veröffentlichte.

Künstlerdrucke ↑épreuves d'artiste.

Kunstsammlung. Schon die Tempelschätze des Altertums können als K. gelten, auch wenn hier kultische oder materielle Werte im Vordergrund standen. Die Könige von Pergamon und die Ptolemäer in Ägypten haben ihre K. bereits nach historischen Gesichtspunkten angelegt. Auch in der römischen Kaiserzeit gab es in Tempeln, öffentlichen Bauten und bei vornehmen Bürgern unermeßliche Kunstschätze, teilweise wurden Privatsammlungen sogar dem Publikum geöffnet. Im Mittelalter bildeten Kirchenschätze bedeutende K., für ihr Zustandekommen waren kultische Gesichtspunkte maßgebend.

Die Geschichte des modernen Kunstsammelns begann in der Frührenaissance, als Fürsten, Gelehrte und wohlhabende Bürger K. anlegten. Besondere Bedeutung hatten die K. der burgundischen Herzöge (Jean de Berry) und der Medici in Florenz. In Deutschland entwickelten sich im 16.–18. Jh. die »Kunst- und Wunderkammern«, eine Mischung von naturkundlich-technischer und historisch-kulturgeschichtlicher Sammlung, oft in Verbindung mit Kuriositäten- und Naturalienkabinetten. Im Barock setzte sich eine Gliederung nach Sachgruppen durch. Die Gemälde gelangten in die ↑Galerien, die Kleinkunst in ↑Kabinette. Bereits im 18. Jh. stellten manche Fürsten ihre Sammlungen der Öffentlichkeit zur Verfügung, im 19. Jh. gingen sie allmählich in den Besitz des Staates über. ↑auch Museum.

Kunsttopographie, Teil der ↑Kunstgeschichte, der sich um eine exakte statistische Aufnahme, Sichtung, Beschreibung und Klärung der räumlichen Zusammengehörigkeit von Bau- und Kunstwerken bemüht. Dazu gehören die Inventare der Bau- und Kunstdenkmale oder das 1900 von Georg Dehio begründete »Handbuch der deutschen Kunstdenkmäler«.

Kunstwissenschaft, Wissenschaft von der bildenden und angewandten Kunst, die sich mit Grundlagen und Gesetzen der Kunst, mit kunstästhetischen, kunstsoziologischen und wahrnehmungspsychologischen Problemen, mit Denkmalpflege, Kunstgeographie, Museumswesen und Restaurierungstechniken befaßt. ↑auch Kunstgeschichte.

Kupferstich, nach dem Holzschnitt die älteste grafische Technik. Die Zeichnung wird mit dem Grabstichel in eine polierte Kupferplatte gegraben, das angefeuchtete Papier saugt die Farbe dann aus den Furchen auf (Tiefdruck, ↑Druckverfahren). Der K. wurde teilweise abgelöst oder ergänzt von anderen grafischen Tiefdruckverfahren wie ↑Radierung, ↑Punktmanier, ↑Schabkunst, ↑Aquatinta, ↑Crayonmanier, ↑Vernis mou. Seinen Ursprung hat der K. wahrscheinlich in den Goldschmiedewerkstätten, wo das Gravieren in Metall schon lange üblich war. Die ältesten K. stammen aus dem 2. Drittel des 15. Jh. K., Holzschnitt und der beginnende Buchdruck haben ihre Wurzeln in der allmählichen Herausbildung der städtischen Kultur und damit in einem wachsen-

den Bedürfnis nach Büchern und Bildern. Die Einführung der Papierfabrikation bot dafür die materielle Voraussetzung.
Früheste Kupferstecher sind der Meister der Spielkarten, Meister ES und Martin Schongauer. Einen Höhepunkt erreichte der K. in der 1. Hälfte des 16. Jh. bei Albrecht Dürer und dessen Nachfolgern. Seit der 2. Hälfte des 16. Jh. verflachte die technische Brillanz, im 17. Jh. setzte sich in immer stärkerem Maße die Radierung durch. Seine Bedeutung behielt der K. auf dem Gebiet der Reproduktionsgrafik, der Illustration naturwissenschaftlicher oder topographischer Werke des 17. und 18. Jh. (z. B. Matthäus Merian) und des ↑ Ornamentstichs, bis heute auf dem Gebiet der ↑ Gebrauchsgrafik.

Kuppa ↑ Kelch.

Kuppel, Gewölbe- und Dachform in Gestalt eines Kugelabschnitts, die zur Überwölbung eines Raumes von rundem, quadratischem oder vieleckigem Grundriß dient. Häufig sitzt die K. auf einem zylindrischem Zwischenstück auf – genannt Trommel oder Tambour –, das auch mit Fenstern versehen sein kann. Oft ist der Kuppel auch ein Türmchen mit Fenstern aufgesetzt (Laterne). Um den Übergang vom quadratischen oder polygonalen Querschnitt in den kreisrunden Querschnitt der Kuppel zu ermöglichen, sind als Hilfskonstruktionen Hängezwickel (Pendentifs) notwendig, die die Form sphärischer Dreiecke haben. Es gibt drei Möglichkeiten: 1. der Fußkreis der Kuppel umschreibt das Quadrat, die sphärischen Dreiecke sind dann kein zusätzliches Bauelement, sondern Teil der Kuppel selbst (Hängekuppel oder böhmische Kappe); 2. der Fußkreis der K. entspricht dem eingeschriebenen Kreis des Quadrats, die Hängezwickel sind dann konstruktiv selbständige Teile (Pendentifkuppel); 3. die Ecken des Grundrißquadrates werden durch Bögen mit nischenartiger Wölbung (Trompen) gekappt, so daß ein Achteck (Oktogon) entsteht, über dem eine Kuppel konstruiert werden kann (Trompenkuppel).
Die ältesten K. kommen in der kretisch-mykenischen Kultur (↑ mykenische Kultur) vor, sind aber nicht durch echte Wölbung entstanden (↑ falsches Gewölbe). Echte K.

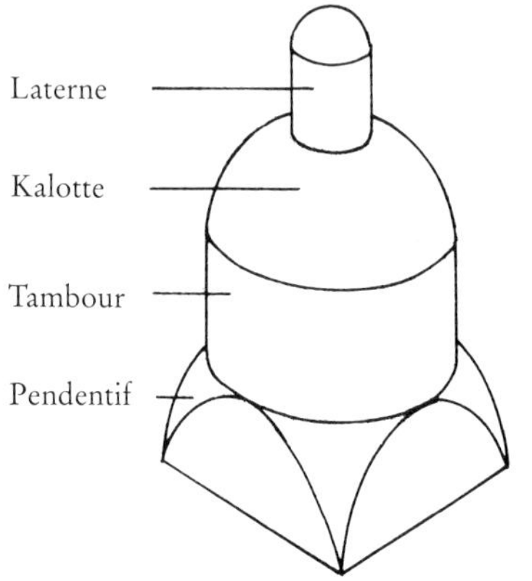

Kuppel. Teile des Kuppeldaches

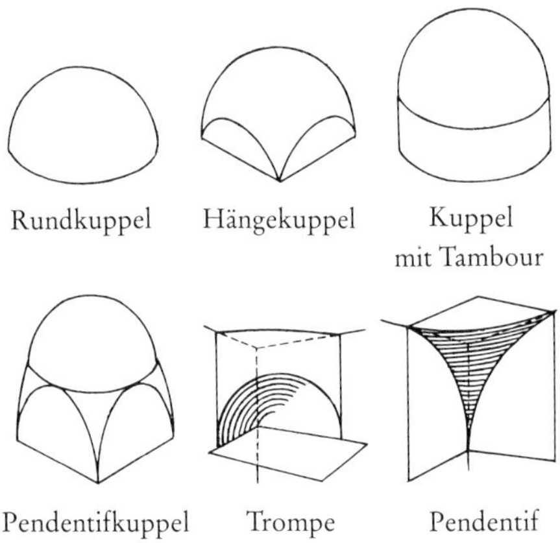

Kuppel. Kuppelformen.

sind bereits im 8. und 7. Jh. v. Chr. bei den Assyrern bekannt. Die Römer erreichten im Kuppelbau technische und künstlerische Meisterleistungen (Pantheon in Rom, Spannweite 39,5 m). Große Bedeutung hatte der Kuppelbau auch in der byzantinischen Kunst, der auf die Architektur des Islam und auf Italien (Ravenna, San Vitale; Venedig, San Marco) einwirkte. Weitere Höhepunkte des Kuppelbaus lagen in Renaissance und im Barock.

Kuppelbasilika, Typ des byzantinisch-frühmittelalterlichen Kirchenbaus, der sich im 5. und 6. Jh. als Verschmelzung von längsgerichteter ↑ Basilika und überwölbtem ↑ Zentralbau entwickelte.

Kuppelgrab, monumentale Grabstätte der Fürsten in mykenischer Zeit (1500–1300

v. Chr.), die den Typ des ↑ Schachtgrabes ablöste. Am bekanntesten ist das »Schatzhaus des Atreus« um 1300 v. Chr. in Mykene, das in einen künstlichen Hügel eingebettet ist. Der Kuppelraum wird von einem ↑ falschen Gewölbe überdeckt (Höhe 13,2 m) und diente vermutlich als Heroenkultstätte.

Kurfürstengläser, zylindrische Gläser des 16.–18. Jh. mit Darstellungen des Kaisers und der Kurfürsten; Wappen und Inschriften in Emailmalerei.

Kurfürstenteller, *Krönungsteller,* Nürnberger Zinnteller des 17. und 18. Jh., die in der Mitte das Bild des Kaisers, auf dem Rand die Kurfürsten zeigen.

Kurhut, *Kurfürstenhut,* Kopfbedeckung der Kurfürsten im alten Deutschen Reich. Rang- und Würdeabzeichen, das aus dem Herzogshut hervorgegangen ist. Ursprünglich war der K. eine flache Purpurmütze mit einem breiten Hermelinreif, später wurde er höher, und ein perlenbesetzter Bügel in der Mitte war von einem Reichsapfel bekrönt. Die weltlichen Kurfürsten tragen einen runden dunkelroten K., die geistlichen einen viereckigen aus scharlachfarbenem Tuch.

Kuros, *Kouros* [griech. »Jüngling«], Jünglingsstatue der griechisch-archaischen Kunst (männliche Entsprechung zur ↑ Kore), die nackt in leichter Schrittstellung dargestellt wird; kamen meist als Weihegabe in die Tempel oder wurden als Grabmäler verwendet. Abb. ↑ griechische Kunst.

Kursive ↑ Schrift.

Kurtine ↑ Festung.

Kuttrolf, *Guttrolf* [lat. guttus »Krug mit engem Hals«], *Angster* [lat. angustus »eng«], Glasgefäß des 15.–18. Jh., das zu den ↑ Vexiergläsern oder Scherzgläsern gehört. Es besteht aus einem weiten Bauch und einem Hals aus mehreren ineinander verschlungenen Röhren, durch die das Getränk nur sehr langsam fließen kann.

Kuttrolf. 17. Jh.

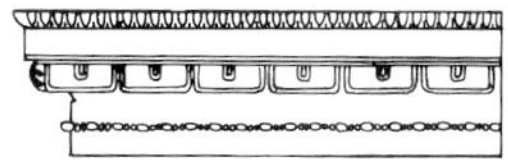

dorisches Kyma

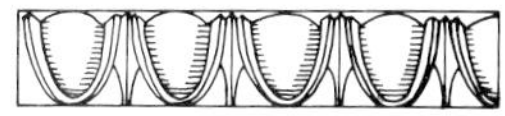

ionisches Kyma

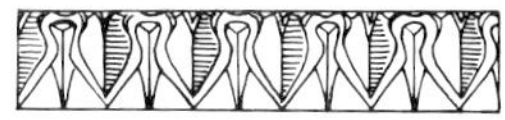

lesbisches Kyma

Kyma

kybernetische Kunst [griech. kybernein »steuern«], verarbeitet Umweltreize – hervorgerufen durch Lichtänderungen, Temperatur, Geräusche – durch elektronisch-mechanische Objekte zu Bewegungs-, Licht- oder Tonreaktionen. Der Begriff ist abgeleitet von der mathematischen Theorie der Regelung und Nachrichtenverarbeitung technischer und biologischer Systeme. Kernstück dieser Theorie ist die Rückkoppelung, also die Wechselwirkung zwischen verschiedenen Systemen.

kykladische Kultur, bronzezeitliche Kultur, die ihr Zentrum auf der Inselgruppe der Kykladen im Ägäischen Meer hatte (2600–1500 v. Chr.). Charakteristisch sind zahlreiche, bis 1,5 m hohe Marmorfiguren und Keramik mit kolorierten Ritzmustern (Kykladenpfannen). Die bedeutendsten Fundorte liegen auf den Inseln Melos, Paros und Naxos.

Kyklopenmauer ↑ Mauerwerk.

Kylix ↑ Vasentypen, griechische.

Kyma, *Kymation* [griech. »Welle«], wellenartige Zierleiste zur Abgrenzung einzelner Bauteile an griechischen Tempelgesimsen. Es gibt drei verschiedene Typen: dorisches K., ionisches K. (auch Eier- oder ionischer Blattstab, Blattwelle), lesbisches K. (Herzlaub oder lesbischer Blattstab), das sich aus dem ionischen K. entwickelt hat.

L

Labarum [lat.], römisches Feldzeichen, eine Lanze mit Querstange, von der ein rotes Viereck herabhängt. Mit dem ↑ Christusmonogramm versehen, war das L. die Standarte des römischen Heeres. Nach der Legende errang Konstantin der Große wegen dieses Zeichens 312 den Sieg über Maxentius. Seitdem war das L. die persönliche Fahne Konstantins und seiner Nachfolger.

Labyrinth [griech. labyrinthos], Anordnung von Räumen oder Gängen nach einem strengen geometrischen System, das dem Eintretenden die Orientierung erschweren soll. Solche Anlagen gab es bereits im alten Ägypten wahrscheinlich mit dem Ziel, die Ruhe der Toten zu sichern und unbefugten Zugang zu den Grabanlagen zu unterbinden (Fayum). Die Griechen sahen in den durch spätere Einbauten unübersichtlich gewordenen Ruinen des Palastes von Knossos auf Kreta ein L. und verbanden mit ihm den Sagenkreis des Minotaurus.
Im 5. und 4. Jh. v. Chr. wurden L. als grafische Figur auf kretischen Münzen, später auf römischen Fußbodenmosaiken abgebildet. In christlicher Deutung ist das L. der »Irrgarten der Welt«. L. gab es auf Fußböden, an Wänden und Pfeilern mittelalterlicher Kathedralen (Amiens, Chartres, Cremona, Paris, Köln), in Handschriften und auf Grabplatten. Auch sind labyrinthische Kultspiele bekannt. Seit dem 16. Jh. wurden in Schloßgärten und Parks Heckenirrgärten angelegt (vor 1632 neben dem Heidelberger Schloß, nach 1676 im Park von Versailles, um 1750 in Pförten bei Sorau). Als vieldeutiges Symbol der Irrwege beschäftigt das L. Künstler bis in die Gegenwart.

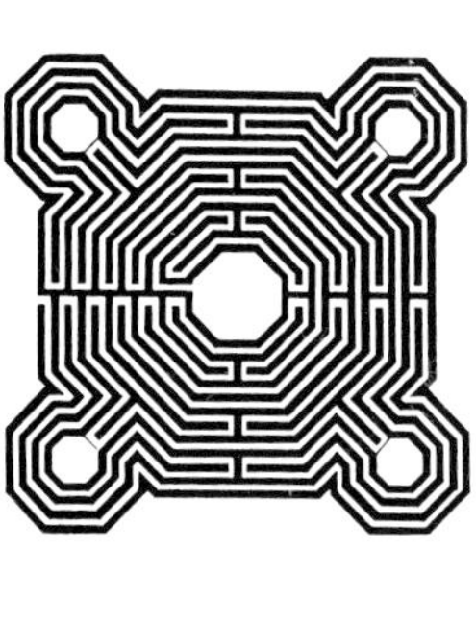

Labyrinth

Lackkunst, Überziehen von Gegenständen wie Kästchen, Schalen, Dosen oder Möbel mit einer Lackschicht. Der Rohstoff wird vom Lackbaum (rhus vernicifera) geliefert und nach einem Eindickungsprozeß luftdicht aufbewahrt. Setzt man den eingedickten Lacksaft der Feuchtigkeit aus, wird er steinhart, widerstandsfähig gegen Temperaturschwankungen und Nässe und kann sogar mit dem Messer geschnitzt werden. Bei der Lackmalerei wird er in 30–60 dünnen Schichten aufgetragen, die jeweils langsam in feuchter Luft trocknen müssen. Die oberste Schicht kann dann mit figürlichem oder ornamentalem Schmuck bemalt oder mit Goldpuder vergoldet werden. Mitunter sind auch Perlmutt und Elfenbein eingelegt.
Die Lackmalerei ist eine Erfindung der Chinesen und läßt sich bis ins 2. Jt. v. Chr. zurückverfolgen. Sie erreichte schon früh ein hohes künstlerisches Niveau und verbreitete sich dann auch in Japan, Indien und Zentralasien. Im 17. und 18. Jh. kamen diese künstlerischen Erzeugnisse auch nach Europa und wurden hier teilweise nachgeahmt.

Lackvergoldung, Verfahren zum Aufbringen von Golddekor auf Keramik. Zerriebenes Blattgold wird mit Lackfirnis gemischt und mit einem Pinsel aufgetragen.

Lade, bewegliches hölzernes Behältnis, Kasten, Truhe, Sarg. Die Zunftlade, ein geschnitzter, geschmückter Kasten, enthielt Zunfturkunde, Kasse usw. Beratungen und feierliche Akte fanden »vor offener Lade« statt. In der Weberei heißt L. der den Weberkamm einschließende Rahmen mit dem Ladebaum.

Lady Chapel, englische Bezeichnung für eine seit dem 14. Jh. in England im Zusammenhang mit der Marienverehrung aufkommende zusätzliche Kapelle mit rechteckigem Grundriß, die sich als selbständiges Bauwerk hinter dem Chor befindet oder an ihn angefügt wurde.

Laienaltar, in Stifts- und Klosterkirchen für Laien bestimmter Altar, der zwischen Chor und Mittelschiff unter dem Triumphbogen aufgestellt wurde und in der Regel dem hl.

Lambrequin. Um 1800

Kreuz geweiht war. Er wurde meist dort errichtet, wo der Blick auf den Hochaltar durch einen Lettner versperrt wurde.

Laienkunst, Sammelbegriff für nebenberufliches künstlerisches Schaffen; eine Abgrenzung zur ↑Volkskunst ist schwer möglich, doch bezeichnet L. eine mehr bürgerliche Form kulturell-künstlerischer Selbstbetätigung im Unterschied zur ländlichen und im traditionellen Brauchtum verankerten Volkskunst. Mitunter wird L. auch mit der ↑naiven Kunst gleichgesetzt.

Lambrequin [niederl., Verkleinerungsform von lamper »Schleier«], Querbehang mit Fransen oder Quasten als oberer Abschluß eines Fensters oder Betthimmels. Im Barock auch in Stein nachgebildet zur Verzierung von Gesimsen und anderen architektonischen Teilen.

Lambris [franz.], Holz-, Marmor- oder Stuckverkleidung in Innenräumen am unteren Teil der Wandfläche.

laminieren [lat. lamina »Platte«], plätten, walzen, strecken. Laminieren des Metalls – zu dünnem Blech hämmern; Lamination des Glases – regelloses Mischen und Aneinanderschmelzen verschiedener Glasmassen; Lamination in der Spinnerei – Streckung des Spinnmaterials.

Lamm Gottes ↑Agnus dei.

Lampen ↑Leuchter.

Land art [engl.], künstlerische Strömung seit Mitte der 60er Jahre, die den natürlichen oder industriell veränderten Landschaftsraum als Gegenstand wählt. Ausgehobene Gräben, Furchen, aufgeschichtete Wälle u. a. verändern die Natur- oder Industrielandschaft. Modellhafte Aktionen werden dem Publikum gegebenenfalls in Film oder Fernsehen zugänglich gemacht. Die L. a. entwickelte sich in den 70er Jahren vor allem in den USA. Vertreter: Walter de Maria, Michael Heizer, Dennis Oppenheim.

Landschaftsgarten ↑Gartenkunst.

Landschaftsmalerei. In der L. spiegelt sich das Verhältnis des Menschen zur Natur wider. In der frühen ägyptischen Kunst wurde Natur zur Kennzeichnung bestimmter Orte nur formelhaft angedeutet. In der ↑minoischen Kultur und ↑etruskischen Kunst gab es bestimmtere landschaftliche Elemente. Zu weiteren Ansätzen kam es in der hellenistischen Kunst, bis in Wandgemälden der römischen Kaiserzeit erstmals hochentwickelte Landschaftsdarstellungen auftraten. Im Mittelalter hatten landschaftliche Angaben symbolischen Charakter und dienten lediglich als Hinweis auf den Ort des

Lackkunst. Rotlackschrank mit Chinoiserien. Um 1730. Frankfurt am Main, Museum für Kunsthandwerk

Geschehens. Im 14. Jh. bahnte sich in Italien allmählich ein Umschwung an, als in christlichen Darstellungen des Heiligengeschehens Szenen aus dem Alltagsleben einbezogen wurden. Nördlich der Alpen erfolgte der entscheidende Schritt in den niederländisch-burgundischen Miniaturen Anfang des 15. Jh., z. B. in den Stundenbüchern. In einem Stundenbuch des Duc de Berry stellten die Brüder von Limburg lebensvolle Landschaften mit Menschen in einem wirklichkeitsgetreuen Verhältnis dar. Auf dem Genter Altar Jan van Eycks 1432 zeigen botanisch benennbare Blumen und Früchte ein neues, empirisch gewonnenes Verhältnis zur Natur; die mittelalterliche Bedeutungsperspektive wurde fast völlig überwunden. Konrad Witz malte auf seinem »Wunderbaren Fischzug« 1444 einen bestimmten Naturausschnitt am Genfer See. Diese topographische Sicht entsprach dem neuen, auf Empirie fußenden Weltbild des frühen Bürgertums. Sie fand ihren Höhepunkt am Ende des 15. Jh. in Albrecht Dürers aquarellierten Landschaften. Dürer hat auch die Begriffe »Landschaft« und »Landschaftsmalerei« in den deutschen Sprachgebrauch eingeführt. Die Meister der ↑ Donauschule gaben der Natur erstmalig eigene Bildwürdigkeit; Albrecht Altdorfer schuf 1532 das erste selbständige Landschaftsgemälde (Donaulandschaft bei Regensburg). Die L. gehörte seither zum ständigen Re-

Landschaftsmalerei. Albrecht Dürer: Weiherhäuschen. Aquarell, 1495. London, British Museum

pertoire der europäischen Künstler. Um 1600 entstand in Rom in den Werken von Annibale Carracci, Paul Bril und Adam Elsheimer die Form der idealen Landschaft, eine weiträumige und harmonisch komponierte Landschaft in sommerlicher Pracht. Solche Landschaften erreichten im 17. Jh. bei Nicolas Poussin und Claude Lorrain ihre Vollendung. Sie wurden mit Gestalten aus der antiken Mythologie und mit römischen Ruinen ausgestattet. Deshalb ist für diese Gemälde, die bis ins 19. Jh. eine große Rolle spielten, auch der Begriff heroische Landschaft gebräuchlich.

In Holland entwickelte sich im 17. Jh. die Gattung des naturgetreuen Landschaftsbildes, das um seiner selbst willen wiedergegeben und nicht mehr an religiöse oder mythologische Themen gebunden ist (↑ Marinemalerei; Jan van Goyen, Jacob van Ruisdael). Im 17. und 18. Jh. nahm auch das Interesse für die Topographie zu (Jan Vermeer, Matthäus Merian, Antonio Canaletto, Bernardo Bellotto).

Die Romantiker gestalteten in der Landschaft weltanschauliche Ideen und die Verschmelzung menschlicher Gefühle mit der beseelten Natur (Caspar David Friedrich, Philipp Otto Runge).

Von Bedeutung für die weitere Entwicklung der L. waren die Gemälde der Engländer John Constable und William Turner, die durch unmittelbares Naturstudium atmosphärische Stimmungen und die Wirkung des Lichtes wiedergaben. Wie auch Camille Corot und die französischen Meister der Schule von ↑ Barbizon bereiteten sie den ↑ Impressionismus vor, für den das lichtdurchwobene Farbenspiel der Natur das eigentliche Thema darstellt (insbesondere Claude Monet, Camille Pissarro, Alfred Sisley). Die Expressionisten wollten die Natur nicht abbildhaft erfassen, sondern formten sie zu farbintensiven Kompositionen um, in denen inneres Landschaftserleben Ausdruck fand (Oskar Kokoschka, Erich Heckel).

Langhaus, im Kirchenbau der ein- oder mehrschiffige Gemeinderaum mit erkennbarer Längsausdehnung (↑ Basilika, ↑ Hallenkirche), im Gegensatz zum ↑ Zentralbau.

Lanzettbogen, schmaler Spitzbogen, ↑ Bogen.

Lanzettfenster, schmales spitzbogiges ↑ Fenster.

Lapidarium [lat. lapis »Stein«], Sammlung von Steindenkmalen, die bei Grabungen gefunden oder bei Wiederherstellungsarbeiten ausgebaut wurden und erhaltenswert sind (z. B. Grabsteine, Epitaphe, Sarkophage, Grenzsteine, Skulpturen).

Lapislazuli [arab.-lat. »blauer Stein«], *Lasurstein,* dunkelblauer Halbedelstein, der sich bereits im Altertum großer Beliebtheit erfreute und zu kleinen Ziergefäßen, Figuren und Schmuckstücken verarbeitet wurde. Für die Malerei des Mittelalters lieferte der L. in pulverisiertem Zustand den Farbstoff Ultramarin.

l'art pour l'art [franz. »die Kunst für die Kunst«],von dem französischen Philosophen Victor Cousin 1836 geprägter Grundsatz, der besagt, daß die Kunst selbständig sei, unabhängig von Politik, Recht und Moral. Eine Wertung der Kunst könne einzig nach innerhalb der Kunst selbst liegenden Maßstäben vorgenommen werden, jede Wertung nach Maßstäben und Erfordernissen einer außerkünstlerischen Wirklichkeit stehe in Widerspruch zum Wesen des Künstlerischen; in der Kunst käme es allein auf die formale Gestaltung und nicht auf außerkünstlerische Inhalte an. Diese Tendenz zur Eigengesetzlichkeit der Kunst spielt zunehmend im 20. Jh. eine Rolle.

Lasieren, Öl- oder Wasserfarben so dünn auftragen, daß der Grund oder die bereits vorhandenen Farbschichten durchscheinen. Die Farben gewinnen dadurch an Tiefe und Leuchtkraft.

Lasurfarben, durchsichtige Farben, die auf schon bestehende Farbschichten aufgetragen werden. Den Gegensatz bilden die Deckfarben.

Lasurstein ↑ Lapislazuli.

lateinisches Kreuz ↑ Kreuz.

Latènekultur, Kultur der Kelten der ↑ Eisenzeit vom 5.–1. Jh. v. Chr., benannt nach einem westschweizerischen Fundort; verbreitet in West- und im südlichen Mitteleuropa. Die L. entstand auf der Grundlage der ↑ Hallstattkultur in Anknüpfung an antike Vorbilder. Charakteristisch ist eine Vielfalt von Metall- und Glasarbeiten, Tongefäßen und Schmucksachen. Prunkvolle Grabausstattungen weisen auf eine soziale Oberschicht hin. Die L. verbreitete sich weit über die keltischen Siedlungsgebiete hinaus und beeinflußte die kulturelle Entwicklung nichtkeltischer Gebiete Mittel-, West- und Südeuropas. Sie endete mit der Eingliederung des Keltenlandes in das römische Imperium. ↑ auch keltische Kunst.

Laterne, 1. mit Fenstern versehenes Türmchen über einer Decken- oder Gewölbeöffnung, meist über einer ↑ Kuppel.
2. ↑ Leuchter.

Laube, ursprünglich überdeckter Bogengang vor dem Erdgeschoß von Gebäuden. Dienen diese Anlagen einem speziellen Zweck oder geben sie dem Haus das Gepräge, sind besondere Bezeichnungen üblich (Gerichtslaube, Marktlaube, Vorlaubenhaus). Beliebt war in der Renaissance der laubenartige Vorbau an Rat- und Wohnhäusern. Heute versteht man unter L. ein aus Holz errichtetes kleines Gartenhaus. ↑ auch Loggia.

Laubengang, überdeckter ein- oder mehrseitig offener Gang. Ursprünglich im Holzbau entwickelt, wurde er vom Steinbau als Säulengang, ↑ Arkaden und ↑ Kolonnaden übernommen. Zunächst als Schutz gegen Sonne und Regen, wurde der L. bevorzugtes architektonisches Gestaltungselement von Gebäuden, Straßen oder Plätzen.

Latènekultur. Linsenflasche mit Tierdarstellungen. 400–300 v. Chr. Berlin, Staatliche Museen

Laubenhaus, *Vorlaubenhaus,* Bauernhaus mit einer Laube an Giebel- oder Traufseite. L. sind vor allem in Ostpreußen und im Oder- und Warthegebiet verbreitet.

Laub- und Bandelwerk, vollständiger Begriff für die barocke Ornamentform des ↑ Bandelwerks.

Laub- und Bandelwerk

laufender Hund, Ornamentform; ↑ Wellenband; Abb. ↑ Fries.

Läufer ↑ Binder (1.), Mauerverband.

Lausitzer Kultur, archäologische Kultur der mittleren und jüngeren Bronze- und der frühen Eisenzeit (14.–7. Jh. v. Chr.), benannt nach verschiedenen Fundplätzen in der Lausitz. Die L. K. weist zahlreiche gemeinsame Merkmale mit der benachbarten ↑ Urnenfelderkultur auf und war in Nordmähren, Schlesien, Sachsen und der Lausitz verbreitet. Die rötliche oder hellbraune Keramik zeichnet sich durch guten Brand und geglättete Oberfläche aus. Typisch sind Gefäße mit Buckel-, Rillen- und Riefenverzierungen.

Lavabo [lat. lavare »waschen«], Gefäß, das für die Handwaschung des Priesters bei der Messe verwendet wird.

lavieren [lat. lavare »waschen«], eine Zeichnung, besonders Federzeichnung, durch Auftragen oder Verwaschen eines Farbtones mit sehr nassem Pinsel in der malerischen Wirkung steigern (lavierte Federzeichnung). Für diese Technik werden außer Wasser vor allem ↑ Sepia und ↑ Bister verwendet.

Lavismanier ↑ Aquatinta.

Lawra, *Lavra, Laura* [griech. lawre »Gasse«], ursprünlich eine Mönchssiedlung, die aus einzelnen Mönchshütten bestand; seit dem 10. Jh. Bezeichnung für Kloster. Der Begriff ist wahrscheinlich von Labyrinth abgeleitet, da die ersten Mönche in Felsenklöstern lebten, die wie ein Labyrinth beschaffen waren.

Heute bedeutet L. in der orthodoxen Kirche ein Großkloster (Große Lawra auf dem Athos, Kiewer Höhlenkloster, Dreifaltigkeits-Sergius-Kloster in Sagorsk), das von einer burgähnlichen Mauer umgeben, von Türmen bewehrt, Wohn- und Repräsentationsräume und eine Hauptkirche (↑ Katholikon) bzw. mehrere Kirchen umfaßt und einen besonderen kirchenrechtlichen Status besitzt. L. waren Zentren nicht nur des geistlichen, sondern auch des ökonomischen und kulturellen Lebens ihrer Zeit.

Layout [engl. lay out »ausstellen«, »auslegen«], Entwurf für die Text- und Bildgestaltung von Druckwerken. Das L. bezieht sich auf Satzanordnung und typographische Elemente wie Bilder, Schmuck, Anzeigen.

Lebensbaum, uraltes Symbol der vorderasiatischen Kunst (besonders der Babylonier und Assyrer), Sinnbild des Lebens und der Lebenskraft. In der christlichen Kunst ist der L. dem Verderben bringenden Baum der Erkenntnis entgegengesetzt und wird auch in Verbindung zum Kreuzesholz gebracht, das mitunter als lebendiger Baum dargestellt worden ist. Der L. wird damit zum Sinnbild der Erlösung.

Lederschnitt, buchbinderische Schmucktechnik, bei der die angefeuchtete Lederdecke geritzt oder geschnitten wird und Figuren oder Ornamente von der Rückseite plastisch herausgetrieben werden; oft mit Punzierung (↑ Punze) und Vergoldung verbunden. Daraus entwickelte sich im 15. Jh. durch das Streben nach immer stärkerer Reliefwirkung die Lederplastik, die zum Teil mit anderen Ziertechniken wie ↑ Blindprägung kombiniert wurde.

Ledertapete, hergestellt aus gegerbtem Kalbs-, Ziegen- oder Schafsleder. Sie wurde vergoldet, versilbert, mit Farben bemalt und mit figürlichen oder ornamentalen Reliefs versehen, die durch starken Druck über vertieft geschnittenen Holzmodeln entstanden. L. gelangten im frühen Mittelalter durch die Mauren nach Spanien und wurden dort nach der nordafrikanischen Stadt Gadames auch »Guadamaciles« benannt, wo die Mauren die kunstreiche Bearbeitung des Leders besonders betrieben hatten. Hauptsitz der Fabrikation war Córdoba. Im 16. Jh. gelangte die Technik nach Italien, in die Niederlande, nach Frankreich, Deutschland, England und Schweden. Im 17. Jh. waren L. zur Ausstattung vornehmer Räume überall gebräuchlich. Seit Mitte des 18. Jh. wurden sie durch Stoff- und Papiertapeten verdrängt.

Legende [lat. legenda »die zu Lesende«], 1. kurze Inschrift auf Gemälden, Grafiken, Plastiken, Münzen, Siegeln usw. Im Unterschied zur ↑ Beischrift befindet sich die L. innerhalb der bildlichen Darstellung. ↑ auch Banderole.
2. Sammlung von Berichten und Erzählungen über das Leben und Wirken eines Heiligen. Die im Spätmittelalter meist verbreitete Sammlung von Heiligenlegenden ist die »Legenda aurea« (Goldene Legende) des Jacobus de Voragine, um 1270; häufig Grundlage für die Gestaltung der Heiligengeschichten in der bildenden Kunst.

Leibung ↑ Gewände.

Leidenswerkzeuge ↑ Passionswerkzeuge.

Lektionar [lat. legere »lesen«], liturgisches Buch, das die während der Messe zu lesenden Stellen (Lectiones) aus der Bibel enthält. Zusammenstellungen aus dem Evangelium nennt man ↑ Evangelistar oder ↑ Evangeliar, die aus den übrigen Lesungen zusammengestellten Bücher ↑ Epistolar. Ein L., das alle Lesungen vollständig enthält, ist ein Plenarium [lat. plenus »voll«]. Kostbare Ausstattungen der L. im Mittelalter zeugen von der hohen Wertschätzung der ↑ liturgischen Bücher.

Lekythos ↑ Vasentypen, griechische.

lesbisches Kyma, lesbische Welle ↑ Kyma.

Lettner [lat. lectorium »Lesepult«], halbhohe Trennwand zwischen Chor und Mittelschiff in der ↑ Basilika. Er entwickelte sich im 12. Jh. aus ↑ Chorschranken und ↑ Ambo und schloß in Dom-, Stifts- und Klosterkirchen den Chor der Domherren und Mönche gegen das für die Allgemeinheit offen stehende Laienschiff ab. Er hat einen oder

Lettner. Ostlettner des Naumburger Doms

mehrere Durchgänge und ist oben zu einer durch Treppen zugängigen Bühne ausgebaut. Von dort wurde das Evangelium von einem Lesepult verlesen, das dem L. den Namen gab. Häufig diente der L. auch als Sängerbühne. Durch ihre künstlerische Gestaltung bedeutende L. sind im Naumburger Dom und in der Marienkirche in Gelnhausen erhalten. In der Gotik wurde der L. oft reich mit plastischen Darstellungen ausgeschmückt (Dome zu Havelberg und Halberstadt); im 16. Jh. häufig abgebrochen.

Leuchter. Wie der Standleuchter (↑ Kandelaber) hat auch der ↑ Kronleuchter seinen Ursprung in der Antike. Diese Öllampen wurden aus verschiedenen Materialien gefertigt (Bronze, Marmor, Ton). Im Mittelalter war die Kerze die wichtigste Lichtquelle. Bereits in der Romanik besaßen die Kirchen Kronleuchter von großem künstlerischem Wert, die in der Gotik eine weitere ornamentale und figürliche Ausgestaltung erfuhren. Eine Erfindung der Gotik ist der Wandarm. Angeregt vom Orient stellte man seit dem 14. Jh. die Laterne als Deckenlampe her. Während der Renaissance wurden neue Formen (Balusterleuchter) und Materialien (Majolika, Bergkristall) verwendet. Eine Sonderform stellt der im 16. Jh. in Flandern auftretende ↑ Blaker dar. Im 18. Jh. kam Porzellan als neues Material hinzu. Die Stilformen der verschiedenen Lampen des 19. Jh. entsprechen den Phasen von Klassizismus und Historismus, bis sich im Jugendstil eine freie Gestaltung durchsetzte.

Levantekunst, ↑ Felsbilder, die vorwiegend im Mesolithikum entstanden, z. T. auch in der Bronze- und Eisenzeit (also etwa 6000–1000 v. Chr.) in Ost- und Südspanien. Sie zeigen Jagd-, Tanz- und Kampfszenen. Charakteristisch ist die Kleinheit der Einzeldarstellungen eines Bildes (Figuren 5–10 cm). Die Darstellungen in Rot oder Schwarz zeichnen sich durch Bewegungs- und Ausdruckskraft aus.

Levitenstuhl, dreisitziges ↑ Chorgestühl für den Priester und die Leviten (seine beiden Diakone) während der Messe.

Lichtdruck, *Kollotypie,* in Frankreich um 1850 von A. L. Poitivin erfundenes und 1868 durch J. Albert in München weiterentwickeltes Flachdruckverfahren (↑ Druckverfahren), bei dem eine mit lichtempfindlicher Chromgelatine beschichtete Glasplatte als Druckträger dient. Die wenig belichteten Stellen quellen beim Anfeuchten stärker auf und stoßen beim Einwalzen die fetthaltige Druckfarbe ab, während die stärker belichteten und damit gehärteten Stellen Farbe annehmen. Diese hochsensible Technik kommt ohne jeden Raster aus und ist deshalb vor allem für Faksimilewiedergaben (↑ Faksimile) geeignet.

Lichter, Bezeichnung für die hellsten Stellen in einem Bild, Gegensatz: Tiefen.

Lichtgaden ↑ Obergaden.

Lichtkinetik ↑ kinetische Kunst.

Lierne, Nebenrippe eines Fächer- oder Netzgewölbes (↑ Gewölbe), die weder vom Kämpfer noch vom Schlußstein ausgeht.

Ligatur [lat. ligare »binden«], zusammengezogene Buchstaben in Handschriften und Frühdrucken sowie auch im Hand- und Maschinensatz, wobei die Drucktypen paarweise gegossen werden, z. B. Æ œ ff fi.

Limosiner Email, Erzeugnisse der ↑ Emailkunst, die in der französischen Stadt Limoges seit dem 11. und 12. Jh. hergestellt wurden. Die überwiegend kirchlichen Geräte (Leuchter, Reliquiare, Kruzifixe, Monstranzen) wurden zunächst in Grubenschmelztechnik hergestellt, vom 15.–17. Jh. überwog das für den Entstehungsort typische Maleremail (Platten, Kannen, Bildnisse, Schmuckanhänger), d. h. eine Malerei mit Schmelzfarben ohne Zellen oder Gruben.

linear, bezeichnet eine Darstellungsweise, die auf klaren, umrißbetonten Konturen und umgrenzten Farbflächen beruht. Der Kunsthistoriker Heinrich Wölfflin setzte der linearen Renaissance die malerische Kunst des Barock entgegen (↑ malerisch). Der Begriff wird auch in Plastik und Architektur verwendet.

Linearbandkeramik ↑ Bandkeramik.

Linearperspektive ↑ Perspektive.

Linea serpentinata ↑ Figura serpentinata.

Linienholzschnitt, Form des ↑ Holzschnitts, bei dem nur die druckenden Linien stehen bleiben (im Gegensatz zum Flächenholzschnitt).

Linienmanier, *Grabstichelmanier,* von seinem linearen Charakter abgeleitete Bezeichnung für den ↑ Kupferstich. Die übrigen Tiefdruckverfahren (↑ Schabkunst, ↑ Aquatinta, ↑ Vernis mou), die flächenhafte Wirkungen anstreben, werden im Gegensatz dazu auch ↑ Flächenmanieren genannt.

Linkrusta, abwaschbare Papiertapete, die seit 1877 von dem Linoleumfabrikanten F. Walton nach einem speziellen Verfahren hergestellt wurde. L. dient der Imitation von Holztäfelung oder Ledertapete.

Linolschnitt, Hochdruckverfahren (↑ Druckverfahren), bei dem anstelle von Holz das leichter zu bearbeitende Linoleum verwendet wird. Der L. ist besonders für flächige und breitlinige Darstellungen, große Schriften, Plakate usw. geeignet.

Lipsanothek ↑ Reliquiar.

Lisene, senkrechter, schwach hervortretender Mauerstreifen zur Wandgliederung, ohne Basis und Kapitell (im Gegensatz zum ↑ Pilaster). L. sind häufig an romanischen Bauten zu finden und durch Rundbogenfriese miteinander verbunden.

Lithographie, *Steindruck,* von Alois Senefelder 1797 erfundenes Flachdruckverfahren (↑ Druckverfahren), bei dem Kalkschiefer als Druckform dient. Mit fetthaltiger Tusche oder Kreide wird die Zeichnung direkt auf die poröse Kalksteinplatte aufgetragen (↑ Umdruck). Die nichtbezeichneten Stellen werden dann durch eine spezielle Behandlung mit Salpetersäure und Gummiarabicum besonders wasseraufnahmefähig und damit fettabstoßend gemacht, so daß nur die fetthaltige Farbe der Zeichnung die Druckfarbe annimmt. Eine wichtige Abwandlung ist die Farbenlithographie, bei der der Druck von mehreren Farbplatten erfolgt.
Die L. ermöglichte im künstlerischen Bereich neue, bisher unbekannte Wirkungsmöglichkeiten und entsprach in besonderem Maße den Erfordernissen der industriellen Massenproduktion. Sie ist einfacher als andere grafische Techniken (Kupferstich, Holzschnitt) zu handhaben. Bereits Francisco de Goya verwandte die L. für seine grafischen Arbeiten, später auch Jean Auguste-Dominique Ingres, Théodore Géricault und Eugène Delacroix. Bedeutende Leistungen entstanden in der französischen Karikatur (Honoré Daumier, Paul Gavarni, Grandville). Henri de Toulouse-Lautrec gehörte zu den ersten Künstlern, die Farblithographien vor allem als Plakatdruck schufen. Um 1900 wurden L. auch als Künstlerdrucke in Zeitschriften verbreitet und in Deutschland von Jugendstilkünstlern und Expressionisten aufgegriffen (Otto Mueller, Emil Nolde, Ernst Ludwig Kirchner). In der Kunst des 20. Jh. ist die L. eine wichtige grafische Technik (Edvard Munch, Max Beckmann, Karl Hofer, Georges Braque, Marc Chagall, Pablo Picasso).

Lithophanie, dünne unglasierte Porzellanplatte, in die eine bildliche Darstellung reliefartig eingepreßt wurde, die im durchscheinenden Licht plastisch hervortritt. Das so entstandene Bild hat weiche Umrisse. Die L., die in der 1. Hälfte des 19. Jh. aufkam, war besonders als Schmuck für Fenster und Lichtschirme beliebt.

Lithyalinglas, farbiges undurchsichtiges Glas von marmorartigem Aussehen, das um 1830 von Friedrich Egermann erfunden wurde. Das L. war besonders im Biedermeier geschätzt, häufig wurde es auch als ↑ Überfangglas verarbeitet und durch Schliff veredelt.

liturgische Bücher, enthalten Texte, Gesänge und Vorschriften, die für den Gottes-

Lisenen an der romanischen Klosterkirche Mauersmünster. 12. Jh.

dienst oder zum Spenden der Sakramente notwendig waren. Die einzelnen Handschriftentypen wurden im Mittelalter häufig illustriert. Oft folgte man dabei bestimmten Überlieferungen und Bildprogrammen. Ihre Herstellung und Ausschmückung war Hauptaufgabe der mittelalterlichen klösterlichen ↑Skriptorien. Zu den l. B. zählen ↑Antiphonar, ↑Benediktionale, ↑Brevier, ↑Epistolar, ↑Evangeliar, ↑Evangelistar. ↑Graduale, ↑Lektionar, ↑Missale, ↑Pontifikale, ↑Psalter, ↑Sakramentar, ↑Stundenbuch.

liturgische Farben ↑Farbensymbolik.

Livre d'heures ↑Stundenbuch.

Liwan, *Iwan,* in der orientalischen Baukunst überwölbte Halle, die sich in großen Bögen auf einen Innenhof öffnet. ↑auch islamische Kunst.

Loggia [ital. »Laube«], nach 1–3 Seiten offene gewölbte Halle, die von Pfeilern oder Säulen gestützt wird. Im Gegensatz zu ↑Balkonen treten L. nicht über die Bauflucht hervor. Die aus dem Baukörper ausgesparte gangartige L. wird auch als ↑Galerie bezeichnet. Ist die L. dem Baukörper ebenerdig vorgesetzt, spricht man auch von ↑Laube.

Lohstein, in der Gotik für Gewölbekonstruktionen gefertigter Backstein, der durch Hohlräume besonders leicht war. Diese entstanden, wenn Beimengungen von Gerberlohe durch den Brennvorgang zerstört wurden.

Lokalfarbe, in der Malerei Bezeichnung für die Eigenfarbe eines Gegenstandes ohne die Veränderungen, die durch Beleuchtung, Schatten oder durch Reflexe entstehen.

Loggia dei Lanzi in Florenz. 1376–81

Lotos, Pflanze, die in der ägyptischen Kunst für den Götter- und Totenkult große Bedeutung besaß und in unterschiedlich starker Stilisierung an Kapitellen, Säulen oder Friesen Verwendung fand.

Louis quatorze, die unter Ludwig XIV. (1643–1715) in Frankreich vorherrschende repräsentative Stilphase des Barock, die für das gesamte Europa als Vorbild galt. Bedeutung hatte der Ausbau der Schloß und Parkanlagen von Versailles. Wichtige Impulse für das künstlerische Schaffen kamen vom König selbst, aber auch von seinen Ministern Nicolas Fouquet und Jean Baptiste Colbert sowie vom Präsidenten der Akademie Charles Lebrun. Charakteristisch sind Üppigkeit und Reichtum, aber auch das Streben nach einer großen, repräsentativ und maßvoll wirkenden Ordnung, die sich bis in das kleinste Detail fortsetzt und alle Gebiete der Architektur, bildenden und angewandten Künste umfaßt.

Louis quinze, nach Ludwig XV. (1723–1774) benannte französische Stilepoche, die zeitlich etwa dem ↑Rokoko entsprach. Die Verfeinerung höfischer Lebenshaltung kam vor allem in Malerei und Kunsthandwerk zum Ausdruck. Das Fest war ein immer wiederkehrendes Thema (vor allem bei Antoine Watteau, Jean-Honoré Fragonard, François Boucher).

Louis seize, nach Ludwig XVI. (1774–1792) benannte Phase der französischen Kunst, die bereits in den 60er Jahren einsetzte und den Übergang vom Rokoko zum Klassizismus darstellt. Dieser Stil prägte vor allem das Kunsthandwerk und die Innenraumdekoration zwischen 1770 und 1790. Das L. s. schloß sich enger dem antiken Vorbild an, propagierte die gerade Linie und achtete auf strenge Symmetrie. Ursachen für den Übergang von rokokohaft verspielten, festlichprunkvollen Formen des ↑Louis quinze zum L. s. lagen in dem wachsenden Einfluß einer Kultur, die von der antiabsolutistischen bürgerlichen Aufklärung geprägt war. Die Lehre Jean Jacques Rousseaus und die kunsttheoretischen Auffassungen Denis Diderots förderten eine Hinwendung zum Klassizismus. So bereitete das L. s. mit das bürgerliche Zeitalter vor.

Löwe, gilt seit dem Altertum als »König der Tiere«. Seine Kräfte, gewaltige Mähne und – nach dem Physiologus (↑Bestiarium) – sogar im Schlaf geöffneten Augen ließen ihn zum Sinnbild der lebensspendenden Sonne und zum Lichtsymbol werden. Der L. ist Inbegriff herrscherlicher Macht und vertritt in der christlichen Kunst das Gute und auch das Böse (Hinweis auf Opfertod Christi oder Überwindung der todbringenden Kraft durch Christus). Als Wächter mit apostrophäischer (unheilabwehrender) Funktion ist er an Kirchenportalen, Kanzeln, Leuchtern u. ä. zu finden.

Ludwigsburger Porzellan, in der württembergischen Manufaktur Ludwigsburg bei Stuttgart zwischen 1756 und 1824 hergestellte Porzellane. Besondere Bedeutung erlangten die Geschirrmalerei und die Kleinplastiken. ↑auch Porzellanmarken.

Lüftlmalerei, bayerische Bezeichnung für die meist in Freskotechnik ausgeführten Fassadenbilder des 18.–20. Jh. Im südlichen Bayern zwischen Augsburg, München, Oberammergau und Mittenwald gab es buntfarbige und oft perspektivische Wandmalereien als Rahmung von Fenstern, Türen und in Zwischenfeldern. Die Vorstufen der L. liegen in der Fassadenbemalung des 16. Jh. in süddeutschen Städten (Augsburg, Nürnberg, München), wo Paläste und Bürgerhäuser nach oberitalienischen Vorbildern dekoriert wurden.

Louis quatorze, Louis quinze, Louis seize. Der Wandel des Möbelfußes während der Herrschaften Ludwigs XIV. (1), Ludwigs XV. (2–5) und Ludwigs XVI. (6, 7)

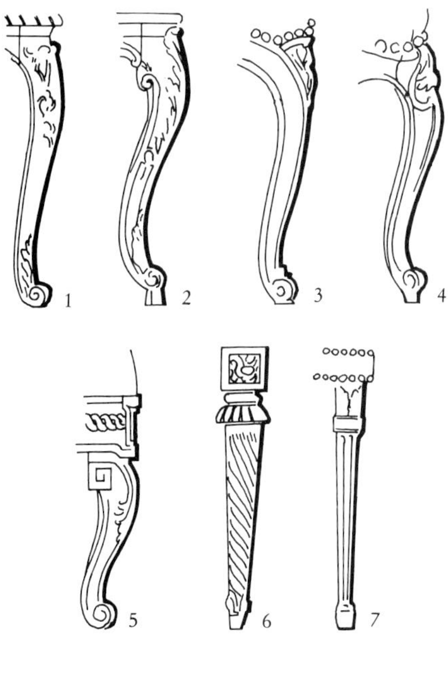

Luftperspektive ↑Perspektive.

Lukarne [franz. lucarne »Dachluke«], *Zwerchhaus,* geschoßhoher Ausbau einer ↑Gaube, die in der Ebene der Außenwand auf dem Hauptgesims aufsitzt. L. waren im Profanbau in Frankreich vom 13.–17. Jh. weit verbreitet und wurden seit dem 17. Jh. durch die ↑Mansarde verdrängt.

Lukasbilder, vom Evangelisten Lukas gemalte Bilder von Christus und Maria, die nach der Legende authentische Porträts sein sollen. Die ältesten L. tauchten im 6. Jh. in Byzanz und Rom auf und existieren z. T. noch heute. Besonders bekannt ist ein Christusbild im Oratorium Sancta Sanctorum in Rom.

Lukasbrüder, Lukasbund ↑Nazarener.

Lukasgilde, häufiger Name von Malergilden, nach ihrem Schutzpatron, dem Evangelisten Lukas.

Lünette, *Lunette* [franz. »kleiner Mond«], halbkreisförmig oder kreissegmentförmig gerahmtes Wandfeld über Türen und Fenstern, oft mit malerischem oder plastischem Schmuck.

Luristanbronzen, zusammenfassende Bezeichnung für Bronzegegenstände aus der westiranischen Provinz Luristan, die seit 1928 über den Kunsthandel bekannt geworden sind. Es handelt sich dabei um Waffen, Gefäße, Teile von Pferdegeschirr und Kleinplastiken. Die Datierung ist umstritten. Die meisten Stücke stammen aus der Zeit 1200–500 v. Chr.

Lüster [franz. lustre »Glanz«], 1. ↑Kronleuchter.

2. dünner metallisch schimmernder Überzug auf Fayence, Porzellan oder Glas, der in verschiedenen Farben aus Metalloxiden und ätherischen Ölen hergestellt, auf die entsprechenden Gegenstände aufgetragen und eingebrannt wird.

Lüsterfayence, keramische Technik (↑Lüster 2.), die im 8. Jh. im Irak oder in Ägypten erfunden wurde, dann in der gesamten islamischen Welt, später auch in Italien und

anderen europäischen Länder hergestellt wurde. L. diente anfangs als Ersatz für Gefäße aus Edelmetall. In Spanien erreichte die L. im 13. und 14. Jh. ihre höchste Vollendung (Málaga, Valencia). Neben islamisch-arabische Elemente treten gotische Inschriften, Wappen der Besteller, Weinlaubmotive u. a.
Spanische L. wurden nach dem Iran und den meisten Ländern Europas exportiert und sind häufig auf mittelalterlichen Tafelbildern dargestellt.

Lustschloß, Gartenschloß oder Lusthaus für den Sommeraufenthalt des Fürsten; es dient nicht der Ausübung der Regierungsgeschäfte und der Repräsentation. Als Bauaufgabe entwickelte es sich in Verbindung mit der aufblühenden ↑ Gartenkunst in der Renaissance. Im Barock umgaben L. oft ausgedehnte Anlagen (Potsdam, Sanssouci; München, Nymphenburg). Das französische Spätbarock entwickelte den räumlichen Idealtyp der eingeschossigen Maison de plaisance; ↑ Sala terrena und ↑ Vestibül liegen hintereinander und erlauben eine elegante Raumverknüpfung, die dem Wunsch nach Kommunikation und Privatheit entsprach.

Lutrophoros ↑ Vasentypen, griechische.

Lütticher Möbel, Eichenholzmöbel, die im 18. Jh. im belgischen Lüttich gefertigt wurden. Im Gegensatz zu anderen Möbeln der Zeit verzichten sie auf Furnierungen, zeigen jedoch feine Schnitzereien und zarte Ornamente. Sie fanden eine fast gleichwertige Nachfolge in Aachen (Aachener Möbel).

Luzifer ↑ Teufel.

lyrische Abstraktion, Sammelbegriff für die Richtungen der abstrakten Malerei in der 2. Hälfte des 20. Jh., die im Gegensatz zur ↑ geometrischen Abstraktion von strengen Gestaltungsprinzipien frei sind und in denen vielmehr eine individualistische Ausdrucksweise im Pinselduktus und expressive Farbgebung dominieren. Dazu gehören vor allem die Strömungen von ↑ Art informel, ↑ Tachismus und ↑ Action painting. Die lyrisch-expressiven Abstraktionen stehen in der Tradition der frühen abstrakten Bildharmonien Kandinskys und aller Tendenzen zu spontaner Malgestik.

M

Mäander [griech. Maiandros], fortlaufendes rechtwinklig gebrochenes oder spiralartiges Ornamentband, benannt nach dem windungsreichen Fluß in der Ebene von Milet. Der M. wurde bereits in ur- oder frühgeschichtlicher Zeit verwendet. Im geometrischen Stil der ↑ griechischen Kunst trat der M. als ein Hauptornament auf. In der mittelalterlichen Wand- und Miniaturmalerei kommt der geometrische M. bis ins 12. Jh. vor. Der Klassizismus hat ihn im 19. Jh. wiederbelebt.

Macchiaioli [ital. macchia »Fleck«], italienische Künstlergruppe, die sich seit 1854 in Florenz formierte und die – ausgehend von der realistischen englischen und französischen Landschaftsmalerei des 19. Jh. – eine flächenhaft-spontane Malweise mit leuchtenden Farbtupfen bevorzugte. Vertreter waren Giovanni Fattori, Silvestro Lega, Raffaelo Sernesi, Giovanni Boldini, Giuseppe Abbati.

Machsor [hebr. »Zyklus«], spezielles jüdisches Gebetbuch für die Gottesdienste der Sabbate und Feiertage, im Unterschied zum Sidur, das die täglichen Gebete enthält. Berühmtes Beispiel ist der Machsor Lipsiae um 1290.

Macramé ↑ Makramee.

Madonna ↑ Marienbild.

Madrasa ↑ Medrese.

Maestà [ital. »Majestät«], Darstellung der thronenden Maria (↑ Marienbild), umgeben von Heiligen und Engeln.

Magazinsofa, Sonderform des ↑ Sofas, das in der 1. Hälfte des 18. Jh. aufkam und unter den Armlehnen kommodenartige Fächer enthält. Dieser Typ war besonders im Biedermeier beliebt.

Magdalénien, Kulturstufe des Jungpaläolithikums in West- und Mitteleuropa (15000–9000 v. Chr.), benannt nach dem französischen Fundort La Madeleine (Höhle im Departement Dordogne). Erhalten sind aus dieser Zeit Höhlenmalereien in Altamira und Lascaux sowie zahlreiche Werke der Kleinkunst (Venusstatuetten, Tierplastiken usw.).

magischer Realismus ↑Neue Sachlichkeit (2.).

Magistrale [lat. magister »Anführer«, »Leiter«], repräsentativer Hauptverkehrsweg einer Stadt.

Magna Mater [lat. »Große Mutter«], Allmutter und Fruchtbarkeitsgöttin, Hauptthema in der Kunst der Ur- und Frühgeschichte und der frühen Hochkulturen, verbreitet als Relief und Plastik.

Maigelein, *Magele,* Kugelbecher aus Glas mit eingewölbtem Fuß.

Maison de plaisance [franz.] ↑Lustschloß.

Majestas Domini [lat. »Hoheit des Herrn«], aus der Apokalypse stammende Darstellung des thronenden Christus mit der erhobenen rechten Hand und dem Buch des Lebens in der linken, umgeben von ↑Evangelistensymbolen, Aposteln oder Engeln. Literarische Bildquellen dieses Motivs sind apokalyptische und alttestamentliche Visionen sowie neutestamentliche Vorstellungen von der Wiederkehr Christi. Das Bildthema ist seit

Machsor Lipsiae. Das Gefecht zwischen Behemoth und Leviathan. 14. Jh. Leipzig, Universitätsbibliothek

frühchristlicher Zeit bekannt und wurde zuerst in der Mosaikkunst, im Relief und in der Buchmalerei gestaltet.

Majolika ↑Fayence.

Majuskeln [lat. majusculus »etwas größer«], Großbuchstaben des lateinischen Alphabets; heute häufiger als ↑Versalien bezeichnet. ↑auch Schrift.

Makartbukett, *Makartbouquet,* nach dem österreichischen Maler Hans Makart benannter Strauß aus künstlichen oder getrockneten Blumen, vergoldeten Palmzweigen, Federn, künstlichen Schmetterlingen u. ä., der in den 70er Jahren des 19. Jh. vor allem in Deutschland und Österreich ein beliebtes Ausstattungsstück der »guten Stube« war.

Makartstil, Wohnstil der ↑Gründerzeit, der von den historisierenden Gemälden und kunstgewerblichen Entwürfen des österreichischen Malers Hans Makart geprägt worden ist. Vom Jugendstil wurde er als schwülstig und überladen bekämpft.

makedonische Renaissance ↑byzantinische Kunst.

Makimono [japan. »Langrolle«], japanisches Rollbild im Querformat, Gegensatz: ↑Kakemono.

Makramee [arab. migram »bestickter Schleier«], ursprünglich arabische Knüpfarbeit, bei der ein Knüpffaden über einen Einlagefaden geknotet wird.

Mal, *Markierung,* aufrechtstehendes, denkmalhaftes architektonisches oder plastisches Werk aus Stein oder Holz, das besonderen zeichenhaften Zwecken dient und oft auch durch kultische oder religiöse Vorstellungen beeinflußt war. Als M. gelten z. B. ↑Menhire, ↑Idole (2.), ↑Grabmäler, ↑Denkmäler, ↑Memorialbauten, ↑Obelisken.

Malachit, grüner Halbedelstein (↑Edelstein), der bereits im alten Ägypten, in Rom und Griechenland künstlerisch verarbeitet wurde.

Malerei, gestaltet Flächen mittels Farben und Linien im Unterschied zur dreidimensionalen Plastik und Architektur. Ihre Gestaltungsmöglichkeiten reichen von der Flächigkeit bis zum vorgetäuschten räumlichen Eindruck, von der Betonung der Kontur bis zum Verfließen der Farben. Nach bevorzugten Stoffgebieten unterscheidet man ↑Porträt, ↑ Historien-, ↑ Landschafts-, ↑ Genre-, ↑ Architekturmalerei und ↑ Stilleben. Gemäß ihren jeweiligen Zwecken ist die Malerei nach Bildträgern untergliedert: ↑ Wandmalerei (↑ Fresko- und ↑ Sekkomalerei, ↑ Fassadenmalerei, ↑ Sgraffito), ↑ Glasmalerei, ↑ Mosaik, ↑ Intarsien, ↑ Tafelmalerei, ↑ Vasenmalerei, ↑ Buchmalerei. Eine andere mögliche Einteilung beruht auf der Unterschiedlichkeit der Bindemittel, die aufgrund ihrer chemischen und physikalischen Eigenschaften den einzelnen Maltechniken ein eigenes Gepräge verleihen: ↑ Öl-, ↑ Tempera-, ↑ Guasch-, ↑ Aquarellmalerei.

Maleremail ↑ Emailkunst.

Malerhandbücher, Lehr- oder Handbücher für Maler über Malweisen und -techniken, Regeln für Farbherstellung usw. Sie enthalten oft auch Künstlerbiographien und wissenschaftliche oder theoretische Traktate. M. waren besonders im Mittelalter verbreitet und dienten der Überlieferung notwendiger Kenntnisse über Malvorgang, Farbgebung, Rezepturen, Bindemittel (z. B. Malerbuch vom Berge Athos). Heute geben sie interessante Aufschlüsse über die Techniken der mittelalterlichen Malerei.

malerisch, bezeichnet ein Bild, das nicht aus der Zeichnung (↑ linear), sondern aus tonigen Farbübergängen und -kontrasten entwickelt wurde und keine scharfen Konturen zeigt.

Malerradierer [franz. peintre-graveur], Künstler, der seine Zeichnung selbst in die Druckplatte sticht bzw. radiert, im Unterschied zu dem bloß reproduzierenden Stecher (↑ Reproduktionsstecher).

Malgrund, durch ↑ Grundierung vorbereiteter Bildträger für eine Malerei, kann aus den verschiedensten Materialien bestehen (z. B. Leinwand, Pappe, Holz).

Mandelglorie, Mandorla ↑ Heiligenschein.

Manichino ↑ Gliederpuppe.

Maniera bizantina [ital. »byzantinische Manier«], Stilrichtung in der Kunst Südosteuropas und Italiens nach der osmanischen Eroberung der ehemaligen Balkanstaaten von Anfang des 15. Jh. bis etwa Mitte des 17. Jh. Schwerpunkt der M. b. lag auf dem Gebiet der Monumental- und Ikonenmalerei (Fresken der Moldauklöster, Fresken der Klosterkirchen auf dem Athos, in Meteora, Thessaloniki, Epiros und Tarnowo). Die Künstler kehrten zu den Idealen der frühchristlichen Kunst zurück, zu einem abstrakten Idealismus und Spiritualismus und zur Entkörperlichung. Die Farbpalette wurde auf abstrakt-symbolische Farben eingeschränkt. Die Ikonographie griff auf frühchristliche und hochmittelalterliche Prototypen zurück. In der Architektur wurden zum großen Teil traditionelle Bauformen übernommen und im Sinne der spätbyzantinischen Theologie weiterentwickelt (Herausbildung der endgültigen Form des Innennarthex bei Klosterkirchen und des Klosterrefektoriums). Trotz der stilistischen und ikonographischen Einschränkungen zeigen die Werke der M. b. hohe künstlerische Qualität und Mannigfaltigkeit im Ausdruck und gehören zu den bedeutendsten Leistungen der Kunst in Südosteuropa.

Maniera greca [ital. »griechische Manier«], Bezeichnung für die Stileigenheiten in der italienischen Malerei des 13. und beginnenden 14. Jh., die durch Einflüsse der byzantinischen Kunst geprägt wurden. 1204 wurde während des 4. Kreuzzuges Konstantinopel erobert, und byzantinische Künstler und Kunstwerke von höchster Qualität gelangten nach Italien. Die M. g. entstand als eine Verschmelzung von romanischen und byzantinischen Stilelementen (strenge Hieratik, flächige lineare Darstellungsart, feierliche Starrheit). Die byzantinischen Einflüsse setzten sich am stärksten in der Malerei durch, so daß im 13. Jh. die M. g. in allen Kunstzentren führend wurde. Sie bildete die Grundlage für die Kunst von Cimabue, Duccio und Giotto. Ende des 13. Jh. wurde sie von den Tendenzen der ↑ Protorenaissance verdrängt.

Maniera tedescha, *Maniera tedesca* [ital. »deutsche Manier«]. Die Theoretiker und Kunstschriftsteller der italienischen Renaissance betrachteten die Gotik als einen deutschen Stil und gaben ihr deshalb den Namen M. t.

Manière noire ↑ Schabkunst.

Manierismus [ital. maniera »Art«, »Manier«], Stilrichtung im Übergang von Renaissance zum Barock, die in Italien die Zeit etwa von 1520–1600 umfaßt, in anderen

Manierismus. Jacopo Pontormo: Kreuzabnahme. 1526–28. Florenz, Sta. Felicità

Ländern bis in das 17. Jh. hineinreicht. Während der M. von der Kunsttheorie des 18. und 19. Jh. als Verfallserscheinung angesehen wurde, erfuhr er seit Beginn des 20. Jh. als wahlverwandte »irrationalistische« Ausdrucksbewegung eine große Aufwertung. Er steht im Kontext gesellschaftlicher, religiöser und wissenschaftlicher Veränderungen der Zeit und widerspiegelt in seinen Gestaltungsprinzipien grundlegende Zweifel an den Normen der Hochrenaissance. Während die Renaissance auf Harmonie, Ausgleich und Proportionalität zielte, bevorzugte der M. Unruhe und Spannung, überlange Gestalten, die zu schweben scheinen, gebrochene, kühle Farben, unnatürliche Lichteffekte und unklare Raumpositionen.

Der M. in der Plastik zeigt sich in einem vielteiligen und komplizierten Aufbau, in stark gedrehten Bewegungen (↑ Figura serpentinata). In der Architektur sind optische Täuschungen, Überdehnung einzelner Architekturglieder und das Auswuchern dekorativer Ornamentformen kennzeichnend. Hauptmeister des M. waren Jacopo Pontormo, Agnolo Bronzino, Parmigianino, Jacopo Tintoretto und El Greco.

Mansarddach ↑ Dachformen.

Mansarde [franz. »Dachstube«, »Dachfenster«], ein zu Wohnzwecken ausgebautes Dachgeschoß. Die Bezeichnung ist vom Mansarddach (↑ Dachformen) abgeleitet, bei dem der untere geschoßhohe Teil steil ansteigt und nur der obere Teil die übliche Neigung aufweist. Im 19. Jh. wurde der Begriff auf alle ausgebauten Dachräume übertragen.

Manuelstil ↑ Emanuelstil.

Mariä Heimsuchung ↑ Heimsuchung Mariä.

Mariä Himmelfahrt ↑ Himmelfahrt Mariä.

marianische Symbole, *Mariensymbole,* Sinnbilder, die sich auf die Person Marias beziehen. Dazu gehören Personen, Pflanzen, Tiere, Gestirne und Szenen, die dem Alten Testament, den Apokryphen, den Schriften der Kirchenväter und der geistlichen Dichtung entlehnt sind. Symbole der Jungfräulichkeit Marias sind beispielsweise der verschlossene Garten (hortus conclusus), der blühende Stab Aarons, das Vlies Gideons, der elfenbeinerne Turm. Als m. S. gelten auch Lilie, Rose, Zypresse, Palme oder auch ursprünglich Christus symbolisierende Tiere wie Phönix, Löwe, Pelikan.

Marienbild, *Madonnenbild.* Die Darstellung Marias als Mutter von Jesus Christus ist Ausdruck der Marienverehrung. Die frühesten Bildbeispiele stammen aus dem 2. Jh. (Rom, Priscilla-Katakombe); wachsende Verbreitung erfuhren M. seit dem Konzil von Ephesos (431), das die Gottesmutterschaft Marias dogmatisierte. In der ↑ byzantinischen Kunst bildeten sich verschiedene Madonnentypen heraus, d. h. Darstellungen der Mutter mit dem Jesuskind, die auch in die westeuropäische Kunst Eingang fanden. Bei ihren Bezeichnungen handelt es sich meist um marianische Ehrentitel, die nachträglich mit bestimmten Bildtypen in Zusammenhang gebracht wurden und keine unmittelbare Beziehung zur Darstellung haben. Nur wenige deuten auf den Bildinhalt hin. Die wichtigsten Bildtypen sind: 1. Hodegetria, benannt nach dem Standort des

Marienbilder. Madonnentypen: 1 Hodegetria, 2 Eleusa, 3 Platytera

Prototyps, dem Hodegon-Kloster in Konstantinopel – Halbfigur der Maria, die das Kind auf dem linken Arm trägt und mit der rechten Hand darauf weist. 2. Nikopoia oder Kyriotissa – frontal stehende Maria mit Kind. 3. Maria orans (Oranta) oder Blacherniotissa – Maria ohne Kind mit zum Gebet erhobenen Armen. 4. Platytera – Maria orans mit Clipeus Christi vor der Brust. 5. Eleusa (Barmherzigkeit) oder Glykophilusa (Süßküssende) – Maria mit dem Kind, das seine Wange an die Mutter schmiegt. 6. Galaktrophusa (Stillende) – meist als Halbfigur. 7. Paraklesis – Maria ohne Kind mit Schriftrolle. In Rußland erhielten die byzantinischen Bildtypen neue Bezeichnungen. In der westeuropäischen Kunst wurde der Typ der thronenden Madonna mit dem auf ihren Knien sitzenden Kind bevorzugt. Diese in der Romanik verbreitete feierliche, strenge Darstellung weicht in der Gotik zahlreichen neuen Bildtypen. An die Stelle starrer Majestät tritt die menschliche, mütterliche, meist stehende Madonna, die sich mehr und mehr dem Kind zuwendet. Einen besonderen Höhepunkt bilden die ↑Schönen Madonnen des ↑Weichen Stils um 1400. Die italienische Hochrenaissance stellt Maria mit dem Kind häufig in einer Landschaft oder als zentrale Gestalt der ↑Sacra Conversazione dar. Die Neubelebung des Marienkultes während der Gegenreformation erhebt Maria zur hoheitsvollen Herrscherin. Der Typ der Maria ↑Immaculata, der auf die Jungfräulichkeit Marias hinweist und die ↑Himmelfahrt Mariä (Assunta) sind in dieser Zeit bevorzugte Themen.

Neben Darstellungen von Maria mit Kind als Einzelfigur gewinnen seit dem 12. Jh. auch Szenen aus dem Marienleben als Zyklus oder als Einzelszenen Bedeutung (z. B. Marienkrönung), aus denen sich dann wieder Einzelgestalten herauslösen (↑Schmerzensmutter, ↑Pietà, ↑Himmelfahrt Mariä). Weitere Sonderformen sind die Mondsichelmadonna, ↑Schutzmantelmadonna und Maria im Ährenkleid.

Marienleuchter ↑Muttergottesleuchter.

Marinemalerei [franz. marine »Seestück«], Gattung der Landschaftsmalerei, bei der Meer, Küste, Häfen oder Seeschlachten künstlerisch gestaltet werden. Die M. bildete sich als selbständige Gattung in der niederländischen Malerei des 17. Jh. heraus.

Marionetten [franz., abgeleitet vermutlich von dem weiblichen Namen Maria, Mariette], Figuren des Puppentheaters mit beweglichen Gliedern, die mit Hilfe von an einem Führungskreuz befestigten Fäden oder mit an den M. befestigten Stangen bewegt werden. Marionettentheater waren bereits im antiken Griechenland bekannt und traten im 16. und 17. Jh. häufig auf Jahrmärkten auf. Im Barock wurden die M. so mechanisiert, daß perfekte Automatentheater entstanden. Heute werden M. häufig für Kindertheater oder avantgardistische Experimente verwendet.

Marke, Zeichen an kunsthandwerklichen Gegenständen, das Auskunft über Künstler (↑Monogramm), Herstellungsort, Fabrik (↑Porzellanmarke) oder amtliche Prüfung (↑Beschauzeichen) gibt.

Marketerie ↑Intarsien.

Markierung ↑Mal.

Marmor, weißer oder farbiger kristallinischer Kalkstein, der für Bau- und Bildhauerarbeiten verwendet wird, weil er sich leicht bearbeiten läßt, schleif- und polierfähig ist. Im antiken Griechenland und Rom wurde M. als Baumaterial verwendet. Bekannte Arten sind der blaugrau schimmernde pentelische M., der bläulich-weiße parische M., der blaugraue hymetische M. und der hellgraue naxische M. In der römischen Kaiserzeit und während Renaissance und Klassizismus wurde der weiße carrarische M. bevorzugt, der auch in großen Mengen von Italien nach Deutschland gebracht wurde.

Marmorpapier, Buntpapier, das den farbigen Marmor imitieren soll und im 17.–19. Jh. vor allem als Vorsatzpapier bei Bucheinbänden verwendet wurde. Die komplizierte Technik des Marmorierens gelangte um 500 aus China in den vorderen Orient (Türkei, Persien). Marmorierte Papiere zählen zu den schönsten und anspruchsvollsten Buntpapieren.

Marquise [franz.], gepolstertes zweisitziges Sitzmöbel mit geschlossenen Armlehnen.

Marterln, süddeutscher Ausdruck für *Bildstock, Betsäule,* häufig an Wegen errichtete Sühnedenkmäler oder Erinnerungszeichen aus Stein oder Holz; oft Pfeiler oder Säule mit einem Bildwerk (Kruzifix, Heiligenfigur) in einem Aufbau oder Gehäuse.

Maskaron. Anfang 17. Jh.

Martersäule ↑ Passionssäule.

Martyrion [griech. »das Bezeugen«], Bauwerk, das durch die Erinnerung an einen Heiligen oder durch eine Reliquie ausgezeichnet war.

Martyrologium, Verzeichnis der Heiligen mit kurzen Lebensbeschreibungen in kalendarischer Folge, um des Tages ihres Todes liturgisch zu gedenken.

Maschinenkunst, von Wladimir Tatlin entwickelte Strömung des russischen ↑ Konstruktivismus, die eine Synthese von geometrisch-konstruktiver Kunst und technischer Formgebung anstrebte. Voraussetzung für die Beschäftigung mit abstrakt konstruktivistischen Formproblemen waren der ↑ Kubismus und ↑ Futurismus, die auch zur Entstehung von raumplastischen ↑ Kontrareliefs führten.

Maskaron [franz. masquaron »Fratzengesicht«], phantastische oder groteske Maske; in der Architektur als Schlußstein von Gewölben, an Tür- oder Fensterbögen, aber auch bei kunsthandwerklichen Gegenständen verwendet.

Maßwerk, geometrisch konstruierte (»gemessene«) Schmuckform der Gotik, die aus Kreisen oder Kreissegmenten besteht. Das M. dient zur Unterteilung der Fenster, später auch als Blendmaßwerk zur Gliederung von Wandflächen, Giebeln bzw. als durchbrochenes M. zur Füllung von ↑ Wimpergen, ↑ Triforien und Brüstungen. Aus dem Zusammenfügen mehrerer Dreiviertelkreise entstehen »Pässe«, die als Drei-, Vier- oder Fünfpaß erscheinen (↑ Paß). Das M. wurde in der Spätgotik immer reicher und komplizierter. Durch Aufnahme der Form der ↑ Fischblase gab es zahlreiche neue Kombinationsmöglichkeiten und Ausdrucksformen (↑ Flamboyant-Stil).

Mastaba [arab. »Steinbank«], *Bankgrab,* altägyptische Grabform für Könige, Beamte und Priester, die aus einer unterirdischen Grabkammer mit schachtförmigem Zugang und einem oberirdischen Aufbau besteht, der eine Kultnische oder Opferkammer enthält; Vorform der ↑ Pyramide.

Mater dolorosa ↑ Schmerzensmutter.

Materialbilder, Bildwerke der modernen Kunst, in denen Materialien wie Holz, Kies, Sand, Sackleinen u. a. zu künstlerischen

Maßwerk. 1 Frühgotik, 2 Hochgotik, 3 Spätgotik

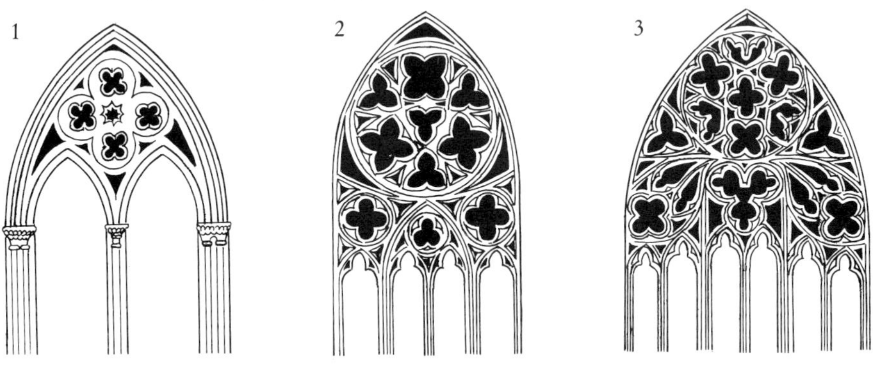

Kompositionen zusammengefügt sind, wobei das herkömmliche Tafelbild plastisch erweitert wird. Ergebnisse der Materialkunst sind ↑ Collagen, ↑ Assemblagen, ↑ Combine paintings oder ↑ Environments. ↑ auch Arte povera.

Mattoir [franz. matoir], Werkzeug des Kupferstechers, das besonders bei der ↑ Crayonmanier Verwendung fand. Am unteren Ende befinden sich zahlreiche feine Stacheln zum Aufrauhen der Druckplatte.

Mauerverband, regelmäßige Verbindung von künstlichen oder natürlichen Steinen innerhalb eines Mauerwerkes. Grundbestandteile des M. sind Läufer (Stein, dessen Langseite in der Mauerflucht liegt) und Binder (Stein, dessen Schmalseite zur Mauerflucht liegt). Neben Zweckverbänden wie Läufer-, Binder-, Block- und Kreuzverband gibt es zahlreiche Zierverbände: gotischer Verband, holländischer Verband, englischer Verband.

Mauerwerk, Gefüge aus natürlichen oder künstlichen Steinen, ohne (Trockenmauerwerk) oder mit Mörtelbindung. Beim Zyklopenmauerwerk (Kyklopenmauerwerk) werden unregelmäßige Blöcke über- und nebeneinander geschichtet, störende Vorsprünge abgetragen oder mit kleineren Blöcken ausgeglichen. Das Polygonalmauerwerk besteht ebenfalls aus rohen Steinen; vieleckige Blöcke werden nach Form und Größe ausgesucht. Horizontal aufgebaute Schichten wechseln mit bogenförmiger Anordnung. Das Quadermauerwerk setzt sich aus großen, rechteckig behauenen Blöcken zusammen, deren Ansichtsfläche meist nur geglättet ist. Das Bruchsteinmauerwerk besteht aus rohen, unbearbeiteten Steinen. Bossenmauerwerk, auch ↑ Rustika, ist aus massiven Quadern mit tiefer liegenden Fugen zusammengesetzt. Eine weitere Technik ist Gußmauerwerk hinter einer Vormauerung aus natürlichen oder künstlichen Steinen. In der römischen Antike wurden folgende Begriffe häufig verwendet: opus alexandrinum (ornamentales Fußbodenmosaik, wahrscheinlich nach Alexandria benannt), opus incertum (römisches M., der Raum zwischen den Mauerschalen ist mit Bruchstein oder Mörtelguß gefüllt), opus listatum, opus mixtum (M., bei dem Natursteinblöcke mit Ziegelsteinen wechseln), opus reticulatum (M. mit netzförmig angeordneten Steinen), opus sectile (Wandbekleidung oder Fußbodenmosaik aus zugeschnittenen Marmorplättchen), opus spicatum (die Steine des M. zeigen ein Ähren- oder Fischgratmuster), opus tesselatum (Bodenmosaik aus verschiedenfarbigen Steinwürfeln).

Maureske, *Moreske* [span. morisco »maurisch«], Flächenornament, das im 15. Jh. aus der islamischen Kunst übernommen wurde und ähnlich wie die ↑ Arabeske aus stilisierten Pflanzen gebildet wird, aber im Unterschied zu ihr den plastischen Eindruck und die Einbeziehung von menschlichen oder tierischen Wesen vermeidet. Die M. war zwischen 1530 und 1550 im Ornamentstich

Mauerwerk

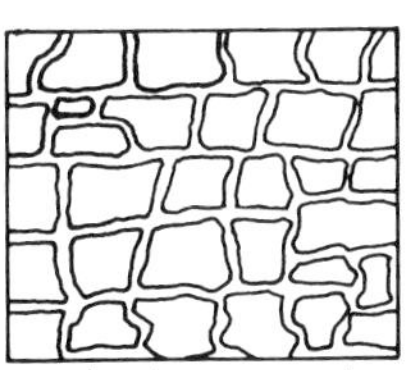
Bruchsteinmauerwerk

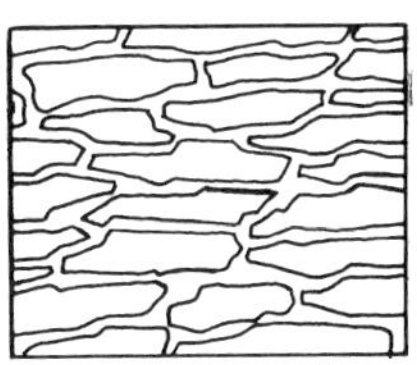
Feldsteinmauerwerk

Quadermauerwerk

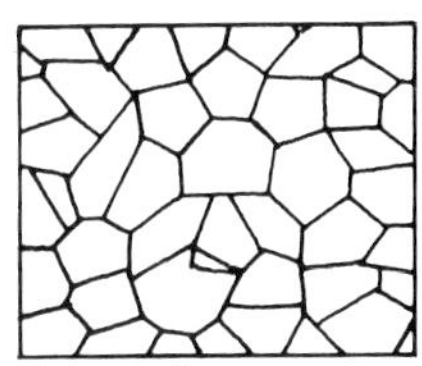
Polygonalmauerwerk

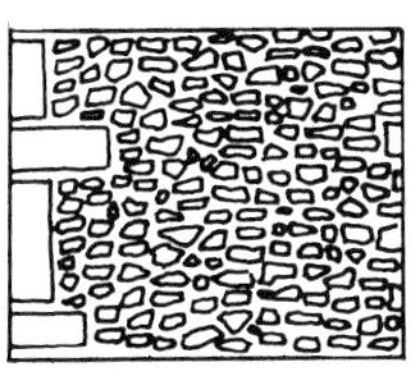
Opus incertum

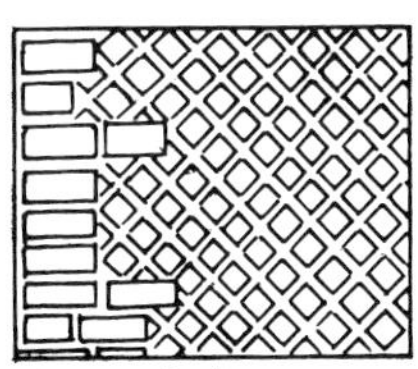
Opus reticulatum

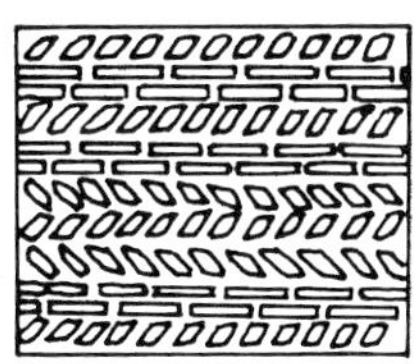
Opus spicatum

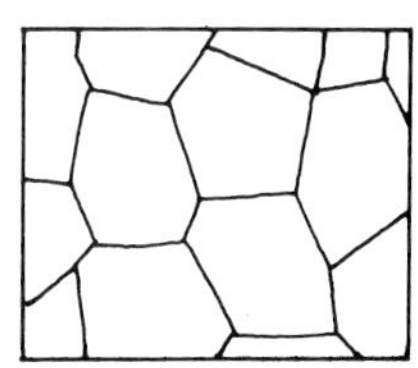
Zyklopenmauerwerk

und Kunsthandwerk außerordentlich beliebt.

maurische Kunst, Zweig der ↑islamischen Kunst vom 12.–15. Jh. zur Zeit der Berberherrschaft in Nordwestafrika und im islamischen Spanien. Bedeutende Bauwerke sind die Alhambra in Granada und Moscheen in Fes, Marrakesch und Córdoba. Nach dem Sieg über die Araber entwickelte sich in Spanien der ↑Mudéjarstil, eine Mischung arabischer und gotischer Elemente.

Mausoleum, monumentaler Grabbau. Der Name geht zurück auf das Grabmal, das sich König Mausolos in Halikarnassos (Kleinasien) um 350 v. Chr. bauen ließ und das in der Antike zu den »Sieben Weltwundern« zählte. Das heute nicht mehr erhaltene Bauwerk (Teile davon befinden sich im British Museum in London) bestimmte die Gestaltung späterer Grabmonumente, auf die dann die Bezeichnung M. übertragen wurde.

Medaille [lat. metallum »Metall«], runde Denk- oder Schaumünze aus Metall, die nicht für den Umlauf bestimmt ist (in eckiger Form wird sie als Plakette bezeichnet). M. wurden als Erinnerung an bestimmte Personen oder Ereignisse hergestellt und zeigen Reliefs auf einer oder auf beiden Seiten. Häufig sind sie auch mit In- oder Umschriften versehen.

M. sind seit der Antike bekannt und hatten eine Blütezeit besonders in der italienischen Frührenaissance. Ursprünglich wurden sie gegossen, seit dem 16. Jh. aber immer häufiger geprägt. Der herstellende Künstler wird Medailleur genannt.

Maureske

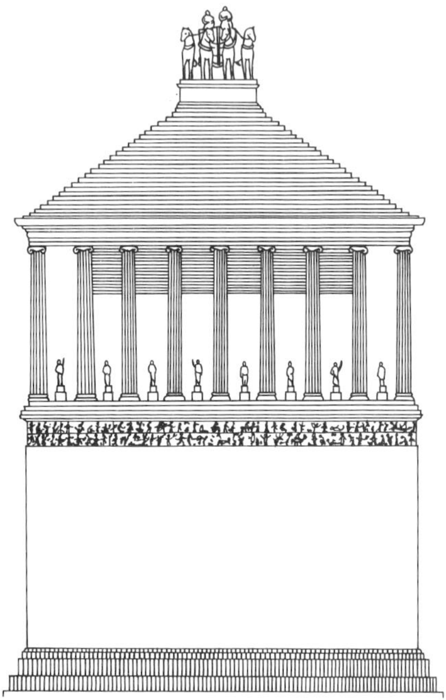

Mausoleum von Halikarnassos. Um 350 v. Chr.

Medaillon [franz. »große Medaille«], rundes oder ovales gerahmtes Bild bzw. Relief, auch Schmuckmotiv in Architektur oder Kunsthandwerk. Das M. enthält häufig Bildnisdarstellungen. Bildnismedaillons wurden in Renaissance- oder Barockportalen, an Grab- und Denkmälern angebracht. Als M. werden auch aufklappbare Kettenanhänger bezeichnet, die ein Bildnis oder Andenken aufnehmen können.

Medici-Porzellan, porzellanartiges Steinzeug, das in der 2. Hälfte des 16. Jh. am Hofe des Großherzogs Francesco Maria de Medici in Florenz hergestellt wurde. Erhalten geblieben sind etwa 50 Stücke (Teller, Schüsseln, Vasen, Krüge), die mit stilisierten Blüten, Zweigen oder Grotesken verziert sind.

Medrese [arab. madrasa »lehren«], seit dem 10. Jh. bezeugte islamische Lehreinrichtung und neben der ↑Moschee der bedeutendste Bautyp in der sakralen Architektur des Islam. Um einen quadratischen oder rechteckigen offenen Hof liegen in zweigeschossiger Anordnung in den vier Ecken Wohnzellen der Lehrer und Schüler. Die sich nach dem Hof öffnenden ↑ Liwane wurden als Lehrsäle genutzt.

Megalithe [griech. megas »groß«, lithos »Stein«], urzeitliche Bauten aus großen aufgerichteten Steinen, die in dem bis zu 300 km breiten Streifen entlang der europäischen Küsten vom Mittelmeer bis an die Ostsee auftreten (im Gebiet zwischen Mittelrhein und mittlerer Elbe reichen sie bis nach Mitteleuropa). Außerdem kommen sie im vorderen Orient, in Nordafrika und in einigen weiteren Gegenden der Alten Welt vor. Zu M. zählen Kammerbauten (↑ Dolmen, ↑ Gang-, ↑ Galerie- und Kistengräber; ↑ auch Großsteingrab), aufgerichtete Steine, entweder einzeln (↑ Menhir) oder zu Ringen (↑ Cromlechs) und Reihen (Alignements) angeordnet.

Megalithgrab ↑ Großsteingrab.

Megalithkulturen, Kulturgruppen in Europa, Afrika, Asien und Amerika, für die die megalithische Bauweise kennzeichnend ist (↑ Megalithe). In Europa und im vorderen Orient gehören M. dem Neolithikum und der frühen Bronzezeit an. Häufig wird der Begriff auch im engeren Sinne als Synonym für die mittel- und nordeuropäische Trichterbecherkultur verwendet, zu deren Grabsitten Großsteingräber wie ↑ Dolmen und ↑ Ganggräber gehörten.

Megaron [griech. »Saal«], rechteckiger altgriechischer Haustyp mit einer offenen, von Säulen getragenen Vorhalle und einer Herdstelle im Innern. Aus dem M. entwickelte sich der griechische ↑ Tempel.

Meissener Porzellan, Erzeugnisse der 1710 gegründeten, ersten europäischen Porzellanmanufaktur in Meißen. Sie stand von 1710–19 unter der Leitung des Erfinders Johann Friedrich Böttger (↑ Böttgerporzellan). Unter Johann Gregorius Höroldt (1719–1731) erreichte die Manufaktur durch Verbesserung der Farben und des malerischen Dekors großen Aufschwung (↑ Chinoiserien). Johann Joachim Kaendler (1731–56) entwickelte besonders die plastischen Möglichkeiten des Werkstoffes. Seine Porzellanplastiken erlangten bald Weltruhm. Um 1740 erscheinen auf den Servicen statt der bis dahin gebräuchlichen chinesischen Dekore ↑ deutsche Blumen, daneben auch das sogenannte ↑ Zwiebelmuster. Eine bedeutende Nachblüte hatte die Manufaktur in der Zeit Marcolinis (bis 1813), während der sich der Übergang zu klassizistischen Formen vollzog. Seitdem hat das M. P. seine künstlerische Sonderstellung verloren; es behauptet sich jedoch erfolgreich unter den führenden Markenporzellanen durch die von der Meissener Manufaktur betriebene Pflege traditioneller Formen und Dekore. ↑ auch Porzellanmarken.

Meister, neben der allgemeinen Bedeutung des Wortes auch Hilfsbezeichnung für einen Künstler, dessen Name nicht oder nur unvollständig bekannt ist. Er kann nach dem Ort seiner Tätigkeit (Naumburger M.), nach einem Hauptwerk (M. des Bartholomäusaltares), nach dem Vornamen (M. Bertram) oder nach dem Künstlermonogramm

Medici-Porzellan. Flasche mit dem Wappen Philipps II. von Spanien. 1581. Sèvres, Musée Nationale de Céramique

(M. ES) mit einem Notnamen benannt werden.

Meisterzeichen ↑ Steinmetzzeichen.

memento mori [lat. »gedenke des Todes«]. Das Todesproblem spielte im 15. Jh. in Dichtung und Malerei eine besondere Rolle. Die politische Krisensituation, Hungersnöte und Seuchen ließen die Unsicherheit der menschlichen Existenz verstärkt sichtbar werden. Davon zeugen u. a. eine umfangreiche »Memento-mori«-Literatur, Darstellungen von Totentänzen und illustrierte Schriften der ↑ Ars moriendi, der »Kunst des heilsamen Sterbens«. Auch später gab es häufig z. T. verschlüsselte Ausprägungen des m. m.

Memorialbau [franz. mémoire »Gedächtnis«, »Andenken«], Gedenk- und Erinnerungsbau an ein bestimmtes historisches Ereignis oder eine bedeutende Persönlichkeit (↑ Denkmal, ↑ Grabmal, ↑ Mausoleum, ↑ Martyrion, ↑ Krypta).

Menhir [kelt. men »Stein«, hir »lang«], einzeln stehender, aufgerichteter, 2–7 m hoher unbehauener Steinblock. Die M. gehören zu den ↑ Megalithen und haben das gleiche Verbreitungsgebiet. Sie sind vorwiegend im späten Neolithikum und in der frühen Bronzezeit errichtet worden.

Menorah, *Menora* [hebr. »Leuchter«], siebenarmiger Leuchter und Kultgerät der jüdischen Religion, deren Vorbild im Tempel von Jerusalem stand. Am Ende des Mittelalters entwickelte sich aus der M. der ↑ Chanukkaleuchter für das Chanukkafest. Die M. als Symbol des Judentums ist häufig in der jüdischen Ornamentik zu finden.

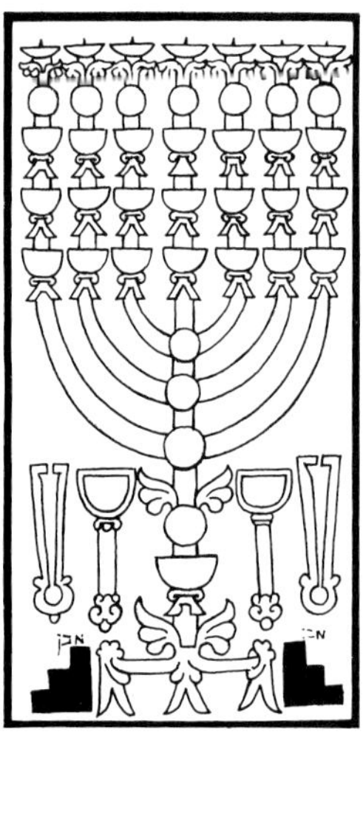

Menorah. Aus einer illuminierten Handschrift von 1299

Mensa ↑ Altar, Abb. ↑ Altarretabel.

Mensagrab ↑ Nischengrab.

merowingische Kunst, Kunst im fränkischen Reich während der Herrschaft der Merowinger vom Ende des 5. bis Mitte des 8. Jh. Durch die gleichzeitige Christianisierung mischten sich in der m. K. germanische Elemente mit spätantik-byzantinischen Einflüssen. In der Architektur wurden Klöster und Kirchen in Weiterentwicklung des spätrömischen Steinbaues errichtet (z. B. Taufkapelle in St. Jean in Poitiers, 6. Jh.; Krypta von St. Laurent in Grenoble, 7./8. Jh.; Fulradkirche in St. Denis als Grablege der merowingischen Könige, 8. Jh.). Erhalten sind weiterhin reliefierte Chorschrankenplatten, Grabsteine und Sarkophage mit christlichen Symbolen, Pflanzenornamenten und Szenen aus dem Alten und Neuen Testament, liturgisches Gerät (Reliquiare, Kelche, Elfenbeinarbeiten). Grabfunde aus reich ausgestatteten Fürstengräbern brachten Gebrauchsgegenstände (u. a. granatgeschmückte Waffen) und Schmuck (goldene Bügel- und Scheibenfibeln) mit byzantinischen Motiven, Keramik und Glaserzeugnisse (u. a. Rüsselbecher) zutage.
In der Buchmalerei setzten sich unter dem Einfluß der irisch-angelsächsischen Vorbilder eine starke Ornamentierung und Stilisierung, besonders bei menschlichen Gestalten und Tierfiguren, durch. Häufig sind auch Initialen aus Kopf- und Fischmotiven zu finden.

Merzkunst, von Kurt Schwitters 1923 geprägter Begriff für seine künstlerischen Arbeiten, insbesondere auch für die Collagen und Assemblagen, bei denen er ↑ Objets trouvés als Gestaltungsmittel bevorzugte, d. h. zufälliges Material aus Abfällen wie Fahrscheine, Bindfäden, Nägel, Draht usw. MERZ ist ein Wortfetzen aus »Commerzbank«. Abb. ↑ Dada.

Metallschnitt, ein Hochdruckverfahren (↑ Druckverfahren) und Abart des ↑ Holzschnittes, dem er im Abdruck sehr ähnlich sieht. Anstelle des Holzstockes wird weiches Metall verwendet. Heute wird diese Technik nur noch selten angewandt, dann meist als ↑ Bleischnitt. Als Sonderform des

M. entwickelte sich im 15. Jh. der ↑ Schrotschnitt. Die Stellen, die im Abdruck weiß bleiben sollten, wurden mit Grabsticheln und Punzen in die Kupfer-, Messing- oder Zinkplatte eingegraben.

metaphysische Malerei ↑ Pittura metafisica.

Metope [griech.], rechteckige Platte zwischen den ↑ Triglyphen am Fries von dorischen Tempeln. Dieser Gebälkfries liegt über dem ↑ Architrav und betont die horizontale Gliederung des Bauwerks. Die ältesten, mit Reliefs geschmückten M. stammen aus Mykene (↑ mykenische Kunst). Bedeutsam sind die M. des Parthenon in Athen, dessen Reliefs Kämpfe der Götter und Heroen schildern. Abb. ↑ Tempel.

Mezzanin, *Mezzaningeschoß* [ital. mezzo »halb«], *Entresol* [franz.], Halb- oder Zwischengeschoß, das eine wesentlich geringere Höhe als ein Vollgeschoß besitzt und Räume von untergeordneter Bedeutung enthält. Das M. wurde meist über dem Erdgeschoß oder unmittelbar unter dem Dach angeordnet und war in Renaissance, Barock und Klassizismus verbreitet. Das Halbgeschoß über dem Hauptgesims wird ↑ Attika genannt.

Mezzomajolika ↑ Halbfayence.

Mezzotinto ↑ Schabkunst.

Mihrab ↑ Moschee, islamische Kunst.

Mildnergläser, doppelwandige Medaillongläser von Johann Joseph Mildner. Seine signierten Arbeiten lassen sich zwischen 1787 und 1808 nachweisen. Der Schmuck besteht aus Wappen, Monogrammen, Allegorien und Heiligendarstellungen. M. zählen zu den schönsten Erzeugnissen des Klassizismus.

Millefioriglas [ital. mille fiori »tausend Blumen«], Mosaikglas, das mit vielfarbigen blumenartigen Mustern versehen ist. Durch Zusammenschmelzen verschiedenfarbiger Glasstäbe entsteht ein Bündel, das in die Länge gezogen und in einzelne Scheiben zerschnitten wird. Diese Scheiben, die bestimmte Muster enthalten, werden zu einer Glasmasse zusammengefügt oder in farbloses Glas eingeschmolzen. Die Technik war bereits im alten Ägypten bekannt und hatte eine neue Blüte im 15. und 16. Jh. in Venedig. Abb. S. 200.

Mimbar [arab. »Sitz«, »Sessel«), Bezeichnung für die ↑ Kanzel in der ↑ Moschee. Sie hat sich aus dem Herrscher- oder Richtersitz herausgebildet und seit dem 8. Jh. zur

reinen Predigtkanzel entwickelt. ↑ auch islamische Kunst.

Minarett [arab. manara »Leuchtturm«], Turm der islamischen ↑ Moschee, von dem der Muezzin fünfmal am Tag die Gläubigen zum Gebet aufruft. ↑ auch islamische Kunst.

Mineralmalerei ↑ Silikatmalerei.

Miniaturmalerei [lat. minium »Mennige«], 1. ↑ Buchmalerei.
2. Von den mehrfarbigen Bildern in Handschriften wurde der Begriff auf Malereien im kleinen Format übertragen. Diese M., wie sie seit dem 16. Jh. in Mode kam, war vor allem Bildnismalerei. Sie erlangt im 18. Jh. besondere Bedeutung, als zu den Bildminiaturen auf Pergament oder Metall auch solche auf Elfenbein kamen. Mit der Erfindung der Fotografie verlor die M. ihre Bedeutung.

Minimal art [engl. »geringste Kunst«], in den 60er Jahren in den USA entwickelte Richtung der abstrakten Plastik und Malerei, die sich auf wenige formale Darstellungsmittel, z. B. einfache, farblich abgesetzte Streifengliederungen auf überdimensionalen Flächen, beschränkte. Von Bedeutung ist dabei häufig das Prinzip der Wiederholung von Strukturen. Ähnliche Strömungen in der Malerei sind ↑ Hard edge und ↑ Farbfeldmalerei.

minoische Kultur, *kretische Kultur,* Kultur auf Kreta (etwa 2700–1100 v. Chr.), benannt nach dem König Minos. Sie ist in drei Hauptperioden untergliedert: 1. In frühmi-

Minoische Kultur. Rekonstruktion einer Halle im Palast des Minos

Millefioriglas. Schale aus Alexandria.
1. Jh. v. Chr. Berlin, Staatliche Museen,
Antiken-Sammlung

noischer Zeit (2700–2000 v. Chr.) entwickelten sich stadtähnliche Siedlungen, Metallurgie und Schrift. 2. Während der mittelminoischen Periode (2000–1700 v. Chr.) entstanden bedeutende Paläste in Knossos und Phaistos, die zugleich wichtige Kunstzentren waren. Die mehrstöckigen Gebäude, um einen Lichthof angelegt, enthielten Repräsentationsräume (Thronsaal), Wohn- und Badezimmer, große Freitreppen und zahlreiche Wirtschaftsräume mit Vorratskammern. Im Innern waren die Paläste mit großartigen Wandmalereien ausgestattet, die Tanzszenen, Pflanzen- und Tiermotive voller Farbe und Bewegung zeigen. Einen ersten Höhepunkt der minoischen Keramik bilden ↑ Kamaresvasen. Neben zahlreichen Siegeln und Gefäßen mit Reliefschmuck sind Tierplastiken, Marmor-Idole, Statuetten und Fayencen überliefert. 3. Die spätminoische Zeit (1700–1100 v. Chr.) bildete den Höhepunkt der kulturellen Entwicklung auf Kreta. Mitte des 15. Jh. wurde Kreta wahrscheinlich durch den Ausbruch des Vulkans verwüstet und von Mykenern besetzt. Die m. K. verschmolz mit der mykenischen Kunst und wirkte damit als Vorstufe der ↑ griechischen Kunst fort.

Minuskel [lat. minusculus »ziemlich klein«], Kleinbuchstaben des griechischen und lateinischen Alphabets. ↑ auch Schrift.

Mir Iskusstwa [russ. »Welt der Kunst«], Vereinigung neuromantischer russischer Künstler und zugleich Name einer Zeitschrift, die 1899–1904 in St. Petersburg herausgegeben wurde. Die 1898/99 gegründete Gruppe wandte sich gegen den Akademismus wie auch gegen die »Wandererbewegung« (↑ Peredwischniki) und vermittelte Ideen damals moderner Strömungen, insbesondere der französischen Kunst, nach Rußland. Vertreter waren u. a. Sergej Diaghilew, Alexander Benois und Konstantin Somow.

Misericordia Domini ↑ Schmerzensmann.

Miserikordie [lat. misericordia »Barmherzigkeit«], Stütze unter dem hochgeklappten Sitz des ↑ Chorgestühls zum Anlehnen beim Stehen. M. zeigen häufig figürliche Schnitzereien, darunter solche von profanem, derb realistischem oder phantastischem Charakter.

Missale [lat. missa »Sakramentsgottesdienst«], wichtigstes ↑ liturgisches Buch der römisch-katholischen Kirche, das aus der Aneinanderreihung bzw. Verschmelzung mehrerer liturgischer Bücher (Sakramentar, Antiphonar, Graduale) entstanden ist.

Mitra, *Infula,* die seit dem Hochmittelalter übliche liturgische Kopfbedeckung von Bischöfen. Darüber hinaus wurde sie seit dem 11. Jh. als Auszeichnung an Äbte und Kanoniker verliehen, auch an weltliche Fürsten, besonders den deutschen Kaiser.

Mittelschiff, Mittelraum eines mehrschiffigen ↑ Langhauses. Abb. ↑ Basilika.

Mittertennbau, oberdeutscher Haustyp, bei dem die Tenne zwischen Wohnteil und Stall angeordnet ist.

Mixed media [engl. »gemischte Vermittlung«], *Multimedia,* Bezeichnung für Bestrebungen zeitgenössischer Künstler, durch das Zusammenwirken verschiedener Ausdrucksformen wie Tanz, Theater, Film, Musik und durch modellhafte, experimentierende Veranstaltungen die kreativ-improvisatorischen Fähigkeiten des Publikums zu wecken. Diese Bestrebungen, die aus der dadaistischen ↑ Aktionskunst hervorgegangen sind, zielen auf Konzentration des Bewußtseins und Sensibilisierung der Aufnahmefähigkeit, um die Diskrepanz zwischen Kunst und Leben zu überwinden. M. m. bedeutet eine Erweiterung des traditionellen

Mitra aus Seide mit Goldborte und Filigran. Anfang 13. Jh. Halberstadt, Domschatz

Kunstbegriffes. Im Vordergrund steht nicht das fertige Kunstwerk, sondern der künstlerische Schaffens- und Reproduktionsprozeß. ↑ auch Happening.

Möbel [lat. mobilis »beweglich«], Einrichtungsgegenstände für Innenräume. Nach dem Gebrauchszweck unterscheidet man Sitz- und Liegemöbel (Stuhl, Bank, Bett, Sessel), Kastenmöbel (Truhe, Schrank), Tafelmöbel (Tische, Pulte).

Antike M. in Stein, Bronze oder Holz sind nur in wenigen Exemplaren erhalten. Ihr Aussehen kennen wir aus bildlichen Darstellungen. Im Mittelalter waren M. im privaten Bereich schlichte Gebrauchsgegenstände, lediglich kirchliches Mobiliar wurde dekorativ gestaltet. Aus dem 13. und 14. Jh. sind ↑ Truhen erhalten, die bis ins 15. Jh. zu den wichtigsten Ausstattungsstücken gehörten. In der Spätgotik entwickelte sich eine anspruchsvollere Wohnkultur, die sich durch größere Vielfalt und Schmuckfreudigkeit auszeichnet. Es entstanden neue Möbelformen; der ↑ Schrank wurde zum repräsentativsten und künstlerisch am reichsten ausgestatteten M. Anstelle der aus Bohlen gezimmerten Kastenmöbel fügte man jetzt ein Rahmenwerk zusammen, das leichtere Füllungen bekam. In der Renaissance wurden Möbelformen und Proportionen der Architektur entlehnt. Anrichten, ↑ Kredenzen und ↑ Kabinettschränke waren mit Schnitzwerk, Malereien und kostbaren Intarsien geschmückt. In Barock und Rokoko gehörte die Möbelherstellung zu den wichtigsten Aufgaben des Kunsthandwerks. Das bürgerliche Gebrauchsmöbel mit seinem reichen Schnitzwerk (Danziger Barockschrank) verlangte ebenso wie die höfische Möbelkunst höchstes handwerkliches Können. ↑ Ebenisten wie André Charles Boulle, Abraham Roentgen, Jean-Henry Riesener hatten Weltruf. In England entstand im 18. Jh. durch Thomas ↑ Chippendale ein bürgerlicher Möbelstil. Das Biedermeier betonte Behaglichkeit und Zweckmäßigkeit. Gegen den in der 2. Hälfte des 19. Jh. aufkommenden Historismus wandte sich der Jugendstil, der sich um funktionsgerechte Gegenstände und handwerkliche Qualität bemühte. Das Bauhaus propagierte konstruktive Klarheit und Zweckmäßigkeit.

Mobile. Alexander Calder: Mobile aus Draht, Buntglas und Bindfaden. 1934

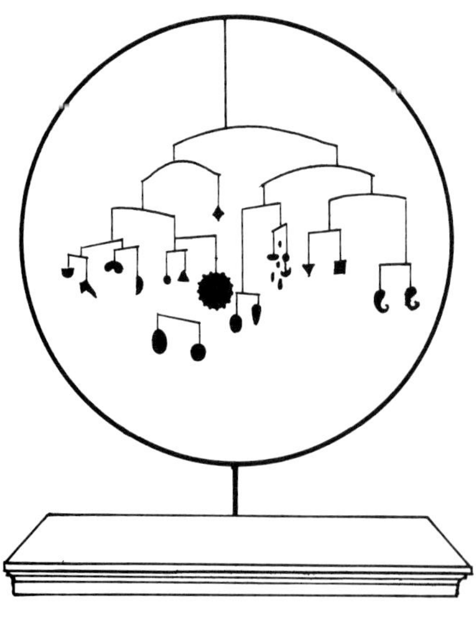

Mobile [lat. mobilis »beweglich«], an einem Faden schwebende Plastik aus mehreren ausbalancierten Armen, die durch Luftzug oder Anstoß in Bewegung gerät. Erste M. 1932 von Alexander Calder.

Model [lat. modulus »Maß«, »Maßstab«], in verschiedenen Materialien gestochene, geschnittene oder gegossene Formen zum Reproduzieren von figürlichen oder ornamentalen Motiven. Dabei unterscheidet man erhabene, meist hölzerne M. für Druck auf Textilien, Papier und Tapeten und vertiefte Formmodel, die als Backmodel und Marzipanmodel verwandt wurden. Auch der ↑ Backsteinbau mit seiner Ornamentik verwendete Formmodel.

Modell [ital. modello »Muster«, »Vorbild«], Mensch, Tier, Pflanze oder Gegenstand als Vorbild künstlerischer Nachbildung, auch als Studienobjekt; hierzu gehören ↑ Gliederpuppe, ↑ Muskelmann. Als M. gilt auch eine verkleinerte Ausführung eines geplanten Bauwerkes (Architekturmodell) oder einer Plastik (↑ Bozzetto).

Moderne, in der Kunstgeschichte uneinheitlich gebrauchter Begriff, der bereits in der Spätantike auftrat, in Mittelalter, Renaissance und in den französischen kunsttheoretischen Auseinandersetzungen des 17./18. Jh. weiterlebte. Neu aufgegriffen wurde er, z. T. als Gleichsetzung mit »Avantgarde«, von Charles Baudelaire nach 1848. M. erscheint hier als Hinwendung zum zeitgenössischen Leben der Großstadt. In Deutschland wird M. in den 1880er Jahren zunächst auf den Naturalismus bezogen, dann auf die Reformbewegung um 1900, auf Jugendstil usw. Auch Erscheinungen in den 1950er und 60er Jahren, in denen Dynamik, Pluralität und Modernsein als Prinzip mit einer Autonomisierung der Künste einherlief, mit ihrer Medialisierung (ihrer technischen Produzierbar- und Reproduzierbarkeit), mit neuen ästhetischen Techniken wie Collage und Montage, mit Hochschätzung von Innovation gegenüber Konvention führten zu tiefgreifenden Wandlungen. ↑ auch Postmoderne.

Modern style ↑ Jugendstil.

Modul [lat. modulus »Maß«, »Maßstab«], in der Antike Maßeinheit für den halben unteren Durchmesser einer Säule. Er hatte grundlegende Bedeutung für die Proportionen des gesamten Baukörpers.

Modulor [lat. modulus »Maß«, »Maßstab«], Proportionssystem für Architektur und Technik, das von Le Corbusier auf der Grundlage des ↑ Goldenen Schnittes und der Durchschnittsgröße eines Erwachsenen entwickelt wurde. Der M. ist der Versuch, in der räumlichen Umwelt des Menschen Harmonie und menschlichen Maßstab zu bewahren.

Mohngläser, Trinkgläser mit transparenter Emailmalerei, die um 1800 von Samuel Mohn bzw. von dessen Sohn Gottlob Samuel Mohn hergestellt wurden. Sie zeigen Städteansichten, Landschaften, Allegorien usw.

Monasterium ↑ Kloster.

Monatsbilder, Darstellungen der einzelnen Monate durch ↑ Symbole, ↑ Attribute oder entsprechende ländliche Arbeiten, oft mit Tierkreiszeichen und Kalendarien verbunden. Sie finden sich auf antiken Mosaikfußböden, karolingischen Kalendarien, als Relief an mittelalterlichen Kirchenportalen und vor allem in den niederländisch-burgundischen ↑ Stundenbüchern vom Anfang des 15. Jh. Die Monatsbilder der Brüder von Limburg haben die Landschaftsmalerei entscheidend beeinflußt.

Mondglas, Fensterglas, das durch Rotieren einer aufgeschnittenen mundgeblasenen weichen Glasmasse erzeugt wird. Die Reststücke in der Mitte benutzte man als ↑ Butzenscheibe.

Mondsichelmadonna ↑ Marienbild.

Monochromie [griech. monos »ein«, chroma »Farbe«], im Gegensatz zur ↑ Polychromie Malerei in Tonwerten von jeweils nur einer Farbe. Für Porzellan- und Glasmalerei und für monochrom gehaltene Gemälde auf Holz oder Leinwand sind auch die Bezeichnungen ↑ Camaieu (2.) oder ↑ Grisaille gebräuchlich. Innerhalb der modernen Malerei gibt es Tendenzen zur M., z. B. bei Yves Klein, Ad Reinhardt oder Lucio Fontana.

Monogramm [griech. »Namenszeichen«, »Inschrift«], Namenszeichen des Künstlers auf einem Kunstwerk. Es war vor allem in

Modulor von Le Corbusier

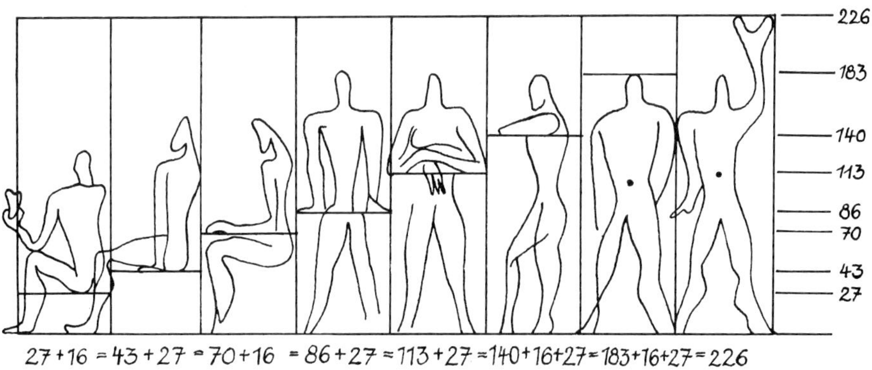

der Grafik des 15. und 16. Jh. üblich und bedeutete die Kennzeichnung der künstlerischen Leistung und die Eigentumsrechte an ihr. Das M. ist bis in die Gegenwart gebräuchlich. Daneben entwickelte sich die volle oder abgekürzete Schreibweise des Namens (↑ Signatur).

Monogrammisten, Künstler, von denen nicht der Name, sondern nur das ↑ Monogramm bekannt ist.

Monolith [griech. monos »ein«, lithos »Stein«], aus einem einzigen Steinblock gefertigtes Architekturteil, Denkmal oder Bauglied (↑ Menhir, ↑ Säule, ↑ Obelisk, ↑ Stele).

Monopteros, antiker Rundtempel ohne ↑ Cella, also ohne geschlossenen Innenraum. Im Barock und Klassizismus wurde diese Form als Gartentempel bevorzugt.

Monotypie [griech. monos »ein«, typos »Abdruck«], grafisches Verfahren, das nur einen Abdruck ermöglicht. Es gibt zwei Varianten: 1. Auf eine dünn mit Ölfarbe eingewalzte Platte (meist Glas) wird das Papier gelegt, auf dessen Rückseite mit einem Stift gezeichnet wird. Nach dem Abheben ist auf der Papierrückseite die Zeichnung erkennbar mit den für die M. charakteristischen weich verfließenden Konturen. 2. Das Bild wird direkt auf die Platte gelegt und erscheint nach dem Abdruck seitenverkehrt auf dem Papier. Die M. ist seit dem 17. Jh. bekannt.

Monstranz [lat. monstrare »zeigen«], *Ostensorium* [lat. ostentare »zur Schau stellen«], prunkvolles liturgisches Gefäß aus Edelmetall für eine Hostie, die ausgestellt oder bei Prozessionen mitgetragen wird. Die Entstehung der M. hängt mit der Lehre von der ↑ Eucharistie zusammen und der Einsetzung des Fronleichnamsfestes (1264). Die Form richtete sich anfangs nach den gebräuchlichen Reliquienschaugefäßen in Form eines zylindrischen Glasbehälters. In der Renaissance war sie als klassisches »tempietto« gearbeitet, im Barock setzte sich die Sonnenmonstranz durch. Das Schaugefäß wird von einem Strahlenkranz umgeben, der von der Hostie auszugehen scheint. Die Bildprogramme der M. dienen der Verherrlichung der Eucharistie und der Repräsentation Christi durch Engel, Propheten, Apostel, Märtyrer usw.

Montage, die aus der Technik stammende Bezeichnung wurde in der zeitgenössischen Kunst zu einem Gattungsbegriff. Ähnlich wie bei ↑ Collagen und ↑ Assemblagen werden ganz unterschiedliche Teile zu einem Kunstwerk montiert. ↑ auch Fotomontage.

Monument ↑ Denkmal, Memorialbau.

monumental [lat. monumentum »Denkmal«, »Erinnerungszeichen«] sind Werke mit großartigem, feierlichem, erhabenem Ausdruck. Ursprünglich mit einem Monument verbunden, sind sie auch von dessen Dimensionen bestimmt. In der Gegenwart treten die Ausmaße gegenüber deren Gestaltungsanspruch zurück, so daß auch Kunstwerken von geringerer Größe durchaus Monumentalität eigen sein kann.

Moreske ↑ Maureske.

Mosaik, Flächendekoration für Fußböden, Wände oder Gewölbe, die aus kleinen unregelmäßigen Stücken (Stein, Glas, Keramik) nach farbigen Vorzeichnungen in eine weiche Mörtelschicht gedrückt werden. Die Mosaiktechnik war schon im alten Orient, in Griechenland und Rom vorwiegend für Fußböden verbreitet. Die frühchristliche Kunst übernahm die Mosaiktechnik und bildete eine eigene Formensprache aus. Wand- und Gewölbemosaiken schmücken die christlichen Basiliken. Byzanz wurde Ausgangspunkt einer neuen Mosaikkunst, die einen streng sakralen und feierlich monumentalen Stil entwickelte. Die Leuchtkraft dieser M. wird an der gewölbten Fläche gesteigert und erreicht eine ungeheure Wirkung. Die erste Blüte der neuen Technik lag im 6. und 7. Jh. (Konstantinopel, Hagia Sophia; Ravenna, San Vitale). Während in Italien die Mosaikkunst bis ins 13. Jh. verbreitet war, blieb sie nördlich der Alpen selten. Eine Neubelebung erfuhr sie im 19. und 20. Jh. (Mexiko, Universitätsbibliothek).

Mosaikglas ↑ Millefioriglas.

Moschee, islamisches Gebetshaus. Die M. sind aus dem einfachen Gebetssaal hervorgegangen. Meist haben sie einen Vorhof mit Brunnen für Waschungen. Im Innern befindet sich an einer Wand die Gebetsnische (Mihrab), in ihrer Nähe die Predigtkanzel (Mimbar). Die M. ist ausgestattet mit Teppichen, Leuchtern, Lampen und Koranstän-

Monstranz. Strahlenmonstranz. Um 1600. München, Schatzkammer der Residenz

der. Zu ihr gehören auch ein oder mehrere ↑ Minarette, von denen der Muezzin die Gebetsstunden verkündet. ↑ auch islamische Kunst.

Mossulbronzen, Metallarbeiten mit reicher Silber- und Goldtauschierung (↑ Tauschierung), die vor allem im 12. Jh. in Mossul (Irak) gefertigt wurden, von dort nach Europa gelangten und das einheimische Kunsthandwerk beeinflußten.

Motiv [lat. movere »bewegen«], im allgemeinen Sprachgebrauch Beweggrund oder Leitgedanke; in der bildenden Kunst ein Element, das durch seinen Sinngehalt zum Inhalt des Werkes beiträgt. Als M. können gelten: Elemente der Realität (Pfau, Ruine, Industrie), phantastische Bildungen (Nimbus, Drache) oder bestimmte Bildfiguren (Figur am Fenster, geöffneter Vorhang im Bild), Gestaltungsmittel der Komposition (antithetische Gruppe) oder Farbgebung (Goldgrund), Typen von Bildern (Torso) und Bauten (Pyramide, Rundtempel). M. sind nicht identisch mit den Bildthemen, können jedoch in den Rang von selbständigen Themen aufsteigen (Stilleben). Sie können den Wert von Symbolen gewinnen. Ihre Verbreitung, Wandlung und Übertragung ermöglicht Aufschlüsse über Stilcharakter, Einflüsse usw.

Mumienporträt eines Nubiers.
Um 200–220. Berlin, Staatliche Museen, Ägyptisches Museum

mozarabischer Stil, Stilrichtung in den islamischen Gebieten Spaniens vom 8.–11. Jh., die eine Synthese aus westgotischen, frühromanischen und islamischen Stilelementen darstellt und besonders in Architektur und Buchmalerei ihren Niederschlag gefunden hat.

Mudéjarstil, Bau- und Dekorationsstil des 13.–15. Jh. in Spanien, der maurische Stilmerkmale und Formelemente der spanischen Gotik vereint. Er wurde von islamischen Künstlern und Bauhandwerkern (den Mudejaren) entwickelt, die von christlichen Bauherren mit der Errichtung von Kirchen beauftragt wurden. Charakteristisch sind der Hufeisenbogen, Stalaktitengewölbe, Stuckornamentik, ↑ Azulejos.

Muffelfarben, *Schmelzfarben,* Farben, die nachträglich auf die Glasur keramischer Erzeugnisse aufgetragen und in Muffeln – feuerfesten Gefäßen, die das Brenngut vor Berührung mit dem Feuer schützen – eingebrannt werden. Die unter der Glasur liegenden Farben, die der unmittelbaren Einwirkung des Feuers ausgesetzt sind, heißen Scharffeuerfarben. Die Farbskala der M. ist reichhaltiger als bei Scharffeuerfarben.

mugelig, Form des ↑ Edelsteinschliffs ohne Facetten.

Muldengewölbe ↑ Gewölbe.

Multimedia ↑ Mixed media.

Multiple [lat. multiplicare »vervielfältigen«], plastische, textile oder andere Objekte bzw. Grafiken, die nach Entwürfen des Künstlers serienmäßig hergestellt werden.

Mumienporträt, Bildnis eines Verstorbenen in ↑ Enkaustik auf Holz oder in ↑ Temperamalerei auf Leinwand gemalt. M. entstanden im 1.–4. Jh. in Ägypten und übernahmen die Funktion der Mumienmasken, die vor dem Gesicht des Toten befestigt waren. Die erhaltenen M. vor allem aus Fajum sind wichtige Zeugen der antiken Malerei.

Münster ↑ Dom.

Münzbecher, *Münzhumpen,* Trinkgefäße aus Edelmetall, in deren Deckel oder Wandung Münzen eingelassen sind. Sie waren im 16.

und 17. Jh. in Nord- und Ostdeutschland verbreitet.

Münze [lat. moneta], meist rundes, scheibenförmiges Zahlungsmittel aus Metall (meist Gold oder Silber), dessen Gewicht und Güte durch die Prägung (Herrscherbild und Wappen) staatlich garantiert wurde. Die Erfindung stammt aus dem 7. Jh. v. Chr. aus Kleinasien. Hellenistische und römische M. zeigen auf der Vorderseite (Avers) meist das Herrscherporträt. Für die Kunstgeschichte sind M. als kleine Kunstwerke aber auch deshalb bedeutungsvoll, weil sie sich zeitlich oft genau bestimmen lassen und auf ihnen häufig nicht mehr erhaltene Bauwerke dargestellt sind. M. bilden eine der Hauptquellen für die antike Ikonographie. Die ↑ Brakteaten sind einseitig geprägte mittelalterliche Silbermünzen. Seit der Renaissance sind auch Schau- und Gedenkmünzen (↑ Medaille) beliebt.

Muschelwerk ↑ Rocaille.

Musen, die neun Töchter des Zeus, die in der antiken Mythologie als Göttinnen der Künste und Wissenschaften gelten. Häufig wurden ihnen bestimmte ↑ Attribute beigegeben: Erato – Dichtung (Kithara, ein Saiteninstrument), Klio – Geschichte (Schriftrolle), Melpomene – Tragödie (Maske, Keule), Terpsichore – Tanz (Lyra), Thalia – Komödie (komische Maske, Krummstab), Polyhymnia – Gesang (Buchrolle), Urania – Astronomie (Himmelskugel), Euterpe – Musik (Flöte), Kalliope – Epos (Buchrolle).

Museologie, *Museumskunde,* wissenschaftliche Disziplin, die sich mit den Prinzipien des Sammelns, der Erhaltung und Erforschung des musealen Materials, Museumspädagogik sowie Öffentlichkeitsarbeit, Organisation und Technik des Museums befaßt.

Museum [griech. Museion, Sitz und Heiligtum der Musen]. Seit Anfang des 19. Jh. werden öffentliche ↑ Kunstsammlungen als M. bezeichnet. Nach den einzelnen Sammelschwerpunkten unterscheidet man Geschichts-, Kunst-, Kulturgeschichts-, naturwissenschaftliche und technische M. Aufgabe der M. ist die Sammlung, Bewahrung, Erforschung, Wiederherstellung und Repräsentation der Bestände und die Vermittlung gegenüber dem Publikum.

musivische Arbeit, Einlegearbeit aus Steinen oder Glasstücken (↑ Mosaik) oder aus zurechtgeschnittenen bleigefaßten Glasscherben (↑ Glasmalerei).

Muskelmann, plastisches oder gezeichnetes anatomisches Modell des Menschen ohne Haut, zum Studium der Muskeln und Sehnen.

Musterbuch, Sammlung von Zeichnungen, die dem mittelalterlichen Künstler als Vorlage für eigene Werke dienten. Es enthält typische Einzelformen, die von anderen Künstlern aufgegriffen und in einen neuen Zusammenhang gebracht werden können. Eines der bedeutendsten erhaltenen M. des Mittelalters ist das Bauhüttenbuch des Villard de Honnecourt (um 1230/35).

Muttergottesleuchter, *Marienleuchter,* kirchlicher Kronleuchter mit einer Marienstatue in der Mitte. Die besonders im 15. Jh. beliebten Leuchter zeigen als große Holzfigur Maria meist als apokalyptische Madonna. Seit Ende des 15. Jh. ist die Marienhalbfigur oft in Verbindung mit einem Hirschgeweih zu finden, wobei die Stangen des Geweihs als Kerzenträger dienen. Daraus entwickelte sich Anfang des 16. Jh. der Typ des »Leuchterweibchens«.

Mutulus, *Dielenkopf,* rechteckige Steinplatte an der Unterseite des Geison am dorischen Tempel. Er ist jeweils einer Metope und Triglyphe zugeordnet und mit »Tropfen« (Guttae) besetzt, die an Nägel erinnern, die bei Holzbauten an dieser Stelle vorhanden waren.

mykenische Kultur, Spätphase der ↑ helladischen Kultur (1600–1150 v. Chr.) im Nordosten der griechischen Halbinsel Peloponnes, benannt nach dem Hauptfundort Mykene. Im Gegensatz zu den minoischen Palästen waren die Burgen der Achäer durch gewaltige Mauern gesichert; zahlreiche Waffen mit Jagd- und Kriegsdarstellungen wurden gefunden. Das Löwentor vermittelt noch heute eine Vorstellung von den gewaltigen Bauten. Auf dem benachbarten Fürstenfriedhof entdeckte Heinrich Schliemann Schachtgräber mit kostbaren Goldbeigaben. Außerdem kamen unterirdische ↑ Kuppelgräber zum Vorschein, von denen das Schatzhaus des Atreus das bekannteste ist. Die mykenische Keramik nimmt minoische Formen auf und war im gesamten ägäischen Raum verbreitet. Mit der Einwanderung der Dorer endete die mykenische Periode.

N

Nabis [hebr. »Propheten«], französische Künstlergruppe, bestehend von 1889 bis um 1900 in Paris, der u. a. die Maler Pierre Bonnard, Maurice Denis, Ker-Xavier Roussel, Paul Sérusier, Felix Vallotton, Jan Verkade, Édouard Vuillard und der spätere Bildhauer Aristide Maillol angehörten. Ausgehend von der japanischen Holzschnittkunst sowie von den Werken Paul Gauguins strebten die N. in ihren Gemälden und Grafiken ausdrucksbetonte flächig-dekorative Gestaltungsweisen an, vielfach bestimmt durch die Tendenzen des ↑Symbolismus. Sie beschäftigten sich auch mit Glasmalerei und weiteren angewandten Künsten wie Theaterdekoration, Buchillustration, Plakatentwürfe. Die N. beeinflußten die Kunstrichtung des ↑Jugendstils (in Frankreich Art nouveau).

Nachdruck, Abzüge, vor allem Kupferstiche und Radierungen, die von alten Druckplatten gewonnen werden und die seit dem 18. Jh. der Befriedigung des Sammeleifers dienten.

Nachgotik, Weiterleben oder Wiederaufnahme gotischer Stilformen im 16.–18. Jh. vor allem in England neben den maßgeblichen Stiltendenzen der Zeit, teilweise bis zur ↑Neugotik.

nachmalerische Abstraktion, *post-painterly abstraction,* internationale Kunstströmung aus den 50er Jahren des 20. Jh. als Reaktion auf den ↑abstrakten Expressionismus. Ihren Ursprung hatte diese Strömung in bestimmten Farbtheorien des ↑Bauhauses, die durch Josef Albers in den USA bekannt wurden. Hier setzte sich eine Auffassung durch, die auf die Verwendung reiner Farben im Sinne der ↑Farbfeldmalerei ausgerichtet war. Eine ähnliche Entwicklung vollzog sich in Europa unter dem Vorzeichen der ↑konkreten Kunst durch die Schweizer Künstler Max Bill und Richard Paul Lohse.

Nachtstück, Gemälde, das eine Szene im nächtlichen Dunkel darstellt, die nur teilweise von einer Lichtquelle beleuchtet wird (z. B. Geburt oder Gefangennahme Christi). Nächtliche Szenen kamen erst im 15. Jh. auf und erlangten mit der Helldunkel-Malerei des Barock besondere Beliebtheit.

naive Kunst, Sammelbezeichnung für künstlerisches Laienschaffen (↑Laienkunst), vorwiegend auf dem Gebiet der Malerei (auch Sonntagsmalerei genannt). Typisch sind unbekümmerte, episch-phantasievolle Bildthemen und eine der Volkskunst nahestehende Maltechnik. Eine solche von der allgemeinen Stilentwicklung unbeeinflußte Malweise hat es wohl zu allen Zeiten gegeben, doch wurde die naive Malerei seit 1900 als eine für viele moderne professionelle Bestrebungen bedeutsame, ihnen gleichwertige Erscheinung entdeckt und herausgestellt. Namhafte Repräsentanten sind der Franzose Henri Rousseau und der Jugoslawe Ivan Generalić.

naive Malerei ↑naive Kunst.

Naos [griech.], *Cella* [lat.], Innenraum des griechischen ↑Tempels, der das Götterbild enthält, in der byzantinischen Architektur Chor und Allerheiligstes (↑Adyton).

Narthex [griech.], Vorraum einer frühchristlichen oder byzantinischen Kirche, der vom Langhaus durch Säulengitter oder eine Wand abgetrennt ist. Im Mittelalter allgemein Vorhalle nach dem Haupteingang.

nationalsozialistische Kunst, offizielle Kunst des sogenannten Dritten Reiches in Deutschland, deren Aufgabe in Repräsentation und ideologischer Propaganda bestand. Das gesamte Kulturleben zwischen 1933 und 1945 war der Ideologie des Nationalsozialismus untergeordnet, was eine Ausschaltung der Juden, die Bekämpfung ↑entarteter Kunst und die Förderung einer Kunst einschloß, die das Heldische und Kriegerische sowie eine deutschtümelnde Bodenständigkeit hervorhob. Penetrante Detailtreue verband sich in Malerei und Plastik oft mit theatralischer Überhöhung aus nationalistischer und rassistischer Sicht. In der Architektur herrschte ein Monumentalstil mit Neigung zum Gigantischen vor (Haus der deutschen Kunst in München, Reichsparteitagsbauten in Nürnberg u. a.).

Naturalismus, 1. allgemein künstlerische Darstellung, die das äußere Erscheinungsbild der Wirklichkeit, nicht deren Wesen er-

faßt, sich also eher mit nahezu fotografischer Reproduktion als wertender Interpretation von Gegenständen oder Erscheinungen der Realität begnügt. Darin unterscheidet sich N. von ↑Realismus. N. als künstlerische Methode ist nicht auf das 19. Jh. beschränkt, sondern durchzieht mehr oder weniger dominierend nahezu alle Kunstepochen bis in die Gegenwart (z. B. Fotorealismus).
2. spezielle Richtung der bildenden Kunst, Literatur und des Theaters in Europa und den USA im letzten Drittel des 19. Jh., die an den Realismus des frühen 19. Jh. anschließt. Der Begriff N. wurde von Castagnary in seiner »Philosophie du Salon de 1857« geprägt und ein Jahr später von Hippolyte Taine und Emile Zola zunächst auf Balzacs Romane, 1886 schließlich auch auf die Malerei übertragen. Der N. wurzelte im Positivismus und in den geistigen und sozialen Wandlungen zwischen 1870 und 1890, der Zeit der Industrialisierung, Urbanisierung und des Aufstiegs der Naturwissenschaften. Die deutlich sozialkritischen Züge des N. sind dem kritischen Realismus, die Neigung, am äußeren Erscheinungsbild haften zu bleiben, dem ↑Impressionismus verwandt. Die Übergänge zwischen N., Realismus und Impressionismus sind fließend. Gemeinsam ist den naturalistischen Künstlern die Abwendung von der vorherrschend idealisierenden und heroisierenden Kunst, besonders in Frankreich und Deutschland, hier verbunden mit der ↑Gründerzeit, und die Hinwendung zu Themen aus dem sozialen Alltag wie Arbeitswelt (Max Liebermann, Konservenmacherinnen), Markt- und Massenszenen (Adolph Menzel, Fritz von Uhde), Kneipenschilderungen usw. Durch Beschränkung auf Zustandsschilderung offenbart der N. eine letztlich fatalistische Sicht auf die Realität, die er zwar präzis beschreibt, aber kaum für veränderbar hält. Vorstufen zur naturalistischen Malerei traten in Frankreich bereits in den 60er Jahren auf (z. B. Constant Troyon). In den 70er Jahren knüpften daran Henri Fantin-Latour, Jules Bastien-Lépage, Léon Lhermitte an. In England sind zu erwähnen Francis Holl, Luke Fildes und Hubert Herkomer.

natura morte, nature morte ↑Stilleben.

Nautiluspokal, *Nautilusbecher,* Prunk- und Schaugefäß der Renaissance aus gold- und silbergefaßter Schale der Nautilusmuschel.

Nazarener, Gruppe von Künstlern, die auf Initiative von Friedrich Overbeck und Franz Pforr 1809 in Wien den Lukasbund gründeten. Die Anhänger dieses Künstlerbundes wurden bereits von den Zeitgenossen als N. bezeichnet (hergeleitet von der Heimatstadt Jesu). Die N. entnahmen ihr religiös motiviertes Erneuerungsideal für Kunst und Gesellschaft den Kunsttheorien der deutschen Romantik (Heinrich Wilhelm Wackenroder, Ludwig Tieck) und strebten nach Erneuerung der religiösen Kunst im Sinne des Mittelalters. Man berief sich dabei vor allem auf Albrecht Dürer und die italienische Frührenaissance. 1810 wanderten die N. nach Rom aus, wo sie eine Art mönchischer Lebensgemeinschaft anstrebten. Hier schlossen sich ihnen noch Peter Cornelius, Friedrich Wilhelm Schadow, Carl Philipp Fohr und Julius Schnorr von Carolsfeld an. Ihre Nachwirkung erstreckte sich bis in die 2. Hälfte des 19. Jh.

Nautiluspokal. Große Nautilusmuschel. 1724, Fuß aus dem 16. Jh. Dresden, Grünes Gewölbe

Neidkopf [ahdt. nid »Haß«], meist plastisch gestaltete Fratzen oder Tierköpfe aus Stein oder Holz als Abwehrzauber gegen feindliche Mächte. Sie waren am Haus (Tür, Giebel), aber auch in Kirchen (Taufstein, Chorgestühl) angebracht.
Nekropole [griech. »Totenstadt«], größere Begräbnisanlage im Altertum (Ägypten, alter Orient, Griechenland, Rom) außerhalb von Siedlungsgebieten. Die monumentalen Grabanlagen für den Totenkult waren oft bildkünstlerisch reich ausgestattet; manche enthielten Straßen mit ganzen Gebäudekomplexen, die Siedlungen nachgebildet waren.
Neobarock ↑ Neubarock.
Neo-Dadaismus, *Neo-Dada,* Sammelbezeichnung für verschiedene Kunstströmungen seit den 50er und 60er Jahren des 20. Jh., in denen Gedanken und Vorstellungen des Dadaismus (↑ Dada) aufgegriffen und weiterentwickelt wurden. Dabei ging es darum, die Grenzen zu den einzelnen Kunstgattungen zu sprengen und eine Annäherung zwischen Kunst und Leben zu erreichen, z. B. in ↑ Aktionskunst, ↑ Happening, ↑ Environment und ↑ Akkumulation.

Neubarock. Charles Garnier: Große Oper in Paris, Treppenhaus. 1861

Neogotik ↑ Neugotik.
Neoimpressionismus ↑ Pointillismus.
Neoklassizismus ↑ Neuklassizismus.
Neoplastizismus, Bezeichnung für die theoretischen Auffassungen und für die Stilrichtung der holländischen ↑ Stijl-Bewegung, die 1920 von Piet Mondrian und Theo van Doesburg entwickelt wurde. Mondrian vertrat dabei einen Konstruktivismus, der auf einer Reduktion klassischer Ausdrucksmittel beruhte. Die neoplastische Malerei bezog ihre Wirkung von senkrechten und waagerechten Linien, die zu Rechtecken zusammengefügt wurden, und beschränkte sich auf die Primärfarben (Rot, Blau, Gelb) sowie auf die Nichtfarben (Schwarz, Weiß, Grau). Damit wurde versucht, das »Gesetzmäßige, Konstruktive und Funktionelle« klar zur Anschauung zu bringen. Van Doesburg ging darüberhinaus, in dem er die Diagonale einbezog. In Auseinandersetzung mit dem ↑ Kubismus wirkte der N. über die Stijl-Bewegung hinaus und beeinflußte in Europa Architektur und industrielles Design.
Neorealismus ↑ Neue Sachlichkeit (2.).
Neoromanik ↑ Neuromanik.
Netzgewölbe ↑ Gewölbe.
Netzglas ↑ Fadenglas.
Netzrahmen, Rahmen mit Fadennetz als Hilfsmittel für korrekte perspektivische Darstellung von z. B. Akten, Bildnissen und Landschaften. Der Künstler betrachtet das Modell oder die Landschaft durch ein senkrecht aufgestelltes gerahmtes Netz und kann dann dessen Hauptpunkte und Linien auf ein mit dem gleichen Netz versehenes Zeichenblatt übertragen.
Neubarock, *Neobarock,* Stilrichtung des ↑ Historismus in der 2. Hälfte des 19. Jh., die an den ↑ Barock anknüpft und sich gegen den ↑ Klassizismus wandte. Besonders für Bank- und Geschäftshausfassaden, an staatlichen und anderen Repräsentationsbauten griff man auf pompöse barocke Grundformen zurück. Der N. beherrschte vor allem in den letzten drei Jahrzehnten des 19. Jh. die europäische Architektur (Berliner Dom, Reichstagsgebäude, Pariser Oper). In Deutschland ist der N. mit dem Aufschwung nach 1871 verbunden (↑ auch Gründerzeit). Er erfaßte alle Künste gleichermaßen, wobei die Übergänge zwischen

Neurenaissance und N. fließend sind. Auch in Musik, Literatur, Mode, Malerei (Hans Makart), Plastik (Neptunbrunnen in Berlin) äußern sich neubarockes Pathos und dynamisch-rauschhafter Ausdruck. Der N. brach um 1900 nicht ab, sondern ging in den Jugendstil über.

Neue Künstlervereinigung, 1909 in München von Wassily Kandinsky, Alexej Jawlensky, Gabriele Münter, Alexander Kanoldt u. a. gegründete Künstlervereinigung, die wichtige avantgardistische Ausstellungen veranstaltete, an denen auch Georges Braque und Pablo Picasso teilnahmen. Interne Auseinandersetzungen führten 1911 zum Austritt Kandinskys und einiger Freunde, die dann die Künstlervereinigung ↑»Blauer Reiter« gründeten.

neuer Realismus, ungenauer Begriff für verschiedene Strömungen in der bildenden Kunst seit Ende der 50er Jahre des 20. Jh. So wurden beispielsweise die Anfänge von Pop-Künstlern (Robert Rauschenberg) bezeichnet, Bestrebungen der »Jungen Realisten« (einer von 1957 bis Mitte der 60er Jahre in Düsseldorf und Darmstadt existierenden Künstlergruppe, die eine gegenständliche Malerei praktizierte) oder auch Tendenzen, für die eine Rückkehr zur gegenständlichen Darstellung charakteristisch ist, die aber experimentelle avantgardistische Erfahrungen einbezogen. Dazu gehört die 1960 in Paris gegründete Gruppe ↑Nouveau réalisme (Arman, Yves Klein), die in ihrem Manifest den n. R. als eine neue Wahrnehmung des Wirklichen definiert. Der n. R. ist z. T. eine Wiederbelebung der ↑Neuen Sachlichkeit, wobei sich politisch-künstlerische Parallelen ergeben. Verwendung von Objekten (Armans ↑Assemblagen, Daniel Spoerris ↑Fallenbilder) oder eine ironische Imitation der Maschinenwelt reflektieren alltägliche Wirklichkeitserfahrungen, wobei die Künstler kritisch oder ironisch auf den Zivilisationsmüll der Konsumgesellschaft hinweisen. Dazu gehören auch Versuche, die natürliche oder künstlerische Umwelt des Menschen zu zeigen bzw. zu verändern (Christos Verpackungen, Joseph Beuys Fettecken u. a.), um beim Betrachter Bewußtseinsreaktionen auszulösen.

Neue Sachlichkeit, 1. in Architektur und Kunsthandwerk eine sich vom Historismus abwendende, Zweckmäßigkeit anstrebende Gestaltungsweise, deren Anfänge um 1900 liegen (↑Funktionalismus, ↑Konstruktivismus, ↑neues Bauen).
2. besonders in der deutschen Malerei anzutreffende Richtung der 20er Jahre des 20. Jh., die sich gegen Auflösung der Formen vor allem im Expressionismus wandte. Gemeinsam ist den Hauptvertretern (Alexander Kanoldt, Georg Schrimpf, Carl Grossberg, Heinrich M. Davringhausen) eine bisweilen verfremdende Überbetonung statischer Formen, häufig – ähnlich wie im Kubismus – auf geometrische Grundelemente zurückgeführt. Die Bilder wirken wie erstarrt, die Menschen isoliert, vereinsamt (Anton Räderscheid, Christian Schad). So erlangen die Werke der N. S. bisweilen bei selbst scheinbar vordergründigen Landschaftsschilderungen eine Hintergründigkeit und metaphysische Überhöhung, die Verbindungen zur Malerei des Mittelalters, zur italienischen Frührenaissance, zum französischen Klassizismus und zur deutschen Romantik erkennen lassen. Durch Übersteigerung des Wirklichen (Franz Radziwill) wurde die Malerei der N. S. in den Grenzbereich des Surrealen geführt. Eine Richtung innerhalb der N. S. stellt der ↑Verismus dar. Der Begriff N. S. wurde 1923 von Gustav Friedrich Hartlaub geprägt; eine ähnliche distanziert-emotionslose Malerei wird auch als Neorealismus (Werner Haftmann) oder magischer Realismus (Franz Roh) bezeichnet.

neues Bauen, *Internationale style, internationale Architektur,* Bezeichnung für den Funktionalismus in der Architektur der 20er Jahre des 20. Jh., der neue Gestaltungsgrundsätze vor allem im Wohnungs- und Siedlungsbau anstrebte. Aufgrund ähnlicher Entwicklungen in anderen Ländern wählte Walter Gropius dafür 1925 den Begriff »internationale Architektur«. Parallele Erscheinungen in Malerei und Grafik werden als ↑Neue Sachlichkeit bezeichnet.

Neue Wilde, Sammelbezeichnung zunächst vorwiegend für zwei Künstlergruppierungen, die sich seit Ende der 70er Jahre des 20. Jh. einer betont emotionalen, antirationalen, aber vorwiegend gegenständlichen Kunstauffassung verschrieben und viele Nachfolger fanden. Sie bevorzugten große Formate und eine betont spontane, expressive, unberechenbare Gestaltungsweise und Themen der Großstadthektik und -erotik sowie oft symbolische Assoziationen. Anlehnungen an den französischen Fauvismus und den deutschen Expressionismus sind zu beobachten. Wichtige Vertreter: in Berlin Helmut Middendorf, Rainer Fetting, Salomé; in Köln Walter Dahn, Jiri Georg Dokoupil und Gerhard Kever.

Neugotik, *Neogotik,* Stilströmung des 18. und 19. Jh., die die gotische Formensprache wieder aufnahm. Nach einzelnen Vorläufern, die im Zusammenhang mit der ↑ Nachgotik standen, bildete sich die N. Mitte des 18. Jh. in England und Frankreich heraus (englischer Garten, ↑ Gartenkunst) und fand durch die romantische Wertschätzung des Mittelalters seit Anfang des 19. Jh. in ganz Europa Verbreitung. Neben Restaurierung und Ergänzung mittelalterlicher Bauten (Marienburg, Kölner Dom) wurden etwa zwischen 1840 und 1900 Kirchen und Rathäuser im Stile der N. errichtet. In England, Frankreich und Deutschland wurde die Gotik als nationaler Stil proklamiert und sollte in der N. zu neuem Leben erweckt werden. Bis Ende des 19. Jh. galt die N. als Sakralstil schlechthin und dominierte im Kirchenbau der rasch wachsenden Großstädte.

Neuklassizismus, *Neoklassizismus,* in der englischsprachigen Fachliteratur identisch mit Klassizismus; in Deutschland Wiederaufnahme von Elementen des Klassizismus vor allem in der Architektur seit etwa 1900, dabei wurde jedoch auf jegliche Dekoration verzichtet. Diese rationalen, tektonisch ordnenden Bestrebungen bildeten einen Gegenpol zur Überladenheit des ↑ Eklektizismus und wurden vor allem von der jungen Generation aufgegriffen. Fast alle Bahnbrecher der modernen Kunst durchliefen eine neuklassizistische Frühphase (Walter Gropius, Ludwig Mies van der Rohe, Erich Mendelsohn). Ein Teil der deutschen Architekten blieb auch noch in den 20er Jahren einem funktional gemäßigten N. verbunden. Nach dem 1. Weltkrieg wurde der N. durch den Konstruktivismus (↑ auch Bauhaus, ↑ auch Funktionalismus) zurückgedrängt. Die Diktaturen in Deutschland, Italien und in der Sowjetunion adaptierten in den 30er Jahren einzelne Prinzipien und Formen des N. als Herrschaftsarchitektur (Haus der deutschen Kunst in München, Paul Ludwig Troost, 1937; Entwürfe und Bauten von Albert Speer). Neuklassizistische Tendenzen gab es auch in den USA, in Frankreich und Holland.

Neurenaissance, *Neorenaissance,* historisierende Wiederaufnahme von Renaissanceformen im 19. Jh. (↑ Historismus). Die N. begann zunächst in Frankreich. Große Bedeutung erlangte der Neu- und Ausbau des Pariser Rathauses um 1830. Auch in England und Deutschland wurde im Stile der N. gebaut (Gottfried Semper, Opernhaus und Gemäldegalerie in Dresden; Leo von Klenze, Alte Pinakothek; Friedrich von Gärtner, Staatsbibliothek in München).

Neurokoko, *Neorokoko,* historistischer Rückgriff auf Stilelemente des ↑ Rokoko zwischen 1830 und 1860, vor allem im Bereich der Innendekoration, des Kunsthandwerks und der Mode.

Neuromanik, *Neoromanik,* Wiederaufnahme von Formen der Romanik vor allem in der Architektur des 19. Jh. Sie trat in zahlreichen europäischen Ländern auf. Ihre Anfänge lagen im englischen Landschaftsgarten der 2. Hälfte des 18. Jh., der allgemein mittelalterlich orientiert war. Die Rückbesinnung auf Nationales im Zusammenhang mit den Unabhängigkeitskriegen begünstigte auch die Rückbesinnung auf die deutsche Romanik. Nach ersten neuromanischen Gestaltungsversuchen bei Wiederherstellungsarbeiten im Rahmen der Denkmalpflege (Konventskirche, Mildensee-Pötnitz, 1804–06) entstanden zunächst Kirchenbauten, wobei anfangs noch altchristlich-byzantinische und romanisch-italienische Formen (Friedenskirche im Park von Potsdam-Sanssouci von Ludwig Persius und Friedrich August Stüler, 1845–54) bevorzugt wurden. Der bayerische König Ludwig II. forderte für seine Burgenbauten eine historisch getreue N. Angeregt von der Wiederherstellung der Wartburg in Eisenach ließ er Neuschwanstein unter Verwendung von Motiven der Wartburg und der rheinischen Kirchenromanik erbauen.

Für Kaiser Wilhelm II. diente der Rückgriff auf salisch-staufische Kunstformen als Mittel der nationalen Propaganda, bekräftigte die vaterländische Gesinnung und die Treue zu Kaiser und Reich. Das wird deutlich in der Denkmalarchitektur (Kaiser-Wilhelm-Nationaldenkmal auf dem Kyffhäuser), aber auch in der Ausbreitung der N. bei Regierungs-, Gerichts- und anderen Verwaltungsbauten, bei Bahnhöfen (Metz, 1906–08) und Postämtern (Aachen, 1888–91; Halle, 1892–98).

Bis Ende des 19. Jh. wirkte der von Schinkel begründete Synthesegedanke nach, daß die N. die Möglichkeit bietet, das antike Formenprinzip mit dem mittelalterlichen verschmelzen zu können. So wurde in der Nachfolge von Schinkel und Gärtner ein typisch deutscher Mischstil gefördert, der neben dem runden Bogen auch romanische Bauformen verwendet (↑ Rundbogenstil), aber nicht als N. bezeichnet werden kann.

Neusilber, *Alpaka,* Legierung (52% Kupfer, 26% Zink, 22% Nickel), die dem Silber ähnelt, aber einen leichten Stich ins Graue aufweist. Sie geht auf das chinesische Paktong zurück, das in China bereits im 18. Jh. erwähnt, wahrscheinlich aber früher in Gebrauch war und in Europa zuerst 1776 analysiert wurde. Die Herstellung von N. begann 1824 in Berlin, 1825 in Wien.

Niello [ital., von lat. nigelus »schwärzlich«], Technik der Metallverzierung. Die in den Metallgrund eingravierte Zeichnung wird durch Einschmelzen einer schwärzlichen Masse und Polieren hervorgehoben. Das N. war in der ägyptischen und römischen Kunst bekannt und wurde auch im Mittelalter und besonders in der Frührenaissance gepflegt. Im 19. Jh. war es stark in Rußland verbreitet und als ↑ Tulaarbeit bekannt. Abb. S. 214.

Nikopoia ↑ Marienbild.

Nimbus [lat. »Wolke«], in der antiken und orientalischen Kunst Strahlenkranz oder runde Fläche um das Haupt eines Gottes, Helden oder Heiligen; Symbol der Göttlichkeit oder Herrschaft. ↑ auch Heiligenschein.

Nischengrab, Grab, das in Wandnischen der ↑ Katakomben eingelassen ist. Die Nische kann als bogenüberwölbtes ↑ Arkosolium gestaltet sein oder die rechteckige Form des Mensagrabes [mensa lat. »Tisch«] besitzen.

Nodus [lat. »Knoten«], Verdickung am Schaft von Leuchtern und Kelchen, um sie besser halten zu können.

noli me tangere [lat. »rühr mich nicht an«], nach Joh. 20, 17 Weisung Christi am Ostermorgen an Maria Magdalena, die Christus nicht erkennt und ihn für einen Gärtner

Neurenaissance. Gottfried Semper: Gemäldegalerie in Dresden. 1847–55

hält. Christus wird als wirklicher Gärtner mit dem Spaten oder mit der Kreuzesfahne wiedergegeben. Die Darstellung findet sich erstmals auf einem Elfenbeinrelief aus dem 4. Jh.

nonfigurative Kunst, allgemeine Bezeichnung für Richtungen der ↑ abstrakten Kunst, im Gegensatz zur figürlichen Kunst.

normannische Bauschule, romanische Bauweise der 2. Hälfte des 11. Jh.–1. Hälfte des 12. Jh. in der Normandie. Kennzeichen: konstruktive und tektonische Klarheit, straffer Rhythmus, z. T. mit Nebenchören, Chorumgang anfänglich ohne Kapellenkranz, Doppelturmfassade, im Langhaus Emporen oder Blendgalerien zwischen Arkaden und Obergaden, offener Dachstuhl als oberer Raumabschluß. Hauptwerke: Kirche Notre Dame in Jumièges (1040–67), Mont St. Michel (um 1060).
Mit dem Sieg Wilhelm des Eroberers 1066 griff die n. B. auf den Südteil der Britischen Inseln über (Kathedralen zu Winchester, ab 1079, und Ely, ab 1082). Die n. B. war für die Entwicklung der gotischen Architektur von Bedeutung.

normannisches Gewölbe, Sonderform des sechsteiligen Gewölbes, bei dem anstelle der Transversalrippe oder eines zusätzlichen Gurtbogens ein kleiner gerippter Schwibbogen das Joch teilt.

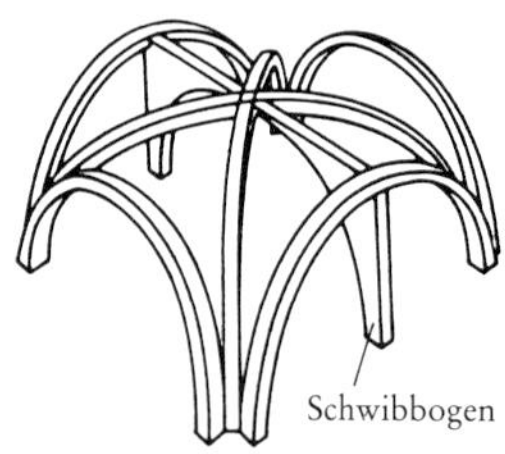

normannisches Gewölbe

Niello. Kelch aus dem Schwarzwald in Silberniello. Um 1230. New York, The Metropolitan Museum of Art

Nothelfer, Gruppe von 14 Heiligen, die nach der Legende von Gott eine Zusage bekommen haben, daß alle, die in ihrem Namen um Hilfe bitten, erhört werden. Zu ihnen gehören in der Regel: Achatius (Dornenzweig), Ägidius (Abt mit Hündin), Barbara (Kelch und Hostie), Blasius (Kerze), Christophorus (Jesuskind), Cyriakus (Teufel), Dionysius (Kopf in den Händen), Erasmus (Winde), Eustachius (Hirschgeweih), Georg (Drachen), Katharina (Schwert oder Rad), Margareta (Drache), Pantaleon (Salbfläschchen), Veit (Kessel). Die älteste Darstellung der Gruppe ist in Regensburg aus dem 13. Jh. erhalten; besondere Volkstümlichkeit erlangten sie im 15. Jh., als ein Schäfer in Oberfranken die Erscheinung der N. erlebt haben soll. An dieser Stelle wurde eine Wallfahrtskirche errichtet, später (seit 1745) die berühmte Wallfahrtskirche Vierzehnheiligen von Balthasar Neumann.

Notname. Von einer größeren Zahl von Künstlern, vorwiegend aus der Antike oder dem Mittelalter, sind zwar ihre Werke, aber nicht ihre Namen überliefert. Für sie hat man N. eingeführt, die an ein bekanntes Werk anknüpfen (z. B. Meister des Marienlebens), den Ort bezeichnen, an dem sich das Werk befindet (Meister des Altares von Hohenfurth) usw. ↑ auch Monogrammisten.

Nouveau réalisme [franz. »neuer Realismus«], 1960 in Paris von Pierre Restany gegründete Künstlergruppe, die im Gegensatz zur amerikanischen ↑ Pop art nicht die Welt des Konsums, sondern deren Abfälle zum Ausgangspunkt nimmt. Sie hatte das Ziel, »ohne jede polemische Absicht die soziologische Realität« zu zeigen. Ihre Kunst war ein Spiel mit Gegenständen meist des alltäglichen Abfalls, das zu ↑Happening und ↑Objekt-Kunst führte oder zu Verpackungen der Wirklichkeit (Christo). Der N. r. steht Pop art, ↑neuem Realismus und ↑Readymade nahe. Zur Künstlergruppe gehörten u. a. Arman, Yves Klein, Daniel Spoerri und Christo.

Novecento [ital. »Neunhundert«, Abkürzung für 1900], 1. italienische Bezeichnung für die Kunst und Kultur des 20. Jh. (↑auch Duecento).
2. Name einer 1912 in Italien gegründeten Künstlervereinigung, die sich gegen Futurismus und Kubismus wandte, sich auf schlichte Gegenständlichkeit der klassischen italienischen Kunst besann und deren nationale Werte zur Geltung bringen wollte. Zu ihr gehörten u. a. Achille Funi und Mario Sironi.

Nuppenglas. Anfang 16. Jh. Leipzig, Museum des Kunsthandwerks

Numismatik [griech., lat.], Münzkunde. ↑auch Münze.

Nuppenglas, gläsernes Trinkgefäß, das außen durch aufgeschmolzene Glastropfen (Nuppen) verziert ist. N. waren in Deutschland besonders in Renaissance und Barock beliebt. Eine Sonderform ist der Krautstrunk, der einen schalenartigen Rand und kleinen Fußring besitzt.

Nymphäum, im antiken Griechenland Quellheiligtum der Nymphen. In hellenistisch-römischer Zeit wurde die Bezeichnung allgemein auf Wasseranlagen übertragen, die mit Statuen und künstlerisch gestalteten Säulenfassaden geschmückt waren. In der Renaissance und besonders im Barock gehörten solche kunstvollen Brunnen zur Ausstattung der Schloßgärten.

Nymphe [griech. »Jungfrau«], in der griechisch-römischen Mythologie weibliche Naturgeister (Berg-, Wald-, Baum-, Quellnymphen), die meist in Gruppen dargestellt wurden. Sie galten als Göttinnen und damit als unsterblich. Seit Homer werden die N. nach ihrem Aufenthaltsort unterschieden. Zu den bekanntesten gehören die Najaden. N. schenken Wasser und damit Leben. So spielen sie bei Hochzeit und Geburt, auch beim Aufziehen der Kinder, eine Rolle. Als Begleitfigur vieler Bildtypen gehören N. zum festen Repertoire von Malerei und Plastik besonders des Barock (Balthasar Permoser, Nymphenbad im Dresdener Zwinger).

Nymphenburger Porzellan. Die 1747 in Neudeck gegründete Manufaktur wurde 1761 nach Nymphenburg verlegt und zählte schon im 18. Jh. zu den bekanntesten Porzellanmanufakturen in Deutschland. Großen Anteil hatte daran der Modelleur Franz Anton Bustelli mit seinen Rokoko-Figuren, die zu den besten der Zeit gehörten. Später wurden auch Geschirre produziert, die eine hervorragende Blumenmalerei aufweisen. Die Nymphenburger Porzellanmanufaktur hatte auch den Auftrag, Ölgemälde der Alten Pinakothek mit Porzellanfarben zu kopieren und auf Vasen, Schmuckteller und Porzellanplatten zu übertragen. ↑auch Porzellanmarken.

O

Obelisk [griech. obelos »Spieß«, »Spitzsäule«], schlanker, rechteckiger monolithischer Steinpfeiler, der sich nach oben verjüngt und in einer pyramidenförmigen Spitze endet. O. waren wahrscheinlich Kultsymbole des ägyptischen Sonnengottes und wurden vor dessen Heiligtümern aufgestellt. Sie sind meist mit hieroglyphischen Inschriften versehen. Seit der Renaissance ist der O. ein beliebtes dekoratives Bauelement. Bis ins 20. Jh. wurden O. an den verschiedensten Orten errichtet (Paris, Place de la Concorde; Rom, Piazza Navona).

Obergaden, *Lichtgaden, Fenstergaden,* Fensterzone im oberen Teil des Mittelschiffes einer ↑ Basilika.

Oberkapelle, Oberkirche ↑ Doppelkapelle.

Objekte [engl. objects »Gegenstand«], Sammelbegriff für dreidimensionale Kunstwerke, die nicht im klassischen Sinne aus Holz, Stein, Gips usw. hergestellt werden, sondern aus vorgefertigten Produkten des Alltags (↑ Objets trouvés) bestehen. Die Anfänge der Objektkunst reichen bis zum Beginn des 20. Jh. zurück. Schon damals entstanden Materialmontagen, aus denen sich raumplastische ↑ Materialbilder und Objekträume entwickelten. Bei den ↑ Readymades von Marcel Duchamp seit 1913 wurde der Unterschied zwischen Kunst- und Gebrauchsgegenstand vollends aufgehoben, vorgefertigte Produkte, manchmal ohne jede äußere Veränderungen, zum Kunstwerk erklärt. Collagen, Assemblagen, Objets trouvés, Materialbilder und Readymades sind unterschiedliche Ausformungen der Objektkunst.

Objets trouvés [franz. »Fundstücke«], Bezeichnung des 20. Jh. für einzelne Gegenstände, die meist ohne jede Veränderung in das Kunstwerk integriert werden und nun in einem anderen Zusammenhang erscheinen (z. B. Streichhölzer, Etiketten, Briefmarken). Das O. t. wurde von den Surrealisten und Dadaisten als künstlerisches Gestaltungsmittel verwendet und ist seit Kurt Schwitters ein wesentlicher Bestandteil der Objektkunst, das auch in der ↑ Arte povera und im ↑ neuen Realismus zur Geltung kam.

Ochsenauge, rundes oder ovales Fenster, das besonders in der Architektur des Barock und Rokoko beliebt war; oft über einem Rechteckfenster.

Odeon [griech. Odeion, lat. Odeum], überdachtes antikes Konzerthaus, das ähnlich wie das römische Theater halbkreisförmig angelegt war. Das erste nachweisbare O. ist unter Perikles in Athen errichtet worden (ca. 445 v. Chr.).

Œuvre [franz., zu lat. opus »Werk«], Gesamtwerk eines Künstlers.

Ohrmuschelstil ↑ Knorpelwerk.

Oinochoe ↑ Vasentypen, griechische.

Oktastylos ↑ Tempel.

Oktogon [griech. okto »acht«, gonia »Winkel«, »Ecke«], *Achtort,* regelmäßiges Achteck, wichtige geometrische Konstruktionsfigur für den Grundriß gotischer Pfeiler, Türme u. dgl.

Ölbergszene, Gebet Christi im Garten von Gethsemane mit den drei schlafenden Jüngern nach Evangelienberichten (Matth. 26, 36–46, Mark. 14, 32–42). Das Thema wird bereits in der altchristlichen Kunst dargestellt; seit dem 14. Jh. und 15. Jh. häufig als plastische Gruppe neben oder in Kirchen, oft auch im Zusammenhang mit anderen Passionsszenen.

Öldruck ↑ Edeldrucke.

Ölfarben, pigmenthaltige Farben, denen als Bindemittel Öl (Leinöl, Nußöl oder Mohnöl) beigegeben wurde. Die Art der Öle und Zusätze beeinflußt das Aussehen und den Auftrag der Ö., die sich durch besondere Leuchtkraft und Tiefe auszeichnen. Rezepturen für Ö. sind bereits aus dem 15. Jh. überliefert.

Olifant [altfranz. »Elephant«], Jagd- oder Trinkhorn aus Elfenbein, oft mit figürlichen oder ornamentalen Schnitzereien verziert. Die erhaltenen mittelalterlichen Arbeiten reichen bis in das 10. Jh. zurück und wurden wahrscheinlich aus Byzanz eingeführt.

Ölmalerei, Maltechnik, bei der mit ↑ Ölfarben auf grundiertem Material wie Holz, Leinwand, Pappe gearbeitet wird. Die Farben können durchscheinend (lasierend) oder deckend (↑ pastos) aufgetragen wer-

den. Lichtechte Ölfarben verändern sich nicht beim Trocknen, doch können durch das Vergilben des Bindemittels nach längerer Zeit Veränderungen in der farblichen Gesamtwirkung eintreten (↑ Galerieton). Ölfarben benutzte man bereits in der Antike beim Anstrich von Schiffen. Im Mittelalter wurde die Ö. zur Fassung von Holzplastiken verwendet, seit etwa 1400 auch für die Tafelmalerei, doch noch in Verbindung mit der ↑ Temperamalerei als Mischtechnik. Einen Höhepunkt erlebte die Ö. im 17. Jh. (Peter Paul Rubens, Rembrandt). Ihre leuchtende Farbigkeit, der Glanz der Oberfläche, der Schmelz der Töne und die Möglichkeit zu einer schnellen Arbeitsweise ließ die Ö. seit dem 16. Jh. zur beliebtesten Maltechnik werden.

Onyx, Halbedelstein, Abart des ↑ Chalzedon, schwarz-weiß gefärbt, im Altertum oft für ↑ Gemmen verarbeitet.

Onyxglas, dunkles marmoriertes Glas, das durch Ineinandergießen verschiedener Glasschmelzen hergestellt wird.

Opaion [griech. ope »Öffnung«, »Loch«], Rauchabzugsloch in der Decke eines Raumes, dann auf die runde oder ovale Scheitelöffnung einer ↑ Kuppel übertragen.

opak [lat. opacus »schattig«], undurchsichtig.

Opal, durchscheinender oder halbdurchsichtiger Edelstein, der wegen seines roten, grünen oder violetten Farbenspiels geschätzt wird.

Op art [Abkürzung von engl. optical art »optische Kunst«], Richtung der modernen Kunst, vorwiegend in Malerei und Grafik, etwa seit 1960, die in rein geometrischen Formen Wirkungen von Farbe und Licht hervorruft. Lineare Strukturmuster ergeben, oft durch minimale Verschiebungen in regelmäßigen Reihungen, räumliche oder optische Effekte im Sinne der Augentäuschung bis hin zum ↑ Flimmereffekt. Erste derartige Experimente unternahmen bereits Futuristen und Konstruktivisten. Eine wichtige Rolle in der O. a. spielte der ungarisch-französische Künstler Victor Vasarely, der die Möglichkeiten optischer Täuschungen

Obelisk in Karnak, Ägypten. Neues Reich (1551–1080 v. Chr.)

auch mit perspektivischen Mitteln besonders nutzte. Die O. a. hat auch in der modernen Industriewelt ein großes Anwendungsgebiet. Neben der gemalten O. a. gibt es im Zusammenhang mit der Lichtkinetik (↑ kinetische Kunst) auch skulpturale O. a. in Form selbstleuchtender oder lichtreflektierender Körper.

Opisthodomos [griech. »Hinterteil des Tempels«], im griechischen Doppelantentempel (↑ Tempel) Raum hinter der ↑ Cella, also Pendant zum vorgelagerten ↑ Pronaos.

opisthographischer Druck [griech. opisthen »hinten«] ↑ anopisthographischer Druck.

Opus [lat. »Werk«], 1. Bezeichnung für das einzelne Werk eines Künstlers.
2. Sammelbegriff für Arbeitstechniken der römischen Antike im ↑ Mauerwerk, Mauerverband usw.

Orangerie, Gewächshaus, das in nördlichen Ländern der Überwinterung exotischer Pflanzen dient (Orangen- und Zitronenbäume, Oleander, Palmen). Im Barock gehörte die O. zur Ausstattung der Garten- und Schloßanlage. In der Regel handelt es sich um eingeschossige heizbare Gebäude mit einem zentralen Mittelsaal und Seitenpavillons.

Orant, *Orans* [lat. orare »reden«, »beten«, Pl. Oranten], stehende betende Gestalt mit ausgebreiteten erhobenen Armen, die Handflächen nach oben gerichtet. Häufig in der frühchristlichen Kunst in Katakomben dargestellt, sollen O. das Fürbittgebet für den Verstorbenen beim Übergang ins Paradies vor Augen stellen. Im wesentlichen gleichbedeutend mit Adorant [lat. adorare »anbeten«].

Oratorium [lat. »Betsaal«], im frühen Mittelalter Bezeichnung für ein kleines Gotteshaus, später auf Klosterkirchen und Kapellen mit Privatandacht übertragen. In Kirchen des 17. und 18. Jh. häufig ein abgeschlossener, von außen zugänglicher Raum für besondere Teilnehmer am Gottesdienst (Kaiser, Fürsten, Grundherren) im Chorbereich oder in einer Empore mit Sicht auf den Altar. Auch die Orgelbühne kann als O. bezeichnet werden.
Darüber hinaus ist O. eine Kompositionsgattung, die nach dem Ort der Aufführung des ersten Werkes dieser Art, dem Betsaal des Philipp Neri in Rom, benannt wurde.

Orchestra [griech.], Platz für Tanz- und Choraufführungen in der Mitte des antiken ↑ Theaters.

Ordensburg, Burg des Deutschen Ritterordens vor allem in Preußen und im Baltikum, die eine Kombination von Burg und Kloster darstellt. O. sind stark befestigte, regelmäßige vierflügelige Anlagen, die sich um einen Innenhof gruppieren und durch Mauer, Graben und Vorburg geschützt sind. Meist handelt es sich um Backsteinbauten. Architektonisch besonders ausgestaltet wurden die Versammlungsräume der Ritter, Kapitelsaal und Rempter (Speisesaal). Die Deutschordensbaukunst entwickelte sich in der 2. Hälfte des 13. Jh. Um 1300 gab es bereits 23 O. Bedeutendster Bau ist die Marienburg (Malbork), die seit 1309 als Sitz des Hochmeisters diente.

Ordnung ↑ Säulenordnung.

organische Architektur. Der mehrdeutige Begriff bezieht sich auf Architekturauffassungen seit den 20er Jahren, bei denen die Formbildung natürlichen Organismen nachempfunden wird bzw. die Maßverhältnisse den Proportionen des menschlichen Körpers zugrunde gelegt werden (↑ Modulor). Auch das Bauen in kurvig fließenden Linien bezeichnet man als o. A., da dieser Linienfluß demjenigen der Natur entsprechen soll. Dabei verzichtete man bewußt auf jede Regelmäßigkeit. Hauptvertreter dieser Auffassungen waren Hugo Häring, Erich Mendel-

Organische Architektur. Erich Mendelsohn: Einsteinturm in Potsdam. 1921

sohn, Hans Scharoun, Alvar Aalto, F. Lloyd Wright.

Orgelprospekt [lat. prospectus »Ansicht«], Schauseite der Orgel, deren Pfeifen von einem Gehäuse umschlossen sind, das mit Schnitzereien und Malereien oft reich verziert ist. Die Entwicklung des O. zeigt anfangs Parallelen zum gotischen Schnitzaltar. Wie dieser weist er in der Spätgotik einen außerordentlichen Formenreichtum auf und kann mitunter durch Flügel geschlossen werden. Die prachtvollsten O. stammen aus Barock und Rokoko. Der O. wird hier zu einem besonderen ornamentalem Schmuck des Kirchenraumes (Weingarten, 1750).

Original [lat. origo »Ursprung«], ursprüngliches Kunstwerk, im Unterschied zur eigenhändigen ↑Replik, zur Werkstattwiederholung, ↑Kopie, ↑Reproduktion oder ↑Fälschung.

Originalgrafik, Sammelbezeichnung für künstlerische ↑Handzeichnungen und für Grafiken, die durch ↑Holzschnitt, ↑Kupferstich, ↑Radierung, ↑Lithographie, Siebdruck (↑Druckverfahren) entstanden sind; im Gegensatz zur industriellen ↑Reproduktion.

Ornament [lat. ornare »schmücken«], Schmuckwerk, Verzierung. Als O. wird das einzelne Verzierungsmotiv bezeichnet, im Gegensatz zur ↑Ornamentik, die die Gesamtheit der O. umfaßt, und zur ↑Dekoration, die sich auf die Gesamtheit der künstlerischen Ausgestaltung eines Raumes, Bauwerkes oder Gegenstandes bezieht. O. dienen der Gliederung oder dem Schmuck von Gegenständen oder Bauwerken. Sie haben oft sinnbildliche Bedeutung und zählen zu den frühesten künstlerischen Äußerungen in allen Kulturen. Innerhalb eines Kulturkreises oder einer Stilepoche sind meist die gleichen O. zu finden. In der Ornamentik äußern sich Prinzipien der Wiederholung, Reihung, Symmetrie. Die einzelnen Grundfiguren können als Band- oder Flächenmuster auftreten. Die Gestaltungsmöglichkeiten des O. reichen von linearen, geometrischen, abstrakten bis zu organischen und naturalistischen Zierformen. Zu den wichtigsten O. gehören ↑Akanthus, ↑Arabeske, ↑Astragal, ↑Bandelwerk, ↑Beschlagwerk, ↑Fischblase, ↑Flechtband, ↑Groteske, ↑Kerbschnitt, ↑Knorpelwerk, ↑Mäander, ↑Maureske, ↑Palmette, ↑Rocaille, ↑Rollwerk, ↑Rosette, ↑Wellenband, ↑Zahnschnitt. ↑auch Fries.

Ornamentik, im Unterschied zum ↑Ornament Gesamtheit der Ornamentformen bei einem einzelnen Kunstwerk oder in einer bestimmten Epoche.

Ornamentstich, Darstellung von Ornamententwürfen, die Kunsthandwerkern und Architekten als Schmuckvorlagen dienten. O. fanden als ↑Kupferstiche vom 15.–19. Jh. ein großes Anwendungsgebiet. Auch Ornamentneuschöpfungen wie z. B. die von C. Floris (↑Florisstil) konnten sich dadurch schnell verbreiten. Die weitere Entwicklung der O. wurde durch die Veröffentlichung ganzer Vorlagenbücher bestimmt.

Ornat [lat. ornatus »Ausrüstung«], Amtstracht der Geistlichen.

Orphismus, Strömung in der französischen Malerei, die sich 1912 aus dem analytischen ↑Kubismus herausbildete. Die Bezeichnung spielt auf den mythischen Sänger Orpheus an und wurde von dem Dichter Guillaume

Orphismus. Robert Delaunay: Drei Fenster, Turm und Rad. 1912. Paris, Galerie Bing

Apollinaire für den musikalisch-poetischen Charakter der Bilder von Robert Delaunay geprägt. Bei diesen geht es vor allem um den Simultankontrast der Farben, um komplementäre Effekte und regenbogenartige Brechungen, durch die der Eindruck einer rhythmischen Bewegung – namentlich bei kreisförmiger Anordnung – und räumlicher Effekte entsteht. Weitere Vertreter dieser insbesondere auf den ↑Blauen Reiter ausstrahlenden Richtung waren Sonja Delaunay-Terk, Františ̌ek Kupka, Francis Picabia, Jacques Villon.

Orthostaten

Orthostaten [griech. orthostates »der aufrecht Stehende»], die untersten, meist aufrecht stehenden Steinblöcke als Sockelzone zwischen Fundament und aufgehendem Mauerwerk. In der altorientalischen Kultur waren sie Träger bildnerischen Schmuckes (Orthostatenreliefs).

Ortrippe, am gotischen Gewölbe die an der Wand und am Gurtbogen entlang laufende Rippe.

Osculatorium [lat. osculum »Kuß«], *Kußtafel, Paxtafel* [lat. pax »Friede«], im römisch-katholischen Meßritus vom 13.–18. Jh. gebräuchliche Tafel, mit der Laien im Hochamt der Friedenskuß überbracht wurde, den sich die Geistlichen in der Messe vor der Kommunion geben. Die Tafel ist aus vergoldetem Kupfer, Messing, Elfenbein oder Holz hergestellt und enthält eine in Niello, Email, Malerei oder Relief ausgeführte Darstellung des Gekreuzigten, des Schmerzensmannes oder der Gottesmutter.

Ottonische Kunst. Hillinus-Evangeliar: Domherr Hillinus überreicht das Buch dem hl. Petrus. Um 1020–30. Köln, Dombibliothek

Osebergstil ↑ Wikingerkunst.

Ostensorium ↑ Monstranz.

Osterleuchter, Leuchter für die Osterkerze, die am Karsamstag geweiht wird und von Ostern an während des Gottesdienstes bis Christi Himmelfahrt brennt. Der Ritus scheint sich um 1000 verbreitet zu haben. Spezielle O. sind selten, ihre Funktion konnte auch von anderen großen Leuchtern oder ↑ Kandelabern erfüllt werden.

Ostung, Orientierung sakraler Gebäude in Ost-West-Richtung, wobei der Altarraum den Ostabschluß bildet. Der Osten galt als Ort des Paradieses, von Osten wurde die Wiederkehr Christi zum Jüngsten Gericht erwartet.

Ottocento [ital. »Achthundert«, Abkürzung für 1800], Bezeichnung für Kunst und Kultur Italiens im 19. Jh. ↑ auch Duecento.

ottonische Kunst, deutsche Kunst unter den Ottonen (919–1038), stilprägend als Vorstufe der ↑ Romanik. Unter Einfluß von antiken, byzantinischen und karolingischen Vorbildern kam es zu neuen selbständigen Schöpfungen. Zentren der künstlerischen Tätigkeit waren vor allem die Bischofssitze und Klöster am Harz in Hildesheim und Magdeburg, später in Köln, Essen, Fulda, Regensburg, Reichenau und Trier. Kennzeichnend für die meisten Bauten sind eine straffe Gliederung der Baukörper und Wandflächen, Ausbildung der ausgeschiedenen ↑ Vierung, häufig doppelchörige Anlage, Bevorzugung der Flachdecke. Wie in der Architektur erfolgt auch in der bildenden Kunst eine Umformung des karolingischen Erbes durch byzantinische Anregungen. Es bildet sich eine Monumentalplastik heraus (Kruzifixe aus Holz und Bronze: Gerokreuz im Kölner Dom). Überliefert sind ferner Reliefplastiken in der Hildesheimer Bronzetür und in der Bernwardssäule (↑ bernwardinische Kunst) und überragende Leistungen in der Buchmalerei, u. a. von der ↑ Reichenauer Malerschule (Evangeliar Ottos III., Perikopenbuch Heinrichs II.).

Ottonische Kunst. Gerokreuz.
Um 970. Köln, Dom

P

Pagode, asiatischer buddhistischer Tempel in Gestalt eines Turmes, dessen einzelne zurückspringende Stockwerke je ein eigenes Dach besitzen; in Europa im 18. Jh. Nachbildungen als ↑ Chinoiserien.

Palais, französische Bezeichnung für ↑ Palast.

Paläographie [griech. palaios »alt«, graphein »schreiben«], Lehre von den alten Schriftarten und der Entwicklung der einzelnen Schriftformen, besonders des griechischen und lateinischen Alphabets. Als historische Hilfswissenschaft ermöglicht die P. das Entziffern und Datieren von Handschriften und Urkunden aus Antike und Mittelalter und läßt damit Rückschlüsse zu auf Entstehung der Miniaturen und des sonstigen Buchschmuckes.

Palas [lat. palatium, Teil des palatinischen Hügels in Rom, auf dem seit Augustus die Kaiser residierten, im übertragenen Sinne »Palast«], Wohnbau einer frühmittelalterlichen ↑ Burg oder ↑ Pfalz; auch Festsaal einer Pfalz. Der P. geht auf die germanische Königshalle zurück. Hauptbeispiele aus der Romanik (Kaiserpfalz in Goslar, 1065; Wartburg bei Eisenach, um 1180).

Palast [lat. palatium], im deutschen Sprachgebrauch als ↑ Schloß bezeichnet. Der Name leitet sich von den Repräsentationsbauten ab, die die römischen Kaiser auf dem Palatin in Rom errichtet hatten. Bereits im Altertum waren bedeutende Palastanlagen entstanden, die Anlagen für Wohn-, Wirtschafts- und Verwaltungsaufgaben in sich vereinigten (Vorderasien, Kreta, Persien). In der europäischen Kunst traten Palastbauten vor allem in Renaissance und Barock auf. Der Begriff P. wurde später auf monumentale öffentliche Gebäude übertragen (Justizpalast, Völkerbundpalast).

Palästra, *Palaistra,* im alten Griechenland Kampf- und Übungsstätte für den Ringkampf, meist zum ↑ Gymnasion gehörend.

Palette [ital. paletta »kleine Schaufel«], ovale oder eckige Platte mit Daumenloch zum Ansetzen und Mischen von Farben.

Palimpsest [griech. palim psestos »wieder abgekratzt«], Handschriften, deren ursprünglicher Text getilgt und durch einen neuen ersetzt wurde. Da das Pergament in den mittelalterlichen Skriptorien knapp war, wurde es häufig erneut als Beschreibstoff aufbereitet, indem die Schrift mit dem Messer abgeschabt und mit Bimsstein abgerieben wurde.

palladianischer Klassizismus, *Palladianismus,* Strömung der europäischen Baukunst, die auf Bauten und Publikationen des im 16. Jh. in Vicenza lebenden Architekten An-

Pagode. J. F. Eyserbeck: Glockenturm im Park Oranienbaum. 1793–97

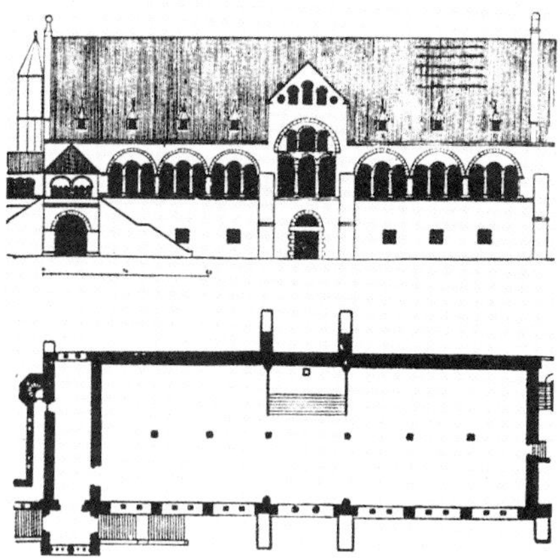

Palas der Kaiserpfalz in Goslar. Ansicht und Grundriß

drea Palladio zurückgeht und in fast allen Ländern Europas, vor allem in protestantischen Gebieten, parallel zu Barock und Rokoko verläuft. Im Gegensatz zum Barock kennt der P. K. kein konkav-konvexes Fassadenrelief, keine triumphale Aufgipfelung, keine bewegte Silhouette und keine ovalen Räume. Charakteristisch ist die Anwendung von ↑ Kolossalordnungen. Ein häufig verwendetes Architekturelement war das ↑ Palladiomotiv. Die strenge Klarheit und übersichtliche Logik des P. K. entsprach dem sich allmählich ausbreitenden Rationalismus.

Palladiomotiv, *venezianisches Fenster,* von dem im 16. Jh. lebenden Architekten Andrea Palladio häufig verwendetes Fenstermotiv, bei dem ein breiter mittlerer Bogen von zwei schmalen Öffnungen flankiert wird, die durch ein Gebälk in Höhe des Bogenkämpfers geschlossen werden. Das P. spielt eine große Rolle im ↑ Palladianischen Klassizismus und im ↑ Klassizismus um 1800.

Palladiomotiv

Pallium [lat. »Mantel«], Teil der liturgischen Bekleidung von Papst und Erzbischöfen: weißes, leinenes, mit Kreuzen besetztes Band, das über die Schultern gelegt wird und dessen Enden auf Brust und Rücken herabfallen. ↑ auch Paramente.

Palmesel, fahrbares hölzernes Gestell mit der Nachbildung eines Esels, auf dem die in Lebensgröße gebildete Gestalt Christi mit segnender Gebärde sitzt. Der P. wurde in der Palmsonntagsprozession mitgeführt.

Palmette [lat. palma »Palmbaum«], symmetrisches Pflanzenornament, das dem Blatt der Fächerpalme nachgebildet ist.

Palmette

Palmtuch ↑ Fastentuch.

Paneel [niederl.], vertieft liegende Holztafel als Füllung des ↑ Täfelwerks, auch Bezeichnung für die die gesamte Wandbreite abdekkende, meist in Brusthöhe endende Verkleidung aus Holz.

Panoptikum [griech. panta »alles«, optai »sehen«], Sammlung von Wachsfiguren oder anderen kuriosen Sehenswürdigkeiten.

Panorama [griech. pan »all-«, horasis »Schau«], Rundblick, auch Bezeichnung für ein Rundbild, in dessen Mittelpunkt der Betrachter steht. Durch perspektivische Mittel, wechselnde Beleuchtung und durch plastische Elemente im Vordergrund werden dem Betrachter Raumtiefe und ein weiter Horizont vorgetäuscht. Das P. entwickelte sich im 18. Jh. aus der barocken Theatermalerei.

Pantheon [griech. pan »all-«, theos »Gott«], in der Antike Bezeichnung für die Tempel, die allen Göttern geweiht waren. Das besterhaltene Beispiel ist das P. in Rom, das um 120 n. Chr. erbaut wurde (heute Kirche Sta. Maria Rotonda). Das Bauwerk – der größte Kuppelbau des Altertums – blieb architektonisches Vorbild bis in die Neuzeit.

Pantokrator [griech. panta »alles«, kratein »Herrscher sein«], Christus als Weltenrichter, wichtigster Typ des Christusbildes in der byzantinischen und ostkirchlichen Kunst; zeigt Christus als Halbfigur oder stehend in der Apsis oder Kuppel einer Kirche, die Rechte segnend erhoben, in der Linken ein Buch haltend.

Papier, überwiegend aus Pflanzenfasern hergestellter Werkstoff, der vor allem als Beschreib- und Verpackungsmaterial dient. Das P. wurde nach chinesischen Quellen um 105 n. Chr. in China hergestellt, gelangte im 8. Jh. nach Arabien und im 13. Jh. nach Europa. Die erste deutsche Papiermühle wurde durch U. Stromer 1389 in Nürnberg errichtet. Seit dem 15. Jh. setzte sich das P. im Buchwesen als Beschreib- und Bedruckstoff durch, seit etwa 1800 stellte man es auf Papiermaschinen her.

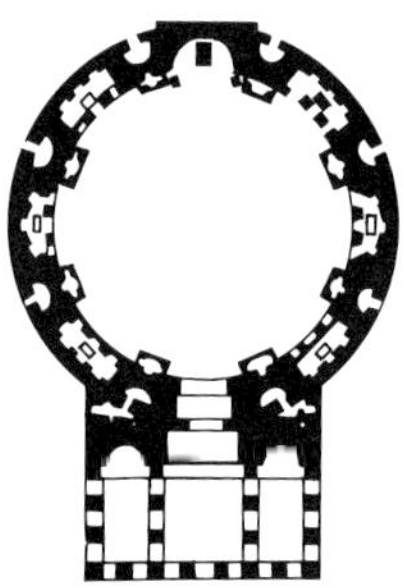

Pantheon in Rom. Querschnitt und Grundriß. Um 120 n. Chr.

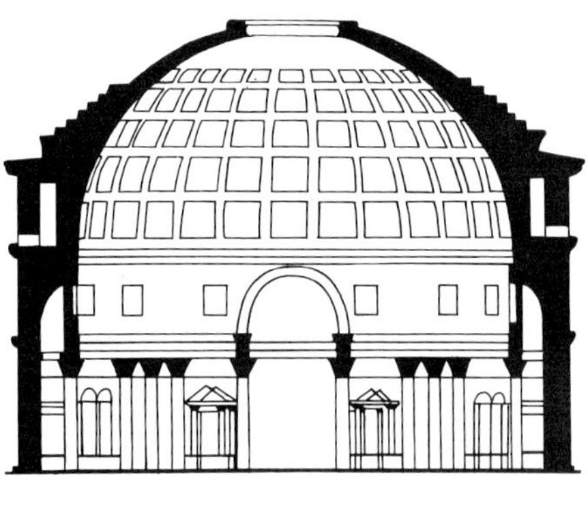

Papier collé [franz. »geklebtes Bild«], vom Kubismus entwickelte Vorform der ↑Collage. Wachstuch oder Tapetenstücke wurden 1912 von Georges Braque und Pablo Picasso in Gemälde eingefügt. Damit durchbrachen sie die Grundprinzipien des traditionellen Tafelbildes.

Papyrus [griech. papyros »Papierstaude«], papierähnlicher Beschreibstoff, der aus dem Mark der Papyrusstaude hergestellt wurde, seit dem 4. Jt. v. Chr. in Ägypten bekannt war und nach Griechenland und Rom exportiert wurde. Seit dem Ende der Antike wurde P. immer mehr durch Pergament, später auch Papier verdrängt, hielt sich aber vereinzelt bis in das 11. Jh.

Paradies [griech. paradeisos »Garten«], 1. in vielen Religionen Vorstellung von Glück und Frieden; in der christlichen Kunst wird das P. häufig im Zusammenhang mit der Schöpfungsgeschichte dargestellt.

2. in der Architektur seit dem 6. Jh. gleichbedeutend mit ↑Atrium, dem Vorhof einer ↑Basilika.

Paramente [lat. paramentum »Kirchenschmuck«], liturgische Textilien; dazu gehören liturgische Gewänder der Priester, Altarverkleidungen oder Stoffvorhänge für den kirchlichen Gebrauch. Häufig wurden sie mit ornamentalen oder figürlichen Darstellungen geschmückt. Zu den wichtigsten liturgischen Textilien gehören die Albe, ein langes weißes Meßgewand, die ↑Kasel, die Stola (sie hat sich aus dem antiken Gewand entwickelt und nur als schärpenartige Borte erhalten), das ↑Pallium der Erzbischöfe, das ↑Velum und das meist kostbar ausgestattete ↑Fasten- oder Palmtuch.

parischer Marmor ↑Marmor.

Parkettierung, Restaurierungsverfahren, bei dem Tafelbilder aus Holz, aber auch Keilrahmen von großformatigen Gemälden eine gitterartige Stütze (Parkett) aus z. T. starren, z. T. beweglichen Leisten erhalten. Dadurch bekommt die Tafel Halt, und weitere Deformationen werden verhindert.

Parlatorium, Sprechraum innerhalb der Klausur eines ↑Klosters, meist in der Nähe des Refektoriums und gleichzeitig als Calefactorium (Wärmestube) genutzt.

Parterre [franz. »Gartenbeet zu ebener Erde«], Erdgeschoß eines Gebäudes oder ebenerdiger Zuschauerraum eines Theaters hinter dem Parkett. Das Gartenparterre in barocken Gärten enthält eine teppichhafte Fläche mit Beeten, die mit ornamentalen Mustern verziert waren, z. B. das Broderieparterre, dessen Beete durch Blumen, Steine, niedrige Hecken wie eine Stickerei gemustert sind.

Paß, Kreisbogen im gotischen ↑ Maßwerk. Je nach Zahl der Kreisabschnitte wird von Dreipaß, Vierpaß, Fünfpaß usw. gesprochen.

Paß. 1 Dreipaß, 2 Vierpaß, 3 Fünfpaß, 4 Sechspaß

Passepartout [franz. »paßt überall«], aus Karton geschnittene neutrale Umrahmung von Grafiken, Aquarellen, Gemälden.

Paßglas, zylindrisches Trinkgefäß vor allem des 16.–18. Jh., das durch Glasreifen (»Pässe«) gegliedert ist, die als Maßeinteilung dienen.

Passionale [lat. passio »Leiden«], mittelalterliche Sammlung von Lebensgeschichten (Viten) der Heiligen. Die Texte werden im Rahmen des liturgischen Stundengebetes verlesen und nehmen auf den jeweiligen Tagesheiligen im Ablauf des Kirchenjahres Bezug.

Passionsdarstellungen, Folge von Darstellungen aus der Leidensgeschichte Christi nach Berichten aus den vier Evangelien: Einzug Christi in Jerusalem, ↑ Abendmahlsdarstellung, Gebet am Ölberg, Gefangennahme, Geißelung, Dornenkrönung, ↑ Ecce homo, Kreuztragung, Kreuzigung, Kreuzabnahme, Grablegung; den Schluß bilden häufig Auferstehung, Himmelfahrt und Pfingsten. Das Thema wird seit dem 4. Jh. als Relief an Sarkophagen oder als Elfenbeinplastik dargestellt und zeichnet sich im Spätmittelalter durch gefühlsbetonte realistische Vergegenwärtigung des Leidens aus.

Passionssäule, *Martersäule,* 1. Darstellung Christi an der Geißelsäule (↑ auch Passionsdarstellungen).
2. Säule mit ↑ Passionswerkzeugen Christi.

Passionswerkzeuge, *Leidenswerkzeuge, Arma Christi* [lat. »Waffen, Werkzeuge Christi«], Gegenstände, die aufgrund biblischer oder apokrypher Quellen als Leidenswerkzeuge Christi dargestellt werden. Dazu zählen u. a. Dornenkrone, Lanze, Hammer, Nägel, Stricke, Bohrer, Geißel, Rohr mit Essigschwamm, Brett mit Silberlingen, Würfel.

Pastellfarben [ital. pastelli], Farbstifte für ↑ Pastellmalerei in feinen Farbnuancen, enthalten vorwiegend Kreide oder Ton, Farbpigmente und Leimzusatz.

Pastellmalerei, Trockenmalerei mit Pastellstiften auf rauhem Malgrund (Papier, Pappe, Leinwand). Der Auftrag kann in einer zeichnerischen Strichtechnik oder durch Verreiben mit dem Finger erfolgen, so daß feinste Nuancen möglich werden. P. besitzen eine helle, samtartige Wirkung, sind jedoch sehr empfindlich gegenüber äußeren Einflüssen, so daß sie durch Fixativ oder eine Glasplatte geschützt werden müssen. Mit ↑ Pastellfarben kolorierte man bereits im 15. Jh. Zeichnungen, doch erst im Rokoko des 18. Jh. wurden sie zu einer Modeerscheinung, als Rosalba Carriera und Jean-Étienne Liotard mit ihren zahlreichen Bildnissen eine Blütezeit der P. herbeiführten. Einen erneuten Aufschwung erlebte die P. Ende des 19. Jh. im französischen Impressionismus (Auguste Renoir, Edgar Degas).

Pasticcio [ital. »Pastete«, »Durcheinander«], Nachahmung von Werken, oft auch in betrügerischer Absicht, indem Motive oder Stilelemente eines Künstlers oder einer Epoche kopiert werden.

Pastophorium [griech. pastophorion »Zelle am Tempel«], Oberbegriff für ↑ Diakonikon und ↑ Prothesis, die sich in der frühchristlichen Basilika am Ostende der Seitenschiffe befanden. P. waren noch im mittelalterlichen osteuropäischen Kirchenbau gebräuchlich, ihre Funktion wurde in Mittel- und Westeuropa durch die Sakristei übernommen.

Pastorale [lat. pastor »Hirte«], *Schäferszene,* Landschaftsbild mit idealisierender idyllischer Darstellung aus dem Hirtenleben. Bereits in der Antike bekannt, wurde sie in der Renaissance neu belebt; im Barock der sehr beliebten Schäferdichtung vergleichbar.

pastos [ital. pasta »Teig«], das Eigenschaftswort bezeichnet einen dicken Farbauftrag bei Gemälden, so daß ein plastisches Relief der Farbe auf dem Bildträger entsteht.

Patchwork [engl. »Flickenarbeit«], Aneinander- und Aufeinandernähen kleiner Stoffstücke; verwendet im Zusammenhang mit der Quilttextiltechnik (↑ Quilt).

Patenbriefe, oft kolorierte Kupferstiche oder Holzschnitte (im 19. Jh. Lithographien), die mit Glückwünschen und Segenssprüchen verbunden waren und zum Einhüllen des Patengeldes dienten. P. kamen im 17. Jh. auf, sind aber vor allem zwischen 1750 und 1850 besonders im Rheinland, im Elsaß und in der Schweiz verbreitet. Neben diesen Taufgeldhüllen gibt es P. aus den ersten Jahrzehnten des 19. Jh. als Erinnerungsgaben, die von Briefmalern, Schreibern oder Lehrern geschaffen wurden. Bei ihnen verbinden sich Schönschrift mit Briefmalerei, aber auch mit Faltschnitt, Nadelstich und Buntpapierornamentik. Nach 1850 wurden sie industriell gefertigt.

Patene [lat. patina »Schüssel«], *Hostienteller,* Altargerät zur Aufnahme der Hostie beim Abendmahl; oft so gearbeitet, daß sie als Deckel auf den ↑ Kelch paßt.

Patene aus dem Schwarzwald. Silberniello. Um 1230. New York, The Metropolitan Museum of Art

Patera, im antiken Rom flache runde Schale aus Ton oder Metall zum Trinken oder zur Spende an die Götter.

Patio, Innenhof des spanischen Hauses, der dem ↑ Atrium ähnelt und mit Springbrunnen und Blumen geschmückt ist. Boden und Wand sind mit Fliesen (↑ Azulejos) ausgestattet.

Patterning art [engl. pattern »Muster«], *Decorative art,* aus den USA stammende Kunstrichtung des 20. Jh., die sich seit den 70er Jahren in Europa verbreitete und Stoff-, Tapeten- oder Teppichmuster für den Aufbau von wirkungsvollen ornamentalen Bildern verwendet.

Pavillon [franz. »Zelt«], im ursprünglichen Sinn ein schnell aufschlagbares Bauwerk; dann auf frei stehende Gartenbauten übertragen. Der P. kann auch unmittelbar mit dem Schloß oder durch eine Galerie mit ihm verbunden sein.

Paxtafel ↑ Osculatorium.

Paysage intime [franz. »intime Landschaft«], Richtung der französischen Landschaftsmalerei im 19. Jh., die eine Abkehr von der idealen bzw. heroischen Landschaft (↑ Landschaftsmalerei) des Klassizismus anstrebte und schlichte, stimmungsvolle Motive der heimatlichen Landschaft bevorzugte. Die P. i. gehörte zum Aufgabengebiet der Schule von ↑ Barbizon und bildete eine wichtige Etappe in der Entwicklung der realistischen Landschaftsmalerei.

Pechnase, kleiner, unten offener Erker an mittelalterlichen Burgen, durch den Pech, Steine u. a. auf Angreifer geschüttet werden konnten.

Peddigrohr ↑ Rattan.

Peintre-graveur ↑ Malerradierer.

Peinture de geste [franz. »Gestenmalerei«], französisch für ↑ Action painting.

Pektorale ↑ Brustkreuz.

Pelike ↑ Vasentypen, griechische.

Pendant [franz. »Gegenstück«], Kunstwerk, dem ein zweites in Größe oder Inhalt entspricht, mit dem es zusammen aufgestellt oder aufgehängt wird.

Pendentif ↑ Kuppel.

Pentagramm ↑ Drudenfuß.

Pentastylos ↑ Tempel.

Penthouse, bungalowartiges Wohnhaus auf der Dachterrasse eines Hochhauses.

Pentiment [ital. pentimento »Reue«, Pl. Pentimenti], von der Vorzeichnung abweichende Verbesserungen an Gemälden oder

Grafiken, die mit freiem Auge erkennbar sind oder durch Gemäldedurchleuchtung sichtbar gemacht werden können. Es handelt sich dabei um Korrekturen, die der Künstler selbst durchgeführt hat und die Rückschlüsse auf die Richtung des künstlerischen Wollens zulassen. Oft hat der Künstler die P. auch bewußt stehen lassen, namentlich in Zeichnungen, um die Lebendigkeit der Darstellung zu erhöhen.

Peplos [griech. »Gewand«, »Decke«], antikgriechisches langes, weites Frauengewand von rechteckiger Grundform ohne Naht. Der P. wurde so umgelegt, daß er an der rechten Körperseite offen blieb und auf beiden Schultern mit Gewandnadeln zusammengehalten wurde. Er konnte gegürtet oder ungegürtet getragen werden.

Peredwischniki [russ. »Wanderer«], 1870 in St. Petersburg gegründete Vereinigung von Künstlern, die aus der Akademie ausgetreten waren und sich für eine demokratische, sozial ausgerichtete, realistische Malerei einsetzten. Sie veranstalteten Wanderausstellungen, die die neue russische Malerei einem breiten Publikum zugänglich machen sollte und die dem Verkauf der gezeigten Werke dienten. Mitglieder waren u. a. Iwan Kramskoi, Wassilij Perow, Ilja Repin.

Performance [engl. »Aufführung«, »Darstellung«], Form der ↑Aktionskunst, bei der eine Trennung zwischen Aktion und Publikum Voraussetzung ist. Die P. läuft – im Gegensatz zum ↑Happening – nach einem festen Konzept ab und stellt einen Versuch der Grenzerweiterung der bildenden Künste dar.

Die Ausführung der P. wird oft durch Film oder Video aufgezeichnet und ist damit reproduzierbar.

Pergament, nach dem Haupthandelsplatz Pergamon benannter Beschreibstoff, der aus Häuten von Eseln, Kälbern, Schafen oder Ziegen gewonnen wird und seit dem 4. Jh. wegen seiner größeren Haltbarkeit den ↑Papyrus ablöste. P. war bis ins 15./16. Jh. der wichtigste Beschreibstoff und Träger von Malerei (↑Buchmalerei).

Pergola [ital. »Laube«], Laubengang, an dessen Lattenwerk sich Pflanzen hochranken. Die P. ist vor allem in der Gartenarchitektur beliebt.

Peribolos [griech. »Umfriedung«, »Umkreis«], von einer Mauer oder Kolonnade umschlossener heiliger Bezirk des Tempels.

Peridromos [griech. »umlaufend«, »kreisförmig«], Umgang zwischen Cella und Säulenreihe des antiken ↑Tempels.

Perikopenbuch ↑Evangelistar.

Peripteros ↑Tempel.

Peristyl [griech. peristylon »Säulengang«], Säulenhalle, die den offenen Hof eines antiken Wohnhauses oder Tempels umgibt.

Perlmutt, *Perlmutter,* innere Schale verschiedener Muscheln und Schnecken, die in zarten Farben schillert. Sie wurde bereits in der Antike für Schmuck und Einlegearbeiten verwendet.

Perlstab, antikes Architekturornament, das aus aneinandergereihten Perlen besteht; kann auch mit anderen plastischen Motiven vorkommen. ↑auch Astragal.

Perpendicular style [engl., von lat. perpendiculum »Lot«, »Pendel«], Spätphase der englischen Gotik (1350–1520), die im Maßwerk und als Wandgliederung ein gitterartiges Stabwerksystem bevorzugt, wobei die Senkrechten besonders betont wurden. Charakteristisch sind große Fenster, Fächergewölbe (↑Gewölbe) und Korbbogen (↑Bogen). Am Anfang des P. s. steht der Chor der Kathedrale von Gloucester (1327), voll entfaltet hat sich der Stil in den Kathedralen von Canterbury (1379 ff.) und Winchester (Ende 14. Jh., Anfang 15. Jh.).

Personifikation, Veranschaulichung von allgemeinen Werten (Gerechtigkeit, Tugenden und Laster), von Phänomenen der Natur (Tages- und Jahreszeiten), von gesellschaftlichen Institutionen oder allgemein abstrakten Begriffen (↑Ecclesia und Synagoge) durch eine menschliche Gestalt. Eine Sonderform ist die ↑Allegorie. P. sind in der Regel an den ↑Attributen erkennbar.

Perspektive [lat. perspicere »hindurchsehen«]. Die P. ermöglicht die räumliche (dreidimensionale) Darstellung von Personen und Gegenständen auf einer zweidimensionalen Fläche, wodurch ein unserer Wahrnehmung entsprechender Raumeindruck entsteht. Die wichtigste Form der P. ist die geometrisch konstruierbare Zentralperspektive, die auf der Tatsache beruht, daß sich für das menschliche Auge die Dinge mit zunehmender Entfernung verkleinern und daß Parallelen in der Tiefe scheinbar zusammenlaufen und sich in einem Punkt, dem Fluchtpunkt, schneiden. Der Fluchtpunkt fällt bei allen senkrecht zur Bildfläche verlaufenden Geraden mit dem Augenpunkt zusammen. Die Waagerechte, die in der Bildfläche durch den Augenpunkt gezogen werden kann, ist die Horizontlinie. Liegt der Standpunkt des Beobachters tief, spricht man von Froschperspektive, liegt er hoch, von Vogel- oder Kavalierperspektive.

Perspektive

umgekehrte Perspektive bei Tischplatte und Fußbank. Um 1230

Bedeutungsperspektive: St. Augustin und zwei Adoranten. 1490

Neben der Zentral- oder Linearperspektive kann der Eindruck der Tiefenräumlichkeit auch durch die Luft- oder ↑ Farbperspektive erreicht werden. Mit der Entfernung verlieren die Farben durch die Atmosphäre an Intensität und scheinen heller zu werden.
Das Mittelalter bezog die P. nicht auf den Betrachter, sondern auf die dargestellte Hauptperson und stellte die Figuren nach ihrer Bedeutung größer oder kleiner dar (Bedeutungsperspektive). In der umgekehrten Perspektive laufen die Fluchtlinien auf den Bildvordergrund zu (z. B. im Mittelalter). Das perspektivische bzw. rationale Erfassen der räumlichen Zusammenhänge wird noch nicht für die Verdeutlichung des Inhalts angewandt. Seit der Renaissance wird diese Art der Darstellung als Umkehrung der P. empfunden. Die moderne P. wurde am stärksten durch Giotto vorbereitet, die Entdeckung der mathematischen Konstruktion wird dem Italiener Brunelleschi um 1420 zugeschrieben.

Pesel, *Piesel,* unheizbare Prachtstube im niederdeutschen Bauernhaus (von dieser Bedeutung ist der Begriff »kalte Pracht« abgeleitet). ↑ auch Dornse.

Pestbilder, Pestblätter, Pestsäulen. Seit dem späten Mittelalter häufen sich die Darstellungen, die die Pest als Äußerungen von Gottes Zorn wiedergeben und als Retter geltende heilige Personen (Christus, Maria, hl. Sebastian, Christophorus, Rochus u. a.) zeigen. Zum Dank für die Erlösung von Pestepidemien wurden besonders in Süddeutschland zwischen 1650 und 1800 zahlreiche Pestsäulen errichtet.

Petroglyphen ↑ Felsbilder.

Pfahlbauten, auf Pfähle gestellte Holzbau-

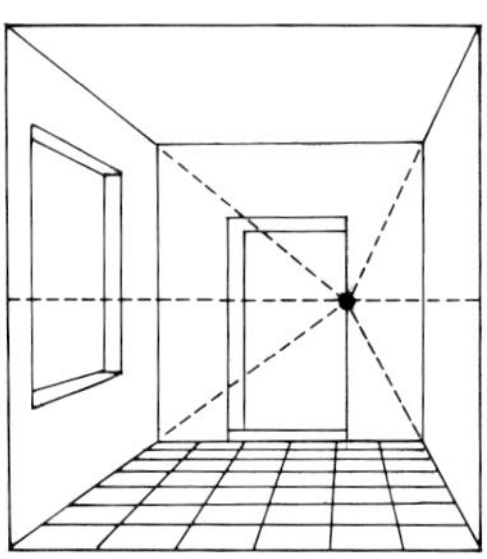

Zentralperspektive

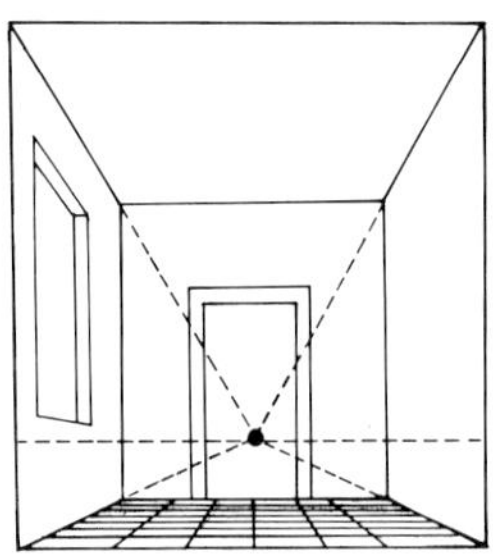

Froschperspektive

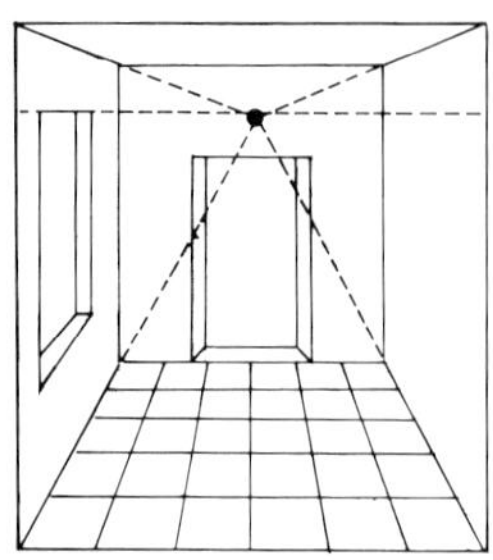

Vogelperspektive

ten an Ufern von Flüssen und Seen. P. sind seit dem Neolithikum bekannt und wurden zum Schutz gegen Feinde und Überschwemmungen errichtet.

Pfalz, Residenz der deutschen Kaiser und Könige im Mittelalter, die durch günstige Lage Wirtschafts- und Verwaltungsmittelpunkt des umliegenden Reichsbesitzes war. Da es noch keinen festen Regierungssitz gab, waren P. über das ganze Reich verstreut und wurden bei Inspektionsreisen des Herrschers vorübergehend als Residenz genutzt. Die P. bestand aus einem mehrstöckigen ↑ Palas und einer Pfalzkapelle, Wirtschaftsgebäude waren angegliedert. Die Notwendigkeit einer Befestigung hing wesentlich von der Lage der P. ab. Die in den Grenzgebieten gefährdet liegenden P. wurden von einer Burg aufgenommen. Wichtige Beispiele sind in Aachen (um 800), Gelnhausen (12..Jh.) und Goslar (11.–13. Jh.) erhalten, Reste in Memleben.

Pfeiler, senkrechte Stütze von rechteckigem oder polygonalem (vieleckigem) Querschnitt; bei kreisförmigem Querschnitt ↑ Rundpfeiler genannt, der aber im Gegensatz zur Säule keine Schwellung oder Verjüngung aufweist. Pfeiler haben meist eine Basis und als oberen Abschluß immer eine Kämpferplatte. Je nach Lage unterscheidet man freistehende Pfeiler, Halb- oder Wandpfeiler (↑ Pilaster). P. können auch ↑ kantoniert mit vorgelegten Halbsäulen ausgebildet sein. Mehrere Rundpfeiler bzw. Dienste von unterschiedlicher Stärke ergeben einen ↑ Bündelpfeiler. Abb. S. 230.

Pfeilerbasilika, ↑ Basilika, deren Langhausbögen im Gegensatz zur ↑ Säulenbasilika auf Pfeilern ruhen.

Pforte, kleine Tür, früher auch in der Bedeutung von Tor oder ↑ Portal (Goldene Pforte in Freiberg).

phantastischer Realismus, Strömung der modernen Kunst seit den 60er Jahren, die aus dem Surrealismus hervorging. Im p. R. geht es um eine traumartig verfremdete Realität, oft mit mythischer Thematik, wobei altmeisterliche Techniken und eine zum Skurrilen gesteigerte Ausdrucksweise angewandt werden. Diese Kunstrichtung wurde vor allem von der ↑ Wiener Schule getragen, in Deutschland gibt es entsprechende Tendenzen u. a. bei den Grafikern Horst Janssen, Paul Wunderlich und Friedrich Meckseper.

Phiale ↑ Vasentypen, griechische.

Phiole, birnenförmiges Glasgefäß mit langem, engem Hals.

phrygische Mütze, von Phrygern und kleinasiatischen Griechen getragene kegelförmige, nach vorn umgebogene Mütze; in der

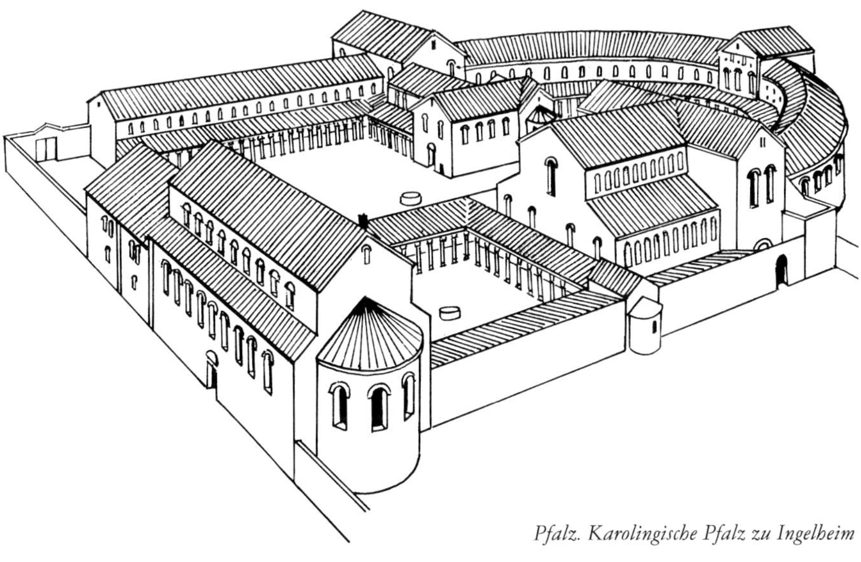

Pfalz. Karolingische Pfalz zu Ingelheim

Französischen Revolution Symbol der Freiheit, bekannt als »Jakobinermütze«.
Physiologus ↑ Bestiarium.
Piedestal ↑ Postament.
Piesel ↑ Pesel.
Pietà [lat. pietas »Mitleid«], *Vesperbild,* Darstellung der trauernden Maria mit dem Leichnam Christi auf dem Schoß. Ihren deutschen Namen Vesperbild verdankt die P. dem Brauch, am Karfreitag zur Zeit des Vespergottesdienstes eine Betrachtung über die fünf Wunden des toten Christus abzuhalten. Das Motiv, das sich seit dem 14. Jh. als ↑ Andachtsbild aus einer ↑ Passionsdarstellung, der Beweinung, herauslöste, war zuerst in der deutschen Plastik verbreitet, seit dem 15. Jh. auch in Malerei und Grafik.
Pietra dura [ital. »harter Stein«] ↑ Florentiner Mosaik.
Pigmentdruck ↑ Edeldrucke.
Piktogramm ↑ Bilderschrift.
Pilaster [lat. pila »Pfeiler«], wenig vorspringender Wandpfeiler, der im Gegensatz zur ↑ Lisene aus Basis, Schaft und Kapitell besteht, also die Projektion einer Säule auf eine Wand darstellt. Seit der Antike bildet er neben Portal- und Fensterrahmung ein wichtiges Element der Wandgliederung, vor allem in Renaissance, Barock und Klassizismus. Abb. ↑ Pfeiler.
Pilzkapitell ↑ Kapitell.
Pinakothek [griech. pinakotheke »Bildersaal«], ursprünglich der nördliche Flügel der ↑ Propyläen auf der Akropolis, in dem gemalte Votivtafeln (↑ Votive) aufbewahrt wurden. Später bezeichnete P. im vornehmen römischen Landhaus einen Raum, der zur Aufnahme von Bildern bestimmt war; seit der Renaissance übliche Bezeichnung für Gemäldesammlungen.
Pinienzapfen, Ornamentmotiv nach der im Mittelmeergebiet verbreiteten Pinie; wurde bereits in der altorientalischen Kunst verwendet. Wegen seiner vielen Kerne galt der P. als Symbol der Fruchtbarkeit und des Lebens und diente der Bekrönung des Lebensbrunnens. In Deutschland war er in der Spätrenaissance als Dach- und Giebelbekrönung verbreitet. Abb. S. 232.
Pinselzeichnung, wie die Federzeichnung eine der wichtigsten Techniken der Zeichenkunst. Die Möglichkeiten der P. reichen von der Feinlinigkeit zarter, spitzer Pinsel bis zur flächenhaften tonig-malerischen Gestaltung. Im Prinzip handelt es sich um eine einfarbige Technik. Bis zum Ende des Mittelalters diente sie vor allem dem Entwurf von aufwendigeren Werken (z. B. Gemälden) und wurde nur gering geschätzt. Seit Entwicklung der ↑ Handzeichnung zu einer selbständigen Kunstgattung Mitte des 15. Jh. änderte sich das. Während die P. der Frühzeit in Deutschland durch die Stricheltechnik des spitzen Haarpinsels charakterisiert wird, strebten die Italiener nach einer mehr malerischen und zunehmend skizzenhaften Form, die im Barock einen gewissen Höhepunkt erreichte. Dabei wurden bräunliche Tuschen wie ↑ Sepia und ↑ Bister bevorzugt. Häufig wurden auch P. und Federzeichnung miteinander kombiniert.
pinxit [lat. »hat gemalt«], Abkürzung *pinx.* oder *p.,* besonders im Barock auf Gemälden der Signatur des Malers hinzugefügt.
Piquage [franz. piquer »stechen«], moderne Gestaltungsart, bei der Leinwandfläche oder

Pfeiler

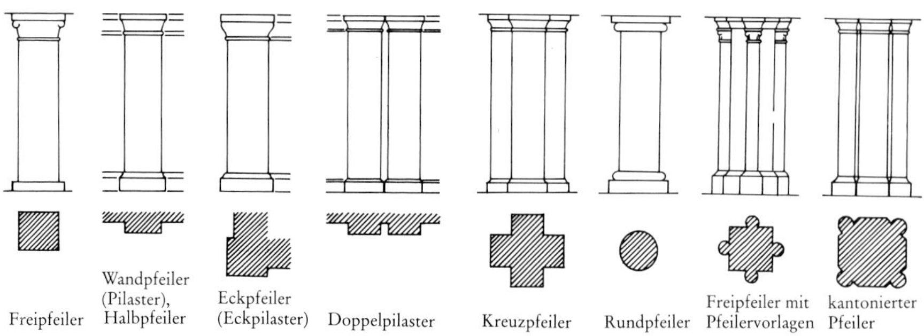

Pietà. Um 1300
Bonn, Landesmuseum

Metall durch Schnitte aufgeschlitzt oder zerstochen wird. Diese Technik wurde vor allem von dem Italiener Lucio Fontana verwendet.

Piscina [lat. »Fischteich«], in der Antike Wasserbecken der Thermen, später Taufbecken im ↑Baptisterium. Der Begriff wurde dann auf die Vertiefung zum Ablauf des Wassers übertragen, das der Priester bei liturgischer Waschung benötigte. Die P. befand sich in der Südwand des Chores neben dem Altar.

Pithos, in der griechischen Antike großer Vorratskrug.

Pittura metafisica [ital. »metaphysische Malerei«], Richtung der modernen Kunst ab 1911/12 in Italien, ausgehend vor allem von Giorgio de Chirico, von dem auch die Bezeichnung stammt. Um 1917/18 zeigten sich bei Carlo Carrà und Giorgio Morandi ähnliche Tendenzen. Mit bildnerischen Mitteln versuchte man, das bisher Unbekannte (griech. meta ta physika »jenseits der natürlichen Dinge«), das über das Objekt hinausgeht, zu erfassen, wobei die Künstler an Traditionen der italienischen Frührenaissance anknüpften. Kennzeichnend ist eine kulissenartige Traumwelt, in der die Gegenstände mit zeichnerischer Härte und scharfer plastischer Modellierung isoliert und beziehungslos wie in einer fremden, undeutbaren Umgebung stehen. Die Ideen der P. m. wirkten auf die Neue Sachlichkeit in Deutschland und beeinflußten wesentlich den Surrealismus.

Plafond [franz. »Decke«], 1. Unterlage oder Hintergrund bei dekorativen Mustern.
2. Raumdecke.

Plakat [niederl. plakaat], öffentlich angeschlagene Anzeige zur allgemeinen Information, häufig im Dienste der Werbung. Der Übergang vom ↑Flugblatt, das oft nicht nur aus Text, sondern auch aus einer Kombination von Text und Bild bestand, ist fließend. Seit dem 19. Jh. entwickelte sich das P. zu einem wichtigen Zweig der ↑Gebrauchsgrafik und erlangte z. T. künstlerische Bedeutung, wie etwa eine Reihe großer Farblithographien, mit denen Henri de Toulouse-Lautrec die Grundlage für die Plakatkunst des Jugendstils schuf. Einen entscheidenden Anteil an der Entwicklung der Plakatkunst hatten auch Expressionismus, Konstruktivismus und Bauhaus durch Reduzierung auf wenige Bildelemente. Das politische P. kann zugleich bedeutsames zeitgeschichtliches Dokument sein. Darüber hinaus gewinnt das P. als eigenständiges künstlerisches Ausdrucksmittel zunehmend Beachtung und wird wegen seines Kunst- und Dokumentationswertes von Museen, Archiven, Bibliotheken und privaten Interessenten gesammelt.

Plakette ↑Medaille.

Plantagenetstil, Bezeichnung für die frühgotische Baukunst des 12. Jh. in Südwestfrankreich zur Zeit der Herrschaft der englischen Dynastie der Plantagenet (1154 bis 1399). Hauptbeispiele sind die Kathedralen in Angers und Poitiers. Bevorzugt wurde der Typ der dreischiffigen Hallenkirche und die neue Wölbungsart des ↑Domikalgewölbes.

Plastik [griech. plassein »bilden«, »formen«], *Bildhauerkunst, Skulptur* [lat. sculpere »schnitzen«], Hauptbereich der bildenden Künste. Die Bezeichnung P. wird häufig gleichbedeutend für alle dreidimensionalen Bildwerke gebraucht, obwohl im engeren Sinne Skulptur, d. h. »Bildhauerei«, nach dem Prinzip des Abtragens entsteht, durch Bearbeitung von Stein oder Holz, »Plastik« nach dem Prinzip des Antragens aus weichem Material geformt wird, aus Ton, Gips, Wachs. Darüber hinaus spricht man bei Holz- und Elfenbeinarbeiten auch von Bildschnitzereien.

Die wichtigsten Materialien sind Stein, Bronze, Holz, Ton, Elfenbein, Wachs, die die unterschiedlichsten Techniken bedingen. Neben der Vollplastik entwickelte sich das ↑Relief.

Wesentlichste Aufgabe der Bildhauerkunst ist die Darstellung des Menschen, deren Anfänge bis in das 3. Jt. v. Chr. zurückrei-

Pinienzapfen

chen. An ihr läßt sich die Einstellung der verschiedenen Völker und Kulturen zum Menschen ablesen. Während die frühen ägyptischen Bildwerke stets mit einem Rükkenpfeiler verbunden waren, schufen die Griechen die frei stehende Figur, die über Jahrtausende hinweg ein Hauptthema der Bildnerei war. Der ↑ Kontrapost spielt dabei eine wesentliche Rolle. Im frühen Mittelalter trat die P. vorwiegend als Bauplastik in Erscheinung, und erst allmählich lösten sich die Skulpturen von der Architektur. Die Betonung des Individuums in der Renaissance wird in der Porträtplastik, dem Grabmal und dem Denkmal deutlich. Während sich im Barock die P. mit Architektur und Malerei zum Gesamtkunstwerk vereinte, setzte sie besonders im 20. Jh. ihren eigenständigen Weg fort und brach mit der Tradition. Die abstrakte Bildhauerkunst entwickelte eine Vielfalt von neuen Formen, Materialien und Techniken.

plateresker Stil, *Platereskenstil* [span. plateresco »goldschmiedeartig«], spanischer Dekorationsstil vom Ende des 15. bis Mitte des 16. Jh., der Ornamentmotive der Spätgotik, der Renaissance und des maurischen ↑ Mudéjarstils übernahm und zu einem Stil mit oft kleinteiligen dekorativen Schmuckformen verschmolz. Während der p. S. zunächst auf die Gestaltung des Innenraumes gerichtet war, war er seit 1500 durchgängig an den Fassaden zu finden, die reichen Schmuck aufwiesen: häufige Verwendung von Medaillons, Köpfen und Wappenschilden, unterschiedliche Bogenformen wie Eselsrücken, Korbbogen, gedrehte oder kannelierte Säulen. Wichtige Beispiele sind der Kreuzgang der Kathedrale Santiago (1521–80) und das Rathaus in Sevilla (1527 ff.).

Plattnerkunst, Treiben und Verzieren von Harnischen durch Plattner über den Gebrauchszweck hinaus. Das Handwerk erlebte im 15. und 16. Jh. einen Höhepunkt,

Pittura metafisica. Giorgio de Chirico: Das Rätsel der Stunde. 1911. Mailand, Sammlung G. Mattioli

als die Harnische nicht nur technisch vollendet waren, sondern auch umfangreichen Zierat aufwiesen. Pflanzliche Ornamente, Arabesken, Wappen wurden geätzt, graviert, tauschiert oder geschnitten.

Platytera ↑ Marienbild.

Pleinairmalerei ↑ Freilichtmalerei.

Plenarium ↑ Lektionar.

Plinthe [griech. plinthos »Ziegel«], rechteckige oder quadratische Fußplatte von Säule, Pfeiler, Postament oder Statue. Abb. ↑ Säulenordnung.

Pluviale [lat. »Regenmantel«], ärmelloser Mantel für katholische Bischöfe und Priester. Ursprünglich Regenmantel mit Kapuze, der bei Prozessionen getragen wurde, entwickelte er sich seit dem 13. Jh. zu einem reich geschmückten Gewand, wobei die Kapuze zu einem Rückenschild umgebildet wurde.

Pokal. Apfelpokal nach Albrecht Dürer. Silber. Um 1515–20. Nürnberg, Germanisches Nationalmuseum

Pointillismus [franz. point »Punkt«], *Neoimpressionismus,* malerische Technik, die vor allem im Spätimpressionismus verbreitet war und auch für weitere moderne Stilrichtungen, z. B. den Futurismus, Bedeutung gewann. Das von Claude Monet angewandte Verfahren, die Farben möglichst in kurzen Strichen nebeneinander aufzutragen, um erst im Auge des Betrachters durch optische Mischung die gewünschte Wirkung zu erzielen, wurde 1883/84 durch Georges Seurat und danach vor allem durch Paul Signac zum Prinzip erhoben. Seurat verwandte möglichst gleich große, nahezu schematisch aufgetragene Punkte, was 1886 zur Bezeichnung P. durch den französischen Kunstkritiker André Feneon führte, während Seurat selbst seine Methode wegen der Farbenzerlegung auch ↑ Divisionismus nannte. Er wollte diesen als objektiv begründeten »wissenschaftlichen« Impressionismus an die Stelle des subjektiven »romantischen« setzen. Die Malerei des P. zeichnete sich durch verschwimmende Formen und flirrende Lichtwirkungen aus. Der Farbe wurde ein eigener Ausdruckswert zugebilligt, wodurch der P. einen wichtigen Einfluß auf die Farbtheorien der Moderne gewann.

Pokal [ital. boccale »Krug«], kelchartiges Trink- oder Ziergefäß aus Metall oder Glas, das oft auch einen Deckel besitzt. Zwischen dem 15. und 18. Jh. hat sich die Gefäßform vielfach gewandelt, mitunter wurden für die Schale auch Elfenbein, Halbedelsteine, Straußeneier, Kokosnußschalen, Schnecken- und Muschelgehäuse verwendet. Nach Material oder Form wurde der P. dann als Trauben-, Kokosnuß- oder Nautiluspokal bezeichnet.

Poliment [ital. la polio »Glätte«, »Putz«] ↑ Bolus.

Pollenanalyse, Methode zur Datierung archäologischer Funde. Unter Luftabschluß (z. B. in Torf, See- oder Meeresablagerungen) bleiben Pollen erhalten. Das Verhältnis der Häufigkeiten einzelner Pollenarten ist in sogenannten Pollendiagrammen zusammengestellt, die dann auch Rückschlüsse auf Pollen zulassen, die aus der zeitlichen und räumlichen Umgebung des Fundstükkes stammen.

Polsterquader ↑ Quader.

Polychromie [griech. polys »viel«, chromos »Farbe«], Farbigkeit von Bauten, Innenräumen, Plastiken mit voneinander abgesetzten

Farben, die dekorativ oder symbolisch verwandt werden. Im allgemeinen werden drei Arten der P. unterschieden: das Bemalen, die Verwendung unterschiedlicher Materialien an Bauten oder Plastiken (Max Klinger, Beethoven) und verschiedenfarbige Putze in der Architektur.
Die P. kann strukturbetonend gliedern (z. B. die Bemalung mit einfachen Farben wie Weiß, Gelb, Blau, Rot an antiken Tempeln), ornamental oder illusionistisch sein. In der Antike erhielten auch Skulpturen aus Marmor eine farbige Gestaltung, vergleichbar der ↑ Fassung (1.) mittelalterlicher Plastiken. Überhaupt war die Kunst des Mittelalters ausgesprochen polychrom. Die architektonischen Glieder wie Rippen, Kapitelle wurden farbig hervorgehoben und gegeneinander abgesetzt. Darüber hinaus existierte eine polychrome dekorative Ausstattung durch Glasmalerei, Mosaiken, Wandteppiche usw. Die P. trat im Klassizismus zurück, doch spielt sie in der modernen Architektur wieder zunehmend eine Rolle.

Polygon [griech. polygonos »vielwinkelig«], Bauwerke oder Teile, die als Grundrißfigur vieleckig sind (5–16 Ecken). Das P. ist eine häufige Form des ↑ Zentralbaues, der mitunter symbolische Bedeutung zugrunde liegt. Polygonale Formen wurden in der Gotik für Chorschlußkonstruktionen bevorzugt.

Polygonalmauerwerk ↑ Mauerwerk.

Polyptychon [griech. »vielfach gestaltet«], Flügelaltar (↑ Altar), der im Unterschied zum ↑ Diptychon und ↑ Triptychon aus mehr als 3 Tafeln besteht.

Ponderation [lat. ponderare »abwägen«], bezeichnet das harmonische Gleichgewicht bei der Verteilung der Körperlast auf die tragenden Glieder einer Statue. Sie ist eine Errungenschaft der klassischen griechischen Plastik, ihre reifste Stufe ist der ↑ Kontrapost.

Pont-Aven, Schule von, in den Jahren 1886–96 schloß sich eine Gruppe von Malern um Paul Gauguin in dem südbretonischen Dorf Pont-Aven zusammen. Dazu gehörten u. a. Emile Bernard, Paul Sérusier und Armand Séguin. Sie flüchteten aus dem städtischen Milieu in die Natur, suchten die ursprüngliche Lebenskraft der Bauernwelt und strebten nach einem neuen, über den Impressionismus hinausgehenden großformigen, flächengebundenen und formvereinfachenden Stil, den ↑ Synthesismus.

Pontifikale, liturgisches Buch, das die Texte enthält, die der Bischof bei ihm allein vorbehaltenen Handlungen (Firmung, Priesterweihe, Bischofsweihe) zu sprechen hat.

Pop art [engl. pop »Knall« oder Kürzel zu popular art »populäre Kunst«], Richtung der zeitgenössischen Kunst, die sich Ende der 50er Jahre fast gleichzeitig in Amerika und England entwickelte und zeitweise eine der einflußreichsten Stiltendenzen auch in Europa darstellte. Die P. a. reflektiert die Welt der modernen Industriegesellschaft, des Konsums und der Reklame und erhebt Dinge des modernen Alltags zum Kunstwerk. Damit wird der Blick auf banale Konsumobjekte gelenkt, die sonst nur im Zusammenhang mit ihrem Gebrauchswert beachtet werden. Diese Entwicklung ist vor allem für die amerikanische P. a. kennzeichnend (Robert Rauschenberg, Jasper Johns, Andy Warhol, Roy Lichtenstein, Claes Oldenburg). In England dagegen hat die P. a. ihre Wurzeln vorwiegend in den gedruckten Massenmedien, in Inseraten, Magazinen usw. (Peter Blake, Allen Jones, Richard Hamilton). Sowohl die amerikanische als auch die europäische P. a. verwendet grelle Leuchtfarben, Film- und Rockidole oder schafft riesige Telefone oder Coca-Cola-Flaschen.
Auch Motive aus Werbung oder comic strips werden verfremdet auf übergroßen Tafeln wiedergegeben. Das stilistische Vokabular der P. a. wirkte stark auf angewandte Kunst und Mode zurück und fand durch Züge des Spielerischen vor allem bei jungen Menschen Anklang.

Portal [lat. porta], meist architektonisch oder plastisch hervorgehobener repräsentativer Eingang eines Bauwerkes, oft ausgestattet mit Säulen, Gebälk, Tympanon, Archivolten, Giebel, Atlanten oder Karyatiden und Bauplastik. Besonders aufwendig war das P. im Mittelalter an kirchlichen Bauwerken gestaltet. Als besondere Form der Tür hat es Beziehungen zum Torbau, ↑ Triumphbogen (1.), ↑ Pylon. Dem P. können Vorbau, Portikus, Paradies, Atrium vorgelagert sein. P. gehören wie Fenster und Wände zu den charakteristischen Stilmerkmalen einer Epoche. Abb. S. 236.

Portatile ↑ Tragaltar.

Portikus [lat. porticus »Halle«], offener, von Säulen oder Pfeilern getragener Vorbau, meist Bestandteil von monumentalen Gebäuden. Vorbild dafür waren die Tempeleingänge der klassischen Antike.

Porträt [franz. portrait, von lat. protrahere »hervorziehen«], gestaltende und deutende Wiedergabe bestimmter Menschen. Während häufig auch die Darstellung eines bestimmten Menschen ohne Ähnlichkeit als Bildnis bezeichnet wird, versteht man unter P. nur eine Darstellung mit individueller Ähnlichkeit. Das P. kann in fast jeder künstlerischen Technik und jedem Material ausgeführt werden. Nach Zahl der Personen unterscheidet man das Einzelbildnis, das Doppelporträt und das Gruppenbild, das eine der schwierigsten künstlerischen Aufgaben ist. Eine Sonderform des Gruppenbildnisses stellt das Familienbild dar. Das P. kann als Ganz- oder als Halbfigurenbild, als Kniestück, Kopf- bzw. Brustbild oder Büste ausgeführt sein. Nach der Stellung des Kopfes unterscheidet man Vorderansicht (↑ en face), ↑ Profil und Halbprofil.

Portal. 1 Romanik, 2 Gotik, 3 Renaissance, 4 Barock, 5 Rokoko, 6 Klassizismus

Bildnisse, die aber keine wirklich individualisierenden Darstellungen gaben, waren schon im alten Ägypten und anderen frühen Hochkulturen bekannt (Amarna-Porträts). Während auch die griechische Kunst Idealbildnisse schuf, spielte das P. in der römischen Kunst bereits eine große Rolle. Das frühe und hohe Mittelalter kennt das Bildnis nicht, auch wenn häufig bestimmte Menschen dargestellt wurden (Grabmalplastik, Kaiserbilder in Prunkhandschriften). Im 13. Jh. beginnt in der Plastik eine physiognomische Charakterisierung (Naumburger Stifterfiguren, Chorschrankenapostel in der Liebfrauenkirche in Halberstadt), die sich im 14. Jh. in den Bildnisbüsten von Peter Parler im Prager Dom fortsetzt.

Die Lösung des Menschen aus mittelalterlichen Bindungen schuf die Voraussetzung für die Entstehung der neuzeitlichen Porträtkunst. Erst in der italienischen Renaissance wandte sich der Künstler bewußt wieder dem Menschen zu. In Deutschland begann die Blütezeit des P. mit Albrecht Dürer, Lukas Cranach und Hans Holbein d.J. und blieb bis ins 20. Jh. eine der wesentlichsten künstlerischen Aufgaben.

Porzellan [ital. porcellana »Porzellanschnecke«], keramisches Erzeugnis, dessen Hauptbestandteile Kaolin, Feldspat und Quarz bilden. Der geformte und getrocknete Scherben wird in einem ersten Brand (Verglühbrand) einer nicht allzu hohen Temperatur ausgesetzt. Dann wird die Glasur aufgetragen, die sich in einem zweiten Brand (Garbrand) vollständig mit dem Scherben verbindet. Als Dekoration besteht die Möglichkeit der Unterglasurmalerei, die auf den Scherben nach dem ersten Brand

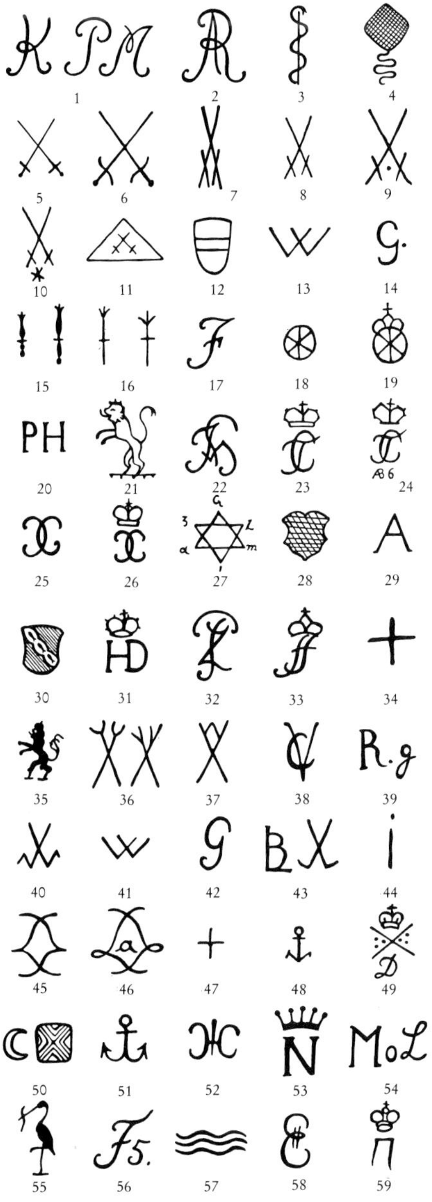

Porzellanmarken. 1–11 Meißen: 1 königliche Porzellanmanufaktur 1723/24, 2 Besitzmarke von König August II. und König August III. bis 1733, 3 Merkurstab in Varianten (um 1723), 4 Papier-Drachen-Marke in vielen Varianten (um 1723), 5–8 Kurschwerter (1725–63), 9 Punktmarke (1763–74), 10 Marcolini-Marke (1774–1813), 11 in die Masse eingraviert, farblos, auf antikem Biskuitporzellan; 12 Wien, blau unter der Glasur; 13 Berlin, Manufaktur Wegely, blau unter der Glasur; 14 Berlin, Gotzkowsky-Manufaktur, meist blau unter der Glasur; 15–16 Berlin, Königliche Manufaktur; 17 Fürstenberg (18. Jh.); 18 Höchst; 19 wahrscheinlich Besitzmarke des Kurfürsten Emmerich Joseph von Breidbach (bis 1774); 20–21 Frankenthal, Paul Hannong; 22 Monogramm des Joseph Adam Hannong; 23 Carl Theodor Marke; 24 Carl Theodor Marke unter Adam Bergdoll; 25–26 Ludwigsburg, Monogramm Carl Eugen Herzog von Württemberg; 27 Nymphenburg, Hexagramm, blau unter der Glasur (1763–65); 28 Nymphenburg, Blindprägung (1755–65); 29 Ansbach, A = Alexander, blau unter der Glasur; 30 Ansbach, Blindprägung Ansbacher Wappen auf Figuren; 31 Kelsterbach (1789–92), blau unter der Glasur; 32 Pfalz-Zweibrücken, Gutenbrunn (1767–75); 33 Fulda, FF = Fürstlich-Fuldaisch (1765–88), blau unter der Glasur; 34 Fulda (1765–80); 35 Kassel (1766–88); 36–37 Volkstedt-Rudolstadt; 38 Kloster Veilsdorf (Thüringen), blau unter der Glasur in vielen Varianten; 39 Gotha; 40–41 Wallendorf (Thüringen); 42 Gera, blau unter der Glasur; 43 Limbach (Thüringen); 44 Ilmenau, immer unter der Glasur; 45–46 Sèvres (ab 1756); 47 Bow, England; 48 Chelsea-London, Anker rot oder Gold (Goldanker); 49 Derby, England, blau unter der Glasur, auch in Rot (nach 1784); 50 Worcester, England; 51 Venedig; 52 Capodimonte, blau unter der Glasur; 53 Neapel; 54 Oude Loosdrecht; 55 Amstel; 56–57 Kopenhagen; 58 St. Petersburg (1762–96), Katharina II., blau; 59 St. Petersburg, 1796–1801, Paul I., blau

aufgetragen wird. Die Farben verbinden sich fest mit der Glasur. Dazu können aber nur sogenannte Scharffeuerfarben (↑ Muffelfarben) verwendet werden. Eine weitere Möglichkeit bildet die Aufglasurmalerei nach dem Garbrand, bei der eine reichere Farbpalette zur Verfügung steht, allerdings ist die Haltbarkeit geringer. Je nach der Brenntemperatur unterscheidet man Hart- und Weichporzellane. Das chinesische oder japanische Porzellan ist fast durchweg Weichporzellan; die europäischen Manufak-

turen wie Meißen oder Berlin stellen Hartporzellan her. Biskuitporzellan ist ein Weichporzellan mit matter Oberfläche ohne Glasur.
Zur Kennzeichnung der Herkunft der P. dienen ↑ Porzellanmarken. Das P. wurde in der Tangzeit (618–906) in China erfunden und seit dem 16. Jh. in größeren Mengen nach Europa exportiert. Bereits seit dem 15. Jh. wurden Versuche unternommen, es nachzuahmen. Erste Ergebnisse waren seit Mitte des 16. Jh. in Florenz das ↑ Medici-Porzellan und in Frankreich Frittenporzellan. Erst Johann Friedrich Böttger gelang 1708/09 unter Mitwirkung des Naturwissenschaftlers Ehrenfried Walter von Tschirnhaus die Erfindung des europäischen P. 1710 wurde in Meißen die erste europäische Porzellanmanufaktur gegründet. Fast alle Fürstenhöfe folgten dem sächsischen Beispiel und riefen eigene Manufakturen ins Leben, so in Wien, Höchst, Nymphenburg, Fürstenberg und Berlin, um nur einige der bedeutenderen zu nennen.

Porzellanmarken. Zur Kennzeichnung ihrer Fabrikate verwendeten Manufakturen P. in Form von Wappen, Monogrammen und Buchstaben. Sie waren im Laufe der Zeit einem Wandel unterworfen und ermöglichen so die Datierung einzelner Stücke. Abb. S. 237.

Postament [lat. ponere »setzen«, »stellen«], *Piedestal,* Sockel oder Unterbau für Säulen, Statuen, Vasen usw. Abb. ↑ Altan.

posthume Gotik ↑ Nachgotik.

Postmoderne, *Postmodernismus* [lat. post »nach«], nicht genau bestimmbarer, umstrittener Begriff, der zuerst in der Literatur auftrat und seit 1959/60 in den USA weitere Verbreitung fand. In der Architektur wurde er seit 1975 vor allem von Charles Jenkins gebraucht. Der Terminus bezeichnet die Veränderungen in Kunst und Kultur, die auf einer Abwendung von funktionalen Auffassungen in der Architektur und von der Darstellung der Realität in Kunst und Literatur beruht. Während zu Beginn des 20. Jh. die avantgardistischen Richtungen in Kunst, Architektur und Literatur als »Moderne« gelten, signalisiert der Begriff »Nach-Moderne« ein Abrücken von diesen als erstarrt und »veraltet« abgestempelten Kunstauffassungen. Als »postmodern« werden demgegenüber Phantasie und Kreativität proklamiert, die einem Lebensgefühl Ausdruck verleihen sollen, das sich den Zwängen der Industriegesellschaft entgegenstellt. So werden in der Architektur Bauformen aus verschiedenen Zeiten miteinander verknüpft, verfremdet oder sogar ins Absurde verkehrt. Ähnlich werden in der Malerei Symbole und Bildelemente aus Mythologie und Kulturgeschichte als Zitat in spielerischer Weise in Bilddarstellungen einbezogen, die zugleich einen spontanen Umgang mit Farben und Formen erkennen lassen. In der Malerei hat sich dafür der Begriff Transavantgarde durchgesetzt, der mit einer Ablehnung des sozialen Auftrags der Künstler verbunden ist. Die sogenannte postmoderne Kunst, Architektur und auch Literatur sind vielgestaltig und stellen keine einheitliche Stilrichtung, Strömung oder Schule dar. Ein Beispiel für deutsche postmoderne Architektur ist die Staatsgalerie in Stuttgart.

post-painterly abstraction ↑ nachmalerische Abstraktion.

Potpourri [franz. »Allerlei«], Gefäß mit durchbrochenem Deckel, um den Duft von Kräutern u. a. entweichen zu lassen.

Präraffaeliten, Mitglieder einer von den Malern Dante Gabriel Rossetti und John Everett Millais 1848 gegründeten englischen Künstlervereinigung, die eine Reform der Kunst anstrebten. Sie betrachteten die italienische Kunst der Frührenaissance (vor allem Andrea Mantegna und Sandro Botticelli) als Vorbild und forderten vorwiegend auf den Gebieten der Malerei und Grafik eine religiös-seelische Vertiefung der Kunst, Eingebung des Künstlers durch Naturversenkung und dekorative Wirkung. Zeitweise gehörten auch William Morris und Edward Coley Burne-Jones zu den P.

Predella [ital. »Podest«], *Altarstaffel,* kastenförmiger Untersatz am Altar; häufig bemalt. Abb. ↑ Altarretabel.

Presbyterium [griech. presbyterion »Rat der Ältesten«], Priesterraum in der Kirche, so nach den Presbytern benannt, die in der frühchristlichen Kirche hier ihren Sitz hatten. Im Mittelalter war das P. vor allem der Sitz der Geistlichen vor dem Hochaltar.

Pressage [franz. presser »pressen«], Gestaltungsart, bei der Metallgegenstände durch Verformen und Zusammenpressen zu künstlerischen Gegenständen verändert werden.

Pressendruck, in der Regel aufwendiger künstlerischer Druck in kleiner Auflage für bibliophile Sammler. P. werden oft außerhalb des Buchhandels vertrieben. Der P. entstand, um dem künstlerischen und handwerklichen Verfall in der Buchproduktion seit Mitte des 19. Jh. entgegenzuwirken (z. B. Janus-Presse, Bremer Presse, Cranach-Presse).

preußische Kappe, Deckenkonstruktion, bei der flache aneinandergereihte Tonnensegmente durch Eisen oder Stahlträger gehalten werden.

Primamalerei ↑ alla prima.

Primärfarben, Grundfarben, die sich nicht durch Farbmischung erzielen lassen (Gelb, Rot, Blau). Mischungen aus P. nennt man Sekundärfarben (Gelb + Rot = Orange, Gelb + Blau = Grün, Rot + Blau = Violett). Als Tertiärfarben werden die Farben bezeichnet, die aus Mischungen von Primär- und Sekundärfarben oder aus Sekundärfarben entstehen.

Probedruck ↑ épreuve d'essai.

profane Kunst [lat. profanus »ungeweiht«, »unheilig«], allgemeine Bezeichnung für weltliche Kunst, also für Kunst, die nicht mit dem religiösen Leben in Zusammenhang steht (Gegensatz: sakrale Kunst).

Profil [ital. profilo »Seitenansicht«], 1. Seitenansicht, besonders des Kopfes, im Gegensatz zur Frontalansicht (↑ en face). Als Halbprofil bezeichnet man die Stellung zwischen en face und Profil, als verlorenes Profil eine halbe Drehung vom Betrachter weg in den Bildraum.
2. in Architektur und Möbelbau Bezeichnung für vorspringende Bauglieder (Gesimse, Leisten, Rippen usw.).

Proletkult [Abkürzung für »*prolet*arische *Kult*ur«], im September 1917 in St. Petersburg gegründete Kultur- und Bildungsorganisation der Arbeiter. Ziel war die Schaffung einer neuen proletarischen Kultur auf der Grundlage des »Prozesses der Organisation kollektiver Erfahrung«. Der P. versuchte, neue Formen der Massenkunst zu entwickeln. Die bildenden Künstler standen meist dem ↑ Konstruktivismus nahe, der anfangs die offizielle Kunstform der russischen Revolution war. Der P. entfaltete sich mit Hilfe Lenins zu einer umfassenden Organisation, die 1932 aufgelöst wurde.

Promenade, architektonisch und gärtnerisch gestaltete Anlage zum Spazierengehen (Wall-, Ufer-, Kurpromenade).

Pronaos [griech.], Vorhalle, die der Cella des griechischen Tempels vorgelagert ist.

Proportion [lat. proportio »Verhältnis«], ästhetisches Verhältnis der einzelnen Teile eines Kunst- oder Bauwerkes zueinander und zum Ganzen. In verschiedenen Epochen hat es unterschiedliche Proportionsvorstellungen gegeben (↑ Proportionslehre).

Proportionslehre, Lehre von den Maßverhältnissen eines Kunstwerkes, seiner einzelnen Teile untereinander und zum Ganzen. Ausgangspunkt sind dabei fast immer die Maßverhältnisse des menschlichen Körpers, die man in einem ↑ Kanon festzulegen versuchte, um danach die menschliche Idealgestalt zu bilden. In der Architektur der griechischen Antike wurde ein ↑ Modul entwikkelt, dem der halbe Säulendurchmesser zugrunde lag. In der hellenistischen Kunst fand der ↑ Goldene Schnitt Anwendung, während Vitruv verallgemeinernd die menschlichen Maße in Beziehung zur Baukunst setzte. Im Mittelalter wurden Proportionen als geometrische Konstruktionsschemata verstanden und mit Hilfe von ↑ Quadratur und ↑ Triangulation ermittelt. Der P. galt in der Renaissance erneut hohes Interesse. Die Künstler bemühten sich, die Wirklichkeit exakt zu erfassen. Die P. von Leon Battista Alberti und Leonardo da Vinci wurden von Albrecht Dürer übernommen und in seinen »Vier Büchern von menschlicher Proportion« (1528) zu einem umfassenden Lehrsystem zusammengefaßt. Im 18. Jh. empfand man Proportionen als Sache der individuellen Empfindung und Schönheit. Nur

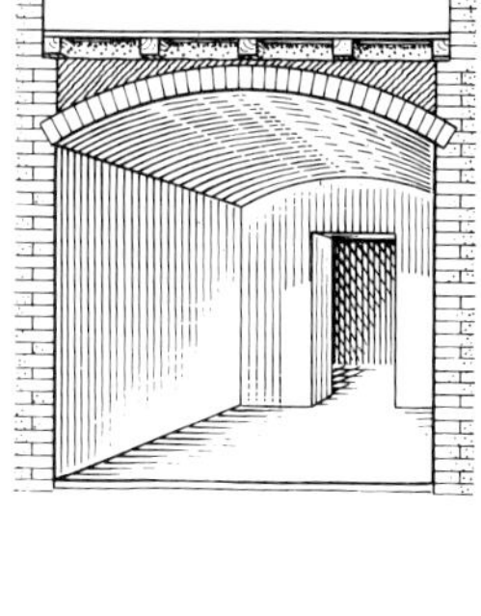

Preußische Kappe

innerhalb der klassizistischen Strömungen lebte das Interesse an P. weiter. Im 20. Jh. griff Le Corbusier in seinem ↑ Modulor den Gedanken von Vitruv auf, im Maß des Menschen das Maß der Architektur zu sehen.

Propyläen [griech. propylaion »Vorbau vor dem Tor«], Eingangstore zu einem umschlossenen Tempelbereich, später auch hallenartige Eingänge zu öffentlichen Gebäuden und Märkten. Die bedeutendste Anlage befand sich auf der Akropolis von Athen (437–432 v. Chr.)

Prospekt [lat. prospectus »Ansicht«, »Aussicht«], 1. in der Malerei Darstellung von Gebäuden, Straßen, Plätzen usw. in perspektivischer Form; ↑ auch Vedute.
2. im Theater der gemalte Bühnenvorhang oder Bühnenhintergrund.
3. im Orgelbau der sichtbare Teil der Orgelanlage.

Prostylos [griech. »vorn mit Säulen versehen«] ↑ Tempel.

Proszenium [lat., griech. proskenion], Vorderbühne; im antiken Theater der Platz vor der Spielbühne, heute Raum zwischen Vorhang und Rampe.

Prothesis [griech. »das Zur-Schau-Stellen«], in orthodoxen Kirchen der an der Nordseite der Hauptapsis gelegene Nebenraum, der zur Vorbereitung der eucharistischen Gaben dient. ↑ auch Pastophorium.

protogeometrischer Stil [griech. protos »der Früheste«], Stil der ↑ griechischen Kunst des 11./10. Jh. v. Chr. Charakteristisch sind Vasen mit Streifen-, Strich-, Zickzack-, Wellenband- und Metopenverzierung.

Protorenaissance [griech. protos »der Früheste«], *Vorrenaissance*, von Jakob Burckhardt geprägter Begriff für Erscheinungen einer intensiven Antikerezeption vor der ↑ Renaissance (vor allem in Italien und Südfrankreich) in der süd- und mittelitalienischen Architektur und Plastik des 12. und 13. Jh. Das Nachahmen antiker Formen hatte oft politische Ursachen. Hauptbeispiel ist die vom kaiserlichen Machtideal getragene Baukunst und Plastik: Hohenstaufenschlösser Friedrichs II. in Süditalien und Sizilien (12. Jh.), Triumphtor in Capua (1234–39), Plastik Niccoló Pisanos.

Provenienz [lat. provenire »hervorkommen«], Bezeichnung für die Herkunft eines Kunstwerkes. Die P. kann die künstlerische Richtung oder Schule angeben oder bezieht sich auf die ehemaligen Besitzer.

Prozeßkunst, Variante der ↑ Materialkunst, die Naturstoffe wie Wasser, Schnee, Blätter, Gras verwendet, die sich durch Witterungseinflüsse oder Wachstum verändern. Das eigentliche Anliegen der P. besteht in der Darstellung dieser Veränderungen, die häufig in Film oder Video festgehalten werden.

Prunkharnisch, vom hohen Adel zur Repräsentation und Prunkentfaltung auf Festen und öffentlichen Versammlungen getragene, kostbar gearbeitete Körperpanzerung; vor allem seit der Spätrenaissance Rangzeichen des Aristokratisch-Ritterlichen.

Prunkwaffen, mit prachtvoller Verzierung ausgestattete Waffen, die meist funktionstüchtig waren, aber vorrangig der Repräsentation dienten.

Psaligraphie [griech. psalis »Schere«], Kunst des ↑ Scherenschnittes.

Psalter [griech. »Saiteninstrument«, auch »Spieler eines Saiteninstrumentes«], ↑ liturgisches Buch, das die 150 Gesänge der Psalmen umfaßt.

Pseudobasilika [griech. pseudes »täuschend«, basilika »Säulenhalle«], basilikaler Kirchenraum, dessen Mittelschiff im Obergaden keine Fenster besitzt, sondern wie bei ↑ Hallenkirchen durch die Fenster der Seitenschiffe beleuchtet wird. ↑ auch Basilika.

Pseudodipteros [griech. pseudes »täuschend«, dipteros »zweiflügelig«], Form des antiken ↑ Tempels, der im Gegensatz zum ↑ Dipteros nur einen Säulenumgang hat.

Pseudoperipteros [griech. pseudes »täuschend«, peripteros »rings umgebend«], antiker ↑ Tempel, bei dem die Säulen der Ringhalle durch Wandsäulen an der Cella ersetzt sind.

Pultdach ↑ Dachformen.

Punktmanier, *Punktiermanier*, *Punzenmanier*, Technik des ↑ Kupferstichs, bei der feine

Pseudobasilika

Punkte mit der Roulette (einem feingezahnten Rädchen) oder einem Punzeisen eingestochen werden. Je nach Eintiefung und Abstand zueinander entstehen also hellere und dunklere Partien.

Punze, Stahlstift oder Stempel zum Eintreiben von Formen in Metall oder Leder, mitunter auch in Holz. Die fertige Arbeit ist dann punziert oder gepunzt.

Purismus [lat. purus »rein«], 1. ursprünglich Bezeichnung für das Bestreben in der Architektur, Bauwerke von späteren, stilfremden Zutaten zu befreien. So wurden im 19. Jh. viele barocke Ausstattungsstücke aus gotischen Kirchen entfernt und damit zerstört.
2. Richtung der modernen Kunst, die 1918 von Amedée Ozenfant und Le Corbusier ausging. Sie übernahmen vom Kubismus dessen elementare geometrische Bild- und Formenordnung, wollten ihn aber von aller Emotionalität befreien. In ihren Gemälden stellten die Puristen Formen und Gegenstände in einer Strenge dar, der vor allem Le Corbusier mit der Wende zu einer neuen Architektur und ihren Gestaltungszielen entsprach. Insgesamt forderten sie Rückkehr zu architektonischer Einfachheit.

Putten ↑ Eroten.

Pyknostylos ↑ Interkolumnium.

Pylon [griech. »Tor«], Torbau des ägyptischen Tempels, der meist aus paarweise angeordneten Baukörpern besteht, die ein Portal flankieren. Sie sind oft mit Reliefs geschmückt.

Pyramide, monumentaler Grabbau der ägyptischen Könige im Alten und Mittleren Reich (etwa 2660–1750 v. Chr.) über quadratischem Grundriß mit geneigten Dreieckseiten. Früheste Formen waren die Stufenpyramiden, die aus mehreren übereinandergesetzten ↑ Mastabas bestanden. Höhepunkt des Pyramidenbaues bildete die Cheopspyramide bei Giseh. Sie war ursprünglich bis zur Spitze mit weißen Kalksteinplatten verkleidet. Im Innern befindet sich ein System von Gängen und Kammern sowie auch die Grabkammer, die vor räuberischen Zugriffen gesichert war. Pyramidenartige Bauten sind auch aus Vorderasien (↑ Zikkurat) und Altamerika bekannt, doch sind die altamerikanischen P. keine Grabbauten, sondern Tempelunterbauten.

Pyxis, *Capsa,* 1. liturgisches Gefäß zur Aufbewahrung der geweihten Hostie. ↑ auch Kelch. 2. ↑ Vasentypen, griechische.

Q

Quader [lat. quadrus »viereckig«], regelmäßig behauener Werksteinblock mit glatten parallelen Flächen. Je nach Form der Ansichtsfläche im Mauerwerk spricht man von Bossen- oder Buckelquader, ↑ Diamantquader und Polsterquader.

Quadermauerwerk ↑ Mauerwerk.

quadratischer Schematismus ↑ gebundenes System.

Quadratur [lat. quadratus »viereckig«], Proportionsschema, das in der Baukunst des Mittelalters zur Bestimmung der Maßverhältnisse verschiedener Bauteile untereinander und zum Ganzen verwendet wurde. In ein Quadrat werden jeweils um 45 gedrehte weitere Quadrate einbeschrieben, deren Seitenlängen eine geometrisch begründete Maßfolge ergeben. Die Q. wurde schon in der Antike praktiziert und ermöglichte zusammen mit der ↑ Triangulation einen Riß in jeden beliebigen Maßstab zu übertragen. ↑ auch Proportionslehre.

Quadraturmalerei ↑ Architekturmalerei.

Quadriga [lat. Pl. quadrigae »Viergespann«], in der griechischen Antike der mit vier nebeneinander laufenden Pferden bespannte und stehend gelenkte Streitwagen. In Rom wurde die Q. nur noch bei Wagenrennen und Triumphzügen verwendet und dann zum Symbol der hervorgehobenen Stellung von Göttern und Heroen (Q. der Hera am Zeusaltar von Pergamon). Diese ikonographische Bedeutung wirkte über die Antike hinaus bis ins 19. Jh. (Q. von Gottfried Schadow auf dem Brandenburger Tor in Berlin, 1789; Q. auf dem Siegestor in München, auf dem Arc de Triomphe in Paris und auf dem Bolschoitheater in Moskau).

Quadrivium ↑ Sieben freie Künste.

Quattrocento [ital. »Vierhundert«, Abkürzung für 1400], italienische Bezeichnung für Kunst und Kultur des 15. Jh.; das Q. umfaßt also die Kunst der italienischen Frührenaissance. ↑ auch Duecento.

Queen Anne style, nach der englischen Königin Anna Stuart (reg. 1702–14) ben. Stilrichtung, die sich vor allem auf kunsthandwerklichem Gebiet und in der Innendekoration entfaltete. Die Möbel zeichnen sich durch schlichte Formen und ausgewogene Proportionen aus, die mit sparsamen flächigen Beschlägen und Schnitzereien belebt werden. In der Architektur entwickelte sich der englische Landhausstil mit Werksteingliederung, gequaderten Ecken und aneinandergereihten Fenstern, die an der Hauptfassade durch Verdachung bekrönt werden.

Queen Elizabeth Style ↑ Elizabeth style.

Queensware, von Josiah Wedgwood entwickeltes gelbes Steingut, ursprünglich Cream-Ware genannt, die in Europa große Verbreitung fand. Er fertigte daraus Service für die englische Königin Charlotte, von der er 1765 die Erlaubnis erhielt, die Keramik als Q. zu bezeichnen.

Querschiff, *Querhaus, Transept,* im Kirchenbau der zwischen Langhaus und Chor eingeschobene Querbau, der das Langhaus in der ↑ Vierung durchdringt. Die Kirche erhält im Grundriß durch das Q. die Form eines Kreuzes. Sonderformen bilden Kirchen mit zwei Q., wobei sich östlich der Vierung ein weiteres Q. befinden kann (Cluny III, englische Kathedralen) oder bei doppelchörigen Anlagen auch im Westen ein Q. eingeschoben wird. Abb. ↑ Basilika.

Quilt [engl. »Steppen«, »Steppdecke«], textile Handarbeitstechnik, bei der mehrere Stofflagen durch fortlaufende Steppstiche zusammengehalten werden. Quiltdecken besitzen eine Schauseite. Diese kann aus dem sogenannten ↑ Patchwork bestehen, zusammengenähten, unterschiedlich farbigen Stoffen, die auf einen Grund aufgenäht wurden. Beim reinen Q. entsteht durch Steppen ein Reliefmuster. Eine Steigerung des entstehenden Reliefdekors erreicht man, indem einzelne umstochene Motivteile zusätzlich mit Watte oder Kordel ausgestopft werden. Die Quilttechnik kam um 1200 durch Kreuzfahrer aus dem vorderen Orient nach Europa und ist besonders in den USA, auch unter Einfluß der Kunst der Indianer, bis in die Gegenwart verbreitet.

R

Radfenster ↑ Fensterrose.

Radierung, wie der ↑ Kupferstich grafische Technik, bei der die druckenden Stellen vertieft liegen. Eine Kupferplatte wird mit einer säurefesten Masse, dem Ätzgrund, überzogen. Dann wird die Zeichnung mit einer spitzen Stahlnadel übertragen, indem der Ätzgrund geritzt und die Kupferplatte an diesen Stellen freigelegt wird. In einem anschließenden Säurebad werden die bloßgelegten Linien geätzt. Nach Entfernung des Ätzgrundes nehmen sie die Farbe auf, die an das daraufgepreßte Papier abgegeben wird. Wird mit der Radiernadel direkt auf die Platte gezeichnet, spricht man von Kaltnadelradierung.

Radio-Carbon-Methode, *Kohlenstoff-14-Methode, C-14-Methode,* Verfahren zur Altersbestimmung von Kunstwerken oder Fundgegenständen aus organischen Stoffen. Es beruht auf der Zerfallsgeschwindigkeit des in jedem organischen Material vorkommenden Kohlenstoffisotops C 14. Diese Methode wird vor allem in der Archäologie für die Datierung von vor- und frühgeschichtlichen Funden angewendet.

Rähm, bei Ständer- und Fachwerkbauten die waagerechten oberen abschließenden Längshölzer, auf denen die Dachbalken ruhen. ↑ auch Fachwerk.

Rahmen, im allgemeinen Sinne ein rechteckiges starres Grundgerüst, das in der Architektur beispielsweise als Einfassung von Türen oder Fenstern dient; im speziellen Sinne der Bilderrahmen, der das Bild nach innen zusammenschließt und nach außen abgrenzt. Im Unterschied zur Bildebene weist der R. eine Dreidimensionalität auf. Die Umrahmung eines Bildes oder Musters in einer Ebene wird bei Textilien, Glasgemälden oder Mosaiken als Bordüre oder Borte, bei Wandgemälden, Buchillustrationen oder grafischen Blättern als Randleiste bezeichnet.

Ranftbecher, Becherglas des frühen 19. Jh. mit konischem oder eingezogenem Körper und vorstehendem Gefäßboden, dekoriert im ↑ Biedermeier-Stil.

Rankenwerk, allgemein Ornamentform aus pflanzlichen Motiven. Im engeren Sinne Ornamentform der Spätgotik, wobei die Ranke aus breitlappig geschwungenem, stachelig-spitzem oder stilisiertem Blattwerk gebildet wird. Neben ↑ Akanthus treten auch heimische Pflanzen wie Wein, Wicke und Efeu auf. Das R. fand als Flächenornament und Flachrelief weite Verbreitung an Tympana, Pilastern, Beschlägen, in der Buchkunst, an Möbeln, Täfelungen und geschmiedeten Gittern.

Rapport, kleinste in sich geschlossene Einheit eines Musters, das sich auf der Fläche regelmäßig wiederholt (z. B. auf Stoffen, Teppichen, Tapeten). Wird der an den Rändern liegende R. halbiert, spricht man von unendlichem Muster.

Rationale, bischöflicher Schulterschmuck, der im Mittelalter nur bei der Meßfeier getragen wurde. Im Unterschied zum ↑ Pallium war das R. meist reich mit Perlen und Edelsteinen verziert.

Rattan [malaiisch rotan], *spanisches Rohr,* schlanke Stämme und Triebe mehrerer Arten der Palmengattung Calamus, die vor allem auf Borneo, Sumatra und der Malaiischen Halbinsel gewonnen und – von Oberhaut, Blättern und Stacheln befreit – in den Handel gebracht und zu Möbeln und unzähligen Gebrauchsgegenständen verarbeitet werden. Das nach dem Schälen verbleibende Innere wird als Peddigrohr für Korbmöbel, Zierkörbe u. a. verwendet.

Raumkunst ↑ Innenarchitektur.

Raute, auf der Spitze stehender Rhombus. Die R. war Dekorationselement bei fast allen urgeschichtlichen Kulturen und ist eines der Grundelemente des Vasendekors. Darüber hinaus ist sie beliebtes Schmuckmotiv in der Buch- und Einbandkunst.

Rautenkranz, in der Heraldik leicht gekrümmter grüner Schrägbalken, dessen oberer Rand mit Rautenblättern besetzt ist (z. B. im sächsischen und thüringischen Wappen).

Raute

Ravelin ↑ Festung.

Rayogramm, Grafik, die mit fotografischem Material hergestellt wird. Einzelne Gegenstände werden auf Fotopapier gelegt und belichtet. Die Technik wurde nach dem Amerikaner Man Ray benannt, der dieses Verfahren 1922 entwickelte. Es ähnelt der 1918 von Christian Schad entwickelten Schadographie.

Rautenkranz im sächsischen Wappen

Rayonismus [franz. rayon »Strahl«], russische Kunstrichtung, die Michael Larionow 1913 aus dem Futurismus entwickelte und in dem »Manifest des Rayonismus« formulierte. Dabei werden westeuropäische Kunstströmungen wie Futurismus, Kubismus und Orphismus verarbeitet. Die Bildfläche wird in abstrakte Strahlenbündel zerlegt und erscheint durch sich überschneidende farbige Felder prismenartig gebrochen. Große Erfolge hatte Larionow bei Bühnendekorationen für das Pariser Theater, wo das Licht als gestaltendes Element eingeführt wurde. Neben Larionow gehört Natalia Gontscharowa zu den Hauptvertretern des R.

Readymade, *Ready-made* [engl. »Fertigware«], von Marcel Duchamp geprägter Begriff für industriell hergestellte Gegenstände, die vom Künstler genommen und zu Kunstwerken erklärt werden. Die ersten R. stellte er 1913 in New York aus. Dazu gehörten das auf einem Hocker montierte »Fahrrad-Rad«, später der »Flaschentrockner«, ein Ständer, der von Duchamp lediglich ausgewählt und signiert wurde. In den

R. versuchte Duchamp, eine Annäherung der Kunst an die Wirklichkeit zu erreichen, indem die Nachahmung der Wirklichkeit durch die Identität von Kunst- und Gebrauchsgegenstand ersetzt wird. Traditionelle Kunstanschauungen sollten so in Frage gestellt werden.

Realismus [lat. res »Sache«, »Ding«], künstlerische Gestaltungsweise, die die Wirklichkeit so widerspiegelt, daß wesentliche Merkmale der dargestellten Dinge oder Personen erfaßt werden, wobei unterschiedliche stilistische Mittel verwendet werden können. Die Wiedergabe ist dabei gleichzeitig mit einer Deutung der Wirklichkeit und mit einer schöpferischen Auseinandersetzung mit ihr verbunden. Im weiteren Sinne kann jede Auseinandersetzung des Künstlers mit der Wirklichkeit als R. bezeichnet werden, wobei der Grad der Realität in verschiedenen Epochen oder Kulturen sehr unterschiedlich ist. In der bildenden Kunst hat es immer wieder Zeiten mit »realistischen« Darstellungen gegeben (Antike, spätgotische Plastik, niederländische Malerei des 17. Jh.).

R. wurde im 19. Jh. von dem französischen Maler Gustave Courbet als Stilbegriff geprägt, als er auf der Pariser Weltausstellung 1855 über dem Pavillon mit seinen Werken die Worte »Le Réalisme« anbrachte. Bedeutende Vertreter dieser Richtung, etwa zwischen 1850 und 1890, waren z. B. Adolph Menzel, Wilhelm Leibl und die Landschaftsmaler der Schule von ↑ Barbizon.

Die realistische Tendenz mündete in den ↑ Naturalismus, von dem sich der R. nicht immer eindeutig abgrenzen läßt. Im 20. Jh. setzten sich neue Formen des R. durch (↑ neuer Realismus, ↑ Neue Sachlichkeit, ↑ Surrealismus, ↑ sozialistischer Realismus). Im Gegensatz zu R. und Naturalismus steht der Idealismus (↑ idealisierende Darstellung).

Redan ↑ Festung.

Redoute [franz. »Schanze«], trapezförmiges Vorwerk einer ↑ Festung.

Redoutensaal [franz.], Ball- und Festsaal.

Refektorium, Speisesaal der Mönche in einem ↑ Kloster, der wie der Kapitelsaal baukünstlerisch oft ausgezeichnet ist. Im späten Mittelalter wurde neben dem Sommerrefektorium oft ein heizbares Winterrefektorium errichtet. Besonders in Ordensburgen wurde das R. auch als Remter bezeichnet.

Régence [franz. »Regentschaft«], Stilrichtung in Frankreich z. Z. der Regentschaft des Herzogs Philipp von Orléans (1715–23). Sie leitet vom ↑ Louis quatorze des französischen Hochbarock über zum ↑ Louis quinze. Dabei werden leichte, elegante kurvige Formen bevorzugt; Räume zeigen im Grundriß Rundungen statt rechter Winkel. Die flächige Wandgliederung (Pilaster anstelle von Halb- oder Vollsäulen) wird zu einer Einheit verschmolzen und Übergänge zwischen Wand und Decke aufgehoben. Als neues dekoratives Element sind Drachen, Chimären und andere Fabelwesen beliebt. Die Möbel wirken leichter und graziler. In der Malerei werden die Farben zarter und entsprechen dem empfindsamen Lebensgefühl.

Regency style [engl. regency »Regentschaft«], Bezeichnung für die Kunst zwischen etwa 1810 und 1830 in England, benannt nach der Regentschaft Georgs IV. Der R. enspricht dem französischen Empire, allerdings fehlen die napoleonischen Embleme und jede Art von Symbolen. Die Möbel folgen klassizistischen Vorbildern. Anstelle vergoldeter Bronzemontierungen sind häufig Einlegearbeiten aus Messing zu finden.

Regentenstück, *Regentenbild,* Gruppenbildnis in der niederländischen Malerei des 16. und 17. Jh., das die Vorsteher der Gilden, Stiftungen (Regenten) usw. zeigt. Ähnlich wie beim ↑ Schützenstück ist eine Zahl von Einzelporträts durch eine Handlung zusammengefaßt, die die einzelnen Dargestellten untereinander in Beziehung setzt.

Regula [lat. »Leiste«], Plättchen mit nagelkopfartigen Verzierungen (Guttae) am Architrav dorischer Säulenordnungen.

Regularkirche, *Reglerkirche,* Bezeichnung für die Kirche eines regulierten Chorherrenstiftes (↑ Stiftskirche).

Reiberdruck, Holz- oder Metallschnitt, der nicht mit einer Presse, sondern mit einem Reiber, einem Lederballen, direkt vom Holzstock abgezogen wird. ↑ auch Handdruck.

Reichenauer Malerschule. Das Benediktinerkloster auf der Bodenseeinsel Reichenau war führendes Zentrum der ↑ ottonischen Kunst. Neben Wandmalerei (St. Georg,

Oberzell) wurde hier auch ↑Buchmalerei gepflegt, die um 1000 einen künstlerischen Höhepunkt erreichte. Zu ihren bedeutendsten Werken – es blieben etwa 4000 Handschriften erhalten – gehören der Gero-Codex (heute Darmstadt, Hessische Landesbibliothek), das Evangeliar Ottos III., das Perikopenbuch Heinrichs II. (beide München, Bayerische Staatsbibliothek) und die Bamberger Apokalypse (Bamberg, Staatliche Bibliothek). Zu den Merkmalen der Reichenauer Buchmalerei gehören stilisierte pflanzliche Ornamente an Initialen und die Gestaltung rein ornamentaler Schriftseiten. Einzelne Werke der Reichenauer Buchmalerei wirkten weit über die eigene Werkstatt hinaus bis nach Italien und in den Weserraum.

Reichsadlerhumpen, zylindrisches Glas mit emailgemalter Darstellung des Reichsadlers, dessen ausgebreitete Schwingen die Wappen des Reiches, der Kurfürstenstände und Städte tragen. Diese Darstellungen galten als Versinnbildlichung der ersehnten deutschen Reichseinheit, ähnlich wie auch die ↑Kurfürstengläser. R. wurden vom 16.–18. Jh. hergestellt.

Reichsapfel ↑Reichskleinodien.

Reichskleinodien, *Reichsinsignien, Reichsheiligtümer,* gehören zum Krönungsornat der deutschen Kaiser und bilden zusammen mit den Herrscherinsignien den Kronschatz des Heiligen Römischen Reiches deutscher Nation, der seit 1808 in der Wiener Hofburg aufbewahrt wird. R. sind neben der Kaiser- und Königskrone Zepter, Reichsapfel und kostbare Schwerter, auch verschiedene Gewänder, die von dem jeweiligen Herrscher bei Krönungsfeierlichkeiten getragen wurden.

Relief [lat. relevare »erheben«], Form der Bildhauerkunst (↑Plastik), bei der Figuren oder Ornamente mehr oder weniger plastisch aus einer Fläche hervortreten. Je nach dem Reliefgrad unterscheidet man Flachrelief (Basrelief), Halb- oder Hochrelief. Das Hochrelief nähert sich am stärksten der Vollplastik. Eine Sonderform bildet das versenkte R., bei dem die Darstellung vertieft in den Grund eingearbeitet ist.

Das R. kann aus unterschiedlichen Materialien wie Holz, Ton, Elfenbein, Stein oder Metall bestehen. Das R. steht gewissermaßen zwischen Plastik und Malerei. Nähert es sich der Plastik, spricht man von einem »strengen Relief«, verschmelzen die Figuren optisch mit der Fläche, von einem »malerischen Relief«.

Reliquiar [lat. reliquiae »Überreste«], Behälter zur Aufbewahrung von Reliquien (Gebeine, Kleider u. a. von Heiligen). Die Entwicklung des R. ist mit der Entwicklung der Reliquien- und Heiligenverehrung verbunden, die seit dem Frühchristentum üblich war, wobei die Reliquien in kostbaren Behältern auf dem Altar zur Schau gestellt wurden. Die den Heiligen innewohnenden Kräfte sollten nach ihrem Tode in den Überresten wirksam bleiben. Deshalb wurden R.

Reichsadlerhumpen aus Oberfranken. 1662. Veste Coburg, Kunstsammlungen

künstlerisch besonders ausgestattet. Die Form kann als Kopf-, Arm-, Fuß- oder Kreuzreliquiar die Art der Reliquie angeben. Seit dem Laterankonzil (1215) ergaben sich Änderungen im Reliquienkult. Die Reliquie wurde nicht mehr verborgen, sondern im Reliquienostensorium zur Schau gestellt (↑ Monstranz). Die im 12. und 13. Jh. entstandenen Reliquienschreine zählen zu den Meisterwerken der Goldschmiedekunst (z. B. Dreikönigsschrein im Kölner Dom).

Remarquedruck [franz. remarque »Anmerkung«], Radierungen, an deren unterem Plattenrand sich noch Skizzen von Ätzproben befinden, um die Stärke der Säure auszuprobieren. Solche Zustandsdrucke, vom Künstler handsigniert, werden im Kunsthandel meist besonders hoch bewertet. R. waren vor allem im 19. Jh. üblich.

Rempter, Remter ↑ Refektorium.

Renaissance [ital. rinascimento »Wiedergeburt«], im 19. Jh, geprägte Bezeichnung für eine Stilepoche in der europäischen Kunstentwicklung etwa zwischen 1400 und 1600. Sie wies in Kunst und Architektur der einzelnen Länder sehr unterschiedliche Formen und zeitliche Verläufe auf. Eine Vorstufe der R. bildet die ↑ Protorenaissance.

In der Kunstgeschichtsschreibung wird die R. in Frührenaissance (1420–90), Hochrenaissance (1490–1520) und Spätrenaissance (1520– 1600) untergliedert, wobei die Spätphase auch als ↑ Manierismus bezeichnet wird. Der italienische Kunsthistoriker Vasari sprach bereits um 1550 in seinen Schriften von der »rinascità« seit dem 14. Jh. und bezeichnete damit jene neu entstehende Kunst, die sich erstmals seit der Antike wieder am Naturvorbild orientierte. Das Ziel bestand aber nicht in dessen möglichst getreuem Abbild, vielmehr bemühten sich die Künstler, eine idealisierte und vollkommene Natur wiederzugeben. Die Formenwelt der Antike galt als Vorbild. Entscheidend war das Streben, die diesseitige Realität zu erfassen. Die R. war als neue Stilepoche auch mit einem neuen Welt- und Lebensgefühl verbunden. Sie markiert den Übergang vom Mittelalter zur Neuzeit. Jakob Burckhardt bezeichnete die R. als eine »Entdeckung der Welt und des Menschen«, die sich nicht nur in der Erweiterung des geographischen Weltbildes (Kolumbus) äußerte, sondern die auch mit naturwissenschaftlichen Erkenntnissen und Entdeckungen zusammenfiel (Kopernikus, Leonardo da Vinci, der auch als Wissenschaftler Überragendes leistete). Mit dem allmählichen Übergang von der auf Naturalwirtschaft basierenden Ständegesellschaft des Mittelalters zur frühbürgerlichen Warenproduktion wurde das mittelalterliche, auf Gott (theozentrisch) ausgerichtete Weltbild von einem auf den Menschen (anthropozentrisch) ausgerichteten Weltverständnis abgelöst. Die Kunst erhielt eigenständigen Ausdruckswert und stützte sich statt auf einen Kanon tradierter symbolischer Formen für religiöse Inhalte auf Naturbeobachtung und auf Anatomie, Mathematik, Mechanik, Perspektive, Optik. Die Künstler versuchten, analog der Wissenschaft, auch die Gesetze der Kunst zu erkennen und in Kunsttheorien zusammenzufassen. Zugleich traten sie aus der Anonymität hervor und wurden als Künstlerpersönlichkeiten faßbar. Eng verbunden mit der R. war der Humanismus, eine geistige Strömung, die das literarische Erbe der Antike erforschen und vermitteln wollte. Bei der Themenwahl in der Kunst spielte die Mythologie zunehmend eine Rolle.

Diese Entwicklung setzte zuerst in Italien ein, das ökonomisch am weitesten entwikkelt war; die Anfänge reichen hier ins 13. und 14. Jh. zurück. Die R. verbreitete sich zunächst in reichen Handelsstädten mit bürgerlichen Auftraggebern. Florenz war Ausgangspunkt der Frührenaissance. Seine Grundlagen waren Tuchhandel und Bankwesen. Nördlich der Alpen bildeten Flandern und Südwestdeutschland die Zentren.

Das künstlerische Empfinden der R. zielte wie in der Antike auf Harmonie, Ausgleich und Proportionalität. In der Architektur ist die R. zuerst in den Bauten von Filippo Brunelleschi in Florenz zu finden (Alte Sakristei von San Lorenzo 1421 ff., Findelhaus 1419 ff., Pazzikapelle von Santa Croce 1430 ff.).

Große Bedeutung gewannen im italienischen Kirchenbau die kuppelüberwölbten Zentralbauten. Filippo Brunelleschi, Leon Battista Alberti, Donato Bramante und später Michelangelo prägten einen Monumentalstil, der auf antike Säulenordnungen zurückgriff und sie als Kolossalordnung über mehrere Geschosse ausbildete. Nicht die

Übernahme antikisierender Einzelformen, sondern die am Menschen orientierten Maßverhältnisse und Proportionen sind hier das Wesentliche. Im Profanbau entstand aus dem kunstlosen Wohnhaus der Palazzo.
In der Plastik entstanden seit dem 15. Jh. Statuen, bei denen der menschliche Körper in seiner natürlichen Schönheit dargestellt wurde und nicht mehr wie in der Gotik das Gewand der Ausdrucksträger war (Donatello). Die Statue bedurfte auch nicht mehr der architektonischen Bindung, sondern konnte frei aufgestellt werden. Das antike Motiv des ↑ Kontrapostes wurde wieder aufgenommen. Der Mensch wurde porträtwürdig (Bildnisbüste, Grabplastik), und bedeutenden Persönlichkeiten errichtete man in Anlehnung an antike Vorbilder Denkmäler (Reiterstandbilder, Grabdenkmäler).
Die Reliefkunst der R. reicht bis hin zu malerisch-perspektivischer Darstellungsweise (Lorenzo Ghiberti, Bronzetüren am Baptisterium in Florenz). Durch Michelangelo gelangte die Renaissanceplastik zu ihrem Höhepunkt (Pietà, David, Medicikapelle in Florenz).
In der Malerei wurde im 15. Jh. der von Giotto eingeschlagene Weg fortgesetzt (Masaccio, Fra Angelico). Durch die von Brunelleschi voll ausgebildete Zentralperspektive (↑ Perspektive) gewannen die Darstellungen überzeugende Räumlichkeit. In der Hochrenaissance wurde dann durch warme Farbigkeit, durch Dreieckskomposition (↑ Figura piramidale) und eine enge Verbindung von Landschaft und Figuren ein ruhiges, in sich harmonisches Bildgefüge geschaffen (Raffaels Madonnen). Bedeutende Künstler der R. sind Leonardo da Vinci (Abendmahl in S. Maria delle Grazie in Mailand), Raffael (Fresken der Wohngemächer des Papstes im Vatikan) und Michelangelo (Fresken der Sixtinischen Kapelle im Vatikan).
Im Norden trug die R. einen anderen Charakter. Sie setzte sich hier erst um 1500 durch, während die Spätgotik noch nachwirkte. Die größten Unterschiede zwischen Norden und Süden sind in der Architektur zu beobachten. Im Norden wurden die Renaissanceformen teilweise auf spätgotische Strukturen übertragen. Um die Mitte des 16. Jh. setzten sich, vor allem im Schloßbau, eine ornamental-dekorative neben einer tektonisierenden Richtung durch.
In der Malerei bemühte man sich in der 1. Hälfte des 15. Jh. um die Darstellung von Körper und Raum (Jan van Eyck, Konrad Witz). Albrecht Dürer, Lukas Cranach, Mathies Grünewald und Hans Holbein d. J. gelang es etwa seit 1500, insbesondere in ihren Tafelbildern, Holzschnitten und Kupferstichen, einem neuen renaissancistischen Welt- und Lebensgefühl Ausdruck zu verleihen. Die Anfänge der ↑ Landschaftsmalerei und des ↑ Stillebens fallen in diese Zeit, die besonders in Deutschland durch das Vordringen der Reformation bestimmt war.

Rentoilieren [franz. rentoilage »auf Leinwand ziehen«], Restaurierungstechnik im 18. und 19. Jh., bei der der originale textile Bildträger vollständig entfernt und durch einen neuen ersetzt wurde. Heute wird meist mit einer zweiten Leinwand hinterklebt (↑ Doublieren).

Replik [lat. replicare »entfalten«, »erwidern«], vollständige Wiederholung eines Kunstwerkes durch den Künstler selbst oder einen Gehilfen seiner Werkstatt, im Gegensatz zur ↑ Kopie, die durch fremde Hand angefertigt wird. Weicht die R. vom Original in wesentlichen Punkten ab, spricht man von einer anderen Fassung.

Repoussoir [franz. repousser »zurücktreiben«, »von sich weisen«], Bezeichnung für den großen Gegenstand oder die Figur im Bildvordergrund zur Steigerung des Tiefeneindruckes eines Bildes.

Reproduktion [lat. reproducere »wiederhervorbringen«], Vervielfältigung eines Gemäldes oder einer Grafik durch ein Druckverfahren, wobei man sowohl die Technik des Verfahrens als auch das Ergebnis als R. bezeichnet.

Reproduktionsstecher, gibt Werke anderer Künstler möglichst getreu wieder; im Unterschied zum ↑ Malerradierer, der seine eigene Erfindung in die Kupferplatte graviert. Bis ins 19. Jh. dienten Reproduktionsstiche zur Vervielfältigung von Gemälden, wobei die Stecher in der Umsetzung der Gemälde eine hohe künstlerische Qualität erreichten. Seit Ende des 19. Jh. wurden die Reproduktionsstiche durch die Fotografie verdrängt.

Reservage, 1. Aussprengverfahren, Sonderform der ↑ Aquatinta. Mit einer Mischung

von Tusche und Zuckerwasser wird auf eine Metallplatte gezeichnet, die anschließend mit einer dünnen Asphaltschicht überzogen und ins Wasserbad gelegt wird. Der Zucker löst sich auf und sprengt den darüberliegenden Asphalt weg. Das freigelegte Metall wird dann wie eine Aquatinta behandelt und geätzt.
2. Reservedruck (↑ Batik).

Responsoriale [lat. respondere »antworten«, responsorium »Wechselgesang«], liturgisches Buch der römischen Kirche, das Gesänge und Antiphone des Stundengebetes enthält. ↑ auch Antiphonar.

Restaurierung [lat. restaurare »wiederherstellen«], umfassende Instandsetzung von Bau- und anderen Kunstwerken. Im Unterschied zur ↑ Konservierung umfaßt sie auch die Ergänzung fehlender Teile an Bauwerken oder Figuren, Textilien, Gemälden usw. Die R. wird von speziell ausgebildeten Handwerkern oder Restauratoren ausgeführt. ↑ auch Denkmalpflege.

Retabel ↑ Altarretabel.

Retrospektive [lat. retro »rückwärts«, specere »schauen«], Rückblick; Ausstellung, die meist das Gesamtwerk eines Künstlers zeigt.

Revers [lat. reversus »abgekehrt«], Rückseite einer Münze, im Gegensatz zur Avers genannten Hauptseite.

Revolutionsarchitektur, Richtung der französischen Baukunst um 1789, deren einfache stereometrische Formen Ideen des 20. Jh. vorwegzunehmen scheinen. Ihre rationalistische Geisteshaltung ist Ausdruck der revolutionären Bewegung der Zeit. So entwarfen die Architekten Claude Nicolas Ledoux und Étienne Louis Boulée Bauwerke, die aus einfachen Baukörpern (Kugel, Würfel, Pyramide usw.) bestehen und auf antike Elemente und kleinteilige Detailformen weitgehend verzichten. Geometrisch-stereometrische Grundformen sollen einer Erneuerung der Architektur mit Hilfe einer universell begriffenen Geometrie dienen. Beispielsweise wurde die Kugel als ein Symbol des Universums und als Abbildung der Weisheit angesehen. Die Tendenz zur Abstraktion ergibt sich aus der Verbindung der Revolution mit dem Rationalismus und hat ihre Vorläufer in der Renaissance. Jedoch im Unterschied zur Renaissance sind diese Grundformen nicht mehr auf den menschlichen Körper bezogen. Die R. blieb eine Idealarchitektur mit utopistischen Zügen.

Rheinisches Steinzeug, Erzeugnisse einer Gruppe von Werkstätten in Köln und Umgebung, die seit dem 13. Jh. als erste in Europa ↑ Steinzeug herstellten. Zentren waren Siegburg, Köln, Frechen, Langerwehe, Raeren, Höhr, Grenzau, Grenzhausen. Die Blütezeit in Siegburg begann nach 1500, nachdem weißbrennender Ton verwendet wurde. Charakteristisch sind Trichterhalsbecher mit gewellter Fußplatte und aufgelegtem Medaillondekor; in der 2. Hälfte des 16. Jh. Pullen (Kugelbauchgefäße) und Schnellen (Zylinderkrüge) mit Reliefdekor. Typisch für Köln ist braungefärbtes Steinzeug mit aufgelegtem Reliefdekor (↑ Bartmannskrug).

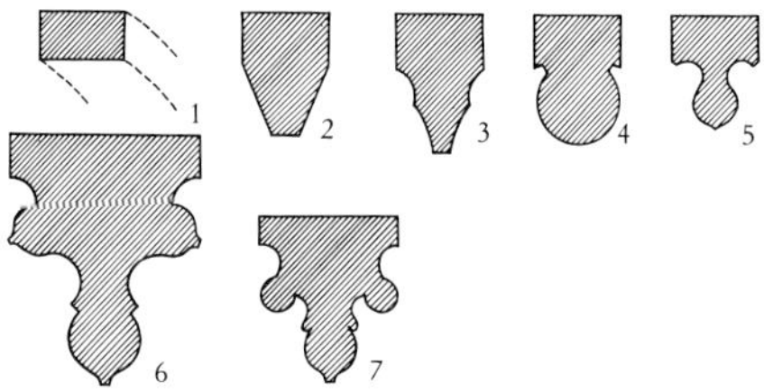

Rippe. 1 Bandrippe, 2 abgeschrägte Rippe, 3 ausgekehlte Rippe, 4 Rundstabrippe, 5–7 Birnstabrippen mit Hohlkehlen

In Raeren, Zentrum eines Töpferbezirkes bei Aachen, zeichnen sich Krüge und Kannen durch horizontale Gliederungen aus und durch qualitätvolle Reliefauflagen z. T. nach Stichen von Hans Sebald Beham. Die im Westerwald liegenden Werkstätten Höhr, Grenzau, Grenzhausen hatten nach 1600 einen Aufschwung, als Familien aus Raeren und Siegburg zuwanderten (↑ Westerwälder Steinzeug).

rhythmische Travée ↑ Joch.

Rhyton [griech.], im Altertum verbreitetes Spendegefäß oder Trinkhorn, häufig als Tierkopf gestaltet. ↑ auch Vasentypen, griechische.

Riefelung, senkrechte, parallel geführte Kerbung an Baugliedern.

Rinascimento, italienische Bezeichnung für ↑ Renaissance.

Ringkrug, *Ringflasche,* Gefäß mit ringförmigem Körper, im 16. Jh. aus Steinzeug oder Ton, seit dem 17. Jh. auch aus Glas.

Ringtonne, Tonnengewölbe (↑ Gewölbe), das um einen Zentralraum herumgelegt ist.

Rippe, ursprünglich in der Gotik tragendes Konstruktionsteil eines ↑ Gewölbes, später nur Dekorationselement. Die Formen der R. bilden wichtige Datierungshilfen für die Baugeschichte. Grundformen der R. sind Bandrippe, Rundstabrippe und Birnstabrippe. Rippen unterstützen die Ableitungen der Schubkräfte auf Widerlager oder Kämpfer.

Rippengewölbe ↑ Gewölbe.

Risalit [ital. risalto »Vorsprung«], der Teil einer Fassade, der in ganzer Höhe aus ihrer Flucht heraustritt, ohne sich zu einem eigenen Bauteil zu verselbständigen. Der R. wurde vom Barock bis ins 19. Jh. als Mittel zur plastischen Gliederung der Fassade eingesetzt. Dabei wurden Mittel-, Seiten- und ↑ Eckrisalit unterschieden.

Ritzzeichnung, Zeichnung, die durch Einritzen in Fels, Knochen, Elfenbein usw. entsteht. Sie zählt zu den ältesten künstlerischen Techniken und war in urgeschichtlicher Zeit wichtiges Gestaltungsmittel in der Keramik. Ritzen in Metall wird als ↑ Gravieren oder ↑ Ziselieren bezeichnet. ↑ auch Sgraffito.

Rocaille [franz. rocaille »Haufen kleiner Steine«, »Muschelwerk«], *Muschelwerk,* asymmetrische muschelförmige Ornamentform, die zu den charakteristischen Schmuckmotiven des ↑ Rokoko gehört und vor allem um 1740–50 verbreitet war. Im Gegensatz zum klaren Muschelornament der Renaissance ist die R. ohne feste Form. Sie fand bei der Dekoration von Architektur, Möbeln und im Kunsthandwerk Verwendung. Verbreitet wurde sie vor allem durch den ↑ Ornamentstich.

Rokoko [franz.], Stilrichung der europäischen Kunst zwischen 1730 und 1770/80 und Spätphase des Barock. Das R. war vor allem in Frankreich (Louis quinze) und Deutschland verbreitet. Der Name wird von einer Ornamentform, der ↑ Rocaille, abgeleitet. Der Stil des R. verbreitete sich vor allem im dekorativen Bereich. Im Gegensatz zum Hochbarock wird Asymmetrie grundlegendes Prinzip. Das Schwere und Großformige des Barock wird im R. zu graziöser Leichtigkeit, Zierlichkeit und Kleinteiligkeit gewandelt; die Farben sind heller, häufig werden Pastellfarben benutzt.

Rocaille

Roland, *Rolandsäule,* überlebensgroßes Standbild aus Holz oder Stein, das einen Ritter mit Schild und Schwert darstellt. R. waren vor allem in Mittel- und Norddeutschland verbreitet. Die ältesten R. stammen aus dem 14. Jh., die spätesten Beispiele aus dem 18. Jh.

Risalit am Profanbau

Der Ursprung der R. ist nicht geklärt, wahrscheinlich symbolisieren sie die Rechtshoheit einer Stadtgemeinde (z. B. Bremen). Errichtet hat sie meist der städtische Rat.

Rollbild, aufrollbares japanisches Bild auf Seide oder Papier. ↑ auch Kakemono, Makimono.

Rollenfries, romanischer Ornamentfries, der, ähnlich wie der Schachbrettfries, aus kurzen rollenähnlichen Stücken des Rundstabes gebildet wird. Der R. ist besonders charakteristisch für die normannische Baukunst. Abb. ↑ Fries.

Rollsiegel ↑ Siegel.

Rollwerk, *Kartuschenwerk,* bandartig eingerolltes Ornament, das ursprünglich Wappenschilder, Spruchbänder oder ↑ Kartuschen einfaßte. Es wurde in Architektur, Kunsthandwerk und Buchschmuck verwendet. Von Italien ausgehend, war es seit etwa 1530/50 in den Niederlanden und in Deutschland verbreitet. Das R. kam auch in Verbindung mit der ↑ Groteske vor (1560–70) und führte teilweise zu komplizierten manieristischen Gebilden. Diese Form wurde durch den niederländischen Architekten Cornelis Floris verbreitet (↑ Florisstil). Um 1570–80 lösten Beschlagwerk und Schweifwerk das R. ab.

Romanik. Apsis der Walterichskapelle in Murrhardt (Württemberg). Um 1225

Rollwerk

Romanik, um 1820 in Frankreich geprägte Bezeichnung für den ersten einheitlichen Stil des frühen Mittelalters (um 1000–1250) in Europa, der zur Zeit der ottonischen Kaiser in Deutschland entstand und in Frankreich (Burgund und Normandie), Spanien und Oberitalien seine reichste Ausprägung erfuhr. Die Stilbezeichnung deutet auf eine Ableitung von der römischen Kunst, was nur für Einzelmotive zutrifft, wie in der Architektur Betonung mauerhafter Geschlossenheit, Übernahme der Basilika als beherrschende Bauform, Verwendung von Arkaden, Gewölbeformen (Kreuzgrat- und Tonnenwölbung), Kapitellen usw. Wichtige Grundformen sind bereits in der karolingischen und ottonischen Kunst entwickelt, wie kreuzförmige ↑ Basilika, ↑ Krypta, Doppelchor, Pfeiler, ↑ Westwerk.

Die größten Leistungen der R. entstanden in der Baukunst. Hauptkennzeichen sind die Addition der einzelnen Baukörper – die aus geometrischen Grundformen wie Würfel, Pyramide, Kegel usw. zusammengesetzt sind – und eine klare Gliederung des Kirchenschiffes in rhythmische Abschnitte (↑ Joch), die sich zum ↑ gebundenen System mit ausgeschiedener ↑ Vierung entwickelte. Charakteristisch ist auch der Wechsel zylindrischer und kubischer Formen. Eine wichtige Neuerung war die Einführung der Wölbung im Mittelschiff (zuerst beim Umbau des Speyerer Domes 1082). Damit verbunden war eine stärkere plastische Gliederung der Wände, besonders seit der 2. Hälfte des 12. Jh.: Stufenportal, Blendarkaden, Zwerggalerien. Hauptbeispiele der romanischen Architektur in Deutschland sind die Dome von Speyer, Worms, Mainz sowie die Stiftskirchen in Quedlinburg und Wechselburg.

In der Plastik entstand, neben der in karolingischer und ottonischer Zeit vorherr-

Romanik. Abteikirche St. Michael in Hildesheim. 1007–33

Ansicht von Südosten

Längsschnitt

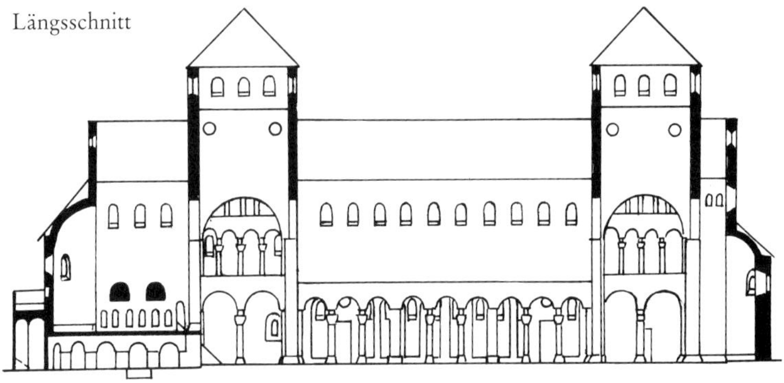

Grundriß

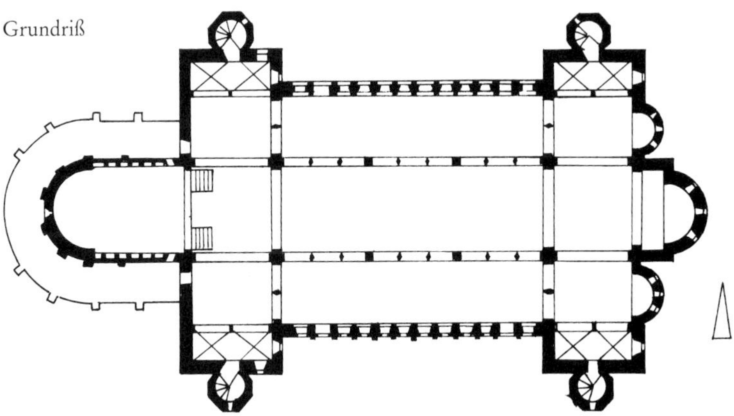

schenden Kleinplastik, in Verbindung mit den Bauwerken eine Großplastik. Sie zeichnet sich durch naturferne, archaische Strenge und eine oft feierliche Formensprache aus (Imad-Madonna, Paderborn). Eine Blüte erlebten die figurenreichen Fassaden- und Portalprogramme an den Portalen der großen Dome, vor allem in Frankreich (Chartres, Paris, Reims) und Anfang des 13. Jh. in Deutschland (Goldene Pforte in Freiberg, Südportal des Straßburger Münsters). Höhepunkte romanischer Plastik sind der Bamberger Reiter und die Naumburger Stifterfiguren.
Die Malerei tritt als ↑Wand-, ↑Glas-, ↑Miniatur- und ↑Emailmalerei in Erscheinung. Hoch entwickelt ist auch das Kunsthandwerk, namentlich Elfenbein-, Email- und Goldschmiedearbeiten. Besonders schöne Stücke sind aus dem Rhein- und Maasgebiet überliefert: neben monumentalen Bronzearbeiten (Kirchentüren, Taufbecken) auch zahlreiche liturgische Geräte.

Romantik. Caspar David Friedrich: Frau am Fenster. Um 1822. Berlin, Staatliche Museen, Nationalgalerie

Romanismus, Richtung der Malerei in der 1. Hälfte des 16. Jh. vor allem in den Niederlanden, deren Vertreter sich an der italienischen Kunst orientierten (Jan van Scorel, Jan Gossaert, Bernart van Orley).

Romantik, Strömung im europäischen Geistesleben, in Literatur und Kunst im wesentlichen zwischen 1790 und 1830. Das Wort ist abgeleitet von franz. roman, worunter ursprünglich nichtlateinische, in romanischer Volkssprache abgefaßte Texte verstanden wurden. Die R. bezeichnet eine dem gleichzeitigen Klassizismus in vielem entgegengesetzte, in sich vielschichtige, ja widersprüchliche Geisteshaltung, die eine allgemeine Unzufriedenheit mit dem Zustand von Gesellschaft und Kultur reflektiert.
Geistesgeschichtlich entsprossen Klassizismus und R. einer gemeinsamen Wurzel – der Aufklärung. Während der Klassizismus die Welt als erklärbar und vernünftig ansah, entdeckte die R. die Seele des Individuums wie der Völker, deren Handeln nicht allein durch Vernunft, sondern auch durch historische Traditionen, Gefühle und Empfindungen bestimmt wird. Den sich abzeichnenden Tendenzen von Arbeitsteilung und Entfremdung sowie sozialer und politischer Konfliktanreicherung werden rückwärtsgewandt utopische Harmonievorstellungen entgegengehalten, die auf christlicher Weltsicht und vorkapitalistischen patriarchalisch-ständestaatlichen Gesellschaftsstrukturen basieren.
Die R. entfaltete sich in der 2. Hälfte des 18. Jh. zuerst in England. Mit ihr verbunden war die Entdeckung des organischen Wachstums in Natur und Gesellschaft (bereits Anfang des 18. Jh. hatte sich der englische Landschaftspark, ↑Gartenkunst, herausgebildet), was eine Besinnung auf Denkmäler der nationalen Geschichte des Mittelalters (Urkunden, Bauwerke), deren Sammlung, Erforschung und Erhaltung durch Denkmalschutz anregte.
Die romantische Geisteshaltung kommt besonders in Literatur (Schlegel, Tieck, Novalis) und Musik (Schubert, Schumann) zum Ausdruck.
In der bildenden Kunst tritt sie vor allem in der Malerei in Erscheinung. Sie spiegelt sich in unterschiedlichen Strömungen wider. Da diese nur eine Komponente im künstlerischen Gesamtbild der Zeit ausmachen, ist R. kein kunstgeschichtlicher Perio-

den- oder gar Epochenbegriff wie Romanik, Gotik oder Barock. Vielmehr drücken sich unterschiedliche weltanschauliche Standpunkte und Erlebnishaltungen in mannigfachen Individual- und Gruppenstilen aus. Auch hat die R. keine eigenen Formen hervorgebracht, sondern eher historische Stile wiederbelebt. So läßt sich die R. am ehesten als eine Kunstrichtung verstehen, die die schöpferische Individualität des nun auch wirtschaftlich selbständigen »freien« Künstlers in einer Vielfalt unterschiedlicher Stile und Darstellungmethoden zum Ausdruck kommen läßt.

Für die Architektur ist die Rückbesinnung auf die Gotik in Gestalt der Neugotik kennzeichnend. In der Malerei äußert sich die R. besonders rein dort, wo sie literarisches Ideengut der Zeit aufnimmt. Mensch und Natur sind in eine enge, oft symbolhafte Beziehung gesetzt, die Landschaft selbst spiegelt das neue, individuelle, oft bis ins Religiösmystische gesteigerte Naturgefühl wider, in Deutschland vor allem in den Werken von Caspar David Friedrich und Philipp Otto Runge. Religiöse Erneuerung aus dem Gefühl mit thematischen wie formalen Rückgriffen auf das späte Mittelalter und die Renaissance erstrebte in Deutschland die Malerbruderschaft der ↑ Nazarener.

Die Wiederentdeckung der nationalen, besonders der mittelalterlichen Geschichte sowie der Sagen- und Märchenwelt findet ihren Niederschlag in poetischen Darstellungen (Moritz von Schwind) sowie in einer oft pathetischen Historienmalerei (Peter von Cornelius, Julius Schnorr von Carolsfeld). In England entstehen stimmungsbetonte Landschaften, die durch Reduzierung des Zeichnerischen zugleich wichtige Vorstufen für den Impressionismus bilden (William Turner, John Constable). Anders als in Deutschland und England blieb in der französischen R. (Hauptvertreter: Théodore Géricault und Eugène Delacroix) die menschliche Gestalt dominant. Dabei legt die aus der Farbe gestaltete, betont dramatische Malweise mit Anklängen an Rubens eher die Bezeichnung Neubarock nahe.

Römer, Trinkgefäß aus grünem oder braunem Glas mit einer kugelförmigen ↑ Kuppa, einem mit Nuppen besetzten Schaft und einem umgekehrt trichterförmigen Fuß. In Deutschland ist der R. seit dem 16. Jh. gebräuchlich. Die Herkunft des Namens ist nicht geklärt, vielleicht vom niederl. roemen [»preisen«, »prunken«].

römische Kunst, Kunst des römischen Reiches, die wesentlich von der ↑ etruskischen und ↑ griechischen Kunst beeinflußt wurde. Sie beginnt mit der Vorherrschaft Roms über die etruskischen Königreiche im 5. Jh. v. Chr. und endet mit dem Zerfall des römischen Reiches nach dem Einbruch der Germanen im 5. Jh. n. Chr. In der Frühzeit der r. K. haben etruskische Künstler, später auch griechische, im römischen Auftrag ge-

Römer mit Reiterdarstellung. 1675. Marburg, Universitätsmuseum

arbeitet. Seit dem 3. Jh. v. Chr. kamen zahlreiche hellenistische Künstler nach Rom. Aus diesen unterschiedlichen Traditionen entwickelte sich im 1. Jh. v. Chr. eine eigene römische Reichskunst. Zwar wurden die Stilformen der Griechen weitergepflegt, doch Hauptaufgabe der Kunst wird nun die Repräsentation des Staates und die Verherrlichung des römischen Kaiserhauses.

In der Plastik entwickelte die r. K. besonders in zwei Gattungen schöpferische Eigenständigkeit: im Porträt und im historischen Relief. Während sich die Rundplastik vor allem auf Kopien griechischer Vorbilder konzentrierte, bewahrte die Bildniskunst neben griechischen auch italisch-etruskische Einflüsse, die auf den Ahnenkult zurückgingen. Dem Toten wurde eine Maske abgenommen, die ein getreues Abbild seiner Persönlichkeit darstellte, im Gegensatz zum überpersönlichen Idealbild der griechischen Antike. Häufig wurden die Augen mit farbigem Email ausgelegt. Seit Augustus orientierte sich die römische Porträtkunst an der griechischen Plastik, von deren Werken nach der Eroberung Griechenlands große Mengen nach Rom gebracht wurden. Die Monumentalplastik wurde häufig auf öffentlichen Plätzen, an Straßen oder im Theater als Huldigung an Politiker oder Heerführer aufgestellt. Das Bild des Dargestellten sollte der Nachwelt erhalten bleiben, aus dem Porträt entstand das Denkmal. Große Triumphsäulen dienten dem Persönlichkeitskult (Trajanssäule). Römische Statuen, auch wenn sie vollplastisch gestaltet sind, wurden auf Frontalansicht angelegt.

Von der römischen Malerei ist nur wenig erhalten. Erwähnt werden große Tafelbilder mit historischen Themen. Der hohe Stand der Porträtmalerei ist nur in ägyptischen Mumienporträts des 1.–4. Jh. bezeugt. Erhalten sind Wandmalereien in den vom Vesuv verschütteten römischen Städten Pompeji und Herculaneum. Sie zeigen eine korrekte perspektivische Raumerschließung, allerdings ohne Kenntnis der erst in der Renaissance entwickelten Gesetze der Linearperspektive. Bekannt waren auch

Römische Kunst. Rekonstruktion des Forum Romanum

Raumillusion durch Farbe und Luft und das durch Licht und Schatten modellierte Figurenbild. Ihre Entwicklung kann man in verschiedene Stile unterteilen, die mit einer Nachbildung von architektonischen Gliederungen beginnt, die dann zu illusionistischen Darstellungen von Architektur und Ausblicken in Landschaften werden. In augusteischer Zeit dominierte in den Gemälden Linearität. In der Spätstufe bis zum Untergang Pompejis zeigen die Bilder griechische Plastizität.
Die bedeutendsten Leistungen der r. K. waren Werke der Baukunst, vor allem öffentliche Bauten wie Foren, Basiliken, Thermen, Theater, Triumph- oder Ehrenbögen. Dabei besteht die Eigenart der r. K. weniger im schöpferischen, sondern hauptsächlich im funktionalistischen Denken, so daß vor allem Zweckbauten die wesentlichen Bauleistungen darstellen. Auch in den großen Aufgaben der Plangestaltung (Märkte, Foren, Heiligtümer) ist der römische Sinn für organisatorische Leistungen spürbar.
Während die griechische Kunst von der geraden Linie ausgegangen ist (senkrechte Säule, waagerechtes Gebälk, dreieckiger Giebel), bilden für die Römer Rundbogen, Gewölbe und Kuppel die Grundlagen des Bauens. Der Bogen (arcus) spielt eine solche Rolle, daß er der Kunst des Bauens den Namen gab – Architektur.
Trotz Anlehnung an griechische Vorbilder zeichnet sich die römische Architektur auch durch neuartige Kombinationen der Bauglieder aus. Die in der hellenistischen Kunst angebahnten Prinzipien der Symmetrie und Axialität setzten sich durch. Eine wichtige Rolle spielten auch die Gestaltung des Innenraumes und die Fassadendekoration.
Die Römer erfanden Mörtel und Zement. Die Verwendung des Gußmauerwerkes ermöglichte den Bau gewaltiger Innenräume. Zu den eindrucksvollsten Beispielen gehört das Pantheon, dessen Kuppel einen Durchmesser von über 40 m aufwies. Auch das Kolosseum in Rom ist ein Meisterwerk der Bogen- und Gewölbekonstruktion, es bot etwa 70 000 Zuschauern Platz. Die römischen Ingenieurbauten zeigten einen technischen Stand, der erst in der Neuzeit überboten wurde (↑ Aquädukte, Straßen- und Brückenanlagen). Die basilikale Anlage der Markt- und Gerichtshallen wurde Ausgangspunkt für den mittelalterlichen Kirchenbau.

römische Ordnung ↑ Säulenordnung.

Röntgenographie, Materialuntersuchung mit Hilfe von Röntgenstrahlen, vor allem bei Gemälden zur Erforschung der künstlerischen Technik und Entlarvung von Kunstfälschungen.

Rose ↑ Fensterrose.

Rosenkranzbilder, gemalte oder geschnitzte Darstellungen der Muttergottes in einem Rosenkranz. R. gehen auf das sogenannte Rosenkranzgebet zurück, eine Form der Gebetshilfe, wobei zum Abzählen eine mit Perlen versehene Schnur benutzt wird. Die einzelnen Gebete werden mit aufblühenden Rosen verglichen. Die Entstehung der R. hängt mit der Verbreitung des Rosenkranzgebetes in der 2. Hälfte des 15. Jh. zusammen. Die Darstellungen zeigen Maria und das Kind in einem Kranz von Rosen oder Maria, Rosenkränze an Mitglieder der Rosenkranzbruderschaften oder andere Gläubige verteilend (Albrecht Dürer).

Rosenschliff, Edelsteinschliff, der seit Ende des 16. Jh. bei Diamanten und böhmischen Granaten angewendet wird. Gegenüber dem ↑ Brillant-Schliff hat er den Vorteil der besseren Materialausnutzung.

Rosenthalporzellan, Erzeugnisse der von Ph. Rosenthal 1871 gegründeten Porzellanaktiengesellschaft mit Hauptsitz in Selb. Neben der Herstellung von Haushalt-, Hotel- und Luxusgeschirr wird auch künstlerisches Porzellan nach Entwürfen von Gegenwartskünstlern produziert. Bis heute sind namhafte Designer für das R. tätig, das sich durch besondere Qualität seines Scherbens und einfache Geschirrformen auszeichnet. ↑ auch Porzellanmarken.

Rosette [franz. »Röschen«], eines der ältesten und verbreitetsten Schmuckelemente, das aus einer mehr oder weniger stilisierten kreisförmigen Blüte besteht. Eine besondere Form ist die Wirbelrosette, bei der die Linienführung die Illusion einer Drehung erzeugt. Die R. wurde als dekoratives Element bei Gestaltung von Kassettendecken und Friesen verwendet.

Rössener Kultur, Kulturgruppe der Jungsteinzeit um 3000 v. Chr., die der ↑ Bandkeramik verwandt ist. Sie war vor allem in Mittel- und Süddeutschland verbreitet, benannt nach dem Gräberfeld Rössen (bei Merseburg). Charakteristisch für die Keramik sind Innenverzierung und Kerbung der Ränder.

Rötel, rote Kreide, Zeichenstift mit rötlichem kreideähnlichem Strich. Das Material, eine Mischung von Ton und Eisenoxid, wurde schon im Altertum häufig als Farbstoff verwendet. Je nach Brenndauer können hellere und dunklere Farbabstufungen erzeugt werden. Seit dem 15. Jh. wird R. besonders für Studien und Aktzeichnungen bevorzugt (Michelangelo, Leonardo, Raffael). Seine größte Verbreitung fand er im 18. Jh., häufig in Verbindung mit schwarzer und weißer Kreide.

Rotorelief, Metall- oder Glasscheibe, deren Oberfläche bei Drehung rhythmisch wechselnde Lichteffekte von räumlicher Wirkung erzeugt. Die ersten R. wurden 1935 von Marcel Duchamp hergestellt. Die Lichtkinetik (↑ kinetische Kunst) hat häufig das Prinzip des R. verwendet.

Rotuli, Griffknoten am Schaft des Kelches.

Rotunde [lat. rotundus »rund«], kleiner Rundbau mit einem kreisförmigem Grundriß, der meist von einer Kuppel überdacht wurde, mitunter auch runder Raum innerhalb eines großen Baukomplexes.

Roulette [franz. »Rollrädchen«], Instrument mit gezähntem Rädchen, das in der ↑ Radierung zum Punktieren der grundierten Kupferplatte verwendet wird. Die dicht beieinander liegenden Löcher erzeugen einen dunklen Ton und verleihen der Radierung Tiefe.

Rubinglas, mit Hilfe von Gold- und Kupferchloriden rot gefärbtes Glas. Das Färben durch Metalloxide war bereits in der Antike bekannt und wurde in deutschen Glashütten im Mittelalter verwendet. Johann Kunckel verbesserte in der Potsdamer Glashütte um 1680 die Glasfärbung durch Zusätze von Goldchlorid. ↑ auch Kunckelglas.

Rücklaken, im Mittelalter schmaler Wandbehang, um den Rücken des Davorsitzenden zu schützen; häufig mit bildlichen Darstellungen.

Ruine [lat. ruina »Einsturz«, ruinae »Trümmer«], zerstörtes oder verfallenes Bauwerk. Während die Spätantike Ehrfurcht vor R. forderte, verwandte sie das Mittelalter zur Gewinnung von Baumaterial. Erst im 15. Jh. erhält die antike R. ästhetischen Wert und

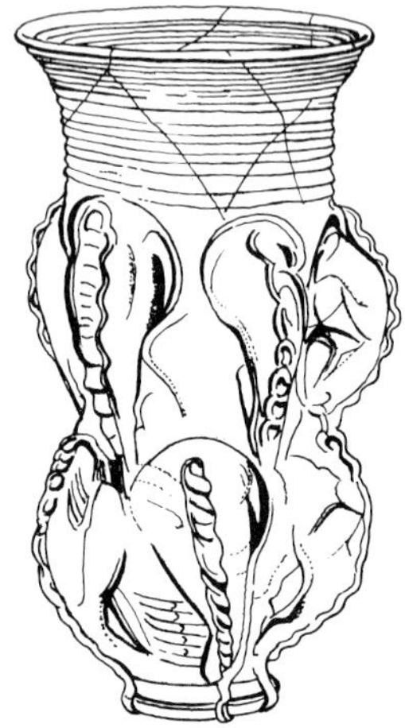

Rüsselbecher aus dem Rheinland. 5./7. Jh.

wird Gegenstand künstlerischen und archäologischen Interesses. Das führt zum Schutz der R. und zur ↑ Denkmalpflege. In der Malerei gilt die R. seit der 2. Hälfte des 15. Jh. häufig als Symbol der Armut und Zeichen der Vergänglichkeit. Im 16. Jh. legte man Gärten an antiken Ruinenstätten an und bezog R. in die Wirkung des Ganzen ein. Die Beliebtheit der R. als Staffage nimmt im 17. Jh. zu und hat die Ruinenromantik des 18. Jh. mit vorbereitet. Die künstliche R. wurde nun wichtiges Ausstattungsstück von Gärten und Parkanlagen, vor allem in Deutschland, England und Frankreich (Potsdam-Sanssouci, Wien-Schönbrunn, Löwenburg von Wilhelmshöhe bei Kassel). Im 19. Jh. wurde der Bau von R. als Requisit des englischen Landschaftsgartens weitergeführt (↑ Gartenkunst); in der Romantik wandte man sich Kirchen- und Burgruinen zu und stellte sie wieder her.

Rundbau ↑ Rotunde.

Rundbogenfries, Fries aus einer Reihe aneinandergereihter Halbbögen; in der romanischen Architektur meist unter dem Dachgesims oder zur Gliederung und Rahmung von Wandflächen verwendet. Abb. ↑ Fries.

Rundbogenstil, Richtung in der Architektur der 1. Hälfte des 19. Jh., die einen zeitgemäßen Stil suchte und sich dabei vor allem um konstruktive Lösungen bemühte. Dabei wurde die Wölbtechnik als rationalere Form den waagerechten Abschlüssen des Klassizismus vorgezogen. Eine Wiederentdekkung der Renaissance bzw. des Mittelalters führte zu einer Mischung von Formen aus frühchristlicher, byzantinischer, romanischer Architektur, so daß der R. nicht immer eindeutig von ↑Neurenaissance und ↑Neuromanik abzugrenzen ist. Hauptvertreter sind Friedrich von Gärtner, Heinrich Hübsch, Conrad Wilhelm Hase, z. T. Karl Friedrich Schinkel und Gottfried Semper.

Rundpfeiler, ↑Pfeiler mit einem kreisförmigem Querschnitt, der im Unterschied zur Säule keine Schwellung (↑Entasis) aufweist. Der R. war im Kirchenbau der Romanik und Gotik verbreitet.

Rundplastik, *Vollplastik,* vollrund gearbeitete Plastik, die von jeder Seite eine künstlerisch befriedigende Ansicht bietet.

Rüsselbecher, gläserner Trinkbecher des 5.–7. Jh., dessen Außenwand mit rüsselförmig ausgezogenen Nuppen geschmückt ist, die durch Ausziehen der Gefäßwand hergestellt werden. R. sind vor allem in rheinischen, mitteldeutschen und englischen Gräbern gefunden worden; hergestellt wurden sie vermutlich in Nordfrankreich.

Rustika [lat. rusticus »bäurisch«, »ungeschliffen«], 1. *Bossenwerk,* ↑Mauerwerk aus grob zugehauenen Werksteinquadern (↑Bossen). Es erweckt einen wuchtigen Eindruck und wurde im Altertum besonders an römischen Bauten für Untergeschosse und Eckbefestigungen, in Deutschland seit dem 12. Jh. an Türmen und Burgen verwendet. In der italienischen Frührenaissance war die R. weit verbreitet, und bis in den Barock stellte sie ein beliebtes Mittel der Fassadengestaltung dar. Die historisierende Architektur des 19. Jh. nahm die R. wieder auf. 2. ↑Schrift.

rustizierte Säule, Säule, deren Schaft zwischen glatten und rustizierten Quadern wechselt.

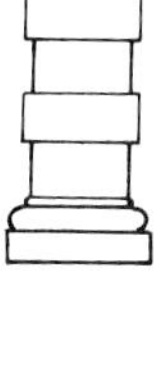

rustizierte Säule

S

Saal [ital. sala, ahdt. sal], großer Raum für repräsentative Zwecke in Palästen, Rathäusern, Schlössern und Burgen für Versammlungen und Feste.

Saalbau, Gebäude, das vorwiegend für einen großen Saal errichtet wurde.

Saalkirche, einschiffige Kirche, die aus einem saalartigen Raum besteht. Im Mittelalter wurden vor allem kleinere Kirchen als S. errichtet. Seit der Renaissance setzt sich die S. besonders im protestantischen Bereich (Deutschland, Skandinavien) durch.

Sacra Conversazione, *Santa Conversazione* [ital. »heiliges Gespräch«], Darstellung der meist thronenden Madonna mit flankierenden Heiligen in einem Gespräch. Das Thema war in der italienischen Malerei des 15. und 16. Jh. besonders beliebt (Giovanni Bellini, Giorgione, Correggio).

Sägedach ↑Dachformen.

sakrale Kunst [lat. sacer »heilig«], umfaßt alle Kunst im Dienste eines religiösen Kultes (z. B. Kirchen, Kapellen, Kruzifixe, Altargerät). Gegensatz zu profaner, d. h. weltlicher Kunst.

Sakramentar, ↑liturgisches Buch, das die Gebete enthält, die während der Messe gelesen werden.

Sakramentshaus, Behälter zur Aufbewahrung der Hostie. Während im frühen Mittelalter die Hostie über dem Altar aufgehängt wurde, ist sie seit dem 12. Jh. neben dem Altar in einer Nische an der Nordwand des Chores untergebracht. In der Gotik wurde vor dieser Wand das S. errichtet, in dem das Hostiengefäß auf einem Sockel stand. Bis ins 16. Jh. erhielt das S. eine immer reichere Verzierung und wurde häufig mit einer turmartigen Bekrönung versehen, die mit Figuren, pflanzlichen Ornamenten und Maßwerk ausgestattet war. Bedeutende S. befinden sich im Ulmer Münster und in der Nürnberger Lorenzkirche (Adam Kraft). Abb. S. 258.

Sakristei [lat. sacer »heilig«, »geweiht«], Raum im Chorbereich der Kirche, der der Vorbereitung des Geistlichen und der Aufbewahrung kirchlicher Gewänder und Geräte dient. Die S. ist aus den ↑ Pastophorien frühchristlicher Kirchen hervorgegangen.

Sala terrena [ital.], Gartensaal im Erdgeschoß des Mittelbaus von Schlössern. Er bildet häufig einen Übergang zum Park, mitunter auch als ↑ Grotte gestaltet.

Sammlermarke, Marke eines Sammlers oder einer Sammlung, die auf einem grafischen Blatt eingedruckt, eingestempelt oder handschriftlich vermerkt ist. S. gibt es seit Anfang des 17. Jh. Sie sind ein sicheres Mittel zur Feststellung der Herkunft der Grafik.

Sanktuarium [lat. sanctuarium »Heiligtum«], Stätte des Heiligtums; im griechischen Tempel das ↑ Adyton, in der christlichen Kirche der ↑ Chor.

Santa Conversazione ↑ Sacra Conversazione.

Sarkophag [griech. sarkophagos »fleischfressend«], benannt nach einem in Griechenland verwendeten Kalkstein, der zur schnelleren Verwesung des Leichnams führt. Der S. ist ein prunkvoller Sarg aus Holz, Ton, Stein oder Metall, der in einer Grabkammer oder Gruft aufgestellt ist. Wände und Deckplatten sind häufig durch Malereien, Reliefs oder auch Plastiken geschmückt. S. waren allen antiken Völkern bekannt. Den klassischen Typ des S. prägten die Griechen als kastenartigen reliefierten Marmorsarkophag. Die Römer entwickelten ihn weiter, und bei ihnen war er bis in frühchristliche Zeit in Gebrauch. Die frühchristliche Kunst übernahm die römischen Sarkophagtypen und bildete sie zum Teil weiter. Heidnisch-mythologische und profane Motive wurden durch biblische Szenen und christliche Symbole ersetzt.

Im Mittelalter gab es die ↑ Tumba, die in Bestimmung und Ausgestaltung vom S. abweicht. In der Renaissance wurde der S. als Prunksarkophag wiederentdeckt, im Barock wurde er häufig in den großen Zusammenhang eines Grabmals gestellt.

Satteldach ↑ Dachformen.

Satyr [Pl. Satyrn], Fruchtbarkeitsdämon aus der griechischen Mythologie, der in Menschengestalt mit Pferdeohren, -schweif und -hufen dargestellt wurde. S. gehören zum Gefolge des Weingottes Dionysos.

Säule, Stütze mit kreisrundem Querschnitt. Sie besteht in der Regel aus dem runden Säulenschaft, der Basis und dem Kapitell. Im Gegensatz zum Rundpfeiler weist die S. eine sanfte Schwellung des Schaftes auf (↑ Entasis), die ihm seine Starrheit nimmt. Die Basis ruht auf einer Bodenplatte, der ↑ Plinthe, und verdeutlicht durch mehrere Wülste und Kehlen das Aufliegen der Last. Der Schaft kann mit ↑ Kanneluren versehen sein, die die S. schlanker erscheinen lassen. Das ↑ Kapitell ist mitunter durch einen Halsring vom Schaft abgetrennt.

Die in der Antike entwickelten Säulentypen und Kapitellformen mit dem dazugehörigen Gebälk bezeichnet man als ↑ Säulenordnung. Diese Grundformen wurden auch während des Mittelalters übernommen, gewisse Umbildungen betrafen die Kapitelle in der Romanik und Gotik.

S. können einzeln oder in Gruppen, frei stehend oder an der Wand als Viertel-, Halb- oder Dreiviertelsäulen ausgebildet sein.

Bei dünnen S. von großer Höhe spricht man von ↑ Diensten.

Säulenbasilika, ↑ Basilika, deren einzelne Schiffe durch Säulen voneinander getrennt sind; im Gegensatz zur ↑ Pfeilerbasilika oder zur Basilika mit ↑ Stützenwechsel.

Sakramentshaus mit Astwerkbekrönung

Säule. 1 Säulensystem: a Kapitell, b Verjüngung, c Entasis, d Schaft, e Basis, f Plinthe; Säulenformen: 2 verschlungene Säule, 3 Schlangensäule, 4 Knotensäule, 5 gedrehte Säule, 6 Papyrosbündelsäule mit geschlossenem Kapitell, 7 Papyrossäule mit offenem Kapitell, 8 Zeltstangensäule, 9 kretische Säule, 10 protodorische Säule

Säulenbasis ↑ Basis.

Säulengang, offener Raum mit auf Säulen ruhender Decke und geradem Gebälkabschluß. Enthält der S. Bögen, wird er als ↑ Arkade bezeichnet.

Säulenhals ↑ Hypotrachelion.

Säulenordnung, antikes Architektursystem, in dem Säulen, Kapitelle, Architrav und Gesims aufeinander abgestimmt sind und so eine feste Ordnung bilden. In der griechischen Antike entstanden die Grundtypen der dorischen und ionischen Ordnung. Die dorische S. ist die älteste; sie war vor allem im griechischen Mutterland seit dem 7. Jh. v. Chr. verbreitet. Die kannelierten Säulen (↑ Kanneluren) haben keine Basis. Das Kapitell setzt sich aus dem wulstigen ↑ Echinus mit den ↑ Anuli und einem quadratischen ↑ Abakus zusammen. Der Architrav besteht aus einem glatten Steinbalken, über dem sich ein Fries mit ↑ Metopen und ↑ Triglyphen befindet, der noch an die Holzkonstruktion der archaischen Zeit erinnert. In der ionischen S. besteht die Säule aus Basis, Schaft und Volutenkapitell. Zwischen den Kanneluren des Schaftes befinden sich Stege. Dabei gibt es Unterschiede zwischen der attischen und kleinasiatischen Form in der Basis und im Aufbau des Gebälks (z. B. attisch-ionische Ordnung mit Bilderfries, kleinasiatisch-ionische Ordnung mit ↑ Zahnschnitt über einer ↑ Kyma), die in der hellenistischen Kunst zur hellenistisch-ionischen Ordnung verbunden werden. Eine Sonderform der ionischen Ordnung bildet die korinthische S., die Ende des 5. Jh. v. Chr. in Athen aufkam. Sie zeigt ein reich verziertes Kapitell mit ↑ Akanthusblättern und ↑ Voluten. Die gleichartige Ausführung aller Ansichtsflächen förderte die Verbreitung dieses Typs vor allem in der römischen Baukunst.

Die römische Architektur übernahm diese drei Ordnungen, führte aber einige Neuerungen ein. Die toskanische (tuskische) S. ist der dorischen Ordnung verwandt, doch haben die häufig unkannelierten Säulen eine Basis. Die römische Kompositordnung vereinigt römische und korinthische Elemente in der Ausbildung des Kapitells. In der römischen Architektur werden die Säulen zur Fassadendekoration verwendet, wobei die dorische Ordnung für das Erdgeschoß, die ionische für das erste Obergeschoß und die korinthische für das zweite Obergeschoß Anwendung findet. Die einzelnen S. sind mit bestimmten Ausdruckswerten und einem ihnen eigenen Sinngehalt verbunden. So zeigt die dorische Ordnung kraftvolle Strenge, die ionische Anmut und Gefälligkeit, die korinthische Pracht und Reichtum.

Dem entsprechend wurden die S. bestimmten Götter und deren Tempeln zugewiesen. In der Renaissance bildeten die S. ein wichtiges Element der Architektur und Architekturtheorie; sie behielten ihren Einfluß bis weit in das 18. Jh. hinein. Erst im Klassizismus wurde die traditionelle Charakteristik und Verwendung der S. aufgehoben. Im Historismus des 19. Jh. sind die S. nicht mehr Träger eines bestimmten Bedeutungsgehaltes, sondern dienen dem aufwendigen Dekor. Abb. S. 260.

Säulenordnungen

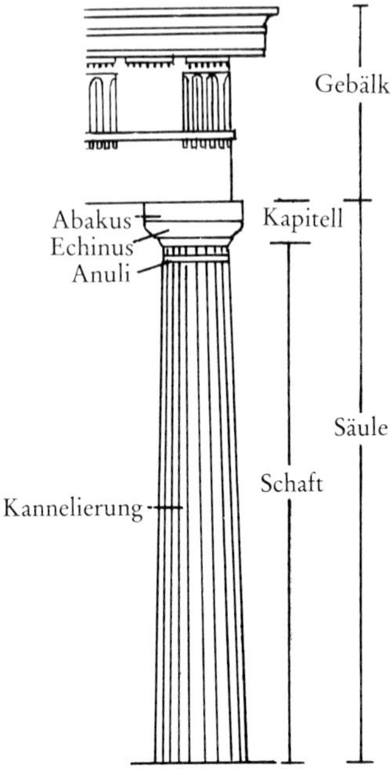

dorische Ordnung

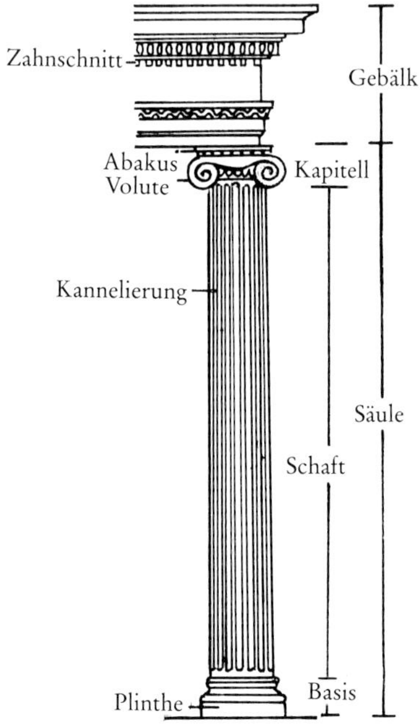

ionische Ordnung

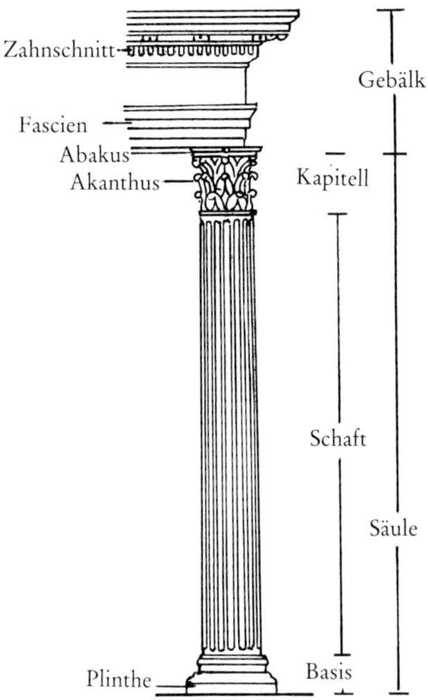

korinthische Ordnung

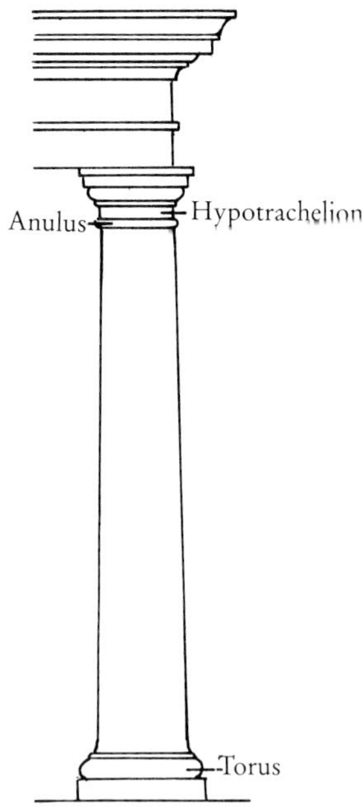

toskanische Ordnung

Säulenportal, Portal, in dessen ↑Gewände Säulen eingestellt sind. Das S. ist vor allem in der Romanik verbreitet.
Savonnerie-Teppiche, seit 1727 in Chaillot bei Paris hergestellte Teppiche, die orientalischen Knüpftechniken folgen und barocke oder Rokoko-Schmuckformen zeigen.
Scagliola [ital. »Alabasterglas«, »Stuckgips«], Kunstmarmor, der aus gehärteter Stuckmasse hergestellt wird. Anfang des 17. Jh. in Italien entwickelt, fand diese Technik in der Barockarchitektur zur Imitation von Marmor bei Säulen, Pilastern oder anderen Innenarchitekturgliedern weite Verbreitung (z. B. in Schloß Ludwigsburg, Münchner Residenz).
Scarabäus ↑Skarabäus.
Scenae frons [lat. »Vorderseite der Szene«], hinterer Teil des ↑Proszeniums in einem römischen Theater.
Schabkunst, *Mezzotinto* [ital. »halbgefärbt«], *schwarze Kunst, Manière noire* [franz.], *englische Manier,* Sonderform des ↑Kupferstichs, im 17. Jh. durch Ludwig von Siegen eingeführt. Die Metallplatte wird gleichmäßig mit einem Granierstahl aufgerauht. Die Stellen, die dann im Abdruck hell erscheinen sollen, werden in Abstufungen geglättet und nehmen entsprechend weniger Druckfarbe an. Es entstehen durch unterschiedliche Rauheit auf der Platte im Druck differenzierte Tonwerte und somit Bilder von weicher, samtartiger Wirkung. Diese Technik wurde im 17. und 18. Jh. für Gemäldereproduktionen bevorzugt.
Schabtechnik, *Schabmanier,* grafische Technik, bei der Linien und Lichter aus einem weiß grundierten und dann schwarz gefärbten Papier herausgeschabt werden. Die grafische Wirkung ähnelt dem des Holzschnitts.
Schachbrettfries ↑Fries.
Schächerkreuz ↑Kreuz.
Schachtgrab, unterirdisches Grab, zu dem ein senkrechter Schacht führt. Es war besonders in Ägypten und Griechenland verbreitet. Berühmt durch reiche Edelmetallfunde sind die S. in Mykene (16. Jh. v. Chr.).
Schadographie ↑Rayogramm.
Schäferszene ↑Pastorale.
Schaft, Mittelteil der ↑Säule. Abb. ↑Säulenordnung.
Schaftring ↑Wirtel.
Schalldeckel ↑Kanzel.
Schanze ↑Festung.
Schapergläser, nach dem im 17. Jh. lebenden Nürnberger Maler Johann Schaper benannte zylindrische Gläser mit zarten Malereien von ↑Schwarzlot, die mitunter noch mit durchsichtigen Emailfarben eine Verfeinerung erfuhren. Meist wurden Landschaften dargestellt.
Die Technik der S. war bis ins 18. Jh. verbreitet und wurde auch auf Fayencekrügen angewandt.
Schapp, niederdeutsche Bezeichnung für ↑Schrank; speziell wurde der Name auf den großen zweitürigen norddeutschen Dielenschrank mit vorspringenden, meist verkröpften Füllungen und breitem Gesims bezogen, der in der 1. Hälfte des 18. Jh. in Hamburg und den Ostseestädten hergestellt wurde.
Scharffeuerfarben ↑Muffelfarben.
Scharrieren, in der Baukunst die Oberflächenbearbeitung von Stein mit dem Scharriereisen; es entstehen schmale parallele Rillen.
Scharwachturm, an der Ecke eines Wehrturms erkerartig vorkragendes Türmchen.
Schattenriß, *Schattenbild,* Darstellung eines Gegenstandes nur als Schatten, ohne Binnenzeichnung, meist als Scherenschnitt. Der Ursprung des S. liegt in ostasiatischen Schattenspielen. Dadurch angeregt, kamen S. seit dem frühen 18. Jh. in Europa besonders für Profilbildnisse in Mode. Nach dem sparsamen französischen Finanzminister Étienne de Silhouette wurden sie auch als Silhouetten bezeichnet und bildeten vor allem in Frankreich und Deutschland einen Ersatz für die Bildnisminiatur. Sie entstanden z. T. rein mechanisch. Der Umriß des auf schwach durchsichtiges Papier geworfenen Schattens wurde nachgezeichnet und verkleinert, meist mit Hilfe eines Storchschnabels.
Schatzhaus [griech. thesauros], im antiken Griechenland Gebäude, meist ein Antentempel, zur Aufbewahrung wertvoller Weihegaben (besonders in Delphi, Olympia und Delos).
Schaube [ital. giubba »Waffenrock«], der zwischen 1480 und 1550 getragene Überrock für Männer, häufig pelzbesetzt und mit weiten Ärmeln; charakteristisch für die deutsche Reformationszeit.

Scheibenkreuz, Kreuz oder Kruzifix, das mit einer figürlich oder ornamental geschmückten Scheibe hinterlegt ist.
Scheibenriß, Entwurf für Werke der Glasmalerei, nach dem die Scheibe zusammengesetzt oder bemalt wird. Im 16. Jh. verzichtete man mehr und mehr auf die Versteifung durch Bleiruten und malte das gesamte Bild mit durchsichtigen Farben auf die Rückseite einer blanken Scheibe. S. haben sich von bedeutenden Malern wie Albrecht Dürer, Hans Holbein d. J. und Hans Baldung Grien erhalten.
Scheidbogen, Bogen in einer Kirche, der das Mittel- und Seitenschiff voneinander trennt. Die vom Bogen getragene Mauer ist die Scheidmauer. ↑ auch Bogen.
Scheinarchitektur, gemalte Architektur oder Architekturteile auf Decke oder Wänden. Dadurch wird der Raum optisch erweitert. ↑ auch Deckenmalerei, Illusionismus, Quadraturmalerei.
Scheinarkaden ↑ Arkaden.
Scheingewölbe, im Gegensatz zum ↑ falschen Gewölbe Gewölbeimitation mit Hilfe von Stuck oder Mörtel. Das S. war in der Renaissance sehr verbreitet.
Scheitel, höchster Punkt eines Bogens oder eines Gewölbes.
Scheitelkapelle, mittlere, in der Mittelachse des Chores liegende Kapelle, die durch ihre Größe oder besondere Gestalt hervorgehoben ist und häufig Maria geweiht war.
Scheitelrippe, Gewölberippe, die im Scheitel eines Joches parallel zur Längsachse des Raumes verläuft. Die senkrecht zu ihr im Scheitel liegende Rippe heißt Transversalrippe.

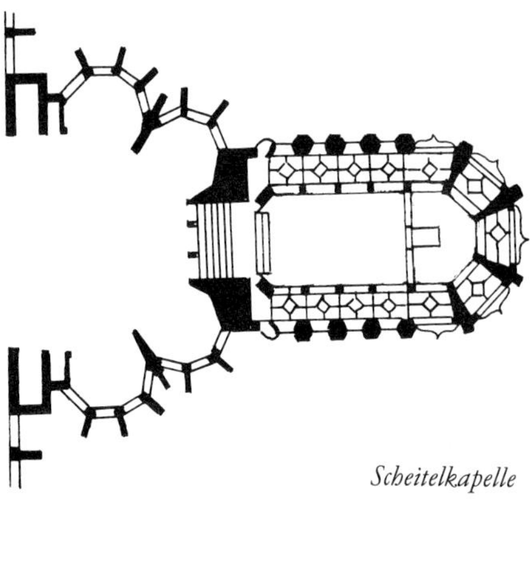

Scheitelkapelle

scheitrechter Bogen, Horizontalbogen; waagerechter, aus Keilsteinen konstruierter Tür- oder Fenstersturz. Abb. ↑ Bogen.
Scherben, in der Keramik Bezeichnung für gebrannte Rohstoffe (Lehm, Ton, Kaolin), nicht Teile eines zerbrochenen Gefäßes.
Scherenschnitt, *Psaligraphie,* Art des ↑ Schattenrisses. Dabei wird unterschieden zwischen dem ornamentalen S., bei dem das Papier vor dem Schneiden gefaltet wird (Faltschnitt) – hierbei entstehen symmetrische Formen –, und dem freien S., bei dem einzelne Motive aus dem Papierbogen herausgeschnitten werden.
Scherensessel, hervorgegangen aus dem ↑ Faltstuhl der Renaissance, mit Rücken- und Armlehnen.
Scherzgläser ↑ Vexiergläser.
Schiff, Innenraum einer längsgerichteten Kirche, der bei Saalkirchen einschiffig sein oder durch Säulen oder Pfeiler in ein Haupt- und Neben- oder Seitenschiffe unterteilt sein kann. Das durchkreuzende Schiff wird als ↑ Querschiff oder Querhaus bezeichnet.
Schiffskanzel, Kanzel in Form eines Schiffes, entsprechend der Predigt Christi, die er vom Schiff auf dem See Genezareth hielt. S. waren vor allem in Österreich, Schlesien, Schwaben und Polen verbreitet.
Schildbogen, im Gegensatz zum quergestellten ↑ Gurtbogen Gewölbebogen an der Wand- oder Fensterseite, die dann als Schildmauer oder Schildwand bezeichnet wird.
Schildmauer ↑ Schildbogen.
Schildpatt, Hornplatten des Schildkrötenpanzers, die sich für die Herstellung kleiner Gegenstände eignen (Dosen, Kämme). S. wird auch für Einlegearbeiten verwendet.
Schimmelobjekt, unter Glas eingeschlossene Substanzen, die mit Schimmelpilzbakterien infiziert wurden. Der Prozeß des Zerfalls soll einen Hinweis auf den Prozeßcharakter des natürlichen Lebens bilden. Solche S., die im Zusammenhang mit der Objektkunst stehen (↑ Objekte), wurden von Künstlern wie Diter Rot oder HA Schult ausgestellt.
Schindeln, dünne Holzbrettchen, die in waldreichen Gegenden als Dach- und Wandverkleidung verwendet wurden.

Schirmgewölbe, sphärisches Gewölbe, das vom Scheitel aus schirmartig in mehrere Kappen gegliedert ist, die jeweils einzeln für sich gewölbt und durch Rippen oder Grate begrenzt sind.

Schlachtenbild, selbständiges Genre der ↑ Historienmalerei. S. spielten bereits in der ägyptischen, griechischen und römischen Kunst eine Rolle. Im Mittelalter gibt es S. im Zusammenhang mit Überlieferungen des Alten und Neuen Testamentes, als Wandbilder, in Chroniken oder auf Wandteppichen (Teppich von Bayeux, Schlacht bei Hastings 1066). Eine neue Blüte des S. begann in der Renaissance (Paolo Uccello, Piero della Francesca, Andrea Mantegna, Leonardo da Vinci, Albrecht Altdorfer).

Schlagschatten, Schatten eines Körpers auf seiner Standfläche oder Umgebung.

Schleifkanne, große zylindrische Kanne aus Zinn, die zum Inventar der Zunfthäuser gehörte und durch ihr großes Gewicht auf der Tischplatte herangezogen bzw. geschleift wurde. S. waren oft reich verziert und besonders im 16. und 17. Jh. verbreitet.

Schleppdach ↑ Dachformen.

Schleppgaube ↑ Gaube.

Schlingrippengewölbe, spezielle Form des Netzgewölbes (↑ Gewölbe) der Spätgotik mit z. T. frei schwebenden Rippen. S. waren besonders um 1500 in Böhmen (Benedikt Ried, Wladislaw-Saal der Prager Burg) verbreitet.

Schloß, repräsentativer Wohnsitz des Adels, der sich aus der mittelalterlichen Burg entwickelte und seit der Renaissance seinen wehrhaften Charakter mehr und mehr verlor; im deutschen Sprachgebrauch oft mit ↑ Palast gleichgesetzt. Andere Wur-

Schloß. Neues Palais in Potsdam-Sanssouci. 1763–69

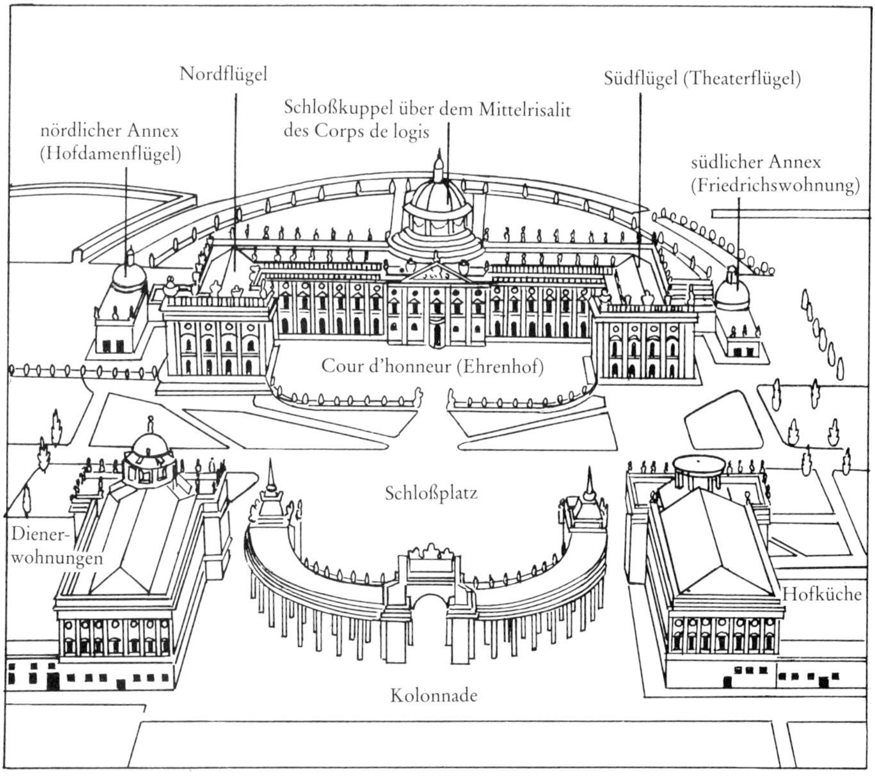

zeln des Schloßbaues liegen im großbürgerlichen Stadthaus und in der antiken Villa. Charakteristisch für Palast und S. sind eine repräsentative Fassadengestaltung, großzügige Raumanordnung und eine prunkvolle Innenausstattung. Seit der Renaissance erfolgte der Zugang zu den Stockwerken über große, bequeme, repräsentative Treppenanlagen. Seit dem 16. Jh. gab es häufig einen großen Saal über zwei Stockwerke und eine Schloßkapelle.
Während die S. zunächst als Vierflügelanlage um einen Hof angelegt waren, entwickelte sich um 1600 in Frankreich die Dreiflügelanlage mit offenem Hof (↑ Cour d'honneur), mit Eck- und Mittelpavillons anstelle der Türme. Unter dem Hauptsaal im 1. Stock befand sich häufig der Gartensaal (↑ Sala terrena). Die Eigentümlichkeiten des Schloßbaues wurden besonders im 16.–18. Jh. ausgebildet. Im Laufe des 19. Jh. endete der Schloßbau als besondere Bauaufgabe. Parallel zum Schloßbau entwickelte sich die ↑ Gartenkunst.

Schlußstein, abschließender Stein im Scheitelpunkt eines Bogens oder Gewölbes. Er ist häufig künstlerisch ausgestaltet und wurde in der Spätgotik auch als herabhängender Knauf gebildet. ↑ auch Abhängling.

Schmalte ↑ Smalte.

Schmelzfarben ↑ Muffelfarben.

Schmerzensmann, *Imago pietatis* [lat. »Bild des Mitleidens«], *Erbärmdebild,* Darstellung des leidenden Christus mit seinen Wundmalen als ↑ Andachtsbild. Der Bildtyp war schon in der byzantinischen Kunst des 12. Jh. bekannt, doch vom 14.–16. Jh. besonders in der deutschen Kunst verbreitet. Christus wird hier als Leidender wiedergegeben. Äußerlich weist der S. Ähnlichkeiten mit dem Typ des ↑ Ecce homo und des ↑ Christus in der Rast auf, die jedoch ein Passionsgeschehen vor der Kreuzigung wiedergeben und Christus immer ohne Wundmale zeigen.

Schmerzensmutter [lat. Mater dolorosa], Darstellung der Maria als Trauernde in Passions-, Kreuzigungs- oder Beweinungsszenen; als ↑ Andachtsbild wurde der Bildtyp aus seinem ursprünglichen Zusammenhang gelöst. Oft wird der Schmerz Marias durch ein Schwert dargestellt, das ihre Brust durchstößt (Luk. 2, 35); mitunter werden auch sieben Schwerter wiedergegeben, die in Marias Brust stecken oder sie wie einen Heiligenschein umgeben (Sieben Schmerzen Mariä). Eine Sonderform bildet die ↑ Pietà. ↑ auch Marienbild.

Schnelle, Steinzeugkrug von hoher, schlanker Form, der sich nach oben nur wenig verjüngt und in den Steinzeugtöpfereien von

Schmerzensmann von Konrad von Einbeck. 1416. Halle(Saale), Moritzkirche

Köln, Frechen und Siegburg vor allem im 16. und 17. Jh. hergestellt wurde. Flache Reifen am Rand und in der Fußzone erinnern daran, daß die Form vom Holzkrug des Böttcherhandwerks übernommen wurde. ↑auch Rheinisches Steinzeug.

Schneuß ↑Fischblase.

Schnitzaltar ↑Altar.

Schnuramphore ↑Schnurkeramik.

Schnurkeramik, Bezeichnung für vorgeschichtliche Keramik, die in Mittel- und Nordosteuropa (um 2200–1800 v. Chr.) verbreitet war und als charakteristische Verzierung Schnurabdrücke aufweist. Die gebräuchlichsten Gefäßtypen waren Becher und Amphoren, die auch die hauptsächlichsten Grabbeigaben in Einzelgräbern mit Hockstellung darstellen.

Schöne Madonna, anmutiger schönliniger Madonnentyp, der um 1400 in der Plastik des ↑Weichen Stils in ganz Deutschland verbreitet war. ↑auch Marienbild.

Schöner Stil ↑Weicher Stil.

Schönfelder Keramik, *Schönfelder Kultur,* Keramikgruppe der Jungsteinzeit, benannt nach dem Hauptfundort bei Schönfeld (Stendal). Sie zeichnet sich durch große flache Schüsselformen mit gewundenen Bandornamenten aus.

Schraffur [ital. sgraffiare »kratzen«], Bezeichnung für feine parallele Strichlagen, die in Zeichnung und Grafik zur Erzielung von Schattenwirkung oder zur Hervorhebung der körperlichen Erscheinung eingesetzt werden. Für besonders dunkle Partien können diese Strichlagen noch mehr oder weniger durchkreuzt werden (Kreuzschraffur).

Schrank, mit Türen versehenes höheres Behältnis zur Aufbewahrung von Kleidern oder Gebrauchsgegenständen. Der S. war bereits im Altertum bekannt, doch blieb die ↑Truhe bis ins 16. Jh. das allgemein übliche Möbel zur Aufbewahrung von Gegenständen. Im 15. Jh. entwickelte sich der S. zum repräsentativsten Möbel des Bürgerhauses und wies eine immer reichere Ausgestaltung auf: zweitürig oder zweigeschossig, oft reiche Schnitzereien als Füllung an den Türflächen (↑Faltwerk) oder geschnitzte Rahmen. Der Überbauschrank besteht aus einem zweitürigen hohen Untergeschoß, das einen schmaleren zurückgesetzten Aufbau trägt. Das Gesims des Oberteils ruht auf Stützen. Der Überbauschrank bildete sich zuerst in Köln heraus und verdrängte den Stollenschrank, der bis ins 16. Jh. verbreitet war. Er bestand aus einem Kasten auf hohen Pfosten (Stollen). In Renaissance und Barock war der ↑Kabinettschrank verbreitet, ein auf hohen Beinen stehender Kasten mit vielen Schubladen und Fächern. Im 16. und 17. Jh. entwickelte sich in Süddeutschland der Fassadenschrank auf einem sockelartigen Untergeschoß mit Schubladen. Sonderformen sind der Danziger Barockschrank,

Schöne Madonna aus dem Junge-Altar. Um 1420. Stralsund, Nikolaikirche

der Frankfurter Schrank mit abgestuftem oder gewinkeltem Gesims und Verzierung seiner Türen mit Rundprofilen (Wellenschrank), der norddeutsche ↑ Schapp, ↑ Dressoir, ↑ Vitrine, ↑ Sekretär.

Schrein, 1. Kasten, Lade, kleiner Schrank. 2. Mittelteil des Flügelaltars (↑ Altar).

Schreinreliquiar, kostbarer Behälter für Reliquien, oft in architektonischer Form (Haus, Basilika) mit Edelstein- und Emailverzierungen und reichem figürlichen Schmuck. S. waren besonders im 12. und 13. Jh. verbreitet.

Schrift [lat. scribere »schreiben«], System konventionell gebrauchter Zeichen, die zwecks Mitteilung und Überlieferung von Vorstellungen, Gedanken und Begriffen durch Ritzen, Meißeln, Zeichnen oder Drucken auf materielle Träger fixiert werden. Die heutigen Schriftzeichen haben sich durch fortschreitende Abstraktion und Vereinfachung aus Bildzeichen entwickelt. Über die Wiedergabe von Sinnzusammenhängen bei der Ideenschrift führte die Entwicklung zur Bindung der S. an die Sprache in der Silben- und Einzellautschrift, deren Grundlage das Alphabet bildet.
Die Anfänge der S. liegen vermutlich am Übergang vom Paläolithikum zum Neolithikum vor etwa 10 000–15 000 Jahren. Wahrscheinlich entstand die S. innerhalb ähnlicher Differenzierungsstufen in verschiedenen Regionen der Erde, wie Überlieferungen aus Nordafrika, Arabien, Indien, Ozeanien, Kreta, Spanien, Frankreich und Mittelamerika belegen.

Schrank. Rheinischer Stollenschrank der Frührenaissance

Schrift. Schriftarten

MATRONIS·AFL	römische Kapitalis, 50 n. Chr.
E xspectabat hic cum asino. ego et pu	karolingische Minuskel, um 870
Amen dico vobis: quia recepern	Textura, 14. Jh.
Es kumen die guten alten	Fraktur, 16. Jh.
Quum auté iam uictor	Renaissance-Antiqua (Nicolaus Jenson), 1470
Imprimerie abcdef	klassizistische Antiqua, um 1800
DAUMIER abcde	Egyptienne, 19. Jh.
MUSICA di Giacomo Pu	zeitgenössische Groteskschrift

Für die Gestaltung der S. gibt es verschiedene Möglichkeiten: Großbuchstaben (↑ Majuskeln, ↑ Versalien) oder Kleinbuchstaben (↑ Minuskeln), gerader Stand oder Schräglage (Kursive), Rundschrift (↑ Antiqua) oder gebrochene Formen (gotische Schrift, ↑ Fraktur).
Die griechische S. geht auf die S. der Phöniker zurück, die die Einzellaute der Worte darstellte. Die Griechen verwandten anfangs nur Großbuchstaben (Majuskeln) für Steininschriften. Nach Einführung des Papyrus und nach dem Aufschreiben literarischer Texte entstanden die geläufigeren Kleinbuchstaben (Minuskeln). Die Etrusker formten das griechische Alphabet um, und aus den etruskischen Buchstaben entstanden die lateinischen. Die römische Kapitalis lebt noch in der heutigen Antiqua weiter. Varianten dieser S. sind die Quadrata und die Rustika. Durch den Gebrauch als Buchschrift entstanden Kursivformen und eine gerundete, schneller schreibbare Abart, die Unziale; später bildete sich die Halbunziale heraus, die Ober- und Unterlängen besitzt und Merkmale einer Kleinbuchstabenschrift aufweist. Die karolingische Minuskel entstand im 8. Jh. am Hofe Karls des Großen im Zusammenhang mit der Einrichtung von Schulen zur Ausbildung schreibkundiger Beamter. Im 12. Jh. wurde die karolingische Minuskel von der gotischen S. abgelöst, ein Vorgang, der kulturgeschichtlich dem Übergang von der Romanik zur Gotik entsprach. Die Humanisten im 14. und 15. Jh. griffen bei der Herausgabe überlieferter Texte antiker Autoren auf die karolingische Minuskel zurück und entwickelten sie zur Antiqua, die bis heute die am häufigsten gebrauchte Druckschrift ist und die die auf die gotische S. zurückgehende Fraktur weitgehend abgelöst hat.

Schrotschnitt [ahdt. scrotan »schneiden«], Abart des ↑ Metallschnittes, bei der punktförmige Vertiefungen in den Druckstock geschlagen wurden. Das Bild (Schrotblatt) besteht dann aus Punkten von wechselnder Größe und Entfernung. Die dunklen Flächen werden häufig durch weißschraffierte Linien, Punkte, Kreise, Sterne usw. belebt. Da nur die hochstehenden Teile der Druckform die Farbe übertragen, erscheint die Zeichnung bei Druck weiß auf dunklem Grund. Diese Technik war vor allem in der 2. Hälfte des 15. Jh. verbreitet.

Schützenstück, *Doelenstück* [niederdt. Doele »Ziel«], Form des Gruppenbildnisses in der niederländischen Malerei des 16. und 17. Jh., das die Angehörigen einer Schützenvereinigung darstellt. Die S. wurden in den Versammlungshäusern der Schützengilden, den Doelen, aufbewahrt. Wie beim ↑ Regentenstück wird eine große Zahl von Einzelporträts zueinander in Beziehung gesetzt. Meisterhafte S. wurden von Frans Hals und Bartholomäus van der Helst gemalt. Auch Rembrandts Nachtwache ist ein S.

Schutzmantelmadonna, besondere Form der Mariendarstellung, bei der Maria mehrere Personen schützend unter ihrem Mantel birgt. Das Motiv, das seit Anfang des 13. Jh. nachweisbar ist, geht auf den mittelalterlichen Rechtsbrauch des Mantelschutzes zurück und wurde auf Maria als Fürbitterin der Gläubigen übertragen. ↑ auch Marienbild.

Schwarzlot, schwarze Deckfarbe der ↑ Glasmalerei, die aus Metalloxiden und Glaspulver besteht.

Schrotschnitt. Schrotblatt. Ende 14. Jh. Wien, Albertina

*Sekretär.
Deutscher
Schreibschrank.
Um 1750.
Universitäts-
museum
Marburg*

Schweifwerk, Ornamentform aus einer Verbindung von ↑ Voluten und ↑ Beschlagwerk, deren Kombination zahlreiche Varianten vor allem an Giebelverzierungen im Frühbarock ermöglichte.
Schweißtuch der Veronika, *Veronikabild,* Tuch, das nach der Legende die hl. Veronika dem kreuztragenden Christus gereicht hat, damit dieser sein Gesicht abtrocknet, wobei es zum Abdruck der Gesichtszüge Christi kam.
Schwibbogen, 1. übermauerter raumteilender Bogen.
2. ungenaue Bezeichnung für den gotischen Strebebogen (↑ Strebewerk).
sculpsit [lat. »hat gestochen«], Abkürzungen *sculps., sc.*, steht in der Druckgrafik meist hinter dem Namen des Künstlers, der eine fremde Vorlage umgesetzt hat.
Secento ↑ Seicento.
Sechspaß ↑ Paß.
Sedilien [Pl., lat. sedere »sitzen«], an der Südwand des ↑ Chores eingemauerte Sitze für Priester, Diakon und Subdiakon.
Seestück ↑ Marinemalerei.
Segerporzellan ↑ Berliner Porzellan.
Segmentbogen ↑ Bogen.
Segmentgiebel ↑ Giebel.
Seicento, *Secento* [ital. »Sechshundert«, Abkürzung für 1600], italienische Bezeichnung für Kunst und Kultur des 17. Jh. ↑ auch Duecento.
Seitenschiff ↑ Schiff.
Sekkomalerei, *Seccomalerei* [ital. al secco »auf das Trockene«], im Unterschied zur ↑ Freskomalerei das Malen auf trockenen Putz oder auf Wände ohne Putzmörtel. Da sich die Farbe mit dem Grund nicht so intensiv verbindet, ist die S. weniger haltbar. Durch Zusatz von Bindemittel wie Kasein, heute auch durch Silikatbildner, kann die Haltbarkeit der S. erhöht werden.
Sekretär [franz. secrétaire, lat. secretum »Geheimnis«], Schreibschrank oder Schreibtisch mit vielen kleinen Schüben und Fächern. Er ist durch den als Schreibplatte benutzbaren Deckel verschließbar. Der S. wird durch Aufteilung der Türen oder Kommodenfächer gegliedert. Der deutsche S. besitzt oft noch einen Giebel oder Überbau. Im S. lebten der ↑ Kabinettschrank der Renaissance und der Schreibschrank des 18. Jh. weiter.
Sekundärfarben ↑ Primärfarben.
Seladon, nach dem Helden eines französischen Schäferromans des 17. Jh. (Celadon) benannte Modefarbe, ein mattes Grün. Die Bezeichnung S. hat sich für chinesische Porzellan- und Steinzeuggefäße mit graugrüner oder blaugrauer undurchsichtiger Glasur erhalten.
Selbdrittbilder ↑ Anna selbdritt.
Selbstporträt, *Selbstbildnis,* Selbstdarstellung eines Künstlers in der bildenden Kunst. Die frühesten gesicherten S. sind aus dem Mittelalter überliefert (Schreiber- und Dedikationsbilder), jedoch ist hier noch keine Porträtähnlichkeit im engeren Sinne gegeben. Eigentliche S. gibt es erst seit der Renaissance, da es sich – wie das Porträt auch – nur mit dem erwachenden Selbstbewußtsein des Menschen entwickeln konnte. Im 15. Jh. ist das S. als Assistenzfigur oder Zuschauer in religiöse Szenen einbezogen. Das isolierte S. entstand in der deutschen Kunst um 1500 (Albrecht Dürer, Selbstporträt 1484, Zeichnung). Seitdem ist es wie das Porträt ein Hauptthemenbereich der Malerei.

Schutzmantelmadonna. Um 1500. Annaberg, Annenkirche

semantische Malerei [griech. sema »Zeichen«], aus dem ↑Art informel herausgebildende Kunstrichtung, die ihre Bildmotive aus symbolischen Zeichen und Ziffern zusammensetzt, die stellvertretend für bestimmte Gedanken und Gefühle stehen.

Sepia, bräunlicher Farbstoff, hergestellt aus einem Sekret des Tintenfisches, der ähnlich wie ↑Bister für Tusch- und Federzeichnungen verwandt wurde.

Sepulcrum [lat. »Grab«], Reliquiengrab des ↑Altars. Die Reliquien wurden bei der Altarweihe in eine Öffnung eingelassen, die dann wieder verschlossen wurde. Dieser Brauch wurde auf dem 2. Konzil von Nicäa (787) zur Vorschrift erhoben. Mitunter war das S. auch mit einer Vorkammer, der ↑Confessio, verbunden, wobei die Reliquien betrachtet oder sogar berührt werden konnten.

Sequenz [lat. sequi »folgen«], in ↑Concept art und ↑Prozeßkunst gebrauchter Begriff für Bildfolgen, in denen durch Wiederholungen oder Abwandlungen des gleichen Gegenstandes eine Bildidee verdeutlicht wird. Dabei können fotografische Mittel, aber auch Gemälde oder ↑Collagen eingesetzt werden.

Seraphim [hebr. »brennen«, Sing. Seraph], sechsflügelige Engel, die ähnlich wie die ↑Cherubim nach dem Alten Testament (Jes. 6, 1–8) Gottvater umgeben.

serielle Kunst, künstlerische Gestaltungsweise, die bereits im ↑Konstruktivismus der 1. Hälfte des 20. Jh. angewandt wurde und seit den 60er Jahren eine neue Blüte erlebte. Dabei arbeitet der Künstler mit Reihungen, Wiederholungen und Variationen und erzielt damit eine bestimmte ästhetische Wirkung.

Serigraphie ↑Druckverfahren.

Serpentin [lat. serpens »Schlange«], Steinart, die sich gut sägen, schneiden und polieren läßt; ihre schlangenhautähnliche Färbung war namengebend. S. kann dunkelgrün, braun, rot oder grau sowie geflammt und geädert sein. S. wurde für Gefäße, Tischplatten oder Verkleidungen verwendet.

Settecento [ital. »Siebenhundert«, Abkürzung für 1700], italienische Bezeichnung für Kunst und Kultur des 18. Jh. ↑auch Duecento.

Seraph

Sèvres-Porzellan, Porzellan aus der 1756 von Vincennes nach Sèvres (bei Paris) verlegten Manufaktur, die 1759 in das Eigentum des französischen Königs überging. Im 18. Jh. zählte sie zu den bedeutendsten Porzellanmanufakturen in Europa. Zunächst wurde nur Frittenporzellan (↑Porzellan) hergestellt. Berühmt wurde das S. durch Geschirre mit gemaltem Dekor von besonderer Leuchtkraft. Eine Besonderheit war das ↑Juwelenporzellan, das mit Schmelzperlen und Goldplättchen verziert war. Bekannte Bildhauer wie Étienne-Maurice Falconet modellierten für die Manufaktur. ↑auch Porzellanmarken.

Sezession [lat. secedere »sich entfernen«], Bezeichnung für verschiedene Künstlergruppen, die sich von den offiziell anerkannten Künstlerverbänden lösten, eigene Ziele verfolgten und neue Ausdrucksformen suchten, die häufig im Widerspruch zu den Kunstauffassungen der Akademie standen. Solche Abspaltungen waren besonders in Deutschland und Österreich an der Wende vom 19. zum 20. Jh. charakteristisch. Es entstanden u. a. die Münchner S. (1892 von Franz von Stuck, Max Slevogt und Fritz von Uhde gegründet), die Berliner S. (gegr. 1898; Max Liebermann, Walter Leistikow) und die Wiener S. (gegr. 1897; Gustav Klimt).

Sezessionsstil ↑ Jugendstil.
Sfumato [ital. sfumare »verrauchen«], eine vor allem von Leonardo da Vinci entwickelte Malweise, bei der verschwimmende Konturen eine plastische und atmosphärische Wirkung ergaben.
Sgraffito, *Graffito, Graffiato* [ital. sgraffiare, graffiare »kratzen«], Kratzputz, Technik der Wanddekoration, bei der verschiedenfarbige Putzschichten übereinander aufgetragen werden. Die Darstellung wird dann aus dem noch feuchten Putz herausgekratzt, so daß die untere, meist gefärbte Schicht sichtbar und eine zwei- oder mehrfarbige Wirkung erzielt wird. Die Sgraffitomalerei breitete sich seit Anfang des 14. Jh. von Italien nach Süddeutschland, Österreich und Böhmen aus.
Das S. wird auch bei Keramiken verwendet, bei denen die Konturen aus der ↑ Engobe-Glasur bis zur Unterglasur oder zum Tongrund herausgeschnitten werden. In der Gegenwart werden auch auf eine Wand gesprühte Bilder oder Schriften als S. bezeichnet.
Shaped canvas [engl. »unregelmäßig geformte Leinwand«], Farbobjekte aus Kunstharzen und Acrylfarben, die von der Wand plastisch in den Raum hineinreichen. Anfang der 60er Jahre bemühte sich eine Gruppe von Künstlern, den Bildträger plastisch zu gestalten, um damit die äußere Gestalt des Bildes dem Bildinhalt anzupassen. Vertreter dieser Richtung sind Larry Bell, Norman Zammit und Frank Stella.
Sheddach ↑ Dachformen.
Sheraton-Möbel, das nach dem englischen Kunsttischler Thomas Sheraton bezeichnete Mobiliar des späten 17. Jh. mit schlichten, klassizistisch einfachen Formen und durchbrochenen Mustern. Die von Sheraton zusammengestellten Vorlagenstiche wirkten bis ins 19. Jh. und weit über England hinaus.
Sibylle [griech. sibylla »Prophetin«], im Altertum Bezeichnung für weissagende Frauen, benannt nach den Orten, an denen sie ihre Weissagungen vortrugen (erythräische S., tiburtinische S.). In der christlichen Kunst wurden ihre Weissagungen mit den Voraussagen der Propheten des Alten Testamentes in der Ankündigung von Christus verglichen, und sie selbst wurden den Propheten zugeordnet. Bedeutende Darstellungen sind die fünf S. von Michelangelo an der Decke der Sixtinischen Kapelle des Vatikan.
Sidur ↑ Machsor.
Siebdruck ↑ Druckverfahren.
siebenarmiger Leuchter ↑ Menorah.
Sieben freie Künste [lat. septem artes liberales]. Als freie Künste galten im Altertum die Kenntnisse und Fähigkeiten, die den freien Mann vom Sklaven unterschieden. Um 400 n. Chr. setzte sich die Gruppierung in ein Trivium (Grammatik, Rhetorik, Dialektik) und ein Quadrivium (Arithmetik, Geometrie, Musik, Astronomie) durch. In karolingischer Zeit wurden die S. f. K. erstmalig als weltliche Figuren mit bestimmten ↑ Attributen dargestellt: Grammatik – Rute; Rhetorik – Tafel und Griffel; Dialektik – wirre Haare, Skorpion oder Schlange; Arithmetik – Rechenbrett; Geometrie – Zirkel; Musik – Musikinstrument; Astronomie – Astrolabium.
Siegburger Steinzeug. In Siegburg bei Köln gab es seit dem 12. Jh. eine Töpferproduktion; ↑ Steinzeug wurde wahrscheinlich seit 1350 hergestellt und erreichte im 16. Jh. einen künstlerischen Höhepunkt. Charakteristisch für Siegburger Krüge sind ihre helle Farbe und die aufgelegten Reliefornamente mit figürlichen und ornamentalen Darstellungen. Die gebräuchlichsten Formen sind hohe zylindrische Krüge, ↑ Schnellen, Becher mit Trichterhals und Schnabelkannen. ↑ auch Rheinisches Steinzeug.
Siegel [lat. sigillum »Bildchen«, »Siegel«], Abdruck eines Petschaft, also geschnittenen Steines, in Ton, Wachs, Blei u. a. zur Beglaubigung einer Unterschrift, zum Verschluß eines Briefes. Im alten Orient waren seit dem 4. Jt. v. Chr. Stempelsiegel gebräuchlich, die um 3000 v. Chr. von Rollsiegeln abgelöst wurden. In kleine Walzen sind Bilder eingraviert, die dann auf Ton oder Wachs abgerollt wurden und eine Bildfolge ergaben. Sie besaßen oft eine hohe künstlerische Qualität. Nach dem Aufkommen des Papyrus im 1. Jt. v. Chr., das für Abrollungen ungeeignet war, setzten sich erneut Stempelsiegel durch. Im alten Rom wurden auch Siegelringe verwendet. Mittelalterliche S. sind auf Pergamenturkunden in Wachs eingedrückt worden. Das rote Siegelwachs war Vorrecht der Kaiser und Könige und

wurde später auch anderen Fürsten und Reichsstädten verliehen. Geistliche Orden verwandten schwarzes, Städte häufig grünes Siegelwachs.
Die Siegelkunde (Sphragistik) als historische und kunsthistorische Hilfswissenschaft befaßt sich mit den Siegelstempeln und den abgedruckten S.

Siegelwachs ↑ Siegel.

Signatur [lat. signare »bezeichnen«], das auf einem Kunstwerk angebrachte Zeichen, das auf dessen Urheber hinweist. Es kann voll ausgeschrieben oder abgekürzt sein (↑ Monogramm), auch eine Figur oder ein Zeichen darstellen.

Signet [lat. signare »bezeichnen«], Drucker- oder Verlegerzeichen, das seit Erfindung des Buchdrucks in die Bücher eines Drukkers oder Verlegers als Firmenzeichen eingedruckt wird.

Sikkativ [lat. siccitas »Trockenheit«], Substanz, die die Trocknung von Ölfarben beschleunigt. Sie besteht meist aus Metallsalzen, die dem Terpentin zugesetzt werden, um mit einer beschleunigte Sauerstoffaufnahme ein rascheres Trocknen der Ölfarben zu bewirken.

Silberstift, Griffel mit einer Silberspitze; Vorläufer des Bleistiftes. Zeichnungen mit dem S. ergeben zarte graue Linien von gleichmäßiger Stärke. Sie wurden im Spätmittelalter sehr geschätzt und erreichten im 15. und 16. Jh. eine Blütezeit (Meister des Hausbuches, Hans Holbein d. Ä., Albrecht Dürer).

Silen, dem ↑ Satyr verwandter menschengestaltiger Naturdämon mit Pferdekennzeichen.

Silhouette ↑ Schattenriß.

Signatur

Albrecht Dürer; Carl Philipp Fohr; Oskar Kokoschka; Emil Nolde; Ludwig Richter

Silikatmalerei, *Mineralmalerei* [lat. silex »Kiesel«], licht- und wetterbeständige Technik der Wandmalerei von freskoartiger Wirkung. Sie gehört zu den Sekkotechniken (↑ Sekkomalerei) und wird auf trockenen Putz aufgetragen. Kalkechte Pigmente, denen Silikatbildner beigegeben wurden, werden mit Kaliwasserglas vermischt. Während des Trocknens auf der Wand bildet sich Kieselsäure, wobei die Farbe auf dem Untergrund »versteinert». Das Verfahren wurde Mitte des 19. Jh. von dem Chemiker Adolf W. Keim entwickelt. Voraussetzung für die S. war die fabrikmäßige Herstellung von Wasserglas in der 2. Hälfte des 19. Jh.

Sima [griech. simos »stumpfnasig«], Traufleiste an antiken griechischen ↑ Tempeln. Die S. wurde als giebelseitiger Abschluß des Daches ausgebildet; wo sie auf die Traufe stößt, ist sie durchbrochen und häufig mit Wasserspeiern versehen.

Sims ↑ Gesims.

Singerie [franz. »Affenposse«], Darstellung des menschenähnlichen Spiels der Affen, häufig mit ↑ Chinoiserie verbunden.

Sinnbild, mehrdeutiger Begriff, der das Gleichnishafte von Kunst bezeichnet, das durch ↑ Symbol, ↑ Allegorie oder ↑ Emblem ausgedrückt werden kann.

Sippenbild, Darstellung der hl. Sippe, also der Verwandtschaft Marias. Anna, die Mutter Marias, war nach der Legende dreimal verheiratet und wird mit ihren drei Männern (Joachim, Kleophas und Salomas), drei Töchtern, Schwiegersöhnen und sieben Enkeln wiedergegeben. Diese Familiendarstellung war im 15. und 16. Jh. besonders in Deutschland und den Niederlanden verbreitet. Durch das Konzil von Trient (1545–63) wurden die S. verboten, an ihre Stelle trat die Heilige Familie.

Sirenen, in der griechischen Mythologie Dämonen mit Vogelleib und Menschenkopf, die durch ihren Gesang die Seefahrer auf Klippen lockten, um sie zu töten.

Sittenmalerei ↑ Genremalerei.

Situla [lat. »Eimer«, Pl. Situlen], eimerartiges Gefäß aus getriebenen Bronzeblechen, das häufig mit reichem figürlichen Schmuck versehen war. Vom 7.–4. Jh. v. Chr. waren S. häufig als Grabbeigaben zu finden.

Skarabäus, im alten Ägypten als Amulett, Schmuck und Siegel verwandte steinerne Nachbildung eines Käfers, der als Symbol des Sonnengottes galt. Auf der Unterseite war der S. häufig mit figürlichen Darstellungen und Inschriften versehen.

Skelettbauweise, Konstruktionsprinzip, bei dem im Gegensatz zum Massivbau die tragende Funktion von einem Tragesystem übernommen wird. Als Material kann dafür Holz (↑ Fachwerk), Stein oder Stahl verwendet werden.

Skenographie [griech. »Bühnenmalerei«], Bemalung der Stellwände des antiken Theaters, die Architekturen oder Landschaften darstellte. Seit Mitte des 5. Jh. v. Chr. gab es erste Versuche einer perspektivischen Darstellung durch den Maler Agatharchos von Samos, so daß der Begriff S. mit der Perspektivlehre gleichgesetzt wurde. Die S. bildeten den Ausgangspunkt der antiken ↑ Landschaftsmalereien.

Skiagraphie [griech. skiagraphia »Schattenbild«], in der antiken Malerei die Betonung des Körperhaften bei Figuren und Gegenständen durch Wiedergabe der Schatten. Als Entdecker gilt Apollodorus von Athen im 5. Jh. v. Chr.

Skizze [ital. schizzo »Spritzer«, »flüchtiger Entwurf«], erster flüchtiger Entwurf für ein Kunstwerk oder ein Detail, meist eine Zeichnung, kann aber auch ein plastischer Entwurf sein (↑ Bozzetto).

Skriptorium [lat. scriptor »Abschreiber«, »Verfasser«], Bezeichnung für die Schreibstube im mittelalterlichen ↑ Kloster, später auch Schreib- oder Malschule.

Skulptur ↑ Plastik.

Skyphos ↑ Vasentypen, griechische.

skythische Kunst, Kunst der Skythen, einer Bevölkerungsgruppe, die zwischen dem 7. und 3. Jh. v. Chr. vor allem im nördlichen Schwarzmeergebiet lebte. Besonders im Bereich des Kunsthandwerks gibt es hervorragende Arbeiten im skythischen ↑ Tierstil, der stark von iranischen, assyrischen und urartäischen Einflüssen geprägt war. Neben naturnahen und stilisierten Darstellungen von Tieren und Tierkämpfen finden sich auch Wiedergaben von Fabel- oder Mischwesen. Aus dem alten Orient wurde auch die Zellenschmelztechnik übernommen. Werke der s. K. sind vor allem in den Königsgräbern (Kurgane) überliefert.

Smalte, *Schmalte,* mineralisches blaues Farbpigment, das in der Keramik als Unterglasurfarbe oder zur Blaufärbung von Glasflüssen verwendet wird.

Sockel ↑ Postament.

Sima

Blattstabsima

sizilische Sima

abgesetzte Wellensima

sizilische Anthemiensima

ionische Sima

Rankensima

ionische Wellensima mit Rankenornament

Sofa [arab. »suffa«], gepolsterte Weiterentwicklung der Sitzbank, an der türkische Einflüsse maßgebend beteiligt waren.

Soffitte [ital. soffitto »Zimmerdecke«, »Plafond«], in der Architektur Unteransicht eines Bogens oder einer Balkendecke; im Theater die Kulissenstreifen, die die Decke eines geschlossenen Raumes darstellen.

Soft sculpture [engl. soft »weich«], von dem Amerikaner Claes Oldenburg geprägter Begriff für seine »weichen Objekte« wie Waschbecken, Schreibmaschine usw., die er aus Leinwand zusammennähte und die eine Parodie solcher Produkte darstellen.

Sohlbank, untere waagerechte Begrenzung eines Fensters, die das Regenwasser ableitet.

Solitüde, kleines Lustschloß des ↑ Rokoko, z.B. S. bei Stuttgart (1763–67, Philippe de la Guêpière).

Söller ↑ Altan.

Sonnenmonstranz ↑ Monstranz.

Sonntagsmalerei ↑ naive Kunst.

Sopraporte ↑ Supraporte.

Sotto in su [ital. »von unten nach oben«], italienische Bezeichnung für die perspektivische Unteransicht in der Deckenmalerei.

Soumak, Webtechnik mit Wickeln des Schußfadens, z. B. über zwei Kettfäden und wieder zurück, was einen dem Stielstich ähnlichen Effekt ergibt.

Soutane, Gewand der katholischen Geistlichkeit. Die unter der liturgischen Kleidung getragene S. ist bei gewöhnlichen Geistlichen schwarz, bei Bischöfen violett, bei Kardinälen rot.

Souterrain [franz. »unter dem Boden«], Wohngeschoß eines Hauses, das zum Teil in den Erdboden versenkt ist.

sozialistischer Realismus, Methode des künstlerischen Schaffens in Literatur und Kunst, die »der ideologischen Umformung und Erziehung der Werktätigen im Geiste des Sozialismus« dienen sollte (Statut des sowjetischen Schriftstellerverbandes). Der s. R. wurde im April 1932 auf dem sowjetischen Schriftstellerkongreß unter unmittelbarer Mitwirkung Stalins als einzig sinnvolle, verbindliche Methode für das Kunstschaffen erklärt. Wenig später wurde der Begriff im Statut des sowjetischen Schriftstellerverbandes verankert. Alle Mitglieder wurden verpflichtet, die Wirklichkeit »in ihrer revolutionären Entwicklung« darzustellen. Forderungen des s. R. auch in der bildenden Kunst waren u. a. Volkstümlichkeit, Wiedergabe der Wirklichkeit in ihrer revolutionären Veränderung, d. h. so, wie die kommunistische Partei sie sehen wollte, Darstellung des Arbeiters im Arbeitsprozeß und eine optimistische Grundhaltung. Der Begriff wurde immer wieder erweitert und diskutiert. Eine einheitliche Definition und Bewertung gibt es nicht.

Spandrille, in der Architektur der Zwickel zwischen einem Bogen und seiner rechtwinkligen Einfassung.

Spechter ↑ Stangenglas.

Speckstein, *Steatit,* Mineral von unterschiedlicher Färbung; meist weiß, aber auch gelblich, grünlich, rötlich, einfarbig oder marmoriert. Wegen seiner leichten Bearbeitbarkeit (schnitz- und polierbar) wurde S. häufig im Kunsthandwerk und für Kleinplastiken verwendet. In Deutschland waren Gefäße und Figuren aus S. besonders im 16. und 17. Jh. beliebt.

speculum humanae salvationis [lat. »Spiegel menschlichen Heils«] ↑ Heilsspiegel.

Spektralfarben, Farben, die entstehen, wenn Sonnenlicht durch ein Prisma fällt und dabei in Licht von unterschiedlicher Wellenlänge zerlegt wird (in der Natur am Regenbogen zu beobachten).

Sphinx [Pl. Sphinge], in der ägyptischen Mythologie Symbol des Königs und des Sonnengottes, dargestellt als Mischwesen aus Löwenleib und menschlichem Kopf. Als steinerne Wächter säumten die S. die Verbindungsstraßen zwischen den einzelnen Tempelkomplexen. Die bekannteste S. ist die von Giseh.

Das Motiv der S. gelangte über den vorderen Orient nach Griechenland. Sie galten hier als Todesdämon und wurden als weibliche geflügelte Wesen dargestellt. Als Symbol des Schweigens wurden sie in die Grabplastik des 18. und 19. Jh. aufgenommen. Eine erneute Belebung als erotisches Symbol erfuhr das Motiv in der Malerei des Symbolismus und Jugendstils.

Sphragistik ↑ Siegel.

Spiegelgewölbe ↑ Gewölbe.

Spiegelkabinett, ein im Barock und Rokoko bevorzugter mit Spiegeln ausgestalteter Raum. Er wurde z. T. zur Aufstellung von Kunstgegenständen genutzt, die dadurch auch von ihrer Rückseite gezeigt werden konnten.

Spiegelmalerei, Sonderform der ↑Hinterglasmalerei, bei der einzelne Teile des Flachglases mit spiegelnder Metallfolie hinterlegt sind.

Spiegelsaal. Ähnlich wie das kleinere ↑Spiegelkabinett diente der S. im Barock zur optischen Erweiterung des Innenraumes. Nach dem frühesten Beispiel von Versailles entstanden S. u. a. in Wien, Schloß Schönbrunn (1695/96), und Potsdam-Sanssouci, Neues Palais (1764ff.).

Spielbein ↑Kontrapost.

Spindeltreppe ↑Treppe.

Spirale, schneckenförmiges Ornamentmotiv, das auf verschiedene Anregungen (Naturformen oder Ableitung aus der Flechtwerktechnik) zurückgeführt werden kann. Als komplexes Symbol bezeichnet die S. die ewige Wiederkehr, das Anwachsen und Schwinden der Sonne, Geburt und Tod; als Wirbel die Schöpferkraft. Die Symbolik taucht bereits in den frühen Kulturen (Neolithikum) auf und war dominierendes Motiv in der donauländischen Band- bzw. Spiralkeramik. Auch in der mitteleuropäischen Bronzezeit bildete sie ein charakteristisches Ornamentmotiv, das bis ins Mittelalter fortlebte.

Spitzbogen, Bogenform der Gotik, die zuerst in Nordfrankreich (St. Denis, 1. Hälfte 12. Jh.) auftrat und sich um 1200 in Deutschland verbreitete. Abb. ↑Bogen.

Spitzkehle, V-förmiger Profileinschnitt.

Spolien [lat. spolium »Beute«], ursprünglich Bezeichnung für erbeutete Kunstwerke. Später wurde der Begriff auf Teile von Bauwerken oder besondere Kunstwerke ausgedehnt, die anderen Werken entnommen und für neue verwendet wurden, z. B. Verwendung älterer Reliefs am Konstantinsbogen in Rom, Säulen aus Ravenna im Dom zu Aachen.

Stab, bauplastische Zierform, deren Querschnitt einen Viertel-, Halb- oder Dreiviertelkreis bilden kann. In der romanischen Architektur oft als Eckprofilierung an Pfeilern, in der Gotik an Tür- und Fenstergewänden und an Diensten.

Stabile, Begriff der modernen Metallplastik, der von Hans Arp zuerst auf die statischen Metallplastiken von Alexander Calder bezogen wurde.

Stabkirche, *Mastenkirche,* Typus der Holzkirchen, deren Wände in Stabbauweise, also aus senkrecht gestellten Pfosten, gefügt waren. S. waren ausschließlich in Skandinavien im 11.–13. Jh. verbreitet. Seit dem 12. Jh. kam eine weitere Bauform hinzu, bei der eine vom Boden bis zum Dach führende Mittelsäule Träger der Gesamtkonstruktion ist. S. zeichnen sich durch hochragende, übereinandergeschichtete Dächer, Vorhallen, oft einen offenen Laubengang und einen offenen Dachstuhl aus. Kunstvolle Schnitzereien an den Giebeln (Drachenköpfe ähnlich wie an den Vordersteven der Wikingerschiffe) und geschnitzte Tierornamente an den Türen sind mit dem zeitgenössischen Schiffbau und mit Volks- und Zimmermannshandwerk in Verbindung zu bringen.

Stab

Sphinx. Tamanische Sphinx, griechische Lekythos. Ende 5. Jh. v. Chr. St. Petersburg, Eremitage

Stabwerk, in gotischen Fenstern senkrechte Stäbe unterhalb des Maßwerkes zur Unterteilung der Fensterflächen.

Stadion [griech. »Spanne«], feststehende Strecke von 600 Fuß Länge, entsprach in Olympia etwa 192 m; Sport- und Wettkampfstätte, die sich aus der antiken Laufbahn entwickelte. Sie bestand aus zwei parallelen Bahnen, die durch eine Kehre miteinander verbunden waren. Die heutigen S. gehen auf das ovale ↑ Amphitheater zurück.

Staffage, Menschen- oder Tierfiguren, die Landschafts- oder Architekturbilder beleben, zur Klärung des Maßstabes oder zur Verdeutlichung der räumlichen Wirkung dienen. ↑ auch Repoussoir.

Staffelchor, *Parallelchor,* Chorform der romanischen Baukunst, bei der die mittlere Apside am weitesten nach Osten vorstößt und die anderen gestaffelt zurückliegen.

Staffeleibild, auf der Staffelei entstandenes Bild eines Malers, das im Gegensatz zum Wandgemälde transportiert werden kann, also beweglich ist.

Staffelgiebel, *Treppengiebel,* Giebelform, die sich im norddeutschen und niederländischen Backsteinbau entwickelte und dort bis ins 17. Jh. sehr verbreitet war. ↑ auch Giebel.

Staffiermalerei [franz. étoffer »ausstatten«, »ausstaffieren«], Bemalung von Plastiken aus Stein oder Holz. ↑ auch Faßmaler.

Stahlstich, *Siderographie,* Abart des ↑ Kupferstichs, die sich von ihm durch das Material der Druckplatten unterscheidet. Die Stahlplatten werden durch Entzug des Kohlenstoffs weich gemacht, so daß mit fast der gleichen Leichtigkeit wie in Kupfer gestochen werden kann. Anschließend werden die Platten wieder gehärtet. Der S., der um 1820 von Charles Heath in England erfunden wurde, ermöglicht höhere Auflagen und ergibt sehr konturenscharfe Drucke. Er diente im 19. Jh. vor allem der Reproduktion von Gemälden, Zeichnungen, Landkarten und zur Buchillustration.

Stalaktitengewölbe [griech. stalagma »Tropfen«], *Tropfsteingewölbe,* Wölbungsverkleidung in der islamischen Baukunst. Sie besteht aus zahlreichen nischenartigen Einzelelementen, die übereinandergesetzt sind und an Tropfsteine erinnern.

Stallen ↑ Chorgestühl.

Stammbaum Christi ↑ Wurzel Jesse.

Stamnos ↑ Vasentypen, giechische.

Standbein ↑ Kontrapost.

Standbild ↑ Statue.

Ständer, senkrechter Pfosten bei einem ↑ Fachwerk-Bau.

Stangenglas, schlankes hohes, meist zylindrisches Glas, das vom 15.–19. Jh. hergestellt wurde. Die Fußgestaltung ist unterschiedlich (einfache Standringe; umgeschlagene durchbrochene flachtellerartige Füße). Die Verzierung besteht aus Nuppen oder aufgelegten farbigen Fäden. Eine Sonderform ist der Spechter, den plastische Waffel- oder Quadermuster schmücken, die durch Blasen in eine Form entstehen. Eine weitere Abart bilden die ↑ Paßgläser, die durch aufgelegte Glasfäden in mehrere Zonen aufgeteilt sind.

Stanzen [ital. stanza »Zimmer«], Bezeichnung für die von Raffael und seiner Schule 1508–17 im Vatikan ausgemalten Privatgemächer von Papst Julius II.

statuarisch, *statuenhaft,* Bezeichnung für gemalte Figuren, die Geschlossenheit und Strenge aufweisen.

Statue [lat. stare »stehen«], *Standbild,* vollplastische Gestalt eines einzelnen Menschen oder Tieres; meist durch ein Postament oder einen Sockel von der Umgebung abgehoben.

Statuette, kleine ↑ Statue.

Staurothek [griech. stauros »Pfahl«, »Kreuz«], *Kreuzreliquiar,* Behälter mit einer Kreuzreliquie; im allgemeinen ein Holzkästchen, das mit Silberblech verkleidet und mit Edelsteinen geschmückt ist. Eine kreuzförmige Vertiefung in der Mitte enthält die Reliquie. Eine berühmte S. befindet sich im Domschatz der Kirche St. Georg in Limburg. Sie wurde 1204 von Kreuzfahrern aus der Sophienkathedrale in Konstantinopel geraubt.

Steatit ↑ Speckstein.

Stalaktitengewölbe

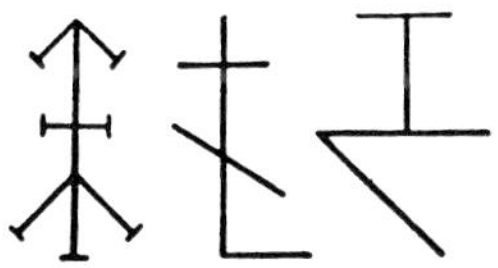

Steinmetzzeichen der Gotik

Steindruck ↑ Lithographie.

Steinguß, technisches Verfahren, bei dem Plastiken aus einer aus Steinmehl und Kalk bestehenden Masse gegossen werden. So sind in der Spätgotik besonders in Süd- und Westdeutschland sowie in Böhmen zahlreiche Bildwerke hergestellt worden. Seit Mitte des 19. Jh. wurde S. für die Herstellung von Formsteinen für die Bauornamentik verwendet, besonders in Gegenden ohne Natursteinvorkommen. Als S. wird auch der Kunststein oder Kunstmarmor bezeichnet, der nach älteren Verfahren aus Marmormehl und Gips (↑ Scagliola), später mit Zement und Weißkalkzusatz hergestellt wurde. Durch weitere Zusätze kann eine gewünschte Färbung und Zeichnung erzielt werden.

Steingut, keramische Masse aus Kaolin, Quarz, Feldspat und Kalkstein, die bei mäßiger Hitze (900–1300 °C) gebrannt wird. Da auch die Glasur bei vergleichsweise niedrigen Temperaturen (900–1000 °C) aufgeschmolzen wird, ist die Palette der dafür geeigneten Farben relativ groß. Erzeugnisse aus S. sind härter als Fayencen und weicher als Porzellan und Steinzeug. S. wurde um 1720 in England erfunden und etwa 50 Jahre später durch Wedgwood nochmals verbessert.

Steinkreis ↑ Cromlech.

Steinkreuze, dienen als Grenz- und Gerichtskreuze, aber auch als Votiv- oder Sühnekreuze. Berühmt sind die frühmittelalterlichen S., die auf den Britischen Inseln (Nordengland, Schottland, Irland, Insel Wight) um 650 n. Chr. errichtet wurden und mit reicher Ornamentik verziert sind.

Steinmetzzeichen, symbolische oder monogrammähnliche Zeichen des Steinmetzen zur Kennzeichnung seiner Arbeiten. S. waren vom 12.–18. Jh. im Bauhüttenwesen verbreitet und liefern wichtige Anhaltspunkte für baugeschichtliche Untersuchungen.
Von den S. zu unterscheiden sind die Meisterzeichen, die durch eine schildförmige Rahmung hervorgehoben sind.

Steinschnitt ↑ Glyptik.

Steinzeichnung ↑ Lithographie.

Steinzeug, keramisches Erzeugnis, dessen Glasur durch Verdampfen von Salz während des Brennvorganges erzeugt wird. S. wurde in der ostasiatischen Kunst seit dem Altertum hergestellt, in Europa seit dem 13./14. Jh., vor allem im rheinischen Gebiet um Köln (↑ Rheinisches S., ↑ Siegburger S.). Die Krüge zeigen ornamentale und figürliche Reliefs. In der 2. Hälfte des 16. Jh. erreichte die Steinzeugtöpferei ihre Blütezeit (↑ Creußener S.). Anfang des 18. Jh. stellte Johann Friedrich Böttger in Meißen braunrotes Steinzeug her, das sogenannte ↑ Böttgerporzellan.

Stele [griech. »Säule«, »Steintafel«], aufrechtstehende Steinplatte, die häufig mit

Stele Giustiniani. Um 460 v. Chr., Berlin, Staatliche Museen, Antiken-Sammlung

Reliefs oder Inschriften versehen war. Sie diente verschiedenen Zwecken, z. B. in der Antike als Grab-, Weih- oder Urkundenstele. Die S. entwickelte sich aus dem frühgeschichtlichen ↑Menhir, Vorläufer waren wahrscheinlich bearbeitete Holzpfähle (Totempfähle).

Stereobat [griech. stereos »hart«, »dauerhaft«], gesamter Unterbau des griechischen Tempels.

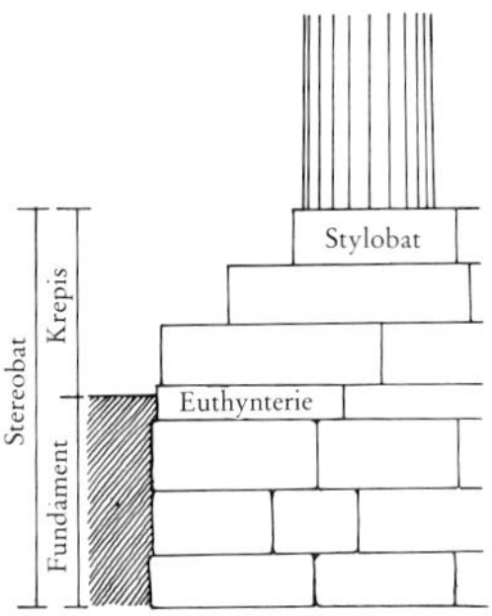

Stereobat eines griechisch-dorischen Tempels

Sterngewölbe ↑Gewölbe.

Stichbandkeramik, jüngere Phase der ↑Bandkeramik.

Stichbogen, *Segmentbogen, Flachbogen,* Bogenkonstruktion, bei der der Zirkelpunkt unterhalb der Kämpferlinie liegt. Abb. ↑Bogen.

Stichel ↑Grabstichel.

Stichkappe, Gewölbekappe, die in das Hauptgewölbe senkrecht zu dessen Achse einschneidet. Eine S. entsteht häufig dann, wenn ein Fenster über den Ansatz des Dekkengewölbes hinaufgezogen wird.

Stifterbild, Darstellung des Auftraggebers bzw. Stifters (Donators) auf dem von ihm gestifteten Kunstwerk. Bekannt sind Stifterfiguren seit frühchristlicher Zeit in der Art der ↑Dedikationsbilder, die besonders in der mittelalterlichen Buchmalerei verbreitet waren. In Gemälden und Bildwerken sind Stifter meist als kleine Gestalt am Bildrand wiedergegeben, im Spätmittelalter und in der Renaissance entstand – verbunden mit einer persönlicheren Glaubensauffassung – das neuzeitliche, porträthafte S. Von hier aus führt die Entwicklung zur Familiendarstellung und zum Gruppenbildnis. Eine eigene Tradition bilden S. in der Plastik auf Kapitellen oder als ganzfigurige Gestalten (Naumburger Stifterfiguren).

Stifterfigur ↑Stifterbild.

Stiftmosaik, Form der altmesopotamischen Bauornamentik (↑Mosaik), bei der der Wand- oder Pfeilerschmuck aus verschiedenfarbigen Tonstiften besteht, die in den Putz des Lehmziegelmauerwerks hineingedrückt wurden.

Stiftskirche [ahdt. stiften »festmachen«], *Collegiatskirche* [lat. collegium »Amtsgenossenschaft«], von einem Stifter gegründete und mit Grundbesitz und eigenen Rechten ausgestattete Vereinigung von Klerikern (Stiftsherren) an einer Domkirche (Domstift), einer nichtklösterlichen Kirche (Collegiatsstift) oder einem Kloster.

Stigmatisation [griech. stigma »Stich«, »Brandmal«], Auftreten der Wundmale Christi bei Personen, die sich in religiöser Ekstase befinden; häufig bei Darstellungen des Franz von Assisi.

Stijl, de, Vereinigung von avantgardistischen Malern, Bildhauern und Architekten 1917 in den Niederlanden, die jede Naturwiedergabe ablehnte und sich auf elementare Ausdrucksmittel beschränkte. Ähnlich wie die Vertreter des russischen ↑Konstruktivismus verwendeten sie Vertikale und Horizontale, rechtwinklige kubische Formen und die Grundfarben Rot, Blau, Gelb sowie Schwarz und Weiß. Das theoretische Konzept war von Piet Mondrian aufgestellt und wurde in der Zeitschrift »De Stijl« programmatisch formuliert. Ähnlich wie Malewitsch in seinem ↑Suprematismus hatte Mondrian ein abstraktes geometrisches Formensystem erarbeitet, das im ↑Neoplastizismus dann auch Architektur und industrielles Design beeinflußte. Ziel der Bewegung war die »Entwicklung eines neuen Schönheitsbewußtseins« durch die Einfachheit abstrakter geometrischer konstruktivistischer Kunst.
Zu der Gruppe gehörten neben den Malern Theo van Doesburg und Piet Mondrian die Architekten Jacobus Oud, Gerrit Rietveld und der Bildhauer Georges Vantongerloo. In ihrem künstlerischen Programm entsprach die S.-Bewegung den Bestrebungen des ↑Bauhauses in Deutschland.

Stil [lat. stilus »Griffel«], ganz allgemein eine charakteristische Ausdrucksweise. Ursprünglich bezeichnete man damit die Art sprachlichen Ausdrucks, im 18. Jh. wurde der Begriff durch Johann Joachim Winckelmann auf die bildende Kunst übertragen. S. ist hier eine Summe von Eigenschaften, die eine zusammengehörige Gruppe von Werken unter sich gemeinsam hat. S. ist keine Eigenschaft eines Kunstwerkes, sondern eine Hilfskonstruktion der Formuntersuchung, wobei die Formen in ihren wesentlichen Zügen Ausdruck eines bestimmten Welt- und Lebensgefühls sind. Dieser allgemeine Zeitstil, der sich in verschiedenen – nicht unbedingt in allen – Gattungen der bildenden Künste, auch in Literatur, Musik, in Möbeln, Kleidung usw. ausdrückt, ermöglicht durch die Methoden der Stilanalyse und Stilkritik die Zuschreibung und Datierung von Kunstwerken. Der Lokalstil zeigt die gemeinsamen Charakteristika von Künstlern einer bestimmten Region, der Personalstil die individuellen Eigenheiten eines Künstlers. Im 19. Jh. bildeten sich bestimmte Stilbegriffe heraus, durch die der Ablauf der europäischen Kunst zeitlich geordnet wird (Romanik, Gotik, Renaissance, Barock). Diese Stil- und Epochebegriffe regten im 20. Jh. immer wieder Diskussionen an.

Stilleben [niederl. still-leven, still »unbeweglich«, leven »Modell«], Darstellung »stiller«, d. h. im Prinzip unbewegter Gegenstände in einer vom Maler geschaffenen Anordnung. Vorformen des S. gab es bereits auf antiken Fresken oder Mosaiken. Auf Gemälden entwickelte sich das S. erst in der Renaissance und entfaltete sich besonders in der niederländischen Malerei des 17. Jh., wo sich bestimmte Spezialrichtungen herausbildeten: Blumenstilleben, Küchenstilleben, Vanitasstilleben (↑ Vanitas). Der Begriff tauchte zum ersten Mal um 1650 in einem holländischen Inventar auf und wurde dann Anfang des 18. Jh. von dem Niederländer Arnold Houbraken gebraucht. In Frankreich ist dafür die Bezeichnung »nature morte«, in Italien »natura morta« (tote Natur) gebräuchlich.

Stipes ↑ Altar.

Stirnziegel ↑ Antefix.

Stoa [griech. »Säulengang«, »Halle«], in der griechischen Architektur langgestreckte Säulenhalle mit geschlossener Rückwand.

Stockhaus, im Gebiet des niederbayerischen Vierseithofes Bezeichnung für Wohnbauten, bei denen das Obergeschoß nicht voll ausgebaut ist. ↑ auch Bauernhaus.

Stola ↑ Paramente.

Stollenkrypta, Sonderform der ↑ Krypta. Im Gegensatz zur Hallenkrypta sind die einzelnen Gänge durch Mauern getrennt. S. entstammen meist dem frühen Mittelalter und sind mit einem Tonnengewölbe versehen.

Stollenschrank ↑ Schrank.

Straßburger Fayencen ↑ Hannong-Fayencen.

Strebebogen, Strebepfeiler ↑ Strebewerk.

Strebewerk, Stützsystem an gotischen Kirchen, das aus Strebepfeilern und Strebebogen besteht und den Seitenschub der Mittelschiffgewölbe auffängt.

strigiliert [lat. strigilis »Schabeisen«], S-förmige Riefelung an den Wänden frühchristlicher Sarkophage.

Strebewerk am Kölner Dom. 1250–1350

Stroganow-Schule, Richtung der russischen Ikonenmalerei im 16. und 17. Jh., die mit der Kaufmannsfamilie Stroganow verbunden ist, in deren Auftrag verschiedene Kunstwerke entstanden. Sie weisen nicht mehr die strenge Symmetrie und frontale Stellung der Figuren auf, das Format verkleinert sich und die Malerei nimmt miniaturhafte Züge an. Die Kompositionen zeigen viele neu hinzugefügte Szenen, die als dekorative Bereicherung dienen.

Stucco-lustro [ital. »glänzender Stuck«], Sonderform der ↑ Freskomalerei, bei der auf frischen kalkhaltigen Stuck mit einer durch Kalk und Seife gebundenen Farbe gemalt wird. Durch anschließendes heißes Bügeln entsteht eine glänzende leuchtende Oberfläche.

Stuck [ital. stucco], Masse aus Gips, Kalk, Sand und Wasser, die sich leicht formen läßt, aber schnell erhärtet. S. wird besonders für plastische Verzierungen an Decken und Wänden verwendet (Stukkatur). Dabei kann er frei aufgetragen oder modelliert werden; Profile werden mit Schablonen gezogen. S. kann aber auch in Formen gegossen und anschließend angebracht werden.

Die Stucktechnik war bereits im Altertum verbreitet, z. B. in der ägyptischen, kretisch-mykenischen und römischen Kunst. In der frühchristlichen Kunst wurde die Tradition der römischen Stuckdekoration weitergeführt. In der romanischen Reliefplastik sind als Stuckarbeiten das Heilige Grab der Stiftskirche in Gernrode (um 1120), die Reliefs der Chorschranken in St. Michael in Hildesheim (Ende 12. Jh.) und der Liebfrauenkirche in Halberstadt (um 1200) überliefert.

Eine Neubelebung dieser Kunst erfolgte in der Renaissance, als antike Stuckdekorationen nachgeahmt wurden. Eine bedeutende Rolle hatte die Stuckplastik im Zeitalter des Barock. Die Ausstattung der kirchlichen Innenräume, der Säle und Kabinette wurde von hervorragenden Stukkatoren ausgeführt. Im 17. Jh. entstanden verschiedene deutsche Stukkatorenschulen, von denen die ↑ Wessobrunner Schule bis ins 18. Jh. den gesamten süddeutschen Raum beeinflußte. Im 20. Jh. verliert der S. seine Bedeutung.

Studie, zeichnerische Übung, die als Vorarbeit für ein Kunstwerk dient.

Stufenportal, Portal in der romanischen und gotischen Baukunst, dessen ↑ Gewände abgestuft sind, wobei oft Säulen oder Plastiken eingefügt wurden. Die Abstufungen setzen sich im Bogen häufig in den ↑ Archivolten fort.

Stufenpyramide ↑ Pyramide.

Stukkatur, Dekoration aus ↑ Stuck in einem Innenraum an Wänden und Decken oder an der Fassade.

Stundenbuch, *Livre d'heures* [franz.], Gebetbuch für Laien, das die Gebete für die einzelnen Tageszeiten und auch andere Texte enthält. Seit Anfang des 15. Jh. wurden S. im niederländisch-französischen Kunstbereich reich mit Miniaturen ausgeschmückt, z. B. die »Très riches Heures« der Brüder von Limburg für den Herzog von Berry (um 1415).

Sturz, horizontaler oberer Abschluß einer Fenster- oder Türöffnung, die die Last des Mauerwerkes über der Öffnung abfängt. Er kann als Sturzbalken oder als Wölbung mit waagerechter Untersicht ausgebildet sein. Beim Fachwerkbau werden die Wandöffnungen durch Sturzriegel begrenzt.

Sturzbecher, trichterförmiger Becher ohne Fuß, der mit der Öffnung nach unten, also »gestürzt«, hingestellt wird. Er war besonders im 16. Jh. gebräuchlich.

Stützenwechsel, regelmäßiger Wechsel verschiedenartiger Stützen in einem romanischen Bauwerk. Er kann die Folge Pfeiler – Säule – Pfeiler (rheinischer oder einfacher S.) oder Pfeiler – Säule – Säule – Pfeiler (niedersächsischer oder doppelter S.) aufweisen. Die Form des S. ist vor allem durch das ↑ gebundene System bedingt.

Style flamboyant ↑ Flamboyant-Stil.

Stylobat [griech. stylos »Säule«], oberste Stufe der ↑ Krepis am griechischen Tempel. Abb. ↑ Stereobat.

Sujet ↑ Thema.

sumerische Kunst, Kunst der Sumerer, die seit der 2. Hälfte des 4. Jt. v. Chr. in Südbabylonien ansässig waren. Ihre Zentren in Ur und Sumer hatten von 3000–2300 v. Chr. ihre Blütezeit (Tempel, monumentale Bildwerke, Bilderschrift, Rollsiegel, Töpferscheibe).

Supports/Surfaces, Bezeichnung für eine Gruppe französischer Künstler, die sich seit 1970 mit den Grundlagen der Malerei –

Bildträger (Support) und Bildfläche (Surface) – befaßte. Sie analysierte deren wechselseitiges Verhältnis.

Supralibros ↑ Exlibris.

Supraporte [lat. supra »über«, porta »Tor«, »Eingang«], *Sopraporte,* Wandfläche über der Tür eines Innenraumes, die mit einem Relief oder Gemälde geschmückt ist.

Suprematismus [lat. supremus »der Höchste«], von Kasimir Malewitsch geprägte Bezeichnung für seine Kunstauffassung, eine Richtung innerhalb des russischen ↑ Konstruktivismus zwischen 1914 und 1918. Malewitsch wollte »die Kunst vom Ballast der gegenständlichen Welt« befreien (Suprematistisches Manifest 1915) und reduzierte die Malerei auf einfachste geometrische Elemente wie Quadrat, Rechteck und Kreis. So gehört das schwarze Quadrat auf weißem Grund zu seinen konsequentesten Bildlösungen. Diese totale Abstraktion setzte sich in der russischen Avantgarde schnell durch, so bei Wladimir Tatlin, Alexander Rodtschenko und den Brüdern Pevsner. Der S. stand der ↑ Stijl-Bewegung nahe und übte großen Einfluß auf die europäischen Künstler (↑ Bauhaus) aus.

Surrealismus [franz. sur »über«], Richtung moderner Literatur und Kunst. Die Bezeichnung wurde erstmals 1917 von dem Dichter Guillaume Apollinaire verwandt. Der französische Kunsttheoretiker André Breton formulierte in seinem »Manifest des Surrealismus« 1924 das Programm dieser Richtung. Der S. sucht, entsprechend der Psychoanalyse Freuds, die eigentliche Wirklichkeit des Menschen im Unbewußten und verwertet Traum- und Rauscherlebnisse sowie hypnotische Zustände als Quelle der künstlerischen Eingebung und Erkenntnis. Die Grenzen zwischen Realem und Phantastischem werden aufgehoben, Bildformen neu- und weiterentwickelt (z. B. Collage, Frottage).

Die erste Ausstellung surrealistischer Künstler 1925 in Paris zeigte Werke von Salvador Dalí, Max Ernst, Giorgio de Chirico und Pablo Picasso, die traumhaft Erlebtes mit einer überdeutlichen Malerei darstellten, sowie von Hans Arp, Man Ray, Paul Klee, Joan Miró und André Masson, die abstrakte Formen bis hin zu einer Art Bilderschrift anwandten. Der S. entwickelte sich zu einer in ganz Europa und Amerika auftretenden Erscheinung, der verschiedenartige Ausdrucksformen nahestanden, auch in der Plastik (z. B. bei Alberto Giacometti und Alexander Calder). Zu den bekanntesten Malern des S. im engeren Sinne gehören neben Max Ernst und Salvador Dalí vor allem noch René Magritte, Paul Delvaux und Yves Tanguy. Abb. S. 282.

Stützenwechsel

niedersächsischer Stützenwechsel

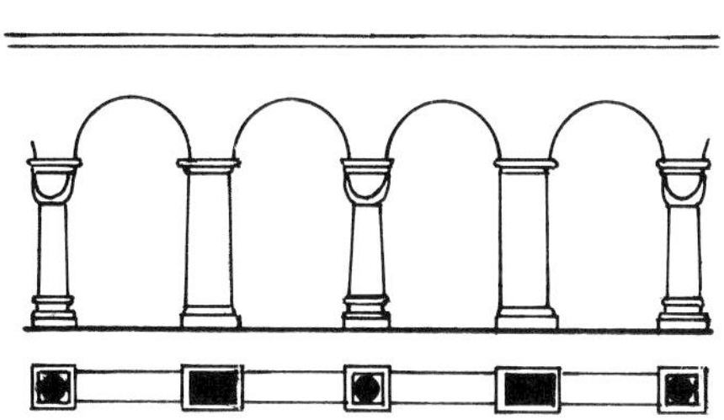

rheinischer Stützenwechsel

Symbol [griech. symballein »zusammenwerfen«, symbolon »Vertrag«, »Kennzeichen«], ursprünglich Erkennungszeichen durch einen in zwei Hälften zerbrochenen Gegenstand, der bei späterer Begegnung wieder zusammengepaßt wurde; im übertragenen Sinne Zeichen für eine Idee.

So waren beispielsweise in frühen Kulturen Rad, Kreis oder Strahlenkranz Symbole für Sonne und Licht, später der Baum für Leben und Wachstum. In einzelnen Religionen wurden viele Symbole mit Göttern, Heiligen usw. in Beziehung gesetzt und dadurch zu ↑ Attributen. Das S. läßt sich nicht immer genau von der ↑ Allegorie unterscheiden, die vorzugsweise Personifikationen verwendet.

Im Christentum waren ursprünglich die S. auf Christus bezogen (Anker, Kreuz, Fisch),

Surrealismus.
René Magritte: Die Übungen der Akrobatin. 1928.
München, Bayerische Staatsgemäldesammlung

später kamen andere, z. B. mariologische S. hinzu (Lilie, Rose). Eine besondere Symbolik bildete sich in der christlichen ↑Typologie heraus. Durch die Kirchenschriftsteller wurden die S. immer mehr ausgeweitet, Tier- und Pflanzensymbole spielten eine immer größere Rolle. Die Vieldeutigkeit der S. lebte in der profanen Emblematik (↑Emblem), in ↑Devisen und der nachmittelalterlichen Hieroglyphik weiter. ↑auch Farbensymbolik.

Symbolismus, Richtung in Literatur und Kunst zwischen 1885 und 1910, die sich in der bildenden Kunst gegen Auffassungen wandte, die sich auf die Wiedergabe der sichtbaren Wirklichkeit beschränkten. Den Symbolisten ging es um die Deutung von Seelenzuständen, um Phantasien und Träume, wobei Themenbereiche wie Sünde, Krankheit und Tod eine wichtige Rolle spielten. Neben mystischem Einschlag hat der S. eine Neigung zum Dekorativen, die für den Jugendstil bedeutungsvoll wird. Ein enger Zusammenhang besteht mit der Kunst der ↑Präraffaeliten. Zu den Hauptvertretern gehören Gustave Moreau, Puvis de Chavannes, Odilon Redon, Ferdinand Hodler, Gustav Klimt und James Ensor.

Synagoge ↑jüdische Kunst, ↑Ecclesia und Synagoge.

Synthetismus, *synthetische Malerei* [griech. syntithenai »zusammenstellen«], Bezeichnung für eine nachimpressionistische künstlerische Strömung, die von Paul Gauguin und der Schule von ↑Pont-Aven entwickelt wurde. Sie war mit einem Verzicht auf Details und auf naturnahe Farben verbunden; Flächigkeit und Dekorativität herrschten vor.

Systylos ↑Interkolumnium.

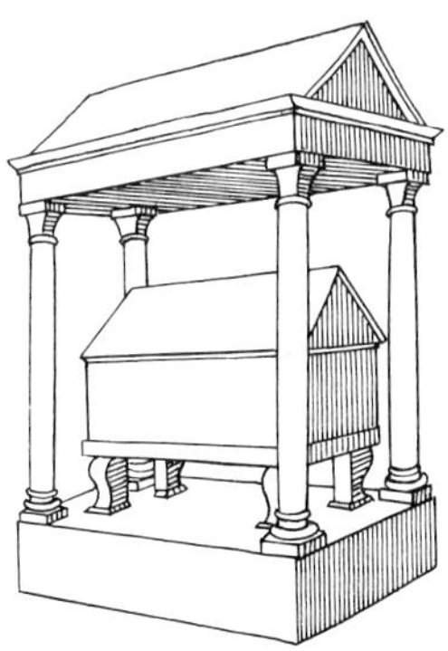

Tabernakel (2.) über einem Grabmal

T

Tabatière [franz.], Schnupftabakdose; wurde besonders im 18. Jh., als sich das Tabakschnupfen immer mehr verbreitete, künstlerisch gestaltet und war ein beliebtes Geschenk.

Tabernakel [lat. tabernaculum »Hütte«, »Zelt«], 1. frei stehendes oder nischenförmiges Gehäuse als Aufbewahrungsort der geweihten Hostie. Eine besondere Ausgestaltung erfuhr der T. in der Spätgotik als ↑Sakramentshaus.
2. von Stützen getragener Überbau eines Altares, Grabes usw., dann Synonym für ↑Ciborium, ↑Baldachin.

Tablinum, Raum im römischen Haus an der Rückseite des ↑Atriums, gegenüber dem Eingang. Ursprünglich Speiseraum, diente das T. später als Wohn- und Empfangsraum.

Tachismus [franz. tache »Fleck«], Richtung der abstrakten Malerei, die sich in den späten 40er, den 50er und 60er Jahren des 20. Jh. in Europa und den USA verbreitete. Ohne bewußte Komposition werden Farbbahnen, Farbschlieren oder -flecken willkürlich, als Spiel des Zufalls und Ausdruck des Unterbewußtseins, auf die Leinwand getropft, gegossen oder getupft im Sinne von ↑Action painting und ↑Ecriture automatique. Den Begriff prägte der französische Kunstkritiker Michel Seuphor. Führende Vertreter waren Jackson Pollock, WOLS (Wolfgang Schulze), Bernard Schultze, Georges Mathieu. Abb. S. 284.

Taenia [griech. tainia »Kopfbinde«], Abschlußleiste am ↑Architrav der dorischen ↑Säulenordnung; auch Kopfbinde am hellenistischen Herrscherporträt.

Tafelaufsatz, prunkvoller Gegenstand, meist Schale, Korb oder Figur, als Schmuck einer Festtafel. Bereits im 13. Jh. bekannt, waren T. bis ins 19. Jh. gebräuchlich, wobei im 18. Jh. in den großen europäischen Porzellanmanufakturen Porzellantafelaufsätze hergestellt wurden. Abb. S. 285.

Tafelbild ↑ Tafelmalerei.

Tafelmalerei, im Unterschied zur ↑ Wandmalerei Gemälde, das auf einen transportablen Bildträger (zunächst Holz, später Metall, Leinwand) ausgeführt ist. Die T. begann mit den spätantiken Mumienporträts und setzte sich, mit Rahmen versehen, seit dem 5. Jh. in den byzantinischen Ikonen fort. In Westeuropa entstanden die ersten Tafelbilder als ↑ Antependien (11. Jh.). Größere Bedeutung gewinnt die T. zunächst in Italien in großformatigen gemalten Kruzifixen. Die Entwicklung des ↑ Altarretabels begünstigte die T., deren alleinige Aufgabenstellung zunächst das Altarbild war.
Nördlich der Alpen wurde die T. seit dem 14. Jh. zum eigentlichen Träger der malerischen Entwicklung, während in Italien die Wandmalerei gleichbedeutend blieb. Seit dem 15./16. Jh. bildete sich das selbständige, nicht an den Altar gebundene Tafelbild heraus, das neben religiösen Themen zunehmend auch Porträts, Landschaften, Stilleben usw. berücksichtigte und seit der Renaissance eine beherrschende Stellung in der Malerei einnahm. Um 1500 begann man in Italien anstelle der Holztafeln aufgespannte Leinwände zu verwenden, die größere Formate zuließen.

Tafelschliff, Form des ↑ Edelsteinschliffs mit ausgedehnter Tafel und nur wenig regelmäßig angeordneten Facetten auf Ober- und Unterseite. Der T. setzte sich im 14. und 15. Jh. durch und verdrängte den bis dahin üblichen ↑ Cabochon-Schliff.

Täfelwerk, *Täfelung,* Verkleidung von Wänden und Decken mit Holztafeln (↑ Paneel), die durch reich profilierte oder geschnitzte Leisten über den Fugen gegliedert sein können. T. ist besonders in den nordischen Ländern verbreitet und ist vor allem in

Tachismus. WOLS: Komposition. 1946. München, Bayerische Staatsgemäldesammlung

Tafelaufsatz aus Silber. 1757–59. Frankfurt am Main, Museum für Kunsthandwerk

Deutschland im 16. Jh. mit einer außerordentlichen Kunstfertigkeit ausgeführt worden.

Taille [franz. »Stich«], im ↑Kupferstich Bezeichnung für das An- und Abschwellen der Linien auf der Druckplatte.

Tambour ↑Kuppel.

Tanagrafiguren, meist weibliche Figuren aus ↑Terrakotta aus dem 4. und 3. Jh. v. Chr., benannt nach ihrem ersten Fundort Tanagra in Böotien (Griechenland). Sie sind als Grabbeigaben erhalten und besitzen große künstlerische und handwerkliche Qualität.

Tapete [lat. tapetum »Decke«, »Teppich«], Wandbekleidung zunächst aus Stoff oder Leder. Ende des 18. Jh. gab der aus China eingeführte Wandschmuck aus Papier den Anstoß zur Entwicklung gedruckter Papiertapeten, die sich seit dem Biedermeier in Schlössern und Bürgerhäusern durchsetzten. ↑auch Guadamacil.

Tapisserie, Kunst des Wirkens von Teppichen (↑Bildteppich). Bedeutende Teppichmanufakturen befanden sich in Arras, Brüssel, Tournai, Aubusson (↑Aubusson-Teppiche) und Paris (↑Gobelin).

Tassel, meist als Schmuckstück verwendete Mantelschließe im 12.–14. Jh.

Taufbecken, Behälter aus Stein oder Metall zur Aufbewahrung des Taufwassers und Spende der Taufe. Während bis zum Frühmittelalter durch Untertauchen getauft wurde, begann man bei zunehmender Reduktion des Taufritus seit dem 11. Jh. mit einem T. auszukommen, das die Form eines Kessels, Pokals oder einer Schale hatte und oft reich verziert war. ↑auch Fünte.

Taufkirche ↑Baptisterium.

Taukreuz ↑Kreuz.

Tauschierung [arab. tauschija »Färbung«, »Verzierung«], Technik der ornamentalen Verzierung von Metallgegenständen aus unedlen Metallen (Eisen, Bronze) durch Einlegearbeiten mit Edelmetallen (Gold, Silber).

Tanagrafiguren. Frauenstatuette. Ende 4. Jh. v. Chr. Berlin, Staatliche Museen, Antiken-Sammlung

In Waffen oder Gefäße werden Muster gegraben oder geätzt, in die dann Gold- oder Silberdrähte eingehämmert werden. Die Technik ist seit vorgeschichtlicher Zeit bekannt und in der islamischen und ostasiatischen Kunst hoch entwickelt. ↑ auch Damaszieren, Abb. ↑ islamische Kunst.

Teigdruck, Reliefdruck, der besonders im 15. Jh. verbreitet war und zur Herstellung plastischer Andachtsbilder diente. Auf mit Leim präpariertes Papier wurde eine dünne Teigschicht aufgetragen, in die die Metallplatte stempelartig eingedrückt wurde. Nach dem Trocknen des Teiges wurde das Bild beschnitten und mitunter auch bemalt.

Tektonik [griech. tektainesthai »verfestigen«, »bauen«], Bezeichnung für einen klar gegliederten Bildaufbau in Malerei und Grafik; ursprünglich in Griechenland nur auf Zimmermannsarbeit bezogen, später auf das Bauen übertragen.

Tempel [lat. templum], ursprünglich abgegrenzter heiliger Bezirk, Haus einer Gottheit, im modernen Sprachgebrauch Kennzeichnung eines Heiligtums.

Innerhalb der einzelnen Kulturen entwickelten sich Tempelbauten in unterschiedli-

Tempel. Grundrißtypen griechischer Tempel: 1 Antentempel, 2 Doppelantentempel, 3 Prostylos, 4 Amphiprostylos, 5 Peripteros, 6 Dipteros, 7 Pseudodipteros

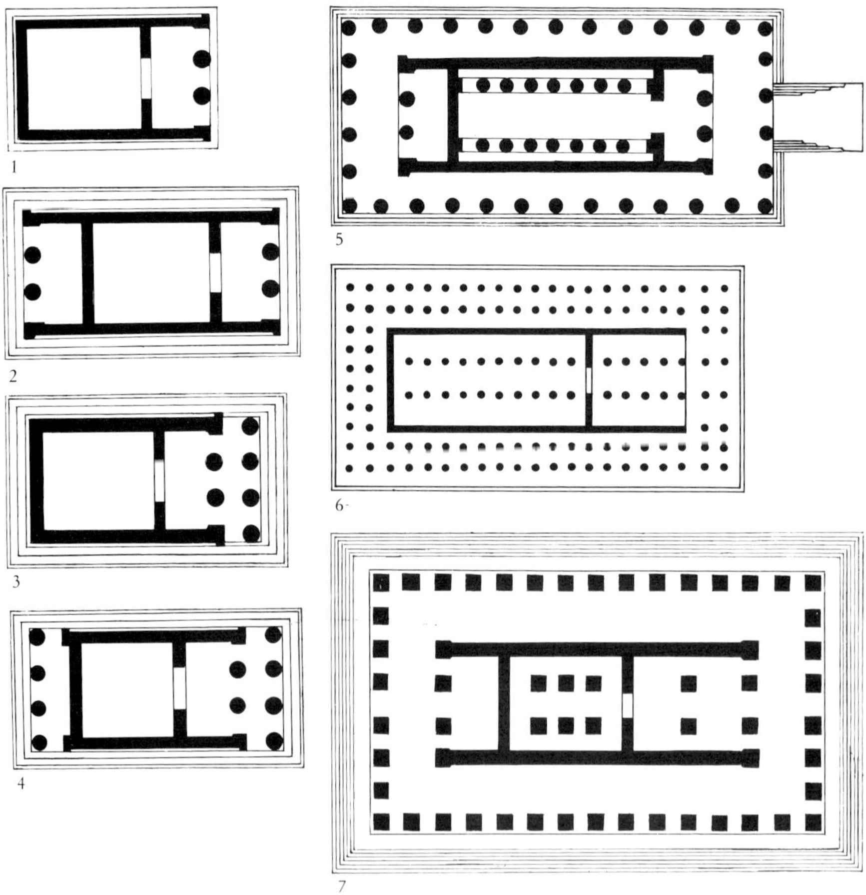

cher Weise (↑jüdische Kunst, ↑Moschee, ↑Pagode, ↑Pyramide, ↑ägyptische Kunst). Seine klassische Ausbildung erfuhr der T. in der griechischen und römischen Kunst. Doch im Gegensatz zu christlichen Kirchen diente der antike T. nicht dem Gottesdienst, sondern ausschließlich zur Aufbewahrung des Kultbildes in der ↑Cella, während der Altar, an dem die Opfer dargebracht wurden, außerhalb des Gebäudes stand.

Die älteste Form des griechischen T. bestand aus einem langgestreckten fensterlosen Raum (↑Naos), der das meist plastische Götterbild und ein oder zwei Säulenreihen aufnahm, dem Pronaos als Vorhalle und dem ↑Opisthodomos, dem Raum hinter dem Naos. Dieser einfache Tempeltyp hat sich aus dem ↑Megaron, dem altgriechischen Wohnhaus, entwickelt. Daher besitzen die meisten sakralen Tempelbauten rechteckige Gestalt. Sie stehen auf einem Sockel, der ↑Krepis oder Krepidoma, auf dessen oberster Stufe, dem Stylobat, die Säulen stehen. Sehr große T., bei denen die Cella nicht überdacht ist und einen freien Hof bildet, nennt man Hypäthraltempel.

Man unterscheidet folgende Tempelformen: Antentempel, bei dem die Vorhalle durch pfeilerartige Vorsprünge (Anten) verlängert wird; Doppelantentempel, bei dem diese Vorsprünge an der Vorder- und Rückseite anzutreffen sind; Prostylos mit einer vorderen Säulenreihe, die die ganze Breite des Baues einnimmt; Amphiprostylos mit einer vorderen und hinteren Säulenreihe; Peripteros mit umlaufender Säulenstellung, der entsprechende Umgang heißt ↑Peridromos; Pseudoperipteros, bei dem die Säulen der Ringhalle durch Wandsäulen an der Cella ersetzt sind; Dipteros, der von einer doppelten Säulenreihe umgeben ist; Pseudodi-

Tempel. Rekonstruktion des Aphaiatempels in Ägina. Um 500 v. Chr. 1 Euthynterie, 2 Krepis, 3 Stylobat, 4 Sockel, 5 Cellawand, 6 Orthostat, 7 Vorhalle, 8 Säule, 9 Architrav, 10 Cella, 11 Dachdeckung, 12 Gebälk, 13 Triglyphen, 14 Metopen, 15 Geison (Kranzgesims), 16 Sima (Giebelgesims mit Traufrinne), 17 Giebelfeld

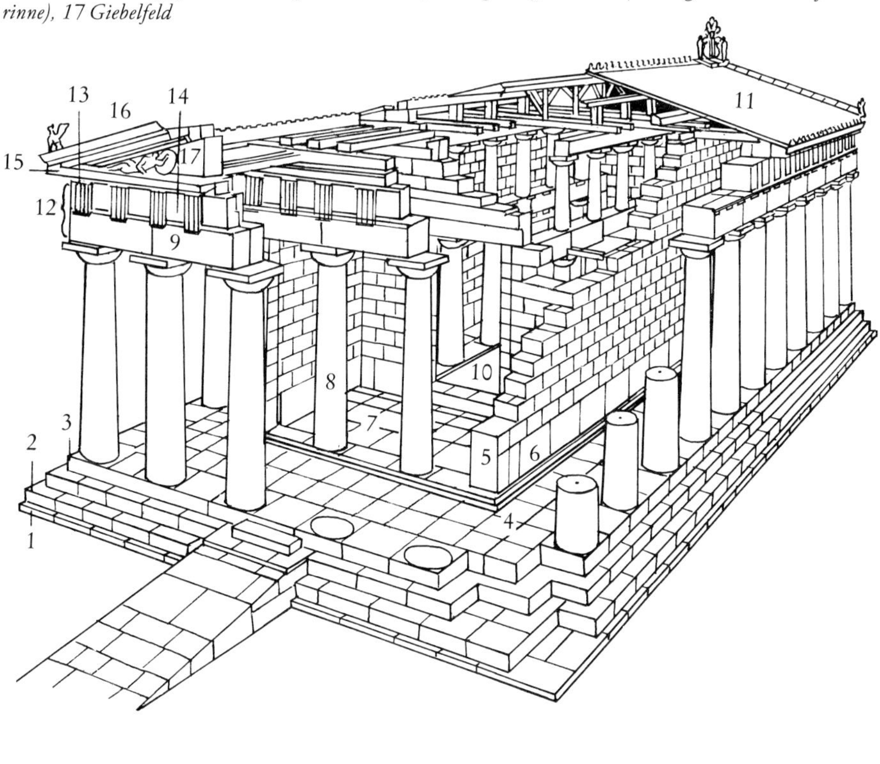

pteros, bei dem die innere Säulenstellung völlig fehlt oder der Cellawand vorgeblendet ist.
Nach der Anzahl der Frontsäulen zählt man Tetrastylos (4 Säulen an der Giebelseite), Pentastylos (5 Säulen), Hexastylos (6 Säulen), Oktastylos (8 Säulen), Dekastylos (10 Säulen), Dodekastylos (12 Säulen). Eine seltene Form bilden die Rundtempel, die entweder als ↑Monopteros (ringsum offener Rundbau) oder als Peripteros (rings von Säulen umgeben) auftreten.
Der Aufbau der verschiedenen Tempelformen folgt den ↑Säulenordnungen. Der griechische T. wurde im 7. und 6.Jh. v.Chr. voll ausgebildet. Römische T. besitzen nach etruskischem Vorbild oft einen hohen Untersatz (Podiumstempel). Ihre Bauformen wurden vom griechischen T. übernommen.
Temperamalerei [lat. temperare »richtig mischen«], Malerei mit Temperafarben, deren Bindemittel sowohl wässrige als auch ölige oder harzige Bindestoffe enthalten. So wird zwischen Ei-, Kasein-, Gummi- und Wachstempera unterschieden. Temperafarben trocknen rasch und bilden eine matte Oberfläche, deren Leuchtkraft durch Firnis erhöht werden kann. Im Mittelalter wurden Tafelbilder ausschließlich in T. ausgeführt. Erst seit dem 15. Jh. begann die ↑Ölmalerei die T. zu verdrängen, wobei häufig aber auch beide Techniken miteinander vermischt wurden.
Teneberleuchter [lat. tenebrae »Finsternis«], nur in der Karwoche verwendeter Standleuchter mit 12–15 Kerzen für die 12 Apostel, Christus oder die drei Marien. In der Karfreitagmesse werden bei Schilderung der Finsternis die Kerzen gelöscht.
Tenebrismus [ital. tenebroso »finster«, »dunkel«], Bezeichnung für die von Caravaggio ausgehende ↑Helldunkel-Malerei.
Tepidarium ↑Thermen.
Teppich, textiler Wandbehang oder Bodenbelag, der durch Weben, Wirken oder Knüpfen (↑Textilkunst) hergestellt wird. Die gewebten T. zeigen eine rechtwinklige Kreuzung von Kett- und Schußfäden, bei gewirkten T. werden bunte Schußfäden mit Hilfe von Nadel oder Spule eingeflochten, geknüpfte T. zeigen die Kettfäden mit kurzen bunten Schußfäden verknüpft.
T. gab es bereits in den altorientalischen Kulturen. Berühmt sind Orientteppiche, besonders persische, die in Knüpftechnik hergestellt sind und sich durch besondere Schönheit in Mustern und Farben auszeichnen. In Europa waren gewirkte ↑Bildteppiche aus Werkstätten u. a. in Brüssel und Paris besonders geschätzt.
Terrakotta [ital. terra cotta »gebrannte Tonerde«], unglasierte gebrannte Tonerde, die besonders für Kleinplastiken oder als Material für Bauornamente dient; im Unterschied zu glasiertem Ton. ↑auch Steingut, Fayence, Keramik.
Terra sigillata [lat. »gestempelte Tonerde«], moderne Bezeichnung für gestempeltes, in der römischen Kaiserzeit übliches keramisches Gebrauchsgeschirr, das in Arretium (↑arretinische Gefäße), später in Gallien und Germanien hergestellt wurde.
Terrazzo [ital. »Absatz«, »Stufe«], in Italien beliebte Art des Fußbodens, wobei verschiedenfarbige Marmorstückchen in Mörtel oder Zement eingebettet und dann poliert werden.
Tertiärfarben ↑Primärfarben.
Tetramorph ↑Evangelistensymbole.
Teufel, *Satan, Luzifer, Beelzebub,* in christlichen und nichtchristlichen Religionen Verkörperung des Bösen; im Christentum jene Engel, die sich gegen Gott auflehnten, unter ihnen Luzifer, der als »Fürst dieser Welt« und Gegenspieler Gottes gilt. Der T. erscheint in frühchristlicher Zeit in symbolischen Darstellungen als Schlange, Drache, Löwe, Aspis, seit dem 9. Jh. als nackter dunkler Engel, seit dem 11. Jh. als Dämon oder satyrhaftes Wesen und wird bis ins 16. Jh. vielfältig abgewandelt. In der bildenden Kunst ist er stets Bestandteil verschiedener Motive, z. B. Sündenfall, Höllenfahrt Christi, Jüngstes Gericht, Versuchung Christi oder der Heiligen.
Textbild ↑Kalligramm.
Textilkunst [lat. textilis »gewebt«, »gewirkt«], Sammelbezeichnung für künstlerische Gestaltung von Textilien. Die Gestaltung beginnt bereits bei den Mustern, die beim Weben (rechtwinklige Kreuzung zweier Fadensysteme: Kette und Schuß), Wirken (aus gleichlaufenden Fäden gebildete verschlungene Maschen), Flechten (wechselseitig miteinander verschlungene Fäden) oder Knüpfen (Verknoten der Kettfäden mit kurzen Schußfäden) entstehen.

Die künstlerische Gestaltung kann auch durch Bemalen, Bedrucken, Sticken oder Applizieren (↑ Applikation) erfolgen. Als Material dienten in Europa zunächst Wolle oder Leinen, später Seide und Baumwolle und in der Gegenwart auch Kunstfasern. ↑ auch Basselisse, Batik, Bildteppich, Brokat, Damast, Gobelin, Jacquardweberei, Makramee, Paramente, Rapport, Savonnerie-Teppiche, Teppich, Zeugdruck.

Textur [lat. textere »weben«, »flechten«, »zusammenfügen«], allgemein Oberflächenbeschaffenheit eines Gegenstandes, in der Malerei auch die stoffliche Wirkung bei körperhafter Darstellung eines Gegenstandes.

Thanatos, in der griechischen Mythologie die Personifikation des Todes, auch als Symbol der unerbittlichen Schicksalsmacht gebraucht; dargestellt meist als geflügelter Jüngling.

Theater [griech. theatron]. Aus kultischen Darbietungen zu Ehren des Gottes Dionysos entstanden in Griechenland im 6. und 5. Jh. v. Chr. Bauwerke, in denen regelmäßig Tragödien, Komödien und Satyrspiele aufgeführt wurden. Sie bestanden aus der Orchestra, auf der auch der Altar des Dionysos stand, dem Zuschauerraum mit im Halbkreis angeordneten Sitzstufen und den Bühnengebäuden (Skene) u. a. mit Umkleideräumen für Schauspieler. Die Seitenflügel waren vorgezogen und zwischen ihnen, vor der Szene (Skene), lag die Bühne (Proskenion, ↑ Proszenium), die mit der Orchestra durch Stufen verbunden war. Spielflächen waren Orchestra und Proskenion.

Nach griechischem Vorbild wurden auch in Rom dramatische Spiele aufgeführt. Das römische T. besaß eine halbrunde Orchestra. Wie im griechischen war nur das Bühnengebäude überdacht. Daneben bauten die Römer auch ellipsenförmige ↑ Amphitheater, in denen Tier- oder Gladiatorenkämpfe veranstaltet wurden.

Während es im Mittelalter keine Theaterbauten gab – Mysterienspiele wurden in der Regel vor den Kathedralen aufgeführt –, entwarf Andrea Palladio in Italien im 16. Jh. die ersten neuzeitlichen T., wobei er auf die Theaterform der römischen Antike zurückgegriff. Nachahmung fand vor allem sein Teatro Olimpico in Vicenza, das ein überdachtes T. war. Neben einer amphitheatralischen Reihung der Plätze entwickelte sich der offene Laubenhof zum Logentheater mit senkrecht übereinanderstehenden Logenrängen.

Mit Erfindung der Kulisse (↑ Bühnenbild) setzte sich die bis heute allgemein übliche Form der »Guckkastenbühne« durch. Im 19. Jh., mit einem verstärkten Einzug des Bürgertums ins T., wurde der Zuschauerraum durch gestaffelte Logen und Ränge erweitert, wobei zugleich eine schärfere Tren-

Theater. Rekonstruktion eines griechischen Theaters

nung zwischen Bühne und Zuschauerraum erfolgte.
Im modernen Theaterbau versucht man, Bühne und Zuschauerraum wieder enger miteinander zu verbinden. Dabei bestimmt das Bühnenhaus mit seiner aufwendigen technischen Apparatur den Außenbau mit.

Theaterdekoration ↑ Bühnenbild.

Thema [griech. »Satz«, »Einsatz«], *Bildthema,* mehrdeutiger ästhetischer Begriff, der auch in Musik und Literatur verwendet wird. In der bildenden Kunst bezeichnet T. das auf dem jeweiligen Bildwerk sachlich Dargestellte (thronende Madonna, Raub der Sabinerinnen); mitunter auch ↑ Motiv genannt. Zum Teil rückt der Begriff T. in die Nähe des Bedeutungsgehaltes des Dargestellten und ist dann schwer vom Sujet zu unterscheiden. Während sich Sujet auf die gesamte Bildgegenständlichkeit bezieht (Person, Landschaft, Gegenstände usw.), gilt das Hauptmotiv als T.
Eine andere Bedeutung haben die Begriffe T. und Sujet in der allgemeinen Ästhetik, wo das T. das geistige Anliegen des Künstlers umfaßt. T. sind dann beispielsweise die menschlichen Beziehungen, die sich in den verschiedenen Bereichen (Familie, Natur) entwickeln, nicht diese Bereiche selbst. T. einer Heiligen Familie Rembrandts wäre dann nicht die Bibelstelle, sondern die Auffassung des Künstlers vom menschlichen Glück, von Mutterliebe usw. Die Begriffe Stoff, Thema, Motiv werden nicht einheitlich verwendet und sind oft gegeneinander nicht genau abgrenzbar.

Thermen [griech. thermos »warm«], römische Badeanlagen. Sie gehörten zu den repräsentativsten Bauwerken der römischen Kaiserzeit und boten oft Platz für mehrere tausend Menschen. Sie stellten gesellschaftliche Zentren dar, mit Bibliotheken, Läden, Wandelgängen und Terrassen. Hauptbestandteile der T. waren das Frigidarium mit der Piscina (kaltes Schwimmbad), das lauwarme Tepidarium und das heiße Caldarium. Die T. wurden durch Fußboden- und Wandheizung erwärmt (↑ Hypokausten). Zu den schönsten Anlagen gehörten in Rom die T. des Titus, Caracalla, Konstantin. Auch jede Provinzstadt besaß große Badeanlagen (z. B. Kaiserthermen in Trier).

Tholos [griech.], Rundbau, im Kern befindet sich die kreisrunde ↑ Cella mit Säulenumgang.

Thonetmöbel, nach Michael Thonet benannte Möbel. Thonet entwickelte seit 1830 die Technik der Bugholz-Herstellung für die Produktion von Stühlen und war Wegbereiter in der Serienproduktion von Standardmöbeln. Einige seiner Modelle werden seit mehr als 100 Jahren hergestellt.

Thyrsosstab [griech.], mit Weinlaub und Efeu geschmückter Stab mit einem Pinienzapfen an der Spitze, der hauptsächlich von Dionysos und seinem Gefolge (Mänaden, Satyrn usw.) getragen wurde. Er symbolisiert Fruchtbarkeit, Auferstehung und Unsterblichkeit.

Tiara [lat. »Krone«], Kopfbedeckung in Form einer dreifachen Krone für den Papst bei nichtliturgischen feierlichen Anlässen. Die T. wurde der byzantinischen Kaisertracht entlehnt und galt als Zeichen des imperialen päpstlichen Machtanspruches in der Nachfolge der römischen Kaiserherrschaft. ↑ auch Mitra.

Tiefdruck ↑ Druckverfahren.

Tierceron, Nebenrippe eines Fächer- oder Netzgewölbes (↑ Gewölbe).

Tierstil, Ornamentstil, der aus tierischen Motiven besteht und um 2000 v. Chr. in Syrien und dem heutigen iranischen Hochland auftauchte. Im Zusammenhang mit der nomadischen Lebensweise verbreitete er sich über riesige Gebiete (von den Skythen im Westen bis an die Grenzen Chinas). Seine Hauptkennzeichen sind Stilisierung, zeichenhafte Abkürzung und Überbetonung von Wesensmerkmalen der Tiere bei starker Plastizität.
Dieser eurasiatische T. vermittelte im Zuge der Völkerwanderung der ↑ germanischen Kunst wichtige Anregungen. In Skandinavien und den angelsächsischen Gebieten entwickelte sich der Tierstil I. Charakteristisch sind zerfetzte Tiergestalten mit halbrunder Augeneinfassung und kolbenförmigen Gelenkansätzen. Im alemannisch-fränkischen Raum verschmolzen abstrakte Tierornamente und Flechtband zum Tierstil II, der bis zum 8. Jh. vorherrschte und flächenfüllende Kompositionen hervorbrachte. In Skandinavien kam es um 700 zum Tierstil

III mit abstrakten Tiergestalten, die sich zu kunstvollen ornamentalen Kompositionen verschlingen.

Tiersymbolik. Schon im Altertum, besonders aber in der frühchristlichen Kunst und im Mittelalter wurde Tieren sinnbildliche Bedeutung zugemessen. Hauptquelle war dabei der Physiologus (↑Bestiarium), ein aus der Antike überliefertes naturkundliches Buch. Andere Quellen tiersymbolischer Vorstellung waren Mythen, Sagen, die Bibel und ihre Auslegung in den Schriften der Kirchenväter, mittelalterliche Enzyklopädien und Predigtliteratur. Sicher wirkte T. als ↑Apotropaion, d. h. als Mittel zur Abwehr von Gefahren und zur Abschreckung vor bösen Geistern. Die Vielschichtigkeit der T. entzieht die Tierbilder meist einer exakten Deutung. So wie das Lamm Symbol für Christus ist, symbolisieren andere Tiere Tugenden und Laster, Teufel und Dämonen. Blütezeit der T. ist die romanische Kunst des 12. Jh., wo sich in der Architekturplastik (Portal, Tympanon, Kapitell), in Buchmalerei und am Kultgerät verschiedene z. T. monströse Tier- und Fabelwesen ausbreiten.

Tiffanyglas, von dem amerikanischen Maler und Glaskünstler Louis Comfort Tiffany seit etwa 1870 hergestelltes Glas mit irisierenden Effekten. Das von ihm entwickelte Favrile-Glas wird in Hüttentechnik geblasen und zeigt ein unregelmäßiges, in rhythmisch-wellenförmigen Linien verlaufendes Dekor. Charakteristische Erzeugnisse mit Merkmalen des Jugendstils sind Lampenschirme, Stengelgläser und bauchige Vasen. Sie wurden meist am Boden mit dem Namen »L. C. Tiffany-Favrile« und der Fabrikationsnummer oder »L. C. T.« signiert.

Tischgrab ↑Tumba.

Titelkupfer ↑Frontispiz.

Toga [lat.], Obergewand des freien römischen Bürgers, das aus einem doppelten Kreissegment besteht und nur umgehängt wird.

Tondo [ital. »rund«], Gemälde oder Relief von kreisrunder Form.

Tonmalerei, *Valeurmalerei,* kontrastarme Malerei, deren Wirkung auf der tonigen Abstufung einer Farbe oder weniger miteinander verwandter Farben beruht. ↑auch Valeurs.

Topographie [griech. topos »Ort«, graphein »schreiben«], Ortsbeschreibung. Seit Ende des 15. Jh. werden topographische Ansichten, d. h. Städteansichten mit zunehmend genauer, auch historischer Beschreibung, zu Bildbänden vereinigt (Holzschnitte zu Breydenbachs Bericht über eine Pilgerfahrt nach Jerusalem, Mainz, 1486; Schedelsche Weltchronik, Nürnberg, 1493). Zunächst handelte es sich um Holzschnitte, später wurden Kupferstiche angefertigt. (Merian, Topographia in 31 Bänden, Frankfurt am Main, 1642–88, mit über 2000 exakten Städtebildern).

Toreutik [griech. toreia »Gravierung«], Kunst der Metallbearbeitung durch ↑Treibarbeit und ↑Ziselieren, also Herstellen oder Verzieren von Metallgefäßen auf kaltem Wege. Die T. wurde seit vorgeschichtlicher Zeit angewandt und hatte Höhepunkte in der Antike und im Mittelalter.

Torso [ital.], unvollständig erhaltene oder unvollendete Statue, der Kopf oder Gliedmaßen fehlen.

Tierstil. Germanische Tierstile

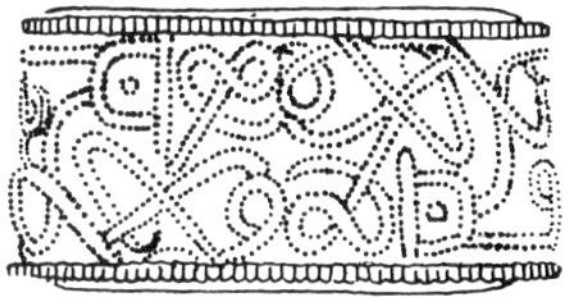

Tierstil I

Tierstil II

Tierstil III

Torus [lat. »Wulst«], halbrunder Wulst an der Basis der ionischen und korinthischen Säule. Abb. ↑ Säulenordnung.
toskanische Ordnung ↑ Säulenordnung.
Totenleuchte, steinernes Türmchen oder Betsäule auf einem Friedhof mit einem laternenartigen Aufsatz, der das Armeseelenlicht aufnimmt, das abends für die Toten angezündet wurde. T. waren vor allem in Frankreich im 11. und 12. Jh. verbreitet, in Deutschland stammt die älteste aus dem Jahre 1268 (auf dem Friedhof des Zisterzienserklosters Pforta bei Naumburg).
Totentanz, in Malerei und Grafik Darstellung von weltlichen und geistlichen Standespersonen sowie weiteren Gestalten in Tanzhaltung in einer Reihe mit dem Tod, meist als Gerippe, oft durch Unterschriften ergänzt. Das Motiv des Tanzes fällt bisweilen weg und Menschen verschiedenen Alters oder Berufes werden in dem Moment dargestellt, in dem sie mitten im Leben vom Tod überrascht werden. Die besonders im Spätmittelalter verbreiteten Totentanzdarstellungen finden sich vorwiegend an Kirchhofsmauern, Beinhäusern oder Kapellen. In der Grafik übte der Totentanz von Hans Holbein d. J. (um 1525) großen Einfluß aus. 1848 griff Alfred Rethel das Thema wieder auf (Auch ein Totentanz), 1966 HAP Grieshaber in dem Holzschnittzyklus Totentanz von Basel.
Totentempel, Kultbau, der zum altägyptischen Königsgrab gehört. ↑ auch ägyptische Kunst.
Tragaltar, *Portatile,* kleiner tragbarer Altar, der es hohen Geistlichen und Fürsten auf Reisen ermöglichte, die Messe zu lesen. Das Meßopfer durfte nur in Verbindung mit einem Altar begangen werden. T. sind seit dem 6. Jh. bekannt. Ursprünglich bestand der T. aus einer einfachen Stein- oder Holztafel, dann war er bis ins 13. Jh. als Kästchen oder Miniaturaltar gestaltet, während das Spätmittelalter zur einfachen Plattenform zurückkehrte. Bis ins 16. Jh. gebräuchlich, haben sich T. vor allem aus dem 12. Jh. erhalten (in den Kirchenschätzen von Paderborn, Augsburg, Siegburg, Xanten).
Transavantgarde ↑ Postmoderne.
Transenna, durchbrochen gearbeitete Stein- oder Holzplatte, die in südlichen Gebieten als Fensterverschluß diente.
Transept ↑ Querschiff.
Transfiguration ↑ Verklärung Christi.
transluzid [lat.], durchschimmernd.
Transversalbogen, ↑ Gurtbogen in einem Rippengewölbe, der die einzelnen Joche quer zur Längsrichtung trennt; im Gegensatz zum ↑ Scheidbogen.
Transversalrippe ↑ Scheitelrippe.
Trapezkapitell ↑ Kapitell.
Travée [franz. »Fach«] ↑ Joch.
Traverse [lat.], Querwall einer ↑ Festung.
Trecento [ital. »Dreihundert«, Abkürzung für 1300], in Italien übliche Bezeichnung für Kunst und Kultur des 14. Jh. ↑ auch Duecento.
Treibarbeit, Technik der ↑ Goldschmiedekunst, bei der Metallgegenstände aus Blech (Gold, Silber, Kupfer, Messing) »getrieben« werden, indem mit Hämmern und Punzen dem Metall die gewünschte Form gegeben wird. ↑ auch Toreutik.
Trembleuse [franz. trembler »zittern«], Einsatztasse für eine »zitternde Hand«. Die Untertasse hat einen erhöhten durchbrochenen Ansatzrand, daß der Becher so fest steht, daß auch eine zittrige Hand nichts verschüttet.
Tremolierstich [lat. tremere »zittern«], *Wüchsenzeichen,* zickzackartige Gravierung an der Unterseite von Silbergeräten zur Entnahme einer Metallprobe zur Prüfung des Feingehaltes.
Treppe, Verbindung von unterschiedlich hoch gelegenen Ebenen durch Stufen. Monumentale Treppenanlagen hat es bereits im Altertum gegeben (Knossos, Persepolis). Im Mittelalter war die Wendeltreppe (Spindeltreppe), die in der Regel in einem Treppenturm verlief, der an den Baukörper angesetzt oder in ihn einbezogen war, die gebräuchliche Form. In der italienischen Renaissance wurden T. ins Innere verlegt und im Barock zu einem umfangreichen Treppenhaus ausgebaut (Schlösser in Versailles, Würzburg, Brühl, Pommersfelden).

Transenna. Transennen der römischen Antike

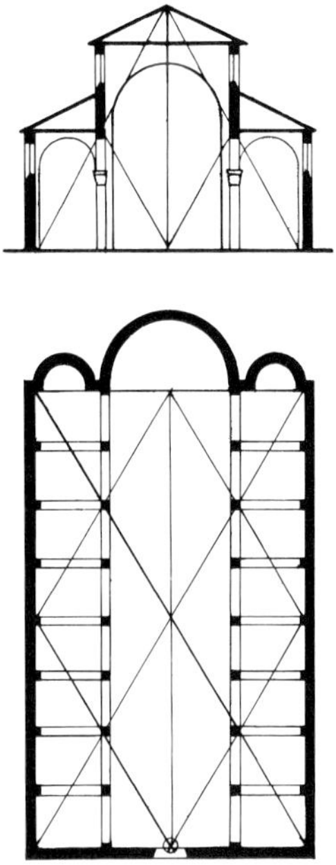

Triangulation. Grundlagen der Triangulation

Treppengiebel ↑ Staffelgiebel.
Treppenturm ↑ Treppe.
Triangulation, *Triangulatur* [lat. triangulum »Dreieck«], in der Baukunst geometrisches Hilfsmittel, bei dem meist gleichseitige Dreiecke zur Festlegung von Konstruktionspunkten und Maßverhältnissen dienten. Die T. wurde vor allem in der Gotik angewandt. ↑ auch Quadratur, Proportionslehre.
Tribuna ↑ Apsis.
Trichterbecherkultur, Kultur des Neolithikums (2. Hälfte des 4. Jt. und 1. Hälfte des 3. Jt. v. Chr.) zwischen Weichsel und Rhein, Schweden und Mähren. Charakteristisch sind bauchige Gefäße mit einer trichterartig erweiterten Mündung, die der Kulturgruppe ihren Namen gaben, und kräftige, tiefe Einstiche, so daß man auch von Tiefstichkeramik spricht.
Tricoteuse [franz. »Strickerin«], Ende des 18. Jh. in Frankreich verbreiteter rechteckiger Stricktisch, der aus mehreren tablettartigen Platten besteht, die in Etagen übereinander angeordnet sind.
Triforium [altfranz. trifoire »durchbrochene Arbeit«], Laufgang in der Hochschiffwand romanischer und gotischer Kirchen zwischen Erdgeschoßbogen und Lichtgaden im Mittelschiff. Seine Bogenstellungen öffnen sich zum Mittelschiff. Das T. ist ein wichtiges Mittel zur Gliederung der Wand. Mitunter wurde auf den Gang in der Mauer verzichtet, die Bogen bilden dann ein Blendtriforium. Abb. S. 294.
Triglyphe [griech. triglyphos »Dreischlitz«], in der griechischen Baukunst (dorische ↑ Säulenordnung) Platte am Architrav mit drei durch Stege voneinander getrennten Rillen zwischen den ↑ Metopen. T. werden von den meisten Forschern aus der Holzbaukunst abgeleitet, wo Balkenköpfe durch ähnliche Holzbrettchen verkleidet wurden. Die T. waren häufig blau bemalt. Abb. ↑ Tempel.
Triklinium [lat.], Speiseraum in einem altrömischen Haus. Die Speisen wurden im Liegen eingenommen, wobei die Speisebetten hufeisenförmig um einen Tisch gruppiert waren.
Trikonchos ↑ Dreikonchenanlage.
Trinität ↑ Dreifaltigkeit.
Trinkhorn, Trinkgefäß aus einem Stier- oder Büffelhorn oder in der Form eines

Trichterbecherkultur. Keramikformen

Tierhorns aus unterschiedlichen Materialien. ↑auch Olifant.

Triptychon [griech. »dreifach«], dreigeteiltes gemaltes oder geschnitztes Bild, das aus einem Mittelstück und zwei meist klappbaren Seitenflügeln besteht. ↑auch Altar.

Triton, griechischer Meergott, Sohn des Poseidon und der Amphitrite, dargestellt mit Dreizack und Muschelhorn, halb als Mensch, halb als Fisch; in künstlerischen Darstellungen oft vervielfacht (Tritonen).

Triumphbogen, 1. im römischen Reich Säulen oder Bögen, auf denen eine Ehrenstatue aufgestellt wurde. Der T. stand ursprünglich neben der Straße, später rückte der Torcharakter in den Vordergrund. Es handelte sich dann um frei stehende Tore mit einem oder mehreren Durchgängen, die zu Ehren von siegreichen Schlachten für Kaiser oder Feldherren errichtet wurden. Die Wände waren häufig mit Reliefs geschmückt, die an den Feldzug erinnerten. Oft befand sich über der Mitte des Bogens eine ↑Quadriga. In Rom sind die Bögen des Titus, Severus und Konstantin erhalten (Forum Romanum). Auf die Form des römischen T. wurde später oft zurückgegriffen, z. B. in der Fassadenbildung romanischer Kirchen Südfrankreichs, bei monumentalen Torbauten, in der Architektur von Grabmalen (Michelangelo, Grabmal Julius' II.), bei der Gestaltung des Hochaltars (Weltenburg). Im Barock und im 19. Jh. entstanden T. häufig in Verbindung mit Paradestraßen (Arc de Triomphe in Paris, 1836; Moskauer Tor in St. Petersburg, 1838).

Triumphbogen (1.). Konstantinsbogen in Rom. 516 v. Chr.

Triforium

2. in mittelalterlichen Kirchen Bogen zwischen Mittelschiff und Altarraum, häufig durch den Lettner betont; Bezeichnung wahrscheinlich nach dem ↑Triumphkreuz.

Triumphkreuz, monumentales Kruzifix am Eingangsbogen des Chores, dem sogenannter ↑Triumphbogen, oder am Lettner. Der Name weist auf den am Kreuz errungenen Sieg Christi über den Tod. Das T. ist seit dem 11. Jh. üblich, neben dem Kreuz sind oft Maria und Johannes zu finden. Nördlich der Alpen ist das T. meist plastisch gestaltet, in Italien gemalt. Bedeutende Beispiele sind die plastischen T. aus der Spätromanik in Halberstadt (um 1220) und Wechselburg (1235).

Triumphsäule, monumentales frei stehendes Ehrenmal zur Verherrlichung von Personen oder historischen Ereignissen (Rom, Trajanssäule, 113 n. Chr.), ähnlich dem ↑Triumphbogen; später oft nachempfunden: Bernwardssäule in Hildesheim (um 1000), Säule an der Karlskirche in Wien (1716), Siegessäule in Berlin (1871).

Trivialkunst [lat. trivialis »auf drei Wegen befindlich«, »gemein«], Bezeichnung für Bilder, Zier- oder Gebrauchsgegenstände, die für den Konsum breitester Volksschichten gedacht sind (↑Kitsch). Obwohl sie nicht selten handwerkliches Können zeigen, verdeutlichen Werke der T. längst Bekanntes, Selbstverständliches, Anspruchsloses. Meist werden Motive der »hohen« Kunst vergangener Epochen oder auch der ↑ Volkskunst aufgegriffen. Kennzeichnend ist die technische Reproduzierbarkeit, denn T. ist Kunst für jedermann. Da sich in einer Kultur die Wertvorstellungen ständig ändern, ist die Grenzziehung zwischen sogenannter Hoch- und Trivialkunst schwierig.

Trivium ↑ Sieben freie Künste.

Trochilos [griech.], Hohlkehle zwischen den Wülsten einer ↑ attischen Basis.

Trommel, Tambour einer ↑ Kuppel.

Trompe ↑ Kuppel.

Trompe-l'œil-Malerei [franz. »Augentäuschung«], Malerei, die mit Mitteln der Perspektive und einer raffinierten Licht-Schatten-Wirkung bewußt körperhafte Gegenstände vortäuschen will. Solche Beispiele sind bereits aus der Antike bekannt und gelten bis in die neuere Zeit als Beweis artistischen Könnens.

Tropäum, *Trophäe, Tropaion* [griech.], Siegeszeichen aus Beutestücken, die als Dankopfer auf dem Kampfplatz aufgestellt wurden, seit der Renaissance als Schmuck an öffentlichen Gebäuden (z. B. Waffen, die um einen Schild angeordnet sind).

Tropfsteingewölbe ↑ Stalaktitengewölbe.

Truhe, Kastenmöbel mit aufklappbarem Deckel zur Aufbewahrung von Wäsche, Kleidung oder Hausrat. Seit der Antike haben sich die Formen nur wenig verändert, nur der aufgesetzte Schmuck wurde dem allgemeinen Stilwandel der Architektur angepaßt. Die meist betonten Eckpfosten haben tragende Funktion, die Fläche dazwischen diente als Füllung. Diese Stollentruhe existierte auch als Dachtruhe mit gewölbtem oder giebelartigem Deckel. In der Romanik wurden die vorderen Füllungen mit Blendarkaden geschmückt, in der Gotik häufig mit geschnitztem ↑ Maßwerk. Die italienischen Kunsthandwerker der Renaissance entwickelten als neue Formen die ↑ Cassapanca und ↑ Cassone, die häufig mit Einlegearbeiten ausgestattet waren (↑ Certosinamöbel). Seit dem 17. Jh. wurde die T. von der Kommode abgelöst und existierte nur als Bauerntruhe weiter.

Trumeau, Mittelpfosten eines Portals.

Tudorblatt, ein der englischen Spätgotik eigentümliches efeuähnliches Blatt, das häufig in Friesen, als Dachkamm oder als oberer Schmuck einer Krone vorkommt; benannt nach dem Hause Tudor.

Tudorbogen, besondere Form des gedrückten Spitzbogens (↑ Bogen), der in der englischen Spätgotik beliebt war; benannt nach dem Hause Tudor, das von 1485–1603 in England regierte.

Tudorstil, englischer Baustil während der Todorherrschaft (1485–1603); schließt an den ↑ Perpendicular style an und verbindet spätgotische Elemente mit Formen der italienischen und deutschen Renaissance. Hauptwerk ist die Kapelle König Heinrichs VII. in Westminster Abbey in London.

Tugenden und Laster. Bereits in der griechischen und römischen Antike wurden ethische Grundhaltungen personifiziert. Die christliche Kunst fügte zu den vier Kardinaltugenden Klugheit (Prudentia), Mäßigkeit (Temperantia), Tapferkeit oder Stärke (Fortitudo) und Gerechtigkeit (Justitia) noch die drei theologischen Tugenden Glaube (Fides), Hoffnung (Spes) und Liebe (Caritas) hinzu. Den Tugenden wurden in der mittelalterlichen Kunst die sieben Laster häufig als Gegensatzpaar gegenübergestellt (vor allem in der Portalplastik französischer Kathedralen). Mitunter wurde die Zahl der T. u. L. auch auf 12 bzw. 15 Paare erhöht. Zur Charakterisierung der T. u. L. dienten bestimmte Attribute. Die Laster erscheinen in männlicher oder weiblicher Gestalt, wie Hochmut (Superbia), Neid (Invidia), Völlerei (Gula), Geiz (Avaritia), Trägheit (Acedia), Zorn (Ira), Wollust (Luxuria).

Tulaarbeit, nach dem Herstellungsort Tula in Mittelrußland benannte Silberarbeiten des 19. Jh. in ↑ Niello-Technik.

Tumba, sarkophagähnliches Grabmal mit Baldachin. Die T. befindet sich über dem Grab und besteht aus einem rechteckigen Unterbau mit Grabplatte. Die älteren T. waren vorwiegend aus Stein, im späten Mittelalter auch aus Bronze. Nach dem Untergang

Tudorblatt

des römischen Reiches wurden Sarkophage selten, und die T. gewann an Bedeutung, besonders als Träger von gotischer Plastik. Anfangs niedrig, erreichten T. bald die Höhe der früheren Sarkophage, ohne jedoch deren praktische Funktion zu übernehmen. T. konnten frei im Raum aufgestellt, aber auch in eine Wandnische eingefügt sein als Wandgrabmal oder Wandnischengrab. Von der T. zu unterscheiden ist das Tischgrab, eine auf Stützen ruhende Grabplatte.

Tummler, Trinkglas mit abgerundetem schweren Boden ohne Fuß und Henkel, das sich von selbst immer wieder aufrichtet, auch wenn es hingelegt wird; hergestellt vom 16.–18. Jh.

Tumulus ↑ Hügelgrab.

Tunika, in der Antike hemdartiges ärmelloses Untergewand, auch Arbeitsbekleidung der Sklaven und Handwerker; wurde im allgemeinen gegürtet getragen.

Türbe, Grabbau im islamischen Orient, meist als Kuppelbau.

Tuschmalerei, *Tuschzeichnung,* in China und Japan gepflegte Malerei mit schwarzer Tusche auf Papier oder Seide. Die T. fand ihre Ausbildung bereits in der Tang-Periode (618–906), die ältesten erhaltenen Beispiele stammen aber aus der Song-Zeit (960–1279). Die T. nahm Gedankengut des Daoismus und des Zen auf und stellte Szenen dar, die religiöse oder philosophische Wahrheiten ausdrücken, selbst wenn die Darstellungen so erscheinen, als wären sie aus dem Leben gegriffen. Gleichzeitig ist es

Tumba des Erzbischofs Ruprecht von der Pfalz im Münster in Bonn

ihr Bestreben, den Betrachter zu eigener gedanklicher Tätigkeit zu bringen. Von China gelangte die T. während der Ashikaga-Zeit (1333–1573) nach Japan, wo Tuschbilder als edelste und wertvollste Kunstwerke galten. In der europäischen Kunst spricht man bei lavierten oder getuschten Blättern auch von Tuschzeichnungen.

tuskische Ordnung ↑ Säulenordnung.

Tympanon [griech. »Handpauke«, »runde Scheibe«], in der Antike das dreieckige Giebelfeld eines Tempels; später wurde der Begriff auf das Bogenfeld oberhalb des Türsturzes eines romanischen oder gotischen Portals übertragen. Es war oft mit Skulpturen geschmückt. Abb. ↑ Altan.

Tympanon an der Stiftskirche Hamersleben. 1. Hälfte 12. Jh.

Typographie [griech. typos »Bild«, graphein »schreiben«], seit dem 17. Jh. allgemeine Bezeichnung für die Kunst des Buchdrucks, heute vor allem Gestaltung eines Druckwerkes nach ästhetischen Gesichtspunkten. Die T. wird bestimmt von Schriftart (Type), Schriftgrad, Papier, Satzspiegel, Format, Einbandgestaltung.

Typologie [griech. typos »Bild«, logos »Wort«, »Rede«], in der Theologie Lehre von der Vorbildlichkeit von Ereignissen und Personen des Alten Testamentes für das Neue Testament. Das christliche typologische Verständnis sieht Christus und sein Wirken durch Begebenheiten des Alten Testamentes vorgebildet. Entsprechend werden in der mittelalterlichen Kunst biblische Personen und Ereignisse aus dem Alten und Neuen Testament als Typus (Vorbild) und Antitypus gegenübergestellt, z. B. 12 Propheten und 12 Apostel; die eherne Schlange und Kreuzigung Christi. Daraus entstanden typologische Bilderkreise, z. B. in der ↑ Armenbibel.

U

Überbauschrank ↑ Schrank.
Überfangglas, Glas, das mit einer dünnen Lage andersfarbigen Glases überzogen (»überfangen«) ist, das dann teilweise weggeschliffen wird. Dabei werden bestimmte Strukturen in der Farbe des Grundglases sichtbar. Die bereits im alten Ägypten bekannte Technik wurde in der Antike häufig angewandt, im 19. Jh. vor allem im Biedermeier bevorzugt. ↑ auch Lithyalinglas.
Übermalung, Auftragen einer neuen Farbschicht auf eine ältere, die das Bild ganz oder teilweise bedeckt. Ü. wurden häufig auf Gemälden angebracht, um Schäden zu verdecken. Dadurch kann die ursprüngliche Wirkung eines Gemäldes wesentlich beeinträchtigt werden. Durch spezielle Untersuchungsmethoden werden Ü. erkannt, z. B. durch ultraviolette Strahlen, Infrarot-Fluoreszenz, Röntgenaufnahmen, Elektronen-Emissionsaufnahmen.
Auch das Auftragen der letzten Farbschicht auf Gemälde, die durch einen schichtenweisen Aufbau entstehen, wird als Ü. bezeichnet.
Ukiyo-e [japan. »Bilder der fließenden Welt«], Kunstströmung vom 17.–19. Jh. in Japan. Vorwiegend in Farbholzschnitten werden Szenen aus dem Alltagsleben, aus Freudenhäusern und Theatern sowie Ansichten berühmter Stätten gezeigt.
Ultramarin ↑ Lapislazuli.
Umdruck, *Abklatsch, Autographie,* Verfahren der ↑ Lithographie zur Übertragung der Künstlerzeichnung auf den Lithographenstein. Mit lithographischer Tusche oder Kreide wird auf Papier gezeichnet, das mit einer Kleisterschicht präpariert ist. Das Papier wird dann auf die Steinplatte gelegt und gepreßt. Die Farbe der Zeichnung verbindet sich mit dem Stein, und wie bei einem Abziehbild läßt sich die Kleisterschicht ablösen. Vorzüge des U. sind leichte Handhabbarkeit und seitenrichtiger Druck der Zeichnung. Allerdings ergeben sich gegenüber dem Druck vom Originalstein oft qualitative Einbußen.
Umgebindehaus, Form des Bauernhauses, bei der eine hölzerne Ständerkonstruktion das Obergeschoß aus Fachwerk trägt, während das Untergeschoß ein Blockbau ist. Das U. ist vor allem in der Lausitz verbreitet.
umgekehrte Perspektive ↑ Perspektive.
Umriß ↑ Kontur.
Umrißstich, Kupferstich, der die Konturen eines Gegenstandes ohne Binnenzeichnung wiedergibt. Beliebt war der U. vor allem im Klassizismus und diente in der 1. Hälfte des 19. Jh. zur Illustrierung kunstgeschichtlicher Werke.
unbefleckte Empfängnis ↑ Immaculata.
unbunte Farben, *achromatische Farben,* umfassen eine Grauskale von Weiß bis Schwarz, im Gegensatz zu den chromatischen oder ↑ Spektralfarben, die nach Farbton, Helligkeit oder Reinheit bestimmt werden. ↑ auch Farbensystematik.
unendliches Muster ↑ Rapport.
Unikat, *Unikum* [lat. unicus »einzig«, »alleinig«, Pl. Unika], nur in einem Exemplar erhaltenes oder hergestelltes Kunstwerk.
Unterglasurfarben ↑ Muffelfarben.
Unterglasurmalerei ↑ Porzellan.
Untermalung, Maltechnik, bei der das Gemälde erst durch weitere aufzutragende Farbschichten die beabsichtigte Wirkung erhält (Gegensatz: ↑ alla prima). Die U. kann als neutraler Grundton (↑ Imprimitur) oder

Umgebindehaus in Oberoderwitz bei Löbau

malerisch gestaltend aufgetragen werden. Sie war vom Mittelalter bis in den Barock üblich. In der modernen Malerei ist U. selten, da sie für rasches, impulsives Arbeiten hinderlich ist.

Unziale [lat. uncia »zollhoch«, 1/12 Fuß], lateinische Schrift aus Großbuchstaben mit gerundeten Formen, entstanden im 4. Jh. ↑ auch Schrift.

urartäische Kunst. Im 9. Jh. v. Chr. schlossen sich Stämme im Gebiet des Van-Sees (Armenisches Bergland) zum Staat Urartu zusammen, der sich zu einer bedeutenden Macht in Vorderasien und zu einem ernsthaften Gegner Assyriens entwickelte. Neben Landwirtschaft (Wein- und Gartenbau) bildete ein technisch und künstlerisch hochstehendes Handwerk die wirtschaftliche Grundlage. Anfang des 6. Jh. v. Chr. wurde Urartu nach Auseinandersetzungen mit den Assyrern von den Medern und Skythen zerschlagen. Die assyrische Bezeichnung Urartu entspricht im Alten Testament dem Namen des Ararat, des höchsten Berges im Armenischen Hochland.

Die Architektur wies hochentwickelte Steinbauweise auf (Festungsbaukunst). Überliefert sind Kleinplastiken aus Bronze (Menschen- und Götterfiguren, Fabelwesen), Kandelaber, Weiheschilde, Prunkwaffen und Erzeugnisse der Goldschmiedekunst (Armreifen, Ohrringe, Pektorale in Gold und Silber). Erhalten sind auch Reste von Wandmalereien und Einlegearbeiten aus verschiedenfarbigen Steinen als Schmuck für Wände und Fußböden. Kennzeichnend für die Keramik sind rotpolierte Kannen

Urne. Hausurne und Speicherurne der Eisenzeit. Berlin, Staatliche Museen

und Schalen sowie große Vorratsgefäße mit reich verzierten Henkeln.

Uriel ↑ Erzengel.

Urne, Behälter zur Aufnahme von Leichenasche und Beigaben aus Ton oder Metall, bereits in der jüngeren Steinzeit bekannt. Besondere Formen sind Hausurnen und Gesichtsurnen mit plastischer Gesichtsdarstellung, wobei der Gefäßkörper den Leib darstellt. Oft sind auch Teile der Bekleidung, des Schmuckes oder der Bewaffnung eingeritzt, wodurch sich männliche oder weibliche Urnenbestattungen unterscheiden lassen. Die Hausurnen stellen Nachbildungen des Hauses dar und geben daher Aufschlüsse über die Geschichte des Wohnhauses.

Urnenfelderkultur, zusammenfassende Bezeichnung für Kulturen der jüngeren Bronzezeit (1200–700 v. Chr.), benannt nach der Bestattungssitte der Urnenbeisetzung auf großen Gräberfeldern. Unterscheidung in die süddeutsche U. in Böhmen, Süddeutschland, der Schweiz, Nordwestösterreich und die östliche U. in Mähren, der Slowakei, Österreich, Ungarn.

Uschakteppiche, Gruppe von türkisch-osmanischen Teppichen des 16.–18. Jh., benannt nach der Stadt Uschak in Westanatolien. U. wurden in der 1. Hälfte des 16. Jh. in Europa häufig auf Gemälden wiedergegeben. Sie zeigen auf rotem Grund dunkelblaue Medaillons in versetzter Reihung. Teppichgrund und Medaillons sind mit Blütenranken und Arabeskenwerk, die Borten mit Blütenranken und Wolkenbandornamenten verziert. Auf den sogenannten Vogelteppichen besteht die Musterung aus Rosettblüten, umgeben von für Vögel gehaltene Blattformen.

Uschebti [altägypt. »Antwortende«], altägyptische Grabbeigaben, häufig aus Terrakotta oder Fayence, in Form von mumienförmigen, an den Gott Osiris erinnernde Statuetten, die stellvertretend für den Verstorbenen die ihm im Jenseits auferlegten Arbeiten zu erfüllen haben.

Utrechter Schule, Gruppe von niederländischen Künstlern des 16. und 17. Jh., die in Rom studierten und dort stark durch die Arbeiten Caravaggios und seine Helldunkel-Malerei beeinflußt wurden (Gerard van Honthorst, Hendrick Terbrugghen, Gerard Seghers). In ihre Heimat zurückgekehrt, vermittelten sie der niederländischen Malerei wichtige Impulse. ↑ auch Caravaggisten.

*Urartäische Kunst. Bronzegreif aus Toprakale.
8./7. Jh. v. Chr. Berlin, Staatliche Museen,
Vorderasiatisches Museum*

V

Valeurmalerei ↑ Tonmalerei.

Valeurs [franz. valeur »Wert«, »Wertigkeit«], feine Abstufungen der Tonwerte eines Bildes, die sich aus der Wirkung von Licht und Schatten und aus den Farbnuancen eines Gemäldes ergeben. Die Valeurmalerei (↑ Tonmalerei) wurde im Impressionismus besonders gepflegt.

Valori Plastici [ital. »plastische Werte«], Kunstzeitschrift, die 1918 in Rom von dem Maler Mario Broglio gegründet wurde. Ihre Mitarbeiter, u. a. Carlo Carrà und Giorgio de Chirico, standen anfangs der ↑ Pittura metafisica nahe und lehnten Futurismus, Expressionismus und Kubismus ab. Seit 1920 orientierten sie sich im Sinne des ↑ Novecento (2.) an den klassischen Traditionen in der italienischen Kunst.

Vanitas [lat. »leerer Schein«, »Eitelkeit«], Darstellungen mit Symbolen der Vergänglichkeit wie Totenkopf, Sanduhr, Spiegel, erloschene Kerze, auch mit Sinnsprüchen wie »memento mori« (Gedenke des Todes). V.-Darstellungen waren bereits in der Antike und im Mittelalter geläufig, einen Höhepunkt erlebte diese Bildgattung im 16. und 17. Jh. vor allem im Stilleben. Der Betrachter sollte an die wahren Werte des christlichen Lebens erinnert werden. Hauptgruppen der V.-Darstellungen sind Totenkopf oder Skelett, Vorstellungen vom Triumph des Todes oder vom Tod als Herrscher, der Mensch in seinen verschiedenen Lebensaltern (Tod und Mädchen, Liebespaar und Tod, ↑ Totentanz), die Legende von den drei Lebenden und den drei Toten, Personifikationen der V. (nackte Frau mit Spiegel und Schmuck), Ruinenlandschaften (↑ Ruine). Im Stilleben erscheinen Sinnbilder des diesseitigen Lebens, wie Bücher, wissenschaftliche Instrumente, kostbare Dinge aller Art, Pfeifen, Spielkarten, Muscheln, Musikinstrumente, und Sinnbilder der Vergänglichkeit (Seifenblase, Rauch, verlöschende Kerze) so miteinander verbunden, daß sie auf die Nichtigkeit der irdischen Dinge verweisen.

Vanitas. Barthel Beham: Das Kind bei den vier Schädeln. Kupferstich, um 1530

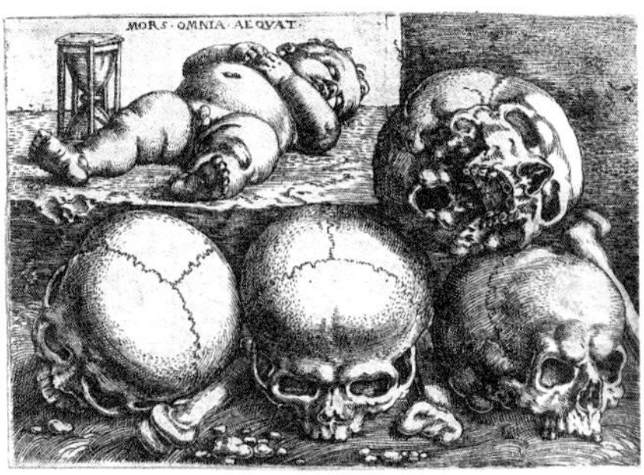

Vargueño, spanischer Renaissanceschrank auf einem Ständer, mit Schubfächern und einer Vorderklappe; beeinflußte wahrscheinlich den süddeutschen ↑ Kabinettschrank.

Vase [lat. vas »Gefäß«, »Geschirr«], allgemein Gefäß, kann aus verschiedenem Material bestehen, insbesondere Gefäß für Blumen; im archäologischen Sprachgebrauch übergeordnete Bezeichnung für alle antiken Keramikgefäße. ↑ auch Vasenmalerei, ↑ auch Vasentypen, griechische.

Vasenmalerei. Bereits in vorgeschichtlicher Zeit wurden Tongefäße bemalt. Ihre höchste Vollendung erreichte die V. in der ↑ griechischen Kunst. Sie vermittelt Einblicke in Religion, Mythologie und Alltagsleben der Antike.

Vasentypen, griechische. Die Vasen der griechischen Antike dienten unterschiedlichsten Zwecken. Dabei haben sich mehrere Gefäßtypen herausgebildet: Amphora – zweihenkliges bauchiges Gefäß zur Aufbewahrung von Öl und Wein; Stamnos – Behälter ebenfalls für Wein und Öl; Pelike – Speichergefäß mit nach unten ausgebauchtem Rumpf; Hydria – Wasserkrug mit zwei waagerechten und einem senkrechten Henkel zum Schöpfen und Tragen; Krater – kelch- oder glockenförmiges Gefäß mit Fuß und zwei Henkeln zum Mischen und Tragen; Kantharos – zweihenkliger Trinkbecher mit Fuß; Lekythos – Henkelgefäß zur Aufbewahrung von Salbe und Öl; Alabastron – walzenförmiges Gefäß für Öl; Kylix

– flache Trinkschale mit zwei Henkeln auf einem Fuß; Skyphos – großes tassenförmiges Trinkgefäß mit zwei waagerechten Henkeln; Lutrophoros – zweihenkliges Gefäß mit gestrecktem Hals als Wassergefäß, besonders für das Brautbad; Deinos – Gefäß mit großer Öffnung ohne Henkel zum Mischen von Wasser und Wein. Abb. S. 302.

Vedute [ital. veduta »Blick«, »Ansicht«], in Malerei und Grafik getreue Wiedergabe eines Stadtbildes oder einer Landschaft. Sonderformen bilden die Sammelvedute, die reale, aber nicht an einem Ort existierende Gegenstände vereint und die Idealvedute mit erfundenen Ansichten. Die Abgrenzung zum ↑Prospekt (1.), dessen perspektivische Gestaltung illusionistische Wirkungen erzielt, ist oft nicht deutlich.

Velourdruck, *Flockendruck,* Drucktechnik, um samtartige Muster auf Papier oder Stoff zu erzeugen. Das Muster wird zunächst mit Leim gedruckt, anschließend wird die Oberfläche mit Wollstaub bestreut. Die Technik ist in Europa seit dem 15. Jh. bekannt und wurde besonders im 17. Jh. beim Tapetendruck verwendet.

Velum [lat. »Segel«, »Tuch«, »Vorhang«], in der römischen Antike Vorhang in Haus und Tempel, im Mittelalter Bezeichnung für verschiedene liturgische Textilien, z. B. Vorhänge zur Verhüllung des Altars, die zwischen den Säulen des ↑Ciboriums angebracht waren, ↑Fastentuch, Tuch zur Verhüllung der Meßgefäße, weitere ↑Paramente, Schultertuch des Priesters.

Vendelstil, Stil der germanischen Tierornamentik im 7.–8. Jh., benannt nach dem schwedischen Fundort Vendel. Charakteristisch sind kunstvolle Kompositionen aus ornamentalen Tiergestalten, scharnierartige oder spiralige Gelenkansätze, Köpfe mit dreieckiger Haube, die zu einer komplizierten flächendeckenden Ornamentik werden. ↑auch germanische Kunst, Tierstil.

venezianisches Fenster ↑Palladiomotiv.

venezianisches Glas ↑Glas.

Venusstatuetten, *Venusfigürchen,* naturalistische oder stilisierte Frauenfigürchen (1 bis 20 cm Höhe) aus dem Jungpaläolithikum (30 000–9000 v. Chr.) in Stein, Ton, Elfenbein, Knochen, die wahrscheinlich dem Fruchtbarkeitskult dienten.

Veranda, offener, auch verglaster Vorraum oder Balkon mit einer von leichten Stützen getragenen Überdachung. Die V. wurde in der 2. Hälfte des 19. Jh. gebräuchlich, gehörte zu den repräsentativen Räumen der bürgerlichen Villa und wurde von dort in das Einfamilienhaus des 20. Jh. übernommen; in Mietshäusern oft als verglaste Loggia.

Vargueño

Verdüre [franz. verdure »grünes Laub«], vom 15.–18. Jh. gebräuchlicher gewirkter Wandteppich, dessen Schmuck hauptsächlich aus Pflanzenwerk besteht, bisweilen durch Tiere oder heraldische Tiergruppen bereichert. V. entwickelten sich aus spätmittelalterlichen Bildteppichen mit Blumenhintergrund.

Vergoldung, Überziehen von Metall, Ton, Glas, Leder, Stoff, Papier mit Gold. Es gibt dafür verschiedene Verfahren: Belegen mit Blattgold, Auftragen von Goldlösungen, ↑Honigvergoldung, ↑Lackvergoldung, Überziehen von Silber- oder Zinnfolie mit einem Goldfirnis, galvanische V., ↑Feuervergoldung. Nach der Wirkung werden Polimentvergoldung (Glanzvergoldung) und Ölvergoldung (Mattvergoldung) unterschieden. Belegen mit dünnem Goldblech war bereits in der Antike bekannt (↑chryselephantin), spielte in Malerei und Plastik des Mittelalters eine große Rolle und erlebte einen Höhepunkt im Barock.

Verismus [lat. verus »wahr«], Bezeichnung für eine extrem gegenstandsgebundene Darstellungsart in der deutschen Malerei und Grafik, im Zusammenhang mit der ↑Neuen Sachlichkeit stehend. Der Begriff wurde erstmals 1920 bei Wilhelm Hausenstein in Verbindung mit Heinrich Davringhausen und George Grosz auf die nachexpressionistische deutsche Kunst bezogen. Sozialkri-

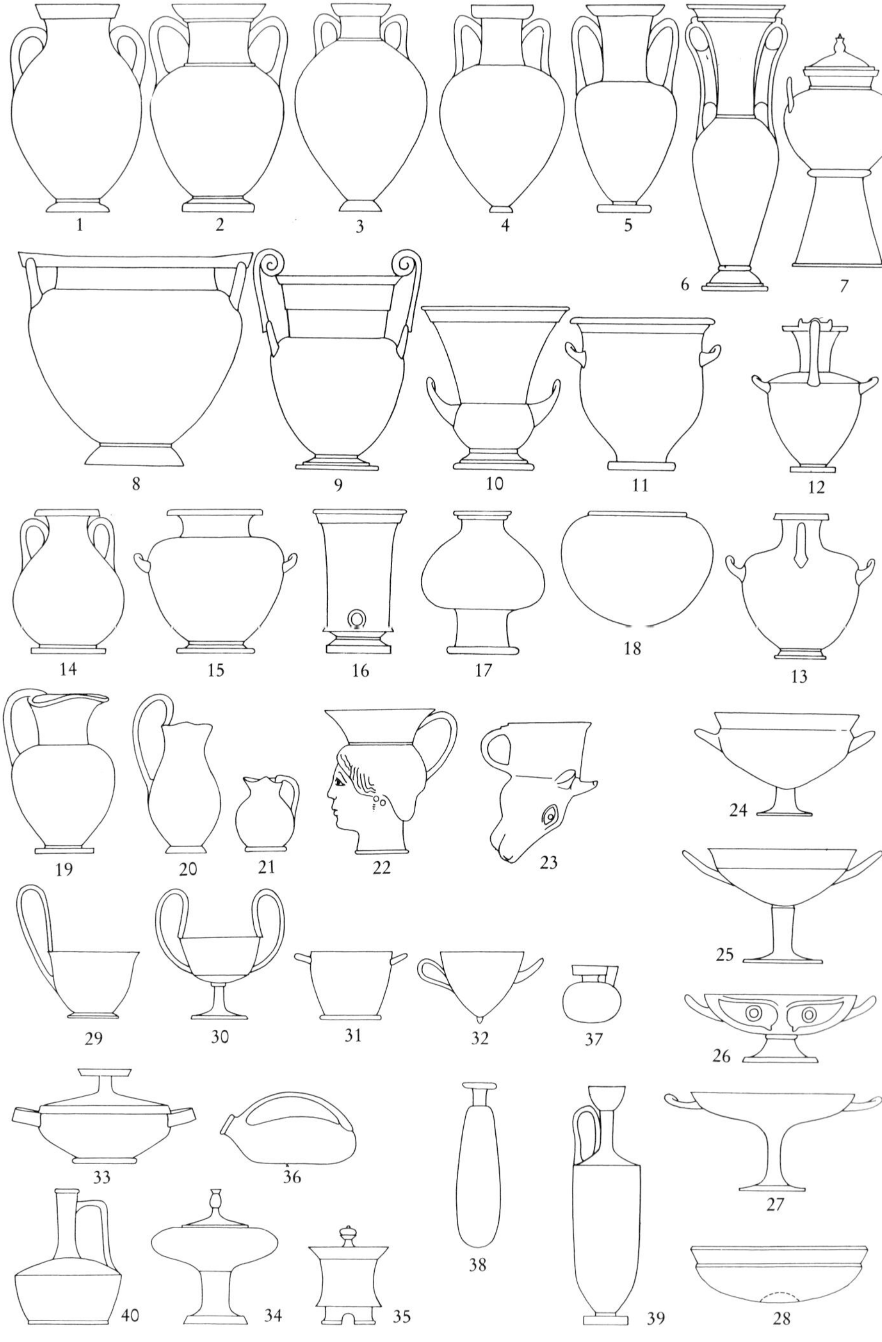
1
2
3
4
5
6
7
8
9
10
11
12
14
15
16
17
18
13
19
20
21
22
23
24
25
29
30
31
32
37
26
33
36
38
39
27
40
34
35
28

tisch engagiert, strebten die Veristen schonungslose Darstellungen gesellschaftlicher Zustände an. Dabei verfremdeten sie bisweilen die übergenau wahrgenommene Realität mit Mitteln der Ironie und Satire bis zur grausigen Groteske und führten so bürgerliche Moral und Wertmaßstäbe ad absurdum. Typische Themen sind Kriegsgreuel, soziale Ungerechtigkeit, Talmiglanz und Verelendung in den Großstädten, Prostituierte, Krüppel, Bettler. Wichtige Vertreter in den 20er Jahren: Otto Dix, Karl Hubbuch, Rudolf Schlichter, Otto Griebel, George Grosz, in Teilen seines Werkes auch Max Beckmann.

Verklärung Christi, *Transfiguration* [lat. transfiguratio Domini, »Verwandlung des Herrn«], Christus erscheint auf einem Berg zwischen Moses und Elias in leuchtendem Gewand, von Glanz umgeben (Matth. 17, 1–9), zu seinen Füßen die Jünger Petrus, Jakobus und Johannes. Das Thema ist vor allem im byzantinischen Kunstkreis verwurzelt, während die römische Kirche das Fest der V. C. erst seit 1475 anerkannte. Die erste monumentale Darstellung schuf Raffael.

Verkröpfung ↑ gekröpft.

verlorene Form, Gießform, welche nur für einen Guß verwendet werden kann. ↑ auch Gußverfahren.

verlorenes Profil ↑ Profil.

Vermeil [franz.], im Kunsthandwerk übliche Bezeichnung für vergoldetes Silber.

Vernis Martin, Gattungsname für französische Lackarbeiten des 18. Jh. auf Holz; benannt nach Guillaume Martin und seinen drei Brüdern, die die europäische Lackmalerei (↑ Lackkunst) vervollkommneten.

Griechische Vasentypen. 1 Bauchhenkelamphora, 2 Halshenkelamphora, 3 panathenäische Preisamphora, 4 Spitzamphora, 5 »nolanische« Amphora, 6 Lutrophoros, 7 Lebes gamikos, 8 Kolonettenkrater (Stangenkrater), 9 Volutenkrater, 10 Kelchkrater, 11 Glockenkrater, 12 Hydria, 13 Kalpis, 14 Pelike, 15 Stamnos, 16 Kalathos, 17 Psykter, 18 Lebe (Kessel), 19 Oinochoe (Kleeblattkanne), 20 Olpe, 21 Chous, 22 Kopfgefäß, 23 Rhyton, 24 Siana-Schale, 25 Kleinmeister-Schale, 26 Augenschale, 27 Einheitsschale, 28 Omphalos-Schale, 29 Kyathos, 30 Kantharos, 31 Skyphos, 32 Mastos, 33 Lekanis, 34 Plemochoe, 35 Pyxis, 36 Askos, 37 Aryballos (kugelförmig), 38 Alabastron, 39 Lekythos, 40 Lagynos

Vernis mou [franz. »matter Firnis«], *Weichgrundätzung,* zur ↑ Radierung gehörendes Durchdruckverfahren, bei dem die Druckplatte mit einem weichen, klebrigen Ätzgrund überzogen und dann mit einem dünnen Papier abgedeckt wird, auf das die Zeichnung aufgetragen wird. Beim Druck des Stiftes bleibt die weiche Grundierung kleben und wird mit dem Papier abgezogen. Die freiliegende Zeichnung wird geätzt, und es entsteht – im Gegensatz zu Kupferstich oder Radierung – ein weicher, körniger Strich von einer malerisch tonigen Wirkung.
Das V. m. wurde um 1620 von dem Züricher Kupferstecher Dietrich Meyer erfunden und von Matthäus Merian aufgegriffen. Seine eigentliche Bedeutung erlangte es im 19. Jh. besonders bei William Turner und Félicien Rops.

Vernissage [franz. vernis »Firnis«, »Lack«], ursprünglich das »Firnissen« eines Gemäldes, das oft erst am Abend vor einer Ausstellungseröffnung in Gegenwart geladener Gäste erfolgte. Heute wird die Eröffnung einer Ausstellung mit Gegenwartskunst als V. bezeichnet.

Veronikabild ↑ Schweißtuch der Veronika.

Verputzen, Beschädigen von originalen Pinselstrichen eines Gemäldes durch unsachgemäße Restaurierung, besonders bei der Abnahme des Firnis.

Versalie, Großbuchstabe des Alphabets im Gegensatz zu den Gemeinen, den Kleinbuchstaben. In der Paläographie verwendet man dafür die Bezeichnung ↑ Majuskeln. Eine Abart der V. sind die ↑ Kapitälchen. ↑ auch Schrift.

verstäbte Kannelierung, ↑ Kanneluren, deren Kehlungen durch Stäbe ausgefüllt werden.

Vesperbild ↑ Pietà.

Vestiarium [lat. vestis »Gewand«], Umkleideraum in den römischen Thermen.

Vestibül [lat. vestibulum], Vor- oder Eingangsraum eines Hauses.

Vexiergläser, *Scherzgläser,* Trinkgefäße, die das Trinken auf scherzhafte Art erschweren; häufig als Menschen- oder Tierfiguren, Stiefel, Hörner u. a. Sie waren in Deutschland und den Niederlanden besonders im 16.–18. Jh. beliebt.

Videokunst [lat. videre »sehen«], künstlerische Verwendung der Videotechnik, entstanden in den 60er Jahren in Europa und den USA aus der ↑Fluxus-Bewegung, der elektronischen Experimentalmusik und dem Film. Anfangs verwandte man Videobänder mit verfremdeten Fernsehbildern oder mit Synthesizer und Computer hergestellten Bewegungs-, Form- und Farbrhythmen. In den 70er Jahren gewann die Videoskulptur an Bedeutung. Einfluß hatten auch die Erfindung der Lichtkinetik (Farborgel), Mixed-media-Veranstaltungen, Fluxus und ↑Happening. Auftragsvergaben von Fernsehanstalten an Künstler (erstmals 1968, WDR, Otto Piene und Aldo Tambellini, Black Gate Cologne) und Gründung einer Videogalerie in Düsseldorf 1971 förderten die Etablierung der V. Eine erste, umfassende Ausstellung fand 1969 in New York statt.

Vierpaß ↑Paß.

Vierschneuß ↑Fischblase.

Vierseithof, Bauernhof, dessen einzelne Gebäude um vier Seiten angeordnet sind. In der Regel liegen Wohnhaus und doppeltennige Scheune (Stadel) gegenüber, auf der anderen Seite Stallungen und Wagenschuppen. Die vier Hauptbauten stehen für sich, die Lücken werden entweder mit Brettern oder mit Toren geschlossen. Im 19. Jh. wuchsen häufig zwei übereckgestellte Bauten zusammen, so daß es zu einem Vierkanthof kam (vor allem in Ostdeutschland).

Viertelsäule, Säule mit viertelkreisförmigem Querschnitt, als Schmuckmotiv meist in Ekken angebracht.

Vierung, Raumteil einer kreuzförmigen ↑Basilika, an dem sich Langhaus und Querhaus einander durchdringen. Ist dieser Raumteil durch Vierungsbögen auf Vierungspfeilern gegen Langhaus, Querhaus und Chor abgegrenzt und stimmen Langhaus und Querschiff in Breite und Höhe überein, spricht man von einer ausgeschiedenen V. Ältestes Beispiel einer ausgeschiedenen V. ist St. Michael in Hildesheim (1010–33; Abb. ↑Romanik). Das Vierungsquadrat wird im ↑gebundenen System Maßeinheit für den gesamten Kirchenraum. Eine Vorform der ausgeschiedenen V. ist die abgeschnürte V., bei der die angrenzenden Raumteile weitgehend isoliert sind. Die V. kann im Außenbau durch einen Vierungsturm, später auch eine Vierungskuppel, betont werden.

Vierungskuppel, Vierungsturm ↑Vierung.

Vignette [franz. vigne »Weinrebe«], in mittelalterlichen Handschriften gezeichneter oder gemalter Weinrankenzierat. Seit dem 16. Jh. wurde der Begriff auf kleine ornamentale Bildchen übertragen, die das Titelblatt (Titelvignette, ↑Fleuron), Kapitelanfänge (V. en-tête) und Kapitelschluß (Schlußvignette, ↑Cul-de-lampe) zierten.

Vignette aus der Zeit des Jugendstils. Um 1895

Viktorianischer Stil, ungenaue Bezeichnung für die Kunst während der Regierungszeit der Königin Victoria (1837–1901) in England, die in sich sehr uneinheitlich ist. Ähnlich wie auf dem Kontinent wurden historische Formen und Elemente wiederbelebt (frühchristlich, neuromanisch, neugotisch). Die offizielle Kunst widerspiegelte die auf Repräsentation gerichteten ästhetischen Ambitionen des Großbürgertums. Dagegen wandten sich mit unterschiedlicher Konsequenz die ↑Präraffaeliten, unterstützt durch John Ruskin. Ihre Reformvorstellungen erstreckten sich auf Malerei, Kunsthandwerk und Dichtung. Neben realistischen Bestrebungen führten neuromantische Ideen zu Mystizismus und Symbolismus.

Villa [lat. »Landgut«], ursprünglich Bezeichnung für ein römisches Landhaus mit dazugehörigen Garten- und Parkanlagen, Gegenstück zum städtischen Atriumhaus (↑Atrium). Eine großartige Entwicklung erlebte der Villenbau in Italien zur Zeit der Renaissance und des Barock (Entwürfe Raffaels zur V. Farnesina und V. Madama und Andrea Palladios zur V. Capra). Im 19. Jh. wurde die Bezeichnung auf das frei stehende größere Einfamilienhaus am Stadtrand übertragen.

Villanovakultur, früheisenzeitliche Kultur in der 1. Hälfte des 1. Jt. v. Chr., die vor allem in Nord- und Mittelitalien verbreitet war, benannt nach einem Fundort bei Bologna. Die Urnen besitzen Henkel oder Knubben und sind mit geometrischen Mustern verziert. Die V. beeinflußte die Kultur der Etrusker und wurde von ihr gegen Ende des 6. Jh. abgelöst.

Visierung, in Mittelalter und Renaissance Bauriß oder Bauzeichnung, meist Entwurfszeichnung mit genauen Abmessungen.

Visitatio ↑ Heimsuchung Mariä.

Vitrine [franz. vitre »Glasscheibe«], Schrank mit Glastüren oder -wänden. Die V. als neuer Schranktyp entwickelte sich, als Anfang des 18. Jh. in europäischen Manufakturen Porzellan hergestellt wurde, um kostbare Figuren, Vasen und Geschirre zur Schau stellen zu können. Während in Schlössern Porzellankabinette eingerichtet wurden, verbreitete sich in bürgerlichen Haushalten die V., die häufig ein kommodenartiges Unterteil mit einem aufgesetzten zurückspringenden verglasten Oberteil aufweist. In der modernen Ausstellungstechnik werden Glaskästen auf Gestellen ebenfalls V. genannt.

Vogelperspektive ↑ Perspektive.

Volkskunst, künstlerisch gestaltetes Handwerksgut vorwiegend aus dem bäuerlichen Lebenskreis, aber auch anderer Berufsgruppen wie Fischer, Hirten, Bergleute. V. beruht auf Brauchtum, Lebensform und Lebensgewohnheiten und ist im Gegensatz zur sogenannten Hochkunst oder zur ↑ naiven Kunst immer zweckgebunden. Der Hersteller bleibt meist anonym und bedient sich des überlieferten Formengutes. So zeigt die V. auch nur geringe stilistische Entwicklungen. Mittelpunkt der V. bilden der bäuerliche Hausbau, Gestaltung des Hausrates (Schnitzerei, Töpferei, Weberei, Stickerei), die Anfertigung von Trachten und Schmuck. Die Bauernmalerei erstreckt sich auf Möbel (↑ Bauernmöbel), Andachts- und Votivbilder, Fassadenmalereien (↑ Lüftlmalerei). Bevorzugt werden dabei kräftige Lokalfarben und Flächenhaftigkeit.

Vollplastik ↑ Rundplastik.

Volute [lat. volutum »das Gerollte«], schneckenförmig eingerolltes Ornament oder Bauglied an Kapitell, Giebel, Konsole.

Volutengiebel, Giebelform, die seitlich von ↑ Voluten gerahmt wird. Abb. ↑ Giebel.

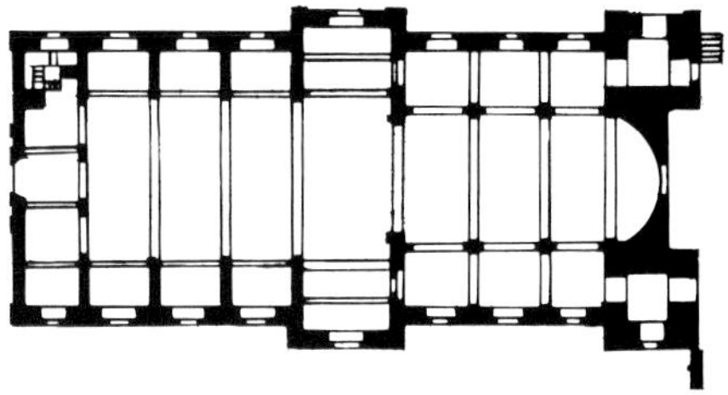

Vorarlberger Bauschule. Grundriß der Klosterkirche in Obermarchtal. 1685–1701

Vorarlberger Bauschule, Gruppe von Barockbaumeistern, die aus Vorarlberg (Österreich) stammten und im 17./18. Jh. in Süddeutschland, der Schweiz und Österreich mit zahlreichen Kirchenneubauten beauftragt wurden. Sie entwickelten einen speziellen Kirchentyp, der aus einem tonnengewölbtem Langhaus mit Kapellennischen aus Wandpfeilern und darüberliegenden Emporen bestand und einem wenig hervortretenden Querhaus (Vorarlberger Schema). Hauptbauwerke sind die Abteikirchen von Obermarchtal, Rheinau, St. Urban, Weingarten, Einsiedeln und St. Gallen. Die Mitglieder der V. B. waren untereinander meist verwandt. Die bekanntesten Familien sind Beer, Moosbrugger und Thumb. Die V. B. trug wesentlich zur Befreiung der süddeutschen Barockarchitektur von italienischen Einflüssen bei.

Vorhangbogen, vor allem in der Profanarchitektur der Spätgotik beliebte Fensterform mit besonderem Bogenabschluß; häufig in Obersachsen zwischen 1480 und 1520 in der Nachfolge Arnolds von Westfalen zu

Vorhangbogenfenster

finden (Albrechtsburg in Meißen, Schloß Hartenfels in Torgau). ↑ auch Bogen.

Vorhangfassade, *Curtainwall,* nach 1945 aufgekommene Bezeichnung für Außenwände, die unabhängig von den tragenden Teilen eines Bauwerkes aufmontiert oder vorgehängt werden.

Vorhof, in der frühchristlichen Sakralarchitektur ↑ Atrium.

Vorkirche, westlicher Vorraum einer Kirche, die im Unterschied zum ↑ Narthex jedoch mehrere Joche besitzt und oft aus Mittel- und Seitenschiffen besteht.

Vorlage, 1. in der Architektur das einer Wand oder Stütze vorgelegte senkrechte Glied, z. B. Pilaster, Lisene. 2. in der Grafik Kunstwerk zur Nachbildung.

Vortizismus, *Vorticism* [lat. vortex »Wirbel«], englische Avantgardebewegung und englische Variante des italienischen ↑ Futurismus, die sich vor allem gegen den Impressionismus wandte. Der Begriff wurde 1914 von dem Dichter Ezra Pound geprägt. Vortizistische Arbeiten verstehen das Kunstwerk als einen Energiewirbel und zeigen Ansätze zur geometrisch-abstrakten Kunst und zum Konstruktivismus. Zu Anhängern des V. gehörten die Maler Percy Wyndham Lewis, Christopher Richard Wynne Nevinson, William Roberts, die Bildhauer Jacob Epstein und Henri Gaudier-Brzeska und der Schriftsteller Richard Arlington. Die Vereinigung löste sich bereits 1915 auf.

Vortragekreuz, *Passionskreuz, Tragkreuz,* bei Prozessionen vorgezeigtes Kreuz, oft reich verziert und Reliquien enthaltend.

Votive [lat. votum »Gelübde«], Bilder, Tafeln oder andere Weihegaben, die aufgrund eines Gelübdes oder Gnadenerweises an Wallfahrtsorten oder einem Gnadenaltar dargebracht werden. Der Brauch ist in fast allen Religionen und Kulturen verbreitet und bis in die Gegenwart erhalten. Die Anlässe der Bitten oder Danksagungen sind zumeist Gegenstand der Darstellung.

Voute [franz. »Gewölbe«], in Innenräumen Ausrundung als Vermittlung zwischen Wand und Decke, meist als Viertelkreis.

Voyeuse [franz.], niedriger französischer Stuhl des 18. Jh. mit gepolstertem Aufsatz auf der Lehne, so daß man rittlings sitzen konnte, um beim Kartenspiel zuzuschauen.

W

Wachsausschmelzverfahren ↑ Gußverfahren.

Wachsbildnerei, *Zeroplastik* [lat. cera »Wachs«], plastische Gestaltung in Wachs zur Herstellung von Modellen (↑ Bozzetto) und selbständigen Bildwerken.
Die Anfänge der W. stehen im Zusammenhang mit dem Totenkult. In der griechischen Kunst sind Totenmasken aus Wachs bekannt, in römischer Zeit wurden Bildnisbüsten aus Wachs gearbeitet, die dem Ahnenkult dienten und im Atrium des Hauses aufgestellt wurden (↑ Imagines). Im Mittelalter gewann die W. im Zusammenhang mit Pilgerwesen und Votivgaben (↑ Votive) an Bedeutung. Seit der Renaissance wurden häufig Bildnisbüsten in Wachs ausgeführt, zuerst in Italien, später in Frankreich, Deutschland und den Niederlanden. Im Barock wurde die W. immer naturalistischer und verlor mehr und mehr an künstlerischem Wert. Antoine Besnoist in Paris erhielt Ende des 17. Jh. das Privileg, seine Wachsbildnisse hoher Persönlichkeiten öffentlich zu zeigen. Das war der Beginn der Wachsfigurenkabinette, die im 18. und 19. Jh. entstanden und bis heute existieren (z. B. in Wien, Paris, Berlin, Prag, Rom, London).

Wachsmalerei ↑ Enkaustik.

Waldglas, nicht entfärbtes, meist grünes Glas, das die in waldreichen Mittelgebirgen (Fichtel- und Erzgebirge, Böhmerwald, Thüringer Wald) gelegenen Glashütten vom 14.–17. Jh. herstellten.

Wallfahrtskirche, *Gnadenkirche,* Kirche, die für besondere Verehrung oft eines wundertätigen ↑ Gnadenbildes, eines Heiligen- oder Märtyrergrabes errichtet wurde.

Walmdach ↑ Dachformen.

Wandelaltar ↑ Altar.

Wanderer ↑ Peredwischniki.

Wandmalerei, im Gegensatz zur ↑ Tafelmalerei Malerei auf Wänden, Decken (↑ Dek-

kenmalerei) oder Gewölben, die als ↑ Freskomalerei auf den noch feuchten frischen Putz oder als ↑ Sekkomalerei auf den trockenen Putz aufgetragen wird. Auch ↑ Mosaik und ↑ Sgraffito gehören dazu.
Die W. kann die raum- oder körperabschließende Funktion der Wand und damit ihre Flächenhaftigkeit betonen (auch bei plastischer Körperdarstellung) oder durch scheinbare Auflösung den Innenraum nach außen öffnen (↑ Illusionismus, ↑ Quadraturmalerei).
Die W. ist die älteste Gattung der Malerei, ihre Anfänge liegen in der jungpaläolithischen Höhlenmalerei (↑ Felsbilder, ↑ Levantekunst). Aus dem Altertum sind Reste aus der ägyptischen, minoischen, mykenischen und römischen Kunst (Pompeji) erhalten. Frühchristliche W. sind in den Katakomben zu finden, ehe sie in Kirchenbauten, besonders in der byzantinischen Kunst, durch das dekorativere Mosaik zurückgedrängt wurden. Nördlich der Alpen ist die W. seit karolingischer Zeit bekannt, jedoch fast nur durch literarische Äußerungen belegt. Die romanische Wand- und Deckenmalerei hat bedeutende Leistungen hervorgebracht und in einzelnen Zentren und Schulen eine reiche stilistische Entwicklung erfahren. Im Zeitalter der Gotik verlor sie durch die Auflösung der Wand an Bedeutung und wurde nördlich der Alpen weitgehend durch die ↑ Glasmalerei und im 14. Jh. durch die Tafelmalerei ersetzt. Nur in Italien blieb sie auch weiterhin der Tafelmalerei ebenbürtig (von Cimabue und Giotto bis hin zu Raffael und Michelangelo). Im Barock erlebte die W. als illusionistische Malerei einen neuen Aufschwung. Die Abkehr von der traditionellen W. begann im Klassizismus, der das isolierte Einzelbild als Wanddekoration bevorzugte. Eine Wiederbelebung versuchten die ↑ Nazarener in Rom und die ↑ Präraffaeliten in England.

Wandpfeilerkirche, meist einschiffige Kirche, bei der die Strebepfeiler in Innern der Seitenschiffe angeordnet sind, so daß sich anstelle der Seitenschiffe dort Kapellen befinden. Die W. war typisch für spätgotische Stadtpfarrkirchen in Obersachsen (Annaberg, Zwickau) und wurde im Barock weiterentwickelt (↑ Vorarlberger Bauschule).

Wange ↑ Chorgestühl.

Wappen [mhdt. wapen »Waffe«], farbiges Abzeichen einer Person, Familie oder Institution, das nach festen Regeln (↑ Heraldik) gebildet ist. Es hat sich aus dem mittelalterlichen Ritterwesen seit Mitte des 12. Jh. entwickelt, zunächst, um Heerhaufen oder die gepanzerten Einzelkämpfer zu kennzeichnen. Von dort wurde es auf feudale Geschlechter übertragen und als Herrschaftswappen ausgeweitet. Seit dem 13. Jh. wurde das W. von Bürgern, Städten, Bistümern, Zünften u. a. aufgegriffen.

Wappenglas, Hohlglas, das auf der Schauseite mit heraldischen Motiven dekoriert ist. Die Sitte, Gläser mit Wappen zu schmükken, kam im 16. Jh. auf. Zunächst wurden Familienzeichen wiedergegeben, später Wappen des Reiches, der Länder usw.

Wappenkunde ↑ Heraldik.

Wappenscheibe, Art der ↑ Glasmalerei, die im 15. und 16. Jh. in der Schweiz gebräuchlich war und sich dann auch in Süddeutschland verbreitete. Fenster oder Scheiben wurden in der Technik der Kabinettmalerei mit dem Wappen einer Privatperson, einer Stadt, eines Klosters u. a. bemalt und in einem öffentlichen Gebäude als Stiftung eingebaut.

Warzenbecher ↑ Nuppenglas.

Wasserburg ↑ Burg.

Wasserfarben ↑ Aquarellmalerei, Guaschmalerei.

Wasserspeier, Stein- oder Blechrinne zur Ableitung des Regenwassers an mittelalterlichen Gebäuden, oft plastisch gestaltet als Fabelwesen, Tier- oder menschliche Figur. Über ihren eigentlichen Zweck hinaus kam dem W. wahrscheinlich eine symbolische Schutzfunktion zur Abwehr alles Bösen (↑ Apotropaion) zu.

Wasserzeichen, Zeichen im Papier, die im Gegenlicht sichtbar werden. Bei handgeschöpftem Papier wird auf der Siebform eine entsprechende Drahtfigur als Fabrikmarke des Herstellers (Wappen, Buchstaben usw.) angebracht, die das W. auf das Papier überträgt; bei industrieller Fertigung wird das W. durch eine Gummiwalze eingeprägt. W. geben Anhaltspunkte über Herkunft und Alter des Papiers und damit Hinweise für die Datierung von älteren Drucken.

Weberei, Herstellung von Webwaren (Geweben) durch rechtwinkliges Kreuzen von Kett- und Schußfäden auf Hand- oder mechanischen Webstühlen (↑Bindung). Die W. ist aus dem Flechten hervorgegangen, dem Verbinden und Verschlingen biegsamer Halme mit der Hand. Als Material wird Leinen, Baumwolle, Wolle, Seide, auch Bast verwendet. Eine besondere Form des Webens ist die Wirkerei, bei der der Schuß jeweils nur soweit durch das Fach geführt wird, wie es die entsprechende Farbe verlangt. An den Berührungsstellen der verschiedenen Farben entstehen die für die Wirkerei typischen Schlitze.

Wedgwood, englische Fayencen und Steinguterzeugnisse aus den von Josiah Wedgwood 1757 in Burslem, 1769 in Etruria und 1770 in Chelsea gegründeten Fabriken. J. Wedgwood entwickelte eine Reihe neuer Keramikarten, so die gelbliche ↑Queensware, die schwarzgefärbte ↑Basaltware und die weißblaue ↑Jasperware. Die Produkte zeichneten sich durch eine qualitative Verbesserung des Steinguts, gediegene Formen und ein klassizistisches Dekor aus. J. Wedgwoods klassizistische Keramik beeinflußte im 18. Jh. alle europäischen Porzellanmanufakturen und Steingutfabriken.

Wehrkirche. Wehrgangkirche in Lauterbach im Erzgebirge. 15. Jh.

Wehrbau ↑Burg, Festung.

Wehrkirche, zur Verteidigung eingerichtete, befestigte Kirche, meist mit einem massiven, als Fluchtturm geeigneten Glokkenturm, mitunter mit Wehrgängen, Wehrmauern, Schießscharten u. a. W. waren im Mittelalter in ganz Europa verbreitet, besonders in kleineren Ortschaften, die nicht durch andere Befestigungsanlegen geschützt waren. In einzelnen Landschaften gibt es verschiedene Grundtypen, z. B. die mitteldeutsche Chorturmkirche, die Wehrgangkirchen im Erzgebirge und die siebenbürgischen Kirchenburgen, die z. T. mehrfache Ringmauern mit Bastionen und Außentürmen aufweisen. Innerhalb der Anlage befanden sich Wohnräume und Speicher.

Weicher Stil, *Schöner Stil, Internationaler Stil,* vor allem in der deutschen Kunstwissenschaft gebrauchter Begriff für eine Stilströmung in der europäischen Kunst zwischen 1390 und 1430. Er bezog sich zuerst auf die deutsche und mitteleuropäische Plastik und wird heute auch auf Malerei und Grafik übertragen. Der W. S. weist im Gegensatz zur vorangegangenen schweren, körperbetonten Statuarik (Plastik Peter Parlers) eine Vorliebe für ein elegantes Linien- und Faltenspiel, für anmutige Gebärden, Feingliedrigkeit und stoffreiche weiche Falten auf. Am deutlichsten wird dies im kleinen Format und in der Gruppe der sogenannten ↑Schönen Madonnen. Der W. S. verbreitete sich im vielschichtigen Austausch zwischen höfischen (frankoburgundisch, oberitalienisch, mitteleuropäisch) und städtischen Zentren (Köln, Hamburg, Dortmund, Nürnberg, Siena, Florenz).

Weichgrundätzung ↑Vernis mou.

Weichporzellan ↑Porzellan.

Weihegabe, *Weihgeschenk,* einmalige, einem Gott als Dank dargebrachte Gabe. ↑auch Votiv.

Weihnachtsbild, Darstellung der Geburt Christi.

Weihnachtskrippe ↑Krippe.

Weimarer Malerschule, 1860 als Stiftung des Großherzogs Carl Alexander von Sachsen-Weimar-Eisenach in Weimar gegründete Kunstschule, die in kurzer Zeit einen selbständigen Charakter entwickelte und erstmals eine künstlerische Selbstverwaltung durchsetzte, wodurch sie zur freiesten

Kunstschule in Deutschland wurde. Während an anderen deutschen Akademien die ↑ Historienmalerei vorherrschte, dominierten in Weimar die ↑ Landschaftsmalerei. Unter Stanislaus von Kalckreuth wurden Arnold Böcklin und Franz von Lenbach als Lehrer berufen. Albert Heinrich Brendel und Theodor Hagen vermittelten Erfahrungen der Schule von ↑ Barbizon. So entstand eine intime Landschaftsmalerei, die zur Vorbereitung des deutschen Impressionismus beitrug. Hauptvertreter waren Karl Buchholz, Paul Baum, Christian Rohlfs.

Die besondere Eigenart der W. M. hielt sich bis zum Ausbruch des 1. Weltkrieges und wurde dann durch andere Strömungen überlagert. Heute wird der Begriff W. M. auf die gesamte Landschaftsmalerei in und um Weimar zwischen 1860 und 1914 bezogen.

Weißschnitt, *Weißlinienschnitt,* Abart des ↑ Holzschnittes, bei dem die formgebenden Linien vertieft in den Stock geschnitten werden, so daß sie beim Druck weiß auf schwarzem Grund erscheinen.

Wellenband, *laufender Hund,* Ornamentform, die bereits in vorgeschichtlicher Zeit existierte. Es ist eine Sonderform des ↑ Mäanders, die Linien verlaufen nicht rechtwinklig gebrochen, sondern wellenförmig.

Wellenschrank ↑ Schrank.

Weller, Mischung aus Lehm oder Ton mit gehäckseltem Stroh als Füllung für ↑ Fachwerk.

Welsche Haube, mehrstufiges Turmdach, das über einer unteren breiteren Haube mit Laterne eine zweite kleinere folgen läßt. Charakteristisch für Kirchen-, Rathaus-, auch Tortürme der niederländischen und deutschen Baukunst des 16. und 17. Jh. Abb. ↑ Dachformen.

Wendeltreppe ↑ Treppe.

Werbegrafik ↑ Gebrauchsgrafik.

Werkbund ↑ Deutscher Werkbund.

Werke der Barmherzigkeit, Werke der christlichen Nächstenliebe. Nach Matth. 25, 34–40 gehören dazu: Hungrige speisen, Durstige tränken, Obdachlose beherbergen, Nackte bekleiden, Kranke pflegen, Gefangene besuchen, später wurde die Bestattung der Toten hinzugefügt. Bildliche Darstellungen sind seit Ende des 12. Jh. in der Bauplastik zu finden (Galluspforte am Baseler Münster, um 1170), in der Wand- und Glasmalerei (Marburg, Elisabethkirche, vor Mitte 13. Jh.), im 16.–18. Jh. auch Gemäldefolgen.

W. d. B. haben in Verbindung mit dem Jüngsten Gericht oder der Arme-Seelen-Messe stets bekehrenden Charakter und begründen Belohnung oder Verdammung nach dem Tode.

Werkstattarbeit, *Werkstattbild,* Bezeichnung für ein Gemälde oder ein Bildwerk, das nicht oder nur zum Teil eigenhändig vom Meister ausgeführt ist. In der Regel wurden jedoch alle Bilder einer Werkstatt vom Meister als Originale signiert (z. B. bei Lukas Cranach, Peter Paul Rubens).

Werkstein ↑ Haustein.

Weserrenaissance, spezielle Richtung der Renaissancearchitektur im Gebiet der Weser und im nordwestdeutschen Raum zwischen 1550 und 1630. Niederländische Anregungen wurden mit Traditionen des bodenständigen Fachwerkbaues verknüpft. Charakteristisch sind flächig angelegte Fassaden mit außen bündig liegenden Fenstern, Beschlagwerkornamente mit Ansätzen von Rollwerk, kleinteilig geschweifte

Weißschnitt. Albrecht Dürer: Stickmusterscheibe. Schwerin, Staatliches Museum

Giebel. Die Entwicklung erstreckt sich fast ausschließlich auf Profanbauten (Schlösser, Rathäuser, städtische Wohnbauten). Wichtige Beispiele sind Hämelschenburg bei Hameln (1588ff.), Rattenfängerhaus in Hameln (1602/03), Rathäuser in Lüneburg, Celle, Nienburg.

Wessex-Kultur, Kultur der frühen Bronzezeit in Südengland (benannt nach einer Fundstelle im Südwesten Londons), etwa gleichzeitig mit der ↑Aunjetitzer Kultur Mitteleuropas (1650–1400 v. Chr.). Sie ist fast ausschließlich aus Grabfunden bekannt: Hügelgräber mit reichen Beigaben (Schmuck, Geräte und Waffen aus Bronze, Gold und Bernstein).

Wessobrunner Schule, Gruppe von Stukkatoren, die aus Wessobrunn oder Umgebung kamen, durch verwandtschaftliche Beziehungen oder Gemeinsamkeiten in der Ausbildung miteinander verbunden waren und über mehrere Generationen hinweg im 17. und 18. Jh. im süddeutschen Raum große Bedeutung erlangten. Dazu gehörten die Familien Faichtmayr, Schmuzer und Zimmermann. Sie schufen die Stuckornamente u. a. in Wessobrunn, Ottobeuren und Vierzehnheiligen, im Kloster Ettal und in den Wallfahrtskirchen Steinhausen und Birnau.

Westwerk in der Abteikirche in Corvey. 873–85

Westbau, Bezeichnung für den quergelegten Westteil eines Kirchenbaues, der meist als Turm oder Turmgruppe ausgebildet ist (Dreiturmgruppe, Westriegel oder ↑Doppelturmfassade). Der W. hat seine Wurzeln in der karolingischen Architektur, die Hoheitsmotive des Turmes und des von Türmen flankierten Stadttores für den Sakralbau übernahm. In Form der Doppelturmfront ist der W. Bestandteil der gotischen Kathedrale und lebt bis ins 20. Jh. als ständig wiederholter Fassadentypus weiter.

Westerwälder Steinzeug, im 16. und 17. Jh. im gesamten Westerwald (»Kannebäckerland«) hergestellte künstlerisch hochstehende Steinzeug-Tonwaren (Kannen, Krüge, Humpen). Die silbergrauen Gefäße waren meist reliefgeschmückt und blau bemalt. ↑auch Rheinisches Steinzeug.

Westriegel ↑Westbau.

Westwerk, kirchliche Bauform, die an mittelalterlichen Bischofs- oder Klosterkirchen als Querbau im Westen angefügt wurde. Der Hauptraum lag im Obergeschoß und öffnete sich zum anschließenden Langhaus. Äußerlich ist das W. durch einen mächtigen Turm gekennzeichnet, der von zwei Treppentürmen begleitet ist. Im Erdgeschoß vermittelt eine kryptenähnliche Halle den Durchgang vom Westportal ins Langhaus. Erstmals nachweisbar ist das W. Ende des 8. Jh. an der Klosterkirche St. Riquier in Centula. Als einziges weitgehend erhalten ist das des Klosters Corvey (873–85). Das W. ist eine Schöpfung der karolingischen Architektur und hat den Charakter einer selbständigen Kirche. Funktion und Bedeutung des W. sind umstritten. Es wird als Westchor, als Taufkirche und als Hof- bzw. Kaiserkirche interpretiert. Wahrscheinlich verdankt es seine Entstehung einem ganzen Komplex geistlicher und weltlicher Funktionen. Mit dem Ende des karolingischen Königtums verliert es seine Selbständigkeit und wird zum Westbau der ottonischen und romanischen Kirchen umgebildet.

Wiegendruck ↑Inkunabel.

Wiener Aktionismus, um 1960 in Wien entstandene besondere Form der ↑Aktionskunst, die auf der Tiefenpsychologie Sigmund Freuds und Carl Gustav Jungs beruhte und die sich durch ritualartige exzessive und extreme Handlungen auszeichnete. Der W. A. war gegen etablierte Kunst und gesellschaftliche Tabus vor allem religiöser und sexueller Natur gerichtet. Zu den bekanntesten und umstrittensten Aktionen gehörten erotische Happenings von Otto Mühl, die sexuelle Tabus durchbrechen sollten, und das Orgien-Mysterien-Theater von Hermann Nitsch, bei dem aufwendige ritualartige Opferzeremonien mit Tierschlachtung auf die Grausamkeiten der menschlichen Gewalt antworten sollen.

Wiener Porzellan, Erzeugnisse der zweitältesten europäischen Manufaktur, 1718 von dem Holländer Claudius Innocentius Du Paquier mit Unterstützung von zwei Überläufern aus Meißen gegründet. Anfangs orientierte man sich an chinesischem und japanischem Porzellan und stellte Figurengruppen nach Meissener Art her. Die Blütezeit des W. P. lag zwischen 1784 und 1805. Es setzte sich bei Geschirren und Vasen eine klassizistische Formgebung mit sehr sorgfältiger Malerei durch. Im 2. Jahrzehnt des 19. Jh. begann der Rückgang, 1864 wurde die Manufaktur aufgelöst. ↑ auch Porzellanmarken.

Wiener Schule, *Wiener Schule des Phantastischen Realismus,* Gruppe von Wiener Künstlern, die nach dem 2. Weltkrieg den Greueln des Krieges eine traumhaft-phantastische Malerei entgegensetzten unter bewußter Anlehnung an ältere Kunst und deren Techniken. Sie verwandten eine symbol- und metaphernreiche Bildsprache bei einer Vorliebe für beängstigende Genauigkeit, räumliche Effekte sowie Treue des Details. Zur W. S. gehören vor allem Albert Paris Gütersloh, Erich Brauer, Rudolf Hausner, Ernst Fuchs, Wolfgang Hutter und Anton Lehmden.

Wiener Sezession ↑ Sezession.

Wiener Werkstätten, Werkstättengemeinschaft von Künstlern und Handwerkern zwischen 1903 und 1932, die sich nach dem Vorbild der englischen ↑ Arts and Crafts Movement um eine Erneuerung des Kunsthandwerkes bemühte. Unter der künstlerischen Leitung von Joseph Hoffmann und Koloman Moser wurden Tendenzen der vorausgehenden Wiener ↑ Sezession und anderer gleichzeitiger Bestrebungen aufgegriffen und die künstlerische Durchdringung aller Lebensbereiche propagiert. Neben der Produktion von kunsthandwerklichen Einzelgegenständen (Metallarbeiten, Möbel, Textilien, Leder) standen auch komplette Einrichtungen und der Entwurf und Bau von Häusern auf dem Programm (Stocletpalais in Brüssel, 1905–11). Die W. W. erlangten innerhalb kurzer Zeit internationale Anerkennung. Durch das Bemühen um zweck- und materialgerechte Sachlichkeit im Kunsthandwerk und um eine Verbindung zur Architektur stehen die W. W. dem ↑ Deutschen Werkbund und dem ↑ Bauhaus nahe.

Wikingerkunst, Kunst der skandinavischen Völker vom Ende des 8. Jh. bis zum 12. Jh. Während sich in Mitteleuropa und auf den Britischen Inseln durch Missionierung der Übergang zur christlichen Kunst vollzog und andere Kunstgattungen in den Vordergrund traten (figürliche Buchmalerei, Plastik, monumentale Architektur), blieb im spätheidnischen Skandinavien die germanische Tierornamentik noch über mehrere Jahrhunderte bestimmend. Die W. knüpft an den germanischen ↑ Tierstil III an, wobei genaue Unterscheidungen nicht immer möglich sind. Am Beginn der W. stand der ältere Osebergstil (800–850), der durch Tierfiguren, Gesichtsmasken und Bandgeflechte gekennzeichnet ist. Dann traten sogenannte Greiftiere auf, Vierfüßler mit verzerrten Körpern, die für den jüngeren Oseberg- oder Greiftierstil (850–900) namengebend wurden. Darauf folgten der ältere (900–980) und jüngere (980–1100) Jellingestil, benannt nach dem großen Runenstein des Königsgrabes von Jelling in Jütland (Dänemark). Er ist gekennzeichnet durch bandförmige, flächenhaft gestaltete Tierfiguren. Seit Ende des 9. Jh. gewannen die irische und karolingische Kunst großen Einfluß auf die W. Mit der weiteren Christianisierung verschwand nach 1100 in Skandinavien die heidnisch-germanische Tierornamentik, und die W. mündete in die europäische Kunstentwicklung ein.

Wilder Mann, 1. Gestalt, die auf die Volkssage zurückgeht (Waldgeister, Waldmenschen) und in der bildenden Kunst des 15./16. Jh. häufig dargestellt wurde. Der W. M. ist am ganzen Körper behaart, oft nur mit einem Laubkranz um die Lenden bekleidet und mit Keule, Baumstamm u. a. bewaffnet. Das Motiv findet auch auf Wap-

penbildern, an Chorgestühlen, Ofenkacheln, Bronzeleuchtern usw. Verwendung und ist besonders in der Grafik verbreitet. Es gibt auch entsprechende Darstellungen der »Wilden Frau«.
2. im ↑ Fachwerk-Bau besondere Balkenkonstruktion.

Wilhelminischer Stil, ungenaue Bezeichnung für Repräsentationsbauten der ↑ Gründerzeit in den Regierungsperioden der deutschen Kaiser Wilhelm I., Friedrich Wilhelm III. und Wilhelm II. (1871–1918), bei denen Stilrichtungen der ↑ Neurenaissance und des ↑ Neubarock bevorzugt wurden.

Willkomm, großes Trinkgefäß, in dem bei festlichen Gelegenheiten der Willkommentrunk als Umtrunk gereicht wurde. Er kann aus unterschiedlichstem Material und in den verschiedensten Formen gestaltet sein und ist häufig mit einer Beschriftung versehen. Er war von Mitte des 16. bis Mitte des 18. Jh. gebräuchlich und besaß meist einen Deckel.

Wilder Mann (1.). Lukas Cranach d. Ä.: Wilder Mann auf Wappenscheibe. Um 1530. Dresden, Kupferstich-Kabinett

Wimperg

Wimperg, gotischer Ziergiebel über Portalen und Fenstern, häufig von Fialen flankiert und mit Krabben geschmückt, die Spitze endet in einer Kreuzblume. Die Giebelfläche ist meist mit Maßwerk oder figürlichem Schmuck versehen. Der W. steigert die Vertikaltendenz der spitzbogigen Fenster und Türen.

Windeisen, zusätzliche Verstrebungen in der Fensterleibung gotischer Kathedralen, um den durch Bleiruten gehaltenen Glasmalereien die notwendige Festigkeit gegen den Winddruck zu geben.

Winkelrahmenbühne ↑ Bühnenbild.

Wirkerei ↑ Weberei.

Wirkteppich ↑ Teppich, Textilkunst, Weberei.

Wirtel, *Schaftring,* steinerner Ring um die Mitte eines Säulenschaftes. Er ist bereits in der Frühromanik nachweisbar, häufig aber in Spätromanik und Frühgotik.

Wischer, Instrument aus gerolltem weichen Leder oder Papier, das an den Enden zugespitzt ist. Durch Verwischen kann man bei Zeichnungen weiche Ton- und Farbabstufungen erzielen. Der Vorgang wird auch als Estompieren bezeichnet.

Wismutmalerei, Malerei mit Lackfarben auf einem mit Wismut überzogenen Kreidegrund. Das Wismut wird pulverförmig aufgetragen und mit einem Polierstahl geglättet. Der weiche Metallton schimmert dann durch die Lackfarben hindurch. Das Verfahren ist im 16./17. Jh. besonders in Mittel- und Süddeutschland verbreitet und dient zur Verzierung von Schränkchen und Kästchen.

Wöchnerinnenschüssel ↑ Godenschüssel.

Wohnstallhaus, bäuerlicher Haustyp, bei dem sich Wohnteil, Stall, Scheune und Schuppen unter einem Sach befinden.
Wohnturm, wehrhafter Turm, meist aus Stein, der gleichzeitig zum Wohnen dient; im Mittelalter in allen europäischen Ländern verbreitet. Der Zugang erfolgte im Obergeschoß über eine abnehmbare Holztreppe.
Wölbung ↑ Gewölbe.
Wolfszahnornament, scharf gezacktes, dicht gereihtes Ornament, das nur an langobardischen und normannischen Bauten vorkommt.
Worpsweder Künstlerkolonie, *Worpsweder Schule,* 1889 von dem Maler Fritz Mackensen in Worpswede bei Bremen gegründete Künstlerkolonie, der u. a. Otto Modersohn, Paula Modersohn-Becker, Heinrich Vogeler, Fritz Overbeck und Hans am Ende angehörten. Sie waren fasziniert von der norddeutschen Moor- und Heidelandschaft mit ihren Bauernhäusern und den dort lebenden Menschen. Neu an ihrer Kunst war, daß durch Steigerung der Farbigkeit und durch eine gewisse Stilisierung die Natur zum Gleichnis für Gefühlserlebnisse wurde. Bestimmte Tendenzen des deutschen Frühexpressionismus gingen daraus hervor.
Wüchsenzeichen ↑ Tremolierstich.
Wunderkammer ↑ Kunstsammlung.
Würfelfries ↑ Fries.
Würfelkapitell ↑ Kapitell.
Wurzel Jesse, *Jessebaum,* Darstellung des Stammbaumes Christi nach Jes. 11, 1, der auf den biblischen Stammvater Jesse zurückgeführt wird. Aus dem im Schlafe liegenden Jesse wächst ein stilisierter Baum, an dessen Ästen sich Bilder von Christi Vorfahren befinden, im Gipfel Maria mit dem Jesuskind oder Christus. Zu den monumentalen Darstellungen gehören ein Glasfenster in der Westfassade der Kathedrale zu Chartres (um 1160) und das Deckengemälde in St. Michael in Hildesheim (um 1250).

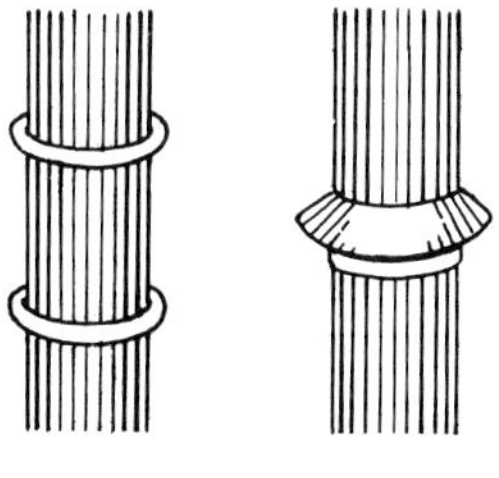

Wirtel

X-Z

Xographie [griech.], Verfahren, um z. B. Bildpostkarten durch Aufprägen einer mit spezieller Linsenstruktur versehenen Plastikbeschichtung eine dreidimensionale Wirkung zu erzielen.
Xylographie ↑ Holzschnitt.

Yamato-e [japan.], älteste Gattung der eigenständigen japanischen Malerei; bevorzugte Darstellungen höfischer Szenen und historischer Ereignisse; Blüte im 12./13. Jh.

Zackenbogen, in der romanischen Baukunst Rundbogen, der zackenförmige Zierbänder aufweist. ↑ auch Fries.
Zahnschnitt, 1. architektonisches Zierglied am Gebälk ionischer und korinthischer Tempel. Es besteht aus gleichartigen vor- und zurückspringenden rechteckigen Steinen.
2. *Zahnfries, Deutsches Band,* Ornamentfries aus übereck angeordneten Steinen, vor allem im Backsteinbau des 12./13. Jh. Abb. ↑ Fries.
Zangenfries, geometrisches Ornament aus zangenähnlichen Formen; z. B. am Grabmal des Theoderich in Ravenna. Abb. ↑ Fries.
Zappler, Tischuhr des 18. und 19. Jh. mit einem oder zwei sich lebhaft bewegenden Pendeln vor dem Zifferblatt, vor allem in Süddeutschland und Österreich verbreitet.
Zeichnung ↑ Handzeichnung, Ritzzeichnung.
Zellengewölbe ↑ Gewölbe.
Zellenschmelz ↑ Emailkunst.
Zeltdach ↑ Dachformen.
Zentauren ↑ Kentauren.
Zentralbau, Architekturform, deren Bauteile im Gegensatz zum gestreckten Langhaus auf den Raummittelpunkt bezogen sind. Solche Anlagen können einen Kreis, eine Ellipse, ein Quadrat oder ein regelmäßiges Viereck als Grundriß haben. Die ideale Wölbung für den Z. ist die Kuppel.

Der Z. hat seinen Ursprung im Totenkult früher Kulturen. In der frühchristlichen Kunst waren Z. vor allem Taufkirchen (↑ Baptisterium), Grabkirchen oder kaiserliche Bauten (Ravenna, San Vitale; Aachen, Pfalzkapelle). In der byzantinischen Kunst wird der Z. in Form der ↑ Kreuzkuppelkirche zum vorherrschenden Kirchentyp. Baukünstlerisches Ideal war er in der Renaissance, doch als große Gemeindekirche hat er sich selten durchsetzen können. Aus liturgischen Gründen kommt es häufig zu einem Kompromiß zwischen Langhausbau und Z., wobei die Barockbaukunst zu großartigen Raumlösungen gelangte. Reine Z. waren in Barock und Klassizismus selten (Frauenkirche in Dresden, Hedwigskirche in Berlin) und auch im 20. Jh. wurde im Kirchenbau der Langhausbau bevorzugt. Dagegen findet der Z. in Sport-, Ausstellungs-, Fest- und Mehrzweckhallen mannigfache Verwendung, wobei beachtenswerte ingenieurtechnische Leistungen entstanden (Dortmund, Westfalenhalle).

Zentralperspektive ↑ Perspektive.

Zero [franz. »Null«, »Nichts«], Künstlergruppe mit Heinz Mack, Otto Piene und Günther Uecker, die sich Ende der 50er Jahre in Düsseldorf zusamenschloß. Auf Gedanken Lucio Fontanas und Yves Kleins aufbauend schufen sie später, voneinander unabhängig, eine freie, bis zu Bewegungs- und Lichtexperimenten vordringende Objektkunst, die sie auch in happeningartigen Unternehmungen erlebbar machten. Beispielhaft dafür: Günther Uecker, Nagelobjekte; Kunst in der Wüste (Sahara-Projekt); Otto Piene, Lichtballett; Heinz Mack, Lichtstelen. Die Künstler hatten großen Einfluß auf die Entwicklung der Op art und der kinetischen Kunst.

Zentralbau. George Baehr: Frauenkirche in Dresden. 1726–43

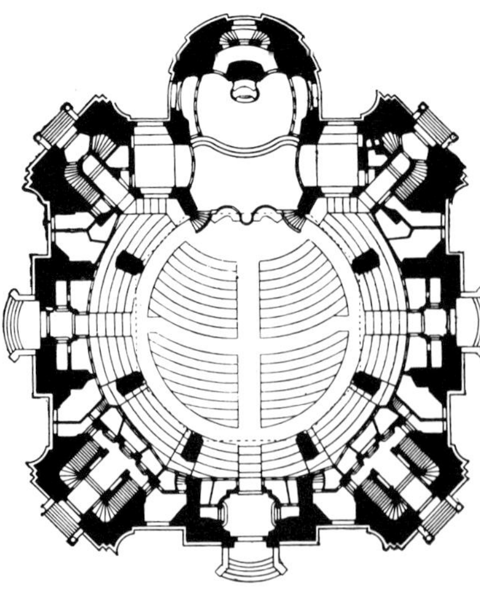

Zeroplastik ↑ Wachsbildnerei.

Zeugdruck, Bedrucken von Stoffen mit Formmodeln, in Europa seit dem 4. Jh. nachweisbar. Der Z. wurde bis 1800 als Handdruck ausgeführt, später maschinell. Im bäuerlichen Handwerk lebt er als Blaudruck bis in die Gegenwart fort.

Zeughaus, *Arsenal,* Magazingebäude, das zur Aufbewahrung von Kriegsgeräten diente; in Deutschland im 16.–18. Jh. verbreitet. Z. sind von den Rüstkammern in Rathäusern und Schlössern abgeleitet und gehörten zu den Befestigungsanlagen und Wehrbauten. Seit dem Barock besitzen sie reichgegliederte und dekorierte Fassaden (Dresden, Augsburg, Berlin).

Zikkurat, *Ziggurat,* mehrstufiger Sakralturm, wichtiger Bestandteil der sumerischen, babylonischen und assyrischen Tempelanlagen. Ursprünglich stand der Tempel auf einer einstufigen Terrasse, die endgültige Form bildete sich in der 2. Hälfte des 3. Jt. v. Chr. heraus.

Zimelien, *Cimelien* [griech. keimelion »Kleinod«, »Kostbarkeit«], seltene und kostbare Bücher einer Bibliothek, vor allem buchkünstlerisch hervorragende Handschriften und Drucke.

Zinne, Teil der Brüstungsmauer einer mittelalterlichen Wehranlage, die durch Einschnitte (Schießscharten) unterbrochen wird. Die Gesamtheit der Z. bildet den Zinnenkranz.

Zinnglasur, weiße zinnhaltige Glasur, die vor allem für Fayencen verwendet wird.

Zinnmarken, eine Form der ↑ Beschauzeichen.

Ziselieren [franz. ciseau »Meißel«], Metallbearbeitung mit Meißel, Feile, Stichel oder Punze. Dabei werden von den Gußstücken die Grate entfernt oder auch Figuren und Ornamente herausgearbeitet.

Zisterzienserbaukunst, Baukunst des Zisterzienserordens, der 1098 von Robert von Molesme in Cîteaux (Burgund) gegründet wurde. Der Orden erstrebte eine Reform des verweltlichten Klosterlebens. Er betrieb die Neuerschließung und Kultivierung unwirtlicher Gegenden. Seine Kloster- und Kirchenbauten (um 1200 gab es über 500 Niederlassungen) waren über fast ganz Europa verbreitet. Nach den Ordensvorschriften war die Architektur schmucklos. Auf Türme (nur Dachreiter), Kuppeln, Strebewerk, Emporen, Triforium, Bauplastik, farbige Glasmalereien (nur ornamentale Grisaille-Malerei) wurde verzichtet. Chor- und Kapellenabschlüsse waren vorwiegend rechteckig. Zu den üblichen Räumen eines ↑Klosters kamen im Ostflügel ein Sprechsaal und ein Arbeitsraum dazu. Im Südflügel der Klausur war der einzig heizbare Raum, das Calefactorium, eingerichtet.
Die Z. wurde durch Verbreitung burgundischer Bauformen (Spitzbogen, Kreuzrippengewölbe) wegweisend für die Gotik in Deutschland und Italien und beeinflußte die Baukunst der ↑Bettelorden. Beispiele in Deutschland: Klöster in Maulbronn, Bad Doberan, Chorin (Abb. ↑Kloster), Walkenried, Schulpforta.

Zitadelle [ital. citadella], besonders gesicherte Verteidigungsanlage innerhalb einer Festung oder befestigten Stadt.

Zither, Schatzkammer einer Kirche und Aufbewahrungsort für Dokumente und Heiligtümer (z. B. in der Stiftskirche in Quedlinburg).

zoomorph [griech. zoon »Geschöpf«, »Tier«, morphe »Gestalt«], Bezeichnung für Ornamentik, bei der Flechtband oder Flechtwerk mit Tierfiguren durchsetzt ist.

Zopfstil, ungenaue und veraltete Bezeichnung für die Kunst zwischen Rokoko und Klassizismus in Deutschland (1760 bis 1780/90). Der Begriff »Zopf« (nach der damaligen Mode) war im 19. Jh. umgangssprachliche Bezeichnung für Rückständigkeit und Pedanterie, für Nüchternheit, Mangel an Kraft und Tiefe des Empfindens. Erst im 20. Jh. wird er wertfrei und als Stilbezeichnung gebraucht (in Frankreich: ↑Louis seize). Einfluß auf seine Herausbildung hatte die Aufklärung mit der Forderung nach Vernunft, Natürlichkeit und Einfachheit. Am deutlichsten tritt der Z. in Architektur und Innenausstattung in Erscheinung: einfache, unkomplizierte Räume sind klar gegliedert mit Pilastern und Lisenen statt Wandpfeilern und Säulen, Deckengemälde sowie Stuckornamente werden von Architekturformen abgesetzt, Spiegelgewölbe und Flachdecken dominieren.

Zophoros [griech. zoophoros »Geschöpfe tragend«], figurengeschmückter Fries der ionischen ↑Säulenordnung.

Zungen-Collage, Bildwerk mit schuppen- oder schorfartig aufgeklebten Papierschnitzeln, Farbfotofetzen oder anderer Materialien.

Zustand, in der Reproduktionsgrafik Bezeichnung für den jeweiligen Bearbeitungszustand der Druckplatte. Der Zustandsdruck (↑épreuve d'état) ist also der Abdruck von einer noch nicht vollendeten Druckplatte.

Zwerchdach [mhdt. twerh »quer«], Querdach, d. h. ein Dach, das quer zum First des Hauptdaches gerichtet ist; z. B. Dachabschluß der Seitenschiffe gotischer Kirchen.

Zwerchgiebel [mhdt. twerh »quer«], kleiner Giebel, der sich an der Traufseite des Daches befindet, dessen First also quer zu dem des Hauptdaches verläuft. Der Z. war an deutschen und französischen Profanbauten des 15.–17. Jh. verbreitet und diente der Vergrößerung, Belichtung und Belüftung der Dachgeschosse (Leipzig, Altes Rathaus).

Zwerchhaus [mhdt. twerh »quer«] ↑Lukarne.

Zwerggalerie, *Zwergarkade,* Zierform der Romanik, die aus einer Arkadenreihe auf

Zikkurat von Ur. Rekonstruktion. Um 2000 v. Chr.

kleinen Säulen besteht. Dahinter befindet sich fast immer eine flache, offene Raumschicht. Die Z. hat keine konstruktive Funktion, sondern dient zur Auflockerung des Außenmauerwerks. Sie befindet sich meist an Apsiden und dicht unter dem Dach. Besonders häufig ist sie an romanischen Bauten im Rheinland und in der Lombardei zu finden (Dome in Trier, Speyer, Modena).

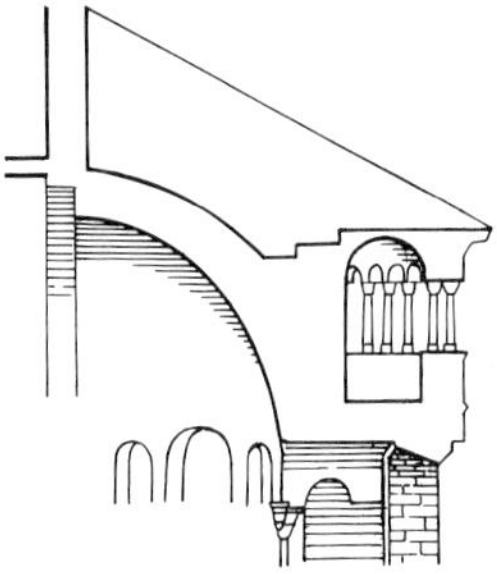

Zwerggalerie an einer Apsis

Zwickel, dreiseitig begrenztes Flächenstück, das sich aus der rechteckigen Umrahmung des Bogens ergibt (↑ Spandrille). Ähnlich entsteht auch der Gewölbezwickel (↑ Kuppel).

Zwiebeldach ↑ Dachformen.

Zwiebelmuster, unterglasurblauer Porzellandekor nach ostasiatischem Vorbild, um 1738/39 in Meißen entwickelt. Es besteht aus Blüten, verschiedenartigsten Blättern und knollenähnlichen Früchten (Pfirsichen und Granatäpfeln), die man in Europa als Zwiebeln deutete. So entstand die irreführende Bezeichnung.

Zwinger, Raum zwischen zwei Mauergürteln einer mittelalterlichen Befestigung, wichtiger Bestandteil des Wehrbaues. In Friedenszeiten wurde er für Feste, Turniere und Theaterspiele oder zur Zucht von Jagdtieren genutzt.

Zwischengoldglas, zwei ineinander gesetzte, an den Rändern verkittete Gläser. Die Innenseite des äußeren ist mit Lack überzogen, die Außenseite des Innenglases mit einer Silber- oder Goldfolie belegt, von der sich ausradierte Darstellungen gut abheben. Z. wurden hauptsächlich in Böhmen und Schlesien im 18. Jh. hergestellt.

Zyklopenmauer ↑ Mauerwerk.